KB060180

刑事判例研究

〔26〕

韓國刑事判例研究會 編

博 英 社

Korean Journal of Criminal Case Studies

[26]

Edited by
Korean Association of Criminal Case Studies

Parkyoung Publishing & Company
Seoul, Korea

머 리 말

형사판례연구 제26권을 발간하게 된 것을 매우 기쁘게 생각합니다. 형사판례연구회는 1992년 창립된 이래 매월 학계와 실무계의 전문가들이 모여 중요 형사판례에 대한 연구 결과를 발표하고 그에 대해 토론하는 장을 마련해왔습니다. 특히 최신 주요 판결에 대하여 다양한 형사법적 주제를 선정하여 심도 있는 연구 결과를 발표하는 발표회를 매월 개최하여 어느덧 300회를 넘어 계속되고 있습니다. 그 소중한 연구의 결과물이 형사판례연구라는 성과물로 매년 발간되어 제26권에 이르게 되었습니다. 이 모든 것은 우리 회원들의 열정과 노력으로 얻어낸 결실이라 하겠습니다. 이 자리를 빌려 발표자와 토론자는 물론 참여하신 회원 모두에게 감사의 말씀을 전합니다.

형사판례연구는 역사와 전통을 자랑하는 권위 있는 학술지로서, 형사판례의 이론적 기초와 아울러 실천적 적용범위를 제시해 왔습니다. 새로운 판례와 학설을 적시에 반영하여 시의에 맞는 평석을 통해 형사법의 이론은 물론 형사실무에도 큰 보탬을 주고 있습니다. 법원, 검찰, 변호사 등 법조 실무자에게 형사판례연구는 판례 분석 및 법리연구의 실무적 자료로서 그 가치를 더하고 있습니다. 뿐만 아니라 학문적 연구에 뜻을 두고 있는 법학 전공자 및 예비 법조인인 법학전문대학원생들에게 귀중한 학술적 자료로서 이용되고 있습니다. 회원 여러분들의 소중한 연구성과물은 개인의 소중한 연구업적인 동시에 우리나라의 학문적 자산이 되고, 나아가 법률문화를 형성해 나가는 원동력이 되고 있으며 형법학의 발전에 기여하고 있는 것입니다.

　이와 같이 우리 연구회는 오랜 시간 동안 내실 있는 활동을 함으로써 우리나라의 형사법학과 형사판례의 발전에 기여해 왔으며, 나아가 학문적·실무적 교류를 통해 우리 형사판례에 이론적 바탕을 제공하고 있습니다. 특히 지난 1년간은 다양한 공동학술대회를 개최함으로써 국내 관련 학회는 물론이고 유관기관과의 협력을 공고히 하였습니다. 2017년 5월 형사법 관련 4개의 학회가 "제4차 산업혁명과 형사법제"라는 대주제를 가지고 학술세미나를 하였으며, 대법원 형사법연구회와 매년 공동학술행사를 개최하기로 하여 2017년 6월 학술행사를 마쳤습니다. 또한 2017년 11월 사법정책연구원과도 공동학술행사를 이루어냈습니다. 특히 2017년 9월은 형사판례연구회가 제300회를 맞는 뜻 깊은 자리였으며, 이와 아울러 전 한국형사정책연구원장 김진환 고문님의 고희기념 논문집을 봉정함으로써 그 의미를 더하였습니다.

　본 연구회는 학계와 실무계의 다양한 발표와 토론을 통해 질적·양적으로 꾸준히 성장해왔으며, 판례평석을 통해 형사법학의 판례의 동향과 중요 현안 쟁점을 알려주는 역할을 해오고 있습니다. 2017년에는 외국에서 집행된 미결구금에 대한 형법 제7조의 적용 가부를 다룬 대법원 2017. 8. 24. 선고 2017도5977 전원합의체 판결, 서명사취사건에서 사기죄에서 처분의사의 내용을 다룬 대법원 2017. 2. 16. 선고 2016도13362 전원합의체 판결, 법인대표의 대표권남용과 배임죄의 기수시기에 관한 대법원 2017. 7. 20. 선고 2014도1104 전원합의체 판결 등 5개의 전원합의체 판결을 비롯하여 형사법적으로 유의미한 판결이 다수 선고되었습니다. 이에 대한 다양한 학문적 관점과 실무적 관점이 조화롭게 반영된 연구와 그 결과물로서의 판례평석은 앞으로의 과제로 남아 있습니다. 회원 여러분들의 활발한 연구와 성과를 기대합니다.

　끝으로 본 연구회에 재정적·행정적 지원을 해 주신 한국형사정책연구원의 김진환 전 원장님, 그리고 뒤를 이어 연구회에 애정을 담아

Table of Contents

Criminal Convictions of Korean Supreme Court and
Principle of Law-binding ···················· <Kim, Seong-Don>   *1*
Die Änderungen der Dogmatiken der Rechtsprechung
in Strafsachen als Reaktion auf den sozialen Wandel
·· <Ryu, Chen-chel>   *47*
An additional charge of criminal profits obtained
in the form of wages, etc. ···················· <Kwon, Sun-Keon>   *73*
A Study on the Problems of Rape in Application ········ <Lee, Won-Sang>   *103*
Medical Treatment by a Pediatrist and Indecent Act against
Children under the Act on the Protection of
Children against Sexual Abuse ···················· <Kim, Han-Kyun>   *131*
The Meaning of 'Act of Being Issued' in Fraud ··· <Ha, Tae-Young>   *161*
A Case Review on the Criminal Responsibility
in the Co-title Trust Relationship ···················· <Lee, Sang-Han>   *225*
Post-resignation trade secret reveal and possibility of
establishing professional misappropriation ···· <Lee, Kyung-Lyul>   *253*
Fictitious Declaration of Intention in Collusion and
the Crime of False Entry in Officially Authenticated
Original Deed ···································· <Ko, Je-Sung>   *299*
Prosecution using Electronic Data Storage Devices ······· <Cho, Ji-eun>   *327*
A study of the exclusionary rule on the case of the drug
confiscated by customs officers ···················· <Han, Je-Hee>   *349*

법원에 출석하여 불일치진술한 피고인 아닌 자의
　검찰진술조서의 증거능력
　─형사소송법 제312조 제4항의 특신상태의 의미에 대한
　분석을 중심으로─ ·· <강우예>　*439*
외국환거래법상 징벌적 추징에 대한 비판적 고찰 ······· <김대원>　*489*
교통사고처리 특례법상 처벌특례의 인적 적용범위 ····· <이주원>　*511*
2017년도 형법판례 회고 ··· <오영근>　*557*

형사판례연구 총목차(1권~26권) ······································· *589*
한국형사판례연구회 2017년도 발표회 ······························· *617*
한국형사판례연구회 회칙 ·· *620*
한국형사판례연구회 편집위원회 규정 ································· *626*
한국형사판례연구회 심사지침 ·· *629*
한국형사판례연구회 투고지침 ·· *633*
한국형사판례연구회 연구윤리위원회 규정 ·························· *641*
한국형사판례연구회 임원명단 ·· *647*
한국형사판례연구회 회원명부 ·· *648*

목 차

대법원 형사판결과 법률구속성원칙 ····························· <김성돈> *1*

사회변화에 대응하는 형사판례의 법리변경 ················ <류전철> *47*

급여 등 형태로 취득한 공범의 범죄수익 추징

   — 대법원 2013. 4. 11. 선고 2013도1859 판결,

   공동수익자 이론의 필요성— ································ <권순건> *73*

강간죄 적용범위에 대한 문제점 고찰

   — 대법원 2017. 10. 12. 선고 2016도16948,

   2016전도156 판결— ································· <이원상> *103*

소아과 의사의 진료행위와 아동·청소년성보호법상 추행행위 판단

   — 대법원 2016. 12. 29. 선고 2015도624 판결;

   서울고등법원 2014. 12. 19. 선고 2014노767 판결

   (아동·청소년의 성보호에 관한 법률위반: 위계등추행) —

   ··· <김한균> *131*

사기죄에서 '교부받는 행위'의 의미 ····························· <하태영> *161*

상호명의신탁관계에서의 형사책임에 대한 판례연구 ···· <이상한> *225*

퇴사시의 영업비밀 반출과 업무상배임죄의 성부 ········ <이경렬> *253*

통정허위표시와 공정증서원본부실기재죄 ···················· <고제성> *299*

전자적 저장매체를 이용한 공소제기 가능성 ··············· <조지은> *327*

세관공무원의 마약 압수와 위법수집증거 판단 ············ <한제희> *349*

영장에 의해 취득한 통신사실확인자료 증거사용

   제한 규정의 문제점 ································· <이완규> *395*

물심양면으로 도움을 주시는 한인섭 원장님께도 감사드립니다. 이 책이 나오기까지 월례회의 발표와 사회를 맡아주신 분들과 꾸준히 참여하여 주신 회원 여러분, 논문에 대한 심사와 편집을 맡아 주신 많은 분들의 노고에도 다시 한 번 깊은 감사를 드립니다. 앞으로도 회원 여러분의 변함없는 관심과 성원을 부탁드립니다. 그리고 연구회의 살림꾼으로 항상 수고하는 총무간사인 형사정책연구원의 윤지영 박사와 편집간사인 이강민 박사에게도 감사드립니다. 나아가 창간호부터 지금까지 이 책의 출판을 맡아주신 박영사의 안종만 회장님, 조성호 이사님 그리고 박영사 관계자 여러분께 감사의 말씀을 전합니다.

2018년 6월
한국형사판례연구회 회장
이 용 식

The Problem of the Ristriction of Using Evidence of
　　Indentification Materials of Electronic Communications Obtained
　　by the Warrant ··· \<Lee, Wan-kyu\>　*395*
Admissibility of Prosecutor's Record Containing the Statement of
　　Witness Who Makes Inconsistent Statement in Court
　　·· \<Kang, Wu-Ye\>　*439*
A Critical Review on disciplinary confiscation
　　in Foreign Exchange Transactions Act ········· \<Kim, Dae-Won\>　*489*
Personal application scope of Act on Special Cases concerning
　　the Settlement of Traffic Accidents ·············· \<Rhee, Joo-Won\>　*511*
The Reviews of the Criminal Cases of the Korean Supreme Court
　　in 2017 ·· \<Oh, Young-Keun\>　*557*

대법원 형사판결과 법률구속성원칙

김 성 돈*

I. 들어가는 말

헌법은 판결을 내리는 법관에게 법률에 구속될 것을 요구하고 있다.1) 물론 헌법은 법관이 법률구속성원칙을 어떻게 지킬 수 있는지에 관한 방법론적 지침까지 제공하고 있지는 않다. 이와 관련하여 대법원은 형사판결과 관련하여 엄격한 문리적 해석원칙을 계속·반복적으로 강조해 왔다.2) 그러나 실제로 대법원 형사판결문을 자세히 들여다보면 엄격한 문리적 해석을 고수하고 있지 않은 경우가 적잖게 발견된다. 추상적인 형법규범과 구체적 사실과의 관계상 법률보충적 해석이 불가피할 경우가 많기 때문이다. 이 때문에 대법원은 때로는 그 규정과 다른 규정들과의 맥락적 관계를 파악하는 체계적 해석을 하기도 하고 입법자의 의사를 참고하는 주관적 해석을 하기도 하며, 객관적─목적론적 해석방법을 동원하기도 한다. 이러한 ─ 사비니에 의해 정립된 네 가지 ─ 해석방법들을 통해 입법과 사법의 관계는 실질적·상호협력적 관계로 발전하고 종국적으로 사법의 법치국가성을 유지할 수

---

* 성균관대학교 법학전문대학원 교수.
1) 헌법 제103조에 의하면 "법관은 헌법과 법률에 의하여 그 양심에 따라 독립하여 심판한다"고 규정하고 있는데, 여기서 법관의 '양심'이 헌법 및 법률과 같은 차원에서 판결의 전거가 되는 것이 아님을 주의해야 한다.
2) "형벌법규의 해석은 엄격하여야 하고 명문규정의 의미를 피고인에게 불리하게 지나치게 확장해석하거나 유추해석하는 것은 죄형법정주의 원칙에 반한다"(대법원 1996. 3. 26. 선고 95도3073 판결 등).

있게 된다. 이러한 대법원의 태도는 단순한 '법률국가'적 사법 내지 사법의 자동포섭 기계화를 막아주기는 하지만, 자칫 '법관국가'적 사법[3]으로 변질시킬 위험성도 동시에 가지고 있다.

물론 대법원이 그러한 법관국가적 사법을 드러내 놓고 표방해 온 증거는 보이지 않는다. 그러나 대법원의 판결문의 논리구조를 한꺼풀 벗겨보면 대법원이 은연중에 법관국가적 모습이 드러나는 경우가 있다. 그동안 이러한 모습이 쉽게 드러나지 않은 것은 대법원이 추상적인 법률규정에 구체적 사례를 포섭함에 있어 사용해온 연역적 추론적 방법이 지극히 논리적인 것으로 비춰진 탓에 크게 기인한 것 같다.

대법원 판결과정에서 사용되고 있는 연역추론은 흔히 법률적 삼단논법으로 알려져 있다. 그러나 법률적 삼단논법의 논리로 포장되어 있는 연역추론과정을 관찰해 보면, 그 과정의 첫 단추에 해당하는 대전제에 대한 조작을 발견할 수 있게 된다. 이와 같이 조작된 대전제에 구체적 사례를 포섭하는 연역추론은 겉보기에 매우 논리적인 과정으로 보이지만, 그 전단계인 대전제 확정단계에서부터 이미 일정한 반칙을 범함으로써 종국적으로는 법률구속성이라는 헌법적 요청을 저버리는 결과로 귀결된다.

이 글은 대법원이 실체형법을 적용함에 있어서 법률구속성의 원칙을 어느 정도로 준수하고 있는지를 점검하는 것을 목표로 한다. 이를 위해 대법원의 형사판결문 가운데 법관국가를 지향하고 있다고 의심되는 판결례들을 추출하여 대법원의 연역추론의 과정에서 은연중에 진행시키고 있는 대전제 조작이라는 반칙적 판결들을 찾아내어 이를 유형화해 본다.[4]

---

3) 법관국가라는 용어에 관해서는 Rüthers, Bernd, Die heimliche Revolution vom Rechtsstaat zum Richterstaat. Verfassung und Methoden. Ein Essay. Mohr (Siebeck), Tübingen 2014 참조.

4) 이 글은 2017년 개최된 형사판례연구회와 대법원형사법연구회 간의 공동학술세미나에서의 발표문 가운데 III. 3. 구성요건의 해석을 통한 적용상의 논리조작 4. 시대정신 내지 지배이데올로기에 따른 해석 V. 종합적 고찰방식을 통한 공식화 VI. 1. 법적인 근거에 대한 해석누락 2. 법적인 근거지움의 비일관

Ⅱ. 존재하지 않는 대전제를 만들어내고 있는 경우

삼단논법에서 사용되는 연역추론의 방법은 법률규정의 해석대상이 되는 개념을 공식화하여 이를 '공리화'하는 것을 출발점으로 삼는다. 이 공식화된 공리에 구체적인 사례를 포섭하여 결론을 도출하게 되면 법학적 논리학이 가장 완전한 형태로 실현된다. 이러한 연역추론적 법률적 삼단논법의 얼개에서 가장 기본이 되는 것은 대전제인 법률규정 또는 그 법률규정의 개념이다. 대법원 판결도 이와 같은 연역추론의 방법을 통해 법학적 논리학을 전개하고 있다. 그러나 자세히 살펴보면 대법원이 이러한 연역추론의 첫 단추부터 잘못 꿰고 있는 경우가 있음을 알 수 있다. 법률요건이 존재하지 않음에도 불구하고 대전제격인 공식화를 만들어내고 있는 경우가 그러하다. 뿐만 아니라 법률요건이 존재하기는 하지만 체계적 해석이 허용하는 한도를 넘어서는 해석을 하여 유사(類似) 법적 근거를 만들어내고 있는 경우도 있다.

1. 적극적으로 새로운 실체요건을 설정함

[대상판결] 대법원 2015. 6. 24. 선고 2014도11315 판결

"의사가 설명의무를 위반한 채 의료행위를 하였다가 환자에게 상해 또는 사망의 결과가 발생한 경우 의사에게 업무상 과실로 인한 형사책임을 지우기 위해서는 <u>의사의 설명의무 위반과 환자의 상해 또는 사망 사이에 상당인과관계가 존재하여야 한다</u>(중략) 기록에 의하면, 피해자의 남편 공소외 2는 피해자가 화상을 입기 전 다른 의사로부터 피해자가 간경변증을 앓고 있기 때문에 어떠한 수술이라도 받으면 사망할 수 있다는 말을 들었고, 이러한 이유로 피해자와 공소외 2는 피고인의 거듭된 수술 권유에도 불구하고 계속 수술을 받기를 거부하였던 사실을 알 수 있다. 이로 보건대, 피해자와 공소외 2는 피고인이 수술의 위험성에 관하여 설명하였는지 여부에 관계없이 간경변증을

_____
성에 해당하는 부분은 지면관계상 생략하였음.

앓고 있는 피해자에게 이 사건 수술이 위험할 수 있다는 점을 이미 충분히 인식하고 있었던 것으로 보인다. 그렇다면 피고인이 피해자나 공소외 2에게 공소사실 기재와 같은 내용으로 수술의 위험성에 관하여 설명하였다고 하더라도 피해자나 공소외 2가 수술을 거부하였을 것이라고 단정하기 어렵다. 원심이 유지한 제1심이 적법하게 채택한 증거를 종합하여 보더라도 피고인의 설명의무 위반과 피해자의 사망 사이에 상당인과관계가 있다는 사실이 합리적 의심의 여지가 없이 증명되었다고 보기 어렵다. 그런데도 이와 달리 설명의무를 위반한 피고인의 과실로 인하여 피해자가 사망에 이르렀다고 보아 공소사실을 유죄로 판단한 원심판결에는 의사의 설명의무 위반으로 인한 업무상과실치사죄의 인과관계에 관한 법리를 오해한 잘못이 있다.”

　　[평석] 업무상과실치사죄가 성립하기 위해서는 행위자의 과실과 사망의 결과발생 그리고 양자 사이에 인과관계가 인정되어야 한다. 하지만 위 사안에서는 의사에게는 수술의 위험성에 관한 설명의무위반만 인정될 뿐 다른 과실이 없다. 의사에게 인정되는 진단상의 과실 또는 치료상의 과실을 인정할 수 없으면 — 고의범에서 고의가 부정되어 구성요건해당성이 인정되지 않듯이 — 업무상과실치사죄의 성부 자체를 물을 수 없다. 그럼에도 불구하고 대법원은 의사에게 업무상과실치사죄의 성립여부를 심사함에 있어 새로운 요건을 내세우고 있다. ‘과실과 사망간의 인과관계’가 아닌 ‘설명의무위반과 사망간의 인과관계’라는 요건이 그것이다. 대법원은 과실범성립을 인정하기 위해 이 새로운 요건을 창설해 놓은 전제하에서 의사가 설명의무를 이행하였더라도 환자가 위험한 수술에 동의하였을 것이라는 점이 인정될 경우에는 양자 간의 인과관계가 부정된다는 법리(이른바 가정적 승낙의 법리)를 공식화한다. 여기서 설명의무위반과 사망간의 인과관계를 판단함에 있어 사용되는 공식은 과실과 결과간의 인과관계판단에 관한 전통적인 법리(이른바 합법적 대체행위이론)와 다르지 않다.

그러나 대법원이 판시에서 내세우고 있는 새로운 요건, 즉 설명의 무위반과 사망간의 인과관계는 형법이 과실치사죄의 성립을 위해 요구하고 있는 요건이 아니다. 대법원이 내세운 이 새로운 요건을 업무상과실치사죄의 성립요건으로 인정하려면 설명의무위반을 과실로 인정하는 조건하에서만 가능하다. 하지만 여태껏 설명의무위반을 과실로 인정하고 있는 대법원 형사판결은 존재하지 않는다. 뿐만 아니라 의사의 형사책임과 관련하여 설명의무 및 그 위반이 의사의 형사책임과 관련되는 형법규정 및 도그마틱은 피해자 승낙에 관한 규정 및 승낙법리이다. 더 나아가 이러한 피해자승낙규정 및 승낙법리가 적용되기 위해서는 의사에게 먼저 과실이 인정되고, 더 나아가 과실과 결과간에 인과관계가 긍정되는 전제하에 업무상과실치사죄의 구성요건해당성이 인정되는 전제하에서 의사의 행위에 대해 위법성을 조각시킬 것인지의 평가단계에서이다. 이에 따르면 의사가 치료행위와 관련한 설명의무를 다한 경우 피해자가 자신의 처분할 수 있는 법익에 대한 처분을 하였으므로 의사의 상해죄나 업무상과실치상죄 또는 업무상과실치사죄의 위법성이 조각되는 결론이 내려지게 된다. 하지만, 의사에게 피해자가 사망에 대한 고의가 인정되는 경우에는 피해자승낙규정이나 승낙법리 마저도 적용되지 않는다. 형법상 생명은 처분할 수 있는 법익의 범주에 속하지 않기 때문이다. 따라서 피해자의 승낙 또는 심지어 추정적 승낙의 법리에 따르더라도 촉탁승낙살인죄의 위법성이 조각될 수 없다.

과실이 없음에도 불구하고 과실과 결과간의 인과관계에 관한 도그마틱을 차용하고 있는 대법원의 태도를 '선의'로 이해할 수 있는 독법이 한 가지 남아 있다. 대법원이 유추의 방법을 동원하고 있다고 이해하는 것이다. 즉 설명의무위반과 과실의 유사성을 추론하여 과실의 자리에 설명의무위반을 대체해 넣음으로써 결국 과실과 결과간의 인과관계에 관한 공식을 이 사건에 적용한다는 것이다. 하지만 이 사건에서 이와 같은 유추는 의사인 피고인에게 불리한 유추인바, 이러한 경우의 유추는 형법적용상 허용될 수 없다. 피고인에게 과실이 없으면 과실치사죄의 구성요건해당성부터 탈락되어야 하는데, 과실과 유사성이 인정되는 설명의무위반을 과실 대신 내세우고 이를 기반으로 삼아 다시 설명의무위반과 결과간의 인과관계를 검토하고 있기 때문이다. 요컨대 의사에게 과실은 없고 설명의무위반만 있는 경우 의사에게 과실범의 성립여부는 문제조차 제기될 수 없으므로 형법적용상 의사에게 책임을 물을 수 있는 법적근거는 현재로서는 존재하지 않는다.

그렇다면 대법원의 위와 같은 연역추론에서 무엇이 문제인가? 겉보기에 과실범의 성립요건에 관한 법리를 가지고 구체적인 사실관계에 삼단논법에 의거하여 포섭하는 일에는 형식논리적으로는 아무런 문제가 없어 보인다. 그러나 대법원은 연역추론의 첫 단계인 대전제 확정, 즉 과실의 존부 및 과실과 결과간의 인과관계의 인정이라는 요건을 일정하게 조작변경을 하고 있다. 그 조작과정에서 동원되고 있는 법리는 대법원이 의료과실의 영역에서 의사에게 민사적 손해배상책임을 부정하기 위해 사용한 논리이다. 민사손해배상영역에서도 대법원이 원칙적으로 설명의무위반을 과실로 보지는 않지만, 예외적으로 설명의무위반의 정도가 큰 경우에는 그에 기하여 손해배상책임을 인정한다. 이러한 전제하에서 민사판결에서는 의사에게 과실이 없을 경우라도 설명의무위반이 인정된다면 그 설명의무위반과 손해와의 인과관계를 요구하고 있는 것이다.

문제는 의사의 설명의무위반이 민사책임의 영역에서 손해배상의 근거가 되는 것과 형사책임의 영역에서 형벌부과의 근거로 들어오는 것과는 차원이 다르다는 점이다. 민사적 영역에서 손해배상은 불법행위책임과 계약책임 두 가지가 있는데, 불법행위영역에서는 고의 또는 과실이 요구되므로 설명의무위반을 과실로 인정할 수 없는 한 손해배상책임을 근거지울 수 없다. 하지만 계약책임의 영역에서는 설명의무위반이 의사와 환자간의 계약의무위반으로 볼 수 있으므로 설명의무위반과 손해사이의 인과관계만 인정되면 얼마든지 손해배상책임을 물을 수 있다. 하지만 죄형법정주의원칙이 지배하는 형사책임 영역에서는 설명의무위반이라는 계약의무위반적 차원의 의무위반이 형사책임의 근거가 되려면 그 의무위반 자체에 대해 형사책임이 인정되거나 그 의무위반이 법률상의 형사책임의 인정요건의 하나로 존재하지 않으면 안 된다. 이러한 관점에서 보면 설명의무위반과 사망사이의 인과관계라는 요건을 새롭게 창설하는 것은 형사책임을 인정하기 위해 요구되는 대전제를 임의로 창설하는 행위라고 보지 않을 수 없다. 형법이 요구하고 있지 않은 내용의 과실을 인정하고, 그 유사과실과 결과간의 인과관계 인정을 위해 가정적 승낙의 법리를 동원하고 있음은 얼핏 보면 연역추론의 논리구조의 얼개를 완성하고 있는 듯하지만, 자세히 보면 대전제를 임의로 창설한 후에 그것을 기초로 삼단논법의 논리를 형식적으로 전개하고 있는 것에 지나지 않는다.

한 가지 유의해야 할 점이 있다. 대법원이 연역추론의 대전제를 임의로 만들어낸 사실을 간과하더라도 공리론적인 측면에서 가정적 승낙법리의 공식을 형사책임의 영역에서 원칙으로 가져올 수 있는지가 의문이기 때문이다. 민사책임의 영역에서는 가정적 승낙의 법리를 적용하여 인과관계를 부정하기 위해서 의사가 설명을 다하였더라도 환자가 위험한 수술에 동의하였을 것이 '명백하였을 경우'로 제한되고 있다.5) 하지만 형사책임의 영역에서는 ― 위 대상판결의 태도와 같이 ― 설명을 다하였더라면 동의했을 것인지 그렇지 않았을 것인지가 분명하

---

5) 형사책임여부를 판단하는 위 대상판결에서 대법원은 "피고인이 피해자나 공소외인 2에게 공소사실 기재와 같은 내용으로 수술의 위험성에 관하여 설명하였다고 하더라도 피해자나 공소외 2가 수술을 거부하였을 것이라고 단정하기 어렵다"라고 함으로써 인과관계를 부정하고 있지만, 민사책임을 다루는 사안에서 대법원은 "환자가 의사로부터 설명을 듣지 아니하였지만 만약 올바른 설명을 들었더라도 의료행위에 동의하였을 것이라는 이른바 가정적 승낙에 의한 면책은 항변사항으로서, 환자의 승낙이 명백히 예상되는 경우에만 예외적으로 허용된다"(대법원 2015. 10. 29. 선고 2014다22871 판결)고 함으로써 형사책임의 경우에 비해 면책요건을 까다롭게 설정하고 있다(대법원 92다25885; 2001다27499등).

지도 않음(단정하기 어렵다고 말하고 있음)에도 불구하고 인과관계를 부정하게 된다. 형법상 인과관계의 증명정도와 관련하여 합리적 의심의 여지가 없을 정도의 입증을 요구하는 한, 설명의무를 다하였더라면 환자가 동의하지 않았을 것이 확실시 되는 경우에만 인과관계를 인정할 수 있기 때문이다. 그러나 가정적 승낙의 법리가 형사책임의 영역에서 법리로 규칙화되면 민사적 영역에 비해 오히려 형사책임의 영역에서 의사에게 면책의 길이 더 넓혀주는 결과가 된다. 다시 말해 형사책임 영역에서 설명의무위반과 관련하여 가정적 승낙의 법리를 가져오면 민사책임부정의 요건에 비해 형사책임부정의 요건이 더 쉬워진다는 점에서 의사에게 그만큼 더 유리해지는 결과가 된다는 것이다.

그러나 보다 원칙론으로 돌아가면 의사에게 과실이 없는 이상 의사에게 과실치사죄의 성립은 처음부터 인정될 수 없는 것이 엄격한 형사책임의 요건이다. 형법이 요구하는 형사책임인정요건 때문이다. 따라서 설명의무위반을 환자의 사망과 결부시키는 태도는 형사책임을 근거지우기 위한 법적 요건 없이 유죄를 인정할 수 있는 가능성을 인정하는 태도이다. 이와 같이 형법상 존재하지 않는 대전제를 연역추론의 논리과정 속에 대입하고 있는 대법원판결은 '대법원 2011. 4. 14. 선고 2010도10104 판결'에 이어 두 번째이다. 하지만 현재의 규범현실로서는 설명의무위반만 있고 과실이 인정되지 않는 의사에게 형사책임을 물을 길은 설명의무위반죄를 독립된 범죄로 만드는 입법적 해결방법 뿐이다. 의사의 설명의무위반에 대해 부과될 수 있는 독립된 제재가 명문화 된 것은 2016년 12월 20일 제정되었고 2017년 6월 21일부터 시행된 의료법 제24조의2 및 제92조에서 비로소 실현되었으나, 아직 형사책임이 아니라 행정질서벌(과태료 300만원 이하)의 부과에 그치고 있다.

2. 유사 법적 근거를 만들어 적용하고 있는 경우

[대상판결] 대법원 2012. 5. 10. 선고 2010도5964 판결

"의사가 간호사에게 의료행위의 실시를 개별적으로 지시하거나 위임한 적이 없음에도 간호사가 그의 주도 아래 전반적인 의료행위의 실시여부를 결정하고 간호사에 의한 의료행위의 실시과정에도 의사가 지시 관여하지 아니한 경우라면, 이는 구 의료법 제27조 제1항이 금지하는 무면허의료행위에 해당한다고 볼 것이다. 그리고 <u>의사가 이러한 방식으로 의료행위가 실시되는데 간호사와 함께 공모하여 그 공동의사에 의한 기능적 행위지배가 있었다면, 의사도 무면허의료행위의 공동정범으로서의 죄책을 진다.</u>"

[평석] 대상판결은 기능적 행위지배가 공동정범의 정범성을 결정지우는 표지라는 공동정범에 관한 종래 판례의 기조를 유지하고 있어 겉보기에는 별다른 문제가 없어 보인다. 하지만 공범과 정범의 구별에 관한 법리는 범죄구성요건이 요구하고 있는 행위자표지의 특수성에 따라 달라지는 것이라는 점에서 보면 위 판시내용이 선뜻 이해가 되지 않을 수도 있다. 면허소지자인 의사는 어떻게든 무면허의료행위의 행위자가 될 수 없음에도 불구하고 무면허의료행위의 (공동)'정범'으로 인정되고 있기 때문이다. 이러한 한, 당해 구성요건이 행위주체(정범)에게 요구하는 특별한 행위자(정범)표지를 요구하고 있다면, 그 표지를 갖추지 못한 자는 애시당초 정범은 될 수 없고 공범밖에 될 수 없다는 가담형태론의 도그마틱의 관점에서 보면 대상판결의 판시내용은 보충적 설명을 요한다. 물론 신분범의 경우에는 공동정범의 성립에 관한 예외규정이 존재한다. 즉 형법 제33조는 신분이라는 특별한 주체적 격성을 갖추지 못한 자도 신분범의 범죄에 가담하여 기능적 행위지배가 인정되는 한, 신분범죄의 '공동정범'이 될 수 있는 길이 열려있다.

하지만 위 대상판결과 같이 무면허의료행위죄라는 구성요건의 정

범 적격성을 갖추지 못한 면허자인 의사에게 무면허의료행위죄의 (공동)정범성을 인정하는 위 결론이 형법 제33조의 적용에 따른 결론이라고 말하기 곤란한 결정적인 사정이 있다. 그것은 형법 제33조의 신분은 그것이 존재할 경우 범죄를 구성하지 않는 이른바 소극적 신분을 전제로 하는 것이 아니라 그것이 존재할 경우 적극적으로 범죄를 구성하는 적극적 신분을 전제로 하는 것이기 때문이다.

주지하다시피 의료법상 무면허의료행위죄라는 구성요건은 의사면허없는 자의 의료행위만을 불법으로 구성하는 것이므로 의사면허는 무면허의료행위를 구성하지 않는 소극적 신분에 해당한다. 즉 의사면허를 가진 자는 무면허의료행위죄의 주체가 아니므로 면허소지자의 의료행위는 당해 구성요건의 불법을 구성하지 않는다. 이에 따르면 의사가 의사의 면허없는 자의 무면허의료행위에 가담한 경우 그 기여정도가 기능적 행위지배에 해당하더라도 무면허의료행위죄의 주체적격성을 결하고 있으므로 이 죄의 정범이 될 수 없게 된다. 그럼에도 위 대상판결의 판시에는 의사에게 공동'정범'의 죄책을 지우고 있는바, 대법원은 이러한 결론의 법적 근거를 분명하게 제시해야 할 것이다. 하지만 대법원은 기능적 행위지배라는 공동정범에 관한 일반법리만 그 근거로 제시하고 있다. 대법원이 명시적으로 밝히고 있지는 않지만, 대법원이 기초하고 있다고 볼만한 법적 근거를 추정해 보자.

먼저 대법원이 소극적 신분의 경우에도 공범과 신분에 관한 규정인 형법 제33조를 법적 근거로 삼은 것이라고 추정해 볼 수 있다. 앞서 살펴보았듯이 형법 제33조는 공동정범의 경우에도 적용되므로 — 기능적 행위지배가 존재하는 한 — 주체(신분) 적격없는 자도 주체(신분)적격 있는 자의 범죄에 공동정범으로서의 가담을 인정할 수 있다고 말할 수 있기 때문이다. 하지만 제33조에서 종속을 인정하는 신분이 적극적 신분 외에 소극적(불구성적) 신분도 포함되는지에 대해서는 학설상 견해가 갈린다. 대법원은 이에 관해 명시적 태도표명을 하고 있지 않다. 편의상 대법원이 제33조의 신분에 소극적 신분도 포함되는 것으로 해석한다고 전제해 보자. 하지만 이렇게 보더라도 대상판결의 결론에 도달할 수 있는지는 여전히 의문이다. 소극적 신분자(면허자)가 소극적 비신분자(무면허자)의 소극적 신분범죄에 가담한 경우, '신분'의 종속이 제33조가 예정하고 있는 대로 순방향(즉 신분자→비신분자)으로 이루어질 수가 없기 때문이다. 즉 제33조 본문은 신분있는 정범의 범죄에 신분없는 자가 공범(또는 공동정범)으로 가담한 경우, 신분이 신분없는 자에게도 '종속'되는 것임을 선언하고 있는데, 위 대상판결에서 문제된 사안은 신분없는 자의 행위에 신분있는 자가 가담하고 있는 경우이므로 애당초 형법 제33조에 포섭될 사안이 아닌 것이다. 여기서 제33조에의 포섭을 가능하게 하기 위해서는— 신분에 소극적 신분도 포함시키면서도 신분의 종속의 순방향성을 유지하기 위해서는— 다음과 같은 해석적 시도를 감행하지 않으면 안 된다. 즉 소극적 신분자(신분의 존재)를 형법 제33조의 비신분자로 해석하고, 소극적 비신분자(신분의 부존재)를 형법 제33조의 신분자로 해석해야 하는 태도를 취해 보는 것이다.

그러나 이러한 개념해석은 신분이라는 문언의 의미를 넘어서는 것일 뿐 아니라 형법 제33조에 기초지워져 있는 신분의 '종속'이라는 규범적 의미내용에 부합할 수 없다. 인식론적 차원에서 볼 때 어떤 것이라도 '존재'에서 '부존재'로 이전(종속)할 수는 있어도 부존재가 존재로 이전(종속)할 수는 없다. 만약 이러한 이전(종속)을 인정한다면 예컨대 유전학에서 형질없음의 유전이라는 새로운 유전법칙을 만들어내는 것만큼 황당하기까지 하다.

만약 소극적 신분의 경우 불구성적 신분자에게 공동'정범'을 인정하기 위해 대법원이 형법 제33조를 법적 근거로 삼았다면 그것은 형법 제33조를 유사(類似) 법적 근거로 내세운 것에 지나지 않는다. 소극적 신분의 경우에도 형법 제33조가 적용될 수 있음을 적극적으로 해명하지 못하는 한, 신분없는 자가 정범으로 행한 범죄구성요건적 행위에 가담한 불구성적 신분자는 그 정범의 공동정범은 될 수 없고 '공범

(교사범 또는 방조범)'밖에 될 수 없다. 이와 같이 소극적 신분을 규율
하는 법적 근거가 존재하지 않음에도 불구하고 불구성적 신분자에게
공범이 아닌 공동'정범'성을 인정하고 있는 — '대법원 1986. 2. 11. 선
고 85도448 판결'에 이어 두 번째로 나온 — 위 대상판결은 법적 근거
없이 유사 법적 근거만 제시하고 있음에 불과하므로 법관의 법률구속
성원칙에 정면으로 위배된다. 소극적 신분과 공범에 관한 규정이 독일
형법에는 존재한다고 흔히들 말하지만, 독일형법 제28조 제2항도 형벌
조각적 신분의 경우는 신분있는 가담자에게만 형벌조각적 효과가 인
정된다고 규정하고 있을 뿐 소극적 (불구성적) 신분자가 비신분죄의
공동정범 또는 공범이 된다는 규정은 아닌 것으로 보인다.[6]

III. 대전제를 임의로 조작 또는 가공하고 있는 경우

삼단논법의 형식논리에 따라 구체적 사안을 법률상의 전제조건에
포섭하는 과정에서 가장 중요한 작업은 대전제에 대한 구체화작업, 즉
해석이다. 해석이 법률과 사실의 상호왕래라면 대전제를 해석함에 있
어 포섭대상인 구체적 사실관계의 특수성을 고려하지 않을 수 없다.
그렇다고 해서 이러한 고려가 포섭여부에 대한 결론까지 선취하여 그
결론을 대전제에 대한 해석론에 결정적인 영향을 미치도록 해서는 안
된다. 만약 포섭대상이 되고 있는 사안을 포섭할 것인지에 관한 결론
을 내림에 있어 결론을 선판단한 후에 대전제에 대한 해석론을 전개
한다면 그것은 해석이 아니라 '조작'이다. 이러한 조작적 해석의 경우
에도 형식논리적으로 보면 연역추론의 얼개는 그대로 유지되어 아무

---

6) 독일형법 제28조 제1항: 행위자의 가벌성을 근거지우는 신분이 공범자(교사범
또는 방조범)에게 결여되어 있는 경우, 공범에 대한 형벌은 형법 제48조 제1
항에 따라 감경되어야 한다.
제28조 제2항: 법률상 신분이 형벌을 가중, 감경 또는 배제하는 것으로 규정
되어 있는 경우, 이는 그러한 신분을 가진 가담자(정범 또는 공범)에 대해서
만 타당하다.

런 문제가 없어 보인다. 겉보기에 대전제에 대해 이루어진 해석이 공식화되고, 그 공식이 사안에의 포섭여부를 결정하는 논리적 전개과정 상의 문제가 전혀 드러나지 않기 때문이다. 대법원이 삼단논법의 형식 논리를 가동시킴에 있어 그 대전제에 대해 조작적 해석론을 전개하고 있는 것으로 의심이 되는 경우의 수는 다양하다.

1. 구성요건요소에 대한 해석상의 조작

[대상판결] 대법원 1994. 12. 23. 선고 93도1002 판결

"가. 형법 제33조 소정의 이른바 신분관계라 함은 남녀의 성별, 내·외국인의 구별, 친족관계, 공무원인 자격과 같은 관계뿐만 아니라 널리 일정한 범죄행위에 관련된 범인의 인적관계인 특수한 지위 또는 상태를 지칭하는 것이다. 나. 형법 제152조 제1항과 제2항은 위증을 한 범인이 형사사건의 피고인 등을 '모해할 목적'을 가지고 있었는가 아니면 그러한 목적이 없었는가 하는 <u>범인의 특수한 상태의 차이</u>에 따라 범인에게 과할 형의 경중을 구별하고 있으므로, 이는 바로 형법 제33조 단서 소정의 <u>"신분관계로 인하여 형의 경중이 있는 경우"</u>에 해 <u>당한다고 봄이 상당하다.</u> 다. 피고인이 갑을 모해할 목적으로 을에게 위증을 교사한 이상, 가사 정범인 을에게 모해의 목적이 없었다고 하더라도, 형법 제33조 단서의 규정에 의하여 피고인을 모해위증교사죄로 처단할 수 있다. 라. 구체적인 범죄사실에 적용하여야 할 실체법규 이외의 법규에 관하여는 판결문상 그 규정을 적용한 취지가 인정되면 되고 특히 그 법규를 법률적용란에서 표시하지 아니하였다 하여 위법 이라고 할 수 없으므로, 모해의 목적으로 그 목적이 없는 자를 교사하여 위증죄를 범한 경우 그 목적을 가진 자는 모해위증교사죄로, 그 목적이 없는 자는 위증죄로 처벌할 수 있다고 설시한 다음 피고인을 모해위증교사죄로 처단함으로써 사실상 형법 제33조 단서를 적용한 취의로 해석되는 이상, 법률적용에서 위 단서 조항을 빠뜨려 명시하지

않았다고 하더라도 이로써 판결에 영향을 미친 위법이 있다고 할 수
없는 것이다. 마. 형법 제31조 제1항은 협의의 공범의 일종인 교사범
이 그 성립과 처벌에 있어서 정범에 종속한다는 일반적인 원칙을 선
언한 것에 불과하고, 신분관계로 인하여 형의 경중이 있는 경우에 신
분이 있는 자가 신분이 없는 자를 교사하여 죄를 범하게 한 때에는
형법 제33조 단서가 형법 제31조 제1항에 우선하여 적용됨으로써 신
분이 있는 교사범이 신분이 없는 정범보다 중하게 처벌된다."

  [평석] 대상판결은 공범과 신분에 관한 형법 제33조를 해석하고
적용함에 있어 연역추론적 논리의 전형을 보여주고 있는 듯하다. 형법
제33조가 공범종속성의 일반원칙을 선언한 형법 제31조 제1항의 특별
규정에 해당함을 출발점으로 삼고, 제33조의 적용상 본문은 원칙적으
로 신분자가 정범이고 비신분자가 공범으로 적용되는 경우를 예정하
고 있지만 단서는 가감적 신분자가 비신분자의 범죄에 공범으로 가담
하는 경우에도 적용되는 것으로 볼 수 있음을 기초로 하면, 가중적 신
분자(모해목적을 가진 자)가 비신분자(모해목적 없는 자)의 범죄를 교사
한 경우, 비신분자는 통상의 범죄(단순위증죄)의 정범이 되지만, 가중적
신분자는 통상의 범죄의 교사범이 아니라 가중적 신분범(모해목적위증
죄)의 교사범으로 처벌할 수 있게 된다.
  이러한 논리전개를 위해서는 그 출발점에서 한 가지 전제조건이
충족되어야 한다. '모해목적'이 신분(이차적으로 가중적 신분)개념에 해
당하여야 하는 것이다. 대법원의 위 판시가 모해목적이 신분에 해당함
으로 전제조건으로 삼고 있음도 바로 이러한 논리전개의 출발점을 정
렬하기 위한 사전작업이었음은 재언을 요하지 않는다. 문제는 대법원
이 형법 제33조에서 말하는 신분개념을 어떻게 해석하였기에 모해목
적을 신분개념에 해당한다고 보고 있는지에 있다. 자세히 들여다 보면
대법원이 신분개념을 해석함에 있어 이중플레이를 하고 있는 것이 눈
에 들어온다. 대법원은 일차적으로 사안과 무관하게 추상적인 차원에

서 신분개념에 대한 해석론을 전개하고 있다. 즉 대법원은 '가'에서 "신분관계라 함은 남녀의 성별, 내·외국인의 구별, 친족관계, 공무원인 자격과 같은 관계뿐만 아니라 널리 일정한 범죄행위에 관련된 범인의 인적관계인 특수한 지위 또는 상태를 지칭하는 것이다"라고 한다. 이어서 대법원은 모해목적이라는 특수한 요소를 이러한 신분개념에 포섭할 수 있는지를 판단하는 단계에 와서 위 신분개념에 대한 추상적 공식 가운데 "범인의 인적 관계인 특수한 상태"라는 부분을 다시 발췌해 내고 있다. 이어서 대법원은 모해목적이 바로 "범인의 특수한 상태"라고 하면서 모해목적을 신분개념에 포섭시키고 있다. 모해목적이 신분개념으로 인정받는 순간 위 판시의 '나', '다', '라', '마'에서 전개되고 있는 판시의 논리는 마치 톱니바퀴처럼 한 치의 오차도 없이 작동된다.

그러나 대법원이 신분개념을 해석하여 이를 공식화하고 그 공식 속의 일부인 '범인의 특수한 상태'라는 부분을 구분해낸 후, 모해목적이 여기에 해당한다고 하는 부분에는 해석론상 동의하기 어려운 측면이 있다. 일반적으로는 신분을 행위자(범인)의 특수한 관계, 지위 또는 상태로 해석하여 이를 공식화하는 단계까지는 문제가 없는 것 같다. 하지만 여기서 '특수'라는 수식어는 구체적인 행위자만 가지는 일신전속성을 의미하는 것이라면, 이 특징은 신분의 필요조건에 불과할 뿐 가지고는 필요충분한 요소가 될 수 없다. 즉 신분이 일신전속적 행위자적 요소이자 행위자의 특수한 상태라면, 고의나 목적과 불법영득의사와 같은 주관적 요소도 '행위자'만 가질 수 있는 '행위자의 특수한 (내적) 상태', 즉 일신전속적 요소라는 점에는 의문이 없지만, 그렇다고 해서 행위자의 모든 일신전속적 요소가 신분이 될 수는 없는 것이다. 행위자의 일신전속적 요소(즉 관계, 지위 또는 상태)가 '객관성'을 가지고 있을 것이 요구된다. 신분은 주체의 요소이지만 주체의 외부에 의해서도 그 주체의 고유한 요소라고 객관적으로 인정을 받아야 하기 때문이다. 하지만 모해목적은 철저하게 주체의 요소이기는 하지만 객관적 측면을 가지고 있지 않다. 객관적 측면을 배제하고 내부 주관적 측면에만 초점을 맞추면 고의를 가진 자와 고의를 가지지 않은 자 역시 '행위자의 특수한 상태'라는 점에서는 차이가 있음이 분명하다. 그렇다고 해서 이러한 차이만으로 고의의 신분성을 근거지울 수는 없다. 종래에는 해석상 고의를 신분개념에 포함시키지 않는 이유를 고의가 행위요소일 뿐 행위자적 요소가 아니라는 설명이 주종을 이루고 있었다. 모해목적 역시 행위요소일뿐 행위자적 요소가 아니기 때문에 신분개념에 해당할 수 없다는 견해가 다수를 이루고 있었다. 하지만 고의나 모해목적은 행위요소임과 동시에 행위자적 요소임을 부정할 수는 없다. 그러나 고의나 모해목적이 신분개념에 해당할 수 없는 것은 이들 요소가 — 종래의 해석태도와 같이 — 행위자적 요소가 아니기 때문이 아니다. 오히려 이들이 신분개념에 해당할 수 없는 것은 이들이 주관적 행위자적 요소일 뿐 '객관적' 행위자적 요소가 아니기 때문이라고 해야 한다. 자신을 주관적으로 아무리 공무원으로 여기더라도 공무원의 임용자격과 임용과정을 객관적으로 거치지 못하면 공무원이라는 신분적 지위를 얻지 못한다. 요컨대 신분은 주관적 행위자적 요소가 아니라 객관적 행위자적 요소로 해석되어야 한다.

대법원이 모해목적을 가진 자를 단순위증죄의 교사가 아니라 더 중하게 처벌하는 모해목적위증죄의 교사범으로 처벌하기 위해 형법 제33조 단서적용의 길이 들어섰다. 제33조의 단서적용의 문을 열기만 하면 대법원이 원하는 결론에 곧바로 도달할 수 있을 것이다. 하지만 주관적 행위자적 요소에 불과한 모해목적이 객관적 행위자적 요소이어야 할 신분개념에 해당할 수 없는 한, 대법원은 맞지 않는 열쇠를 가지고 제33조 단서의 문을 연 것이다. 즉 제33조 단서적용의 논리가 도그마틱적으로는 아무런 문제가 없더라도 그 논리전개를 위해 모해목적을 신분에 포섭시킨 것은 신분개념에 대한 잘못된 해석 내지 잘못된 공식을 출발점으로 삼은 것으로서 수용되기 어렵다.

2. 구성요건요소의 충족여부에 대한 사실상의 의제

[대상판결] 대법원 2008. 10. 23. 선고 2008도6940 판결

"골프와 같은 개인운동경기에 참가하는 자는 자신의 행동으로 인해 다른 사람이 다칠 수도 있으므로, 경기규칙을 준수하고 주위를 살펴 상해의 결과가 발생하는 것을 미연에 방지해야 할 주의의무가 있고, 이러한 주의의무는 경기보조원에 대하여도 마찬가지이다. 다만, 운동경기에 참가하는 자가 경기규칙을 준수하는 중에 또는 그 경기의 성격상 당연히 예상되는 정도의 경미한 규칙위반 속에 상해의 결과를 발생시킨 것으로서 사회적 상당성의 범위를 벗어나지 아니하는 행위라면 과실치상죄가 성립하지 않는다고 할 것이지만, 골프경기를 하던 중 골프공을 쳐서 아무도 예상하지 못한 자신의 등 뒤편으로 보내어 등 뒤에 있던 경기보조원(캐디)에게 상해를 입힌 경우에는 주의의무를 현저히 위반한 사회적 상당성의 범위를 벗어난 행위로서 과실치상죄가 성립한다."

[평석] 위 판시에서 대법원이 피고인의 행위에 대해 과실치상죄의 성립을 인정할 것인지를 판단함에 있어 초점을 맞추고 있는 쟁점은 피고인의 '과실'인정여부이다. 이를 위해 대법원은 이 사건이 골프라는 운동경기 도중에 벌어진 사건의 특수성을 고려하여 먼저 '경기규칙'의 위반여부를 판단한다. 여기서 대법원은 경기규칙위반이 있어도 그 위반이 '사회적 상당성'의 범위를 벗어나지 아니하면 과실로 인정할 수 없다고 함으로써 사회적 상당성을 과실제한을 위한 법리로 사용하는 출발점에 선다. 이 경우 사회적 상당성은 형법이론상 허용된 위험의 법리와 유사한 것으로 이해될 수 있다. 이러한 관점에서 보면 대법원은 먼저 피고인이 일정한 경기규칙을 위반하였는지를 살피고, 경기규칙의 '위반'이 인정되는 전제하에서 그 규칙위반이 사회적 상당성의 수준을 넘었는지에 따라 과실여부를 판단하는 순서로 논리를 진행시

키고 있다.

그러나 위 판시내용에서 알 수 있듯이 대법원은 운동경기규칙 위반의 사회적 상당성여부판단을 과실인정여부를 판단함에 있어 고려해야 할 명목상의 공식으로 등장시키고 있을 뿐, 실제로 사회적 상당성 인정여부에 대한 판단까지는 나아가지 않았다. 대법원은 피고인이 이미 경기규칙은 준수하고 있음을 인정하고 있는 듯하기 때문에 경기규칙의 '위반'을 전제로 하는 그 위반의 사회적 상당성여부 판단까지는 더 이상 나아갈 필요조차 없었을 것으로 보인다. 이 때문에 대법원의 초점은 어느 틈에 다른 평가대상으로 순식간에 이동하여 경기규칙과 별개로 피고인이 기울여야 할 추가적인 '주의의무' 및 그 위반의 사회적 상당성 여부에 대한 판단으로 나아가고 있다. 이 점은 다음과 같은 판시내용에서 알 수 있다. 즉 대법원은 "경기규칙을 준수하고 주위를 살펴 상해의 결과가 발생하는 것을 미연에 방지해야 할 주의의무가 있(다)"고 하고 있는데, 이 문장을 자세히 뜯어보면, 준수해야 할 경기규칙 외에 결과방지를 위한 또 다른 주의의무가 있는 것으로 읽을 수 있다.

이와 같이 대법원이 규범화된 경기규칙 외에 구체적 상황에서 (결과방지를 위해) 기울여야 할 추가적인 주의의무가 별도로 존재하는 것임을 인정하고 있음은 올바른 접근인 것으로 여겨진다. 주의의무가 전제되어 있지 않는 한 주의의무의 '위반'운운은 할 수 없기 때문이다. 이 때문에 과실범성립여부를 검토할 경우 많은 경우 명시적인 주의규정이 없는 경우는 물론이고 주의규정이 존재하는 경우라도 구체적인 상황에서 추가적인 준수해야 할 (규범화되지 않은) 주의의무가 존재하는지를 판단해야 한다. 즉 생명 또는 신체에 대한 위험이 있는 영역에서는 이미 존재하는 형식적인 주의규정의 위반여부 외에도 실질적으로 결과발생에 대한 예견가능성여부를 다시 판단하여 예견의무와 회피의무를 준수해야 할 정상의 '주의의무'가 존재하는지를 판단해야 하는 것이다. 이러한 판단은 대법원의 다른 판시에서도 흔히 볼 수 있다. 대법원은 도로교통사고와 관련하여 운전자에게 과실범의 성립을 인정할 것인지를 판단함에 있어 도로교통법상의 주의규정 외에 구체적 상황에서 '통상의 운전자라면 사고방지를 위해 기울여야 할 객관적 주의의무'가 인정될 수 있는지까지 판단할 것을 요구하고 있다. 여기에서 과실인정을 위해서는 논리과정상 중요한 과정을 거쳐야 한다. 즉 '주의의무' 자체의 존재를 인정하는 단계를 거쳐 그 주의의무의 '위반'을 인정하여야 과실이 인정되는 것이다.

하지만 위 대상판결에서 대법원은 이러한 추가적인 판단을 함에 있어 그 주의의무의 존재 자체를 인정하는 판단과정을 밟지 않는다. 그 대신에 주의의무의 존재를 ─ 마치 의제하듯이 ─ 사실상 전제하고 있다. 그리고 나서 곧바로 그 의제된 주의의무를 '위반'하였는지를 판단하고 있고, 여기서 다시 과실(주의의무위반)의 범위제한에 관한 법리, 즉 위반이 사회적 상당성을 벗어난 것인지를 판단하고 있다. 여기서 대법원은 그 위반의 사회적 상당성 여부를 판단함에 있어 피고인이 '주의의무'를 "현저히 위반한 것"이므로 사회적 상당성을 벗어난 행위라는 결론을 내리고 만다.

이러한 대법원의 판단과정에는 논리적으로 뿐 아니라 내용적으로 두 가지 문제점이 내재되어 있는 것으로 보인다. 하나는 준수해야 할 운동경기 규칙 외에 추가적인 '주의의무'의 '위반' 여부부터 판단하고 있음은 논리적으로 그 주의의무의 존재 자체를 확인하는 선행 판단을 거치지 않은 것이다. 다른 하나는 그 주의의무위반의 현저성을 평가함에 있어 현저성 여부의 판단기준을 잘못 제시하고 있다는 점이다. 이 두 가지 문제점은 판결문의 내부에서 서로 뒤엉켜서 위 대법원의 판시를 논리비약과 형용모순이라는 두 개의 크나큰 흠집을 만들어내고 있다.

대법원이 하고 있는 논리비약부터 보자. 경기규칙과 동등한 수준으로 그 준수가 요구되는 객관적 주의의무가 존재하는지를 판단하는 과정은 실무상 그리고 형법이론상 당연히 '객관적 예견가능성'에서 나오는 것은 주지의 사실이다. 통상적으로 결과의 발생(또는 발생가능성)

이 예견될 수 없는 영역에서는 예견의무와 회피의무 자체가 존재하지 않는 것이다. 이러한 판단은 '당위는 가능을 전제로 한다'는 법원칙 내지 '불가능은 의무지울 수 없다'는 로마시대의 법격언을 근거로 하고 있다. 하지만 대법원은 이 법원칙 내지 법격언과 배치되는 판단을 내리고 있다. 이점은 '아무도 예상하지 못한 자신의 등 뒤로'라는 대목에서 알 수 있다. 이러한 대법원의 언명은 골프공이 뒤로 날아가서 캐디에게 상해를 입히라는 것은 아무도 예상하지 못했고, 아무도 예상할 수 없는 매우 비전형적(이례적)인 사태여서 통상적으로 골프경기에 임하는 자들로서는 예견할 수 없고, 따라서 예견의무 및 회피의무의 존재 자체를 부정할 근거로 삼을 만하다. 따라서 객관적 예견가능성이 없음에도 불구하고 대법원이 예견의무 또는 회피의무라는 객관적 주의의무가 '존재'한다고 하는 것은 논리비약이라고 하지 않을 수 없다.

이러한 논리비약은 형용모순으로 이어지고 있다. 대법원은 그 존재 자체를 근거지우지도 않은 주의의무 내지 존재하지도 않은 주의의무를 행위자가 어느 '정도'로 위반하였는지까지 판단하고 있기 때문이다. 즉 대법원은 피고인이 주의의무를 '현저히 위반'한 것으로 보면서 마치 피고인에게 중과실이 인정된 듯한 표현을 사용하고 있다. 하지만 중과실은 '아무도 예상하지 못한 결과를 예견하지 못한' 경우가 아니라 조금만 주의를 기울이면 누구나 예상할 수 있는 것을 예견하지 못한 경우를 일컫는다. 따라서 대상판결의 사실관계는 애초부터 중과실을 근거지울 수 있는 사정이 존재하지 않는다. 과실의 정도를 판단하는 '현저히'라는 부사를 '사회적 상당성의 범위' — 허용된 위험범위 — 이탈의 정도를 묘사하는 말로 사용하더라도 문제점은 제거되지 않는다. 즉 사안에서 아무도 예상할 수 없는 방향으로 골프공을 날려 보낸 것이 사회적으로 상당성이 인정되거나 허용된 위험의 실현인지 아닌지를 판단함에 있어 '현저히'라는 수식어를 사용한 것 자체가 문제거리가 되는 것이다. 아무도 예상할 수 없는 방향으로 공이 날아간 것은 오히려 허용된 위험으로서 사회적 상당성의 범위내로 편입시키고 결론적으로 객관적 주의의무위반을 '부정'하는 논거로 사용하는 것이 오히려 사리에 적합한 판단으로 여겨지기 때문이다.

요컨대 대법원은 앞서 지적했듯이 대법원은 객관적 주의'의무' 그 자체를 근거지우지 않은 채 객관적 주의의무의 '위반'부터 인정하였고, ― 현저성 판단을 위해 사용한 기준이 표현상 현저성과 상충됨에서 불구하고 ― 그 위반의 현저성을 인정하였으며, 이러한 현저성을 통해 위반이 사회적으로 상당하지 않은 위반임을 근거지움으로써 결국 행위자의 과실을 인정하고 있다. 이러한 논증은 법적 요건의 충족여부를 사실상 의제하는 것일 뿐 아니라 그 충족여부를 판단함에 있어서도 내용적으로 앞뒤 형용모순적 판단을 하고 있음을 보여주고 있다.

Ⅳ. 대전제에 대한 과도한 규범적 해석을 하는 경우

삼단논법의 대전제가 추상적 개념인 이상 구체적 사실관계에 적용되기 위해 법관의 규범적 평가과정을 거치는 것은 당연한 일이다. 이와 같이 개념에 대한 규범적 '평가'를 인정한다는 것은 법률개념이 자연주의적 존재론적인 차원에서 '확인'될 수 있는 것이 아니라 법관의 정신작용을 거치면서 '구성'되는 것임을 의미한다. 그러나 이러한 개념의 구성과 관련하여 법관은 개념의 내용을 순수 구성주의적 관점에서 재구성함으로써 그 개념에 내재해 있는 실체(본질)을 벗어나서는 안 된다. 물론 여기서 말하는 실체는 입법자가 평가자와 무관하게 개념속에 미리 넣어둔 객관적 실체만을 의미하는 것은 아니다. 이러한 실체의 본질내용을 일점일획이라도 변경해서는 안 된다는 태도는 외부세계의 변화를 좇아가는 법률의 진화를 무시하는 퇴행적 태도로서 법률국가에 충성을 맹세하는 태도이다. 다른 한편 입법자가 설정한 개념의 본질적 실체요소를 뛰어넘어 순수 규범주의적 관점에서 개념을 과도하게 해석하는 태도는 더더욱 문제있는 태도이다. 법관국가를 향해 축배를 드는 위험천만한 일이기 때문이다.

1. 공모개념에 대한 과도한 해석

[대상판결] 대법원 2010. 12. 23. 선고 2010도7412 판결

"공모공동정범의 경우, 범죄의 수단과 태양, 가담하는 인원과 그 성향, 범행 시간과 장소의 특성, 범행과정에서 타인과의 접촉 가능성과 예상되는 반응 등 제반 상황에 비추어, 공모자들이 그 공모한 범행을 수행하거나 목적 달성을 위해 나아가는 도중에 <u>부수적인 다른 범죄가 파생되리라고 예상하거나 충분히 예상할 수 있는데도 그러한 가능성을 외면한 채 이를 방지하기에</u> 족한 합리적인 조치를 취하지 아니하고 공모한 범행에 나아갔다가 결국 그와 같이 예상되던 범행들이 발생하였다면, 비록 그 파생적인 범행 하나하나에 대하여 개별적인 의사의 연락이 없었다 하더라도 당초의 공모자들 사이에 그 범행 전부에 대하여 암묵적인 공모는 물론 그에 대한 기능적 행위지배가 존재한다고 보아야 한다."

[평석] 대법원은 위 판시에서 공모한 범행을 수행하거나 목적달성을 향해 나아가는 도중에 부수적인 다른 범죄가 파생된 경우, 그러한 파생적인 범행에 대해서도 암묵적인 공모가 있었음을 인정함으로써 공동정범의 성립범위를 확대하고 있다.[7] 이러한 가벌성의 확대는 두 가지 점에서 공동정범의 성립요건 가운데 주관적 요건인 공모개념에 대한 과도한 해석이다. 첫째, 기존의 대법원이 취하고 있는 공모공동정범 법리는 적어도 주관적인 공모만은 — 사전적 공모로 제한함으로써 — 현실적으로 확실하게 존재하고, 다만 객관적인 행위분담이 결여된 경우에 적용되는 법리였다. 하지만 위 판시내용을 보면 현실적인 공모 뿐 아니라 '암묵적인' 공모도 공모개념으로 해석하고 있다. 이로써 공모공동정범에 포섭될 사례는 현실적으로 공모하지 않은 별개의 범죄에 대해서까지 — 부수적인 파생범죄라는 레토릭을 사용하여 — 확장되고 있

---

7) 대법원 2007. 4. 26. 선고 2007도428 판결; 대법원 2011. 1. 27. 선고 2010도 11030 판결 등 참조.

다. 둘째, 종래 공동정범의 법리는 공모자들 가운데 일부가 공모한 내용을 초과하여 실행한 경우 그 초과부분에 대해서는 공모조차 없는 것이므로 공동정범의 성립을 인정하지 않았다. 이점은 원칙적으로 그 초과부분이 질적으로 다른 범죄인 경우는 물론이고 양적인 초과인 경우에도 마찬가지였다. 다만, 양적인 초과가 있는 경우에는 예외가 인정되었는데, 그것도 공모부분과 초과부분이 입법자에 의해 결과적 가중범이라는 구성요건이 만들어진 경우에 국한되었다. 물론 이 경우 다시 초과부분으로 나아가지 않는 단순 공모자에게 그 초과부분에 대해 예견가능성은 인정되어야 한다. 그러나 이와 같은 결과적 가중범의 공동정범이라는 예외적 법리에 따르더라도 적어도 기본범죄에 관한 현실적 공모는 인정되어야 하고, 그 공모과정에서의 기여정도가 당해 기본범죄를 범함에 있어 기능적 행위지배까지 인정되어야 한다. 하지만 위 판시내용은 공동정범의 법리를 뛰어넘는 새로운 법리를 만들어냄으로써 공동정범의 성립범위를 확장하고 있다.

　위 판시에서 공모자들 가운데 일부가 공모한 내용을 초과한 범죄를 한 경우 그 범죄가 결과적 가중범에 해당하지 않는 경우에도 그러한 범죄들에 대한 공동정범을 인정하는 단초는 이른바 '파생관계'이다. 즉 피고인이 시위모의를 한 후 시위에 주도적 역할을 하였음을 근거로 삼아, 공모조차 없었던 폭처법상의 집단 흉기등 폭행, 상해죄의 공동정범의 성립을 인정하고 있다.[8] '파생'이라는 용어를 매개로 삼아 시위모의자에게 모의내용을 초과하여 다른 모의자가 나아가 성립시킨 결과적 가중범의 공동정범을 인정하는 판결례도 있다(대법원 2012. 5. 24. 선고 2010도11381 판결 참조). 즉 집시법위반행위로서 시위에 주도적 역할을 하였을 뿐인 피고인에게 그 이후 다른 조합원들에 의해 행해진 특수공무집행방해치상행위에 대해서까지 공동정범을 인정하고 있다.

---

8) 위 판시에서 피고인에게 (미리 바닥에 윤활유를 뿌려놓은 행위에 대해) 폭행을 인정할 수 없었기 때문에 특수공무집행방해치상죄까지 인정하지 않음으로써 해당구성요건에 대한 적용에 있어서 넘어야 할 선을 넘지 않은 것은 그나마 다행이다.

파생관계를 이용하여 공모하지 않은 범죄에 대해서까지 공동정범의 성립을 인정하는 논리구조의 문제점을 쉽게 발견하기는 어렵다. 대법원은 현실적으로 공모하지 않은 범죄에 대해서도 공모성을 인정하는 중간연결고리를 만들어 그 문제점을 사전에 봉합하는 치밀한 논리를 전개하고 있기 때문이다. 여기서 대법원이 동원하는 방법은 공모개념을 확장해석하는 것이다. 즉 대법원은 애초에 공모한 A라는 성립된 범죄에 기능적 행위지배만 인정되면 A죄에서 예상되는 또는 예상할 수 있는 '파생'범죄인 B죄에 대해서도 공모를 인정할 수 있다고 하는데, 이렇게 실제로는 공모가 없는 경우를 대법원은 암묵적 공모로 부른다. 대법원은 공모하지는 않았지만 공모한 범죄를 수행하면서 부수적으로 발생하게 될지도 모를 파생범죄에 대해서 '예견가능성'만으로도 공모성을 인정하고 있는 것이다.[9] 그리고 대법원은 일단 B죄에 대해서도 이른바 '암묵적' 공모가 인정되는 이상, B죄에 대한 공동정범을 인정하는 결론을 형식논리적으로 문제없이 이끌어낸다. 하지만 이러한 결론은 예견가능성으로 연결되는 초과부분이 결과적 가중범의 중한 결과인 경우에'만' 공동정범을 근거지운다는 기존의 판례의 태도를 뛰어넘고 있다. 뿐만 아니라 B죄의 공동정범성을 근거지운 이상 이로써 B죄를 기본범죄로 삼고 있는 결과적 가중범인 C죄에 대해서도 공동정범의 성립을 인정하는 발판으로 삼는다. 요컨대 대법원을 '파생'이라는 용어를 통해 공모개념을 확장함으로써 공동정범의 성립을 법률이 허용하는 범위를 넘어서서 확장할 예비논리를 마련한 후, 현실적인 공모가 인정되는 A죄로부터 파생되는(그러나 사실은 A죄와 무관한) B죄에 대한 공동정범성을 근거지우고 있으며, 또 이를 발판으로 삼아 결과적 가중범인 C죄에 대해서까지 공동정범의 성립을 확대하고 있는 것이다.

이와 같이 대법원은 공모개념을 암묵적 공모개념으로 확장할 뿐

---

9) 여기서 말하는 예견가능성은 결과적 가중범의 공동정범을 인정할 경우 중한 결과발생에 대한 예견가능성과는 차원이 다른 것임을 주의해야 한다.

아니라 파생적 초과부분까지 확장함으로써 공동정범의 성립범위 확장이라는 결론을 도출하는 데 사용할 연역추론적 공식(대전제)을 만들어내고 있다. 암묵적 공모를 공모개념에 포함되는 것으로 해석하는 태도는 사실상 현실적 공모가 없는 범죄에 대해서까지 공모가 존재하는 것으로 의제하는 태도이며, 엄밀하고도 엄격해야 할 범죄의 실체요건을 종교의 세계인 이심전심(以心傳心)의 수준에서 파악하고 있다는 비판을 받아 마땅하다. 뿐만 아니라 대법원이 확대일로에 있었던 공모공동정범의 잔존 사례들을 공동정범의 법리의 앞마당에서 쓸어내는 척하면서도 이른바 파생적 공동정범의 법리를 동원하여 뒷마당으로 다시 들이기 위해 공동정범의 범위를 은밀하게 확대하고 있다는 비판을 면하기 어렵다.

2. 예견가능성 개념 등에 대한 과도한 규범적 해석

[대상판결 1] 대법원 1985. 3. 12. 선고 85도198 판결

　"원심이 인용한 제1심판결 이유설시의 각 증거를 기록과 대조하여 살펴보면 원심인정의 제1심판시 피고인에 대한 범죄사실을 인정하기에 충분하다 할 것이고, 피고인이 피해자(만 6세 녀)의 목을 손목으로 3분 내지 4분간 누르게 되면 질식사할 위험이 있음을 <u>일반적으로 예상할 수 있는 것이므로</u> 피고인에게 살해의 범의 있음을 전제로 살인죄에 의율한 원심조치는 정당하(다)."

[대상판결 2] 대법원 1992. 7. 28. 선고 92도999 판결

　"형법 제10조 제3항은 "위험의 발생을 <u>예견하고</u> 자의로 심신장애를 야기한 자의 행위에는 전2항의 규정을 적용하지 아니한다"고 규정하고 있는바, 이 규정은 고의에 의한 원인에 있어서의 자유로운 행위만이 아니라 과실에 의한 원인에 있어서의 자유로운 행위까지도 포함하는 것으로서 위험의 발생을 <u>예견할 수 있었는데도</u> 자의로 심신장애

를 야기한 경우도 그 적용 대상이 된다고 할 것이어서, 피고인이 음주운전을 할 의사를 가지고 음주만취한 후 운전을 결행하여 교통사고를 일으켰다면 피고인은 음주시에 교통사고를 일으킬 위험성을 <u>예견하였는데도</u> 자의로 심신장애를 야기한 경우에 해당하므로 위 법조항에 의하여 심신장애로 인한 감경 등을 할 수 없다.”

[대상판결 3] 대법원 1989. 1. 17. 선고 88도971 판결

“절도의 범의는 타인의 점유하에 있는 타인소유물을 그 의사에 반하여 자기 또는 제3자의 점유하에 이전하는 데에 대한 인식을 말하므로, 타인이 그 소유권을 포기하고 버린 물건으로 오인하여 이를 취득하였다면 이와 같이 <u>오인하는 데에 정당한 이유가 인정되는</u> 한 절도의 범의를 인정할 수 없다.”

[평석] 대상판결 1에서는 행위자의 고의 인정에 있어 ‘인식’적 요소가 충족되기 위해서 결과발생에 대해 “일반적으로 예상할 수 있음”을 근거로 삼고 있다. 일반인이 예견가능한 사실은 행위자도 예견가능하다는 추론은 가능하지만, 예견가능성을 근거로 삼아 실제로 예견(인식)했음을 긍정하는 것은 예견(인식)개념 및 더 나아가 고의개념에 대한 과도한 추론이라고 볼 수밖에 없다. 존재론적으로 예견이 有라면 예견가능성은 無에 해당한다. 예견가능성을 예견 및 고의에 포섭하는 것은 고의개념에 대한 지나친 규범화라고 하지 아니할 수 없다. 이러한 과잉규범화는 고의의 입증곤란을 이유로 간접사실을 가지고 고의를 추론하는 경우와는 차원을 달리한다. 예컨대 대법원은 무술교관이 피해자의 울대를 쳐서 한방에 사망의 결과를 초래한 경우, 행위자가 무술교관으로서 인체의 급소를 잘 알고 있다는 사실은 급소를 가격한 행위자의 살해의 고의를 추론하게 하는 간접사실이 될 수 있다. 하지만 어떤 사실을 일반인이 예상할 수 있다는 사실은 행위자의 고의를 추론하게 하는 간접사실이 될 수는 없다. 심리학적 인식에 기초를 두

고 있는 고의개념에 대한 과도한 규범적 해석일 뿐이다.

대상판결 2는 대상판결 1의 경우와는 정반대로 형법 제10조 제3
항이 요구하는 원자행 인정요건인 위험발생에 대한 행위자의 '예견'에
'예견가능성'도 포함된다고 해석한다. 앞에서 언급한 대로 예견은 현실
적인 예견이 있었던 경우를 말하고, 예견가능성은 현실적으로 예견하
지 못했지만 예견할 수 있었던 것으로 평가되는 경우를 말한다. 고의
는 물론이고 인과관계나 책임판단의 경우와 같이 형법상의 개념이 자
연과학적으로나 심리학적인 기초에 의거하여 해석되는 것이 아니라
규범적인 평가의 대상이 되는 것을 전적으로 부정하는 것은 아니다.
하지만 예견에 예견가능성도 포함시키는 것은 문리적 해석 이외의 다
른 어떤 해석방법에 의하더라도 가능하지 않은 해석이다. 위 판시에서
대법원이 예견에 예견가능성을 포함시키고 있는 이유는 형법 제10조
제3항의 적용대상에 과실에 의한 원인에 있어서 자유로운 행위도 포
섭되는 것임을 근거지우기 위함으로 보인다. 하지만 행위자가 과실로
행위하는 경우를 형법 제10조 제3항에 포섭하는 일은 위험발생의 '예
견'개념을 확장하지 않고서도 얼마든지 가능하다. 형법 제10조 제3항
이 장애상태하에서 행위자의 '과실'을 전제로 삼아 — 그 과실불법에
대해 책임비난을 탈락시키거나 감소시키지 않고 — 행위자의 완전책임
을 인정하기 위한 요건을 규정하고 있다고 본다면, 장애상태하에서의
행위시 과실불법이 형법 제10조 제3항에 근거한 책임판단의 대상이
되는 것은 당연한 결론이기 때문이다. 대법원은 판시의 앞부분에서 무
리수를 떠가면서 예견에 예견가능성을 포함시킬 수 있다고 주장해 놓
고, 뒷부분에서는 이러한 해석결론을 사안에 적용하지도 않았다는 점
에서 그 주장을 무위에 그치게 했다. 하지만 형사정책적으로 예견에
예견가능성을 포함시킴으로써 원자행의 인정요건을 확대할 필요는 여
전히 존재한다. 이러한 형사정책적 필요성을 충족시키기 위해서는 입
법적으로 형법 제10조 제3항의 예견요건을 수정하는 방법밖에 없다.

대상판결 3에서 대법원은 형법 제13조의 범의(고의) 탈락 요건에

서 형법 제13조가 요구하지 않는 요건까지 추가함으로써 결과적으로 가벌성의 범위를 확장하고 있다. 절도죄의 고의가 인정되려면 재물의 타인성에 대한 인식을 요하는바, 행위자가 자신이 취득한 재물을 타인에 의해 소유권이 포기된 물건으로 인식한 이상, 행위자의 고의는 아무런 조건 없이 탈락되어야 하는 것이 형법 제13조의 내용이다. 그럼에도 불구하고 대법원은 행위자가 재물의 타인성을 인식하지 못한데(즉 버린 물건으로 오인하는 데에) '정당한 이유'가 있는 경우에만 고의를 탈락시킬 수 있다고 하기 때문이다. 형법 제13조는 불인식(또는 오인)을 고의탈락사유로 규정하고 있을 뿐 고의탈락의 추가적 조건으로 정당한 이유를 규정하고 있지 않다. 행위자의 사실불인식(내지 오인)마다 정당한 이유를 묻는다면 행위자에게 고의탈락이 인정될 경우란 극도로 축소될 것이다. 앞서 언급했듯이 고의인정에 규범적인 평가적 측면을 전면 도외시할 수는 없지만,[10] 이와 같이 노골적으로 고의탈락사유의 문턱을 높이고 있는 해석은 형법 제13조의 문언의 범위를 벗어나는 해석이다.

  '정당한 이유'는 형법 제16조에서 위법성의 인식이 결여된 행위자의 책임비난을 탈락시키기 위한 비난가능성탈락요건이다. 형법 제16조의 요건을 형법 제13조에 까지 차용하는 태도를 굳이 이론적으로 근거지우자면 불가능한 것도 아니다. 고의를 책임요소로 파악하는 전제하에서 위법성의 인식을 고의의 인식내용에 포함시킨다면, 결국 행

───────────────

10) 대법원이 심리학적인 기초를 가지고 있는 고의개념을 규범적 관점에서 평가의 대상으로 삼으려는 취지에서 다양한 연결고리를 사용하고 있는 경우는 적지 않다. 행위자의 인식사실과 발생사실간에 불일치가 있더라도 법정적으로 부합하는 발생사실에 대한 고의를 인정하는 취지의 판례나 그 불일치가 통상적인 예견가능한 범위내의 것인 한 고의가 인정된다는 판례, 또는 전제적으로 보았을 때 처음에 의도했던 결과가 결국 발생하였던 이상 고의를 인정할 수 있다는 판례 등이 고의개념을 규범적 평가의 대상으로 삼고 있는 전형적인 예에 해당한다. 하지만 뒤에서 설명하겠지만, 위 판시와 같이 형법 제16조의 '정당한 이유'라는 추가적 조건을 규범적 평가의 연결고리로 가져오는 것은 지나친 해석이라고 하지 아니할 수 없다. 형법 제13조와 형법 제16조는 관련사태 뿐 아니라 그 차원과 기능을 달리하는 규정이기 때문이다.

위자가 위법성의 인식을 하지 못했더라도 '정당한 이유'가 인정되지 않는 한, ─ 다시 말하면 위법성의 인식가능성이 인정되는 한 ─ 고의가 탈락되지 않는다는 이른바 '제한고의설'의 논리를 원용하면 가능하기 때문이다. 하지만 위 판시에서 나타난 사실관계에 따르면 제한고의설을 따른다고 가정하더라도 형법 제16조의 적용은 불가능하다. 형법 제16조는 행위자가 '사실'의 인식은 충분히 있었지만 규범적 차원에서 자기 행위가 금지되지 아니하는 것으로 오인한 경우에 적용된다. 하지만 위 대상판결의 사안은 처음부터 재물의 타인성에 대한 사실의 인식이 없는 경우에 해당하므로, 문제의 재물이 타인의 것이지만 자기의 경우에는 '특수하게 법령에 의하여 죄가 되지 않고 허용되는 것으로 오인한 경우'에 해당하지 않는다.

V. 대전제를 일반조항으로 공식화하는 경우

대전제에 관한 법관의 보충적 법률해석이 앞에서와 같이 과도하지 않다면 그것이 법창조 내지 법형성이 아니라 '법발전'이라는 점에 대해서는 이견이 없다. 하지만 법관의 보충적 법률해석이 추상성을 구체화하는 '해석'이라고 말하기 어려울 정도의 해석, 즉 법률의 추상성보다 더 추상적인 개념을 사용한 해석하는 태도는 법관의 '일반조항에로의 도피'라고 할 수 있을 것이고, 이는 입법자에 대한 명확성의 요구와 같은 차원에서 법관에 대한 구체화요구에 반한다. 고도로 추상적인 개념을 사용한 해석을 공식화하여 연역추론의 논리적 구조 속에 넣게 되는 가장 큰 실익은 법관에게 사안에 대한 포섭을 자유자재로 할 수 있는 법관국가의 제왕적 지위를 누릴 수 있게 한다.

1. 일반조항으로의 도피

[대상판결 1] 대법원 2016. 8. 30. 선고 2013도658 판결

배임죄에서 말하는 임무위배행위는 처리하는 사무의 내용, 성질 등 구체적 상황에 비추어 법령의 규정, 계약 내용 또는 <u>신의성실의 원칙상 당연히 하여야 할 것으로 기대되는 행위를 하지 않거나 당연히 하지 않아야 할 것으로 기대되는 행위를 함으로써 본인과 맺은 신임관계를 저버리는 일체의 행위를 말하므로</u>, 경영자의 경영상 판단에 관한 위와 같은 사정을 모두 고려하더라도 법령의 규정, 계약 내용 또는 신의성실의 원칙상 구체적 상황과 자신의 역할·지위에서 당연히 하여야 할 것으로 기대되는 행위를 하지 않거나 하지 않아야 할 것으로 기대되는 행위를 함으로써 재산상 이익을 취득하거나 제3자로 하여금 이를 취득하게 하고 본인에게 손해를 가하였다면 그에 관한 고의 내지 불법이득의 의사는 인정된다(대법원 2011. 10. 27. 선고 2009도14464 판결 등 참조).

[대상판결 2] 대법원 2008. 2. 28. 선고 2007도9354 판결[11](부작 위범의 주체)

"형법상 부작위범이 인정되기 위해서는 … 여기서 작위의무는 법령, 법률행위 선행행위로 인한 경우는 물론, <u>기타 신의성실의 원칙이나 사회상규 혹은 조리상 작위의무가 기대되는 경우</u>에도 인정된다 할 것이다."

---

11) 법무사가 아닌 사람이 법무사로 소개되거나 호칭되는 데에도 자신이 법무사가 아니라는 사실이 밝히지 않은 채 법무사 행세를 계속하면서 근저당권설정 계약서를 작성한 사안에서, 부작위에 의한 법무사법 제3조 제2항 위반죄를 인정할 수 있다고 한 사례("법무사가 아닌 자는 법무사 또는 이와 비슷한 명칭을 사용하지 못한다").

[대상판결 3] 대법원 2008. 12. 11. 선고 2008도9606 판결(위법
　　　　　　성조각사유의 추가)

"형법 제24조의 규정에 의하여 위법성이 조각되는 피해자의 승낙
은 개인적 법익을 훼손하는 경우에 법률상 이를 처분할 수 있는 사람
의 승낙이어야 할 뿐만 아니라, 그 승낙이 <u>윤리적·도덕적으로 사회상
규에 반하는</u> 것이 아니어야 한다."

[평석] 대상판결 1에서 대법원은 배임죄의 임무위배행위의 존부를
신의성실의 원칙을 기준으로 삼아 판단할 수 있음을 인정하고 있다.
뿐만 아니라 배임죄의 임무위배행위는 타인사무처리자의 임무위배행
위이어야 하는데, 대법원은 이 역시 신의성실의 원칙을 기준으로 판단
할 수 있다고 한다.12) 이렇게 되면 배임죄는 행위주체의 범위 뿐 아니
라 구성요건적 행위에 해당성 여부까지 전적으로 "신의성실원칙"이라
는 추상적인 기준에 의해 판단된다는 셈이 된다. 더 나아가 대법원은
신의성실원칙을 기준삼아 사안에의 포섭여부를 판단할 경우에는 신의
성실원칙보다 더 추상적인 기준을 제시하고 있다. 즉 대법원은 배임죄
의 임무위배행위인지를 판단함에 있어 "구체적 상황과 자신의 역할·지
위에서 당연히 하여야 할 것으로 기대되는 행위를 하지 않거나 당연
히 하지 않아야 할 것으로 기대되는 행위를 (한)" 것인지의 여부를 판
단하고 있다. 여기에서 동원되고 있는 '당연히 해야 할 것과 당연히
하지 않아야 할 것'이라는 판단기준은 조선시대의 형사법령인 경국대
전 ─ 그 기원은 대명률 ─ 不應爲律 조항의 규정을 방불케 한다. 결국

---

12) 대법원 1999. 6. 22. 선고 99도1095 판결("배임죄의 주체로서 타인의 사무를 처
리하는 자라 함은 타인과의 대내관계에 있어서 신의성실의 원칙에 비추어 그
사무를 처리할 신임관계가 존재한다고 인정되는 자를 의미"한다고 한다); 대
법원 1983. 3. 8. 선고 82도2873 판결("대주주들이 개인적 용도에 사용할 자
금이라는 정을 알면서 회사 명의의 약속어음을 작성교부한 회사임원의 소
위는 비록 위 대주주들의 지시와 의사에 따른 것이었다 하더라도 회사에
대한 관계에 있어서는 신의측상 요구되는 신임관계에 위배된다는 것을 충
분히 인식하고 저지른 소행으로서 업무상배임죄에 해당한다").

대법원이 배임죄의 구성요건요소를 해석함에 있어 신의성실원칙을 기준으로 삼으면서도 그 원칙의 준수여부에 대한 판단기준으로 다시 마땅성(당연성)이라는 추상적인 기준에 따라 판단하고 있음은 배임죄의 성립여부에 최종판단을 일반조항에 맡기고 있는 것임을 의미한다. 일반조항이 더 이상 해석되어 구체화되지 않는 수준에서 계속 머문다면 그것은 해석의 포기로서 외줄타기를 그만둔 것과 다를 바 없다. 신의성실이라는 일반조항은 도덕률이고 개인주의적이고 자유주의적인 원칙에 터 잡은 근대법체계의 일부인 형법의 해석을 외부적 심급인 윤리에 의존하고 있는 태도와 다를 바 없다.

이러한 태도는 비단 배임죄의 경우에만 한정되어 있지 않다. 횡령죄의 보관개념,[13] 사기죄의 기망개념,[14] 특히 배임수증재죄의 부정청탁개념[15] 등 다수의 구성요건요소들에 대한 해석기준으로 신의칙과 조리 또는 사회상규가 동원되고 있다. 특히 배임수증재죄의 부정한 청탁개념을 사회상규 또는 신의성실의 원칙에 반하는 부탁으로 해석하는 것은 일반조항에로의 도피적 해석태도의 가장 전형적인 예에 해당

---

13) 대법원 2011. 3. 24. 선고 2010도17396 판결("횡령죄의 재물의 보관이란 재물에 대한 사실상 또는 법률상 지배력이 있는 상태를 의미하고, 그 보관이 위탁관계에 기인하여야 하는 것은 물론이나. 반드시 사용대차 임대차 위임 등의 계약에 의하여 설정될 것을 요하지 아니하고, 사무관리, 관습, 조리, 신의칙 등에 의해서도 성립될 수 있다").

14) 대법원 2002. 2. 5. 선고 2001도5789 판결("일반적으로 상품의 선전, 광고에 있어 다소의 과장, 허위가 수반되는 것은 그것이 일반 상거래의 관행과 신의칙에 비추어 시인될 수 있는 한 기망성이 결여된다 할 것이나 거래에 있어서 중요한 사항에 관하여 구체적 사실을 거래상의 신의성실의 의무에 비추어 비난받을 정도의 방법으로 허위로 고지한 경우에는 과장, 허위광고의 한계를 넘어 사기죄의 기망행위에 해당한다").

15) 대법원 1985. 10. 22. 선고 85도465 판결("형법상 배임수재죄는 재물 또는 이익을 공여하는 사람과 취득하는 사람 사이에 부정한 청탁이 개재되지 않는 한 성립되지 아니하며, 여기에 부정한 청탁이라 함은 사회상규 또는 신의·성실의 원칙에 반하는 것을 내용으로 하는 청탁을 말하므로, 계약관계를 유지시켜 기존권리를 확보하기 위한 부탁행위는 부정한 청탁이라 할 수 없으므로, 계약관계를 유지시켜 달라는 부탁을 받고 사례금명목으로 금원을 교부받은 행위는 배임수재죄에 해당하지 아니한다").

한다. 대법원이 이로써 개별사례의 구체적 타당성을 유지하려는 노력이 얼마나 일관성을 유지하고 예측가능성을 유지하였는지는 판결내용만으로는 알 길이 없다. 사회상규 또는 신의성실의 원칙에 반하는 부탁과 그에 합치되는 부탁을 판단하는 상위기준을 제시하고 있지 않기 때문이다.16) 이러한 해석이 죄형법정주의의 명확성원칙에 반한다는 점은, 최근 청탁금지법의 위헌성시비와 관련하여 간접적으로 증명되었다. 청탁금지법을 헌법재판소의 심판대에 올린 주체들은 이 법의 부정한 청탁개념이 죄형법정주의에 반하는 것임을 강변한 바 있다. 하지만 정작 청탁금지법은 부정한 청탁을 일반조항에 의존한 해석에 맡겨두지 않고 14개로 법령위반적 행위를 유형화하여 규정해 놓고 있다. 헌법재판소가 이에 대해 위헌선언을 하지 않은 것은 당연한 결과였다. 위헌주장자들은 그 비판의 포신을 청탁금지법에서 형법상의 부정한 청탁의 개념에 대한 대법원의 해석태도를 향해 이동시켜야 할 것으로 보인다.

대상판결 2는 각칙상의 개별 구성요건요소의 해석에서만 신의칙과 조리라는 일반조항으로 도피하는 데 그치지 않고 총칙상의 일반적인 범죄성립요건을 확정하는 경우에도 일반조항을 전거로 내세우고 있는 대표적인 판결이다. 형법 제18조에서 부진정 부작위범의 주체로서 요구하고 있는 작위의무의 발생근거의 확정에서 대법원이 신의성실, 조리 또는 사회상규라는 고도의 추상적인 용어, 더 이상 구체화될 수 없는 추상적인 기준으로 사용하는 것은 법관에 대한 구체화요구를 저버리는 처사이다. 사기죄의 경우 부작위에 의한 기망으로 인정되기 위해서는 부작위자의 고지의무가 인정되어야 하는바, 이러한 경우 대법원이 고지의무의 발생근거를 신의칙과 조리에서 구하고 있기는 해

---

16) 대법원은 '부정한 청탁개념의 해석을 위해 '일반조항으로 도피한 후' 그에 대한 판단을 다시 종합적인 고찰방법에 의존함으로써 명확성 요구에 부응하고자 하는 노력을 하고 있기는 하다. 하지만 종합적 고찰방법의 문제점은 일반조항에로의 도피수준보다 더했으면 더했지 덜하지는 않다. 이에 관해서는 후술한다.

도, 사안의 내용상 대부분 계약상의 신의칙을 의미하므로 실제로는 문제거리가 되지 않는다. 그러나 계약관계가 존재하지 않는 당사자간에도 신의칙에 기한 고지의무를 인정한다면 이 역시 명확성의 요구에 반한다고 해야 할 것이다.[17] 앞에서 보았듯이 신의칙과 조리 또는 사회상규를 '마땅히'라는 용어로 풀이한다면, 이 역시 마땅히 해야 할 바를 하지 않는 자를 형사처벌하는 조선시대의 형사법령의 옷을 입은 도덕률의 망령이 여전히 떠도는 것을 방치하는 것과 다를 바 없다.

대상판결 3에서 대법원이 사회상규가 윤리적·도덕적인 기초를 가지고 있음을 인정함으로써 고도의 추상적인 개념의 해석을 위해 다시 보다 추상적인 일반조항으로 도피하고 있다. 형법 제24조에 의하면 피해자의 승낙에 기한 행위는 그 승낙의 의해 처분되는 법익이 그 법익을 처분할 수 있는 자가 유효한 승낙을 통해 처분된 법익인 이상, 형법상 보호할 '이익의 흠결'을 근거로 삼아 그 행위의 위법성이 조각된다. 하지만 대법원은 위법성이 조각되기 위해서는 이익의 흠결이라는 요건만을 요구하지 않는다. 윤리적·도덕적으로 그 승낙이 사회상규에 반하지 않을 것임을 추가적으로 요구함으로써 위법성조각의 문턱을 다시 높이고 있다. 개인주의적 자유주의적 사상에 기초하여 처분된 법익이라도 윤리적 도덕적인 관점에서 다시 한번 통제하겠다는 취지인 것이다. 이러한 취지대로라면 형법은 여전히 윤리와 도덕의 하위체계 속에서 상급의 심급인 윤리와 도덕의 명령에 따라야 한다. 대법원이 사회상규라는 용어를 사용하고 있어도 그 실상은 여전히 윤리와 도덕이다. 뒤에서 보겠지만 사회상규라는 윤리도덕

---

17) 대법원 2006. 2. 23. 선고 2005도8645 판결("사기죄의 요건으로서의 기망은 널리 재산상의 거래관계에 있어 서로 지켜야 할 신의와 성실의 의무를 저버리는 모든 적극적 또는 소극적 행위를 말하는 것이고, 그 중 소극적 행위로서의 부작위에 의한 기망은 법률상 고지의무 있는 자가 일정한 사실에 관하여 상대방이 착오에 빠져 있음을 알면서도 그 사실을 고지하지 아니함을 말하는 것으로서, 일반거래의 경험칙상 상대방이 그 사실을 알았더라면 당해 법률행위를 하지 않았을 것이 명백한 경우에는 신의칙에 비추어 그 사실을 고지할 법률상 의무가 인정된다").

적 잣대가 형법의 구성요건요소에 대한 해석 뿐 아니라 위법성조각
의 영역에서도 가벌성을 제한하는 것이 아니라 오히려 확대하는 역
할을 한다. 대법원 스스로 형법 제20조의 사회상규개념을 위법성 판
단의 실질적인 기준으로 삼아 명문화한 것임을 자인[18]하고 있어서
새삼스러운 일도 아니다.

2. 일반조항에 대한 해석의 이중성

[대상판결 1] 대법원 1982. 7. 26. 선고 83도1418 판결 등

　"형법 제20조가 정하는 사회상규에 위배되지 아니하는 행위는 국
민일반의 건전한 도의감정에 반하지 아니하는 정당한 목적을 위하여
허용되는 상당한 행위로서 그 위법성이 조각되어 벌하지 아니하는 것
(이다)." "형법 제20조가 사회상규에 위배되지 아니하는 행위는 처벌하
지 아니한다고 규정한 것은 사회상규 개념을 가장 기본적인 위법성
판단의 기준으로 삼아 이를 명문화한 것으로서 그에 따르면 행위가
법규정의 문언상 일응 범죄구성요건에 해당된다고 보이는 경우에도
그것이 극히 정상적인 생활형태의 하나로서 역사적으로 생성된 사회
생활질서의 범위 안에 있는 것이라고 생각되는 경우에 한하여 그 위
법성이 조각되어 처벌할 수 없게 되는 것이며, 어떤 법규성이 처벌대
상으로 하는 행위가 사회발전에 따라 전혀 위법하지 않다고 인식되고
그 처벌이 무가치할 뿐 아니라 사회정의에 배반된다고 생각될 정도에
이를 경우나, 자유민주주의 사회의 목적 가치에 비추어 이를 실현하기
위해 사회적 상당성이 있는 수단으로 행하여졌다는 평가가 가능한 경
우에 한하여 이를 사회상규에 위배되지 아니한다고 할 것이다."

---

18) "형법 제20조가 사회상규에 위배되지 아니하는 행위는 처벌하지 아니한다고
　　규정한 것은 사회상규 개념을 가장 기본적인 위법성 판단의 기준으로 삼아
　　이를 명문화한 것"이다(대법원 1983. 2. 8. 선고 82도357 판결).

[대상판결 2] 대법원 2006. 4. 27. 선고 2003도4151 판결

"형법 제20조 소정의 '사회상규에 위배되지 아니하는 행위'라 함은
법질서 전체의 정신이나 그 배후에 놓여 있는 사회윤리 내지 사회통
념에 비추어 용인될 수 있는 행위를 말하고, 어떠한 행위가 사회상규
에 위배되지 아니하는 정당한 행위로서 위법성이 조각되는 것인지는
구체적인 사정 아래서 합목적적, 합리적으로 고찰하여 개별적으로 판
단되어야 하므로, 이와 같은 정당행위를 인정하려면, 첫째 그 행위의
동기나 목적의 정당성, 둘째 행위의 수단이나 방법의 상당성, 셋째 보
호이익과 침해이익과의 법익균형성, 넷째 긴급성, 다섯째 그 행위 외에
다른 수단이나 방법이 없다는 보충성 등의 요건을 갖추어야 한다."¹⁹⁾

[평석] 대법원이 형법각칙의 개별범죄의 구성요건은 물론이고, 총
칙상 부진정부작위범의 행위주체 또는 피해자의 승낙이라는 위법성조
각사유의 해석적용에서도 일반조항에로의 도피를 통해 가벌성 확대
또는 유동성을 확보하는 태도를 취하게 된 것은 형법의 특정 규정 탓
도 무시할 수 없다. 이 규정이 없었다면 대법원이 그토록 과감하게 그
리고 즐겨 일반조항을 해석론에 가져오지 않았을는지 모른다. "사회상
규에 위배되지 않는 행위는 벌하지 아니한다"는 형법 제20조라는 규
정이 그것이다. 주지하다시피 형법 제20조의 규정은 세계 입법례에 유
래가 없이 초법규적인 위법성조각사유를 과감하게 실정법규화한 일반
조항이다.²⁰⁾ 이 때문에 이 규정에 대해서는 물론이고 이 규정에 대한

19) 상사 계급의 피고인이 그의 잦은 폭력으로 신체에 위해를 느끼고 겁을 먹은
상태에 있던 부대원들에게 청소 불량 등을 이유로 40분 내지 50분간 머리박
아(속칭 '원산폭격')를 시키거나 양손을 깍지 낀 상태에서 약 2시간 동안 팔굽
혀펴기를 50~60회 정도 하게 한 행위가 형법 제324조에서 정한 강요죄에 해
당한다고 한 사례.
20) Young-Whan KIM, "§ 20 Koreanisches Strafgesetz als Beispiel für eine
Generalklausel", FS für Franz Streng zum 70. Geb. S. 49에서는 형법의 도덕화
와 개념법학에로의 경향 내지 일반조항에로의 도피를 한국형법이 가지고 있
는 두 가지 특징으로 파악하고 있다.

대법원 해석에 대해서도 끊임없이 의문이 제기되어 왔다. 하지만 장차 이 조항이 삭제되지 않는 한, 일단 대법원은 이 규정을 연역추론의 근거로 삼기 위해서는 사회상규라는 고도의 추상적인 개념을 구체화하는 해석작업에 각고의 노력을 기울여야 할 것이다.

그럼에도 불구하고 대법원은 대상판결 1에서 사회상규에 대해 고무줄보다 더 한 가소성을 부여하는 추상적인 해석기준을 제시하고 있다. "국민일반의 건전한 도의감", "정당한 목적을 위하여 허용되는 상당한 행위", "법질서 전체의 정신이나 그 배후에 놓여 있는 사회윤리 내지 사회통념"이라는 개념을 통해 해석하기도 하고, 어떤 행위가 그 행위자의 직업군에서 벌어지는 "일상적인 업무범위" 내의 일이라면 법적인 기준에 우선하여 이 규정에 포섭될 수 있는 행위라고 판단하기도 한다.[21] 다른 한편 대법원은 사회상규를 이렇게 추상적으로만 해석하고 있지만은 않다. 대상판결 2에서 대법원은 "구체적인 사정 아래서 합목적적, 합리적으로 고찰하여 개별적으로 판단"해야 한다고 하면서 다섯 가지 판단기준을 열거적으로 제시하고 있다.

대상판결 1에서 사용되고 있는 추상적인 해석기준은 과연 이 기준에 따라 법적 안정성이 담보될 수 있을지에 대한 의문이 있는 반면, 대상판결 2에서의 다섯 가지 기준은 형법 제20조의 적용을 매우 어렵게 하고 있어 최종적이고 보충적인 위법성조각사유로서의 존재의 이유를 의심스럽게 만들고 있다. 사회상규에 위배되지 않는 행위라는 일반조항을 위법성조각을 바라는 이들의 소원을 들어주는 요술방망이로 비유하자면, 다른 위법성조각사유의 모든 개별요소의 합집합으로 구

---

21) 대법원 2011. 7. 14. 선고 2011도639 판결. "신문기자인 피고인이 고소인에게 2회에 걸쳐 증여세 포탈에 대한 취재를 요구하면서 이에 응하지 않으면 자신이 취재한 내용대로 보도하겠다고 말하여 협박하였다는 취지로 기소된 사안에서, 위 행위가 설령 협박죄에서 말하는 해악의 고지에 해당하더라도 특별한 사정이 없는 한 기사 작성을 위한 자료를 수집하고 보도하기 위한 것으로서 신문기자의 일상적 업무 범위에 속하여 사회상규에 반하지 아니하는 행위라고 보는 것이 타당한데도, 이와 달리 본 원심판단에 정당행위에 관한 법리오해의 위법이 있다고 한 사례."

성되어 있는 대상판결 2의 기준은 애초에 소원을 성취시켜 줄 수 없도록 만들어진 것으로 밖에 볼 수 없다. 실제로 이 요술방망이가 작동되어 피고인이 무죄로 된 사례는 없다.

더 큰 문제는 사회상규에 위배되지 않는 행위라는 요술방망이가 실제로 작동될 수 있는 주문이 다르다는 점에 있다. 앞에서 말한 국민 일반의 건전한 도의감이나 사회통념 등과 같은 주문이 통할 수도 있고, 목적의 정당성 등 5가지 주문만 통하는 경우도 있다면, 여기에는 형법 제20조의 적용에서 대전제에 대한 통제권이 오로지 법적용자에게만 쏠려있는 것이고 형법 제20조라는 법률은 껍데기에 불과해진다. 여기에는 사법의 법치국가성을 넘어서는 과두적 법관국가적 위험성이 잠재되어 있다고 하지 않을 수 없다. 대법원이 상대방을 봐 가면서 다른 주문을 외우면서 요술방망이를 휘두른다고 상상해 보라. 대법원은 상대방을 처벌하지 않으려고 작정한 때에는 제1주문을 읊조리고 상대방을 처벌하려고 마음먹은 때에는 제2주문을 암송할 수 있다. 대법원이 이와 같이 주문을 달리하는 이유를 합리적으로 근거지우지 못하는 한, 대법원 판결은 법관의 자의에 맡겨져 있는 것이라고 볼 도리밖에 없다.

따라서 결정적인 문제는 두 가지 유형의 주문을 사용함에 있어 어느 기준을 어떤 경우에 사용할 것인지에 대한 메타기준이 없다는 점에서 나온다. 이 때문에 대상판결 1, 2는 대법원이 실제로 연역추론적 방법조차 사용하지 않고 있다고 의심할 여지를 제공해 준다. 가령 노동사건이나 국가보안법관련사건에서는 두 번째 주문을 사용하여 변호인의 무죄주장을 봉쇄하고, 공무원의 뇌물사건 등 화이트칼라 범죄사건에서는 첫 번째 주문을 사용하여 시원하게 상대방의 소원을 들어주고 있다는 오해는 필자만의 것이기를 바랄 뿐이다. 대법원이 공공질서와 국가적 법익의 경우에는 제2공식을 사용하고, 그렇지 아니한 경우에는 제1공식을 사용하고 있다고 일반화하기는 성급한 판단일는지 모른다. 그러나 대법원이 지향점으로 삼고 있는 사법의 법치국가성원칙이 누구를 위한 것인지에 대한 회의론은 어제 오늘의 일이 아니다.

VI. 나오는 말

대법원의 형사판결문은 다음과 같은 형식구조로 이루어져 있다. 가벌성의 실체요건인 대전제의 찾아내는 단계(제1단계), 그 대전제인 실체요건을 해석하거나 공식화하는 단계(2단계), 그 해석된 결과 또는 공식을 사안에 적용하는 단계(3단계)가 그것이다. 지금까지의 검토에 의하면 대법원은 1단계에서부터 실체요건을 창설하거나 변형하는 등 다양한 조작 내지 가공을 거친 후, 이를 해석하여 공식화하는 경우가 적지 않음을 알 수 있었다.

대법원이 대전제를 해석하여 공식화함에 있어 엄격한 문리적 해석방법을 고수한다면, 법관의 법률구속성원칙이라는 헌법적 요구는 가장 높은 수준으로 충족될 수 있을 것이다. 하지만 법률구속성원칙이 이러한 높은 수준을 요구하는 것은 아니다. 그렇게 되면 법관이 사례를 판단하는 것이 아니라 법률이 사례를 판단하게 되고 만다. 이러한 요구수준을 관철하려 한다면, 입법자가 사례해결의 유일한 기관이 될 것이고 사법은 사실상 법률을 말을 전하여 나르는 배달부와 다를 바 없게 될 것이다. 법관을 법률의 말을 전하는 배달부로 전락시키는 사법은 법치국가적 사법이 아니라 이른바 순수 '법률국가'적 사법이 되고 만다. 그러나 법관 대신에 인공지능을 투입해도 좋을 순수 법률국가는 도래하기가 어렵다. 왜냐하면 법률국가는 법률을 미리 완벽하게 공리화해 놓고 이를 모든 사례들을 포섭하기 위해 필요한 정보를 사전에 남김없이 법률 언어 속에 담아 두어야 하는바, 이는 입법기술상 성공이 불가능하기 때문이다. 만약 성공하더라도 생활세계의 다양한 변화와 시간의 흐름은 입법자가 이미 법률에 집어 넣어놓은 정보 이상의 양을 끄집어내어 시간의 흐름에 따른 변화에 접촉시켜야 할 새로운 필요를 끊임없이 재생산한다. 이러한 경우 법률을 입법자보다 현명하게 현실에 대해 적응하도록 하는 것이 바로 '법률보충적 사법'의 역할이다.

헌법이 요구하는 법관의 법률구속성을 법률보충적 사법의 역할을 통해 완성해가는 법치국가적 사법은 무엇을 의미한가? 그것은 순수 법학적 논리학을 의미하는 것이 아니고, 완벽한 법률프로그램을 요구하는 것도 아니며, 법관을 자동포섭장치로 또는 법률의 말을 그대로 전해 나르는 배달기관화를 의미하는 것은 더더욱 아니다. 뿐만 아니라 법률해석의 이름으로 대전제, 즉 가벌성의 실체요건 자체가 존재하지 않음에도 불구하고 새롭게 창설하거나 과도하게 변형하는 것을 허용하는 것은 결단코 아니다. 더 나아가 법률보충적 사법의 역할을 아무리 강조하더라도 그것은 해석을 통해 보충되어야 할 규범적 개념에 대한 구체화 대신에 오히려 추상적인 개념을 동원하여 일반조항에로 도피하는 것을 방임해서는 안 된다. 이미 존재하는 일반조항 자체에 대한 해석론을 전개함에 있어서도 입법자에 대한 명확성의 요구와 같은 수준으로 법관에 대해 구체화 요구에 부응할 것까지 없다고 관대해서는 안 된다. 이러한 일을 통제하지 않고 방임하거나 방치하는 일은 사법으로 하여금 과두적 '법관국가'라는 불온한 싹을 틔우게 하는 텃밭만 나날이 비옥하게 만들 것이다. 학문으로서의 형법학은 이러한 불온한 텃밭에서 불온한 싹이 더 이상 자라지 못하는 법치국가적 사법이라는 토양의 체질을 강화시켜나갈 임무가 있다.

이러한 임무를 수행해야 할 형법학은 제3단계인 공식화된 법률을 사안에 적용하는 포섭행위에만 초점을 맞출 것이 아니라, 제1단계에서 실체요건을 창설 또는 변형하는 것과 같은 조작행위와 제2단계에서의 과도한 규범적 해석행위에 초점을 맞추어야 한다. 만약 위 제1단계에서 진행된 실체요건 그 자체의 조작행위를 간과한 채, 그 뒤에 전개될 조작된 요건의 해석 및 그 공식화 그리고 더 나아가 공식을 사안에 적용하는 단계를 분석하고 평가하는 일에만 골몰한다면, 대법원의 판결문 속에서 존재하는 논리적 흠결은 실로 찾기가 어려워질 것이다. 형식논리에 익숙한 법관이 이 과정에서 논리전개를 잘못할리 없을 것이기 때문이다. 특히 대법원은 해석을 통해 사안에 적용할 공식

을 만들어내는 제2단계에서는 그 잘못과 과잉이 한눈에 드러나도록
허술하게 공식화하지도 않는다. 다른 개념을 차용하거나 우회를 하는
등등 정교한 논리적 기교를 사용할 능력이 있기 때문이다. 여기에서
학문으로서의 형법학이 만약 대법원이 하고 있는 공식화에 초점을 맞
추어 은밀하게 진행되고 있는 대전제의 조작 내지 가공을 찾아내지
못하면, 그 공식을 사안에 포섭하는 과정은 논리적으로 더 이상 문제
가 없음을 확인하고 돌아설 수밖에 없게 된다. 과도한 규범적 해석을
통해 법률구속성원칙을 넘어서거나 일반조항에로의 도피 등을 통해
추상적인 법률의 구체화요구를 더 이상 수행하지 못하고 있는지를 고
도의 집중력을 발휘하여 찾아내지 못하면, 대법원이 해석을 통해 만들
어내는 공식이 연역추론의 동력을 받아 그대로 법률의 전하는 말로
간주되어 사안으로 전달된다. 따라서 공식을 사안에 포섭하는 3단계
에서는 그 공식이 전동벨트위의 물건처럼 그대로 사안으로 전달된다.

　문제는 ─ 그리고 역설적으로 ─ 로스쿨시대의 법학교육이 이와 같
이 제3단계에서 작동하고 있는 전동벨트적 숙련가를 길러내는 식으로
변하고 있다는 점이다. 다시 말해 로스쿨시대의 형법교육이 대법원에
의해 완성된 공식을 그대로 사안에 적용하는 법률의 말하는 입들을
키워내고 있음을 의미한다. 앞서 살펴보았듯이 대전제를 조작하고 가
공함으로써 법관국가를 지향하는 법관에 의해 만들어진 공식에 대해
그 조작 내지 가공의 정도에 대해 아무런 문제제기 없이 높디높은 대
법원의 법대에서 현출된 그 공식이 사안으로 배달되는 과정만 교육되
고 있음은 실로 아이러니이다. 이렇게 되면 미래의 사법은 그야말로
자동포섭장치 또는 전동벨트에 불과하게 되고, 법치국가적 사법의 바
람직한 이상에 대한 회의론은 커질 수밖에 없게 될 것이다. 물론 다른
한편 실무에서는 여전히 과두적 법관국가를 향한 내밀한 꿈은 보이지
않는 가운데 계속 자라가고 있다. 이 꿈을 키워가고 있는 자양분은 실
질적 법실증주의적 법해석론이 소지한 무기인, 국민일반의 건전한 도
의감, 신의성실, 조리 등이다. 이들이 형법의 해석기준으로 되는 경우

의 수가 많으면 많을수록 법률구속성원칙은 상대화되고 말 것이라는 관측을 하기는 어렵지 않다. 반면에 법치국가가 법률국가로 나아감에 있어 그 왕국의 신민들에게 가장 효과적인 순치장치는 개념법학의 공식이다. 이 공식은 법학적 논리학의 연산장치를 가동시키는 원동력으로서 외부적으로는 딱딱한 개념법학의 옷을 입고 있지만, 우리나라의 형법과 같이 추상적인 개념 또는 일반조항적 요소를 많이 가지고 있을 경우에는 그 내부가 해면체와 같은 가소성을 가질 수 있다. 이러한 조건하에서는 개념법학의 공식이 형식적인 관점에서는 빈틈없는 논리를 보여주지만, 그 논리전개가 도달하는 포섭결과에 관한 한, 역시 깊은 유동성의 늪 속으로 우리를 데려간다. 이는 법률국가에서 조차도 법적안정성이 침식되는 정도가 법관국가에서의 그것에 못지않을 것임을 말해준다. 그럼에도 불구하고 법률국가의 신민이 되기를 희망하는 이들은 여전히 그러한 문제있는 개념법학적 공식들을 암기하고 있다. 안타깝게도 우리나라의 형법'학'은 이 두 가지 현상 모두에 직면하고 있다. 실무에서 은밀하게 구축되고 있는 법관국가의 모습, 그리고 법학 교육현장에서 공공연하게 축조되고 있는 퇴행적 법률국가의 양태가 그것이다.

이 글은 법학교육현장에서 만들어지고 있는 법률국가의 양태에 대한 구체적 고발까지는 나아가지 못했으나, 실무에서 은밀하게 꾸고 있을지도 모를 법관국가의 꿈을 몇 가지 관찰해 보았다. 그 결과 자동적 법률국가와 과두적 법관국가사이에서 힘겨운 줄타기를 하고 있는 대법원이 중심을 잡기 위해 사용하고 있는 해석방법론이라는 보조막대기를 과도하게 오른쪽으로 기울여 법관국가의 영토 쪽으로 발을 내딛고 있는 반칙적 줄타기 사례들을 몇 가지 발견하였다.[22] 실체요건의 창설 또는 변형, 실체요건에 대한 오도된 해석 및 과도한 해석 또는

---

22) 법률국가 쪽으로 기울게 하는 보조막대기의 왼쪽 끝이 철저한 문리해석이라면 법관국가 쪽으로 기울게 하는 보조막대기의 오른쪽 끝은 객관적-목적론적 해석이라고 할 수 있다.

일반조항에로의 도피 등을 통해 법률요건의 구체화 요구를 저버림 등
이 그러한 반칙적 줄타기에 해당한다. 이렇게 반칙적으로 사용된 보조
막대기가 법관국가의 땅을 쿵쿵 울리는 소리가 앞으로 얼마나 더 크
게 나야 형법학이 그에 귀를 기울일 것인가?

[주 제 어]
법률구속성원칙, 법치국가, 법률국가, 법관국가, 연역추론적 삼단논법

[Key words]
principle of law-binding, rule of law, legal state, judicial justice, deductive syllogism

접수일자: 2018. 5. 11. 심사일자: 2018. 5. 31. 게재확정일자: 2018. 6. 5.

[참고문헌]

Rüthers, Bernd, Die heimliche Revolution vom Rechtsstaat zum Richterstaat. Verfassung und Methoden. Ein Essay. Mohr (Siebeck), Tübingen 2014.

Young-Whan KIM, "§ 20 Koreanisches Strafgesetz als Beispiel für eine Generalklausel", FS für Franz Streng zum 70. Geburtstag, C.F. Müller, 2017.

[Abstract]

Criminal Convictions of Korean Supreme Court and Principle of Law-binding

Kim, Seong-Don*

The Supreme Court of Korea has adopted a methodology of rigorous grammatical interpretation in order to satisfy the Constitutional requirement of law-binding in judgement of criminal case. However, the principle of law-binding does not mean the so-called 'legal state.' For this reason, the national justice system of the law recognizes the supplements of the judiciary. This article observes criminal judgement that the Supreme Court of Korea is suspected of going beyond just a supplementary role to 'judicial justice'.

As a result of analyzing the criminal judgment, the Supreme Court found that the following folly is used in using deductive syllogism. First, Producing of non-existent premise. Second, Arbitrary manipulating or processing of a premise. Third, excessive normative interpretation of a premise. Fourth, Formulating of general clause. Therefore, this article emphasizes the task of criminal law discipline which should prevent the judicial branch from walking the way of judicial jurisdiction by critically examining the various act of manipulation of Supreme Court which is carried out in the name of providing the legal basis for the preconceived conclusion in the deduction process.

---

* Professor, School of Law, Sungkyunkwan University, Ph.D In Law.

사회변화에 대응하는
형사판례의 법리변경

류 전 철*

[대상판결] 대법원 2015. 6. 25. 선고 2015도1944 전원합의체 판결

[사실관계]

피고인 甲 등은 중고차 매매상으로부터 노후 된 화물차량을 구입하여 마치 노후 된 화물차량을 해외에 수출하는 것처럼 관할 관청에 노후 된 화물차량의 국내 등록 말소를 신청하고 관세사로부터 노후 된 화물차량에 대한 수출신고 수리내역서를 받은 다음 노후 된 화물차량은 폐차해버리고, 해외의 밀수출차량 매입업자와 가격을 흥정한 후 수출신고 수리내역서에 기재된 노후 된 화물차량의 차대 번호 등을 권한 없이 수정, 조작하는 방법으로 문서를 위조하여 실제로는 위와 같이 乙로부터 구입한 양질의 화물차량을 밀수출하여 고액의 이득금을 취할 계획으로, 이러한 밀수출에 활용할 속칭 대포차를 헐값에 매입하고 있었다.

한편 A회사는 4대의 화물차량에 대하여 B회사와 지입계약을 체결하고 그 화물차량을 지입회사인 B회사 명의로 등록하는 한편 지입계약상 운행관리권에 기하여 지입차주인 A회사에서 화물차를 운행하였다. A회사는 또한 2대의 화물차에 대해서는 A 회사 명의로 등록하

여 A회사가 차량 소유자로서 운행하였다. A회사의 대표이사인 乙은
위 6대의 화물차를 실질적으로 점유하다가 회사 및 개인채무 변제를
위해 돈이 필요하게 되자 회사 재산 처분을 위한 아무런 회사 내 절
차를 거치지 아니한 채 甲의 소개를 받아 대당 약 1,000만 원 내지
1,500만 원을 받고 甲 등에게 점유를 이전하는 방법으로 6대 전부를
사실상 처분한 다음 화물차 매매대금의 대부분을 개인 생활비 등 개
인적인 용도에 소비하였다.

피고인 甲 등은 乙이 A회사나 B회사의 승낙 없이 화물차량 6대를
비정상적으로 처분하는 사정을 잘 알고 있었고 乙 또한 등록명의자의
동의를 얻어 이전등록에 필요한 서류를 甲 등에게 교부하지도 않았으
므로 화물차량이 대포차로 비정상적으로 유통될 것을 인식할 수 있었
다. 검사는 먼저 검거된 乙과 甲의 일당 중 일부를 횡령 등으로 기소
하였고, 그 후에 발각된 甲과 그 일당 중 나머지 사람들을 장물취득,
사문서위조 및 행사 등으로 기소하였다.

[사건경과]
乙의 변호인은 A회사 명의로 등록된 화물차 2대의 횡령에 관하여
는 회사 채무를 변제하기 위한 것으로 불법영득의 의사가 없음을 주
장하였고, A회사가 지입하여 B회사 명의로 등록된 화물차 4대의 횡령
에 관하여는 실질적 소유권이 지입차주인 A회사에 있고 지입회사인
B회사는 형식상 명의만 보유하는 지위에 있기 때문에 A회사의 대표
이사인 甲이 타인 소유 재물을 횡령한 것으로 볼 수 없고 자기 회사
의 재물을 회사를 위해 처분하였다고 주장하였다. 제1심과 항소심은
甲이 화물차를 처분한 돈의 상당 부분을 개인 생활비로 사용한 사정
을 들어 불법영득의사를 인정하였다. 그리고 乙이 이 사건 지입회사들
과 이 사건 지입차량에 대한 차량위탁관리(지입)계약을 체결하여 자동
차등록원부상 지입회사들이 소유권자로 등록된 상태에서 이 사건 지
입회사들 동의 없이 임의로 이 사건 지입차량을 매도한 사실이 인정

되고, 乙의 이러한 행위는 횡령행위에 해당된다는 이유로 변호인의 주장을 배척하였다. 제1, 2심 판결에 대하여 乙이 상고하지 아니하여 乙에 대한 항소심의 유죄 선고 부분은 확정되었다.

甲 등 피고인들은 속칭 대포차를 취득하여 밀수출하는 과정에 관여하지 않았다는 취지로 행위의 분담 및 기능적 행위지배 등 공모공동정범의 인정과 관련된 사실관계를 부인하였을 뿐이고 별건인 乙에 대한 횡령 사건과 관련하여 乙의 보관자 지위, 화물차의 장물 여부를 다투는 피고인의 주장도 없어 쟁점으로 심리되지 아니하였다. 제1, 2심 모두 피고인 주장을 전부 배척하여 장물취득 등에 대해 유죄 판결을 선고하였고, 이에 대해 甲만 상고하였다.

대법원은 제1심 및 원심의 결론을 유지하면서 甲의 상고를 기각하였는데, 甲의 장물취득죄를 유죄로 인정하려면 화물차가 횡령으로써 영득한 장물임이 전제되어야 하고 결국 乙의 사건에서 대법원의 심리 없이 확정된 乙의 횡령죄 유죄 부분이 선결문제로 될 수밖에 없었다. 이에 대법원은 乙의 횡령죄가 성립한다는 전제 아래 甲의 장물취득죄를 인정하였고, 대법관 전원의 합치된 의견에 따라 전원합의체 판결로 종래의 판례 법리를 변경하였다.

[판결요지]

횡령죄는 타인의 재물을 보관하는 사람이 재물을 횡령하거나 반환을 거부한 때에 성립한다(형법 제355조 제1항). 횡령죄에서 재물의 보관은 재물에 대한 사실상 또는 법률상 지배력이 있는 상태를 의미하며, 횡령행위는 불법영득의사를 실현하는 일체의 행위를 말한다. 따라서 소유권의 취득에 등록이 필요한 타인 소유의 차량을 인도받아 보관하고 있는 사람이 이를 사실상 처분하면 횡령죄가 성립하며, 보관위임자나 보관자가 차량의 등록명의자일 필요는 없다. 그리고 이와 같은 법리는 지입회사에 소유권이 있는 차량에 대하여 지입회사에서 운행관리권을 위임받은 지입차주가 지입회사의 승낙 없이 보관 중인 차

량을 사실상 처분하거나, 지입차주에게서 차량 보관을 위임받은 사람
이 지입차주의 승낙 없이 보관 중인 차량을 사실상 처분한 경우에도
마찬가지로 적용된다.

[연 구]

I. 들어가는 말

1953년 형법이 제정된 이래로 65년의 시간이 흐르는 동안 우리
사회는 크고 작은 변화를 겪으면서 오늘에 이르고 있다. 형법제정 당
시에 입법자가 경험하고 예측한 사회를 넘어서는 변화를 형법개정을
통해서 대응하였지만,1) 그 방법과 내용에 대해서는 적지 않은 비판이
제기되고 있다.2)

형법 제정 후 30년이 지난 후에 이루어진 1995년 제3차 형법 개
정은 "1953년 형법제정 이래 정치·경제·사회 등 모든 영역의 발전
과 윤리의식의 변화로 발생한 법규범과 현실과의 괴리를 해소하고,
우리사회의 산업화·정보화의 추세에 따른 컴퓨터범죄 등 신종범죄
에 효율적으로 대처하여 국민생활의 안정을 도모함과 아울러 현행규
정의 시행상 나타난 일부 미비점을 개선·보완하려는 것"을 개정이유
로 제시하고 있다. 이와 같이 사회의 변화에 대응하는 수단으로서 입
법적 대응은 근본적인 방법이지만 현실적으로 많은 제약이 따르게

---

1) 1975년 제1차 개정부터 시작하여 2016년 12월 제16차에 걸쳐 개정이 있었지
만, 사회변화를 반영한 개정입법은 1995년 제3차 개정이라고 할 수 있다.
2) 사회변화에 대응하기 위한 형법개정작업이 여러 사정으로 인해 형법각칙에
반영되지 못하고, 주로 형법각칙이 아니 특별형법을 통해 해결하였다. 형법각
칙의 규정과 중복되거나 가중처벌을 목적으로 하는 특별형법들이 보편화 된
것은 사회변화에 대처가 신속하다는 점과 제정과 개정이 용이하다는 점을 활
용한 것이지만 입법자의 강력한 정책추진의지를 표명할 수 있다는 장점으로
인해 특별법 제정을 선호하는 경향의 결과물이라고 할 수 있다. 결국 사회의
빈번하고 중요한 갈등상황에 대한 대처는 특별형법이 그 역할을 수행하고, 형
법은 국가 중요 법규범이라는 이미지 역할만 수행하는 상황으로 가고 있다.

된다.3)

사회의 변화에 대응하는 다른 방법으로 사법적 대응을 고려할 수 있다. 물론 죄형법정주의라는 형법의 대원칙으로 인해 내재적 한계를 가지고 있지만, 기존의 지배적 법리가 새롭게 변화된 사회현실에 따른 규범목적을 달성할 수 없다면, 새로운 법리의 구성을 통해서 그 역할을 수행할 수 있다.4) 이런 방법으로 법원은 형법해석과 적용을 통해 형법을 구체화할 뿐만 아니라 사회의 변화를 판결을 통해 반영함으로써 사회의 공존질서를 확보하고 유지하는 역할을 하게 된다. 이러한 의미에서 판례는 경직된 형법규정을 살아있게 만들고 사회의 변화를 반영하는 유연성을 통해 형법의 생명력을 유지하여 준다고 말할 수 있다.

개별적인 구체적 사건에 대한 법원의 판단이 누적되는 과정에서 판례가 형성되며, 판례의 판단기준이 판례의 법리로서 정착되어 하급심은 상급심의 법리에 따라 동일 또는 유사사건을 판단하게 된다. 이러한 판례의 법리는 대법원이 상고사건에서 '법리오해'라는 표현을 통해서 유지하고 있는 사법판단의 통일성과 계속성 및 법적 안정성에 크게 기여하고 있다.

물론 판례의 법리도 변경이 필요한 경우가 있다. 종전의 규범적 판단을 더 이상 유지하기 어려운 입법적 상황이나, 기존 법리의 유지가 형사정책적 문제를 야기하는 경우에 법리구성의 변경을 하게 된다. 그렇지만 대법원은 법적 안정성과 국민의 신뢰보호라는 차원에서 법리의 변경에 신중을 기하고 있다.

판례의 법리가 변경되는 경우는 기존의 법리가 이미 형성되어 있음을 전제로 한다. 판례의 법리가 존재하지만 새로운 사안에 적용·유

---

3) 예를 들어 1985년 6월 형사법개정특별심의위원회가 발족되고 10여 년의 논의 끝에 1995년에 제3차 형법개정이 이루어졌다.

4) 형법제정 당시 입법자가 사용한 언어의 의미가 사회변화에 따라 그 언어용법이 달라진 경우도 판례의 해석과 법리형성에 영향을 주고 있다는 지적에 대해서는 박기석, "형벌법규의 해석과 죄형법정주의-대법원판례를 중심으로-", 형사판례연구 제11권, 2003, 1면 이하 참조.

지하기 어려운 경우나 판례의 법리가 아직 형성되지 않은 사안의 경우에는 사건에 따른 판결마다 논쟁을 불러일으키게 된다.[5]

형사판례의 법리를 변경하게 만드는 가장 중요한 변수는 사회의 변화라고 할 수 있다. 입법자가 사회변화를 고려한 유연한 해석가능성을 열어 둔 소위 '규범적 구성요건요소'로서 법관의 평가적 요소를 고려한 입법을 한 경우에는 사회변화를 반영한 구성요건요소의 평가를 통해서 법리의 변경없이 사회변화를 판례에 수용할 수 있다. 그러나 기존의 법리로 수용하기 어려운 새로운 사회적 현상이나 기존의 법리를 유지함으로써 형사정책적 문제가 발생할 수 있는 사회변화를 판례의 법리로 수용하는 것은 형사판례의 중요하고도 어려운 과제라고 할 수 있다.

II. 법리와 사회변화

법리(法理)는 사전적인 의미로 법률의 논리와 원리를 말한다. 좀 더 상세하게 말한다면 법리는 법을 해석하고 적용하는 과정에서 활용할 수 있도록 실정법과 판례 또는 학설을 소재로 만들어진 구체적 법명제들의 체계적 집합이라고 할 수 있다.[6] 이러한 법리는 법적 안정

---

5) 형사판례연구회가 첫 발표회를 가진 1992년 2월 이후 발표의 대상판결 중 상당수의 판결이 이러한 논쟁에 해당한다고 할 수 있다.

6) 권영준, "민사재판에 있어서 이론, 법리", 실무, 법학 제49권 제3호, 서울대학교 법학연구소, 2008, 314면. 이러한 법리와 달리 이론(theory)은 법이 무엇인가, 또는 법이 어떠해야 하는가에 관하여 특정한 관점에서 가공된 포괄적인 논리체계 내지 가치체계이고, 실무(practice)는 법률가가 실제 사건을 대상으로 하여 이에 관한 법을 해석하고 적용하는 업무수행과정이라고 설명하고 있다. 권 교수는 더 나아가 "이론과 법리는 특정한 사건에서 한 걸음 떨어져 추상화된 형태로 존재한다는 점에서 공통된다. 이러한 공통점 때문에 법리는 넓은 의미의 이론에 포함된다. 하지만 대체로 법리는 특정한 법분야를 대상으로 구체적 적용이 가능한 방식으로 전개되고, 이론은 법분야를 망라하여 포괄적으로 전개된다는 차이가 있다. 한편 실무는 특정한 사건을 대상으로 한다는 점에서 이론이나 법리와 구별된다. 즉 이론과 법리가 실재하는 사회현상에서 한 걸음 떨어져 이를 관조하는 것이라면, 실무는 법과 사회현상의 접

성을 증진하고, 행위지침을 제공한다.7) 확립된 법리는 분쟁이전에 규범수범자의 행위를 적정하게 유도함으로써 분쟁을 예방할 수 있으며, 분쟁이 발생한 경우에는 법관에게 유용한 판단지침을 제공하여 자의적 판단을 통제하고 법률해석을 균등하게 함으로써 예측가능성을 담보한다. 이러한 법리의 기능적 역할을 위해서는 법리의 고정성이 확보되어야 한다. 그렇지만 법리는 실정법을 사회현상에 올바르게 규율하기 위한 도구적인 틀이라는 본질을 벗어나지 않아야 한다. 따라서 기존의 법리를 성찰하고 수정할 가능성을 열어두는 유연성도 확보되어야 한다.

성문법 국가인 우리의 경우 실정법을 해석하는 안정적인 논리체계로서 법리의 중요성이 강조된다.8) 이러한 법리의 중요성은 사건의 성격에 따라 다르게 나타난다. 예를 들어 오랜 세월에 걸쳐 형성되고 검증되어 온 법리가 특별한 문제없이 직접 적용될 수 있는 사건에서는 법리의 역할이 절대적이라 할 수 있다. 물론 '절대적'이라는 표현은 법리의 고정성이 강하게 나타난다는 의미일 뿐이다.

최근 10년 전부터 배임죄에서 '타인의 사무'의 해석과 그 적용에 대한 판례의 법리는 큰 관심을 받고 있다. 오랫동안 판례는 동산의 이중매매에서 매도인의 매매목적물의 인도의무나 대물변제예약을 한 채무자가 채권자에게 등기이전을 해주어야 하는 것은 타인의 사무라는

─────────

점에 직접 서 있다. 이론은 법의 자양분을 제공하고, 법리는 법의 주된 모습을 형성하며, 실무는 사건과의 맥락 아래에서 법을 구체화한다. 이론, 법리, 실무는 각각 가치, 논리, 직관과 밀접한 관련이 있다. 이처럼 이론, 법리, 실무는 관념적으로는 별도의 영역으로 존재하지만 현실적으로는 하나로 얽혀서 작동한다. 따라서 이들은 독자성과 유기성을 동시에 지닌다"고 한다.
7) 권영준, 위의 논문, 334면.
8) 성문법주의를 취하는 법계에서는 실정법의 해석이 중요하며, 이러한 실정법의 의미내용을 밝혀내는 것을 법해석학 혹은 법도그마틱(Rechtsdogmatik)이라고 한다(김영환, "법도그마틱의 개념과 그 실천적 기능", 한양대 법학논총, 제13집, 1996, 59면). 법도그마틱은 법학뿐만 아니라 실무에서도 중요한 역할과 비중을 차지한다는 점을 고려한다면, 법도그마틱을 법학의 영역으로만 인식하고, 판례에 의한 법도그마틱의 형성에 대해서는 소홀한 점이 있었다고 할 수 있다.

법리를 변경하여 더 이상 타인의 사무가 아니라고 판례의 법리를 변경하였고,[9] 이러한 판례의 법리변경의 추세에 비추어 부동산 이중매매에서 매도인의 등기의무도 더 이상 타인의 사무가 아니라는 법리변경을 예상하였으나,[10] 대법원은 기존 법리를 유지함으로써 변화보다는 안정을 선택하였다.[11] 그러나 부동산 이중매매에 관해 매도인의 등기이전의무를 타인의 사무로 해석함으로써 배임죄를 인정한 다수의견이 '우리의 부동산 매매거래 현실에 비추어 보더라도 여전히 타당하다'는 표현을 사용하고 있는 점에 주목할 필요가 있다. 특히 '매매거래의 현실', '여전히'라는 단어의 사용은 사회변화에 따라 법리변경의 가능성을 열어놓고 있다는 점을 보여주는 것이라고 할 수 있다.

판례의 법리가 사회변화와 밀접하게 형성되고 확립된 경우에는 오랫동안 확고하게 유지되어 오던 판례의 법리에 대한 이해와 이에 따른 판단이 특정시점을 기준으로 하루아침에 오해라는 오명을 쓰기도 한다. 예를 들어 대법원은 명의신탁자가 매수한 부동산에 관하여 「부동산 실권리자명의 등기에 관한 법률」을 위반하여 명의수탁자와 맺은 명의신탁약정에 따라 매도인에게서 바로 명의수탁자 명의로 소

---

9) 동산이중매매에 대해서는 대법원 2011. 1. 20. 선고 2008도10479 전원합의체 판결, 대물변제예약과 관련하여서는 대법원 2014. 8. 21. 선고 2014도3363 전원합의체 판결 참조(이 판결과 관련한 평석으로는 이용식, "대물변제예약 부동산의 이중매매와 배임죄의 형사불법적 구조", 형사판례연구 제23권, 2015, 223면 이하 참조).

10) 류전철, "배임죄에서 '타인의 사무'의 해석과 민사법리의 관계", 형사판례연구 제24권, 2016, 439면.

11) 대법원 2018. 5. 17. 선고 2017도4027 전원합의체 판결. 7대5로 갈린 의견이 나누어진 이 판결에서 다수의견은 "대법원은 오래 전부터 부동산 이중매매의 사건에서, 매도인은 매수인 앞으로 소유권이전등기를 마칠 때까지 협력할 의무가 있고, 매도인이 중도금을 지급받은 이후 목적 부동산을 제3자에게 이중으로 양도하면 배임죄가 성립한다고 일관되게 판결함으로써 그러한 판례를 확립하여 왔다. 이러한 판례의 법리는 부동산 이중매매를 억제하고 매수인을 보호하는 역할을 충실히 수행하여 왔고, 현재 우리의 부동산 매매거래 현실에 비추어 보더라도 여전히 타당하다. 이러한 법리가 부동산 거래의 왜곡 또는 혼란을 야기하는 것도 아니고, 매도인의 계약의 자유를 과도하게 제한한다고 볼 수도 없다. 따라서 기존의 판례는 유지되어야 한다"고 하였다.

유권이전등기를 마친 이른바 중간생략등기형 명의신탁을 한 경우, 명의수탁자가 명의신탁자의 재물을 보관하는 자인지 여부 및 명의수탁자가 신탁받은 부동산을 임의로 처분하면 명의신탁자에 대한 관계에서 횡령죄가 성립하는지 여부에 대해서 전원합의체판결을 통해서 수십 년 동안 유지되어 온 법리를 변경하면서 "원심은 이와 달리 중간생략등기형 명의신탁에서 명의수탁자인 피고인이 명의신탁자인 피해자에 대하여 이 사건 부동산 중 피해자 지분을 보관하는 자의 지위에 있다고 보아 이를 전제로 이 사건 공소사실을 유죄로 인정하였다. 따라서 원심판결에는 횡령죄에서 '타인의 재물을 보관하는 자'의 범위에 관한 법리를 오해하여 판결에 영향을 미친 위법이 있다"고 판시하였다.12) 사실 이 사건의 원심법원이 기존 판례의 법리에 충실하게 따라 판결한 것임에도 불구하고 대법원이 법리를 변경하면서 원심판결을 '법리오해'라고 한 것은 아이러니하게 느껴지는 표현이다.

그러나 기술발전이 가져온 사회변화를 반영한 법리가 존재하지 않거나 형성 중인 경우나 기존 법리의 유지가 오히려 변화된 사회의 문제해결에 적합하지 않은 경우 그리고 사회구성원의 가치와 인식의 변화에 의해 기존의 법리유지가 사회현실에 적합하지 않는 경우와 같이 사회변화의 결과가 반영된 사안들에서는 상대적으로 법리의 중요성은 떨어진다고 할 수 있다. 그래서 적용할 법리에 대해서 법관들의 견해가 나뉘거나, 항소심과 상고심의 법리인식이 달라지거나, 상고심의 판단이 다수의견과 반대의견 등으로 갈라지는 경우가 생겨난다.

사회변화는 과거의 시점과 현재의 시점의 구간상의 차이를 의미한다. 오늘은 어제와 차이가 있는 것이고, 매일 누적된 차이를 일정한 시점에서 되돌아보면서 '변화'라고 표현한다. 이런 의미에서 '현실' 또는 '실정'이라는 표현도 과거의 특정시점을 전제로 오늘의 시점의 상황을 표현하는 것이므로 '변화'와 같은 맥락이라고 할 수 있다. 판례에서는 '사회변화'보다는 '현실' 또는 '실정'이라는 표현을 사용하고 있다.

---

12) 대법원 2016. 5. 19. 선고 2014도6992 전원합의체 판결.

복사문서의 문서성과 관련해서 1978년 대법원 전원합의체 판결의
소수의견은 "오늘날 각계의 거래사회에 있어서는 사무의 간소화, 신속
화, 합리화를 기하기 위하여 문서의 원본을 요구하는 대신 이러한 복
사문서를 제출시키고 있는 관행이 정착되어 가고 있는 현실에 비추어
볼때 이러한 복사문서의 작성은 작성명의를 모용하여 문서를 위조한
행위에 해당한다"라고 하고,13) 1989년 대법원전원합의체 판결의 다수
의견은 "오늘날 일상거래에서 복사문서가 원본에 대신하는 증명수단
으로서의 기능이 증대되고 있는 실정에 비추어볼 때 이에 대한 사회
적 신용을 보호할 필요가 있다 할 것이므로 위와 같이 사진복사한 문
서의 사본은 문서위조 및 동행사죄의 객체인 문서에 해당한다"라고
하였다.14)

동일한 대상의 형법적용여부를 두고 1978년 소수의 대법관만이
인식한 사회현실을 1989년에 다수가 인식하게 되었다고 할 수 있다.
이것은 사회변화는 순수하게 사실적인 인식의 문제만이 아니라는 것
을 보여준다. 법관이 행하는 재판이 존재론적 판단이 아니라 규범적
판단이라는 점에서, 사회현실 내지는 사회변화도 규범적 판단을 거쳐
판례에 수용된다. 따라서 판례가 사회변화를 수용하는 법리의 변화를
고려하기 위해서는 현실적으로 사회변화가 존재하고, 법관이 이를 인
식하여야 한다는 것이 전제가 되어야 한다.15)

---

13) 대법원 1978. 4. 11. 선고 77도4068 전원합의체 판결.
14) 대법원 1989. 9. 12. 선고 87도506 전원합의체 판결.
15) 간통죄의 위헌결정에서 헌법재판소의 다수는 "사회 구조 및 결혼과 성에 관
    한 국민의 의식이 변화되고, 성적 자기결정권을 보다 중요시하는 인식이 확
    산됨에 따라 간통행위를 국가가 형벌로 다스리는 것이 적정한지에 대해서는
    이제 더 이상 국민의 인식이 일치한다고 보기 어렵고"라고 하였으나, 소수의
    견은 "배우자 있는 자의 간통 및 그에 동조한 상간자의 행위는 단순한 윤리
    적·도덕적 차원의 문제를 넘어서 사회질서를 해치고 타인의 권리를 침해하
    는 것이라고 보는 우리 사회의 법의식은 여전히 유효하다"고 하여 사회변화
    그 자체에 대한 인정여부의 차이를 보여주고 있다. 헌법재판소 2015. 2. 26.
    선고 2009헌바17, 205, 2010헌바194, 2011헌바4, 2012헌바57, 255, 411, 2013헌바
    139, 161, 267, 276, 342, 365, 2014헌바53, 464, 2011헌가31, 2014헌가4(병합) 전원

Ⅲ. 사회변화에 대응하는 법리변경의 유형

사회가 변화를 하는 과정에서 형사사건과 관련될 수 있는 변화의 속도는 개별 사건유형마다 다르게 나타난다. 먼저 빠른 변화속도는 컴퓨터의 등장과 확산의 영역에서 이루어지고 있다. 기술의 발전이 종전의 행위수단을 대체하는 과정에서 기존 법리를 적용함으로써 변화된 사회현실과 괴리를 가져오게 된다. 복사기술의 발전이나 컴퓨터사용의 확산은 1995년 입법적 대응을 통해 어느 정도 규범과 현실의 간극을 보완했지만, 여전히 기존 법리의 틀 안에서 논란은 지속되고 있다.16) 다음으로 경제적 거래에 관한 관행의 변화나 성도덕에 대한 인식의 변화는 상대적으로 서서히 진행된다.

1. 기술적 발전에 따른 사회변화에 대응하는 판례의 법리

(1) 복사문서의 경우

1989년 전원합의체 판결17) 이전까지 문서란 '작성명의인의 의사가 표시된 물체 그 자체를 의미한다'는 것이 일관된 판례의 법리였다. 1978년 전원합의체판결이 복사문서는 원본이 아니라 사본에 불과한 것이라는 판결은 원심법원18)이 전자복사한 문서의 사본을 문서로 인정하여 유죄판결을 하였고 피고가 상고한 사건에 대한 판결이었다.19)

재판부.

16) 예를 들어 ATM에서 인출한 현금이 재산상 이익인지 재물인지 여부나 이체된 금전이 장물인지 여부에 대한 법리구성은 불안정한 단계라고 보여진다.

17) 대법원 1978. 4. 11. 선고 77도4068 전원합의체 판결.

18) 서울고등법원 1977. 12. 1. 선고 77노609 판결.

19) 상고이유서는 "사단법인 대한출판문화협회 회장 "○○○" 명의의 중앙교육진흥연구사 간행 연합고사문제집 고3"에 대한 "단일발행증명서" 위조, 동 행사의 죄등을 인정한 원판결은 형법상 문서에 관한 죄에 있어서의 "문서"에 관한 법리를 그릇 풀이하므로써 사실의 인정을 그르친 위법이 있다 하겠습니다. 형법상 문서에 관한 죄에 있어서의 "문서"는 확정적인 의식내용의 기재로서 원본적인 것임을 요한다는 것은 종래의 판례의 취지이며 강학상 일치된 학설이라 할 것이니만큼 따라서 확정적인 의식내용의 기재가 아닌 "초안"

그런데 1978년 전원합의체 판결에서 반대의견은 문서죄의 보호법익인 공공의 신용의 침해는 원본만이 아니라 원본과 동일한 의식내용을 보유하고 증명수단으로서 원본과 동일한 사회적 기능과 공공의 신용성을 가지는 것으로 인정된다면 그것이 복사문서라 할지라도 문서위조죄의 객체로 보아야 한다고 하면서, 사회현실에서는 복사문서가 그러한 사회적 기능과 공공의 신용성을 이미 가지고 있다고 하였다.[20]

1978년 이후 10년이 지난 시점에서 나온 전원합의체판결은 사진기나 복사기 등을 사용하여 기계적인 방법에 의하여 원본을 복사한 문서, 이른바 복사문서는 필사에 의한 사본들과는 달리 고도의 기술성·정밀성 때문에 중간에 의사표시가 왜곡될 여지가 적다는 점과 일상거래에서 복사문서가 원본에 대신하는 증명수단으로서의 기능이 증대되고 있는 실정에 비추어 볼 때 이에 대한 사회적 신용을 보호할 필요가 있으므로 복사한 문서의 사본은 문서위조 및 동행사죄의 객체인

또는 문서의 단순한 "사본"이나 "등본" 따위(사본 또는 등본이라는 취지의 의사표시가 없는 단순한 사본 또는 등본)는 이른바 문서에 관한 죄에 있어서의 "문서"에 해당되지 않는다 할 것인바 원판결이유 자체에 의하더라도 피고인이 위조 및 행사하였다는 중부세무서장 발행의 "영업자납세번호증"과 사단법인 대한출판문화협회 회장 ○○○ 명의의 "연합고사문제집 고3"에 대한 "단일발행증명서" 등은 모두 전자복사기로 복사를 한 단순한 "사본"에 불과할 뿐 작성명의자의 확정적인 의식내용을 기재한 원본일 수 없다 할 것이며 그것이 비록 원본과 같은 외관을 현출하였다 하더라도 그 물체의 크기와 표식내용 및 인영부분의 색깔 등이 원본과 다를 뿐 아니라 사본 또는 등본이라는 취지의 아무런 의사표시도 기재되어 있지 않음이 명백한 만큼 위 각 문서는 어느 모로 보나 모두 문서에 관한 죄의 객체로서의 "문서"에 해당될 수 없다 할 것인 즉 따라서 피고인에게 위와 같이 공, 사문서위조, 동 행사의 죄를 인정 판시한 원판결은 형법상의 문서에 관한 법리를 오해하고 사실의 인정을 그르침으로써 판결에 영향을 미친 허물이 있어 파기되어야 할 것입니다"라고 되어 있다.

20) 대법원 1978. 4. 11. 선고 77도4068 전원합의체 판결에서 반대의견은 "오늘날 각계의 거래사회에 있어서는 사무의 간소화, 신속화, 합리화를 기하기 위하여 문서의 원본을 요구하는 대신 이러한 복사문서를 제출시키고 있는 관행이 정착되어 가고 있는 현실에 비추어볼 때 이러한 복사문서의 작성은 작성명의를 모용하여 문서를 위조한 행위에 해당한다고 보아야 할 것이니 이와 같은 취지로 판단한 원판결은 타당하다 할 것이다"라고 하고 있다.

문서에 해당한다고 판결하여, 기존의 원본성을 요구하는 판례의 법리를 변경하였다.21)

이후 문서성에 대한 판례의 법리는 "문서위조 또는 변조 및 동행사죄의 보호법익은 문서 자체의 가치가 아니고 문서에 대한 공공의 신용이므로 문서위조 또는 변조의 객체가 되는 문서는 반드시 원본에 한 한다고 보아야 할 근거는 없고 문서의 사본이라도 원본과 동일한 의식내용을 보유하고 증명수단으로서 원본과 같은 사회적 기능과 신용을 가지는 것으로 인정된다면 이를 위 문서의 개념에 포함시키는 것이 상당하다"고 하였고,22) "형법상 문서에 관한 죄에 있어서 문서라 함은, 문자 또는 이에 대신할 수 있는 가독적 부호로 계속적으로 물체 상에 기재된 의사 또는 관념의 표시인 원본 또는 이와 사회적 기능, 신용성 등을 동시할 수 있는 기계적 방법에 의한 복사본으로서 그 내용이 법률상, 사회생활상 주요 사항에 관한 증거로 될 수 있는 것을 말한다"로 조정되었다.23) 형법상 '문서'가 규범적 구성요건요소라는 점과 여기서 '규범적'의 의미는 '평가적'이라는 의미라고 할 수 있다.24) 그러므로 시대적 변화에 따라 '음란'이라는 개념적 외연에 대한 평가가 달라지는 것처럼, '문서'의 개념적 외연도 사회현실의 변화에 따라 그 외연을 달리하는 것은 당연한 것이며, 이를 반영하는 이와 같은 판례의 법리변경은 문서범죄의 보호법익이 사회현실에 바탕을 둔 공공의 신용에 두고 있다는 점에서 사회적 현실을 반영하여 복사문서가 공공의 신용을 침해하는 것으로 그 '평가적' 관점을 달리 한 것으로

---

21) 대법원 1989. 9. 12. 선고 87도506 전원합의체 판결(이 판결에 대한 비판적인 평석으로 하태훈, "복사문서의 문서성", 형사판례연구 제1권, 1993, 197면 이하 참조; 문서개념의 해석론의 범주에서 판결에 대한 긍정적인 평석으로 류전철, "위조범죄의 보호법익으로서 '공공의 신용'과 복사물", 형사판례연구 제13권, 2005, 428면 참조). 이 판결 이후 1995년 형법개정을 통해 제237조의2에 "이 장의 죄에 있어서 전자복사기, 모사전송기 기타 이와 유사한 기기를 사용하여 복사한 문서 또는 도화의 사본도 문서 또는 도화로 본다"는 규정을 신설하였다.

22) 대법원 1993. 7. 27. 선고 93도1435 판결.

23) 대법원 2006. 1. 26. 선고 2004도788 판결.

24) 류전철, "규범적 구성요건요소에 관한 소고", 형사법연구 제10호, 1998, 35면.

이해할 수 있다.

지금까지 판례의 문서죄에 관한 법리구성의 핵심은 문서 그 자체에서 출발하고 있다. 즉 문서성을 갖추지 못한 것은 보호대상이 아니라는 관점이다. 여기서 문서죄를 통해 보호하려는 것이 문서가 아니라 위조, 변조 및 그러한 문서의 행사를 통해 공공의 신용이 침해될 수 있다는 위험성으로 법리구성을 변경하는 과정을 보여주고 있다. 이러한 관점에서 원본 문서만이 공공의 신용을 침해한다는 법리에서 원본과 구별하기 어려운 사본문서도 공공의 신용을 위험하게 한다는 점을 판례의 법리로 대응하였다면, 이제는 의사표시의 지속가능성을 문서성의 중요한 요소로 구성하고 있는 판례의 법리에 대해서 화면에 나타난 이미지 파일이 '문서의 계속성'에 대한 도전을 계속하고 있다.

(2) 스캔한 컴퓨터 이미지파일의 문서성

전술한 복사문서는 물체 그 자체로는 존재하는 것이었으나 문서의 원본성 여부가 쟁점이 된 경우였다면, 컴퓨터 모니터 화면에 나타나는 이미지 파일은 외부세계에 물체 그 자체는 존재하지 않는 경우이다. 문제는 원본을 그대로 스캔한 컴퓨터 이미지 파일이 실제 거래관계에서 각종 거래의 증명방법으로 빈번하게 사용하고 있으며, 점차 종이문서를 대신해 가고 있다는 사회현실을 어떻게 대처할 것인지에 있다.[25]

이미지 파일의 문서성에 대한 최초의 대법원 판결은 자신의 이름과 나이를 속이는 용도로 사용할 목적으로 주민등록증의 이름·주민등록번호란에 글자를 오려붙인 후 이를 컴퓨터 스캔 장치를 이용하여 이미지 파일로 만들어 컴퓨터 모니터로 출력하는 한편 타인에게 이메일로 전송한 사안에 관한 것이었다. 대법원은 "형법상 문서에 관한 죄에 있어서 문서라 함은, 문자 또는 이에 대신할 수 있는 가독적 부호로 계속적으로 물체상에 기재된 의사 또는 관념의 표시인 원본 또는

---

25) 위조의 행위태양과 대상에 대한 문제점에 관한 판례들을 정리한 문헌으로 김성룡, "위조와 복사", 형사판례연구 제25권, 2017, 407면 이하 참조.

이와 사회적 기능, 신용성 등을 동시할 수 있는 기계적 방법에 의한 복사본으로서 그 내용이 법률상, 사회생활상 주요 사항에 관한 증거로 될 수 있는 것을 말한다"26)는 법리를 적용하여 "컴퓨터 모니터 화면에 나타나는 이미지는 이미지 파일을 보기 위한 프로그램을 실행할 경우에 그때마다 전자적 반응을 일으켜 화면에 나타나는 것에 지나지 않아서 계속적으로 화면에 고정된 것으로는 볼 수 없으므로, 형법상 문서에 관한 죄에 있어서의 '문서'에는 해당되지 않는다"라고 판시하였다.27)

문서죄의 문서성에 관한 판례의 법리구성상 계속성의 결여로 인해 이미지 파일은 문서라고 할 수 없다는 판례의 법리는 이후 컴퓨터 스캔 작업을 통하여 만들어낸 공인중개사 자격증의 이미지 파일,28) 휴대전화 신규 가입신청서를 위조한 후 이를 스캔한 이미지 파일,29) 국립대학교 교무처장 명의의 졸업증명서 파일30) 등의 사안에서도 일관되게 유지되고 있다. 한편 이미지파일을 이메일에 첨부하여 발송하거나 팩스로 송신한 경우에도 위조문서행사죄로 처벌할 수 없다는 불합

---

26) 대법원 2006. 1. 26. 선고 2004도788 판결.
27) 대법원 2007. 11. 29. 선고 2007도7480 판결. 이 판결에 대한 평석으로 김혜경, "문서위조죄에서의 복사와 행사의 개념", 형사판례연구 제18권, 2010, 252면 이하 참조.
28) 대법원 2008. 4. 10. 선고 2008도1013 판결: 이 판결의 원심법원은 이 사건에서 피고인이 컴퓨터 스캔 작업을 통하여 만들어낸 공인중개사 자격증의 이미지 파일은 전자기록으로서 전자기록 장치에 전자적 형태로서 고정되어 계속성이 있다고 볼 수는 있으나, 그러한 형태는 그 자체로서 시각적 방법에 의해 이해할 수 있는 것이 아니어서 이를 형법상 문서에 관한 죄에 있어서의 '문서'로 보기 어렵다고 판단하였고, 대법원은 이러한 원심법원의 판단이 형법상 문서에 관한 법리오해 등의 위법이 없다고 하였다. 결국 이미지 파일이 문서성의 법리상 계속성의 결여라고 한 부분에 대한 균열점이 생겨나기 시작한 것으로 볼 수 있다.
29) 대법원 2008. 10. 23. 선고 2008도5200 판결: 그런데 이 판결에서 이미지 파일 자체는 문서에 관한 죄의 '문서'에 해당하지 않으나, 이를 전송하여 컴퓨터 화면상으로 보게 한 행위는 이미 위조한 가입신청서를 행사한 것에 해당하므로 위조사문서행사죄가 성립한다고 하였다.
30) 대법원 2010. 7. 15. 선고 2010도6068 판결.

리한 결과가 나온다. 결국 종이의 원본에 직접적인 위조행위를 하지
않고, 컴퓨터상에서만 이미지 파일에 대하여 위·변조행위가 이루어진
경우에는 행위자를 처벌할 수 없다는 형사정책적 처벌의 흠결이 발생
한다.[31]

이미지 파일이 문서가 아니라면 전자적 기록으로 보고 해당 규정
을 적용할 수 있는지를 검토할 필요가 있으나,[32] 전자기록위작·변작
죄가 성립하기 위해서는 초과주관적 구성요건으로 '사무처리를 그르
치게 할 목적'이 있어야 하며, 행위의 객체는 권리·의무 또는 사실증
명에 관한 '타인의' 전자기록등 특수매체기록' 또는 '공무원 또는 공무
소의' 전자기록등 특수매체기록이어야 한다. 따라서 자신이 스캔한 후
보관하고 있는 컴퓨터 이미지 파일을 위·변작한 후 이를 증명수단으
로 사용한 경우에는 사무처리를 그르치게 할 목적은 인정할 가능성이
있어도 전자기록의 타인성을 인정할 수 없기 때문에 전자기록위변작
죄로 처벌할 수 없는 공백이 발생할 수 있다.

현실 거래관계에서 전자적 형태의 문서는 종이문서를 대체해가고
있고,[33] 많은 개별 법률들이 전자문서를 문서로 간주하고 있는 상황에

---

31) 최호진, "정보통신기술발전에 따른 형법상 문서개념 변화의 필요성 - 스캔한
컴퓨터이미지파일을 중심으로 -", 형사법연구 제25권 제1호, 2013, 219면.
32) 제227조의2(공전자기록위작·변작) 사무처리를 그르치게 할 목적으로 공무원
또는 공무소의 전자기록등 특수매체기록을 위작 또는 변작한 자는 10년 이
하의 징역에 처한다.
제232조의2(사전자기록위작·변작) 사무처리를 그르치게 할 목적으로 권리·
의무 또는 사실증명에 관한 타인의 전자기록등 특수매체기록을 위작 또는
변작한 자는 5년 이하의 징역 또는 1천만원 이하의 벌금에 처한다.
33) 국가기관이나 공공기관에서도 각종 신청절차 및 문서보관에서 이미지파일을
활용하고 있다. 예를 들면, 외교부에서는 국외여행기간연장허가 신청함에 있
어서 구비서류인 재학증명서, 입학허가서 또는 성적증명서, 재외공관장의 확
인서 등을 이미지파일로 제출하게 하고 있다. 공공기록물 관리에 관한 법률
에 따르면 의거 종이 기록물의 원문을 스캔한 이미지 데이터를 전자기록물로
활용하고 있다. 공공기관에서 각종 신청절차에서 인터넷접수를 하는 경우 증
빙서류를 이미지파일로 제출할 수 있도록 하고 있다(최호진, 위의 논문, 234
면에서 재인용).

서 문서성에 관한 기존의 판례의 법리를 유지하는 것이 힘들게 보인
다. 물체에 고정되어 계속성이 있어야 한다는 문서에 관한 오래된 법
리를 변경한다는 것은, 해당된 법리가 오래된 것이기에 더욱 쉽지 않
을 것이다. 그러나 문서죄에 있어서는 사회의 현실이 공공의 신용이라
는 보호법익의 결정을 위해서 중요한 결정인자가 되어야 한다. 물론
사회 일반인의 공공의 신용의 정도를 어떻게 판단하고 결정해야 하는
지의 문제가 남지만, 논란이 되고 있는 신용의 대상물(여기에서는 컴퓨
터 이미지 파일)에 대한 사회의 현실을 파악하는 것이 중요하다.

2. 새로운 범죄방법에 대응하는 판례의 법리

자동차등록명의자 아닌 지입자로부터 임대 또는 전대받은 자로부
터 그 차량을 매수하는 행위가 장물취득죄가 되는지 여부와 관련해서
기존 판례의 법리는 자동차의 등록명의자 아닌 지입자로부터 그 자동
차를 임대 또는 전대받은 자는 그 자동차에 관하여 법률상 처분할 수
있는 지위에 있다고 할 수 없으므로 타인의 재산을 보관하는 자에 해
당하지 아니하며 따라서 그로부터 자동차를 매수한 행위는 장물취득
죄가 되지 않는다고 하였다.34) 즉 횡령죄의 주체로서 재물의 보관은
재물에 대한 사실상 또는 법률상 지배력이 있는 상태를 의미한다. 재
물에 대한 사실상의 지배는 당연한 것이지만, 법률상의 지배도 재물의
보관이라고 한 이유는 부동산의 경우 사실상의 지배하는 자뿐만 아니
라 사실상의 지배는 하지 않지만 외견상 유효하게 처분할 수 있는 자
도 재물의 보관자로 보기 위한 것이다.35) 소유권을 보호법익으로 하는
횡령죄가 성립하기 위해서는 소유권의 침해 또는 위험36)이 야기되어

---

34) 대법원 1978. 10. 10. 선고 78도1714 판결. 이 판결은 대법원 2015. 6. 25. 선고 2015도1944 전원합의체 판결에 의해서 폐기되었다.
35) 대법원 2005. 6. 24. 선고 2005도2413 판결: 부동산에 관한 횡령죄에 있어서 타인의 재물을 보관하는 자의 지위는 동산의 경우와는 달리 부동산에 대한 점유의 여부가 아니라 법률상 부동산을 제3자에게 처분할 수 있는 지위에 있는지 여부를 기준으로 판단하여야 한다.
36) 대법원 1975. 4. 22. 선고 75도123 판결.

야 한다. 그러므로 재물의 보관자의 사실상 처분행위가 있더라도 실질적으로 소유권이 침해되기 어려운 등기된 부동산, 등록된 자동차의 경우에는 횡령죄가 성립하기 어렵다. 그래서 등기나 등록을 요하는 재물의 보관자는 재물에 대한 사실상 또는 법률상 지배력을 가져야만 한다고 하는 것이다.37)

이러한 판례의 법리는 이른바 '대포차'38) 문제가 심각한 사회적 문제가 되자,39) 사회변화의 파생적 범죄에 기존의 법리를 변경함으로써 대처하게 되었다. 즉 소유권의 취득에 등록이 필요한 타인 소유의 차량을 인도받아 보관하고 있는 사람이 이를 사실상 처분하면 횡령죄가 성립하며, 그 보관 위임자나 보관자가 차량의 등록명의자일 필요는 없다고 함으로써,40) 소유권의 취득에 등록이 필요한 차량에 대한 횡령죄에서 타인의 재물을 보관하는 사람의 지위는 일반 동산의 경우와 달리 차량에 대한 점유 여부가 아니라 등록에 의하여 차량을 제3자에게 법률상 유효하게 처분할 수 있는 권능 유무에 따라 결정하여야 한다는 기존의 판례의 법리를 변경한 것이다.

대상판결은 피고인 甲에게 장물취득죄가 성립하는지 여부가 쟁점이지만, 그 선결문제로서 자동차 지입계약관계에서 乙이 처분한 자동차가 '장물'이 될 수 있는 재산범죄를 구성하는지가 실질적인 쟁점을

---

37) 류전철, "차량등록제와 관련된 형사법적 문제", 법조 2016년 8월(통권 제718호), 636~637면.

38) 대포차란 자동차를 매매할 때 제대로 된 명의이전 절차를 거치지 않아 명의자와 실제 운전자가 다르게 된 불법차량을 지칭하는 속어이다.

39) 서정민, "자동차 횡령죄의 보관자 지위", 서울대학교 법학 제56권 제3호, 서울대학교 법학연구소, 2015, 184면: 대포차는 탈세와 체납세금의 면탈에 흔히 이용되고 교통사고 발생시 보험 혜택에도 취약하여 위험할 뿐 아니라 이른바 '대포통장', '대포폰'과 함께 대표적인 범죄수단으로 알려져 있는데, 이러한 대포차의 규모는 이미 국가의 통제권을 벗어난 상당한 수준에 이르고 있어, 대포차 발생원인의 근절이 시급하다. 경제현실에서 빈번한 거래의 대상이 되는 자동차가 범죄의 수단으로 전락하고 있고 그 규모가 상당하다는 점은 그 중요한 원인 중 하나인 자동차 불법거래에 국가형벌권이 개입하지 않을 수 없음을 시사하는 대목이다.

40) 대법원 2015. 6. 25. 선고 2015도1944 전원합의체 판결.

이루고 있다. 즉 소유권의 취득에 등록이 필요한 타인 소유 차량을 인도받아 보관하고 있는 사람이 이를 사실상 처분한 경우, 보관 위임자나 보관자가 차량의 등록명의자가 아니라도 횡령죄가 성립하는지 여부와 그 법리가 지입회사에 소유권이 있는 차량에 대하여 지입회사에서 운행관리권을 위임받은 지입차주 또는 지입차주에게서 차량 보관을 위임받은 사람이 지입회사 또는 지입차주의 승낙 없이 보관 중인 차량을 사실상 처분한 경우에도 적용되는지가 쟁점이 된 사안이다.

대상판결에서 대법원은 소유권의 취득에 등록이 필요한 차량에 대한 횡령죄 성립여부와 관련해서, 타인의 재물을 보관하는 사람의 지위는 일반 동산의 경우와 달리 차량에 대한 점유 여부가 아니라 등록에 의하여 차량을 제3자에게 법률상 유효하게 처분할 수 있는 권능 유무에 따라 결정하여야 한다는 종래의 입장을 폐기하였다.[41] 대법원의 이러한 법리변화의 이면에는 등록된 명의인과 실질적인 점유자가 일치하지 않는 자동차로 인한 문제, 소위 '대포차'의 문제해결이라는 형사정책적 관점이 내재하고 있고, 이러한 고려는 일면 타당성이 있다고 보여진다. 그러나 문제는 자동차는 동산임에도 자동차관리법 제5조에 의해 소유권의 득실변경은 등록을 하여야 그 효력이 생긴다는 공시제도와 소유권을 보호법익으로 하는 횡령죄의 관계를 법리적으로 구성하지 않고,[42] 사실상의 점유이전을 통해서도 소유권의 침해가 발생한다는 현실을 사법정책적 관점에서 해결하였다는 점이다. 다른 한

---

41) 이 판결에 대해서 진정한 권리자의 보호, 거래의 현실과 구체적 타당성의 반영, 원칙 우선과 예외 적용 범위의 구별이라는 측면에서 긍정적으로 평가하는 입장으로 서정민, 앞의 논문, 205~209면.

42) 부동산의 횡령과 관련해서 판례의 법리는 '타인의 재물을 보관하는 자의 지위는 동산의 경우와는 달리 부동산에 대한 점유의 여부가 아니라 법률상 부동산을 제3자에게 처분할 수 있는 지위에 있는지 여부를 기준으로 판단하여야 한다'고 하고 있다. 판례가 '동산과 달리'라고 표현한 것이 소유권이전에 등기라는 공시제도를 강조한 것이라면, 일반 동산과 달리 소유권 이전에 등록이라는 공시제도를 두고 있는 자동차에 관한 판례의 법리변경이 부동산 횡령과 관련해서 보관자의 지위에도 영향을 줄 가능성도 전혀 배제할 수는 없다.

편으로는 지입회사의 소유권 강화를 확고하게 만들었다는 점에서 향후 발생할 수 있는 지입회사와 지입차주 간의 법적 분쟁이 우려되기도 한다.

3. 사회의 성적 가치관의 변화에 대응하는 판례의 법리

사회의 성적 가치관이 변화하고 있다는 점은 누구나 인정하지만 그 속도와 방향성에 대해서는 각자의 판단이 다를 수밖에 없다.[43] 이러한 점을 고려하여 입법자는 규범적 판단이 가능한 입법형식을 취할 뿐만 아니라, 판례의 법리의 구성도 사회의 현실을 반영할 수 있도록 판단기준에 사회의 현실을 고려할 수 있도록 열어 놓고 있다.

'추행'과 관련한 판례의 법리는 "'추행'이란 객관적으로 일반인에게 성적 수치심이나 혐오감을 일으키게 하고 선량한 성적 도덕관념에 반하는 행위로서 피해자의 성적 자유를 침해하는 것이고, 이에 해당하는지는 피해자의 의사, 성별, 연령, 행위자와 피해자의 이전부터의 관계, 행위에 이르게 된 경위, 구체적 행위태양, 주위의 객관적 상황과 그 시대의 성적 도덕관념 등을 종합적으로 고려하여 신중히 결정되어야 한다"라고 하고 있다.[44]

음란에 관해서도 판례의 법리는 "'음란'이란 사회통념상 일반 보통인의 성욕을 자극하여 성적 흥분을 유발하고 정상적인 성적 수치심을 해하여 성적 도의관념에 반하는 것을 의미한다. 따라서 어떠한 물건을 음란하다고 평가하려면 그 물건을 전체적으로 관찰·평가하여 볼 때 단순히 저속하다거나 문란한 느낌을 주는 정도를 넘어 사람의 존엄성과 가치를 심각하게 훼손·왜곡하였다고 평가할 수 있을 정도로 노골적인 방법에 의하여 성적 부위 등을 적나라하게 표현 또는 묘사하는 것이어야 하고, 음란 여부를 판단함에 있어서는 행위자의 주관적 의도 등이 아니라 그 사회의 평균인의 입장에서 그 시대의 건전한

---

43) 이기호, "판례에 나타난 음란성", 형사판례연구 제4권, 1996, 183면.
44) 대법원 2013. 9. 26. 선고 2013도5856 판결.

사회통념에 따라 객관적이고 규범적으로 평가하여야 한다"라고 한다.45)

이와 같이 성적 가치관과 같은 영역에서 판례의 법리에서 처음부터 사회변화를 고려할 수 있는 판단기준을 제시하고 구체적인 사건에서 변화된 사회의 가치관을 반영하는 방법은 불가피하지만 최선의 방법이라고 할 수 있다. 다만 판례의 법리 그 자체가 아니라 변화된 사회의 가치관을 인식하는 법관에 따라 결과적으로 왜곡된 판례의 법리가 될 수 있는 위험요소는 남겨져 있다.

Ⅳ. 나오는 말

사회변화는 실체가 없는 수사(修辭)일 수 있다. 그러나 시간의 개념을 인정하는 한 사회변화를 부인하는 사람은 없다. 이러한 사회변화를 판례의 법리로 수용하는 과정은 단순히 사실적인 것이 아니라 규범적일 수밖에 없다. 특히 기존의 판례의 법리가 확고하게 정립되어있는 경우에 사회변화를 법리로 수용하는 것은 사실의 변화를 수용함으로써 대전제를 수정하게 되는, 대전제와 소전제의 역전현상이므로 신중을 기하여야 한다.

사회변화로 인하여 발생하는 새로운 법익 침해적 행위는 입법적으로 대처해야 할 사안이지 사법적 대응은 불가능하다. 그렇지만 죄형법정주의를 위반하지 않는 범위에서 사회변화로 인해 기존의 법리구성에 새로운 행위의 객체나 행위태양이 등장하거나, 기존의 법리를 유지할 경우에 발생하는 형사정책적 문제가 나타난 경우에는 이러한 변화를 수용하는 판례가 법리의 변경을 하게 된다.

문서의 원본성이라는 법리를 변경하여 복사문서의 문서성을 인정한 판결에 대해서 많은 학자들이 죄형법정주의에 위반한 것이라고 비판하였지만, 판례는 새로운 행위객체를 기존 법리의 변경을 통해서 수용한 것이라고 할 수 있다. 스캔한 이미지 파일을 문서로 볼 것인지

---

45) 대법원 2014. 6. 12. 선고 2013도6345 판결.

문제는 새로운 행위 객체로 인정할 것인지와 형사정책적 문제이다. 문서에 관한 기존 판례의 법리에서 계속성을 유지하면서도 처벌의 공백이라는 문제를 해결하기 위해서는 스캔한 이미지 파일은 입법적 대응으로 해결할 수밖에 없지만, 통신기술의 발전과 전자문서의 확산은 판례의 법리를 변경하도록 압박할 것으로 예상된다.

대포차나 보이스피싱과 같은 사회적 이슈를 제공하는 새로운 범죄수법을 수용하는 판례의 법리변경은 기존의 법리에 체계적으로 연결되어 있는 도그마틱과 일치하지 않는 법리구성으로 인해서 많은 쟁점과 논란이 제기될 수 있다.

마지막으로 사회의 가치관의 변화 특히 성적 가치관의 변화를 수용하는 판례의 법리는 변화를 인식하는 법관이 실질적으로 중요한 역할을 한다는 점에서 법리 그 자체의 문제는 아니라고 할 수 있다.

[주 제 어]
판례의 법리, 사회변화, 규범적 구성요건, 복사문서, 횡령죄

[Key words]
Rechtsprechungsdogmatik, soziale Veränderung, normative Tatbestandsmerkmal, Kopieurkunde, Unterschlagung

접수일자: 2018. 5. 11. 심사일자: 2018. 5. 31. 게재확정일자: 2018. 6. 5.

[참고문헌]

권영준, "민사재판에 있어서 이론, 법리, 실무", 법학 제49권 제3호, 서울대
　　학교 법학연구소, 2008.

김성룡, "위조와 복사", 형사판례연구 제25권, 2017.

김영환, "법도그마틱의 개념과 실천덕 기능", 한양대 법학논총, 제13집, 1996.

김혜경, "문서위조죄에서의 복사와 행사의 개념", 형사판례연구 제18권,
　　2010.

류전철, "규범적 구성요건요소에 관한 소고", 형사법연구 제10호, 1998.

류전철, "배임죄에서 '타인의 사무'의 해석과 민사법리의 관계", 형사판례연
　　구 제24권, 2016.

류전철, "위조범죄의 보호법익으로서 '공공의 신용'과 복사물", 형사판례연
　　구 제13권, 2005,

류전철, "차량등록제와 관련된 형사법적 문제", 법조 2016년 8월(통권 제718호).

박기석, "형벌법규의 해석과 죄형법정주의 ― 대법원판례를 중심으로 ―", 형
　　사판례연구 제11권, 2003.

서정민, "자동차 횡령죄의 보관자 지위", 서울대학교 법학 제56권 제3호, 서
　　울대학교 법학연구소, 2015.

이용식, "대물변제예약 부동산의 이중매매와 배임죄의 형사불법적 구조",
　　형사판례연구 제23권, 2015.

최호진, "정보통신기술발전에 따른 형법상 문서개념 변화의 필요성 ― 스캔
　　한 컴퓨터이미지파일을 중심으로 ―", 형사법연구 제25권 제1호, 2013.

하태훈, "복사문서의 문서성", 형사판례연구 제1권, 1993.

[Zusammenfassung]

Die Änderungen der Dogmatiken der Rechtsprechung in Strafsachen als Reaktion auf den sozialen Wandel

Ryu, Chen-chel*

Eine der wichtigsten Variablen, die die Rechtsprechungen von Strafsachen verändern können, ist der Wandel der Gesellschaft. Im Falle einer Gesetzgebung, die die Bewertungsfaktoren von Richtern als einen sogenannten "normativen Tatbestandsmerkmal" berücksichtigt, der die Möglichkeit einer flexiblen Auslegung unter Berücksichtigung des sozialen Wandels eröffnet, kann in dem Fall untergebracht werden.

Wenn es schwierig ist, ein neues soziales Phänomen als eine bestehende Rechtsprechung zu akzeptieren, kann die Beibehaltung der bestehenden Rechtsprechung strafrechtliche Probleme verursachen. Es ist jedoch auch eine wichtige und schwierige Aufgabe, den sozialen Wandel als Rechtsgrundsatz zu akzeptieren.

Im Prozess des sozialen Wandels variiert die Änderungsrate, die mit Kriminalfällen verbunden sein kann, von Fall zu Fall. Erstens liegt die Geschwindigkeit des schnellen Wandels im Bereich der Computerentstehung und -diffusion. Im Prozess der technologischen Entwicklung, die bisherige Handlungsmittel ersetzt, werden die bestehenden Rechtsgrundsätze angewendet, um den Unterschied von der veränderten gesellschaftlichen Realität zu bewirken. Die Entwicklung der Kopiertechnologie und die Verbreitung der Computernutzung ergänzten die Lücke zwischen Normen und Realität in gewissem Maße durch legislative Maßnahmen im Jahr 1995, aber die Kontroverse setzt sich im Rahmen der bestehenden Rechtsprechung fort.

---

* Professor, School of Law, Chonnam National University.

Zweitens sind die Veränderungen der Praktiken der wirtschaftlichen Transaktionen und die Wahrnehmung der Sexualmoral relativ langsam.

Die neuen Rechtsgutverletzungen, die sich aus dem sozialen Wandel ergeben, sind legislative Fragen, aber gerichtliche Maßnahmen sind nicht möglich. Wenn aufgrund sozialer Veränderungen ein neuer Tatobjekt- oder Verhaltensakt in der bestehenden Rechtsprechungsdogmatiken auftaucht oder gegen den strafrechtlichen Grundsatz verstößt, soll der Richter eine Änderung der Rechtsprechungsdogmatik vornehmen.

급여 등 형태로 취득한
공범의 범죄수익 추징
― 대법원 2013. 4. 11. 선고 2013도1859 판결,
공동수익자 이론의 필요성―

권 순 건*

I. 문제의 제기

1. 사안의 개요 및 사안의 경과

(1) 사안의 개요1)

◎ 범죄사실

피고인은 오피스텔 성매매 업소를 총괄적으로 운영하고, 나머지 공동피고인들(A, B, C)은 피고인의 지시를 받아 성매매 남성의 응대 및 안내, 위 오피스텔의 청소 및 정리, 대금 정산 등의 업무를 담당하기로 함.

피고인, 공동피고인 A, B, C는 2012. 3. 하순경부터 2012. 9. 22.경까지 사이에 대치동에서 17개의 오피스텔을 임차하고 그 중 하나에 상황실을 차린 후 '뷰티', '클래식', '선릉러브', '엔젤', '세븐' 등의 상호를 수시로 바꾸어 사용하며 '코리아오피', '탕돌이', '색밤' 등 인터넷 유흥정보 사이트에 성매매 여성으로 고용한 여자 종업원들의 키, 나이, 몸무게, 신체적 특징 등을 소개하거나 인근 선릉역 일대에 위와 같은 내용의 전단지를 배포한 후 이를

---

* 서울중앙지방법원 판사.
1) 본 글의 성격에 맞게끔 사안을 다소 변경하였다.

보고 연락한 불상의 남자들의 인터넷 신청 또는 전화를 받아 위 오피스텔의 위치를 알려주고, 위 남자들을 위 오피스텔 인근에서 만나 오피스텔 비상계단 등에서 성매매 대가로 13~17만원을 받고 성매매 여성이 대기하고 있는 위 오피스텔 방으로 안내하여 성교하게 함.

◎ 피고인과 다른 공범인 A, B, C 관계
▶ 공범인 공동피고인 A, B, C는 오피스텔 성매매업소를 총괄적으로 운영하는 피고인에게 고용되어 피고인의 지시를 받아 성매매 남성의 응대 및 안내(공범 A), 오피스텔의 청소 및 정리(공범 B), 대금정산 등의 업무를 담당(공범 C).
▶ 한편 공동피고인 공범 A, B, C는 피고인과 함께 공동정범으로 기소되어 1심에서 유죄의 판결을 받고 확정됨.

(2) 하급심 판단(추징부분 중심)

제1심 (서울중앙지방법원 2012고단5460): 유죄(징역 1년 6월, 추징 312,000,000원)
제2심 (서울중앙지방법원 2012노4253 판결): 파기, 유죄(징역 1년 6월, 집행유예 3년, 추징 3,900만 원)
[추징부분에 관한 판단]
▶ 이 사건 각 성매매업소의 1일 매출 합계액은 500만 원 정도이고 그 중 300 ~ 400만 원 가량이 성매매여성에게 지급된 사실, 이 사건 각 성매매업소는 한 달 30일 기준으로 26일을 영업하고 4일을 휴업하는 형태로 운영
▶ 이 사건 각 성매매업소를 운영하며 성매매알선영업으로 얻은 이익으로서 추징대상인 금액은 156,000,000원{=6개월×(500만원-피고인에게 가장 유리한 방식으로 계산한 400만 원)×26일}임
▶ 공범들이 각각 개별적으로 얻은 구체적인 이득액을 정확히 알 수 없는 이 사건에서 위 전체 이익을 피고인과 위 공범들 사이에 균분하여 그 추징금액을 산정하여야 하므로 결국 이 사건 범행으로 피고인이 취득한 이익으로서 추징대상인 금액은 39,000,000원{=(156,000,000원×1/4)}으로 산정

⑶ 대상판결의 판단(대법원 2013. 4. 11. 선고 2013도1859 판결)

성매매알선 등 행위의 처벌에 관한 법률 제25조의 규정에 의한 추징은 성매매알선 등 행위의 근절을 위하여 그 행위로 인한 부정한 이익을 필요적으로 박탈하려는데 그 목적이 있으므로, 그 추징의 범위는 범인이 실제로 취득한 이익에 한정된다고 봄이 상당하고, 다만 범인이 성매매알선 등 행위를 하는 과정에서 지출한 세금 등의 비용은 성매매알선의 대가로 취득한 금품을 소비하거나 자신의 행위를 정당화시키기 위한 방법의 하나에 지나지 않으므로 추징액에서 이를 공제할 것은 아니다(대법원 2009. 5. 14. 선고 2009도2223 판결 등 참조).

원심은 피고인과 제1심 공동피고인 A, B, C 등이 공범으로서 이 사건 성매매알선 등 행위와 관련하여 156,000,000원의 이익을 얻었고, 공범들이 각각 개별적으로 얻은 구체적인 이득액을 정확히 알 수 없으므로 위 전체 이익을 피고인과 위 공범들 사이에 균분하여 추징금액을 산정하여야 한다고 판단하여 피고인에 대하여 39,000,000원의 추징을 명하였다.

그러나 기록에 의하면 피고인은 이 사건 성매매 업소를 총괄적으로 운영하는 업주이고, 위 공동피고인들은 피고인에게 고용되어 피고인의 지시를 받아 성매매 남성의 응대 및 안내, 오피스텔의 청소 및 정리, 대금 정산 등의 업무를 담당하면서 피고인으로부터 월급을 지급받은 직원들인 사실을 알 수 있는바, 위 법리에 비추어 보면 이 사건 성매매알선 등 행위로 인하여 얻은 이득액 전부는 피고인이 취득한 것으로서 공범들이 피고인으로부터 지급받은 급여는 피고인이 성매매알선의 대가로 취득한 금품을 소비한 것에 불과하다. 그렇다면 원심으로서는 이 사건 성매매알선 등 행위로 인하여 얻은 전체 이득액을 산정하여 이를 피고인으로부터 추징하였어야 할 것임에도 피고인과 다른 공범들 사이에 균분하여 추징을 명하였는바, 원심에는 추징에 관한 법리를 오해하여 판결에 영향을 미친 위법이 있다. 이를 지적하는 상고이유의 주장은 이유 있다.

(4) 파기환송심은 위와 같은 대법원의 판단에 따라 범죄수익 전액을 총괄하는 업주인 피고인에게 추징하여야 한다고 보고, 피고인으로부터 범죄수익 156,000,000원 전액을 추징하였고 위 판결은 그 무렵 확정되었다(서울중앙지방법원 2013. 6. 13. 선고 2013노1203 판결).

2. 문제의 제기

(1) 대상판결은 비록 공동정범으로 처벌받는 다른 공동피고인이 있더라도, 그와 같은 다른 공동피고인들이 범행을 총괄하는 피고인으로부터 단순히 월급 등 명목으로 금원을 지급받는 지위에 불과한 경우에는, 범행을 총괄하는 피고인으로부터 전체 범죄수익을 추징하여야 하고, 월급 등 명목으로 지급한 금원을 공제할 수 없다는 취지의 판결이다.

그런데 이러한 판례 법리를 일관되게 적용하면, 공동피고인들이 급여형태로 취득한 범죄수익을 취득한 추징할 수 없게 된다. 왜냐하면 우리 대법원은 징벌적 추징이 아닌 일반적 추징 사안에서 범죄수익의 추징을 몰수에 대신하는 이득의 박탈의 측면에서 파악하여 중복적인 추징은 불가능하다고 보고 있는바(대법원 1996. 11. 29. 선고 96도2490 판결 등 참조), 대상판결은 "공범들이 피고인으로부터 지급받은 급여는 피고인이 성매매알선의 대가로 취득한 금품을 소비한 것에 불과하다"고 보고 있으므로 결국 범행을 총괄한 피고인으로부터 범죄수익 전액을 추징하여야 한다고 할 것이기 때문이다.

실제 총괄하는 다른 업주가 존재하고 단순히 급여만을 지급받은 범인에 대하여 대상판결을 참조판례로 설시하면서 별도로 범죄수익을 추징할 수 없다는 취지의 다수의 하급심 판결이 선고되고 있으며,2) 대법원 역시도 이와 같은 하급심 태도에 대하여 별다른 언급 없이 적법

---

2) 서울중앙지방법원 2017. 11. 3. 선고 2017노3029 판결, 대전지방법원 2017. 9. 20. 선고 2017노1290 판결, 서울중앙지방법원 2017. 4. 7. 선고 2017노51 판결 등 참조.

하다고 판시하고 있다(대법원 2017. 9. 21. 선고 2017도10465 판결 참조).

(2) 그런데 이러한 하급심판결 및 대상판결의 태도는 다른 대법원 판결들과 저촉되는 것이 아닌지 의심이 든다. 아래의 대법원 판례를 보자.

> 「범죄수익은닉의 규제 및 처벌 등에 관한 법률」
>
> 제8조 내지 제10조의 규정에 의한 범죄수익 등의 몰수·추징은 부정한 이익을 박탈하여 이를 보유하지 못하게 하는 데 목적이 있는 것이므로, 위 법률에 의한 몰수·추징이 적용되는 사행성 유기기구를 이용하여 사행행위를 업으로 한 범죄를 수인이 공동으로 하고 이로 인하여 이익을 얻은 경우에는 각자가 분배받은 금원, 즉 실질적으로 귀속된 이익금만을 개별적으로 몰수·추징하여야 하지만, 그 분배받은 금원을 확정할 수 없을 때에는 이를 평등하게 분할한 금원을 몰수·추징하여야 한다(대법원 2010. 1. 28. 선고 2009도13912 판결 참조). 한편 여기서의 범인에는 공동정범자 뿐만 아니라 종범 또는 교사범도 포함되고 소추 여부를 불문한다(대법원 1984. 5. 29. 선고 83도2680 판결, 대법원 1985. 6. 25. 선고 85도652 판결 등 참조).

즉, 대법원 2010. 1. 28. 선고 2009도13912 판결 등에 의하면, 각자가 분배받은 금원, 즉 실질적으로 귀속된 이익금만을 개별적으로 몰수·추징하여 하고, 만일 분배받은 금원을 확정할 수 없을 때에는 이를 평등하게 분할한 금원을 몰수 추징하여야 한다고 규정하고, 이와 같이 범죄수익의 몰수·추징을 고려하는데 있어서 공동정범 뿐만 아니라 종범이나 교사범도 고려하여야 하는데, 대상판결은 오히려 공동정범인 종업원이 그 범죄수익을 급여형태로 취득한 경우 그 금원을 추징하지 않고 업주로부터만 추징하도록 판시하였기 때문에 양 대법원 판결은 상호 배치되는 것이 아닌가 하는 의심이 들 수 있다. 또한 형사정책적인 측면에서 공범으로서 총괄업주의 범행에 가담하여 범죄수익을 올린 공동피고인에 대하여 단순히 업무를 수행하고 이에 따른 급여 형태의 보수를 받았다는 이유로 범죄수익금 그대로를 보유하게

하는 것(물론 업주로부터 전액 추징하기는 하지만)은 범죄로 인한 이득을
박탈하겠다는 범죄수익 추징의 기본적인 원리에 저촉된다는 비판이
있을 수도 있다.

이러한 점들을 고려하였는지, 현재 대상판결의 선고에도 불구하
고 일부 하급심 판결에서는 급여형태로 범죄수익을 취득한 공동피고
인에게 급여상당의 이득액을 범죄수익금 명목으로 추징하고, 총괄하
는 업주인 피고인의 범죄수익에서 그 액수만큼 공제하고 나머지 금원
만을 추징하는 경우도 있다.[3]

(3) 본 글에서는 대상판결을 기존의 다른 대법원 판결들과 조화롭
게 해석하기 위하여 가칭 '공동수익자' 이론을 도입하여 해결하는 방
안을 검토하고, 어떤 범위의 공범자가 '공동수익자'에 해당하여 월급
등 보수형식으로 범죄수익을 취득하였다고 하더라도 업주가 아닌 그
공범자로부터 추징할 수 있는지에 관하여 검토하도록 하겠다.

(4) 다만, 이러한 본격적 논의에 앞서 공범관련 중심으로 우선 몰
수·추징에 관한 판례를 일별하기로 한다. 다만 이를 살펴볼 때 주의
할 점은 본 논의는 징벌적 추징이 적용되지 아니한 일반적 추징 사안
에서만 가능하다는 것이다. 왜냐하면 징벌적 추징에서는 공동연대추
징이 이뤄지므로 공범자 상호간에 이득이 분배되더라도 이를 추징액
에서 고려할 필요가 없기 때문이다.

Ⅱ. 추징에 관한 일반론(공범관련 판례를 중심으로)

1. 서 언

몰수란 범죄의 반복을 방지하고 범죄자에게 범죄로부터 이득을
얻지 못하게 할 목적으로 범죄행위와 관련된 재산을 박탈하여 국고에
귀속시키는 것을 내용으로 하는 재산형이다. 그런데, 추징이란 몰수대

---

3) 물론 대상판결의 존재 등을 알면서도 위와 같이 판단하는 경우도 존재하나,
  일부는 대상판결의 존재를 모르고 위와 같이 판결하는 것으로 보인다.

상물의 전부 또는 일부를 몰수하기 불가능한 때에 몰수에 갈음하여 그 가액의 납부를 명하는 사법처분으로, 몰수의 취지를 관철시키기 위하여 인정된 제도라는 측면에서 부가형으로서의 성질을 가진다(형법 제48조 제2항 참조). 대법원도 형법상 몰수나 추징에 대하여 범죄행위로 인한 이득을 박탈하여 부정한 이익을 보유하지 못하게 하는 보안처분의 성격을 인정하고 있다(대법원 1984. 12. 11. 선고 84도1502 판결 참조).

추징은 가액을 납부하지 않은 경우에도 노역장유치를 할 수 없고 일반 강제집행절차에 의해 피고인의 재산을 강제집행한다는 점에서 벌금형 및 과료형과 구별되기는 하나,4) 형벌적 성격을 보유하여 실무상 피고인에게 적지 않은 부담을 주게 되므로 실질적으로 형에 준하여 평가된다.5) 따라서 피고인만이 항소한 사건에서 주형을 동일하게 하면서 추징금을 부가한 경우에는 불이익변경금지법칙에 위배된다(대법원 1961. 11. 9. 선고 4294형상572 판결).

추징의 요건은 몰수하기에 불가능한 것이어야 한다(형법 제48조 제2항 참조). 그런데 몰수를 위하여는 대인적 요건으로서 ① 범인 이외의 자의 소유에 속하지 아니해야 하고, ② 범죄 후 범인 이외의 자가 정을 알면서 취득한 것이어야 하고(형법 제48조 제1항 참조), 대물적 요건으로는 ① 범죄행위에 제공하였거나 제공하려고 한 물건이거나, ② 범죄행위로 인하여 생하였거나 이로 인하여 취득한 물건, ③ 또는 그 대가로 취득한 물건이어야 한다(형법 제48조 제1항 참조).

한편 추징은 '몰수하기 불가능한 때'에 가능한바, '몰수가 불가능한 때'란 그 물건이 몰수의 요건을 구비하는데 사실상·법률상 장애에 의하여 몰수할 수 없는 경우 즉, 판결 당시 물건이 소비, 분실, 훼손, 분실, 가공, 혼동에 의하여 그 존재 또는 동일성을 상실하거나 선의의 제3자에게 양도되어 법률상 몰수할 수 없는 경우를 말한다.6) 한편 몰

---

4) 이승현, "특별법상 추징의 법적 성격", 형사판례연구 제18호, 2010, 651면.
5) 형사재판실무, 사법연수원, 1권, 2002, 78면.
6) 최진영, "형사법상 필요적 추징에 대하여−부패범죄에 관한 추징을 중심으로−", 실무연구자료 제7권, 대전지방법원, 2006, 328면.

수할 수 없게 된 것이 피고인의 책임 없는 사유에 의한 것인지 여부와는 무관하다.[7]

그리고 몰수·추징의 대상이 되는지 여부나 추징액의 인정은 엄격한 증명을 필요로 하지 아니하나(대법원 1993. 6. 22. 선고 91도3346 판결 참조), 역시 증거에 의하여 인정되어야 함은 당연하고, 그 대상이 되는 범죄수익을 특정할 수 없는 경우에는 추징할 수 없다(대법원 2006. 4. 7. 선고 2005도9858 판결, 대법원 2007. 6. 14. 선고 2007도2451 판결 등 참조).

형법 제48조(몰수의 대상과 추징)

① 범인이외의 자의 소유에 속하지 아니하거나 범죄후 범인이외의 자가 정을 알면서 취득한 다음 기재의 물건은 전부 또는 일부를 몰수할 수 있다.

1. 범죄행위에 제공하였거나 제공하려고 한 물건.
2. 범죄행위로 인하여 생하였거나 이로 인하여 취득한 물건.
3. 전 2호의 대가로 취득한 물건.

② 전항에 기재한 물건을 몰수하기 불능한 때에는 그 가액을 추징한다.

---

2. 추징의 종류

형법상의 추징은 일반적으로 임의적 추징으로, 법관이 그 재량으로 추징 여부를 결정한다(형법 제48조 제2항). 예외적으로 형법상 뇌물죄(제134조)의 경우와 같이 범인 또는 그 정을 아는 자가 받은 뇌물이나 뇌물에 공할 금품을 몰수할 수 없을 때 임의적 추징이 아니라 필요적 추징을 하는 경우도 있다. 필요적 추징의 경우 반드시 추징하여야 하고, 이를 간과한 경우 상소이유에 해당할 뿐만 아니라 추징금액을 잘못 산정한 경우 판결결과에 영향을 미친 위법이 있다는 이유로

---

7) 조용무, "형사법상의 필요적 몰수, 추징과 실무상의 몇 가지 문제점에 관하여", 사법논집 제11집, 법원행정처, 1980, 611면.

파기되게 되므로 필요적 추징은 그 의미가 크다.8)

한편 같은 필요적 추징이라고 하더라도 형사특별법에서는 제재의 필요성 등을 고려하여 일반적 추징과 징벌적 추징으로 나뉜다. 일반적 추징이란 단순한 불법이익의 박탈을 목적으로 하는 본래적 의미의 추징을 말한다. 변호사법 위반, 특정경제범죄 가중처벌 등에 관한 법률상의 알선수재, 배임수재행위 등이 대표적이라 할 수 있다. 이 추징은 법관의 재량여지가 없다는 점에서 형법 제48조의 임의적 추징과는 다르다. 일반적 추징은 주로 범죄행위로 인한 이득박탈을 그 목적으로 하기 때문에 추징의 법적 성격도 범죄반복의 위험성 예방에 초점을 두어 보안처분적 성격을 가진다고 본다. 따라서 공범자간의 추징의 경우 이익이 귀속된 피고인에게 개별적으로 추징하고, 공동연대추징은 불가능하다.

반면 징벌적 추징이란 특수한 입법목적과 취지에 따라 형사제재적 성격을 지니는 추징이라고 한다. 관세법상 추징(제282조), 마약류 관리에 관한 법률상 추징(제67조), 외국환거래법상 추징(제30조) 등이 이에 해당한다. 징벌적 추징은 민법상 다수당사자의 채권관계에 있어서 분할의 원칙이 적용되지 않고, 이득이 실제로 없더라도 추징이 가능하다는 것이 특징이다. 추징이 징벌적인 성격을 갖는다고 하면 범죄와 관련된 모든 이익에 관여한 피고인 전원에 대한 공동의 연대추징이 가능하다.9)

8) 최진영, "형사법상 필수적 추징에 대하여─부패범죄에 관한 추징을 중심으로", 실무연구자료 제7권, 대전지방법원, 2006, 326면.
9) 이영한, "징벌적 개념의 몰수·추징에 대한 몇 가지 문제", 재판실무연구, 2004, 124면.

■ 임의적 추징을 규정한 예

형법 제48조(몰수의 대상과 추징)

① 범인이외의 자의 소유에 속하지 아니하거나 범죄후 범인이외의 자가 정을 알면서 취득한 다음 기재의 물건은 전부 또는 일부를 몰수할 수 있다.

1. 범죄행위에 제공하였거나 제공하려고 한 물건.

2. 범죄행위로 인하여 생하였거나 이로 인하여 취득한 물건.

3. 전 2호의 대가로 취득한 물건.

② 전항에 기재한 물건을 몰수하기 불능한 때에는 그 가액을 추징한다.

범쇠수익은닉의 규제 및 처벌 등에 관한 법률

제2조(정의)

이 법에서 사용하는 용어의 뜻은 다음과 같다.

1. "특정범죄"란 재산상의 부정한 이익을 취득할 목적으로 범한 죄로서 **별표**[10)에 규정된 죄(이하 "중대범죄"라 한다)와 제2호 나목에 규정된 죄를 말한다. 이 경우 중대범죄 및 제2호 나목에 규정된 죄와 다른 죄가 「형법」 제40조에 따른 상상적 경합 관계에 있는 경우에는 그 다른 죄를 포함하며, 외국인이 대한민국 영역 밖에서 한 행위가 대한민국 영역 안에서 행하여졌다면 중대범죄 또는 제2호 나목에 규정된 죄에 해당하고 행위지의 법령에 따라 죄에 해당하는 경우 그 죄를 포함한다.

2. "범죄수익"이란 다음 각 목의 어느 하나에 해당하는 것을 말한다.

가. 중대범죄에 해당하는 범죄행위에 의하여 생긴 재산 또는 그 범죄행위의 보수로 얻은 재산

제8조(범죄수익등의 몰수)

① 다음 각 호의 재산은 몰수할 수 있다.

1. 범죄수익

2. 범죄수익에서 유래한 재산

3. 제3조 또는 제4조의 범죄행위에 관계된 범죄수익등

<중략>

제10조(추징)

① 제8조제1항에 따라 몰수할 재산을 몰수할 수 없거나 그 재산의 성질,

사용 상황, 그 재산에 관한 범인 외의 자의 권리 유무, 그 밖의 사정으로 인하여 그 재산을 몰수하는 것이 적절하지 아니하다고 인정될 때에는 그 가액을 범인으로부터 추징할 수 있다.

② 제1항에도 불구하고 제8조제1항의 재산이 범죄피해재산인 경우에는 그 가액을 추징할 수 없다.

■ 징벌적 추징이 아니면서 필요적 추징의 경우

형법 제134조(몰수, 추징)
범인 또는 정을 아는 제삼자가 받은 뇌물 또는 뇌물에 공할 금품은 몰수한다. 그를 몰수하기 불능한 때에는 그 가액을 추징한다.

형법 제347조(배임수증재)
① 타인의 사무를 처리하는 자가 그 임무에 관하여 부정한 청탁을 받고 재물 또는 재산상의 이익을 취득하거나 제3자로 하여금 이를 취득하게 한 때에는 5년 이하의 징역 또는 1천만원 이하의 벌금에 처한다.

② 제1항의 재물 또는 이익을 공여한 자는 2년 이하의 징역 또는 500만원 이하의 벌금에 처한다.

③ 범인 또는 정을 아는 제3자가 취득한 제1항의 재물은 몰수한다. 그 재물을 몰수하기 불가능하거나 재산상의 이익을 취득한 때에는 그 가액을 추징한다.

변호사법 제116조(몰수 · 추징)
제34조(제57조, 제58조의16 또는 제58조의30에 따라 준용되는 경우를 포함한다)를 위반하거나 제109조제1호, 제110조, 제111조 또는 제114조의 죄를 지은 자 또는 그 사정을 아는 제3자가 받은 금품이나 그 밖의 이익은 몰수한다. 이를 몰수할 수 없을 때에는 그 가액을 추징한다.

성매매알선 등 행위의 처벌에 관한 법률 제25조(몰수 및 추징)
제18조부터 제20조까지에 규정된 죄를 범한 사람이 그 범죄로 인하여 얻은 금품이나 그 밖의 재산은 몰수하고, 몰수할 수 없는 경우에는 그 가액을 추징한다.

---

10) 별지와 같다.

국민체육진흥법 제51조(몰수·추징)

① 제47조제2호에 따라 처벌받은 자가 유사행위를 하기 위하여 소유·소지한 기기 및 장치 등 물건과 유사행위를 통하여 얻은 재물은 몰수한다.

② 제47조제1호 및 제48조제1호·제2호에 따른 재물은 몰수한다.

③ 제1항 및 제2항에 따른 물건과 재물을 몰수하기 불가능하거나 재산상의 이익을 취득한 경우에는 그 가액을 추징한다.

■ 징벌적 추징의 예

관세법 제282조(몰수·추징)

① 제269조제1항의 경우에는 그 물품을 몰수한다.

② 제269조제2항·제3항 또는 제274조제1항제1호의 경우에는 범인이 소유하거나 점유하는 그 물품을 몰수한다. 다만, 제269조제2항의 경우로서 다음 각 호의 어느 하나에 해당하는 물품은 몰수하지 아니할 수 있다.

1. 제154조의 보세구역에 제157조에 따라 신고를 한 후 반입한 외국물품

2. 제156조에 따라 세관장의 허가를 받아 보세구역이 아닌 장소에 장치한 외국물품

③ 제1항과 제2항에 따라 몰수할 물품의 전부 또는 일부를 몰수할 수 없을 때에는 그 몰수할 수 없는 물품의 범칙 당시의 국내도매가격에 상당한 금액을 범인으로부터 추징한다. 다만, 제274조제1항제1호 중 제269조제2항의 물품을 감정한 자는 제외한다.

④ 제279조의 개인 및 법인은 제1항부터 제3항까지의 규정을 적용할 때에는 이를 범인으로 본다.

마약류 관리에 관한 법률 제67조(몰수)

이 법에 규정된 죄에 제공한 마약류·임시마약류 및 시설·장비·자금 또는 운반 수단과 그로 인한 수익금은 몰수한다. 다만, 이를 몰수할 수 없는 경우에는 그 가액(가액)을 추징한다.

외국환거래법 제30조(몰수·추징)

제27조제1항 각 호, 제27조의2제1항 각 호 또는 제29조제1항 각 호의 어느 하나에 해당하는 자가 해당 행위를 하여 취득한 외국환이나 그 밖에 증권,

귀금속, 부동산 및 내국지급수단은 몰수하며, 몰수할 수 없는 경우에는 그 가액을 추징한다.

3. 일반적 추징에 관한 판례 법리들 소개(공범 및 범죄수익 관련 중심)

(1) 다수인이 범죄에 관여한 경우에 공범자들간 공동연대 추징은 허용되지 않는다.[11]

변호사법 제116조의 필요적 몰수 또는 추징은, 금품 기타 이익을 범인 또는 제3자로부터 박탈하여 그들로 하여금 부정한 이익을 보유하지 못하게 함에 그 목적이 있는 것이므로, 수인이 공동하여 공무원이 취급하는 사건 또는 사무에 관하여 청탁한다는 명목으로 받은 금품을 분배한 경우에는 각자가 실제로 분배받은 금품만을 개별적으로 몰수하거나 그 가액을 추징하여야 하고(대법원 1996. 11. 29. 선고 96도2490 판결 참조), 수인이 공동하여 수수한 뇌물을 분배한 경우에는 각자로부터 실제로 분배받은 금품만을 개별적으로 몰수하거나 가액을 추징하여야 한다(대법원 1993. 10. 12. 선고 93도2056 판결 참조). 피고인이 증뢰자와 함께 향응을 하고 증뢰자가 이에 소요되는 금원을 지출한 경우 이에 관한 피고인의 수뢰액을 인정함에 있어서는 먼저 피고인의 접대에 요한 비용과 증뢰자가 소비한 비용을 가려내어 전자의 수액을 가지고 피고인의 수뢰액으로 하여야 하고 만일 각자에 요한 비용액이 불명일 때에는 이를 평등하게 분할한 액을 가지고 피고인의 수뢰액으로 인정하여 그 가액을 추징하여야 한다(대법원 1995. 1. 12. 선고 94도2687 판결, 대법원 2005. 11. 10. 선고 2004도42 판결 참조).

한편 「범죄수익은닉의 규제 및 처벌 등에 관한 법률」 제8조 내지 제10조의 규정에 의한 범죄수익 등의 몰수·추징은 부정한 이익을 박탈하여 이를 보유하지 못하게 하는 데 목적이 있는 것이므로, 위 법률

---

11) 이 점에서 징벌적 추징과 본질적으로 구별된다.

에 의한 몰수·추징이 적용되는 사행성 유기기구를 이용하여 사행행위를 업으로 한 범죄를 수인이 공동으로 하고 이로 인하여 이익을 얻은 경우에는 각자가 분배받은 금원, 즉 실질적으로 귀속된 이익금만을 개별적으로 몰수·추징하여야 하지만, 그 분배받은 금원을 확정할 수 없을 때에는 이를 평등하게 분할한 금원을 몰수·추징하여야 한다(대법원 2010. 1. 28. 선고 2009도13912 판결 참조). 한편 여기서의 범인에는 공동정범자 뿐만 아니라 종범 또는 교사범도 포함되고 소추 여부를 불문한다(대법원 1984. 5. 29. 선고 83도2680 판결, 대법원 1985. 6. 25. 선고 85도652 판결 등 참조).12)

(2) 경비명목으로 금품을 소비한 경우에는 범인이 위탁받은 취지에 따라 교부한 경우에는 실질적으로 범인에게 귀속된 것이 아니어서 이를 제외한 나머지 금품만을 몰수하거나 그 가액을 추징하여야 하나 반면에 범인의 독자적 판단에 따라 경비로 사용한 것이라면 범인으로부터 이를 추징한다.

공무원의 직무에 속한 사항의 알선에 관하여 금품을 받고 그 금품 중의 일부를 받은 취지에 따라 청탁과 관련하여 관계 공무원에게 뇌물로 공여하거나 다른 알선행위자에게 청탁의 명목으로 교부한 경

---

12) 다만, 이와 구별해야 할 판결로「여러 사람이 공동으로 뇌물을 수수한 경우 그 가액을 추징하려면 실제로 분배받은 금품만을 개별적으로 추징하여야 하고 수수금품을 개별적으로 알 수 없을 때에는 평등하게 추징하여야 하며 공동정범뿐 아니라 교사범 또는 종범도 뇌물의 "공동수수자"에 해당할 수 있으나, 공동정범이 아닌 교사범 또는 종범의 경우에는 정범과의 관계, 범행 가담 경위 및 정도, 뇌물 분배에 관한 사전약정의 존재 여부, 뇌물공여자의 의사, 종범 또는 교사범이 취득한 금품이 전체 뇌물수수액에서 차지하는 비중 등을 고려하여 공동수수자에 해당하는지를 판단하여야 한다. 그리고 뇌물을 수수한 자가 공동수수자가 아닌 교사범 또는 종범에게 뇌물 중 일부를 사례금 등의 명목으로 교부하였다면 이는 뇌물을 수수하는 데 따르는 부수적 비용의 지출 또는 뇌물의 소비행위에 지나지 아니하므로, 뇌물수수자에게서 수뢰액 전부를 추징하여야 한다」(대법원 2011. 11. 24. 선고 2011도9585 판결)는 것이 있다. 이 판결은 뒤에서 보는 바와 같이 본 사안을 해결하는 데 큰 실마리를 준다.

우에는 그 부분의 이익은 실질적으로 범인에게 귀속된 것이 아니어서 이를 제외한 나머지 금품만을 몰수하거나 그 가액을 추징하여야 한다 (대법원 1994. 2. 25. 선고 93도3064 판결, 대법원 1993. 12. 28. 선고 93도1569 판결, 1982. 7. 27. 선고 82도1310 판결 등 참조). 그러나 공무원의 직무에 속한 사항의 알선에 관하여 금품을 받은 자가 그 금품 중의 일부를 다른 알선행위자에게 청탁의 명목으로 교부하였다 하더라도 당초 금품을 받을 당시 그와 같이 사용하기로 예정되어 있어서 그 받은 취지에 따라 그와 같이 사용한 것이 아니라, 범인의 독자적인 판단에 따라 경비로 사용한 것이라면 이는 범인이 받은 금품을 소비하는 방법의 하나에 지나지 아니하므로, 그 가액 역시 범인으로부터 추징하지 않으면 안 된다(대법원 1999. 6. 25. 선고 99도1900 판결).

  (3) 범죄와 관련된 시설운영 대금 등의 경우에도 부정한 행위를 위한 지출비용에 지나지 아니하므로 범죄수익에서 공제할 것이 아니다.

  성매매처벌법 제25조에 의한 추징은 성매매알선 등 행위의 근절을 위하여 그 행위로 인한 부정한 이익을 필요적으로 박탈하려는 데 그 목적이 있는바, 범인이 성매매알선 등 행위를 하는 과정에서 지출한 비용은 성매매알선 등 행위의 대가로 취득한 금품을 소비하거나 자신의 행위를 정당화시키기 위한 방법의 하나에 지나지 않으므로 추징액에서 공제할 것이 아닌바, 원심이 임차인을 위하여 지출한 시설대금을 추징액에서 공제하여야 한다는 피고인의 주장을 배척하고, 피고인이 영업으로 성매매에 제공되는 사실을 알면서 성매매업소 운영자인 ○○○에게 피고인 소유 건물을 임대한 후 운영자로부터 지급받은 차임 전액의 추징을 명한 제1심판결의 결론을 유지한 조치는 정당하고, 거기에 헌법 위반이나 추징에 관한 법리오해 등의 잘못이 없다(대법원 2012. 2. 9. 선고 2010도3321 판결).

⑷ 범죄수익을 얻기 위해 범인이 지출한 비용은 그것이 범죄수익
   으로부터 지출되었다고 하더라도 이는 범죄수익을 소비하기
   위한 방법에 지나지 아니하므로 이를 공제할 필요가 없다.

범죄수익의 추징에 있어서 범죄수익을 얻기 위해 범인이 지출한
비용은 그것이 범죄수익으로부터 지출되었다 하더라도 이는 범죄수익
을 소비하는 방법에 지나지 아니하므로 추징할 범죄수익에서 공제할
것은 아니다. 원심이 그 설시 증거들을 종합하여, 피고인이 이 사건
오락실을 운영하면서 1억 5,000만 원 상당의 수익을 얻은 사실을 인정
한 다음, 위 수익금 중 이 사건 오락실의 직원급여 및 운영비 등으로
사용한 금액을 제외한 나머지 금액만이 추징의 대상이 된다는 피고인
의 주장을 배척하고 피고인으로부터 위 금액 전부를 추징한 것은, 위
의 법리 및 기록에 비추어 정당하고, 거기에 상고 이유에서 주장하는
바와 같은 채증법칙 위배 또는 추징에 관한 법리오해 등으로 판결 결
과에 영향을 미친 위법이 있다고 볼 수 없다(대법원 2007. 12. 13. 선고
2007도8330 판결).

원심이, 직원판매수당은 피고인들이 얻은 범죄수익을 나눠가지거
나, 범죄수익을 소비하는 방법에 불과하므로 이를 공제하고 추징할 것
은 아니라고 판단한 것은 정당한 것으로 수긍할 수 있다(대법원 2007.
11. 15. 선고 2007도6775 판결).

공무원이 뇌물을 받음에 있어서 그 취득을 위하여 상대방에게 뇌
물의 가액에 상당하는 금원의 일부를 비용의 명목으로 출연하거나 그
밖에 경제적 이익을 제공하였다 하더라도, 이는 뇌물을 받는 데 지출
한 부수적 비용에 불과하다고 보아야 할 것이지, 이로 인하여 공무원
이 받은 뇌물이 그 뇌물의 가액에서 위와 같은 지출액을 공제한 나머
지 가액에 상당한 이익에 한정되는 것이라고 볼 수는 없으므로, 그 공
무원으로부터 뇌물죄로 얻은 이익을 몰수 · 추징함에 있어서는 그 받
은 뇌물 자체를 몰수하여야 하고, 그 뇌물의 가액에서 위와 같은 지출

을 공제한 나머지 가액에 상당한 이익만을 몰수·추징할 것은 아니다
(대법원 1999. 10. 8. 선고 99도1638 판결). 따라서 피고인이 위 주식 4,000
주를 취득하면서 그 대가를 지급하였다고 하더라도 위와 같은 범죄행
위로 취득한 것은 주식 4,000주 자체이고 이는 몰수되어야 할 것이나,
이미 처분되어 없으므로 그 가액 상당을 추징할 것이고, 그 가액에서
이를 취득하기 위한 대가로 지급한 금원을 뺀 나머지를 추징해야 하
는 것은 아니다(대법원 2005. 7. 15. 선고 2003도4293 판결).

(5) 종합소득세, 부가가치세 세금 등의 납부 관련

범죄수익은닉의 규제 및 처벌 등에 관한 법률 제10조의 규정에
의한 추징은 범죄로 인한 부정한 이익의 박탈에 그 목적이 있는 것인
바, 피고인이 성매매알선 대가로 취득한 금원에서 종합소득세 등의 세
금을 납부하였다고 하더라도 이는 피고인이 자신의 행위를 정당화시
키기 위한 방법의 하나에 지나지 않는다고 할 것이므로 이 사건 추징
액에서 이를 공제할 것은 아니다(대법원 2004. 7. 8. 선고 2004도1674 판
결 참조).

알선수재자가 알선의뢰인과 사이에 금융기관 임직원의 직무에 속
하는 사항에 관하여 알선을 하고 그 대가를 지불하기로 하는 용역제
공계약의 형식을 취한 다음 알선행위에 대한 대가로 용역대금과 함께
이에 대한 부가가치세 상당액을 교부받아 이를 실제로 납부한 경우에
는 그 납부세액을 환급받을 수 있다는 특별한 사정이 없는 한 이를
추징의 대상에서 제외하여야 하나(대법원 2012. 9. 13. 선고 2011도16066
판결 참조), 반면 뇌물수수나 알선수재에 이용된 공급계약이 실제 공급
이 없는 형식적 계약에 불과하여 부가가치세 과세대상이 아니라면 그
에 관한 납세의무가 없으므로, 설령 부가가치세 명목의 금전을 포함한
대가를 받았다고 하더라도 그 일부를 부가가치세로 거래 징수하였다
고 할 수 없어 수수한 금액 전부가 범죄로 얻은 이익에 해당하여 추
징대상이 되며, 그 후에 이를 부가가치세로 신고·납부하였다고 하더

라도 달리 볼 수 없다(대법원 2015. 1. 15. 선고 2012도7571 판결 등 참조).

　　변호사 명의 등을 빌려 개인회생사건 등을 처리하는 피고인의 범죄수익을 추징함에 있어서 실무상 피고인이 납부하는 부가가치세, 법원에 들어가는 인지대, 송달료 등 지급된 금원 전액을 추징액에서 공제할 것인지와 관련하여 ① 당연히 전부 공제된다는 견해(검찰이 통상이 이와 같은 견해에 입각하여 추징액을 구형한다)와 ② 피고인이 수임료 이외에 부가가치세, 인지대 등 명목으로 금원을 수수하고 그 명목에 따라 부가가치세, 인지대 명목으로 금원을 지출한 경우에 한하여 공제된다는 견해(서울중앙지방법원 2017. 4. 28. 선고 2016노4208 판결 참조)의 대립이 존재한다. ①번 견해는 적어도 위 금원에 한하여 피고인에게 얻어진 이익은 없으므로 공제하여 주는 것이 타당하다는 견해이고, ②번 견해는 위와 같은 금원 등도 결국은 변호사법위반 범죄의 수행을 위하여 지출한 비용에 지나지 않으므로 원칙적으로 공제할 것이 아니나 예외적으로 계약 당시에 이미 다른 비용 명목으로 지급이 예정된 것으로 특정되고 지출된 경우에 한하여 피고인에게 얻어진 이익이 없으므로 동액상당을 공제하는 것이 합리적이라는 판단에 근거한 것으로 보인다.

　　또한 변호사인 피고인이 제3자에게 명의를 대여하고, 이에 따른 수수료 명목으로 금원을 지급받음과 동시에 별도로 부가가치세 명목 등으로 금원을 수수하고 동액상당의 부가가치세를 납부한 경우에는 변호사인 피고인에게 부가가치세 상당액을 추징할 수는 없다(대법원 2016. 11. 25. 선고 2016도11514 판결 참조). 반면에 명의대여수수료 명목으로 금원을 지급받으면서 그 수수료 액에 부가가치세 납부 등의 명목도 포함되어 있는 경우에는 이는 변호사법위반의 범행을 정당화시키기 위한 것이거나 자신의 독자적인 판단에 따라 취득한 금품을 소비하는 방법에 불과하므로 위 금액을 공제할 수는 없다(대법원 2017. 9. 21. 선고 2016도17491 판결 참조).

4. 징벌적 추징(공범 각자에 대한 전액 추징)

외국환관리법상의 몰수와 추징은 일반 형사법의 경우와 달리 범죄사실에 대한 징벌적 제재의 성격을 띠고 있다 할 것이므로, 여러 사람이 공모하여 범칙행위를 한 경우 몰수대상인 외국환 등을 몰수할 수 없을 때에는 각 범칙자 전원에 대하여 그 취득한 외국환 등의 가액 전부의 추징을 명하여야 하고, 그 중 한 사람이 추징금 전액을 납부하였을 때에는 다른 사람은 추징의 집행을 면할 것이나, 그 일부라도 납부되지 아니하였을 때에는 그 범위 내에서 각 범칙자는 추징의 집행을 면할 수 없다고 해석하여야 할 것이다(대법원 1998. 5. 21. 선고 95도2002 전원합의체 판결).

관세법상의 추징은 일반 형사법상의 추징과 달리 징벌적 성격을 띠고 있어 여러 사람이 공모하여 관세를 포탈한 경우에 범칙자의 1인이 그 물품을 소유하였거나 점유하였다면 그 물품을 몰수할 수 없을 때에는 그 물품의 범칙 당시의 가액을 그 물품의 소유 또는 점유사실의 유무를 불문하고 범칙자 전원으로부터 각각 추징해야 한다(대법원 1984. 6. 12. 선고 84도397 판결).

마약류관리에관한법률상의 추징은 범죄행위로 인한 이득의 박탈을 목적으로 하는 것이 아니라 징벌적 성질을 가진 처분이므로, 피고인이 그 범행으로 인하여 이득을 취한 바 없다 하더라도 법원은 그 가액의 추징을 명하여야 하고, 그 죄를 범한 자가 여러 사람 있을 때에는 각자에 대하여 그 가액 전부의 추징을 명하여야 한다(대법원 1993. 3. 23. 선고 92도3250 판결, 대법원 1999. 7. 9. 선고 99도1695 판결).

Ⅲ. 사안의 해결

1. 해결의 실마리

범죄수익 등의 몰수·추징은 기본적으로 범죄로 인한 부정한 이익을 박탈하여 이를 보유하지 못하게 하는 것에 그 목적이 있다. 반면에 형사법상 공동정범, 교사범, 종범 등은 범죄행위 및 그 가담 정도에 따른 처벌을 목적으로 하는 것이므로 양자가 반드시 논리적으로 일치할 필요는 없다. 즉 단순히 방조범에 그치는 자라고 하더라도 범행을 통하여 범죄수익을 충분히 획득한 경우라면 그와 같은 방조범으로부터 범죄수익을 추징하고,13) 반면에 대상판결의 사안과 같이 공동정범이라고 하더라도 범행을 통하여 얻은 범죄수익이 통상적인 노동의 대가와 비슷하거나 오히려 그보다 적은 경우에는 범죄수익을 배분한 총괄업주로부터 일괄하여 추징하여야 한다. 이렇게 하는 것이 범죄로 인한 부정한 이익을 박탈하여 이를 보유하지 못하게 하는 범죄수익 추징의 기본정신에 부합한다.

　결국 범죄수익을 공범자 상호간에 누구로부터 추징할 것인지의 문제는 공동정범, 교사범, 종범으로 구별하여 그 유형별로 결정할 것이 아니라 과연 누구로부터 추징을 해야 범죄로 인한 부정한 이익을 박탈하려는 범죄수익 추징의 목적을 효율적으로 달성할 수 있는지에 달려 있다.

　대법원도 일찍이 공범자들 상호간의 범죄수익 등의 몰수·추징과 공범의 형태는 논리 필연적으로 연결되는 것은 아니라는 선언을 한바 있다(대법원 2011. 11. 24. 선고 2011도9585 판결). 즉 대법원은 위 판결에서 「뇌물죄의 공범자들 상호간에 공동수수자라는 개념을 도입하여 일정 요건을 갖춘 경우에만 "공동수수자"로 볼 수 있고, "공동수수자" 상호간에 뇌물액을 나눈 경우에는 분배받은 뇌물액 만큼을 추징하되, "공동수수자"로 볼 수 없는 자에게 뇌물을 분배한 경우에는 이는 뇌물을 수수하는데 따르는 부수적 비용의 지출 등으로 보아 뇌물을 분배하여준 공동수수자로부터 추징한다」고 판시하였다.14)

---

13) 예를 들어, 공범 B가 공범 A의 아버지로서 아버지의 은혜를 갚기 위하여 공범 A가 성매매업소를 운영하면서 아버지 공범 B를 바지사장 형식으로 배치하고, 매월 1,000만 원씩 10개월간 급여 등을 지급한 경우 등을 상정하면 될 것으로 보인다.

여러 사람이 공동으로 뇌물을 수수한 경우 그 가액을 추징하려면 실제로 분배받은 금품만을 개별적으로 추징하여야 하고 수수금품을 개별적으로 알 수 없을 때에는 평등하게 추징하여야 하며 공동정범뿐 아니라 교사범 또는 종범도 뇌물의 공동수수자에 해당할 수 있으나, **공동정범이 아닌 교사범 또는 종범의 경우에는 정범과의 관계, 범행 가담 경위 및 정도, 뇌물 분배에 관한 사전약정의 존재 여부, 뇌물공여자의 의사, 종범 또는 교사범이 취득한 금품이 전체 뇌물수수액에서 차지하는 비중 등을 고려하여 공동수수자**에 해당하는지를 판단하여야 한다. 그리고 뇌물을 수수한 자가 공동수수자가 아닌 교사범 또는 종범에게 뇌물 중 일부를 사례금 등의 명목으로 교부하였다면 이는 뇌물을 수수하는 데 따르는 부수적 비용의 지출 또는 뇌물의 소비행위에 지나지 아니하므로, 뇌물수수자에게서 수뢰액 전부를 추징하여야 한다(대법원 2011. 11. 24. 선고 2011도9585 판결)

대상판결도 이와 같은 공동수수자 이론에서 그 근거를 찾을 때 기존의 다른 대법원 판결들과 논리 일관성을 유지할 수 있을 뿐 아니라 그 정당성도 확보할 수 있다. 일단 급여형태로 범죄수익을 얻었다고 하더라도 그 수액이나 공범자들 상호간의 관계 등을 고려하여 볼 때, 사실상 투자자로서 배당받은 것과 같은 다름없는 형태를 띠거나 수행한 노동 강도 등에 비추어 일반적으로 지급받을 수 없는 금원을 수령한 경우에 과연 이러한 피고인들로부터 급여형태로 취득한 금원을 추징하지 아니하는 것은 통상의 정의 감정에도 반한다.

즉 ① 불법적인 영업을 통하여 범죄수익을 취득한 총책 아닌 공범

---

14) 다만, 위 대법원 판결은 공동정범인 경우에는 별다른 요건 없이도 공동수수자에게 해당한다는 취지로 설시하고 있으나 이는 사안별로 분명히 달라질 수 있다고 생각한다. 왜냐하면 대상판결의 사안처럼 종업원으로서 통상의 노동강도 등에 비추어 높지 않은 보수만을 취득한 경우에, 그에게 지급된 보수 등을 업주인 정범으로부터 추징할 것인지 아니면 종업원으로 추징할 것인지의 문제는 종업원의 지위가 종범인지 정범인지에 따라 달리 정하기보다는 종업원이 얻은 보수의 성격에 따라 구분하는 것이 범죄수익 추징의 기본원칙에 부합할 수 있기 때문이다.

자가 범죄수익자로 볼 수 있는 경우라면, 그 공범자가 급여, 수당, 배당 등 어떤 형식으로든 범죄수익을 분배받았던 간에 해당금원은 이를 분배받은 그 공범자로부터 추징하는 것이 옳고, ② 반면에 비록 공범(정범을 포함한다)이더라도 공동수익자로 볼 수 없는 경우에는, 그 공범자가 급여, 수당 등 어떤 형식으로든 총책 등으로부터 이득을 취하였다고 하더라도 이는 그 공범자로부터 추징할 것이 아니라 범행을 총괄한 다른 범죄수익자로부터 범죄수익을 추징하는 것이 타당하다. 왜냐하면 전자는 공동수익자 상호간의 공동수익의 배분으로 볼 수 있고, 후자는 수익자가 범죄수익 취득을 위한 부수적 비용의 지출 또는 범죄수익의 소비행위에 지나지 아니한다고 법적으로 평가할 수 있기 때문이다.

2. 해결 등

그렇다면 어떤 요건을 갖춘 경우에만 총책 아닌 공범을 범죄수익의 공동수익자로 볼 것인지 여부가 문제된다. 이는 각 개별적인 사안별로 달라질 수 있는 것이기는 하나 일응 다음과 같은 요소들을 고려할 수 있다고 보인다.

◎ 업주로부터 지급받은 보수액이 통상적인 유사업무에 따른 보수액보다 과다한 경우에는 공동수익자로 볼 가능성이 높아진다.

◎ 범죄수익과 무관하게 정액형태의 급여 등을 지급받는 경우에는 아무래도 공동수익자가 아니라고 볼 가능성이 높아진다. 반면에 수당이나 상여금의 형태로 금원을 지급받는 경우에는 공동수익자로 볼 가능성이 높아진다.

◎ 범행의 가담정도를 볼 때, 공동정범인 경우에는 교사범이나 종범 등에 비하여 아무래도 공동수익자로 볼 가능성이 높아진다.

◎ 금원을 투자하는 등 지분형태를 가진 경우에는 공동수익자로 볼 가능성이 높아진다.

다만, 이와 같은 개개의 요소들 중 어느 하나가 절대적인 요소가 될 수는 없고 종합적으로 고려하여 급여 등 형태로 범죄수익을 분배받은 공범이 공동수익자가 되는지 여부를 판단하여야 할 것이다. 만일 공동수익자로 판단이 된다면 급여 형태 등으로 취득한 금원을 주범이 아닌 공동수익자로부터 범죄수익 명목으로 추징하여야 할 것이고, 반면에 공동수익자로 판단되지 않는다면 급여 형태 등의 지출을 범죄수익을 얻기 위한 범죄수익의 소비에 불과하다고 보고 주범으로부터 추징하여야 하고, 이를 수령한 공동수익자 아닌 공범으로부터 추징할 것은 아니다.

본 대상판결의 사안의 경우에 다른 공동피고인들 A, B, C의 경우에 급여 등이 통상적인 일용 노임을 약간 상회하는 것에 불과하였던 것으로 보이고 나아가 업주인 피고인에 대하여 지분을 가진다고 보이지 아니한다. 따라서 비록 공동정범이기는 하나 공동수익자로 볼 수는 없고, 결국 본건 범죄수익자는 피고인 한명이므로 공동피고인들 A, B, C에게 지급된 급여 등은 범죄수익 획득을 위하여 지출한 비용으로 봄이 상당하고 그와 같은 보수 전액을 포함하여 범죄수익 전부를 피고인으로부터 추징하는 것이 타당하다.

앞으로도 공동수익자와 관련된 좀 더 많은 논의가 있어서 범죄수익에 있어서의 공동수익자의 개념이 좀 더 엄밀하게 정립되기를 기대한다.

[별표]

중대범죄(제2조 제1호 관련)

1. 「형법」 중 다음 각 목의 죄

가. 제2편제5장 공안을 해하는 죄 중 제114조제1항의 죄

나. 제2편제7장 공무원의 직무에 관한 죄 중 제129조부터 제133조까지의 죄

다. 제2편제18장 통화에 관한 죄 중 제207조 · 제208조 · 제212조(제207조 및 제208조의 미수범만 해당한다) 및 제213조의 죄

라. 제2편제19장 유가증권, 우표와 인지에 관한 죄 중 제214조부터 제217조까지의 죄, 제223조(제214조부터 제217조까지의 미수범만 해당한다) 및 제224조(제214조 및 제215조의 예비 · 음모만 해당한다)의 죄

마. 제2편제20장 문서에 관한 죄 중 제225조부터 제227조까지, 제227조의2, 제228조제1항, 제229조(제228조제2항은 제외한다), 제231조, 제232조, 제232조의2, 제233조, 제234조 및 제235조[제225조부터 제227조까지, 제227조의2, 제228조제1항, 제229조(제228조제2항은 제외한다), 제231조, 제232조, 제232조의2, 제233조 및 제234조의 미수범만 해당한다]의 죄

바. 제2편제22장 성풍속에 관한 죄 중 제243조 및 제244조의 죄

사. 제2편제23장 도박과 복표에 관한 죄 중 제246조제2항 및 제247조의 죄

아. 제2편제24장 살인의 죄 중 제250조 · 제254조(제250조의 미수범만 해당한다) 및 제255조(제250조의 예비 · 음모만 해당한다)의 죄

자. 제2편제34장 신용, 업무와 경매에 관한 죄 중 제314조 및 제315조의 죄

차. 제2편제37장 권리행사를 방해하는 죄 중 제323조, 제324조, 제324조의2부터 제324조의5까지, 제325조 및 제326조의 죄

카. 제2편제38장 절도와 강도의 죄 중 제329조부터 제331조까지, 제333조부터 제340조까지, 제342조(제331조의2 · 제332조 및 제341조의 미수범은 제외한다) 및 제343조의 죄

타. 제2편제39장 사기와 공갈의 죄 중 제350조 및 제352조(제350조의 미수범만 해당한다)의 죄

파. 제2편제39장 사기와 공갈의 죄 및 같은 편 제40장 횡령과 배임의 죄 중 제347조, 제347조의2, 제351조(제347조 및 제347조의2의 상습범만 해당

한다), 제355조 또는 제356조의 죄(각 범죄행위로 인하여 취득하거나 제3자로 하여금 취득하게 한 재물 또는 재산상 이익의 가액이 3억원 이상 5억원 미만인 경우만 해당한다)

하. 제2편제40장 횡령과 배임의 죄 중 제355조[「회계관계직원 등의 책임에 관한 법률」 제2조제1호 · 제2호 또는 제4호(제1호 또는 제2호에 규정된 사람의 보조자로서 그 회계사무의 일부를 처리하는 사람만 해당한다)에 규정된 사람이 국고 또는 지방자치단체에 손실을 미칠 것을 알면서도 그 직무에 관하여 「형법」 제355조의 죄를 범한 경우만 해당한다] 및 제357조제1항 · 제2항의 죄

거. 제2편제41장 장물에 관한 죄 중 제362조의 죄

2. 「경륜 · 경정법」 제26조 · 제27조 · 제29조 및 제30조의 죄

3. 「관세법」 제269조 및 제271조제2항(제269조의 미수범만 해당한다)의 죄

4. 「대외무역법」 제53조제2항제9호의 죄

5. 「변호사법」 제111조의 죄

6. 「부정수표 단속법」 제5조의 죄

7. 「사행행위 등 규제 및 처벌특례법」 제30조제1항의 죄

8. 「상법」 제622조 및 제624조(제622조의 미수범만 해당한다)의 죄

9. 「상표법」 제93조, 「저작권법」 제136조제1항의 죄

10. 「자본시장과 금융투자업에 관한 법률」 제443조 및 제445조제42호의 죄

11. 「아동복지법」 제71조제1항제1호 및 제73조의 죄

12. 「여신전문금융업법」 제70조제1항 · 제2항제3호 및 제5항의 죄

13. 「성매매알선 등 행위의 처벌에 관한 법률」 제18조 · 제19조제2항(성매매알선등행위 중 성매매에 제공되는 사실을 알면서 자금 · 토지 또는 건물을 제공하는 행위는 제외한다) · 제22조 및 제23조(제18조 · 제19조의 미수범만 해당한다)의 죄

14. 「게임산업진흥에 관한 법률」 제44조제1항의 죄

15. 「정치자금법」 제45조제1항 및 제2항의 죄

16. 「직업안정법」 제46조 및 제47조제1호의 죄

17. 「총포 · 도검 · 화약류 등 단속법」 제70조의 죄

18. 「특정경제범죄 가중처벌 등에 관한 법률」 제3조 · 제5조 및 제7조의 죄

19. 「특정범죄 가중처벌 등에 관한 법률」 제2조 · 제3조 · 제5조 · 제5조의2 · 제5

조의4 · 제6조 · 제8조(「조세범 처벌법」 제9조제1항에 규정된 죄 중 조세를 환급받는 경우만 해당한다) 및 제10조의 죄

20. 「채무자 회생 및 파산에 관한 법률」 제650조 · 제652조 · 제654조의 죄

21. 「폭력행위 등 처벌에 관한 법률」 제2조부터 제4조까지, 제5조제1항 및 제6 조[제2조 · 제3조 · 제4조제2항(「형법」 제136조 · 제255조 · 제314조 · 제315조 · 제335조, 제337조 후단, 제340조제2항 후단 및 제343조의 죄는 제외한다) 및 제5조제1항의 미수범만 해당한다]의 죄

22. 「한국마사회법」 제50조 · 제51조 · 제53조 · 제54조 · 제58조 및 제60조의 죄

23. 「식품위생법」 제94조[제8조(제88조에서 준용한 경우를 포함한다) 및 제37 조제1항을 위반한 부분은 제외한다], 「건강기능식품에 관한 법률」 제43조 (제23조를 위반한 경우만 해당한다) 및 「보건범죄단속에 관한 특별조치법」 제2조제1항(「식품위생법」 제6조를 위반한 경우만 해당한다)의 죄

24. 「정보통신망 이용촉진 및 정보보호 등에 관한 법률」 제74조제1항제2호 및 제6호의 죄

25. 「영화 및 비디오물의 진흥에 관한 법률」 제95조제6호의 죄

26. 「폐기물관리법」 제64조제1호 · 제2호의 죄

27. 「출입국관리법」 제93조의2제2항의 죄

28. 「여권법」 제24조(부정한 방법으로 여권 등의 발급, 재발급을 알선한 사람 만 해당한다) 및 제25조제2호의 죄

29. 「석유 및 석유대체연료 사업법」 제44조제3호의 죄

30. 「청소년 보호법」 제55조부터 제57조까지 및 제58조제5호의 죄

31. 「아동 · 청소년의 성보호에 관한 법률」 제15조의 죄

32. 「대부업 등의 등록 및 금융이용자 보호에 관한 법률」 제19조제2항제3호의 죄

[주 제 어]

추징, 범죄수익, 공동정범, 방조범

[Key words]

an additional charge, profit from crime, joint principal offender, an accessory to a crime

접수일자: 2018. 5. 11. 심사일자: 2018. 5. 31. 게재확정일자: 2018. 6. 5.

[참고문헌]

이승현, "특별법상 추징의 법적 성격", 형사판례연구 18호, 2010.

이영한, "징벌적 개념의 몰수·추징에 대한 몇 가지 문제", 재판실무연구, 2004.

조용무. "형사법상의 필요적 몰수, 추징과 실무상의 몇 가지 문제점에 관하여", 사법논집 제11집, 법원행정처, 1980.

최진영, "형사법상 필수적 추징에 대하여 — 부패범죄에 관한 추징을 중심으로—", 실무연구자료 제7권, 대전지방법원, 2006.

형사재판실무, 사법연수원, 1권, 2002.

[Abstract]

An additional charge of criminal profits obtained in the form of wages, etc.

Kwon, Sun-Keon*

The purpose of the confiscational or penalty of criminal gains is to deprive the crime of its illegal profits and prevent it from being retained. On the other hand, under criminal law, joint crime, teacher crime, and accessories are intended to be punished for criminal acts and their degree of participation, so the two do not necessarily have to be consistent in logic.

In other words, if a person is merely an accessory and receives sufficient income from a crime through crime, he or she should pay an additional charge of criminal profits obtained in the form of wages, etc. but if a person is joint principal offender and receive not sufficient income from a crime through crime, he or she do not need to pay an additional charge of criminal profits obtained in the form of wages, etc.

In the result, who will pay the penalty from depends on the attainment of the purpose of the confiscational or penalty of criminal gains.

---

* Judge, Seoul Central District Court.

강간죄 적용범위에 대한 문제점 고찰*
― 대법원 2017. 10. 12. 선고 2016도16948, 2016전도156 판결 ―

이 원 상**

[대상판례]

[판시사항]

강간죄가 성립하기 위한 폭행·협박의 정도 및 폭행·협박이 피해자의 항거를 불가능하게 하거나 현저히 곤란하게 할 정도였는지 판단하는 기준 / 강간죄에서 폭행·협박과 간음 사이에 인과관계가 있어야 하는지 여부(적극) 및 폭행·협박이 반드시 간음행위보다 선행되어야 하는지 여부(소극)

[판결요지]

강간죄가 성립하려면 가해자의 폭행·협박은 피해자의 항거를 불가능하게 하거나 현저히 곤란하게 할 정도의 것이어야 한다. 폭행·협박이 피해자의 항거를 불가능하게 하거나 현저히 곤란하게 할 정도의 것이었는지 여부는 폭행·협박의 내용과 정도는 물론, 유형력을 행사하게 된 경위, 피해자와의 관계, 성교 당시와 그 후의 정황 등 모든

---

* 이 논문은 2017년도 조선대학교 학술연구비의 지원을 받아 연구되었음.
** 조선대학교 법학과 부교수.

사정을 종합하여 판단하여야 한다. 또한 강간죄에서의 폭행·협박과 간음 사이에는 인과관계가 있어야 하나, 폭행·협박이 반드시 간음행위보다 선행되어야 하는 것은 아니다.

[주 문]
원심판결을 파기하고, 사건을 서울고등법원에 환송한다.

[이 유]
상고이유를 판단한다.

1. 피고사건에 관하여

가. 강간죄가 성립하려면 가해자의 폭행·협박은 피해자의 항거를 불가능하게 하거나 현저히 곤란하게 할 정도의 것이어야 한다. 폭행·협박이 피해자의 항거를 불가능하게 하거나 현저히 곤란하게 할 정도의 것이었는지 여부는 그 폭행·협박의 내용과 정도는 물론, 유형력을 행사하게 된 경위, 피해자와의 관계, 성교 당시와 그 후의 정황 등 모든 사정을 종합하여 판단하여야 한다(대법원 2001. 2. 23. 선고 2000도5395 판결, 대법원 2001. 10. 30. 선고 2001도4462 판결 등 참조). 또한 강간죄에서의 폭행·협박과 간음 사이에는 인과관계가 있어야 하나, 폭행·협박이 반드시 간음행위보다 선행되어야 하는 것은 아니다.

나. (1) 이 사건 주위적 공소사실의 요지는, '피고인은 2016. 2. 7. 17:00경 동거하던 피해자의 집에서 피해자에게 성관계를 요구하였는데, 피해자가 생리 중이라는 등의 이유로 이를 거부하자, 피해자에게 성기삽입을 하지 않기로 약속하고 엎드리게 한 후 피해자의 뒤에서 자위행위를 하다가 피해자의 팔과 함께 몸을 세게 끌어안은 채 가슴으로 피해자의 등을 세게 눌러 움직이지 못하도록 피해자의 반항을

억압한 다음 자신의 성기를 피해자의 성기에 삽입하여 1회 강간하였다'라는 것이다.

(2) 이에 대하여 원심은, 그 판시와 같은 사정을 인정한 다음, 피해자가 피고인에게 성기삽입에 대하여는 명시적으로 거부의사를 밝혔고, 피고인도 성기를 삽입하지 않기로 약속하였음에도 피고인이 피해자의 성기에 자신의 성기를 삽입함으로써 피해자의 의사에 반하여 피해자를 간음한 사실은 인정되지만, 피고인이 피해자를 간음할 당시 피해자의 항거를 불가능하게 하거나 현저히 곤란하게 할 정도의 유형력을 행사하였다는 점이 합리적인 의심의 여지가 없이 증명되었다고 보기는 어렵다는 이유로, 이 사건 주위적 공소사실을 무죄로 판단한 제1심의 판단을 그대로 유지하였다.

다. 그러나 원심의 위와 같은 판단은 다음의 이유로 그대로 수긍하기 어렵다.

(1) 제1심과 원심의 각 판결 이유 및 적법하게 채택된 증거들에 의하면, 다음과 같은 사실을 알 수 있다.

① 피고인은 2015. 9. 초경 친구의 소개로 알게 된 피해자와 교제를 시작하여 2015. 9. 말경부터 피해자의 집에서 동거를 해오다 2016. 1. 말경 성격 차이로 인해 피해자로부터 헤어지자는 말을 듣고도 이에 응하지 않고 있었다.

② 피고인은 2016. 2. 7. 17:00경 피해자의 집 거실에서 텔레비전을 보다가 피해자에게 성관계를 계속 요구하였으나 피해자는 생리 중이라는 이유로 싫다며 이를 거부하였다.

③ 피고인은 피해자에게 자위행위만 하겠다며 자신이 있는 매트리스 위에 올라오도록 요구하였고, 피해자는 '내 몸에 손대지 말고 알아서 자위행위를 하라'고 말하면서 매트리스 위로 올라가 피고인의 옆에 눕자, 피고인은 피해자의 가슴을 만지고 둔부를 쓰다듬으면서 피해

자에게 성관계를 하고 싶다는 취지의 이야기를 하였고, 피해자는 싫다며 바닥으로 내려갔다.

④ 그러자 피고인은 다시 피해자에게 몸만 만지며 자위행위를 하겠다고 말하며 매트리스로 올라오도록 요구하였고, 피해자는 짜증을 내면서 몸에 손을 대지 않는 조건으로 피고인의 요구에 다시 응하였다.

⑤ 피고인은 자신의 성기에 보디로션을 바른 후 무릎을 세우고 앉은 채로 자위행위를 하다가 자신의 성기를 피해자의 팬티 속으로 넣으려고 하였으나, 피해자가 싫다면서 피고인을 밀치고 다시 바닥으로 내려갔다.

⑥ 이에 피고인은 재차 피해자에게 절대 자신의 성기를 삽입하지 않겠다며 그냥 있어만 달라고 사정하였고, 마지못한 피해자가 다시 응하면서 뒤로 엎드리자 피고인은 피해자의 둔부 쪽으로 올라탄 상태에서 자신의 성기와 피해자의 둔부에 보디로션을 바른 후 피해자의 둔부를 스치면서 자위행위를 하였다.

⑦ 그러다가 피고인은 도저히 안 되겠다며 갑자기 자신의 성기를 피해자의 성기에 삽입하였고, 이에 놀란 피해자가 일어나면서 이를 벗어나려고 하자, 피고인은 양팔로 피해자의 팔과 몸통을 세게 끌어안은 채 가슴으로 피해자의 등을 세게 눌러 움직이지 못하도록 피해자의 반항을 억압한 상태에서 5분간 간음행위를 계속하다가 피해자의 등에 사정하였다.

(2) 이러한 사실관계를 앞서 본 법리에 비추어 살펴보면, 피고인은 피해자의 의사에 반하여 기습적으로 자신의 성기를 피해자의 성기에 삽입하고, 피해자가 움직이지 못하도록 반항을 억압한 다음 간음행위를 계속한 사실을 알 수 있다. 이와 같은 피고인의 행위는, 비록 간음행위를 시작할 때 폭행·협박이 없었다고 하더라도 간음행위와 거의 동시 또는 그 직후에 피해자를 폭행하여 간음한 것으로 볼 수 있고, 이는 강간죄를 구성한다.

(3) 그럼에도 원심은 이와 달리 그 판시와 같은 이유만을 들어 피

고인이 피해자를 간음할 당시에 피해자의 항거를 불가능하게 하거나 현저히 곤란하게 할 정도의 유형력을 행사하였다고 보기 어렵다고 보아 이 사건 주위적 공소사실을 무죄로 판단하였다. 이러한 원심의 판단에는 논리와 경험의 법칙을 위반하여 자유심증주의의 한계를 벗어나 사실을 잘못 인정하거나 강간죄의 성립에 관한 법리를 오해함으로써 판결 결과에 영향을 미친 위법이 있다. 이 점을 지적하는 취지의 상고이유 주장은 이유 있다.

(4) 따라서 원심판결 중 주위적 공소사실에 관한 부분은 파기를 면할 수 없고, 이와 동일체의 관계에 있는 예비적 공소사실에 관한 부분 역시 파기될 수밖에 없다.

2. 부착명령청구사건에 대하여

원심판결 중 피고사건에 관한 부분을 파기하는 이상 그와 함께 심리되어 동시에 판결이 선고되어야 하는 부착명령청구사건에 관한 부분 역시 파기하여야 한다.

3. 결 론

그러므로 나머지 상고이유에 대한 판단을 생략한 채 원심판결을 파기하고, 사건을 다시 심리·판단하도록 원심법원에 환송하기로 하여, 관여 대법관의 일치된 의견으로 주문과 같이 판결한다.

[판례 분석]

I. 서 론

최근 전 세계적으로 이슈가 되었던 현상가운데 하나로 "미투(#MeToo, 성희롱·성폭력을 나도 당했다)" 운동이 있었다. 자신이 유명·유력 인사들로부터 당했던 성폭력에 대해 '미투(#Me Too)'라는 해시태

그를 달아 전 세계인이 공유하도록 하는 운동이다.[1] 그 결과 미국 대통령인 도널드 트럼프를 비롯해 세계 곳곳의 수많은 유명·유력 인사들의 음행들이 폭로되었으며, 가해자들은 해임을 당하거나 사임을 하고,[2] 심지어는 자살을 하는 경우도 발생하였다.[3] 미국의 시사주간지 타임(Time)은 이처럼 사회적으로 큰 반향을 일으킨 미투운동에 참여한 여성들을 올해의 인물로 선정하기도 하였다.[4] 미투운동은 우리나라에서도 큰 반향을 일으켰다. 한 여검사에 의해 촉발된 미투운동은 사회 전 방위적으로 확산되었으며, 지금도 여전히 진행 중에 있다.[5]

그런데 성(性)과 관련된 문제는 단순히 최근의 트렌드만은 아니다. 아마도 우리 인류의 탄생과 함께 존재하였으며, 인류가 지속되는 동안 끈질기게 함께 갈 수밖에 없는 문제일 수도 있다. 물론 과거 어느 한 때는 지금은 성범죄로 인식되는 행위들이 성범죄로 까지는 인식되지 않기도 했지만, 적어도 도덕적인 이유이던, 윤리적인 이유이던, 종교적인 이유이던 간에 성과 관련된 행위는 일정한 제한을 받아 왔다. 개인의 성적 자유를 침해하는 행위 가운데 형법상 보호법익을 침해하는 일부 행위들은 형사처벌을 받게 된다. 그래서 우리 형법은 타인의 '성적자기결정권'을 침해하는 자를 처벌하고 있다. 다만, 성적자기결정권을 침해하였다고 하더라도 모든 행위를 처벌하는 것은 아니며(예를 들어, 폐지된 혼인빙자간음죄), 처벌을 하는 경우에도 그 행위태양에 따라 형벌 정도를 달리 규정해 놓고 있다. 또한 그와 같은 가해행위를 한 사람이 상습성이 있는 경우, 피해를 당한 사람의 지위, 행위에 따른

---

1) http://www.seoul.co.kr/news/newsView.php?id=20171230014019&wlog_tag3=naver (2018. 5. 11 최종방문).

2) http://www.hani.co.kr/arti/international/america/824894.html(2018. 5. 11 최종방문).

3) http://www.yonhapnews.co.kr/bulletin/2017/11/26/0200000000AKR2017112606030008 5.HTML?input=1195m(2018. 5. 11 최종방문).

4) http://time.com/time-person-of-the-year-2017-silence-breakers/?xid=homepage(2018. 5. 11 최종방문).

5) http://news.chosun.com/site/data/html_dir/2018/02/01/2018020101599.html(2018. 5. 11 최종방문).

중대한 결과 발생은 처벌의 수위를 높이는 역할을 하게 된다. 그리고 형벌과는 별개로 가해자에 대해서 수강명령이나 명단공개, 전자발찌, 화학적 치료 등 다양한 부과처분들도 가해질 수 있다. 이와 같이 우리 는 형법과 특별법 등으로 구성되어 다양한 유형의 성범죄에 대해 형 벌과 보안처분 등을 부과하는 성범죄 처벌 생태계를 구축하고 있다.

우리 성범죄 처벌 생태계에서 가장 중대한 범죄로 인식되는 것은 강간죄라고 할 것이다. 그래서 강학상 강간죄의 폭행과 협박은 최협의 의 개념으로 사용되어 피해자의 반항을 완전히 억압하거나 상당히 곤 란한 정도에 이를 것을 요구하고 있으며,6) 간음행위가 되지 않는 경 우에는 강간죄가 아닌 상대적으로 강간죄보다 형벌이 낮은 유사강간 죄나 강제추행죄 등으로 처벌될 수 있다. 강간죄에서 절대폭력만을 인 정하면 강간죄의 범위가 너무 좁아지고, 그에 반해 "단순한 거부적 언 동"까지 포함하게 되면 성립범위가 너무 넓어지는 문제점이 발생한 다.7) 과거에는 강간죄의 성립범위가 너무 좁았기 때문에 문제가 되었 다면, 최근에는 그 성립범위가 너무 넓은 것이 아닌가 할 정도로 성범 죄 처벌 생태계에서 강간죄의 영역이 확장되는 형국을 보이고 있다. 이번 판례평석에서 다루게 될 '2016전도156' 대법원 판결도 그런 맥락 에서 이해될 수 있을 것이다. 타인의 성적자기결정권을 침해하는 강간 죄에 대해서 엄단하는 것은 지극히 당연할 것이다. 하지만 성범죄 처 벌 생태계에서 강간죄가 그 영역을 넘어서서 지나치게 확대되는 것도 바람직하다고는 할 수 없을 것이다.

본 사안의 쟁점은 가해자의 행위가 강간죄의 폭행의 범위에 해당 하는지, 강간죄의 착수시기와 관련해서 해당 사안의 경우 성행위 시작 시를 착수로 볼 것인지, 아니면 강제력 이후부터로 볼 것인지에 있다. 이에 본 논문에서는 대상 판례를 중심으로 성범죄 처벌 생태계에서 강간죄가 어떤 위치를 차지하고 있으며, 그 적용범위가 얼마나 넓어지

---

6) 배종대, 형법각론(제10전정판), 홍문사, 2018, 44/5.

7) 배종대, 앞의 책, 44/8.

고 있는지에 대해서 살펴보고, 그에 따른 문제점에 대해 고찰해 보고
자 한다. 그를 위해 우리 형법상 성범죄 처벌 생태계가 어떻게 구성되
어 있는지 그 체계를 살펴보고(Ⅱ), 강간죄에 포함될 수 있는 범죄 유
형과 그 적용범위가 넓어지고 있는 현상에 대해서 검토해 본 뒤(Ⅲ),
대상 판결에 대한 사견과 대상 사안을 적절히 해결하기 위한 대안을
고민해 보고(Ⅳ), 결론을 내리고자 한다(Ⅴ).

Ⅱ. 현행법상 강간죄 관련 처벌규정 체계

(1) 형법상 '강간과 추행의 죄'에서의 강간죄 성립범위

사람의 성적자기결정권을 침해하는 행위에 대한 형법상 성범죄
처벌 생태계를 살펴보면, '제32장 강간과 추행의 죄'의 장에서는 제297
조의 강간죄, 제297조의2 유사강간죄, 제298조 강제추행죄를 중심으로
다양한 유형의 범죄들에 대한 처벌규정을 두고 있다. 2012년 12월 18
일 형법개정 이전에는 강간죄와 강제추행죄로 이분화 되어 있었다. 따
라서 폭행 또는 협박으로 부녀를 간음하는 자는[8] 강간죄로 처벌하였
고, 폭행 또는 협박으로 간음을 제외한 성적 행위에 대해서는 강제추
행죄로 처벌하는 구조였다. 하지만 개정 이후에는 강제추행죄로 처벌
되던 행위 가운데 '사람에 대하여 구강, 항문 등 (성기를 제외한) 신체
의 내부에 성기를 넣거나 성기, 항문에 손가락 등 (성기를 제외한) 신체
의 일부 또는 도구를 넣는 행위'는 강제추행죄보다 형벌이 높은 유사
강간죄로 처벌함으로 세 부분으로 분화 되는 구조를 갖게 되었다.[9]

그와 같은 형법상 성범죄 처벌 생태계에서 강간죄는 최상위에 존

---

8) 간음이라는 것은 남성의 성기가 여성의 성기에 삽입되는 성교행위이므로 실
   제로는 가해자는 남자, 피해자는 여자가 될 수밖에 없는 구조를 가지고 있다;
   한인섭, "성폭력의 법적 문제와 대책", 인간발달연구 제3권 제1호, 1996, 183
   면; 그러므로 개정 이전의 법률에서는 강간죄의 객체를 '부녀'라고 규정하고
   있었다. 다만, 그렇다고 하더라도 공동정범 등이 가능하기 때문에 여자가 가
   해자가 될 수 없는 것은 아니었다.
9) 김성돈, 형법각론(제4판), SKKUP, 2016, 167면.

재한다.10) 강간죄의 처벌규정을 보면 성립요소를 크게 '폭행 또는 협
박(이하 '수단요소')', '사람(이하 '객체요소')', '강간(이하 '행위요소')'으로 나
누고 있다. 제297조에서는 '폭행 또는 협박으로 사람을 강간한 자'를 3
년 이상의 유기징역으로 처벌하고 있다. 수단요소는 객체를 항거불능
또는 항거곤란 상태로 만드는 것을 목적으로 하기 때문에 이미 그와
같은 상황에 있는 경우에는 객체요소와 행위요소만 있어서도 처벌할
수 있게 된다. 따라서 제299조는 준강간죄를 강간죄와 동일한 형으로
처벌하고 있다. 또한 수단요소가 반드시 항거불능 또는 항거곤란을 초
래할 정도에 이르지 않아도 된다. 객체요소로서 '미성년자 또는 심신
미약자'나 '업무, 고용 기타 관계로 인하여 보호 또는 감독을 받는 사
람'의 경우에는 '위계 또는 위력'만 있어도 제302조와 제303조 제1항에
의해 처벌된다. 더욱이 13세 미만의 경우 및 구금 된 자(다만, 주체는
법률에 의해서 구금된 사람을 감호하는 자이어야 함)는 수단요소가 없어
도 제302조와 제303조 제2항에 의해 처벌된다. 그리고 결과적 가중범
으로서 상해하거나 상해에 이르게 된 경우에는 제301조로, 살해하거나
사망에 이르게 된 경우에는 제301조의2로 가중 처벌된다.

　세 번째 요소인 행위요소는 유사강간죄와 강제추행죄와의 관계를
설정하는 역할을 한다. 2012년 개정 이전에는 강간죄의 객체와 강제추
행죄의 객체에 차이가 있었지만 개정을 통해 적어도 법률상 차이는
없어지게 되었다. 그러므로 강간죄와 유사강간죄, 강제추행죄의 구분
은 행위요소를 통해 이루어지게 된다. 강간죄는 간음행위를, 유사강간
죄는 간음과 유사한 행위를, 강제추행죄는 그 외에 성적 수치심을 일
으키는 행위를 처벌하게 된다. 하지만 간음행위나 유사간음행위를 위
해서는 추행행위가 수반되는 경우가 대부분이므로 강간죄나 유사강간

---

10) 독일의 경우를 보면 독일형법 제177조에 성적 강요죄와 강간죄를 규정하고
　　있는데, 그 유형에 따라 법정형을 세밀하게 차등하고 있으므로 강간죄의 범
　　위가 넓게 적용될 수 있을 여지가 있다. 그러나 우리의 경우 강간죄의 법정
　　형 자체가 기본적으로 높게 설정되어 있기 때문에 강간죄의 적용범위를 독
　　일과 같이 넓게 적용하면 안 될 것으로 생각된다.

죄의 기수가 되지 않은 경우에는 강간죄 또는 유사강간죄 미수죄와 강제추행죄 기수죄가 충돌할 수 있게 된다. 그런 경우에는 강간죄나 유사강간죄의 미수죄와 강제추행죄 기수죄가 법조경합 특별관계가 성립한다. 따라서 강제추행죄가 성립하는 것이 아니라 강간죄 또는 유사강간죄 미수죄만이 성립한다.[11] 그렇다면 강간죄나 유사강간죄의 기수나 미수가 성립하지 않는 경우에는 강제추행죄가 성립할 수 있게 되는데, 대부분의 성범죄의 진행과정을 보면 추행을 수반하거나 추행에 이어 간음을 하게 되므로 강제추행죄는 독자적인 처벌 외에도 강간죄와 강제추행죄의 보충적 역할도 수행하게 된다.

(2) 특별 법률들을 통한 강간죄 처벌 생태계의 확대

형법상 성범죄 처벌 생태계는 개별 법률들을 통해 보다 확장된다. 먼저 성폭력범죄의 처벌 등에 관한 특례법(이하 '성폭력처벌법')에서는 여러 유형의 변화 및 여러 범죄들과 결합하여 강하게 처벌된다. 형법상 강도죄의 요건에 추가적 요건으로 흉기나 그 밖의 위험한 물건을 지닌 채 또는 2명 이상이 합동하는 경우에는 특수강간이 되어 무기징역 또는 5년 이상의 징역에 처해진다(제4조 제1항). 강도죄의 요건이 충족되고 행위주체가 친족관계인 경우에는 7년 이상의 유기징역에 처해진다(제5조 제1항). 형법상 강도죄의 요소 가운데 객체요소로서 신체적·정신적 장애가 있는 사람의 경우에는 무기징역 또는 7년 이상의 징역에 처해지며(제6조 제1항), 이 경우 수단요소로서 위계 또는 위력을 사용한 경우에도 5년 이상의 유기징역에 처해진다(제6조 제5항). 또한 장애인의 보호, 교육 등을 목적으로 하는 시설의 장 또는 종사자가 보호, 감독의 대상인 장애인에 대해 강간죄를 저지르는 경우에는 제6조 제1항 및 제5항에서 정하고 있는 형의 2분의 1까지 가중하여 처벌된다(제6조 제7항). 형법상 강간죄의 객체요소가 13세 미만일 경우에는 무기징역 또는 10년 이상의 징역에 처해지며(제7조 제1항), 그 경우에

---

11) 김일수/서보학, 새로쓴 형법각론, 박영사, 2015, 137면.

는 수단요소로서 위계 또는 위력인 경우에도 동일한 형으로 처벌된다 (제7조 제5항). 다음으로 강간죄가 형법상 주거침입(제319조 제1항), 야간 주거침입절도(제330조), 특수절도(제331조)의 기수 및 미수범과 결합하게 되면 무기징역 또는 5년 이상의 징역에 처해진다. 또한 특수강도 (제334조)의 기수 및 미수범과 결합하는 경우에는 사형, 무기징역 또는 10년 이상의 징역에 처해진다. 그리고 결과적 가중범으로서 동 법률의 강간죄를 저지른 자가 상해·치상 및 살인·치사의 결과를 발생시키게 되면 더욱 중하게 처벌된다(제8조~제9조).

'아동·청소년의 성보호에 관한 법률(이하 '청소년성보호법')'에서는 형법상 강간죄의 객체요소가 특화된 형태를 보인다. 형법상 강간죄에 해당하면서도 객체요소가 아동·청소년(19세 미만)에 해당하면 5년 이상의 유기징역에 처해지며(제7조 제1항), 폭행·협박 대신 위계·위력을 사용하는 경우에도 동일한 형으로 처벌된다(동조 제5항). 제7조의 죄로 인해 상해·치상, 살인·치사 등 중대한 결과가 발생하게 되면 더욱 가중처벌된다(제9조~제10조). 강간죄의 행위자가 19세 이상이고, 객체요소가 13세 이상의 장애 아동·청소년의 경우에는 3년 이상의 유기징역에 처해진다(제8조 제1항). 이처럼 강간죄는 특별 법률들에서 여러 요소들과 결합하여 더욱 가중처벌 된다. 즉, 형법의 성범죄 처벌 생태계의 최상위에 있는 강간죄는 특별 법률들을 통해 더욱 강력해지게 된다.

그뿐 아니라 강간죄는 형벌 외에도 다양한 부과처분이 병과 될 수 있다. 우선 성폭력처벌법을 살펴보면 보호관찰, 이수명령, 사회봉사 등과 같은 처분이 부과될 수 있다. 법원은 강간죄를 저지른 자에 대해 형의 선고를 유예하는 경우에는 1년 동안 보호관찰을 명할 수 있다(제16조 제1항). 유죄 판결을 선고하는 경우에는 특별한 사정이 없는 한 500시간 내에서 수강명령 또는 성폭력 치료프로그램 이수명령을 병과하여야 한다(동조 제2항). 집행유예를 선고하는 경우에는 유예기간 동안 수강명령과 함께 보호관찰 또는 사회봉사 중 하나 이상의 처분을 병과 할 수 있다(동조 제4항). 또한 강간죄를 선고받은 자는 신상정보

등록대상자에 해당한다(제42조). 등록된 정보는 성범죄와 관련한 범죄
예방 및 수사에 활용될 수 있으며(제46조 제1항), 청소년성보호법에 따
라 등록정보가 공개될 수도 있다(제47조). 청소년성보호법에서도 보호
관찰(제61조), 수강명령(제21조), 등록정보의 공개(제49조), 등록정보의 고
지(제50조) 등의 부과처분에 대한 규정이 있으며, 더 나아가 아동·청
소년 관련기관 등에 취업하는 것을 제한하기도 하고(제56조), 취업자에
대해서는 해임도 요구할 수 있다(제58조).

또한 강간죄를 저지른 자는 소위 '전자발찌'를 부착할 수도 있다.
강간죄로 형기를 마친 자는 '특정 범죄자에 대한 보호관찰 및 전자장
치 부착 등에 관한 법률(이하 '전자장치부착법')'에 따라 검찰이 청구를
하고(제5조 제1항), 법원이 검찰의 청구가 이유 있다고 인정하여 부착
명령을 선고하게 되면 특정 기간 동안 전자발찌를 부착하여야 한다(제
9조). 더 나아가 강간죄를 저지른 자는 '성폭력범죄자의 성충동 약물치
료에 관한 법률(이하 '성충동약물치료법')'에 따른 소위 '화학적 거세'를
부과 받을 수도 있다. 그에 따르면 검사는 19세 이상의 성범죄자의 재
범의 위험성을 고려하여 법원에 치료명령을 청구할 수 있고(제4조), 법
원은 청구가 이유 있다고 인정되면 15년의 범위를 정하여 판결로써
치료명령을 선고하여야 한다(제8조 제1항). 이처럼 강간죄를 저지른 자
는 형벌 외에도 다양한 부과처분들이 병과 될 수 있다.

Ⅲ. 강간죄 적용범위의 확대 경향

(1) 수단요소 완화를 통한 적용범위 확대경향

강간죄의 적용범위를 한정하는 중요한 관문은 강간죄의 수단요소
인 폭행·협박에 대한 정도를 설정하는 것이다. 형법 규정에는 여러
곳에 폭행·협박이라는 개념이 사용되고 있지만, 이론상으로 그 정도
를 다르게 설정하고 있다. 그 가운데 강간죄의 폭행·협박의 정도에
대해서는 피해자의 반항을 완전히 억압하거나 현저히 곤란하게 하는

정도를 요하는 '최협의 폭행 · 협박설'이 통설적인 견해이며,[12] 판례도 일단은 그와 같은 견해를 보이고 있다.[13] 이 견해에 따르면 강간죄와 유사강간죄, 강제추행죄의 폭행 · 협박의 정도는 동일하며, 단지 간음 행위, 유사강음행위, 추행행위가 그 불법의 정도를 결정하게 된다. 물론 추행행위의 폭행 · 협박의 정도를 상대방의 의사에 반하는 정도로 보는 견해도 있으며, 판례도 기습추행을 인정하며 강제추행죄의 폭행 · 협박의 정도를 낮추고 있기도 하다.[14] 그에 반해 일부 견해는 강간죄의 폭행 · 협박의 정도는 상대방의 "진지한 거부 의사표시"와 가해자의 협의의 폭행으로 충분하다는 견해도 있고,[15] 피해자의 합리적 또는 진지한 저항을 곤란하게 하는 정도의 폭행, 즉, 최협의 폭행 · 협박과 협의 폭행 · 협박의 중간 정도라고도 한다.[16] 다만 그와 같은 기준은 통설 및 판례의 견해보다도 더욱 모호하며, 오히려 불합리한 결과를 가져올 수 있다는 비판이 제기되기도 한다.[17]

우리 법원의 입장을 요약해 보면 일단 강간죄의 폭행 · 협박의 정도는 최협의 폭행 · 협박설에 있으며, 다만, 통설과 같이 강제추행죄의 폭행 · 협박의 정도를 강간죄의 폭행 · 협박의 정도와 같이 보지는 않고, 협의의 폭행 · 협박설의 입장에 있는 것으로 보인다. 이런 기본입장과 함께 판례의 변화는 강간죄의 폭행 · 협박의 정도를 낮추고 있다. 과거 판례는 피해자가 강력하게 구조요청을 하지 않았거나[18] 강간 후에 가해자와 피해자가 대화를 하였거나 둘이 평소에도 잘 알고 지내던 사이 등과 같이 '간접사실'을 폭행 · 협박의 개념에 포함하여 강간죄를 부정하는 경향이 있었다.[19] 그러다가 강간죄의 폭행 · 협박 정도

---

12) 배종대, 형법각론(재10전정판), 홍문사, 2015, 44/5.
13) 대법원 2005. 7. 28. 선고 2005도3071 판결.
14) 김성돈, 형법각론(제4판), 2016, 178면.
15) 박상기, 형법각론(제8판), 박영사, 2011, 151면.
16) 조국, 형사법의 성편향(제2판), 2004, 48면.
17) 김성돈, 앞의 책, 171면; 배종대, 앞의 책, 44/6.
18) 대법원 1991. 5. 28. 선고 91도546 판결.
19) 이상돈, 형법강론(제2판), 박영사, 2017, 656면.

는 성교 당시 처한 구체적인 사정을 기준으로 판단하여야 하고, 간접 사실들로 폭행·협박의 정도가 강간죄의 정도에 미치지 않았다고 판단하여서는 안 된다는 취지의 판결을 내리면서 상대적으로 강간죄의 적용범위를 넓히게 되었다.[20] 더 나아가 이번 판결에서와 같이 성교 시 가해자가 피해자에게 가하였던 폭행·협박의 정도는 종합적인 판단을 통해 이루어져야 한다는 입장을 취하면서 사실상 강간죄의 폭행·협박의 정도를 협의의 폭행·협박 정도까지 완화하고 있다. 그로 인해 강간죄의 적용범위도 확장하는 경향을 보이고 있다.

(2) 객체요소 확장을 통한 적용범위 확대경향

형법상 강간죄의 개정 이전에는 강간죄의 객체는 '부녀'로 한정되었다. 즉, 강간죄의 객체는 생물학적인 성(Sex)과 사회적인 성(Gender)에 따른 제한이 있었다. 따라서 남성에서 여성으로 성전환을 한 사람에 대해 강간죄가 발생하게 되면, 해당 피해자는 강간죄의 '부녀'에 포섭되지 않아 강간죄는 성립할 수 없었으며, 유사강간죄도 없었기 때문에 강제추행죄만으로 처벌 될 수 있었다. 그러나 대법원은 두 명의 남자가 성전환자를 강간치상 한 사안의 판결에서[21] 생물학적 성을 적용하지 않고, 사회적 성을 적용하여 합동강간치상죄를 인정함으로써 강간죄의 객체의 범위를 확장하였다.[22] 이 후, 2012년 12월 18일 개정을 통하여 강간죄의 객체가 '부녀'에서 '사람'으로 변경되면서 더 이상 생물학적 성이나 사회적 성은 불필요하게 되었고, 강간죄의 객체의 범위는 보다 넓어지게 되었다.[23]

강간죄의 객체에서 처가 배제된다는 규정은 존재하지 않는다. 그럼에도 불구하고 대법원은 실질적인 부부관계가 존재하는 한 처는 강

---

20) 대법원 2005. 7. 28. 선고 2005도3071 판결.
21) 대법원 2009. 9. 10. 선고 2009도3580 판결.
22) 그에 대해, 강간죄의 객체는 부녀이기 때문에 합동강간치상죄의 불능미수가 된다는 주장도 있었다; 김일수, "합동강간치상죄의 불능미수", 고려대 판례연구, 제8권, 1998, 91면 이하.
23) 이상돈, 형법강론(제2판), 박영사, 2017, 655면.

간죄의 객체가 되지 않는다는 견해를 오랫동안 견지해 왔다.[24] 그러나 남편이 아내를 칼로 위협하여 간음한 사안에서 대법원은 전원합의체 판결을 통해서[25] 혼인관계가 실질적으로 유지되고 있는 경우에도 남편이 폭행·협박을 통해 아내를 간음한 행위는 성폭력처벌법상 특수강간죄(제4조 제1항)가 성립한다고 함으로써 부부강간을 인정하였다.[26] 1995년까지 강간죄의 보호법익은 '정조' 또는 '여성의 순결'로 보았고, 부부간에는 민법상의 동거의무가 있으며, 법이 가정의 이불속까지 침투해서는 안 된다는 사고 때문이었는지 부부간의 관계에서는 성적자기결정권은 다소 후퇴해 있었다. 하지만 대법원의 전원합의체 판결로 인해서 법률상 배우자도 강간죄의 객체로 포섭되어 강간죄의 적용범위가 넓어지게 되었다.

그와 함께 앞서 살펴본 법률에서 언급되었던 객체로서 13세 미만의 사람, 13세 이상 19세 미만의 사람, 장애인 등 객체의 요건에 따라 강간죄의 처벌은 보다 높아지게 된다. 이처럼 강간죄의 객체요소와 관련해서 강간죄의 적용범위는 계속해서 넓어지고 있으며, 그 처벌 수위도 매우 높아지고 있는 경향을 보이고 있다.

(3) 강간미수에 있어 실행의 착수시기 완화

강간죄의 실행의 착수시기도 강간죄의 적용범위를 결정하는데 중요한 역할을 한다. 형법상 강간죄는 예비·음모죄를 처벌하지 않고 있기 때문에 실행의 착수가 인정되지 않는다면 강간죄의 미수로도 처벌할 수 없어서 적어도 강간죄로는 처벌할 수 없게 된다. 강간죄의 실행의 착수에 있어 대법원은 강간할 목적으로 피해자의 방에 침입하여 자고 있던 피해자의 엉덩이를 만지면서 간음을 기도한 경우는 실행의

---

24) 대법원 1970. 3. 10. 선고 70도29 판결, 대법원 2009. 2. 12. 선고 2008도8601 판결.
25) 대법원 2013. 5. 16. 선고 2012도14788, 2012전도252 전원합의체 판결.
26) 그에 대해 실질적 부부관계가 여전히 존재하지만 각방을 쓰는 "나쁜 부부사이"에서는 아내가 강간죄의 객체가 될 수 없고, 따라서 특수강간죄가 아닌 형법상 특수폭행죄(제261조)만이 성립한다는 견해도 있다; 이상돈, 앞의 책, 655면.

착수를 인정하지 않은 반면,27) 강간을 하려고 여자 혼자 있는 방문을
두드리자 여자가 위험을 느껴 가까이 오면 뛰어내리겠다고 하는데도
창문으로 침입하려고 한 경우에는 실행의 착수를 인정하고 있다.28) 더
나아가 대법원은 "강간죄는 부녀를 간음하기 위하여 피해자의 항거를
불능하게 하거나 현저히 곤란하게 할 정도의 폭행 또는 협박을 개시
한 때에 그 실행의 착수가 있다고 보아야 할 것이고, 실제로 그와 같
은 폭행 또는 협박에 의하여 피해자의 항거가 불능하게 되거나 현저
히 곤란하게 되어야만 실행의 착수가 있다고 볼 것은 아니다"라고 판
시하고 있다.29) 이처럼 대법원은 피해자가 실제로의 항거불능 또는 항
거곤란을 요구하지 않고 있기 때문에 강간죄의 폭행·협박의 정도를
최협의 폭행·협박이라고 표명하고 있지만, 사실상 협의의 폭행·협박
정도로도 강간죄의 실행의 착수가 될 수 있도록 하고 있는 것으로 보
인다. 결국 그를 통해 강간죄의 실행의 착수 시기는 완화되어 강간 미
수의 적용범위는 보다 넓어지게 된다.

　　본 사안을 살펴보면 가해자는 자위행위를 하면서 피해자의 의사
에 반한 접촉을 시도하였다. 이 경우는 폭행·협박의 정도를 아무리
낮게 본다고 하더라도 피해자의 의사에 반하는 접촉만으로는 강간죄
의 실행의 착수가 있었다고 할 수 없을 것이다. 따라서 실행의 착수는
"가해자가 성욕을 더 이상 참지 못하고 피해자의 팔과 몸통을 끌어않
고 가슴으로 등을 누른 채 5분 동안 간음"을 한 행위이다. 즉, 이 사
안에서는 실행의 착수와 간음이 함께 이루어지고 있는 것이다. 다만,
대법원은 강간죄에서 폭행·협박이 시간적으로 간음에 선행할 필요는
없다고 판시하고 있지만, 그와 같은 경우 강간죄의 실행의 착수시기가
언제인지, 또한 지금 사안과는 달리 간음을 하고나서 폭행·협박을 하
는 경우도 강간죄로 처벌할 수 있는 것도 고민해 볼 필요가 있다. 그

---

27) 대법원 1990. 5. 25. 선고 90도607 판결.
28) 대법원 1991. 4. 9. 선고 91도288 판결.
29) 대법원 2000. 6. 9. 선고 2000도1253 판결.

리고 본 사안처럼 간음을 하다가 중간에 폭행·협박을 하면서 간음을
이어간 경우 폭행·협박 이전의 간음 행위부터 폭행·협박 이후 간음
행위를 포괄해서 강간죄가 성립하는 것인지, 아니면 폭행·협박 이후
의 간음에만 강간죄가 성립하는 것인지에 대한 구체적인 설명은 하지
않고 있다. 물론 본 사안의 경우 강간죄의 실행의 착수시기를 유형력
행사와 함께 성기를 삽입한 시점으로 보고, 그 시점 이후를 강간죄로
보는 것이 너무도 당연하기 때문에 대법원이 상세한 설명을 하지 않
았을 수도 있다.

IV. 강간죄의 합리적 적용을 위한 개선방안

(1) 강간죄의 역할 수호의 필요성

강간죄는 성범죄 처벌 생태계에 있어 가장 상위에 가장 강력하게
성적자기결정권 침해를 처벌하는 역할을 수행하고 있다. 강간죄를 통
해서 처벌할 수 없는 성범죄들은 유사강간죄, 강제추행죄, 준간강죄
등과 같은 형법 규정들과 성폭력특별법이나 아청법 등 특별법의 규정
들을 통해서 처벌하면 된다. 그럼에도 불구하고 형사처벌이 불가능한
경우에는 민사벌이나 행정벌, 조직 내 징계 등을 통하여 제재를 하고,
그것도 안 되는 경우에는 사회규범이나 여론의 질타 등을 통해 해결
하여야 한다. 우리의 성범죄 처벌 생태계가 비록 정교함이 떨어지고,
조문에 있어 여러 문제점들이 있다고 하더라도 그 생태계에서 강간죄
는 성범죄자에 대한 최상위의 포식자로서의 역할을 수행해야 한다. 그
래야지만 다른 규정들이 해당역할들을 수행할 수 있게 된다.

그런데 대상 판결을 보면 1심과 2심 법원의 판단과는 달리 대법
원은 강간죄의 해석범위를 강간죄의 역할 이상으로 넓히고 있는 것으
로 보인다. 대법원 판결의 의미를 재구성해 보자면, ① 이미 가해자와
피해자의 관계는 동거라는 형식을 가지고 있지만, 이미 심적으로는 남
이나 다름없는 상황이고, ② 피해자는 생리를 이유로 이미 성적자기결

정권 침해에 대한 울타리를 치고 있으며, ③④⑤⑥ 육체적인 접촉에 대한 반대 의사를 명확히 하였음에도 ⑦ 가해자가 성욕을 더 이상 참지 못하고 피해자의 팔과 몸통을 끌어안고 가슴으로 등을 누른 채 5분 동안 간음하여 사정한 행위는 형법상 강간죄가 된다는 것이다. 그러면서도 강간죄에 있어 폭행의 기준은 "폭행·협박이 피해자의 항거를 불가능하게 하거나 현저히 곤란하게 할 정도"일 것을 요구하고 있다. 다만, "폭행·협박의 내용과 정도는 물론, 유형력을 행사하게 된 경위, 피해자와의 관계, 성교 당시와 그 후의 정황 등 모든 사정을 종합하여 판단하여야 한다"는 기준을 통해 폭행·협박이 얼마든지 넓어질 수 있는 장치를 만들어 놓고 있다. 하지만 종합 판단을 해야 한다는 대법원의 기준은 상당히 모호하기 때문에 대법원의 판결과 같이 해석할 수도 있지만, 1심과 2심 법원과 같이 해석할 여지도 반드시 생기게 된다. 즉, 폭행·협박의 정도에서 삽입을 할 때 피해자의 팔과 몸통을 끌어안고 가슴으로 누른 것은 피해자와 가해자의 체형 등을 고려할 때 항거를 불가능하거나 현저히 곤란하게 한 정도에 이르지 않았다고 평가할 수도 있고, 가해자가 유형력을 행사하게 된 경위에 있어 피해자가 가해자의 자위행위에 일정부분 기여하면서 가해자가 성적으로 흥분하게 되었다는 것도 고려할 수 있으며, 피해자와 가해자는 비록 사이는 좋지 않았지만 피해자가 가해자의 자위행위를 도와줄 정도라면 그 관계가 완전히 단절된 상황이라고 할 수는 없고, 성교 당시의 상황에서 가해자가 피해자에게 공포감을 유발하거나 엄청난 폭행을 통해 의사를 제압한 상황도 아니므로 종합적으로 판단할 때에 강간죄의 폭행·협박에는 이르지 않았다고도 볼 여지가 있다.

물론 가해자의 행위가 피해자의 성적자기결정권을 침해하였다는 것에 대해서는 의문의 여지가 없어 보인다. 독일의 경우 형법 제177조에서 강간죄와 함께 성적 남용(sexuelle Nötigung)을 처벌하는 규정을 두어 폭행 또는 협박의 구성요건을 요구하지 않고 따로 처벌하고 있는 것에 반하여 우리는 피해자의 항거를 불가능하게 하거나 현저히 곤란하게 할 정도의 폭행·협박을 요구하고 있다. 대상 판결의 사안을 살펴보면 독일의 경우 제177조 제1항이나 제2항에 따라 6월 이상 5년 이하의 자유형에 처해질 수 있을 것이다. 우리 강간죄와 유사하며, 1년 이상의 자유형으로 처벌할 수 있는 제177조 제5항을 적용할 필요는 없을 것이다. 그런데 우리 대법원은 제177조 제5항의 규정의 해석에 의해 제177조 제1항이나 제2항에 해당하는 사안을 포섭시킨 것과 같다고 할 것이다. 따라서 대상 판결의 사안은 현행 성범죄 처벌 생태계를 보면 강간죄로 처벌하기 충분한 폭행·협박이 없었다는 것을 고려해 보면, 그보다 낮은 폭행·협박을 상정하고 있는 예비적 공소사실인 강제추행죄로 처벌할 수 있는 가능성은 있을 것이다.

그런데 원심판결을[30] 살펴보면 예비적 공소사실인 강제추행죄에 대한 판단에 대해서 "…피고인이 피해자의 반항을 억압할 정도의 유형력을 행사한 다음 피해자를 간음하였다고 볼 만한 증거가 부족하여 주위적 공소사실인 강간의 점에 대하여 무죄로 된다 하여 이러한 피고인의 '간음'행위를 구성요건적 행위 유형이 완전히 다른 '추행'행위의 범주에 포함시켜 강제추행죄로 의율할 수는 없다…"라고 판단하고 있다. 다만, 원심은 간음과 추행은 전혀 다른 행위 유형이기 때문에 강간죄가 성립하지 않으면 강제추행죄는 성립할 수 없는 것으로 판단하고 있는데, 추행행위는 간음행위와 독립적인 행위이기도 하지만 간음행위와 연계하거나 순차적으로, 부수적으로 일어나기도 하므로 간음행위와 추행행위가 배타적인 관계라고 할 수만은 없을 것이다.[31] 또한 우리 판례는 배우자도 강제추행죄의 객체로 보기 때문에[32] 강제추행죄가 성립할 수 있다고도 할 것이다. 그러나 가해자와 피해자의 관

---

30) 서울고등법원 2016. 9. 29. 선고 2016노1882, 2016전노130 판결.

31) 물론 원심법원은 피고인이 5분 동안 '간음'한 행위는 '추행'행위와 양립할 수 없는 구분되는 행위이기 때문에 그와 같은 판결을 한 것이다.

32) 한성훈, "판례를 통해서 본 부부강간죄의 성립과 그 변화에 관한 소고— 대법원 2013. 5. 16. 선고 2012도14788 전원합의체 판결을 중심으로—", 홍익법학 제14권 제4호, 2013, 288면; 서울중앙지법 2004. 8. 20. 선고 2003고합1178 판결.

계가 비록 문제는 있지만, 동거관계를 계속해서 맺고 있고, 피해자가 가해자의 성적 요구에 대해 어느 정도 용인한 부분 등을 고려해 볼 때, '나쁜 동거관계'는 될 수 있지만 피해자가 강제추행죄의 객체가 될 수는 없기 때문에 강제추행죄도 성립하지 않는 것으로 이론을 구성할 수도 있을 것이다.33)

다른 측면에서 살펴보면, 피해자가 육체적인 접촉을 거부하는 의사를 표현하였음에도 피고인이 피해자의 둔부에 올라타는 자세에서 피해자의 둔부에 자신의 성기를 스치면서 자위행위를 한 것이나 피고인이 흥분하여 갑자기 피해자의 팔과 몸통을 양팔로 끌어안고 피고인의 가슴으로 피해자의 등을 세게 누른 행위 등 상황을 종합적으로 고려해 보면 피고인의 행위는 최협의에 해당하는 정도의 폭행·협박을 하였다고는 볼 수 없고, 다만, 피해자는 원하지 않은 간음을 당한 것이 된다. 그러므로 현행 법률을 고려해 보면 폭행·협박의 정도가 낮고, 혼인 관계가 아니라 동거 관계이기 때문에 성관계에 응할 의무도 없다고 볼 수 있으므로 강요죄가 성립한다고 볼 수도 있을 것이다.34)

(2) 성적 강요죄의 신설

앞서 언급한 바와 같이 독일은 성적 강요죄에서부터 강간죄 까지 규정을 세분화하고 있기 때문에 대상 판례 사안의 경우도 적용될 수 있다. 그런데 우리 법률은 폭행·협박을 수단으로 해서 간음한 경우만이 강간죄로 처벌될 있으므로 대상 판례 사안과 같이 유형력을 행사하였지만 종합적으로 볼 때 피해자의 의사를 억압하거나 현저히 곤란하게 하지 않은 정도에서 간음을 한 경우는 처벌하기가 쉽지 않다. 강제추행의 경우에는 폭행·협박 정도를 강간죄보다는 완화하는 견해를 택하고, 간음행위에 이르기까지의 과정에서의 성적 행위들을 추행행위로 해석하는 경우에는 강제추행죄로라도 처벌할 수 있겠지만, 강제추행죄의 폭행·협박도 강간죄의 정도가 같이 보고, 원심과 같이 추행과 간음

---
33) 이상돈, 앞의 책, 662면.
34) 이상돈, 앞의 책, 664면.

을 완전히 구분되는 행위라고 해석하게 되면 강제추행죄로도 처벌할 수도 없을 것이다. 그래서 대상 판결 사안의 경우를 반드시 처벌해야 할 필요성이 있는 경우에는 소위 '비동의 간음죄'나 '성적 강요죄' 등과 같은 규정을 신설하여야 할 것이다. 그렇지 않다면 결국 대상 판결 사안과 같이 다소 모호한 경우 처벌의 필요성이 있을 경우에는 강간죄의 적용범위에 포섭시켜 보다 과중한 처벌을 하게 될 것이기 때문이다.

당해 원심법원의 판결과 대법원 판결을 고려해 볼 때 대상 판결 사안과 같은 경우 해석상 문제점을 해결하기 위해서는 독일의 규정처럼 성적 강요죄를 신설할 필요성이 있다. 그런데 그와 같은 규정의 신설이 우리에게는 결코 낯설지는 않다. 이전에는 형법상 성범죄 처벌 생태계는 주로 강간죄와 강제추행죄로 구분하여 처벌하였다. 따라서 유사강간 행위는 강간죄의 간음으로 볼 수 없기 때문에 강간죄로는 처벌할 수 없고 결국 강제추행죄로 처벌될 수밖에 없었다. 하지만 유사강간행위의 불법성은 강제추행죄보다는 크다는 판단에서 유사강간죄가 신설되었다. 따라서 간음에는 해당하지 않지만 간음과 같은 정도의 성행위를 처벌할 명확한 규정이 생긴 것이다. 또한 폭행·협박으로 항거불능 또는 항거곤란에 빠지지는 않았지만, 이미 피해자가 그와 같은 상황에 처한 경우 간음을 하게 되면 준강간죄를 통해 처벌할 수 있도록 하고 있다. 하지만 이번 대상 판례 사안과 같이 최협의 폭행·협박은 아니지만 간음을 하여 피해자의 성적자기결정권을 침해한 행위를 적절하게 처벌할만한 규정은 없다고 할 것이다. 이에 해당할 수 있을 만한 전형적인 예로, 소위 부부사이에서 성관계를 갖다가 부인이 더 이상 관계를 원치 않음에도 남편이 유형력을 행사하여 성관계를 계속한 경우를 들 수 있다. 일단 해당 행위에 대해 반드시 처벌해야 할지에 대한 논의는 차치하고, 해당 행위를 처벌해야할 필요성이 있다면 강간죄보다는 가벼운 형벌을 마련하고, 친고죄를 적용하여 형법전에 규정하는 것이 적절할 것으로 보인다. 그에 대한 견해를 구체화 해보면 다음과 같다.

> 제297조의3 (성적 강요죄) 사람에게 자신 또는 제3자의 성적 행동을 참도록
> 하거나 또는 자신이나 제3자에 대하여 성적 행동을 하도록 강요한 자는 5
> 년 이하의 징역 또는 1천만 원 이하의 벌금에 처한다. 다만, 동 죄는 고소
> 가 있어야 공소를 제기할 수 있다.

그 불법성이 강제추행죄보다는 낮다고 생각하여 자유형과 벌금형
의 한도를 낮추었다. 또한 발생하는 상황과 피해자와 가해자와의 관계
가 특별한 경우가 많을 수 있기 때문에 친고죄로 규정하여 양 당사자
가 화해하는 경우 형사처벌을 받지 않을 수 있는 장치를 두었다.35) 다
만, 이와 같은 규정의 도입은 강간죄의 범위가 지나치게 넓어지는 것
에 대한 대응방법으로 제안하는 것이며, 그 도입에 대한 타당성에 대
해서는 좀 더 많은 논의가 필요할 것이다. 여기서는 강간죄의 적용범
위를 해석적으로 넓게 적용하는 방법보다는 성적 강요죄를 도입하는
것이 보다 명료하기 때문에 제시를 하는 것이지만, 그 입법의 필요성
이나 구성요건 내용 등 구체적인 논의는 본 논문과 별개로 치열한 논
의가 필요하다. 다만 지면의 사정상 해당 논의는 후속 논문을 통해 진
행하고자 한다.

V. 결 론

성범죄와 관련된 글을 쓸 때 항상 부담이 되는 것은 형벌 적용의
부적절함을 지적하게 되면 마치 피해자의 인권을 무시하는 것과 같이
받아들여 질 수 있다는 것이다. 피해자의 성적자기결정권을 침해하는

---

35) 그 불법성의 정도를 고려해 볼 때, 지금과 같이 법원이 강제추행죄의 범위를
넓게 해석하고 있는 상황에서는 형법 제298조의 강제추행죄는 이전과 같이
친고죄로 구성할 필요성이 있다. 좀 더 정확히 말해서 강제추행죄에서 추행
죄를 분리하여 따로 규정하고, 신설되는 추행죄에 대해서는 친고죄를 적용하
는 것이 보다 적절할 것이라고 생각된다. 그에 대해서는 이원상, "강제추행죄
적용범위에 대한 문제점 고찰" 논문 참조.

가해자의 행위는 분명 잘못한 것이다. 가해자로부터 피해자의 인권을 보호하고, 가해자에게 적정한 형벌을 부과해야 하는 것도 명료하다. 하지만 우리 성범죄 처벌 생태계가 형법이 추구하는 가치 내에서 체계적이고 합리적으로 형성되기보다는 주로 정치적이고 임시방편적이며, 단편적인 사고에서 마치 누더기를 기운 듯한 모습으로 존재하고 있기 때문에 불가피하게 가해자의 중한 처벌에 대한 보정이 필요할 수밖에 없다. 따라서 이 글은 결코 피해자의 인권을 무시하는 관점에서 작성된 것이 아니라 적어도 가해자에게 너무 과중한 형벌 책임을 부과하지 않도록 하려는 형법이념의 가치를 유지하려는 관점에서 서술된 것이다.

그런 관점에서 대상 판결을 살펴보면, 대법원이 대상 판결 사안에 강간죄를 적용한 것은 마치 성범죄 처벌 생태계의 최상위 포식자로 하여금 풀을 뜯어 먹게 한 것과 같다는 생각이 든다. 강간죄는 적어도 성적자기결정권을 침해하는 범죄가운데 침해 정도가 심한 사안에 적용되도록 할 필요성이 있는데, 대법원이 취하는 종합설의 입장에서 보면 적어도 대상 판결 사안은 성적 강요 행위는 될 수 있겠지만, 강간죄의 폭행·협박이 있었다고 판단하기에는 다소 무리가 있기 때문이다. 하지만 대상 판결 사안을 곰곰이 살펴보면 독일 형법상의 성적 강요죄에 해당하는 유형으로 볼 여지가 있다. 그러므로 대상 판결 사안의 경우와 같이 사람에게 성적 행위를 강요하는 경우를 처벌해야 할 필요성에 대해 공감대가 형성되었다면 입법적으로 성적 강요죄를 도입하여 대상 판결 사안과 같은 경우를 포섭시키는 것이 보다 적절할 것이다. 그렇게 되면 강간죄의 적용범위를 무리하게 확장하여 처벌할 필요성도 사라지게 될 것이다.

대법원도, 1심 법원과 2심 법원도 충분한 고심 끝에 판결을 내렸겠지만, 강간죄의 적용범위에 대해 다른 판단을 내리고 있다. 무엇보다 대법원은 강간죄의 폭행·협박의 정도를 최협의 폭행·협박이라고 표명하고 있지만, 사실상 협의의 폭행·협박의 기준을 적용하고 있는 것으로 보인다. 특히 강간죄의 적용범위에 대해 법원 내에서도 판단이 나뉠 수밖에 없는 것은 법원이 취하고 있는 종합적 판단이 적절한 기준을 제시하지 못하기 때문일 수도 있다. 그러나 무엇보다 대법원이 제대로 된 기준을 제시하지 못하는 가장 큰 이유는 우리 성범죄 처벌 법률 체계에 문제가 있기 때문이다. 그렇기 때문에 성범죄 처벌 생태계의 교란이 일어날 수밖에 없는 것이다.[36] 잘못된 법률체계를 법률의 해석으로 버티어 나가기에는 시민들의 부담이 너무 큰 상황이다.[37] 그러므로 성범죄 처벌 생태계를 교란하지 않는 최선의 방법은 입법자들이 성범죄 관련 법률을 제대로 정비하여 법학자들과 법실무자들, 무엇보다 시민들의 부담을 덜 수 있는 생태계를 조성해 주는 것이다.

[주 제 어]
강간죄, 강간죄의 성립범위, 강간죄의 폭행 및 협박, 강간죄의 실행의 착수, 성적 강요죄

[Key words]
rape, the scope of rape, the violence and threat of rape, the starting time of rape, sexual coercion

접수일자: 2018. 5. 11. 심사일자: 2018. 5. 31. 게재확정일자: 2018. 6. 5.

---

36) 필자는 본 논문의 주제와 유사한 문제로 이미 강제추행죄가 단순추행죄를 처벌하는 문제점에 대해 다루어 보았다. 그에 대해서는 이원상, "강제추행죄 적용범위에 대한 문제점 고찰", 단국대학교 법학논총 제40권 제1호, 2016 참조.

37) 경우에 따라서 시민들은 행위 당시에 자신의 행위가 성범죄가 될지, 그리고 어느 정도의 처벌을 받게 될지를 판단하기 쉽지 않다. 결국 법원의 최종 판단이 있고 나서야 자신의 행위가 범죄가 될 수 있다는 것을 알 수 있게 된다. 형법이 가지고 있는 일반예방기능이 제 역할을 수행할 수 없게 되는 것이다.

[참고문헌]

김성돈, 형법각론(제4판), SKKUP, 2016.

_____, "성폭력범죄의 행위유형에 대한 비판적 형법도그마틱", 성균관법학 제23권 제2호, 2011.

김슬기, "성폭력범죄의 행위태양에 관한 연구 ― 미국과의 비교를 중심으로", 형사법의 신동향 통권 제38호, 2013.

김용세, "성희롱의 개념과 구제 ― 성희롱과 강제추행의 한계", 법문화연구 소 새울법학 논문집 제3집, 1999.

김일수/서보학, 새로쓴 형법각론, 박영사, 2015.

김준호, "형법상 강제추행 개념의 해석 범위", 저스티스 통권 제153호, 2016.

김혁돈, "강제추행죄에 있어서의 강제추행의 개념", 형사법연구 제21권 제1 호, 2009.

김혜정, "성폭력범죄에 대한 대응의 재검토" 법학논총 제20권 제1호, 2013

박상기, 형법각론(제8판), 2011.

배종대, 형법각론(제10전정판), 홍문사, 2018.

손동권/김재윤, (새로운)형법각론, 율곡출판사, 2013.

선종수, "개정형법상 성폭력범죄에 대한 검토 ― 강간죄와 유사강간죄를 중 심으로", 동아법학 제62호, 2014.

신동운, 형법 제·개정 자료집, 한국형사정책연구원 연구총서, 2009.

안경옥, "실행의 착수 판단에 대한 검토", 형사판례연구 1월 발표 자료집, 2016.

_____, "'위력'에 의한 간음·추행죄의 판단기준 및 형법상 성범죄규정의 개선방안", 경희법학 제50권 제4호, 2015.

오영근, 형법각론(제3판), 박영사, 2014.

임웅, 형법각론(제5전정판), 법문사, 2013.

이경재, "강제추행죄를 둘러싼 몇 가지 문제점", 형사판례연구 제23권, 2015.

이수창, "성희롱 행위에 대한 형사법적 규제", 형사법의 신동향 통권 제44 호, 2014.

이왕연, "정조에 관한 죄", 원광법학 제3권, 1973.

이원상, "강제추행죄 적용범위에 대한 문제점 고찰", 단국대학교 법학논총
　　　제40권 제1호, 2016.

이정원, 형법각론, 새문사, 2012.

이재상, 형법각론(제9판), 박영사, 2013.

임정호, "유사강간죄에 관한 재검토 — 입법방식의 문제점을 중심으로", 서
　　　울법학 제21권 제3호, 2014.

조현욱, "기습추행의 의미와 그 판단기준", 일감법학 제33호, 2016.

_____, "강제추행죄의 구성요건 중 강제추행의 의미와 그 판단기준", 홍익
　　　법학 제14권 제1호, 2013.

정성근/박광민, 형법각론(제2판), 성균관대학 출판부, 2015.

한인섭, "성폭력의 법적 문제와 대책", 인간발달연구 제3권 제1호, 1996.

[Abstract]

A Study on the Problems of Rape in Application*

Lee, Won-Sang**

In a sex offender ecosystem, it is necessary to ensure that rape is applied only to violent breaches of at least sexual self-determination. However, it is doubtful that the Supreme Court may have too broad a range of rape cases in this case. On the contrary, The first and second trial courts seem to be wary of further rape charges. On the basis of this case, it is likely to be the type that corresponds to the sexual compel in the German criminal law. So it would be more appropriate to introduce and punish the sexual compel in legislation if consensus was formed on the need to punish people for forcing sexual behavior. That would also eliminate the need to stretch and punish rape charges.

The Supreme Court calls the degree of rape and intimidation the most serious offense and threat. But, it seems that the comprehensive judgment system applies the standards of violence and intimidation of consultation. However, such a comprehensive judgment does not provide a clear standard. Therefore, in this case, the Supreme Court made a different judgment from the first and second trials. However, the main reason why it is difficult to consistently punish sex crimes is because there is a big problem with the current sex criminal law system. As the wrong legal system is filled with diverse legal interpretations, the burden is entirely on citizens. Therefore, it is inevitable that there continue to be disturbance in the ecosystem of sex crimes. The preferred way to fix this mess is for lawmakers to fix the current sex crime system. And the court

* This study was supported by research fund from Chosun University, 2017.
** Associate Professor, College of Law, Chosun University, Ph.D.

should try to help citizens form a proper consciousness of norms on sex crimes through a consistent and clear application of the law.

소아과 의사의 진료행위와 아동·청소년성보호법상 추행행위 판단
— 대법원 2016. 12. 29. 선고 2015도624 판결; 서울고등법원 2014. 12. 19. 선고 2014노767 판결(아동·청소년의 성보호에 관한 법률위반: 위계등추행) —

김 한 균*

Ⅰ. 대상판결

1. 사안 개요

피고인은 소아과 병원에 근무하는 가정의학과 전문의로서, 2013년 4월 10일 두통, 기침 증상으로 방문하여 진료실 의자에 앉아 있던 14세 여성피해자 P를 진찰하면서 다리를 벌리고 진료의자를 움직여 피해자에게 다가와 피해자의 무릎에 피고인의 성기 부위와 밀착시키는 행위를 반복하였다.

같은 날 감기 증상으로 방문하여 교복치마를 입고 진료실 의자에 앉아 있던 14세 여성피해자 K를 진찰하면서 다리를 벌리고 피해자에게 다가와 피해자 무릎에 피고인의 성기를 밀착시키고, 이어서 복부 촉진이 필요함을 이유로 피해자를 진료 침대에 눕게 한 후 손으로 피

* 한국형사정책연구원 연구위원, 법학박사.

해자의 배꼽 주변을 누르다가 피해자의 팬티 안에 손을 넣어 음모가
난 부위를 만졌다.

　2013년 4월 22일 감기 증상으로 방문하여 교복치마를 입고 진료
실 의자에 앉아 있던 14세 여성피해자 H를 진찰하면서 자신이 양다리
를 벌려 피해자에게 다가가 허벅지와 성기 부위를 피해자의 무릎에
밀착시키는 행위를 반복하였다.

　피고인은 통상적인 진료행위를 벗어나 치료를 빙자하여 위계로써
아동인 피해자들을 추행하였다는 공소사실로 기소되었다.

　2. 제1심 판결(인천지방법원 2014. 2. 14. 선고 2013고합665 판결)**의
　　요지**

　(1) 제1심은 피해자 P, H에 대하여 피고인이 허벅지와 성기 부위
를 피해자들 무릎에 밀착시키는 행위를 반복한 사실은 인정되나, ①
피해자들 코 안이나 목 안을 들여다보는 행위는 피해자들이 말한 감
기 증상 경우 통상적으로 실시되는 진료행위에 속하며, ② 진료실에서
피고인이 사용하는 의자와 환자가 앉는 의자 모양과 구조, 보통 성인
남자보다 짧은 피고인의 신장과 팔 다리 길이에 비추어 볼 때 환자
정면에 앉아 진료행위를 하는 경우 <u>특별히 주의하지 않는다면 피고인
의 허벅지와 성기가 환자 무릎에 자연스럽게 닿을 수 있고, ③ 피해자
들이 수사과정에서 피고인의 허벅지와 성기가 자신의 무릎에 닿은 상
황에 관하여 명확히 추행을 당하였다고 느낀 것은 아니고 단지 불쾌감
을 느낀 정도였다는 취지로 진술한 점</u>을 종합하여 볼 때, ④ 그와 같
은 접촉은 피고인의 신체구조상 통상적인 진료과정에서 발생했다고
보이는 면이 있어, 진료범위를 넘어서는 추행행위에 해당하거나 진료
당시 추행 고의가 있었다고 보기 어려워 무죄로 판단하였다.

　(2) 그러나 제1심은 피해자 K에 대해서는 ① 피고인의 성기가 발

기된 채로 피해자의 무릎에 닿은 것으로 보이는 점, ② 피해자가 자신의 증상이 변비라고 명확히 말하는 상황에서 굳이 간이침대에 눕히고 복부 촉진이 필요하였는지 의문이 드는 점, ③ 필요하였다 하여도 변비증상을 호소하는 환자에게 행해지는 통상적인 복부 촉진 범위를 넘어선 것으로 보이는 점, ④ 복부촉진 이유를 설명하거나 양해를 구해 피해자를 배려하거나 안심시키려는 조치를 취하지 아니한 점, ⑤ 피해자가 아픈 부위가 아랫배 위쪽 부분이라고 말하였음에도 아무 설명 없이 재차 속옷 안쪽으로 손을 넣어 손바닥으로 누른 점을 종합하여 볼 때 피고인 행위는 추행에 해당하고 피고인에게 추행 고의가 인정된다고 보아 피고인에게 유죄를 선고하였다.

3. 항소심 판결(서울고등법원 2014. 12. 19. 선고 2014노767 판결) 의 요지

(1) 항소심은 환자 신체를 대상으로 하는 진료 및 치료과정에서 이루어진 의사 행위에 대해서는 그 행위가 환자의 인식 여하에 따라서 추행으로 오해되거나 비판받을 소지가 있을 수 있으므로, 그것이 치료와 무관하거나 치료 범위를 넘어 환자의 성적 자유를 침해하려는 의도하에 이루어진 추행행위로 평가할 수 있다는 점에 대하여 합리적 의심 여지가 없는 증명이 필요하고, 검사의 증명이 그 점에 관한 유죄 확신을 갖기에 충분한 정도에 이르지 못한 경우에는 비록 그 전체적인 치료과정에 다소 석연치 아니한 면이 있다 하더라도 피고인 이익으로 판단하여야 한다고 전제하였다.

(2) 항소심은 피해자 P, H의 경우 성적 자기결정권을 침해하는 추행에 해당한다거나 피고인이 추행행위를 하였음이 합리적 의심 여지 없이 증명되었다고 보기 어려워 제1심 무죄판단을 인정하였다.

① 본 사건 진료실 문 앞 통로는 평소 사람 왕래가 잦은 곳이며,

진료실에 외부 통로로 통하는 창문이 나 있어 통로를 지나다니는 사람은 쉽게 진료실 안 상황을 들여다 볼 수 있다. 따라서 피해자들이 항의하거나 문제 삼으면 즉시 발각될 수 있는 <u>개방된 환경에서 이루어진 피고인 행위에 대해 피해자들이 피해 당시나 그 직후 외부로 불쾌감을 드러내지는 않았으므로 추행행위가 아닐 가능성</u>이 뒷받침되며, ② 피해자 K는 자신 무릎에 딱딱하고 뜨거운 것이 닿는 것을 느꼈다고 하여 피고인의 발기된 성기가 무릎에 닿았다는 취지로 진술하나 피고인은 당시 두꺼운 청바지를 입고 있었으므로 피해자의 느낌이 객관적이고 정확한 것이라고 단정하기 어렵다. 따라서 피해자 P, S의 진술은 <u>주관적인 느낌 및 추측에 불과한 것으로 객관적 사실관계에 관한 정확한 묘사가 아니었을 가능성</u>이 크며, ③ 복부 촉진에 대한 피해자 진술이 경찰 수사과정, 검찰 조사과정에서 제1심, 항소심에 이르면서 <u>점점 묘사가 풍부해지고 단정하는 듯한 방향으로 미묘하게 변화하였다. 따라서 피해자 진술의 신빙성에 대한 합리적 의심 여지를 배제하기 어렵고,</u> ④ 전문심리위원은 당시 피해자 증상을 고려할 때 치골접합부위를 포함한 하복부 촉진의 필요성이 있었던 것으로 보인다는 소견을 밝혔으며, ⑤ 진료 경험이 많지 않았던 피고인이 <u>감수성이 예민한 시기 피해자들과 신체 접촉을 조심하기보다는 진료행위에 충실하여 오해를 샀을 가능성</u>이 있다고 보았다. 그 결과 검사가 제출한 증거들만으로는 피고인 행위가 추행에 해당한다거나 피고인에게 추행 범의가 있었음이 합리적 의심 여지없이 증명되었다고 보기 어렵다는 점을 근거로 피고인에게 무죄를 선고하였다.

4. 대법원 판결(대법원 2016. 12. 29. 선고 2015도624 판결)**의 요지**

대법원은 진료과정에서 환자의 성적 자유를 침해하려는 의도에서 이루어진 추행행위로 평가하기 위해서는 합리적 의심 여지없는 증명이 필요하며, 검사의 증명이 그 점에 관한 유죄 확신을 갖기에 충분한

정도에 이르지 못한 경우라면, 전체 치료과정에 다소 석연치 아니한
면이 있다하더라도 피고인 이익으로 판단하여야 한다는 종례 입장[1]을
유지하였다.

즉 본 사안에서 검사가 제출한 증거만으로는 피해자에 대한 진료
과정에서 이루어진 피고인 행위가 피해자의 성적 자기결정권을 침해
하는 추행에 해당한다거나 피고인 행위가 추행 범의로 이루어졌음이
합리적 의심 여지없이 증명되었다고 보기 어려우므로, 항소심 무죄선
고는 정당하고, 상고이유 주장과 같이 논리법칙과 경험법칙을 위반하
여 자유심증주의 한계를 벗어나거나 추행에 관한 법리를 오해하는 잘
못이 없다고 판단하였다.

Ⅱ. 위계에 의한 아동·청소년 추행

현행 아동·청소년의 성보호에 관한 법률(이하 '아동·청소년성보호
법'이라 한다) 제7조 제5항은 위계 등으로 아동·청소년을 추행한 자를
아동·청소년 강제추행죄(동조 제3항)의 예에 따라 처벌하며, '아동·청
소년대상 성폭력범죄'(동법 제2조 제3호)로서 신상정보 공개 및 고지(동
법 제49조 내지 제50조)명령의 대상이 될 수 있고, 아동·청소년 관련기
관 취업제한 대상(동법 제56조)[2]이 된다.

---

1) 대법원 2011. 4. 28. 선고 2010도14487 판결.
2) 헌법재판소는 취업제한제도가 성범죄 전력자 중 재범의 위험성이 없는 사람
   이나 성범죄 전력이 있지만 10년의 기간 안에 재범의 위험성이 없어질 수 있
   는 사람 또는 범행 정도가 가볍고 재범의 위험성이 상대적으로 크지 않은 사
   람에게까지 일률적으로 10년 동안 취업을 제한하는 것은 과잉금지원칙을 위
   반하여 직업선택의 자유를 침해하므로 헌법에 위반된다고 판단하였다(헌법재
   판소 2016. 3. 31. 선고 2013헌마585 결정). 이에 따라 2018년 1월 16일 개정 아
   동·청소년성보호법(법률 제15352호) 제56조 제1항은 법원이 아동·청소년대상
   성범죄 또는 성인대상 성범죄로 형 또는 치료감호를 선고하면서 이와 동시에
   아동·청소년 관련기관 등에의 취업제한 명령을 선고하도록 하되, 그 기간을
   차등하여 정하도록 하였다.

1. 아동ㆍ청소년성보호법상 추행죄

추행은 객관적으로 일반인에게 성적 수치심이나 혐오감을 일으키게 하고 선량한 성적 도덕관념에 반하는 행위로서 피해자의 성적 자유를 침해하는 행위다. 추행 여부는 피해자 의사, 성별, 연령, 행위자와 피해자의 종전 관계, 그 행위에 이르게 된 경위, 구체적 행위태양, 주위의 객관적 상황과 그 시대 성적 도덕관념 등을 종합적으로 고려하여 신중히 결정되어야 한다.3)

아동ㆍ청소년성보호법상 추행죄 성립에 필요한 주관적 구성요건요소는 고의만으로 충분하다. 그 외에 성욕을 만족시키려는 주관적 동기나 목적까지 있어야 하는 것은 아니다.4) 판례에 따르면, 예컨대 피고인이 비록 교무실이나 교실 등 개방된 공간에서 학생들과 친밀감을 높이려는 의도로 허리 부위를 안거나 손을 잡고 만지작거리고 손등을 쓰다듬는 행위를 했다고 주장하더라도 이러한 행위가 객관적으로 친분관계를 쌓기 위한 행위로 보기 어렵고 일반인에게 성적 수치심이나 혐오감을 일으키게 하는 등 성적 자유를 침해하는 것으로 평가할 수 있다.5) 또한 정서적으로 민감한 만 15~16세 피해자들이 별다른 거부감 없이 자연스럽게 피고인과 신체적 접촉을 할 정도 사이라고 보이지 않는데다, 싫다는 의사를 표시하는 학생에게 재차 손을 달라고 한 정황 등을 살펴볼 때 추행 고의도 충분히 인정된다.6)

2. 아동ㆍ청소년대상 위계 추행죄

위계에 의한 간음죄에서 위계는 간음 목적으로 피해자인 상대방에게 오인, 착각, 부지를 일으키게 하고 이와 같은 상대방의 비정상적인 심적 상태를 이용하여 간음 목적을 달성하는 행위를 뜻한다.7) 종

---

3) 대법원 2002. 4. 26. 선고 2001도2417 판결.
4) 대법원 2017. 7. 18. 선고 2017도3390 판결.
5) 같은 판결.
6) 같은 판결.
7) 대법원 2001. 12. 24. 선고 2001도5074 판결.

례 판례상 위계 개념은 위계업무방해죄처럼 위계가 개입된 일반범죄에서 확립된 개념을 그대로 차용해 왔다.[8]

아동·청소년성보호법상 아동·청소년 위계추행죄는 성인에 비하여 사리분별력이 부족하여 쉽게 오인, 착각, 부지를 일으킬 수 있는 아동·청소년의 성을 보호하려는 취지다.[9] 이러한 취지를 고려하면 아동·청소년대상 위계 추행죄에서 위계는 의사결정의 자유를 침해하는 수단으로서 가해자 의도 또는 객관적 상황에 관한 속임수를 통해 목적한 바를 달성하는 것으로 해석할 수 있다.[10]

그렇다면 본 사안에서 위계에 의한 아동청소년 추행 성립여부를 판단하기 위해서는 상대방 아동·청소년에게 진료행위로 오인, 착각, 부지를 일으키게 하고 이를 이용하여 주관적 동기와 무관하게 피해 아동·청소년을 추행하려는 목적, 그리고 상대방에게 성적 수치심을 줌으로써 성적 자유를 침해한 결과가 인정되어야 한다.

Ⅲ. 아동·청소년의 성적 수치심, 성적 자유와 성적 자기결정권

현행 아동·청소년성보호법이 아동·청소년 위계추행죄를 규정한 취지는 성인에 비해 성적 자기결정권 행사에 제약이 있는 약자 보호의 관점에서 아동을 중하게 보호하고자 하는 것이다. 아동·청소년은 성적 자기결정의 완전한 주체가 아니어서 13세 미만자는 절대적으로 보호하고, 그 이상의 아동·청소년의 경우 상대적으로 보호한다.[11]

---

8) 이덕인, "위계에 의한 아동·청소년 간음죄에서의 위계의 의미", 형사법연구 28(4), 한국형사법학회, 2016, 265면.
9) 같은 논문, 265면.
10) 같은 논문, 268면.
11) 김한균, "형법상 의제강간죄의 연령기준과 아동청소년의 성보호," 형사법연구 25(1), 2013, 105면.

1. 아동 · 청소년 관점의 고려

판례상 추행의 개념은 일반인 · 평균인의 객관적 관점에서 성적 수치심을 유발하는 행위, 선량한 성적 도덕관념에 반하는 행위, 그리고 피해자의 성적 자유를 침해하는 행위다. 피해자의 성적 자유 침해 여부는 피해자의 의사, 성별, 연령, 주위의 객관적 상황 등을 종합적으로 고려해 판단해야 하므로, 아동 · 청소년의 성적 수치심, 성적 자유 또는 성적 자기결정권은 일반 · 평균 성인 관점 뿐만 아니라 아동 · 청소년 일반의 관점,¹²⁾ 의사, 성별, 연령, 그리고 정황을 특별히 고려하여 판단할 것이다. 일반 성인관점을 적용해 판단하거나, 아동 · 청소년의 특별한 피해경험과 진술수준 내지 방식에 대한 이해가 없다면 아동 · 청소년의 성적 자유 내지 성적 자기결정권의 특별한 보호를 위한 입법의 취지¹³⁾를 실현할 수 없을 것이기 때문이다.

하지만 현행법이나 판례에서 성폭력범죄와 범죄피해 맥락에서 성적 수치심, 성적 자유의 내용에 대한 적극적 정의는 찾기 어렵다. 단지 성적 수치심을 일으키게 하고 선량한 성적 도덕관념에 반하는 행위여서 결과적으로 성적 자유가 침해되었다는 것이다. 또는 타인의 신체를 그 의사에 반하여 촬영하는 행위를 처벌하는 이유는 인격체인 피해자의 성적 자유를 보호하기 위함이라는 것이다. 또는 피해자의 성적 자유의사를 제압하기에 충분한 세력을 행사하여 피해자를 간음하였다는 것이다.

생각건대, 형법이 보호하는 성적 자유는 성행위의 적극적 자유일 리 없고, 다만 성적 수치심을 겪지 않거나 성적 자유의사를 강제력으로 침해당하지 않을 소극적 자유를 의미하는 것으로 보인다. 그런 의

---

12) "추행이란 … 객관적으로 상대방과 같은 처지에 있는 일반적 · 평균적인 사람으로 하여금 성적 수치심이나 혐오감을 일으키게 하고 선량한 성적 도덕관념에 반하는 행위로서 피해자의 성적 자유를 침해하는 것을 의미한다"(인천지방법원 부천지원 2017. 1. 13. 선고 2016고합156 판결: 13세 미만 미성년자 강제추행).

13) 같은 논문, 106면.

미에서의 성적 자유는 성인일반에 비해서 아동·청소년의 경우 더 중
하게 보호되어야 함은 물론이다. 다시 말해서 아동·청소년이 비록
성적 자유에 대한 이해수준은 성인에 비해 낮을 수 있을지라도 성적
수치심 피해의 인정여부는 성인의 피해에 비해 오히려 더 중요할 수
있다.[14]

2. 성적 자기결정권과 의사결정능력

한편 민사판례에서 성적 자기결정권은 스스로 선택한 인생관 등
을 기초로 각자가 독자적으로 성적 가치관을 확립하고, 이를 바탕으로
자기 스스로 내린 결정에 따라 자기 책임 아래 상대방을 선택하고 성
관계를 가질 권리를 의미한다.[15] 반면 형사판례상 성적 자기결정권 또
는 성적 자기결정능력 개념은 대부분 장애인간음, 준강간 사안에서 의
사결정능력과 별 구별 없이 다루어지는 것으로 보인다.

예컨대 "정신분열증으로 인해 성적 자기결정의사를 상실한 피해
자",[16] "피해자가 성적 자기결정능력이 현저히 떨어지는 점을 이용하
여",[17] "정신적 장애로 사물을 변별하거나 의사를 결정할 능력이 미약
하여 성적 자기결정권이 없는 장애인인 피해자를"[18]과 같은 경우다.
"피해자가 나이가 어리고 성적 자기결정능력이 없어"[19]의 경우도 있
고, 심지어 "지속적으로 성폭행을 당하여 성적 자기결정권을 행사하는
것이 미약한 자이고"[20]의 경우도 있다. 아동·청소년에 대해서는 성

---

14) "아동·청소년에 대한 성폭력은 왜곡되지 아니한 성의식에 기초한 성적자기결
정권의 형성에 매우 부정적인 영향을 미칠 수 있어 엄정한 처벌과 예방이 필
요"(부산고등법원 창원지원 2015. 11. 25. 선고 2015노320 판결)하기 때문이다.
15) 부산고법 2015. 7. 16. 선고 2014나52674, 52681 판결: 성적 자기결정권 침해를
이유로 한 불법행위에 기한 손해배상청구.
16) 대전지방법원 서산지원 2002. 8. 8. 선고 2002고합39 판결.
17) 서울남부지방법원 2012. 9. 14. 선고 2012고합519 판결: 장애인준강간.
18) 대구지방법원 서부지원 2015. 10. 8. 선고 2015고합115 판결: 장애인위계간음.
19) 서울북부지방법원 2016. 1. 29. 선고 2015고합292 판결: 13세미만미성년자강제
추행.
20) 수원지방법원 2014. 3. 25. 선고 2013고합747 판결: 장애인준강간.

적 자기결정의 권리나 의사결정능력 인정문제보다는 성적 자기결정
권을 성숙하게 행사할 능력을 형성해 나갈 시기에 파괴적 영향을 미
칠 수 있는 성폭력으로부터 적극 보호한다는 의미21)가 강조되어야
할 것이다.22)

Ⅳ. 진료행위와 추행

진료행위는 의료인이 환자를 상대로 진찰, 검사, 치료를 하는 행
위다. 물론 진료과정의 성폭력은 이미 진료행위의 한계를 벗어난 불법
이므로 진료행위의 범위를 벗어난다.23) 본 사안 검사의 항소이유의 하
나는 "통상적인 진료행위를 벗어난 추행행위에 해당함에도 원심이 사
실을 오인하고 추행에 관한 법리를 오해하였다"는 것이다.

1. 진료행위와 성적 수치심 유발행위

현행법상 의료인의 성범죄를 구별하여 처벌하는 규정은 없다. 판
례 또한 의료인 성범죄 판단 기준과 근거를 별도로 제시하고 있지 아
니하다.24) 의료법 또는 의료기사법상 진료과정의 성폭력이나 성희롱
은 결격사유, 면허취소, 자격정지사유로 명시되어 있지 아니하다. 다만
의료법 시행령 제32조 제1항이 규정하는 의료인 품위손상행위의 하나
로서 비도덕적 진료행위, 또는 의료기사법 시행령 제13조의 윤리적으
로 허용되지 아니하는 방법으로 업무를 하는 행위에 해당된다고 볼
수 있다. 품위손상행위 또는 비윤리적 행위가 인정될 경우 행정처분인
자격정지처분의 대상이다.25) 진료과정에서의 성폭력은 진료행위가 아

21) 부산고등법원 창원지법 2015. 11. 25. 선고 2015노320 판결.
22) 김한균, 앞의 논문, 122면.
23) 차혜령 외, "진료과정의 성희롱 예방기준 실태조사", 국가인권위원회, 2013, 21면.
24) 전병주, "의료인 성범죄 사건에 관한 판례 고찰", 한국콘텐츠학회논문지 17(8), 2017, 616면.
25) 같은 논문, 611면.

니며, 비도덕적 비윤리적 행위도 아니거니와 범죄행위임은 물론이다.

한편 대한의사협회의 2001년 의사윤리지침 제16조 제3항은 '의사는 의료행위와 관련하여 환자에게 <u>성적 수치심을 불러일으키는 행위</u>를 하여서는 아니 된다'고 규정한 바 있다. 그러나 2006년 전면개정 이후 해당 규정은 삭제되었다.26) 다만 2006년 대한의사협회 '개원의를 위한 의료윤리 사례집'은 주의사항을 명시하였다. 즉 예민한 부위를 진찰하는 경우 그 이유와 필요성을 설명하고 환자 동의를 받아야 한다. 성기 등 부위를 진찰할 때는 제3자 입회하에 시행해야 한다. 환자의 몸이 노출될 우려가 있을 때 차단막을 사용하여 필요 인력 외에는 지켜보지 않도록 한다.27)

2. 진료범위와 추행여부 판단

본 사안 제1심은 세 가지 근거에서 피해자 P, H의 경우 진료 범위를 넘어서는 추행행위에 의한 피해에 해당한다고 보기 어렵다고 판단하였다. 첫째, "보통 성인남자보다 짧은 피고인 신장과 팔 다리 길이에 비추어 피고인이 특별히 주의하지 않는다면 피고인 허벅지와 성기가 환자의 무릎에 자연스럽게 닿을 수 있다."

둘째, "피해자들이 수사과정에서 피고인 허벅지와 성기가 자신의 무릎에 닿은 상황에 관하여 <u>명확히 추행을 당하였다고 느낀 것은 아니고 단지 불쾌감을 느낀 정도였다는</u> 취지로 진술하였다."

셋째, "진료과정에서 피해자들이 창피함과 불쾌감을 느꼈다고 보이지만, 그와 같은 접촉은 피고인 신체구조상 통상적인 진료과정에서 발생할 수 있다고 보이는 면이 있다."

항소심 역시 이러한 논거를 인정하고 피해자들의 성적 자기결정권을 침해하는 추행에 해당하거나, 피고인이 추행 범의로 행위를 하였음이 합리적 의심의 여지없이 증명되었다고 보기 어렵다고 보았다.

---

26) 차혜령 외, 앞의 보고서, 24면.
27) 같은 보고서, 24면.

　따라서 법원 판단은 세 가지로 풀이할 수 있다. 첫째, 진료과정에서 허벅지와 성기를 환자 신체에 접촉하는 행위를 통상적인 진료행위 범위로 볼 것은 아니지만 피고인 신체구조상 진료과정에서 접촉을 피할 수 없었던 사실이 인정된다.

　둘째, 피고인은 그러한 접촉행위가 아동·청소년인 상대방에게 창피함이나 불쾌감을 줄 수 있다는 사실에 특별히 주의를 하지 아니한 윤리적 문제는 있으나 추행 범의까지는 인정되지 않는다.

　셋째, 피해자들의 창피함이나 불쾌함의 정도는 진료과정에서 발생할 수도 있는 일로서 진료행위 범위에 속하는데 비해, 피해자들이 명확히 성적 수치심을 느낀다면 진료행위 범위를 넘어 추행행위가 될 수 있다.

　살피건대, 제1심 법원이 본 사안 신체접촉 행위에 대하여 통상적인 진료행위 범위에 속하는지, 또는 추행행위인지를 분별하기보다는, 피고인 신체구조를 논거로 삼은 점은 의문이다. 감기증세를 호소하는 환자 체온 측정이나 코, 목 안을 들여다보는 행위는 진료행위 범위에 속하는데, 그러한 진료행위를 행함에 있어서 신체구조상 불가피한 신체접촉이 발생하였으니 진료행위 범위를 벗어나지 않았다는 논리다. 신체구조 문제라 한다면 피고인 본인이 가장 잘 알 것이며 그 결과 환자 신체에 자신의 무릎과 성기가 닿는 상황 또한 잘 알 것임에도, 체온 측정이나 코, 목 안을 들여다보는 진료를 위하여 반복적으로 본인 허벅지, 성기와 10대 소녀인 환자들 무릎간 접촉을 피하지 아니한 행위를, 피할 수 없는 단순한 부주의로 보면서 환자의 연령과 진료행위에 대한 부지를 이용한 추행 고의는 단정하기 어렵다는 판단 또한 의문이다.

　나아가 피고인에게는 신체구조상 '자연스럽게' 닿을 수 있는 형편이 있다 하여도, 교복치마를 입은 채 진료의자에 앉은 10대 소녀인 피해자들 입장에서는 전혀 자연스럽지 아니한 창피함과 불쾌감이 초래되었다는 사실을 인정하였음에도, 또한 명확한 추행과 단순한 불쾌감을 분명히 구분하여 진술하는 일은 성인 피해자에게도 기대하기 어려울 수 있는데도 불구하고, 수사과정에서 "명확히 추행을 당하였다고 느낀 것이 아니라 단지 불쾌감을 느낀 정도였다는 취지로" 진술하였다는 점만으로 아동 피해자들의 성적 수치심 피해경험을 부인하는 판단 역시 의문이다.

다만, 본 사안 제1심은 피해자 K에 대해서는 세 가지 점에서 피해자 진술의 신빙성을 인정하고 위계추행의 유죄를 인정하였다. 첫째, "피고인의 성기가 발기한 채로 피해자의 무릎에 닿은 것으로 보인다."

둘째, "변비 증상을 호소하는 여성환자들에게 행해지는 통상의 복부촉진방법을 넘어선다."

셋째, "피해자에게 복부촉진을 해야 하는 이유를 설명하거나, 피해자를 배려하거나 안심시키려는 조치를 취하지 아니하였으며, 피해자가 아픈 부위가 아랫배 위쪽 부분이라고 말하였음에도 아무런 설명 없이 재차 팬티 안쪽으로 손을 넣어 손바닥으로 눌렀다."

3. 피해자 진술에 대한 판단

그러나 항소심은 본 사안 피고인의 성기가 피해자들의 무릎에 닿았다는 피해자들 진술에 대해 달리 평가하였다. 첫째 "피해자 K는 피고인이 다리를 벌리고 다가와 딱딱하고 뜨거운 것이 무릎에 닿는 것을 느꼈다고 하며 피고인의 발기된 성기가 무릎에 닿았다는 취지로 진술하였으나 당시 <u>피고인이 어느 정도 두께감이 있는 청바지를 입고 있었던 점을 고려하면 피해자의 느낌이 객관적이고 정확한 것이라고 단정하기 어렵다.</u>"

둘째, "피해자 H는 무릎에 닿은 부위가 어떻게 피고인의 성기인 것을 알았냐는 질문에 대하여 피고인이 다리를 벌린 상태에서 허벅지 안에 무릎이 닿아서 그 부위가 성기라고 생각했다고 진술하였다." "피해자 P도 같은 질문에 무릎에 닿은 부위가 피고인의 사타구니 가운데

였기 때문에 성기가 닿은 것으로 생각했다고 진술하였다" 이에 비추어 볼 때 "피해자들의 주관적 느낌 및 추측에 불과한 것으로 객관적 사실관계에 관한 정확한 묘사는 아니었을 가능성이 크다."

또한 항소심은 피해자 K에 대한 제1심의 판단과 달리, 세 가지 이유를 들어 추행행위로 평가할 수 없고, 추행의 범의가 있었다고 보지 않았다. 첫째, "피해자들이 항의하거나 문제 삼으면 즉시 발각될 수 있는 개방된 환경의 진료실에서 이루어진 피고인의 행위에 대해 피해자들이 피해 당시나 그 직후 외부로 불쾌감을 드러내지는 않았다는 것은 피고인의 행위가 추행행위에 해당하지 않았을 가능성을 뒷받침한다."

둘째, "피해자 K는 피고인이 복부를 촉진하던 중 피해자의 음모가 난 부위를 만졌다는 점에 관하여 경찰조사과정에서는 음모가 난 근처까지는 닿은 것 같은 느낌이었다라고 진술하였다가, 검찰조사과정에서는 느낌상 손의 절반 정도가 속으로 들어간 것 같다고 진술하였으며, 제1심 법정에서는 피고인의 손가락은 속옷 속으로 더 깊이 들어왔고 이는 추측에 의한 것이 아니라 직접 봤다는 취지로 진술하였다." "진술이 수사과정에서 제1심 법정에 이르는 동안 갈수록 묘사가 풍부해지고 피고인이 음모가 난 부위를 만졌다고 단정하는 듯한 방향으로 미묘하게 변화하는 점에 비추어 보면 피해자의 진술은 그 정확성 내지 신빙성 측면에서 합리적 의심의 여지를 배제하기 어렵다."

셋째, 전문심리위원은 진료방법으로 복부촉진이 절대로 필요하며, 복부촉진 방법은 손으로 복부를 만지면서 만졌을 때 통증이 있는지 진찰하는 것인바, 하복부 진찰을 위해서는 당연히 치골접합부위도 촉진대상이 된다는 소견을 밝혔다.

기본적으로 항소심은 "환자의 신체를 대상으로 하는 진료 및 치료과정에서 이루어진 의사의 행위에 대해서는 환자의 인식에 따라서 추행으로 오해받을 소지가 있을 수 있으므로, 치료의 범위를 넘어 환자의 성적 자유를 침해하려는 의도로 이루어진 추행행위로 평가하려면 합리적 의심의 여지없는 증명이 필요하고, 검사의 입증이 그 점에 관한 유죄 확신을 갖기에 충분한 정도에 이르지 못한 경우에는 비록 그 전체적인 치료과정에 다소 석연치 아니한 면이 있다 하더라도 피고인의 이익으로 판단하여야 할 것"이라 판단하였다.

이는 형사재판에서 범죄사실의 인정은 법관으로 하여금 합리적인 의심을 할 여지가 없을 정도의 확신을 가지게 하는 증명력을 가진 엄격한 증거에 의하여야 하므로, 검사의 입증이 이와 같은 확신을 가지게 하는 정도에 충분히 이르지 못한 경우에는 비록 피고인의 주장이나 변명이 모순되거나 석연치 않은 면이 있는 등 유죄의 의심이 간다고 하더라도 피고인의 이익으로 판단하여야 한다[28]는 종래 대법원 판례를 따른 것이다.

생각건대, 본 사안에서 항소심이 제1심과 달리 진료를 위한 특정 행위 필요성 여부에 초점을 맞춘데 대해서는 비판의 소지가 있다. 진료과정에서 신체접촉을 피할 수 없는 상황이라면, 환자의 불쾌감을 줄이거나 없애기 위한 노력을 충실히 해야 할 책임이 의료인에게 있기 때문이다. 따라서 예측가능한 수치심이나 불쾌감을 줄이기 위한 조치 여부가 문제가 되어야 하는데,[29] 더구나 본 사안 10대 소녀인 피해자들에게 설명을 하거나 동의 여부를 묻지 아니하였고, 추행으로 오해받을 소지도 고려치 아니하였다는 점을 살폈어야 한다.

무엇보다도 법원은 치료과정의 석연치 아니한 면이나 피고인의 주장의 모순 내지 석연치 않은 면에도 불구하고 피고인의 이익으로 무죄판단에 이르렀다기보다는, 피해자 진술의 모순 내지 석연치 아니한 면을 근거로 피고인의 이익으로 판단한 것으로 보인다. 본 사안 법원의 합리적 의심의 여지없는 증명과 피해자 진술 신빙성에 대한 판단에서 석연치 아니한 점을 다음과 같이 살펴본다.

---

28) 대법원 2011. 4. 28. 선고 2010도14487 판결: 뇌물수수.
29) 조윤미, "억울한 의사와 상처받은 환자, 성추행 근본대책 마련해야", 청년의사 신문, 2015년 10월 19일자.

V. 성폭력 피해아동 진술의 신빙성

법원은 피해자 진술의 신빙성 유무를 판단함에 있어서 진술내용 자체의 합리성, 논리성, 모순 또는 경험칙 부합 여부나 물증 또는 제3자 진술과의 부합여부 등은 물론, 공개된 법정에서 진술에 임하고 있는 증인의 모습이나 태도, 진술의 뉘앙스 등 여러 사정을 직접 관찰함으로써 얻게 된 심증까지 모두 고려하여 신빙성 유무를 평가한다. 피해자를 비롯한 증인의 진술이 대체로 일관되고 공소사실에 부합하는 경우에는 객관적으로 보아 도저히 신빙성이 없다고 볼 만한 별도의 신빙성 있는 자료가 없는 한 이를 함부로 배척하여서는 안 된다.30)

다만, 아동이 진술 및 증언하는 경우 진술의 요소인 지각, 기억, 표현 능력이 충분히 발달되지 않았다는 특성을 고려해야 한다. 기억 상실과 왜곡이 성인에 비해 빠르고, 외부 유도와 암시에 의한 기억내용 왜곡 현상, 어휘구사 및 표현능력 부족, 경험사실과 상상한 사실간 혼동, 허위진술에 대한 억제동기 부족 등의 특성도 있다. 따라서 아동피해자는 경험한 사실을 정확하게 진술하지 않을 수 있고 기억을 못하다가 조사자의 구체적 질문을 받고 나서야 기억을 회상하여 진술하는 경우도 있다.31)

이에 따라 성폭력 피해아동 증언에 관한 대법원 판례는 신빙성 판단요소로 아동의 연령, 가해자를 지목하게 된 경위, 성인들의 추측에 유도되어 진술하였는지 여부, 사건이 발생한 이후 첫 진술 사이에 시간적 간격이 있었는지 여부, 질문사항을 뛰어넘는 경험에 따른 진술이 있는지 여부, 반복적 신문 등으로 특정 답변을 유도하여 아동의 기억에 변형을 가져올 여지는 없었는지 여부 등을 제시한다.32)

---

30) 대법원 2012. 6. 28. 선고 2012도2631 판결.

31) 원혜욱, "대법원 판례를 통해 본 성폭력 피해아동 증언의 인정여부", 피해자학연구 15(2), 한국피해자학회, 2007, 246~247면; 권창국, "성폭력범죄 피해아동 진술의 신뢰성 판단과 피고인의 반대신문권", 형사정책 21(2), 한국형사정책학회, 2009, 71면.

32) 원혜욱, 앞의 논문, 252면; 권순민, "형사절차에서 아동의 증언능력과 신빙성 판단에 대한 연구", 형사정책연구 23(4), 한국형사정책연구원, 2012, 135~136면.

한편 북미와 서유럽 법원에서 증거로 인정되는 성폭력피해아동 진술타당도 평가(Statement Validity Assessment)에 따르면, 아동이 사용한 언어와 지식이 그 또래 일반적 수준에 적합한지 여부, 아동이 사건을 보고한 동기가 의심스러운지 여부, 처음 사건을 폭로한 상황이 부자연스러운지 여부, 다른 사람의 암시, 압력에 의해 허위 또는 과장진술을 할 가능성 여부, 아동이 묘사한 사건이 비현실적인지 여부, 다른 사람의 진술이나 아동의 이전 진술과 불일치하는지 여부 등이 타당도 평가준거로 제시된다.33)

1. 피해자의 느낌이 객관적이고 정확한 것이라 단정하기 어렵다는 판단

본 사안에서 법원은 피해아동의 피해경험 진술에 대해 피해자의 추측이나 주관적 판단에 지나지 아니한다고 판단한다. 아동·청소년이 자신의 피해경험을 성적 수치심에 해당하는 피해로 인정받으려면 성폭력 피해아동 진술특성과 양상에 대한 수사기관과 법원의 구별된 이해가 필요하다.34)

성폭력피해아동은 자신의 피해에 대한 추상적 질문에 스스로 사건의 실체를 기억해 내어 정확하게 표현하기 어렵다. 구체적인 내용의 질문을 받고서야 기억을 회복시켜 진술할 수 있는 성향이 있다. 그러나 성인조차도 심리적으로 스트레스가 유발되는 경험에 대해서는 정확하고 구체적인 회상이 어렵다.35) 어떤 아동은 피해의 명백한 증거가 있는데도 진술을 회피하거나 피해를 부인하고, 어떤 아동은 증거는 부재하나 진술을 매우 구체적이고 일관되게 하는 등 다양한 양상을 보인다. 상상력이 풍부한 아동은 사건의 시각화를 더 잘하고 실제 사건

---

33) 조은경, "성폭력피해아동 진술신빙성 평가의 한계와 전망", 피해자학연구18(2), 한국피해자학회, 2010, 48, 51~52면.
34) 권순민, 앞의 논문, 124~125면.
35) 원혜욱, 앞의 논문, 247, 253면; 이승진, "진술 조사 맥락에서 아동 기억에 대한 발달심리학적 고찰", 한국심리학회지 26(2), 한국심리학회, 2013, 30면.

과 유사한 시각적 이미지를 더 잘 창조하여 실제 사건과 상상속의 사건을 잘 구별하지 못하는 경우도 있다. 실제 아동이 경험하는 성폭력 사건의 복합적 특성과 장기간 수사와 재판과정을 고려할 때 아동 기억은 일반적 기대보다 신빙성이 낮을 수 있다. 따라서 아동 진술을 근거로 범죄와 피해사실을 입증하는 것은 매우 어려운 과제가 아닐 수 없다.[36)]

게다가, 아동 증언의 신뢰성 문제에 대해서는 의견들이 상반된다.[37)] 경험적 조사에 따르면 반복적으로 경험하지 않은 일회성 사건이라도 아동에게 개인적으로 특별한 의미가 있거나 비일상적인 사건들은 오랜 기간동안 비교적 정확히 기억하는 것으로 나타난다. 성인은 자신의 선지식에 기초하여 증언함으로써 더 많은 오류 가능성이 있는데, 아동은 그런 지식을 갖고 있지 않기 때문에 오히려 증언의 오류가 적을 수 있다. 유아도 성인 못지 않게 사건에 대해 신뢰성 있는 증언을 할 수 있다는 조사결과도 있다.[38)] 뿐만 아니라 일반적으로 아동은 거짓말을 할 때보다 진실을 말할 때 진술하는 대상에 대해 구체적이고 자세한 세부묘사가 가능해 진다.[39)] 또한 아동의 언어표현의 미숙함은 회상능력과는 무관하다. 언어능력의 미숙함이 증언의 신빙성을 배척할 근거는 되지 못한다.[40)]

본 사안 항소심은 피해아동들이 피고인의 성기가 무릎에 닿는 것을 느꼈다는 진술에 대해 "객관적이고 정확한 것이라 단정하기 어렵고", "주관적인 느낌 및 추측에 불과한 것으로 객관적 사실관계에 관

---

36) 김태경/이영호, "성폭력 피해 아동의 진술양상", 한국심리학회지 29(1), 한국심리학회, 2010, 302면; 곽금주/이승진, "아동 증언에 영향을 주는 요인들", 한국심리학회지 25(2), 한국심리학회, 2006, 19면; 이승진, 앞의 논문, 30면.

37) 곽금주/이승진, 앞의 논문, 15면.

38) 곽금주/이승진, 앞의 논문, 16면; 박지선/강상훈, "성범죄 피해 아동의 기억력 및 증언능력에 대한 일반인들의 인식", 피해자학연구 21(1), 한국피해자학회, 2013, 165면; 이승진, 앞의 논문, 26면.

39) 박지선/강상훈, 앞의 논문, 169면.

40) 권순민, 앞의 논문, 143면.

한 정확한 묘사는 아니었을 가능성이 크다"고 판단하였다.

첫째, 피고인이 "어느 정도 두께감이 있는 청바지"를 입었으니 성기를 피해자의 무릎에 닿게 하였는지 피해자는 객관적이고 정확한 느낌을 가질 수 없었다는 것이다. 반면 같은 법원은 전문심리위원에게 복부촉진의 필요성과 하복부 진찰을 위해 치골접합부위도 촉진대상이 된다는 소견을 수용하면서, 객관적이고 정확한 하복부 촉진을 위해 두께감이 거의 없는데도 속옷 안에 까지 손을 집어넣을 필요가 있었는지는 따져보지 아니하였다. 피해자의 입장에서 볼 때 가해자가 착용한 청바지의 두께감은 피해자가 그 청바지 안쪽에 무엇이 있는지 객관적으로 인식하기 어려운 정도라 판단하였는데 비해, 가해자의 입장에서 볼 때 피해자가 착용한 속옷의 두께감은 가해자가 그 속옷 위로는 피해자의 질병 상태를 촉진하기 어려운 정도라 판단한 합리성을 납득하기 어렵다. 본 사안에서 등장한 청바지 논거는 종래 성폭력 판결에 등장했던 "청바지 벗겨짐" 논거41)처럼 평균적인 일반인의 상식적 판단과 거리가 있는 기이한 판단이다.

둘째, 피해자의 무릎에 닿은 부위가 피고인의 사타구니 가운데였

---

41) 1999년 이탈리아 대법원은 성폭력사건에서 청바지는 입은 여성의 적극적인 도움 없이는 벗길 수 없다며 남성에게 무죄를 선고했다. 청바지는 입은 여성이 전력을 다해 저항할 경우 강제로 벗기는 것이 불가능하다고 판단한 것이다. 이탈리아 여성 의원들은 청바지를 입고 의사당 앞에서 시위를 벌였다. 1990년대 초 서울지법의 한 판사는 청바지를 입은 여성을 포니 승용차 안에서 성폭행한 혐의로 기소된 남성에게 무죄를 선고했다. 이 판사는 자신의 아내에게 청바지를 입히고 포니 승용차에서 재연을 했다. 결국 여성이 반항하는 상황에서 찢어지지 않는 청바지를 내리고 성폭행하는 것은 어렵다고 판단했다. 2008년 서울고법은 당시 피해자는 아래로 갈수록 폭이 좁아져 벗기기 어려운 청바지를 입고 있었고, 모텔 바닥에 청바지와 팬티가 함께 가지런히 말린 상태로 놓여져 있었던 점을 들어 강간치상에 대해 무죄를 선고했다. 반면 대법원은 바지와 팬티가 따로 정돈돼 있지 않고 함께 돌돌 말려져 올라간 상태로 있었던 점에 비춰 피해자가 자발적으로 옷을 벗은 것이 아니라 피고인이 강제로 피해자의 하의를 한꺼번에 벗겼음을 추측할 수도 있다며 유죄로 판단했다(성폭행 법정에 소환당한 청바지, 한겨레 21, 2011년 7월 19일자).

기 때문에 성기가 닿은 것으로 생각했다는 진술은 피해자들의 주관적인 느낌 또는 추측에 불과하여 객관적 사실에 대한 정확한 묘사가 아니라고 보았다. 이는 앞서 같은 법원이 피고인 신체구조상 '피고인의 허벅지와 성기가 환자 무릎에 자연스럽게 닿을 수 있다'라고 인정한 사실과 어긋난다. 무엇보다 성인 남성 사타구니 가운데 객관적으로 존재하는 다른 것이 있는지, 이러한 신체적 사실에 기한 14세 아동피해자들의 주관적 인식은 신빙성을 인정하지 않으면서, 피고인 신체적 특성으로 인한 평소 진료자세가 객관적 원인이라고 인정하는 법원의 인식이 합리적인지 의문이 든다.

2. 경찰조사과정과 검찰조사과정을 거치면서 진술이 점점 구체화되고 단정적으로 변화하였다는 판단

종래 판례는 기억의 특성상 시간이 지날수록 희석되기 마련인데 처음 진술 후 시간이 흐르면서 그 정확성에 대해 더 확고한 진술을 하고 있다면 그 진위를 의심받을 수 있다고 보았다.[42] 목격한 사실의 기억이 뚜렷해지는 것이 아니라 추측과 상상력이 더해져 진술이 과장된 것일 수 있기 때문이다.[43]

이와 관련해서 진술의 일관성보다는 성폭력 피해아동의 경우 구체적인 내용의 질문을 받고서야 기억을 회복시켜 진술할 수 있는 성향이 있다[44]는 점에 대한 이해가 필요하다. 실제 무슨 일이 있었는지 이해하려 애쓰면서 말하기 꺼려지고 두려운 아동의 심리상태를 생각하면 성폭력 사실에 대한 진술이 일관되지 못할 가능성[45]을 이해할 수 있다. 또한 경험적 조사연구에 따르면 피해아동의 진술시점에 따라 피해사실 폭로양상과 진술된 정보의 양이 달라지는 경우도 50% 이상이다.[46] 다

---

42) 대법원 1984. 11. 13. 선고 84도22 판결.
43) 권순민, 앞의 논문, 143면.
44) 원혜욱, 앞의 논문, 253면.
45) 로빈 삭스/김한균 역, 아동 성폭력 전담검사의 증언, 2013, 117~118면.
46) 김태경/이영호, 앞의 논문, 317면.

만 아동의 기억은 시간경과에 따라 보편적인 망각패턴을 보이지 않는
경우도 있다. 즉 경험한 사건이 아동에게 특별한 의미가 있거나 사건
의 현저성이 매우 높은 경우 일상적이고 평범한 경험에 비해 더 많은
정보가 장기간 정확하게 기억될 수 있다. 그리고 사건의 현저성이 높
은 경우 아동은 부모나 친구와 의사소통 과정에서 사건에 대해 언급
하는 기회를 반복적으로 갖게 되고, 이는 장기기억에 저장된 정보의
강도를 더 견고하게 하여 보유된 정보의 조직적 범주화와 인출을 돕
는다. 정보는 시간이 지나면서 이전에는 회상되지 않은 정보들이 더
추가될 수도 있다. 반면 관련정보를 망각하지 않게 되는 한편으로 다
른 정보와의 상호작용으로 인한 정보 윤색 가능성도 있다.[47]

　본 사안에서 항소심은 피고인이 복부촉진 중 피해자 K의 음모가
난 부위를 만졌다는 점에 관하여 경찰조사과정, 검찰조사과정을 거쳐
제1심법정에 이르러 음모가 난 근처까지 닿은 느낌이라는 진술이 음모
가 난 부위까지 속옷 안쪽에 손이 들어갔다는 취지의 진술로 갈수록
묘사가 풍부하고 단정하는 듯한 방향으로 변화하였다는 이유로 진술의
신빙성을 의심하였다. 하지만 피해자가 복부 아래쪽인 속옷 안쪽 부분
을 누르며 아프지 않은지 물어봤다고 일관된 진술을 하고 있다는 점은
인정하였고, 전문심리위원에게 하복부 촉진에 당연히 치골접합부위도
대상이 된다는 소견도 수용하였다. 피해자가 일관되게 진술한 음모가
난 부위와 전문심리위원이 진술한 치골접합부위가 다르지 않을 것인데,
제1심 법정에 이르러 피해자가 구체적 기억을 회복하여 일관되고 더
사실에 부합되게 진술한 내용의 신빙성을 의심한 부분은 의문이다.

3. 즉시 발각될 수 있는 개방적 환경에서 피해자들이 피해당시 또는 직후 불쾌감을 드러내지 않았다는 판단

　첫째, 피해당시 문제를 제기하지 않았으므로 추행 가능성 인정이
어렵다는 판단은 의료행위에 전문적 지식이 없는 환자로서는 진료 과

---

47) 이승진, 앞의 논문, 23~25면.

정에서 성적 수치심이 드는 행위를 당하더라도 의사의 면전에서 즉시 이의를 제기하기 어려운 현실을 부인한다. 피해자는 문제제기가 가능한지 망설이다가 지인과 상의한 끝에 고소에 이르는 경우가 많다.[48] 더구나 아동대상 성폭력범죄 사안에서는 부모가 아동을 관찰하여 피해사실을 밝혀내면서 형사절차가 진행되는 경우가 일반적이다. 아동 피해자 자신이 피해를 당했는지 자각하지 못하거나 자각하더라도 피해정황에 대해 정확하게 진술할 수 없는 경우도 많다.[49]

'성폭력재판실무편람'에 따르면 피해자 책임론에 입각한 듯한 신문내용의 예로 성폭력을 전후하여 주변인에게 도움이나 구조를 요청하지 않았다는 경우, 성폭력 피해를 알고서도 곧바로 가족이나 주변 사람들에게 알리지 않거나 상당 기간이 경과한 후 고소하였다는 경우를 제시하고 있다.[50]

둘째, 공개된 장소에서의 추행 가능성 인정이 어렵다는 판단은 추행과 공개장소성의 결합을 부인한다. 하지만 예컨대 공중밀집장소추행죄[51]는 공개장소+성폭력 결합을 입법적으로 이미 인정하고 있다. 오히려 유동인구가 많은 공공장소에서의 추행이 증가하고 강도가 높아지고 있다.[52] 판례의 부인태도는 '은밀한 성욕 추구'라는 인식에 연원하는데, 반대로 성폭력은 '권력관계의 노골적 강요'다. 남성은, 어른은, 성적 다수자는, 그리고 우월한 권력자는 공개되고 노출된 다중의 시선을 무시하거나 개의치 않는 방식으로 폭력을 행사한다. 성폭력도 또한 그와 같은 폭력이다. 이는 젠더폭력 논의를 상세하게 논거를 원용하지 않더라도 '젠더상식'(gender common-sense)[53]에 따라 마땅히 고려

---

48) 울산지방법원 2014. 1. 9. 선고 2012고단3544 판결: 성폭력범죄처벌특례법 업무상위력추행; 전병주, 앞의 논문, 615~616면.
49) 원혜욱, 앞의 논문, 252면.
50) 이재석, 성폭력 재판절차에서의 피해자 증인신문 재판참고사항에 관한 연구, 사법정책연구원, 2016, 293~294면.
51) 성폭력범죄처벌특례법 제11조.
52) 메디파나뉴스 2017년 7월 17일자.
53) '젠더상식'은 젠더감수성(gender sensitivity)나 양성평등(gender equality)으로 통용되는

할 점을 간과한 판단이다. 또한 이에 관한 대법원 판례[54]도 주시하지
아니하였다.

생각건대, 본 사안에서 항소심과 대법원은 피해아동들의 진술보
다는 추행행위가 일어난 병원 진료실 구조와 진료 환경 등 객관적 상
황에 지나치게 의존한 것으로 보인다.[55] 아무리 병원 진료실 문 앞 통
로와 창문 밖으로 지나다니는 사람이 많고 또한 쉽게 진료실 안을 들
여다 볼 수 있다 해도 환자, 특히 아동 환자의 입장에서 성인남성 의
사의 지위를 신뢰할 수밖에 없고 진료행위내용을 잘 알지 못하는 입
장에서 불쾌감을 드러낼 방법을 찾기 어렵다고 보는 것이 평균적인
일반인의 상식에 가깝다. 그렇지만 제1심이 마땅히 지적한 바와 같이
피고인이 복부촉진의 이유를 설명하거나 양해를 구하지도 아니하였
고, 피해자를 배려하거나 안심시키려는 조치를 취하지 아니하고 속옷
안쪽 부분을 손바닥으로 누른 사실이 객관적으로 인정된다면 피해자
에게 수치심과 불쾌감을 부인할 이유도 없다.

번역용어의 모호함과 구태의연함을 대신하여 젠더적 공정성은 사회적 상식이다/
젠더적 공정성은 사회적 상식이어야 한다(미국의 미디어운동인 Gender Equity
Is Common Sense initiative (www.commonsensemedia.org/research/watching-gender와 정
희진, 양성평등에 반대한다(2017)에 착안하였다)는 의미를 담아 글쓴이가 만든 용
어다.

54) 피고인의 행위는 비록 피해자가 호기심에서 피고인을 먼저 찾아갔고, 함께
 간 학생들이 지켜보는 가운데서 한 행위여서 성욕을 자극·흥분·만족시키려
 는 주관적 동기나 목적이 없었더라도 객관적으로 피해자와 같은 처지에 있
 는 일반적이고도 평균적인 사람으로 하여금 성적 수치심이나 혐오감을 일으
 키게 하고 선량한 성적 도덕관념에 반하는 행위에 해당한다(대법원 2009. 8.
 24. 선고 2009도2576 판결). 본 사건 제1심은 가슴을 만질 당시 다른 학생들도
 함께 있었고 장소도 공개된 곳이었으며 평소 학생들에게 진맥이나 건강검진
 등을 해왔기 때문에 추행의 범의를 품고 한 행동으로 볼 수 없다는 이유로
 무죄를 선고했다.

55) 전병주, 앞의 논문, 615면.

VI. 법원의 아동·청소년 추행여부 판단에 대한 평가

첫째, 현실적으로 법원이 판단할 대상인 가해자 진술은 추행 범의와 행위를 부인하는 간단하고 명료한 내용인데 비해, 피해자 진술은 다양한 측면의 피해경험과 피해감정에 대한 장황하거나 불분명한 진술의 경우가 다수일 것이다. 그러나 아동피해자 진술의 신빙성을 의심하여 피고인의 이익으로 해석하는데 있어 성폭력 피해아동 진술의 특성과 양상에 대한 이해가 필요하다. 성폭력 피해아동 진술이 일관되고 구체적이며 명료하면 지나치게 분명히 기억한다는 이유로 상상이나 만들어낸 진술로 의심하고, 다른 한편 진술이 일관되지 못하고 구체적이지 못하고 명료하지 못하면 객관성이 없는 진술로 의심한다면, 법원의 합리적 의심을 피할만한 피해자의 진술이 남기란 어렵다.

둘째, 본 사안 항소심은 피고인에 대하여 진료경험이 많지 않은 점, 조심하고 주의하지 못한 점, 진료행위에 충실하다보니 오해를 샀을 가능성까지 관대하게 살펴 그 이익을 고려하였다.56) 반면 14세 피해아동들이 진술한 피해경험, 즉 성적 수치심은 주관적인 느낌이나 추측에 불과한 것이라 하여 인정해 주지 아니하는 엄격함을 보였다. 종래 법원은 아동·청소년에 대한 성폭력은 왜곡되지 아니한 성의식에 기초한 성적자기결정권 형성에 매우 부정적인 영향을 미칠 수 있기 때문에 엄중 처벌과 예방의 필요성을 인정한 바 있다.57) 본 사안에서 법원은 세 명의 14세 피해아동들 뿐만 아니라 그 또래세대들에게 자신들이 경험한 수치감과 그 피해경험에 대해 사회가 인정하고 보호해주길 바랐던 진술을 부정함으로써 이들의 성적 자기결정권 형성에 영

---

56) "의과대학을 졸업하고 수련의 과정을 마친 후 바로 이 사건 병원에 재직한지 얼마되지 않아 진료경험이 많지 않던 피고인이 감수성이 예민한 시기의 피해자들과의 신체 접촉을 조심하고 주의하기보다는 진료행위에 충실하여 오해를 샀을 가능성이 있는바, 피고인의 행위가 진료행위에 필요한 행위였다면 이로 인해 환자가 다소 불쾌감과 수치심을 느꼈다고 하더라도 이를 추행행위로 평가할 수는 없고, 피고인에게 추행의 범의가 있었다고 단정하기도 어렵다."

57) 부산고등법원 창원지법 2015. 11. 25. 선고 2015노320 판결.

향을 주게 되었다. 성인남성피고인의 신체조건과 경험부족까지 살펴
줄 만큼의 관심을 아동여성피해자의 신체조건과 아동연령에 대해서도
보여주지 못한 점은 아쉽다.[58]

셋째, 본 사안에서 피고인의 이익이라면 무죄뿐만 아니라 위헌판
결 이전 아동대상 성범죄자 취업제한 10년 처분을 면하는데도 있다.
이 점은 판결 당시 사회적으로 지적된 바다.[59] 이러한 처벌적 효과에
대한 정책적 판단의 여부를 개별 판결을 통해서는 알기 어렵다.

실제 2012년 2월 개정 아동·청소년성보호법에서 취업제한대상기
관에 의료법상 의료기관을 추가하였고(동법 제44조), 이후 의료계의 반
발이 상당했으며,[60] 일률적인 취업제한 기간에 대해서는 2016년 헌법

---

58) 본 판례를 비판적으로 검토한 결과, 법원의 판단에 대한 대안적 판단을 가설
    적으로 제시해 보면 다음과 같다. "의과대학과 수련의 과정 장기간을 거치면
    서 현행 성폭력방지 및 피해자보호에 관한 법률 제5조 제1항 및 동 시행령
    제2조 제1항에 따라 마땅히 여러 차례 성폭력 예방교육을 마친 후 이 사건
    병원에 재직하게 된 36세의 성인 피고인이라면, 진료경험의 많고 적음을 떠
    나 감수성이 예민한 14세 여성아동 피해자들과의 신체접촉을 조심해야 함을
    충분히 알 수 있었을 뿐만 아니라 당연히 알아야 하고, 이러한 주의와 배려
    를 다하지 아니하였기 때문에, 충실한 진료행위로 볼 수 없을 뿐만 아니라
    진료에 필요한 범위도 벗어난 일련의 행위를 다수의 아동 환자에게 행한 결
    과, 피해자들이 단순한 오해의 가능성이 아닌 불쾌감과 성적 수치심을 느꼈
    다고 일관되게 진술하였는바, 이를 추행행위라 평가하지 않을 수 없고, 따라
    서 피고인에게 추행의 범의가 없었다고 단정하기도 어렵다."
59) 본 사안 발생 당시에는 관련 조항에 대한 헌법재판소의 위헌 결정이 있기 전
    이었으므로 피고인의 유죄가 확정되는 경우 피고인은 10년간 의료기관을 운
    영하거나 의료서비스를 제공할 수 없게 되는바 피고인이 강력하게 무죄를 주
    장한 사건으로서, 대법원은 2년 가까운 심리 끝에 무죄로 판단하였다("[주요
    판결] 의사의 진료 중 추행행위의 판단 기준", 대한변협신문, 2017년 1월 23일
    자); 의료문제를 생각하는 변호사모임 대표는 "(대법원의 이 같은 판결은) 환
    자가 입은 피해와 재판에 넘겨져 유죄 판결을 받을 경우 면허를 박탈당하는
    의사의 피해를 비교해 전략적으로 판단한 것이 아닌가 생각한다"고 비판했다
    (뉴시스 2017년 1월 8일자); 전병주, 의료인 성범죄 사건에 관한 판례 고찰,
    617면.
60) '아동·청소년의 성 보호에 관한 법률'은 의사들의 직업적 자유를 옥죄는 대
    표적인 '악법'으로 꼽힌다("진료와 성추행 경계선에 서 있는 의사들" 데일리
    메디 2017년 1월 15일자).

재판소가 위헌판결을 내린 바 있다.[61]

근래 '정책법원 기능강화' 논의 혹은 '정책결정자로서의 대법원'[62] 의미를 생각해 볼 때, 보편적 가치와 규범적 기준을 제시하여 국가 정책에 영향을 끼치는 기능에 충실하고자 한다면, 우리 대법원은 여성이나 아동, 또는 여성이면서 아동과 같은 사회적 약자보호 판결을 통해 그 정책 법원이 지향하려는 바가 무엇인지 우리 사회에 보여 줄 수 있을 것이며, 또한 그럼으로써 사회적 지지를 받게 될 것이다.

[주 제 어]
아동·청소년 성보호에 관한 법률, 위계에 의한 추행, 성적 자기결정권, 피해아동진술

[Key words]
Act on the Protection of Children against Sexual Abuse, indecent act, self-determination of sex, the statements of sexually abused children

접수일자: 2018. 5. 11. 심사일자: 2018. 5. 31. 게재확정일자: 2018. 6. 5.

---

61) 헌법재판소 2016. 3. 31. 선고 2013헌마585 결정.

62) Robert A Dahl, Decision-making in a democracy: the supreme court as a national policy-maker, 1958.

[참고문헌]

강석영/김래선/류다정, 현장전문가들이 인식한 성폭력 피해 청소년의 특성
    과 개입방안, 청소년상담연구 24(2), 2016.

고은영/채규만, 성폭력 피해 아동의 진술에 대한 준거기반 내용분석의 활용
    가능성 연구, 한국범죄심리연구 7(3), 2011.

곽금주/이승진, 아동 증언에 영향을 주는 요인들, 한국심리학회지 25(2), 한
    국심리학회, 2006.

권순민, 형사절차에서 아동의 증언능력과 신빙성 판단에 대한 연구 — 대법
    원 판례 분석을 중심으로, 형사정책연구 23(4), 한국형사정책연구원,
    2012.

김태경/이영호, 성폭력 피해 아동의 진술양상, 한국심리학회지 29(1), 한국심
    리학회, 2010.

김한균, 형법상 의제강간죄의 연령기준과 아동청소년의 성보호, 형사법연구
    25(1), 한국형사법학회, 2013.

로빈 삭스/김한균 역, 아동 성폭력 전담검사의 증언: 누가 양의 탈을 쓴 늑
    대일까, W미디어, 2013.

박지선/강상훈, 성범죄 피해 아동의 기억력 및 증언 능력에 대한 일반인들
    의 인식, 피해자학연구 21(1), 한국피해자학회, 2013.

사법정책연구원, 성폭력 재판절차에서의 피해자 증인신문 재판참고사항에
    관한 연구, 2016.

원혜욱, 대법원 판례를 통해 본 성폭력 피해아동증언의 인정여부, 피해자학
    연구 15(2), 한국피해자학회, 2007.

이덕인, 위계에 의한 아동청소년 간음죄에서의 위계의 의미, 형사법연구
    28(4), 2016.

이승진, 진술 조사 맥락에서 아동 기억에 대한 발달심리학적 고찰, 한국심
    리학회지 26(2), 한국심리학회, 2013.

이재석, 성폭력 재판절차에서의 피해자 증인신문 재판참고사항에 관한 연
    구, 사법정책연구원, 2016.

조은경, 성폭력 피해 아동 진술신빙성 평가의 한계와 전망, 피해자학연구

18(2), 한국피해자학회, 2010.

전병주, 의료인 성범죄 사건에 관한 판례 고찰 ─ 대법원 2016.12.29. 선고 2015도624판결을 중심으로, 한국콘텐츠학회논문지 17(8), 2017.

차혜령 외, 진료과정의 성희롱 예방기준 실태조사, 국가인권위원회, 2013.

[Abstract]

Medical Treatment by a Pediatrist and Indecent Act against Children under the Act on the Protection of Children against Sexual Abuse

Kim, Han-Kyun*

The purpose of the Act on The Protection of Children Against Sexual Abuse is to prepare procedures for relieving and assisting victimized children and juveniles, and protecting them against sexual abuse and assisting them to become sound members of society. Any person who commits an offense of indecent act against a child or juvenile shall be punished by imprisonment with labor for a limited term of at least two years or by a fine of at least ten million won, but not more than 30 million won.

From the perspective of children and juveniles, protection of their sexual autonomy should have special meaning. Understanding of self, will, sex, age, and environment of children must be considered when the court make decision on the relevant cases. Sexual violence against children must have devastated effect on their development towards a man or woman who fully enjoys his or her own self determination of sex.

The case reviewed by this essay is on the issue of medical treatment by pediatrist and indecent act against children patients. The court denied victims' statement on their victimization as a guess or emotional reaction, not real experiences. Investigators and judges should have special understanding on the characteristics of child victim's statements on his or her experiences. Most of all, the criminal court in sexual violence cases should pay

---

* Research Fellow, Korean Institute of Criminology, Ph.D.

attention not to the consistency of statement by children, but to the special behaviour and mind of their victimization, and further to the social context of sexual violence.

사기죄에서 '교부받는 행위'의 의미*

하 태 영**

[대상판결] 대법원 2017. 2. 16. 선고 2016도13362 전원합의체 판결
　　　　　[특정경제범죄가중처벌등에관한법률위반(사기)(예비적
　　　　　죄명: 사기) · 사기 · 사문서위조 · 위조사문서행사 · 공정
　　　　　증서원본불실기재 · 불실기재공정증서원본행사 · 횡령]
　　　　　〈근저당권설정계약서 등에 대한 피해자의 서명 · 날인
　　　　　을 사취한 사건〉

　[사실관계]
　(1) 피고인과 공소외 1 등은 2010. 11. 29.경 및 2010. 12. 3. 토지거
래허가 등에 필요한 서류라고 속여서 원심 판시 각 토지의 매도인인
피해자 갑(공소외 2)으로 하여금 근저당권설정계약서 등에 서명 · 날인
하게 하고, 피해자 갑의 인감증명서를 교부받은 다음, 이를 이용하여
위 피해자 소유의 위 각 토지에 관하여 피고인을 채무자로 하여 채권
최고액 합계 10억 5,000만 원인 근저당권을 공소외 3 등에게 설정하여
주고, 7억 원을 차용하였다.
　(2) 또한 피고인과 공소외 1 등은 2010. 12. 29. 원심 판시 각 토지
의 매도인인 피해자 갑(공소외 2), 공소외 4에게 토지거래허가 등에 필

* 제300회 형사판례연구회(2017년 9월 4일)에서 발표한 논문을 수정보완 함. 이
　논문은 동아대학교 교내연구비 지원으로 연구되었음.
** 동아대학교 법학전문대학원 교수.

요한 서류라고 속여서 피해자들로 하여금 위 토지를 담보로 제공하는 취지가 기재된 차용지불약정서 등에 서명 또는 날인하게 하고, 피해자들의 인감증명서를 교부받은 다음, 이를 이용하여 피해자들 소유의 위 각 토지에 관하여 피고인을 채무자로 하여 채권최고액 1억 8,000만 원인 근저당권을 공소외 5에게 설정하여 주고, 1억 2,000만 원을 차용하였다.

(3) 한편 ① 피고인과 공소외 6은 피해자 공소외 7 소유의 원심 판시 토지를 담보로 제공하여 1억 원을 빌린 후 계약금 3,000만 원을 제외한 나머지 돈을 자신들이 사용하기로 모의한 다음, 2011. 4. 5.경 피해자에게 위 토지를 3억 원에 매도할 것을 제안하며 그 계약금 3,000만 원의 차용에 관하여 근저당권을 설정해 줄 것을 요구하여 피해자의 승낙을 얻었고, ② 2011. 4. 7. 위 토지에 대한 매매계약을 체결하는 자리에서 위 3,000만 원 차용에 대한 근저당권설정에 필요한 서류라고 잘못 알고 있는 피해자로부터 채권최고액 3,000만 원, 채무자 피고인, 근저당권자 공소외 8을 내용으로 하는 근저당권설정계약서와 채권최고액 1억 2,000만 원, 채무자 피고인, 근저당권자 공소외 9를 내용으로 하는 근저당권설정계약서에 서명·날인을 받고, 각 근저당권설정등기신청서 및 위임장 등에 날인을 받는 한편, 피해자의 인감증명서를 교부받았으며, ③ 이를 이용해 위 근저당권자들에게 근저당권을 설정하여 주고, 합계 1억 원을 차용하였다.

검사는 피고인 등을 특정경제범죄가중처벌등에관한법률위반(사기) (예비적 죄명: 사기)죄로 기소하였다.

[재판 진행]

1. 제1심 판결

제1심은 피고인 등에게 그 소유 토지들에 근저당권 등을 설정하여 줄 의사가 없었다는 이유만으로 피해자 갑 등의 처분행위가 없다

고 보아 공소사실을 무죄로 판단하였다.1)

2. 제2심 판결

원심은 항소를 기각하였다.2) 이에 검사가 상고하였다.

3. 대법원 전원합의체 판결

대법원은 원심판결을 파기하고 서울고등법원으로 환송하였다. 다수의견 대법관 7인, 소수의견 대법관 6인이었다.

[1] [다수의견] 사기죄에서 처분행위는 행위자의 기망행위에 의한 피기망자의 착오와 행위자 등의 재물 또는 재산상 이익의 취득이라는 최종적 결과를 중간에서 매개·연결하는 한편, 착오에 빠진 피해자의 행위를 이용하여 재산을 취득하는 것을 본질적 특성으로 하는 사기죄와 피해자의 행위에 의하지 아니하고 행위자가 탈취의 방법으로 재물을 취득하는 절도죄를 구분하는 역할을 한다. 처분행위가 갖는 이러한 역할과 기능을 고려하면, 피기망자의 의사에 기초한 어떤 행위를 통해 행위자 등이 재물 또는 재산상의 이익을 취득하였다고 평가할 수 있는 경우라면 사기죄에서 말하는 처분행위가 인정된다.

사기죄에서 피기망자의 처분의사는 기망행위로 착오에 빠진 상태에서 형성된 하자 있는 의사이므로 불완전하거나 결함이 있을 수밖에 없다. 처분행위의 법적 의미나 경제적 효과 등에 대한 피기망자의 주관적 인식과 실제로 초래되는 결과가 일치하지 않는 것이 오히려 당연하고, 이 점이 사기죄의 본질적 속성이다. 따라서 **처분의사는 착오에 빠진 피기망자가 어떤 행위를 한다는 인식이 있으면 충분하고, 그 행위가 가져오는 결과에 대한 인식까지 필요하다고 볼 것은 아니다.**

사기죄의 성립요소로서 기망행위는 널리 거래관계에서 지켜야 할 신의칙에 반하는 행위로서 사람으로 하여금 착오를 일으키게 하는 것

---

1) 수원지방법원 2016. 2. 16. 선고 2014고합693 판결.
2) 서울고법 2016. 8. 17. 선고 2016노744 판결.

을 말하고, 착오는 사실과 일치하지 않는 인식을 의미하는 것으로, 사실에 관한 것이든, 법률관계에 관한 것이든, 법률효과에 관한 것이든 상관없다. 또한 사실과 일치하지 않는 하자 있는 피기망자의 인식은 처분행위의 동기, 의도, 목적에 관한 것이든, 처분행위 자체에 관한 것이든 제한이 없다. 따라서 피기망자가 기망당한 결과 자신의 작위 또는 부작위가 갖는 의미를 제대로 인식하지 못하여 그러한 행위가 초래하는 결과를 인식하지 못하였더라도 그와 같은 착오 상태에서 재산상 손해를 초래하는 행위를 하기에 이르렀다면 피기망자의 처분행위와 그에 상응하는 처분의사가 있다고 보아야 한다.

피해자의 처분행위에 처분의사가 필요하다고 보는 근거는 처분행위를 피해자가 인식하고 한 것이라는 점이 인정될 때 처분행위를 피해자가 한 행위라고 볼 수 있기 때문이다. 다시 말하여 사기죄에서 피해자의 처분의사가 갖는 기능은 피해자의 처분행위가 존재한다는 객관적 측면에 상응하여 이를 주관적 측면에서 확인하는 역할을 하는 것일 뿐이다. 따라서 처분행위라고 평가되는 어떤 행위를 피해자가 인식하고 한 것이라면 피해자의 처분의사가 있다고 할 수 있다. 결국 피해자가 처분행위로 인한 결과까지 인식할 필요가 있는 것은 아니다.

결론적으로 사기죄의 본질과 구조, 처분행위와 그 의사적 요소로서 처분의사의 기능과 역할, 기망행위와 착오의 의미 등에 비추어 보면, 비록 피기망자가 처분행위의 의미나 내용을 인식하지 못하였더라도, 피기망자의 작위 또는 부작위가 직접 재산상 손해를 초래하는 재산적 처분행위로 평가되고, 이러한 작위 또는 부작위를 피기망자가 인식하고 한 것이라면 처분행위에 상응하는 처분의사는 인정된다. 다시 말하면 피기망자가 자신의 작위 또는 부작위에 따른 결과까지 인식하여야 처분의사를 인정할 수 있는 것은 아니다.

[대법관 이상훈, 대법관 김용덕, 대법관 김소영, 대법관 조희대, 대법관 박상옥, 대법관 이기택의 반대의견] 절도는 범죄행위자의 탈취행위에 의하여 재물을 취득하는 것이고, 사기는 피해자의 처분행위에 의하여 재산을 취득하는 것으로, 양자는 처분행위를 기준으로 하여 구분된다. 이러한 의미에서 사기죄는 자기손상범죄, 절도죄는 타인손상범죄라고 설명된다. 사기죄에서 이러한 자기손상행위로서 처분행위의 본질이 충족되기 위해서는 피해자에게 자기 재산 처분에 대한 결정의사가 필수적이다. 다시 말하면 피해자의 행위가 자신의 재산권과 관련되어 있다는 인식에 기초하여 형성된 의사에 지배된 작위 또는 부작위만이 사기죄에서 말하는 처분행위에 해당한다고 규범적으로 평가할 수 있다. 처분결과에 대한 아무런 인식 또는 의사가 없는 처분행위는 그 자체로서 모순이라고 하지 않을 수 없다. 요컨대 피해자가 자신의 재산과 관련하여 무엇을 하였는지조차 전혀 인식하지 못하는 모습의 사기죄는 자기손상범죄로서의 본질에 반한다.

　사기죄의 구성요건은 사기죄의 본질에 따라 해석되어야 하고, 이러한 본질에 반하는 구성요건 해석론은 정당성을 인정받기 어렵다. 자기손상범죄로서 사기죄를 특징짓고 절도죄와 구분 짓는 처분행위의 해석상 피기망자에게 처분결과에 대한 인식은 당연히 요청되는 것으로, 사기죄의 다른 구성요건인 착오와 기망행위를 해석함에 있어서도 이에 반하는 해석론을 전개할 수는 없다. 즉, 사기죄의 본질 및 이를 통해 도출되는 처분의사의 의미에 의하면, **착오에 빠진 피기망자가 자신의 행위의 의미와 결과에 대한 인식을 가진 채 처분행위를 한 경우에만 사기죄가 성립될 수 있으므로**, 구성요건요소로서 피기망자의 착오 역시 처분행위의 동기, 의도, 목적에 관한 것에 한정되고, 처분결과에 대한 인식조차 없는 처분행위 자체에 관한 착오는 해석론상 사기죄에서 말하는 착오에 포섭될 수 없다. 구성요건으로서 기망행위에 대한 적정한 해석론 역시 이와 다르지 않다. 결국 사기죄의 본질과 특수성을 고려하지 않은 채 이루어진 **착오 및 기망행위에 대한 부적절한**

구성요건 해석을 들어 피기망자의 처분결과에 대한 인식이 반드시 필요한 것은 아니라는 다수의견의 논증은 선후가 바뀐 해석론에 불과하여 그대로 받아들이기 어렵다.

사기죄의 처분의사 판단에서 피기망자에게 처분결과에 대한 인식이 필요 없는 것으로 해석하는 다수의견에 의하면 사기죄 성립 여부가 불분명해지고, 그 결과 처벌 범위 역시 확대될 우려가 있다. 행위자의 기망적 행위가 개입한 다수의 범행에서 피기망자의 인식을 전혀 고려하지 않은 채 사기 범행과 사기 아닌 범행을 명확히 구분해 낼 수 있을지 의문이다. 피기망자로 하여금 자신의 행위로 인한 결과를 미처 인식하지 못하도록 하는 위법한 기망행위를 통해 재산상의 이익을 취득한 행위자를 형사처벌하고자 한다면, 다수의견과 같이 사기죄에 관한 확립된 법리의 근간을 함부로 변경할 것이 아니라 별도의 입법을 하는 것이 올바른 해결책이다.

[2] [다수의견] 이른바 '서명사취' 사기는 기망행위에 의해 유발된 착오로 인하여 피기망자가 내심의 의사와 다른 처분문서에 서명 또는 날인함으로써 재산상 손해를 초래한 경우이다. 여기서는 행위자의 기망행위 태양 자체가 피기망자가 자신의 처분행위의 의미나 내용을 제대로 인식할 수 없는 상황을 이용하거나 피기망자로 하여금 자신의 행위로 인한 결과를 인식하지 못하게 하는 것을 핵심적인 내용으로 하고, 이로 말미암아 피기망자는 착오에 빠져 처분문서에 대한 자신의 서명 또는 날인행위가 초래하는 결과를 인식하지 못하는 특수성이 있다. 피기망자의 하자 있는 처분행위를 이용하는 것이 사기죄의 본질인데, 서명사취 사안에서는 그 하자가 의사표시 자체의 성립과정에 존재한다.

이러한 서명사취 사안에서 피기망자가 처분문서의 내용을 제대로 인식하지 못하고 처분문서에 서명 또는 날인함으로써 내심의 의사와 처분문서를 통하여 객관적·외부적으로 인식되는 의사가 일치하지 않게 되었더라도, 피기망자의 행위에 의하여 행위자 등이 재물이나 재산

상 이익을 취득하는 결과가 초래되었다고 할 수 있는 것은 그러한 재
산의 이전을 내용으로 하는 처분문서가 피기망자에 의하여 작성되었
다고 볼 수 있기 때문이다. 이처럼 피기망자가 행위자의 기망행위로
인하여 착오에 빠진 결과 내심의 의사와 다른 효과를 발생시키는 내
용의 처분문서에 서명 또는 날인함으로써 처분문서의 내용에 따른 재
산상 손해가 초래되었다면 그와 같은 처분문서에 서명 또는 날인을
한 피기망자의 행위는 사기죄에서 말하는 처분행위에 해당한다. 아울
러 비록 피기망자가 처분결과, 즉 문서의 구체적 내용과 법적 효과를
미처 인식하지 못하였더라도, 어떤 문서에 스스로 서명 또는 날인함으
로써 처분문서에 서명 또는 날인하는 행위에 관한 인식이 있었던 이
상 피기망자의 처분의사 역시 인정된다.

[대법관 이상훈, 대법관 김용덕, 대법관 김소영, 대법관 조희대, 대
법관 박상옥, 대법관 이기택의 반대의견] 사기죄의 본질 및 구조에 비
추어 사기죄에서 말하는 처분행위란 어디까지나 처분의사에 지배된
행위이어야 하고, 이러한 처분의사는 자신의 행위로 인한 결과에 대한
인식을 당연히 전제한다. 그 결과 피기망자가 기망행위로 인하여 문서
의 내용을 오신한 채 내심의 의사와는 다른 효과를 발생시키는 문서
에 서명·날인하여 행위자 등에게 교부함으로써 행위자 등이 문서의
내용에 따른 재산상의 이익을 취득하게 되는 이른바 서명사취 사안의
경우에는, 비록 피기망자에게 문서에 서명 또는 날인한다는 인식이 있
었더라도, 처분결과에 대해 아무런 인식이 없었으므로 처분의사와 처
분행위를 인정할 수 없음이 명백하다.

재산적 처분행위나 그 요소로서의 처분의사가 존재하는지는 처분
행위자인 피기망자의 입장에서 파악할 수밖에 없고, 피기망자가 문서
의 내용에 관하여 기망당하여 그에 대한 아무런 인식 없이 행위자에
의해 제시된 서면에 서명·날인하였다면, 오히려 작성명의인인 피기망
자의 의사에 반하는 문서가 작성된 것으로서 문서의 의미를 알지 못

한 피기망자로서는 그 명의의 문서를 위조하는 범행에 이용당한 것일 뿐, 그 의사에 기한 처분행위가 있었다고 평가할 수는 없다.

서명사취 사안의 행위자가 위조된 서면을 이용하여 그 정을 모르는 금전 대여자로부터 금전을 차용하기에 이르렀다면 금전 대여자에 대한 금전편취의 사기죄가 성립될 여지도 충분함을 아울러 고려하여 볼 때, 토지 소유자에 대한 사기죄가 성립되지 아니한다고 하여 적정한 형벌권 행사에 장애가 초래된다거나 처벌의 불균형이 발생한다고 단정하기도 어렵다. 더욱이 이러한 경우에 금전 대여자에 대한 사기죄와 별개로 토지 소유자를 피해자로 한 사기죄가 성립한다고 보아 처벌하는 것이 타당한지도 의문이다. 행위자가 최초부터 금전을 편취할 의도 아래 토지 소유자 명의의 문서를 위조하였다면, 서명사취 범행에 따른 문서 위조는 금전 대여자에 대한 기망을 통하여 금전을 편취하는 일련의 사기 범행을 위한 수단이거나 그 실행행위에 포함되는 행위로 보아야 한다.

이러한 사정을 종합하여 보면, 사기죄에서 말하는 처분행위가 인정되기 위해서는 처분결과에 대한 피기망자의 주관적인 인식이 필요하고, 서명사취 사안의 경우 피기망자에게는 자신이 서명 또는 날인하는 처분문서의 내용과 법적 효과에 대하여 아무런 인식이 없으므로 처분의사와 그에 기한 처분행위를 부정함이 옳다.

[3] 피고인 등이 토지의 소유자이자 매도인인 피해자 갑 등에게 토지거래허가 등에 필요한 서류라고 속여 근저당권설정계약서 등에 서명·날인하게 하고 인감증명서를 교부받은 다음, 이를 이용하여 갑 등의 소유 토지에 피고인을 채무자로 한 근저당권을 을 등에게 설정하여 주고 돈을 차용하는 방법으로 재산상 이익을 취득하였다고 하여 특정경제범죄 가중처벌 등에 관한 법률 위반(사기) 및 사기로 기소된 사안에서, 갑 등은 피고인 등의 기망행위로 착오에 빠진 결과 토지거래허가 등에 필요한 서류로 잘못 알고 처분문서인 근저당권설정계약

서 등에 서명 또는 날인함으로써 재산상 손해를 초래하는 행위를 하였으므로 갑 등의 행위는 사기죄에서 말하는 **처분행위에 해당하고**, 갑 등이 비록 자신들이 서명 또는 날인하는 문서의 정확한 내용과 문서의 작성행위가 어떤 결과를 초래하는지를 미처 인식하지 못하였더라도 토지거래허가 등에 관한 서류로 알고 그와 다른 근저당권설정계약에 관한 내용이 기재되어 있는 문서에 스스로 서명 또는 날인함으로써 그 문서에 서명 또는 날인하는 행위에 관한 인식이 있었던 이상 **처분의사도 인정됨에도**, 갑 등에게 그 소유 토지들에 근저당권 등을 설정하여 줄 의사가 없었다는 이유만으로 갑 등의 처분행위가 없다고 보아 공소사실을 무죄로 판단한 원심판결에 사기죄의 **처분행위에 관한 법리오해의 잘못이 있다**고 한 사례.

[참조조문]

[1] 형법 제13조, 제329조, 제347조, 전기통신금융사기 피해 방지 및 피해금 환급에 관한 특별법 제2조 제2호, 제15조의2 제1항 제1호 [2] 형법 제13조, 제231조, 제347조 [3] 형법 제30조, 제347조 제1항, 구 특정경제범죄 가중처벌 등에 관한 법률(2012. 2. 10. 법률 제11304호로 개정되기 전의 것) 제3조 제1항 제2호

[참조판례]

[1] 대법원 1983. 2. 22. 선고 82도3115 판결(공1983, 629)

대법원 1984. 2. 14. 선고 83도2995 판결(공1984, 475)

대법원 1987. 10. 26. 선고 87도1042 판결(공1987, 1829)(변경)

대법원 1994. 8. 12. 선고 94도1487 판결(공1994하, 2320)

대법원 1999. 7. 9. 선고 99도1326 판결(공1999하, 1681)(변경)

대법원 2006. 1. 26. 선고 2005도1160 판결

대법원 2011. 4. 14. 선고 2011도769 판결(공2011상, 984)(변경)

[2] 대법원 2000. 6. 13. 선고 2000도778 판결(공2000하, 1700)

I. 서 론

가. 형법 제347조 사기죄는 독특한 구성요건체계를 갖고 있다. 피해자 행위가 구성요건 성립에 영향을 미치기 때문이다. 행위자 관점에서 보면, 기망으로 재물을 교부 받은 것이고, 피해자 관점에서 보면 기망을 당하여 재물을 교부해 주는 것이다. 사기죄는 행위자 행위 관점3)에 더 중점을 두어 해석해야 한다.

나. 먼저 형법 제347조 사기죄 조문과 범죄체계도를 살펴볼 필요가 있다.

刑法 第347條(詐欺)

① 사람을 欺罔하여 財物의 <u>交付를 받거나</u> 財産上의 利益을 <u>取得한</u> 者는 10年 以下의 懲役 또는 2千萬원 以下의 罰金에 處한다. <改正 1995.12.29.>

② 前項의 方法으로 第三者로 하여금 財物의 <u>交付를 받게 하거나</u> 財産上의 利益을 <u>取得하게 한</u> 때에도 前項의 刑과 같다.

※ 법문은 '교부'와 '취득'이라는 용어를 사용하고 있음.

※ '처분'이라는 용어가 어떻게 등장했는지 의문임.

※ 보호법익: 재산권

※ 보호정도: 침해범(재물 교부 받음, 재산이익 취득)4)

※ '손해발생'이라는 용어가 불필요함.

※ 독일 형법 제263조 사기죄(Betrug) 영향으로 보임.

---

3) 대법원 2017. 2. 16. 선고 2016도13362 전원합의체 판결: (김신 대법관 보충의견) "사기죄에서 처벌하는 대상은 피고인의 행위이고, 사기죄의 성부를 판단함에 있어 평가해야 하는 대상도 피고인의 행위이지 피기망자의 행위는 아니다. 그러므로 **사기죄의 성립 여부는 피고인의 행위 측면에서 평가하여 판단할 문제이고** 피기망자의 행위 측면에서 평가하여 가려낼 문제가 아니다."

4) 대법원 2017. 2. 16. 선고 2016도13362 전원합의체 판결: "사기죄는 타인을 기망하여 착오에 빠뜨리고 그로 인하여 피기망자가 처분행위를 하도록 유발하

대한민국 형법 제347조 사기죄 조문과 범죄체계도
▣ 객관적 구성요건(재물과 행위)
 ① 기망행위(행위자) - ② 착오(피해자) - ③ 교부행위(처분행위, 피해자) -
 ④ 교부를 받는 행위 · 제3자에게 교부받게 하는 행위(행위자)
▣ 객관적 구성요건(재산이익과 행위)
 ① 기망행위(행위자) - ② 착오(피해자) - ③ 교부행위(처분행위, 피해자) -
 ④ 취득행위 · 제3자에게 취득하게 하는 행위(행위자)

 ※ 교부행위: 사실행위(작위 · 묵시 · 수인 · 부작위)
 ※ 교부행위=재산침해
 대법원 1982. 6. 22. 선고 82도777 판결: 재물편취를 내용으로 하는 사기
 죄에 있어서는 기망으로 인한 재물교부가 있으면 그 자체로써 피해자의
 재산침해가 되어 이로써 곧 사기죄가 성립하는 것이고 상당한 대가가 지
 급되었다거나 피해자의 전체 재산상에 손해가 없다 하여도 사기죄의 성
 립에는 영향이 없다.

다. 독일 형법 제263조 사기죄를 살펴볼 필요가 있다. 왜냐하면
한국 형법 제347조 해석에 영향을 주고 있기 때문이다.

Strafgesetzbuch(StGB) § 263 Betrug
 (1) Wer in der Absicht, sich oder einem Dritten einen rechtswidrigen
Vermögensvorteil zu verschaffen, das Vermögen eines anderen dadurch
beschädigt, daß er durch Vorspiegelung falscher oder durch Entstellung oder
Unterdrückung wahrer Tatsachen einen Irrtum erregt oder unterhält, wird mit

---

여 재물 또는 재산상의 이익을 얻음으로써 성립하는 범죄이다. 따라서 사기
죄가 성립하려면 행위자의 기망행위, 피기망자의 착오와 그에 따른 처분행위,
그리고 행위자 등의 재물이나 재산상 이익의 취득이 있고, **그 사이에 순차적
인 인과관계가 존재하여야 한다**"(대법원 1989. 7. 11. 선고 89도346 판결, 대법
원 2000. 6. 27. 선고 2000도1155 판결 등 참조).

Freiheitsstrafe bis zu fünf Jahren oder mit Geldstrafe bestraft.

(2) Der Versuch ist strafbar.

(3) In besonders schweren Fällen ist die Strafe Freiheitsstrafe von sechs Monaten bis zu zehn Jahren. Ein besonders schwerer Fall liegt in der Regel vor, wenn der Täter

1. gewerbsmäßig oder als Mitglied einer Bande handelt, die sich zur fortgesetzten Begehung von Urkundenfälschung oder Betrug verbunden hat,

2. einen Vermögensverlust großen Ausmaßes herbeiführt oder in der Absicht handelt, durch die fortgesetzte Begehung von Betrug eine große Zahl von Menschen in die Gefahr des Verlustes von Vermögenswerten zu bringen,

3. eine andere Person in wirtschaftliche Not bringt,

4. seine Befugnisse oder seine Stellung als Amtsträger oder Europäischer Amtsträger mißbraucht oder

5. einen Versicherungsfall vortäuscht, nachdem er oder ein anderer zu diesem Zweck eine Sache von bedeutendem Wert in Brand gesetzt oder durch eine Brandlegung ganz oder teilweise zerstört oder ein Schiff zum Sinken oder Stranden gebracht hat.

(4) §243 Abs. 2 sowie die §§247 und 248a gelten entsprechend.

(5) Mit Freiheitsstrafe von einem Jahr bis zu zehn Jahren, in minder schweren Fällen mit Freiheitsstrafe von sechs Monaten bis zu fünf Jahren wird bestraft, wer den Betrug als Mitglied einer Bande, die sich zur fortgesetzten Begehung von Straftaten nach den §§263 bis 264 oder 267 bis 269 verbunden hat, gewerbsmäßig begeht.

(6) Das Gericht kann Führungsaufsicht anordnen (§68 Abs. 1).

(7) (weggefallen)

독일 형법 제263조 사기

(1) ³⁻¹자신·제3자에게 위법한 재산상 이익을 취득하게 할 의사로 (³⁻²허위사실로 기망하거나 또는 진실한 사실을 왜곡·은폐하여 착오를 야기·유지시켜) ²타인의 재산에 ⁴손해를 가한 ¹사람은 5년 이하 자유형·벌금형으로 처벌된다.

(2) 미수범은 처벌된다.

① 행위자 기망행위
　(eine Täusungshandlung des Täters)
② 기망행위로 야기된 피기망자 착오
　(ein dadurch hervorgerufener Irrtum des Getäuschten)
③ 착오로 유발된 피기망자 교부행위
　(eine hierdurch veranläßte Vermögensverfügung des Getäuschten)
④ 이로 야기된 재산손해
　(ein hierauf zurückzuführender Vermögensschaden)

우리나라 형법학계는 직접성·자료동일성 용어를 사용한다.

라. 교부행위·교부의사·교부의사내용에 대해 논란이 많다.

첫째, 교부의사에 대한 논쟁이다. 생각건대 교부행위는 교부의사가 있어야 한다. 이것이 사기죄와 절도죄를 구분되는 핵심이다. 교부의사란 자유의사에 기반을 둔 제공행위이기 때문이다. 재물을 교부를 했다고 하더라도 교부의사가 없다면, 절취행위이다(Wegnahme). 따라서 사기죄에 "교부의사가 불필요하다"는 주장은 설득력이 없다. 사기죄의 모든 행위들은 기망을 당하여 재물 또는 재산상 이익을 타인에게 자유의사로 제공하는 행위이다. 전원합의체 판결에서 다수견해와 소수견해는 모두 교부의사가 필요하다고 한다.

둘째, 교부의사내용에 대한 논쟁이다. 피기망자가 교부행위 당시 무엇을, 어느 범위까지 인식하였는가 논쟁이다. 서명·날인된 근저당설정계약서인식, 인감증명서인식, 재산상손해발생가능성인식까지 '인식범위' 논란이 심하다. 학설은 ① 실제 "서명·날인된 근저당설정계약서·인감증명서 교부행위만 인식하면 된다"는 교부행위상황인식설과 ② "서명·날인된 근저당설정계약서·인감증명서 교부행위와 재산상손해발생가능성(침해결과)까지 모두 인식해야 한다"는 손해(결과발생·결과발생가능성)인식설로 대립한다.

생각건대 교부행위에 손해(결과발생·결과발생가능성)를 포함시켜 해석한다면, 논의의 실익은 거의 없다. 모두 같은 것이기 때문이다. 그러나 교부행위와 교부결과를 명확히 구분한다면, 결론은 완전히 다르다. 나는 피기망자가 재물을 교부하는 상황을 인식한다면, 교부의사를 인정할 수 있다고 본다. 피기망자에게 손해(결과발생·결과발생가능성)에 대한 인식을 기대할 수 없기 때문이다.

예를 들면 음식주문 후 돈을 내지 않고 도망 갈 것인지를 음식점 주인이 주문 당시 상황에서 어떻게 인식할 수 있겠는가. 마찬가지로 기망자가 인장사취와 서명사취이후 그 용도를 어떻게 사용할 것인지, 피기망자가 어떻게 인식할 수 있겠는가.

따라서 교부행위 자체가 재산침해라는 논리를 더 확장시키거나 또는 교부행위에 재산상 손해(결과발생·결과발생가능성)를 포함시켜 '볼 수 있는 정도'라면 이라는 논리는 엄격해석에 반한다. 그래서 재물교부행위와 재산이익교부행위만으로 교부의사를 인정하는 것이 타당하다. 이 정도로 엄격해석을 하고, 사기죄는 행위자 행위에 초점을 두고 해석해야 한다. 사실 재산상손해발생가능성은 서명·날인된 근저당설정계약서와 인감증명서의 일반적 사용용도, 교부받은 사람의 범죄의사, 교부받은 이후 사용형태를 종합적으로 판단할 사안이다. 너무 민사상 '처분행위·처분의사'와 균형을 맞추려고 무리한 법리해석을 할 필요가 없다고 본다. 형법해석의 독자성이 있는 것이다.

마. 대상판결의 사실관계를 보면, 행위자는 사기의 고의로 기망행

위를 하였고, 그 기망행위로 재물인 근저당권설정계약서와 차용지불
약정서에 서명을 받고, 이어 인감증명을 교부받았다. 이후 이를 가지
고 재물인 현금을 차용하였다. 제2행위는 법률무효로 말소되었다.5) 민
사소송이 종료되기 전까지 손해가 발생한 것이다. 대상판결 제1심과
원심은 종전 판례에 따라 사기 공소사실을 무죄로 판단하였다. 피기망
자 공소외 1 등에게 그 소유 토지들에 근저당권 등을 설정하여 줄 의
사가 없었다는 이유였다.6)

종전 대법원 판례 입장에 따르면, 교부행위와 교부결과(손해발생가
능성)는 엄격히 구분되고, 교부의사는 위 두 요소를 모두 인식해야 한
다는 것이다: "사기죄 구성요건에서 피기망자의 교부행위가 인정되려
면, 피기망자에게 교부결과에 대한 인식이 있어야 한다고 판단하였
다.7) 서명·날인을 한 피기망자가 교부결과를 인식하지 못한 서명사취
경우 사기죄가 성립하지 않는다.8)

그러나 2017년 2월 대법원은 전원합의체 판결로 종전 판례를 변
경하였다. 피해자(피기망자)의 '교부행위·교부의사·교부의사내용(처분
행위·처분의사·처분의사내용)' 등 쟁점들을 상세하게 다루었다. 교부행
위(交付行爲)가 안고 있는 양면성을 규명하고, 보호정도를 사기피해자
의 관점에서 명확히 한 것으로 보인다.

5) 김일연, "사기죄와 피기망자의 처분의사", 법률신문 제4499호, 2017년 4월 3일
   자, 11면 인용. "사실관계(쟁점 검토에 필요한 범위에서 최대한 단순화하였
   다). 피고인은 토지거래허가에 필요한 서류라고 속여서 토지 소유자로 하여
   금 근저당권설정계약서 등에 서명·날인하게 하고, 이를 이용하여 위 토지에
   관하여 피고인을 채무자로 하여 대부업자에게 근저당권을 설정하여 주고, 근
   저당권자로부터 금전을 차용하였다. 실제로 대상판결 사안에서 피해자 소유
   토지에 설정된 근저당권설정등기는 민사소송을 통하여 근저당권 설정에 관
   한 의사 합치를 인정할 수 없다는 이유로 말소된 것으로 보인다."
6) 서울고법 2016. 8. 17. 선고 2016노744 판결.
7) 대법원 1987. 10. 26. 선고 87도1042 판결[사기, 사문서위조, 사문서위조행사];
   대법원 1999. 7. 9. 선고 99도1326 판결[사기]; 대법원 2011. 4. 14. 선고 2011도
   769 판결[특정경제범죄가중처벌등에관한법률위반(사기)·사기].
8) 대법원 1987. 10. 26. 선고 87도1042 판결[사기, 사문서위조, 사문서위조행사].

나는 이 논문에서 먼저 형법 제347조 사기죄 구성요건과 '교부행위·교부의사' 의 의미를 검토하려고 한다(Ⅱ). 왜 우리는 법문에도 없는 '처분행위와 처분의사'를 사용하고 있는지 그리고 '교부행위·교부의사' 의미는 무엇인지, 학설 의미를 규명하려고 한다. 이어서 사기죄 관련 종전 대법원 판례 분석하고자 한다(Ⅲ). 1970년대부터 2017년 2월까지 대법원 판례 입장을 정리하여 흐름을 파악하고자 한다. 다음으로 대상판결인 2017년 2월 사기죄 전원합의체 판결 다수견해와 소수견해를 분석하려고 한다(Ⅳ). 어떤 관점에서 어떻게 논증을 하고 있는지 살펴보려고 한다. 그리고 피고인에게 불리한 대법원 전원합의체 판례변경 문제점과 개선방안을 검토하려고 한다. 법적 안정성·신뢰원칙·소급효금지원칙에서 독자적인 입법개정안을 제안하려고 한다(Ⅴ). 마지막으로 대법원 판결문 문장론 문제점과 개선방안을 고찰하려고 한다(Ⅵ). 결론에서 위 연구내용을 정리하려고 한다(Ⅶ). 대상판결은 이처럼 많은 쟁점들을 우리 학계에 제시했다고 생각한다.9)

---

9) 김희수, "사기죄에서 말하는 처분행위가 인정되기 위해 피기망자에게 처분결과에 대한 인식이 필요한지 여부", 사법 제40호, 사법발전재단, 2017, 279~330면; 오범석, "사기죄와 처분의사: 대법원 2017. 2. 16. 선고 2016도13362 전원합의체 판결", 재판과 판례 제26집, 대구판례연구회, 2017, 459~503면; 오영근, "대포통장에서의 현금인출과 전기통신금융사기죄의 성립여부: 대법원 2016. 2. 19. 선고 2015도15101 전원합의체 판결", 법조 통권 제722호, 법조협회, 2017, 671~693면; 원형식, "사기죄에서 처분의사 및 재산상 손해: – 대법원 2017. 2. 16. 선고 2016도13362 전원합의체 판결–", 일감법학 제38호, 건국대학교 법학연구소, 2017, 507~531면; 이창섭, "사기죄와 처분행위", 영남판례연구회 5월 발표문(2017. 5. 15.), 영남판례연구회, 2017, 1~15면; 황태정, "사기죄의 처분행위와 처분의사: 대법원 2017.2.16. 선고 2016도13362 전원합의체 판결", 법조 통권 제723호, 2017, 809~845면; 하태영, "대법원 판결문에서 법문장 문제점과 개선방안", 동아법학 제75호, 동아대학교 법학연구소, 2017, 1~55면.

Ⅱ. 형법 제347조 사기죄 구성요건과 '교부행위·교부의사'의 의미

1. 형법 제347조 사기죄 구성요건

형법 제347조(사기) ① 사람을 기망하여 재물의 교부를 받거나 재산상의 이익을 취득한 자는 10년 이하의 징역 또는 2천만 원 이하의 벌금에 처한다.

우리나라 대다수 형법 교과서는 2017년 2월 이전까지 이런 표현들을 써왔다.

"사기죄는 피기망의 의사에 따른 처분행위(Vermögensverfügung)에 의하여 재물을 교부하거나 재산상의 이익을 취득하게 하는 점에서 절도죄와 강도죄와 구별된다. 따라서 사기죄가 성립하기 위하여는 행위자의 기망행위와 피기망자의 착오의 결과로 피기망자가 처분행위를 하지 않으면 안 된다. 이러한 의미에서 처분행위는 사기죄의 기술되지 아니한 구성요건요소라고 할 수 있다."[10]

이러한 논지에 부합한 것이 종전 대법원 판례다.

"따라서 피해자를 속여 교부받은 인감증명서 등으로 등기소요서류를 작성하여 피해자 소유의 부동산에 관한 소유권이전등기를 마친 경우에는 피해자의 부동산에 대한 처분행위가 없기 때문에 사기죄는 성립하지 않는다."[11]

그러나 이러한 표현들에 다른 생각을 가진 학자가 있다. 임웅 교수다.

---

10) 이재상, 형법각론, 제10판, 박영사, 2010, 343면: 각주 2번 독일 문헌 인용; 이재상·장영민·강동범, 형법각론, 제10판(보정판), 박영사, 2017, 343면.
11) 대법원 2001. 7. 13. 선고 2001도1289 판결.

"착오에 빠진 피기망자가 재물을 교부하거나 재산상의 처분행위를 해야 한다. 비록 하자있는 의사에 기한다고 하더라도 재물 사기죄의 경우에는 교부행위, 이득사기죄의 경우에는 처분행위가 있어야 한다."

"교부란 재물에 대한 사실상의 점유의 이전을 말한다. 피기망자의 착오에 의한 교부 · 처분행위가 없으면 사기죄는 성립하지 않는다. 예컨대 설날에 세배 갔다가 선물상자에 꽂혀 있는 타인의 명함을 자기의 명함으로 바꿔치기 하여 자신의 선물로 보이게 한 경우에 타인의 교부 · 처분행위가 없으므로 사기죄가 아니라 절도죄가 성립한다."12)

"교부 · 처분행위를 해석상 도출되는 '불문의 구성요건요소'라고 이해하는 견해가 있다(다수설). 그렇지만 제347조 제1항의 법문에 "교부받거나" 또는 "취득한" 자라는 표현은 피기망자가 "교부하거나" 또는 "처분한" 행위를 "당연한 전제"로 하므로(당연해석), 피기망자의 교부행위 또는 처분행위가 있을 것이라는 구성요건은 불문의 구성요건요소라기보다는 '기술된 구성요건요소'라고 해석함이 타당하다."13)

그럼에도 몇 가지 의문이 있다. ① 처분행위란 용어가 왜 사기죄 해석에 들어 왔을까? 한국 교과서는 왜 이런 표현들을 사용할까? 유기천 교수님 『형법각론』 교과서에 "피해자의 하자 있는 처분행위(die Vermögensverfügung)로 인하여 재물을 취득하거나 불법한 이익을 얻을 것"이라는 표현이 있다.14) ② 처분행위와 교부행위는 같은 용어인가? ③ 형법 제347조 조문이 '교부를 받는 자'라고 명시되어 있다면, 처분행위보다 '교부행위', 처분자보다 '교부자 · 교부받는 자'가 정확한 용어가 아닐까? 단순 사실적 행위에 불과한 '교부행위'(Verfügung)를 법률행위인 '처분행위'로 혼용해서 생각하고 있기 때문이다. 그렇기 때문에 학설대립이 나오는 것이다. ④ 대법원 판례와 많은 교과서들은 처분행

---

12) 임 웅, 형법각론, 제8정판, 법문사, 2017, 407면.
13) 임 웅, 앞의 책, 408면.
14) 유기천, 형법학[각론강의], 정정신판, 영인본, 법문사, 2012, 240면. 그러나 나는 "피해자의 하자 있는 교부행위로 재물을 교부받거나, 재산이익을 취득한 경우"가 옳은 표현이 아닐까 생각한다. 형법 제347조에 명문으로 규정되어 있기 때문이다.

위와 교부행위를 왜 혼용해서 사용할까? ⑤ 많은 형법교과서에 "기망행위와 착오행위, 착오행위와 처분행위, 처분행위와 손해발생 사이에 인과관계가 있어야 한다"는 표현들이 있다. 법조문에 충실한 표현은 "기망행위와 착오행위, 착오행위와 교부행위, 교부행위와 손해발생 사이에 인과관계가 있어야 한다"는 표현이 될 것이다. 사기죄 보호정도를 결과범으로 보면, '인과관계'라는 표현은 옳지만, 보호정도를 추상적 위험범으로 본다면, 관련성(Verbindung) 표현이 정확하지 않는가? 기망행위와 착오행위 관련성, 착오행위와 교부행위 관련성이라는 표현이 정확하다는 지적이 있다.15)

생각건대 교부행위는 형법 제347조에 명시된 법률용어이다. 따라서 판례와 교과서는 독일어와 일본어를 번역한 '처분행위'(Verfügung)보다는 우리나라 법문에 충실한 교부행위를 사용해야 한다고 생각한다. 논란을 줄일 수 있을 것이다.

2. '교부행위 · 교부의사 · 교부의사내용'의 의미

가. 형법 제347조는 '기망행위와 교부받는 행위'를 행위자 행위로 규정하고 있다. 교부(交付, '서로 교'와 '줄 부')란 물건 인도(引渡)를 말한다. 교부행위(Vermögensverfügung)는 민법상 개념이 아니며, 순수한 사실행위이다(rein tatsächlichen Sine, 다수설). 민법상 법률행위임을 요하지 않고, 순수한 사실행위도 포함한다. 다만 교부행위는 재산 손해(Vermögensminderung,

---

15) 유기천, 형법학[각론강의], 정정신판, 영인본, 법문사, 2012, 241면: "피기망자가 착오를 일으킨 것과 행위자의 재물의 취득간에 인과관계가 있어야 한다. 상대방이 착오를 일으키지 않거나 무관하게 재물을 급부하였을 때에는 기망과 취득사이에 인과관계가 없고, 소위 재물의 취득이 있었다고 할 수 없으므로 본죄는 완성되지 아니하고, 미수에 불과하다. 학설상 이러한 때를 인과관계론을 적용하여 상당인과관계가 없으므로 미수라고 하는 학자도 있으나, 이는 총론상의 상당인과관계의 문제라기보다는 형법 제347조의 인과관계의 문제임을 알아야 한다." 각주 1567 "사기죄의 규정을 도외시하고는 형법상 일반적인 인과관계 이론이 해당치 않음을 알아야 한다." 생각건대 보호정도를 침해범으로 보면 '인과관계'(Kausalität)가 옳은 표현이고, 보호법익을 위험범으로 보면 '관련성'(Verbindung)이 옳은 표현이다.

Vermögnensbeschädigung)를 초래하는 재산적 교부행위를 말한다.16) 객관적으로 손해를 초래할 수 있는 일체 행위이다.

더 구체적으로 설명하면, ① 재물 교부행위란 재물 점유를 자유의사로 이전하는 행위이다. 여기에 작위(Handeln)·묵인·수인(Dulden)·부작위(Unterlassen) 교부행위도 포함된다. 교부상태란 재물이 기망자·제삼자의 사실상 지배 아래 들어가 자유로운 처분이 가능한 상태이다. 예를 들면 피기망자인 보험회사가 보험금을 지급한 상태이다. 반대로 행위자는 보험금을 수령한 상태이다. 또 다른 예로 피기망자가 부동산을 교부한 상태이다. 반대로 행위자는 부동산 점유를 이전 받는 상태이다. 이것이 교부상태이다. 한편 ② 재산이익 교부행위란 재산 이익을 취득하게 하는 일체 행위이다. 예를 들면 계약체결행위, 노무제공행위, 채무면제의사표시행위, 청구권을 행사하지 않는 행위, 부동산가압류해제행위, 소유권이전등기 청구권 보존의 가등기를 말소하는 행위, 판결선고행위, 구속영장발부행위, 국가권력 행사, 항소취하행위17) 등이 있다.

나. 문제는 재산교부의사(학계 공식용어 처분의사, Vermögensvefügungsbewusstsein, 독일 형법 제263조 법문에는 '처분의사'라는 용어가 없다)이다. 여기에는 학설이 대립되어 있다.18) 필요설과 불필요설이다. ① 필요설은 "자기재산에 대한 결정의사가 있어야 한다"는 입장이다. ② 불필요설은 "교부행위는 객관적으로 손해를 초래할 수 있는 행위만 있으면 된다"는 입장이다. 기망행위의 본질상 처분의사를 요구할 필요가 없으며, 처분의사를 요구할 경우 교묘한 기망행위일수록 사기죄를 처벌할 수 없는 문제가 발생한다는 점이다. 이재상 교수님이 주장하는 입장이

---

16) 보이스피싱인 경우 전기통신금융사기 피해방지 및 피해금 환급에 관한 특별법으로 처벌하면 될 것이다. 피기망자의 자기 전화 버튼 누름이 '교부행위'로 볼 수도 있겠지만, '재산적 교부행위'인지 여부는 논란이 될 수 있을 것이다.

17) 천진호, "사기죄에 있어서 재산처분행위와 소취하", 형사판례연구[12], 박영사, 2004, 276~300면.

18) 김재봉, "사기죄와 처분의사", 형사판례연구[11], 박영사, 2003, 166~190면(171~178면).

다. "객관적으로 손해가 발생할 수 있으면 족하며 처분의사가 있을 것을 요하지 않는다. 처분행위는 의식적인가 아닌가를 묻지 않는다."[19] 독일 학자들의 견해를 인용하고 있다. ③ 3설(이분설): 재물 경우 교부의사가 필요하다. 그러나 재산이익 경우 교부의사가 필요하지 않다는 입장이다.[20] ④ 판례변경 전과 판례변경 후에도 변함없이 대법원 판례는 "처분행위는 처분의사를 필요로 한다"는 입장이다. ⑤ 생각건대 위 논쟁은 무의미하다. 만약 교부행위 자체를 바로 손해발생가능성으로 보면, 교부행위에 교부의사는 있어야 한다. 그러나 교부행위 이후 손해발생가능성을 분리해서 보면, 손해발생에 대한 인식은 추가로 필요한 것이다. 어쨌든 교부인식은 필요한 것이다. 그래서 교부의사 필요설이 타당하다고 생각한다. 예를 들면 피기망자가 거스름돈으로 10만원 수표를 100만원 수표로 잘못 알고 받은 경우이다. 피기망자가 10만원을 받는 순간, 90만원은 부작위로 기망자에게 교부되는 것이다. 부작위에서 교부의사는 불필요하다는 주장도 있지만, 착오가 빠져 10만원 수표를 수인하는 의사가 바로 부작위 교부의사가 되는 것이다.

　다. 또 다른 문제는 재산교부의사내용이다. 여기에도 학설이 대립되어 있다.[21] 교부하는 사람이 자기 행위(교부행위)로 사기죄 본질인 손해발생가능성을 인식하였는지 여부이다. 이 논쟁은 위의 교부의사 논쟁과 맥을 같이 한다. ① 교부행위인식설이 있다. 이 학설에 따르면 피기망자가 재산변동이 이루어지는 상황만 인식하면 된다. 어떤 행위를 한다는 인식이 바로 교부의사이다. 교부행위 자체를 손해발생가능

---

19) 이재상, 형법각론, 제10판, 박영사, 2010, 343면.

20) 이정원, 형법각론, 제3판, 법지사, 2003, 395면 각주 참조: "예컨대 청구권 등 권리를 행사하지 아니하는 부작위의 경우 또는 **기망에 의하여 세탁기 물품 주문서를 시험사용을 위한 무상의 권리증서라 생각하고 서명하는 작위의 경우는 권리자의 인식 여부에 관계없이 본죄의 처분행위에 해당한다**(BGHSt 22, 88; OLG Hamm 65, 702). 다만 재물의 교부나 재물취거에 대하여 수인하는 경우 피기망자에게 처분인식이 필요하다(Cramer, StGB, §263 Rdnr. 60); 이정원, 형법각론, 신론사, 2012, 367면.

21) 김재봉, 앞의 논문, 166~190면(178~190면).

성으로 보면, 교부행위에 대한 인식만 있으면 교부의사가 인정된다. ② 처분결과인식설이 있다. 이 학설에 따르면 재산변동, 재산상 손실·이익에 대하여 인식을 해야 한다. 이 경우 단순한 교부행위이외에, 교부결과를 인식해야 된다. 이 경우만 교부의사를 인정한다. 이 학설은 교부행위에 대한 인식만으로 교부의사를 인정할 수 없고, 교부결과까지 인식해야 교부의사가 인정된다. ③ 대법원 종전 판례는 교부행위를 단순한 사실행위로, 교부결과는 손해발생으로 이분화하고 위 두 가지를 모두 인식해야 교부의사를 인정하였다. ④ 그러나 2017년 2월 대법원 전원합의체 판결은 교부행위를 단순한 사실행위로 본다. 재산변동 결과를 인식하지 못하였다고 하더라도, 착오상태에서 재산상 손해를 초래하는 행위를 하였다면, 교부의사가 인정된다고 한다. 교부행위를 직접 재산상 손해를 초래하는 작위·부작위로 보면서, 교부의사는 교부행위 당시 어떤 행위 상황만 인식하면 된다는 의미다. 교부행위인식 설로 돌아섰다.

　　라. 다음 사례를 생각해 볼 수 있다. 은행창구에서 타인 예금통장을 제시하면서, 예금을 인출하는 행위는 사기죄가 성립한다(예금통장사기, Spabuchbetrug). 교부자(처분자, 피기망자)인 은행원이 손해발생가능성을 인식하였는지 여부는 사기죄 성립에 아무런 장애가 없다. 왜냐하면 교부행위 자체가 재산상 손해를 초래하는 행위이기 때문이다. 같은 논리로 서명문서·인감증명서 교부자(피기망자, 피해자)인 갑이 자신의 교부행위로 손해발생가능성을 인식하였는지 여부는 사기죄 성립에 아무런 장애가 없다. 서명문서·인감증명서 교부행위 자체가 재산상 손해를 초래하는 행위이기 때문이다. 피기망자(피해자)는 어떤 교부행위를 한다는 인식만 있으면, 교부의사가 있는 것이다. 이것이 2017년 2월 대법원 전원합의체 판례의 핵심이다.

3. 형법 제347조 입법개정안

형법 제347조(사기) ① 사람을 기망하여 재물의 교부를 받거나 재산상의 이익을 취득한 자는 10년 이하의 징역 또는 2천만 원 이하의 벌금에 처한다.

이 조문은 다음과 같이 개정되었으면 한다. 가독성과 형벌이론을 반영하였다.

가. 현   행

> 第347條(詐欺) ① 사람을 欺罔하여 財物의 交付를 받거나 財産上의 利益을 取得한 者는 10年 以下의 懲役 또는 2千萬원 以下의 罰金에 處한다. <改正 1995.12.29.>
>
> ② 前項의 方法으로 第三者로 하여금 財物의 交付를 받게 하거나 財産上의 利益을 取得하게 한 때에도 前項의 刑과 같다.

나. 개정안

> 1안
> 제347조(사기)
> ① [3]사람을 기망하여 재물을 <u>교부받은 사람</u> 또는 [3]사람을 기망하여 제3자에게 재물을 <u>교부받게 한 사람은</u> 10년 이하 징역형·2천만원 이하 벌금형으로 처벌된다.
> ② [3]사람을 기망하여 [2]재산이익을 <u>취득한 사람</u> 또는 [3]사람을 기망하여 제3자에게 재산이익을 <u>취득하게 한 사람은</u> 10년 이하 징역형·2천만원 이하 벌금형으로 처벌된다.
> <개정 1995.12.29.>
>
> 2안[22) ★★★★★
> 제347조(사기)
> <u>다음 각 호를 범한 사람은</u> 10년 이하 징역형·2천만원 이하 벌금형으

로 처벌된다.

1. 사람을 기망하여 재물을 교부받은 사람

2. 사람을 기망하여 제3자에게 재물을 교부받게 한 사람

3. 사람을 기망하여 재산이익을 취득한 사람

4. 사람을 기망하여 제3자에게 재산이익을 취득하게 한 사람

Ⅲ. 사기죄 관련 대법원 판례 분석

대법원 2017. 2. 16. 선고 2016도13362 전원합의체 판결이 나오기 전까지 대법원 판례 흐름을 살펴볼 필요가 있다. ① 책략절도와 사기죄 구분, ② 기망 개념과 부작위 기망, ③ 교부행위와 교부의사, ④ 처분행위와 처분의사 등이 명확하게 판결되었다. 먼저 전원합의체 판결이 참조한 판례들을 살펴보고자 한다. 대상판결과 직접 관련이 있는 판례는 대법원 1983. 2. 22. 선고 82도3115 판결(책절도사건)과 대법원 1994. 8. 12. 선고 94도1487 판결(귀금속절도사건), 대법원 1990. 2. 27. 선고 89도 335 판결(교부받은 인감도장으로 등기소요서류를 작성하여 부동산소유권이 전등기를 경료한 사건), 그리고 대법원 2001. 7. 13. 선고 2001도1289 판 결(부동산매도용인감증명서 및 등기의무자본인확인서면을 교부받아 소유권 이전등기를 경료한 사건) 등이다.

---

22) [개정방향] ① 일본식 조사 '의' 삭제. ② 명확성. ③ 간결성. ④ 가독성. ⑤ 개 조식. 인용하기가 편리할 것이다. ⑥ ~처한다 → 처벌된다. ⑦ 국어어순정비. ⑧ 제1항과 제2항을 통합함. ⑨ 수동태 → 능동태. ⑩ 기망(欺罔)은 속여서 거 물 망에 가두는 것이다. 기(欺, 속일 기), 망(罔, 그물 망). 거래관계에서 지켜 야 할 신의칙에 반하는 행위이며, 사람에게 착오를 일으키게 하는 행위이다. ⑪ 교부(交付)는 물건 인도(引渡)이다. 교(交, 서로 교), 부(付, 줄 부). 재물 점 유를 이전하는 행위이다. 재물이 범인의 사실상의 지배 아래 들어가 자유로 운 처분이 가능한 상태를 말한다.

1. **대법원 1982. 3. 9. 선고 81도1732 판결**[사기·폭행·퇴거불능·
   사문서위조·사문서위조행사·공정증서원본불실기재·공정증서원본
   불실기재행사]

[판결요지] 인장사취사건

토지의 일부만을 매수한 자가 그 부분만을 분할 이전하겠다고 거
짓말하여 소유자로 부터 인장을 교부받아 토지전부에 관하여 소유권
이전등기를 필한 경우에는 매수하지 아니한 부분에 관한 등기에 대하
여는 위 소유자의 처분 행위가 없었을 뿐만 아니라 등기 공무원에게
는 그 처분권한이 있다고 볼 수 없어 사기죄가 성립하지 않는다.

[참조판례] 대법원 1970. 9. 29. 선고 70도1734 판결; 대법원 1981. 7.
28. 선고 81도529 판결

[판례평석] 대법원은 매수한 토지 일부만을 이전등기하겠다고 기
망하여 교부받은 인장으로 그 토지 전부에 대하여 이전등기를 필한
경우 사기죄가 성립하지 않는다고 판시하였다. 논지는 피기망자의 교
부행위가 없다는 것이다. 교부행위와 손해발생가능성을 연결한 법해
석이다. 그러나 인장을 재물로 보면, 교부행위가 있었다고 생각한다.
나아가 인장 교부자(피기망자, 피해자)가 자신의 교부행위로 손해발생
가능성을 인식하였는지 여부는 사기죄 성립에 아무런 장애가 없다. 인
장 교부행위 자체가 (기망자가 사용하기에 따라) 재산상 손해를 초래하
는 행위이기 때문이다. 피기망자(피해자)는 어떤 교부행위를 한다는 인
식만 있으면, 교부의사가 있는 것이다

2. **대법원 1982. 6. 22. 선고 82도777 판결**[사기·보건범죄단속
   에관한특별조치법위반]

[판결요지] 재물교부행위=재산침해행위

재물편취를 내용으로 하는 사기죄에 있어서는 기망으로 인한 재
물교부가 있으면 그 자체로써 피해자의 재산침해가 되어 이로써 곧

사기죄가 성립하는 것이고 상당한 대가가 지급되었다거나 피해자의 전체 재산상에 손해가 없다 하여도 사기죄의 성립에는 영향이 없다.

[판례평석]이 판례는 교부행위 그 자체가 재산침해가 된다는 것이다. 대법원은 상당한 대가 지급과 전체 재산 손해가 없어도 사기죄가 성립한다고 판시하였다. 사기죄는 침해범이라는 판례로 읽힌다.

3. 대법원 1983. 2. 22. 선고 82도3115 판결[횡령 · 절도]

[판결요지] 책절도사건

피해자가 가지고 있는 책을 잠깐 보겠다고 하며 동인이 있는 자리에서 보는 척 하다가 가져갔다면 위 책은 아직 피해자의 점유하에 있었다고 할 것이므로 절도죄가 성립한다.

[판례평석] 절도와 사기를 구분한 판례이다. 절도는 재물절취행위(Wegnahme)에 있고, 사기는 재산교부행위(Vermögensverfügung)에 방점이 있다. 이 사례 경우 책주인에게 책을 교부 받았다고 하더라도, 가져가는 행위는 별개의 행위로 평가할 수 있을 것이다. 법문에 교부행위로 되어있다. 학계와 판례는 재산처분행위로 사용한다. 독일 이론을 차용한 듯하다. 그래서 처분행위를 불문구성요건이라고 말한다. 그러나 교부행위와 처분행위를 같은 의미로 본다면, 기술된 구성요건이라고 보는 것이 타당하다.

4. 대법원 1984. 2. 14. 선고 83도2995 판결[사기]

[판결요지] 기망개념

기망이라 함은 사람으로 하여금 착오를 일으키게 하는 것으로서 그 착오는 사실에 관한 것이거나 법률관계에 관한 것이거나 법률효과에 관한 것이거나를 묻지 않고 반드시 법률행위의 내용의 중요부분에 관한 것일 필요도 없으며 그 수단과 방법에도 아무런 제한이 없으나 널리 거래관계에서 지켜야 할 신의칙에 반하는 행위로서 사람으로 하여금 착오를 일으키게 하는 것을 말한다.

[판례평석] 기망개념을 명확히 한 판결이다. 거래관계에서 신의칙에 반하는 행위로 사람에게 착오를 일으키는 것을 기망이라고 한다. 착오는 사실관계·법률관계·법률효과·법률내용을 포함하며, 그 수단·방법에도 제한이 없다.

5. 대법원 1987. 10. 26. 선고 87도1042 판결[사기, 사문서위조, 사문서위조행사]

[판결요지] 근저당권설정계약서사건(처분의사=처분결과인식설)

사기죄는 타인을 기망하여 착오에 빠뜨리게 하고 그 처분행위를 유발하여 재물, 재산상의 이득을 얻음으로써 성립하는 것이므로 여기서 처분행위라고 하는 것은 재산적 처분행위를 의미하고 그것은 주관적으로 피기망자가 처분의사 즉 처분결과를 인식하고 객관적으로는 이러한 의사에 지배된 행위가 있을 것을 요한다.

[판례평석] 근저당권설정계약서에 피해자 자필서명과 무인을 받아 놓았다가 범인이 이미 소지하고 있던 피해자(피기망자)의 인감증명서로 근저당설정등기를 완료한 사안이다. 대법원은 이 판례에서 "교부행위는 재산교부행위이며, 교부행위는 주관적으로 교부의사가 있어야 한다"는 점을 명확히 하였다. 교부의사란 교부결과를 인식하는 것이고, 이에 지배된 행위가 교부행위라고 한다. 대법원 입장을 요약하면, "피기망자에게 교부의사가 필요하다는 입장(필요설)과 교부의사 내용은 "피기망자에게 재산변동·재산손실·재산이익 등 인식이 있어야 한다는 입장이다(교부결과인식설·손실인식설). 대법원은 사기죄 성립을 부정하였다. 그러나 이 판결에 대해 이정원 교수는 "사기이득죄 경우 처분행위에 피기망자 처분의사는 필요하지 않는다"고 주장한다. 이 사안 경우 "피기망자 처분행위와 재산상 손실의 직접성이 결여된 경우로서 사기죄의 성립이 부정되어야 한다"고 설명한다.[23] 생각건대 사기

---

23) 이정원, 형법각론, 제3판, 법지사, 2003, 396면.

이득죄도 피기망자가 재산상 이익을 교부하는 행위를 인식해야 한다. 교부 없이 취득이 이루어질 수 없기 때문이다. 이 사안 경우 교부행위 자체가 손해발생을 초래하는 행위이다. 그래서 기망과 처분사이에 직접성이 인정된다.

6. 대법원 1990. 2. 27. 선고 89도335 판결[사기]

[판결요지] 인감도장사건

피고인이 진실한 용도를 속이고 피해자로부터 그 인감도장을 교부받아 이 사건 부동산에 관한 소유권이전등기절차에 필요한 관계서류를 작성하여 그 명의로 소유권이전등기를 마쳤다 하여도 피해자의 처분행위가 있었다고 할 수 없고 또 인감도장이라는 재물을 영득할 의사가 없었던 것이라면 피고인에 대한 이건 사기공소사실에 관하여 무죄를 선고한 것은 옳고 사기죄의 법리를 오해한 위법이 없다.

[판례평석] 이 판례는 피해자 처분행위 자체를 부정한 사례이다. 피해자를 속여 교부받은 인감도장으로 등기소요서류를 작성하여 피해자 소유 부동산에 소유권이전등기를 마친 경우, 대법원은 피해자에게 처분행위가 있었다고 할 수 없고, 또한 인감도장이라는 재물을 영득할 의사가 없었던 것으로 판단하여, 사기죄 성립을 부정하였다. 그러나 이 사안도 역시 교부받은 도장으로 서류를 작성한 행위는 손해발생을 초래할 수 있기 때문에 교부의사가 있다고 볼 수 있다. 인감도장 교부행위에 교부의사가 담겨있다.

7. 대법원 1994. 8. 12. 선고 94도1487 판결[특정범죄가중처벌등에관한법률위반(절도), 사기, 공문서변조, 폭력행위등처벌에관한법률위반, 신용카드업법위반, 점유이탈물횡령, 도로교통법위반]

[판결요지] 귀금속절취사건

피고인이 피해자 경영의 금방에서 마치 귀금속을 구입할 것처럼 가장하여 피해자로부터 순금목걸이 등을 건네받은 다음 화장실에 갔다 오겠다는 핑계를 대고 도주한 것이라면 위 순금목걸이 등은 도주하기 전까지는 아직 피해자의 점유하에 있었다고 할 것이므로 이를 절도죄로 의율 처단한 것은 정당하다.

[판례평석] 이 판례는 대법원 1983. 2. 22. 선고 82도3115 판결[횡령·절도] 논리를 반복한 사례다. 절도와 사기를 구분하였다. 절도는 재물 절취행위(Wegnahme)에 있고, 사기는 재산교부행위(Vermögensverfügung)에 방점이 있다. 재물 사기와 재물 절도(Trickdiebstahl, 책략절도) 차이점은 피기망자 교부행위에 있다. 이 사례 경우 금방주인에게 귀금속을 교부받았다고 하더라도, 피해자(피기망자) 지배범위를 멀리 벗어나는 상태에서 그대로 도주하는 행위는 별개의 행위로 평가할 수 있을 것이다.24) 만약 행위자가 별도 재물취거 행위를 한 경우 절도죄가 성립한다. ① 사람을 기망하여 승인받고 주거에 들어가 재물을 절취한 경우, ② 상품을 사겠다고 거짓말하여 진열대 상품을 들고 간 경우, ③ 옷을 입어 보겠다고 한 후 그 옷을 가지고 가는 경우 절도죄가 성립한다.

8. 대법원 1999. 7. 9. 선고 99도1326 판결[사기]

[판결요지] 변제기연장사건

[1] 사기죄는 타인을 기망하여 착오에 빠뜨리게 하고 그 처분행위를 유발하여 재물, 재산상의 이득을 얻음으로써 성립하는 것이고, 여기서 처분행위라고 하는 것은 재산적 처분행위를 의미하고 그것은 주관적으로 피기망자가 처분의사 즉 처분결과를 인식하고 객관적으로는 이러한 의사에 지배된 행위가 있을 것을 요한다.

[2] 기존채무의 변제기 연장으로 인한 기한 유예의 재산상 이익이 아니라 변제기를 연장받음으로써 연장기간 동안의 이자 중 미지급 부분에 대한 재산상 이익을 편취하였다는 공소사실에 대하여 피기망자

---

24) 손동권, 형법각론, 율곡출판사, 2004, 320면; 손동권, 형법각론, 제3판, 율곡출판사, 2010, 374면.

의 재산적 처분행위가 없었다는 이유로 사기죄의 성립을 부정한 사례.

[판례평석] 이 판례는 재산상 이익과 교부행위·교부의사와 관련
된 사례이다. 대법원은 피기망자 처분행위와 처분의사를 필요성을 반
복하고 있다. 생각건대 피기망자 변제기연장조치는 피기망자 의사가
지배된 행위로 볼 수 있다. 기망자(행위자)가 약정이자를 지급하지 아
니할 것을 행위 당시 피기망자(피해자)가 인식할 필요는 없다고 생각
한다. 여기서 교부행위란 변제기연장조치이다. 이러한 조치는 손해발
생을 초래할 수 있는 행위이다. 교부의사를 과도하게 좁혀 놓은 판결
이다. 피기망자(피해자)에게 이자미지급까지 인식해야 재산적 처분행위
라고 한다면, 사기죄 처벌을 너무 축소시킨 것이다.

9. 대법원 2001. 7. 13. 선고 2001도1289 판결[폭력행위등처벌
에관한법률위반·사기·공갈·도로교통법위반(음주운전)·공문서부
정행사·무고]

[공소사실] 부동산매도용인감증명서사건

피고인은 1995년 8월 말경 남양주시 수동면 소재 수동면사무소에
서, 내연관계에 있던 공소외인이 피해자 김○진으로부터 남양주시 수
동면 수산리 217의3 전 3,379㎡를 대금 9,500만 원에 매수하기로 계약
을 체결하였다. 그 후 계약금 및 중도금으로 4,500만 원을 지급하고
나머지 잔금을 지급하지 않은 상태에서 사실은 위 김○진으로부터 부
동산매도용인감증명서 및 등기의무자본인확인서면을 교부받더라도 이
를 이용하여 위 부동산에 대한 형질변경 및 건축허가를 받는 데에 사
용하지 아니하고 위 피해자의 의사에 반하여 위 부동산을 피고인 명
의로 소유권이전등기를 하는 데에 사용할 생각이었다. 그럼에도 불구
하고, 위 피해자에게 형질변경 및 건축허가를 받는 데에 부동산매도용
인감증명서 및 확인서면이 반드시 필요하니 이를 나에게 건네주면 위
용도로만 사용하겠다라고 거짓말하였다. 이에 속은 위 피해자로부터

즉석에서 부동산매도용인감증명서 및 등기의무자본인확인서면을 교부
받은 후 이를 이용하여 같은 해 9일경 위 부동산을 피고인 외 4인 명
의로 소유권이전등기를 경료함으로써 위 부동산 시가 9,500만 원 상당
을 편취하였다.

　[판결요지]

　사기죄는 타인을 기망하여 착오에 빠뜨리고 그로 인한 처분행위
로 재물의 교부를 받거나 재산상의 이익을 취득한 때에 성립하는 것
이므로, 피고인이 피해자에게 부동산매도용인감증명 및 등기의무자본
인확인서면의 진실한 용도를 속이고 그 서류들을 교부받아 피고인 등
명의로 위 부동산에 관한 소유권이전등기를 경료하였다 하여도 피해
자의 위 부동산에 관한 처분행위가 있었다고 할 수 없을 것이고 따라
서 사기죄를 구성하지 않는다.

　[참조판례] 대법원 1990. 2. 27. 선고 89도335 판결

　[판례평석] 이 판례는 대법원 1982. 3. 9. 선고 81도1732 판결과 대
법원 1990. 2. 27. 선고 89도335 판결의 교부행위 논리를 반복하고 있
다. 대법원은 피해자를 속여 교부받은 인감증명서 등으로 등기소요서
류를 작성하여 피해자 소유의 부동산에 관한 소유권이전등기를 마친
경우, 재물처분행위를 부정하였다. 생각건대 피기망자가 부동산매도용
인감증명과 등기의무자본인확인서면의 진실한 용도를 정확히 모르고
착오에 빠져 그 서류들을 교부하는 행위는 그 자체로서 재물교부행위
와 재물교부의사가 있다고 본다. 피기망자(피해자)가 위 서류들이 부동
산소유권이전등기 사용될 것을 인식하고 교부하지는 않을 것이다. 재
산교부행위는 부동산소유권이전이 아니고, 손해발생을 초래하는 행위
이다. 위 서류들은 중요한 서류들이다.

10. 대법원 2006. 1. 26. 선고 2005도1160 판결[특정경제범죄
가중처벌등에관한법률위반(사기)·사기]

[공소사실] 부작위 처분행위와 처분의사

고려애자공업 주식회사(이하 '고려애자'라 한다)가 한국전력공사 및 철도청에 납품한 이 사건 애자들은 반영구적인 제품이다. 특히 한국전력공사나 철도청은 고려애자가 제작하는 애자의 최대 수요자이다. 애자의 납품은 구매자가 정한 절차에 따라 검사한 합격품을 구매자가 지정한 장소에서 수령하기로 약정하였다. 실제로도 이 사건 애자들에 대하여 소정의 각종 검사를 거쳐 합격 여부의 판정을 한 다음 이를 납품받았다. 현재까지도 아무런 하자가 발생하지 않았을 뿐만 아니라, 납품 직후 이 사건 애자들의 외관에 관하여 문제가 제기되었을 때에도 한국전력공사는 이 사건 애자들에 대하여 8개 항목에 걸친 성능확인시험을 거쳐 양호판정을 하였고, 이 사건 애자들의 외관과 관련하여 별다른 이의를 제기하지 아니하였다.

[판결요지]

[1] 사기죄에 있어서의 기망이라 함은 사람으로 하여금 착오를 일으키게 하는 것으로서, 그 착오는 사실에 관한 것이거나 법률관계에 관한 것이거나 법률효과에 관한 것이거나를 묻지 않고, 반드시 법률행위의 내용의 중요부분에 관한 것일 필요도 없으며, 그 수단과 방법에도 아무런 제한이 없으나, 널리 재산상의 거래관계에 있어 서로 지켜야 할 신의와 성실의 의무를 저버리는 모든 적극적 또는 소극적 행위를 말하는 것이고, 이러한 소극적 행위로서의 부작위에 의한 기망은 법률상 고지의무 있는 자가 일정한 사실에 관하여 상대방이 착오에 빠져 있음을 알면서도 이를 고지하지 아니함을 말하는 것으로서, 일반 거래의 경험칙상 상대방이 그 사실을 알았더라면 당해 법률행위를 하지 않았을 것이 명백한 경우에는 신의칙에 비추어 그 사실을 고지할 법률상 의무가 인정된다(대법원 1984. 2. 14. 선고 83도2995 판결; 대법원

2003. 5. 30. 선고 2002도3455 판결 등 참조).

[2] 위와 같은 사정들에 비추어 보면 피고인 등이 납품한 애자에 표기된 제조년도가 실제와 다르다거나 납품하기 전 태국전력청의 마크를 지우고 고려애자의 마크를 표시하였다는 사정에 관하여 상대방이 착오에 빠져 있음을 알면서도 그와 같은 사정을 고지하지 아니하였다고 보기는 어렵다고 보아야 할 것이다. 같은 취지에서 원심이 피고인에게 무죄를 선고한 조치는 정당한 것으로 수긍이 가고, 거기에 상고이유의 주장과 같이 채증법칙을 위배하여 사실을 오인하였거나 사기죄에 관한 법리를 오해하는 등의 위법이 없다.

[판례평석] 부작위 기망행위와 교부행위(피기망자 기망상황 유지행위)를 다룬 판례다. 부작위 사기죄는 사실을 고지할 법률상 의무가 인정되어야 성립한다. 이 사안 경우 상대방이 착오에 빠져 있음을 알면서도 그와 같은 사정을 고지하지 아니하였다고 보기 어렵다고 판단하여 부작위 교부행위를 부인한 판례이다. 부작위 교부행위란 보증인 지위에 있는 사람이 법적으로 요구되는 행위를 하지 아니함으로써 착오 상태를 유지시켜 재산상 손해를 초래할 수 있는 상황을 만드는 것이다.

11. 대법원 2007. 7. 12. 선고 2005도9221 판결[특정경제범죄가 중처벌등에관한법률위반(사기)]

[판결요지] 출판인세사건(처분의사=처분결과인식설=손해발생가능성 인식설)

[1] 사기죄는 타인을 기망하여 착오를 일으키게 하고 그로 인한 처분행위를 유발하여 재물·재산상의 이득을 얻음으로써 성립하고, 여기서 처분행위라 함은 재산적 처분행위로서 피해자가 자유의사로 직접 재산상 손해를 초래하는 작위에 나아가거나 또는 부작위에 이른 것을 말하므로, 피해자가 착오에 빠진 결과 채권의 존재를 알지 못하여 채권을 행사하지 아니하였다면 그와 같은 부작위도 재산의 처분행

위에 해당한다.

[2] 출판사 경영자가 출고현황표를 조작하는 방법으로 실제출판부수를 속여 작가에게 인세의 일부만을 지급한 사안에서, 작가가 나머지 인세에 대한 청구권의 존재 자체를 알지 못하는 착오에 빠져 이를 행사하지 아니한 것이 사기죄에 있어 부작위에 의한 처분행위에 해당한다고 본 사례.

[판례평석] 이 판례는 부작위 처분행위와 처분의사를 인정한 사례이다. 부작위 교부행위란 보증인 지위에 있는 사람이 법적으로 요구되는 행위를 하지 아니함으로써 착오상태를 유지시켜 재산상 손해를 초래할 수 있는 상황을 만드는 것이다. 피기망자(피해자)인 작가가 청구권 존재 몰라 인세를 받지 못한 것은 부작위 교부행위로 볼 수 있으며, 이 때문에 기망자(출판사 대표)가 인세를 취득하게 한 것이다. 청구권 존재를 몰랐던 것이 피기망자(피해자)의 행위상황(손해발생상황)에 대한 인식이고, 이러한 인식으로 피기망자는 인세를 요구하지 않은 것이다. 부작위 교부행위와 교부의사가 성립된다(교부행위상황인식설). 그럼에도 우리 학계는 이 판례에 대해 견해가 양분되었다. ① 어떤 견해는 "처분결과인 손실에 대한 인식이 없더라도, 처분행위를 인정할 수 있다. ② 또 어떤 견해는 "처분결과인식설 입장에서 처분의사 불요설을 주장"하며, 대법원 입장을 이해할 수 있다고 하였다. 그러나 이와 달리 ③ 또 어떤 견해는 "처분행위인식설 입장에서 출판부수의 3분의 1에 대한 인세를 수령하고, 나머지 인세를 청구하지 않은 것은 부작위 기망 때문이다. 청구권 존재 자체를 몰랐던 상황(부작위 상황·손해발생상황)에서 그 인식에 기반하여 인쇄를 요구하지 않고 침묵한 것은 부작위 처분의사로 볼 수 있다고 하였다. ③ 견해가 타당하다고 생각한다.

12. 대법원 2011. 4. 14. 선고 2011도769 판결[특정경제범죄가중
처벌등에관한법률위반(사기) · 사기]

[판결요지] 이자미지급사건(처분결과인식설)

[1] 사기죄는 타인을 기망하여 착오에 빠뜨리고 처분행위를 유발
하여 재물, 재산상의 이득을 얻음으로써 성립하는 것이므로, 여기서
'처분행위'라고 하는 것은 재산적 처분행위로서 주관적으로 피기망자
가 처분의사 즉 처분 결과를 인식하고 객관적으로는 이러한 의사에
지배된 행위가 있을 것을 요한다.

[2] 피고인이 피해자들을 기망하여 투자금 명목의 돈을 편취하는
과정에서 이자 지급 약정하에 대여금을 교부받았으나 이자를 지급하
지 않은 사안에서, 위 이자 부분에 대해서도 사기죄가 성립하기 위하
여는 피고인의 기망행위로 인해 이자 부분에 관한 별도의 처분행위가
있어야 하는데, 이에 대하여 피해자들의 처분행위가 있었다고 단정할
자료가 없는데도, 피고인의 기망행위와 위 이자 발생 사이에 인과관계
를 인정하여 유죄를 인정한 원심판단에 심리미진이나 채증법칙 위반
또는 법리오해의 위법이 있다고 한 사례.

[판례평석] 피기망자가 약정한 대여금을 교부하였지만, 이자를 받
지 못한 사례이다. 이 판례는 재산상 이익과 교부행위 · 교부의사와 관
련된 사례이다. 대법원 1999.7.9. 선고 99도1326 판결과 논지가 같다.
대법원은 피기망자 처분행위와 처분의사를 필요성을 강조하며, 무죄
취지로 파기환송하였다. 그러나 생각건대 약정대여금 교부행위는 착
오에 빠진 피기망자(피해자)의 자유로운 의사가 지배된 행위로 볼 수
있다. 기망자(행위자)가 약정이자를 지급하지 아니할 손해발생가능성
을, 행위 당시 피기망자(피해자)가 인식할 필요는 없다. 여기서 교부행
위란 대여금교부이며, 대여금 교부는 언제든 손해발생(이자 또는 대여
금상환 불능)을 초래할 수 있다. 교부행위와 교부의사를 과도하게 좁혀
놓은 판결이다. 피기망자(피해자)에게 이자미지급까지 인식(결과발생인

식설)해야 재산적 처분행위에 해당한다면, 사기죄 처벌을 너무 축소시
킨 것이다. 그래서 나는 논란이 많은 판례라고 생각한다.

13. 대법원 2011. 11. 10. 선고 2011도9919 판결[사기·사문서위
조(일부인정된죄명: 자격모용사문서작성)·위조사문서행사(일부 인
정된 죄명: 자격모용작성사문서행사)·사문서변조·변조사문서행사·
공전자기록등불실기재·불실기재공전자기록등행사·자격모용사문서
작성]

[판결요지] 인감증명서사건

[1] 인감증명서는 인감과 함께 소지함으로써 인감 자체의 동일성
을 증명함과 동시에 거래행위자의 동일성과 거래행위가 행위자의 의
사에 의한 것임을 확인하는 자료로서 개인의 권리의무에 관계되는 일
에 사용되는 등 일반인의 거래상 극히 중요한 기능을 가진다. 따라서
그 문서는 다른 특별한 사정이 없는 한 재산적 가치를 가지는 것이어
서 형법상의 '재물'에 해당한다고 할 것이다. 이는 그 내용 중에 재물
이나 재산상 이익의 처분에 관한 사항이 포함되어 있지 아니하다고
하여 달리 볼 것이 아니다. 따라서 위 용도로 발급되어 그 소지인에게
재산적 가치가 있는 것으로 인정되는 인감증명서를 그 소지인을 기망
하여 편취하는 것은 그 소지인에 대한 관계에서 사기죄가 성립한다고
할 것이다.

[2] 피고인이 피해자에게서 매수한 재개발아파트 수분양권을 이미
매도하였는데도 마치 자신이 피해자의 입주권을 정당하게 보유하고
있는 것처럼 피해자의 딸과 사위에게 거짓말하여 피해자 명의의 인감
증명서 3장을 교부받은 사안에서, 위 인감증명서는 피해자 측이 발급
받아 소지하게 된 피해자 명의의 것으로서 재물성이 인정된다 할 것
인데, 피고인이 피해자 측을 기망하여 이를 교부받은 이상 재물에 대
한 편취행위가 성립한다고 보아야 하고, 피고인은 피해자의 재개발아

파트 수분양권을 이중으로 매도할 목적으로 그에 중요한 의미를 가지는 피해자 명의의 인감증명서를 기망에 의하여 취득하였다는 것이므로 위 인감증명서에 대한 편취의 고의도 인정하기에 충분하므로, 위와 같은 피고인의 행위에 대하여는 재물의 편취에 의한 사기죄가 성립한다고 할 것인데도, 이와 달리 보아 무죄를 선고한 원심판결에는 사기죄의 객체가 되는 재물에 관한 법리오해의 위법이 있다고 한 사례.

[판례평석] 대법원은 인감증명서를 사기죄의 객체로 인정한다. 기망으로 피해자 명의 인감증명서를 교부 받은 경우, 인감증명서에 대한 편취 고의를 인정할 수 있으므로, 피고인 행위는 재물 편취 사기죄가 성립한다는 판결이다. 이 판결은 전원합의체 판결에 참고가 되었다고 생각한다.

14. 소 결

대법원 판례는 1970년부터 2017년까지 견고했다. 오랫동안 지속된 종전 대법원 판결요지는 다음과 같다. "사기죄는 타인을 기망하여 착오에 빠뜨리게 하고, 그 처분행위를 유발하여, 재물·재산상의 이득을 얻음으로써 성립한다. 사기죄 처분행위는 재산적 처분행위를 의미한다. 처분행위는 주관적으로 피기망자 처분의사, 즉 처분결과를 인식해야 한다. 객관적으로 처분의사에 지배된 행위가 있어야 한다"(처분의사 필요설과 처분결과인식설).

그러나 2017년 2월 16일 대법원 전원합의체 판결은 완전히 다른 입장이다: "처분행위와 처분의사는 있어야 한다(처분의사 필요설). 처분행위에 대한 처분의사만 있으면 된다(교부행위인식설·행위상황인식설). 사기죄 처분의사는 착오에 빠진 피기망자가 어떤 행위를 한다는 인식이 있으면 충분하다. 그 행위가 가져오는 결과에 대한 인식까지 필요하다고 볼 것은 아니다. 손해 초래 행위만 인식하면 된다." 종전 대법원 입장을 변경하였다.

물론 새로운 법발견은 타당하다. 다만 실무가들에게 갑작스런 판례변경과 피고인에게 불리한 판례변경은 또 다른 문제점을 남겨 놓았다고 생각한다.

Ⅳ. 대상판결 평석

1. 다수의견[25]

가. 갑 등은 피고인 등 기망행위로 착오에 빠진 결과 토지거래허가 등에 필요한 서류로 잘못 알고 처분문서인 근저당권설정계약서 등에 서명·날인함으로써 재산손해를 초래하는 행위를 하였다. 그러므로 갑 등 행위는 사기죄 처분행위에 해당한다.

나. 갑 등이 비록 자신들이 서명·날인하는 문서 정확한 내용과 문서 작성행위가 어떤 결과를 초래하는지를 미처 인식하지 못하였더라도, 토지거래허가 등에 관한 서류로 알고 그와 다른 근저당권설정계약에 관한 내용이 기재되어 있는 문서에 스스로 서명·날인함으로써 그 문서에 서명·날인하는 행위에 인식이 있었던 이상 처분의사도 인정된다.

다. 사기죄 본질과 그 구조, 처분행위와 그 의사적 요소로서 처분의사 기능과 역할, 기망행위와 착오 의미 등에 비추어 보면, 비록 피기망자가 처분행위 의미나 내용을 인식하지 못하였다고 하더라도, 피기망자의 작위 또는 부작위가 직접 재산상 손해를 초래하는 재산적 처분행위로 평가되고, 이러한 작위 또는 부작위를 피기망자가 인식하고 한 것이라면 처분행위에 상응하는 처분의사는 인정된다. 다시 말하면 피기망자가 자신의 작위 또는 부작위에 따른 결과까지 인식하여야 처분의사를 인정할 수 있는 것은 아니다.

라. 피기망자가 행위자의 기망행위로 착오에 빠진 결과 내심 의사와 다른 효과를 발생시키는 내용의 처분문서에 서명 또는 날인함으로

---

25) 대법원장 양승태·대법관 박병대·대법관 박보영·대법관 김창석·대법관 김신·대법관 권순일·대법관 김재형(7명).

써 처분문서 내용에 따른 재산상 손해가 초래되었다면, 그와 같은 처분문서에 서명 또는 날인을 한 피기망자 행위는 사기죄에서 말하는 처분행위에 해당한다.

2. 소수의견26)

가. 절도죄와 구별되는 사기죄의 본질, 처분행위와 그 의사적 요소로서 처분의사 의미 등에 비추어 볼 때, 사기죄에서 말하는 처분행위가 인정되려면 처분결과에 대한 피기망자의 주관적인 인식이 필요하다.

나. 서명사취 사안의 경우 피기망자에게는 자신이 서명 또는 날인하는 처분문서 내용과 그 법적 효과에 대하여 아무런 인식이 없으므로 처분의사와 그에 기한 처분행위를 부정함이 옳다.

다. 착오에 빠진 피기망자가 자신 행위 의미와 결과 인식을 가진 채 처분행위를 한 경우에만 사기죄가 성립될 수 있다. 그러므로 구성요건요소로서 피기망자 착오 역시 처분행위 동기 · 처분행위 의도, 처분행위 목적에 관한 것에 한정된다.

라. 처분결과에 대한 인식조차 없는 처분행위 자체에 관한 착오는 해석론상 사기죄에서 말하는 착오에 포섭될 수 없다. 구성요건요소인 기망행위에 대한 적정한 해석론 역시 이와 다르지 않다.

마. 결국 사기죄 본질과 특수성을 고려하지 않은 채 이루어진 착오와 기망행위에 대한 부적절한 구성요건 해석을 들어 피기망자 처분결과에 대한 인식이 반드시 필요한 것은 아니라는 다수의견 논증은 선후가 바뀐 해석론에 불과하여 그대로 받아들이기 어렵다.

바. 다수의견은 사기죄 처분의사 판단에서 피기망자에게 처분결과에 대한 인식이 필요 없는 것으로 해석한다. 문제는 사기죄 성립 여부가 불분명해지고, 그 결과 처벌 범위 역시 확대될 우려가 있다.

---

26) 대법관 이상훈 · 대법관 김용덕 · 대법관 김소영 · 대법관 조희대 · 대법관 박상옥 · 대법관 이기택(6명).

사. 행위자 기망행위가 개입한 다수 범행에서 피기망자 인식을 전혀 고려하지 않은 채, 사기 범행과 사기 아닌 범행을 명확히 구분해 낼 수 있을지 의문이다.

아. 피기망자에게 자신 행위로 결과를 미처 인식하지 못하도록 하는 위법한 기망행위를 통해 재산이익을 취득한 행위자를 형사처벌하고자 한다면, 다수의견과 같이 사기죄 법리 근간을 함부로 변경할 것이 아니라, 별도의 입법을 하는 것이 올바른 해결책이다.

3. 평 석

가. 사기죄는 기망을 당한 사람이 재물을 교부함으로써 성립한다. 따라서 문서에 서명·날인하는 행위에 인식이 있었던 이상 기망을 당한 것이다. 재물인 문서와 인감증명서를 교부하는 행위 그 자체로 교부의사가 있는 것이다(교부행위인식설·행위상황인식설). 문서와 인감증명서를 주는 행위는 그 자체로 손해를 초래할 가능성이 있는 행위이기 때문이다.

나. 사기피해자(피기망자가) '손해발생(결과발생)가능성을 예상하고, 재물을 자기 또는 제삼자에게 교부하는 경우'는 거의 없다. 사람을 기망하여 부동산 소유권을 이전받거나, 제3자에게 이전받게 함으로써 이를 편취한 경우를 보면(대법원 2007. 4. 19. 선고 2005도7288 전원합의체 판결[특정경제범죄가중처벌등에관한법률위반(사기)]), 피기망자(피해자)는 부동산 소유권을 넘겨준다는 자기 인식이 전혀 없다. 손해발생가능성(교부결과인식설)을 취할 경우 사기죄 성립은 대폭 축소될 것이다.

다. 사기죄 구성요건은 기망에 빠져 재물을 교부하는 행위와 재산이익을 교부하는 행위이다. 교부자(피기망자)는 재물을 전달하는 행위와 재산이익을 교부하는 행위, 그 교부상황(어떤 행위상만)만 인식하면 된다. 따라서 교부의사는 손해발생을 초래하는 행위에 대한 인식이라고 말한다. 사기죄는 행위자 관점인, 기망행위와 교부받는 행위가 중요한다. 기망자(행위자)도 마찬가지로 피기망자가(피해자)가 착오에 빠져, 재물을 교부하는 피해자 행위 정도만 인식하면 된다. 이것이 행위자 고의다. 만약 행위자에게 피기망자의 내면의 세계까지 인식을 했는가라고 묻는다면, 교부행위의 착오로 또 다시 복잡한 착오문제가 생길 것이다.

라. 대법원 판결에서 설명된 '처분결과'라는 법률용어는 오해 소지가 많다. 우리 형법 제347조는 법문장에서 '교부를 받는 사람'으로 규정되어 있다. '교부행위와 교부를 받는 행위'인 것이다. 대법원의 오래된 입장처럼 형법 제347조 사기죄가 위험범이라면, 피기망자가 착오에 빠져 '교부하고, 기망자 · 제3자가 교부받는 행위'로 사기죄는 성립하는 것이다. 피기망자가 재산변동 · 재산손실 · 재산이익 등을 인식하고 교부하는 문제가 아니고, 기망자가 재산변동 · 재산손실 · 재산이익 등을 인식하고 교부받는 문제다. 그래서 피기망자(피해자)에게 요구되는 처분결과인식설은 논리구조상 설득력이 없다.

마. 반대의견과 같은 논지를 펼치는 주장이 있다. 이창섭 교수는 "직접 재산상 손해를 초래하지 않는 '서명사취'를 교부행위(처분행위)로 보기에는 어려움이 있다. 인장사취 · 서명사취로 재물 또는 재산상 이득을 취득하게 하는 행위가 일어나지 않는다"[27]고 한다. 그러나 "서명사취는 단순히 백지에 서명만을 받은 것이 아니다. 문서의 내용 자체로 재산적 처분행위의 취지가 명시되어 있는데 행위자가 다른 취지의 문서라고 피해자를 기망하여 서명을 받은 것이다. 다만 기망을 당하여 그 표시행위가 내심의 의사와 다른 의미를 가지는 것을 행위자가 인식하지 못하였을 뿐이다. 그럼에도 불구하고 형사상 사기죄와 관련해서는 서명사취에는 처분결과에 대한 인식이 없어 처분행위가 부존재한다고 하는 것은 논리의 일관성도 없고 형사법 고유의 규범목적에도 배치된다".[28] 피기망자(피해자)는 신이 아닌 이상 그것까지 인식

---

27) 이창섭, 앞의 논문, 2017, 1~15면(14~15면).
28) 대법원 2017. 2. 16. 선고 2016도13362 전원합의체 판결: 박병대 대법관 보충의견.

할 수 없다. 따라서 소수의견 논지에 동의할 수 없다.

　바. 교부행위인식설(손해초래행위인식설·손해발생상황인식설)이 사기죄 성립 여부를 명확하게 하는 것이다. "사기죄 처벌 범위가 확대될 우려가 있다"는 소수견해는 사기행위가 가지는 사회시스템 붕괴행위를 과소평가한 것이다.[29] 따라서 대법원 전원합의체 판결 다수견해는 사기죄 본질과 특수성을 고려한 합리적 해석이라고 생각한다.

Ⅴ. 피고인에게 불리한 대법원 전원합의체 판례변경의 문제점

　대법원 전원합의체는 사기죄와 관련하여 2006년 4월에 이어 또다시 판례변경을 단행하였다. "이와 달리 사기죄에서 말하는 처분행위

---

29) 김일연, 앞의 논문, 11면 인용.

　(1) 다수의견과 반대의견 모두 처분행위가 인정되려면 이에 관한 처분의사가 있어야 한다는 점에는 입장을 같이 한다. 그러나 처분의사의 구체적 의미에 관하여, 다수의견은 '어떤 행위를 한다는 인식'으로 충분하다고 해석하는 반면, 반대의견은 '그 행위가 가져오는 결과, 즉 처분결과에 대한 인식'이 있어야만 처분의사를 인정할 수 있다고 본다. 말하자면 다수의견은 처분'행위'에 관한 인식에, 반대의견은 '처분'행위에 관한 인식에 강조점을 둔다.

　(2) 다수의견과 반대의견이 처벌 여부를 달리 보는 행위로는 ① 본 건과 같은 서명사취 사안, ② 변종 보이스피싱 행위(예: 세금환급을 해 준다고 속이고 피해자를 현금인출기로 유인해 피해자 계좌에서 보이스피싱 계좌로 돈을 이체하도록 하는 행위)가 대표적이다. 다수의견에 의하면, 위 사안에서 피해자(피기망자)는 어떠한 처분문서에 관한 서명·날인 행위 또는 현금인출기 작동 행위를 한다는 점에 관한 인식이 있었으므로, 처분의사가 인정되고, 사기죄가 성립한다. 반면 반대의견에 의하면, 피해자(피기망자)는 처분문서의 내용과 같은 재산의 이전 또는 보이스피싱 계좌로의 자금 이체라는 처분결과에 대한 인식이 없었으므로, 처분의사가 인정되지 않아, 사기죄가 성립할 수 없다.

　(3) 다수의견은, 반대의견에 의하면 지능적인 수법을 사용해 피해자를 더 심한 착오에 빠뜨리는 행위를 사기죄로 처벌할 수 없게 된다고 비판한다. 반면 반대의견은, 처벌 공백은 특별 입법으로 해소할 수 있는데도(예: '전기통신금융사기 피해방지 및 피해금 환급에 관한 특별법' 등) 다수의견이 형법의 보장적 기능을 훼손하면서까지 범죄 구성요건을 무리하게 확대해석한다고 비판한다.

가 인정되려면 피기망자에게 처분결과에 대한 인식이 있어야 한다고 판시한 대법원 1987. 10. 26. 선고 87도1042 판결, 대법원 1999. 7. 9. 선고 99도1326 판결, 대법원 2011. 4. 14. 선고 2011도769 판결 등은 이 판결과 배치되는 범위에서 이를 변경하기로 한다."30)

1. 문제점

가. 대법원이 어느 날 갑자기 이렇게 종전 판례를 변경한다면, 법원, 피고인과 변호인 입장에서 당황스럽다.31) 법안정성, 신뢰원칙, 소급효금지를 생각할 수 있을 것이다. 일반적으로 하급심은 대법원 판례를 따를 수밖에 없는 구조다. 검사가 유일하게 대법원 판례를 피고인에게 불리하게 변경하는 법해석을 시도한다. 대상판결도 이런 경우다.

나. 법원은 언제든 새로운 해석으로 종전 판례를 변경할 수 있다. 새로운 법발견(法發見, Rechtsfindung)이라고 말한다. 문제는 피고인에게 불리한 새로운 법발견이다. 여기에 관해 학계에서 많은 논의가 있었다. 그러나 대륙법체계 한계 때문에 구조적 변화를 생각하지도 못하고 있다. 겨우 형법 제16조 위법성착오(금지착오)로 해결하자는 입장이 다수견해를 이룬다.32)

다. 대상판결 경우 파기환송되어 환송 제2심이 이 사건을 다시 다

---

30) 대법원 2017. 2. 16. 선고 2016도13362 전원합의체 판결; 대법원 2006. 4. 7. 선고 2005도9858 전원합의체 판결[특정경제범죄가중처벌등에관한법률위반(사기)·공문서위조·위조공문서행사·허위감정·배임수재] (허위의 주장을 하면서 소유권보존등기 명의자를 상대로 보존등기의 말소를 구하는 소송을 제기하여 승소확정판결을 받은 경우, 소송사기의 성립 여부(적극) 및 그 기수시기(=승소판결이 확정된 때): "소유권보존등기 말소 소송을 제기한 경우에는 피고인의 범의가 재물인 부동산의 취득에 있는지 여부와 무관하게, 실행의 착수조차 없다고 본 판결(대법원 1983. 10. 25. 선고 83도1566 판결) 등의 견해는 이와 저촉되는 범위 내에서 이를 변경하여야 한다고 본다.
31) 대법원 2017. 2. 16. 선고 2016도13362 전원합의체 판결 (반대의견): 처분결과에 대한 인식을 처분의사로 이해해 온 종전 판례를 서명사취 사안의 처벌을 위해 갑작스럽게 변경하는 이러한 다수의견의 논리는 다음과 같은 이유로 찬성하기 어렵다.
32) 임 웅, 앞의 책, 27~29면.

룰 경우, 대법원 전원합의체 결론에 종속될 수밖에 없다. 법원조직법 제8조(상급심재판의 기속력) 때문이다. 이때 구체적으로 행위자가 종전 판례를 알고 있었는지 여부를 심사할 수밖에 없다. 그러나 사실상 형법 제16조 위법성의 착오(금지착오, '정당한 이유')로 무죄가 될 가능성은 거의 없다. 나는 판례가 법령에 포함되는지도 의문이다. 통상 법령이란 법률과 각부 령(令)을 말하기 때문이다.

다. 대법원 전원합의체 판결문과 행위자 처벌 문제점이다. 변경된 새 판결문은 다시 하급심에 영향을 줄 것이고, 피고인은 결국 첫 사례로 처벌될 것이다. 거의 20~30년을 지속한 법은 하루아침에 괴물이되어, 피고인에게 시범케이스가 된 것이다. 물론 이제야 드디어 새로운 정의라고 말 할 수 있다. 그러나 이것은 자주 발생한다면, 문제가많다. 실무가와 수험생들은 혼돈을 겪을 것이고, 새로운 법리를 다시숙지해야 할 것이다. 더 큰 문제는 죄형법정주의 정신이 흔들리는 것이다. 법적 안정성, 신뢰원칙, 소급효금지원칙, 규범강화를 생각한다면, 법률 체계에서 어떠한 법적 조치들이 있어야 할 것이다.[33]

2. 개선방안

나는 두 조문을 제안하려고 한다. 하나는 대법원 전원합의체에서 종전 판례를 변경하면서 당해사건에 적용하는 조문이고, 다른 하나는 대법원이 직접 적용할 수 있는 형사소송법 근거 조문이 될 것이다. 해당 사건에 대한 구체적 정의와 법질서 전체에 흐르는 '죄형법정주의' 정신을 실질적으로 구현하는 방안이다. 왜냐하면 유사한 사건은 동일하게 처벌되어야 하기 때문이다. 이것이 입법과 사법의 평등이다. 대륙법 정신을 살리는 길은 입법을 통해서 해결하는 방법밖에 없다.[34]

---

33) 임 웅, 앞의 책, 28면: "피고인에게 불리한 판례변경의 소급효 인정여부라는 논의는 - 우리나라가 판례법주의 국가가 아닌 이상 - 문제제기 자체가 잘못된 것이 아닌가 한다". 그러나 판례의 규범력을 생각할 때, 이 문제를 이대로 방치할 수는 없는 것이다. 하태영, 피고인에게 불리한 판례변경과 소급효금지의 문제, 형사철학과 형사정책, 법문사, 2007, 281~327면.

34) 하태영, 앞의 논문, 281~327면(312~313면).

가. 형법 제1조 개정안

> **형법 제1조[범죄성립과 범죄처벌]**
>
> ① 어떤 행위가 범죄로 처벌되려면, 범죄성립과 범죄처벌이 **¹행위
> 전에** ²법률로 ³명확히 규정되어야 한다. 대법원 전원합의체 판결로 피
> 고인에게 불리하게 종전 판례를 변경하는 경우 소급효금지원칙을 준
> 용한다.
>
> ② 다음 각 호 경우 개정된 새로운 법률을 적용한다.
>
> 1. 어떤 행위가 법률변경으로 범죄가 성립하지 않는 경우
>
> 2. 개정된 새로운 법률에서 법정형이 이전 법률보다 가벼운 경우
>
> ③ 어떤 행위가 재판애서 유죄로 확정된 후 새로운 법률개정으로
> 그 행위가 더 이상 범죄를 구성하지 않는 때 이미 선고된 형은 집행
> 이 면제된다.

나. 형사소송법 제396조 개정안

> **형사소송법 제396조[파기자판과 장래효력 판례변경]**
>
> ① 상고법원이 원심판결을 파기한 경우 소송기록과 원심판결 · 제1
> 심 법원이 조사한 증거로 판결하기 충분하다고 인정하는 경우 피고
> 사건을 직접 판결을 할 수 있다.
>
> ② 제1항 판결은 제368조 규정을 준용한다.
>
> ③ 대법원 전원합의체 판결로 피고인에게 불리하게 종전 판례를
> 변경할 경우 새로운 견해는 해당사건에는 적용할 수 없고, 장래에만
> 효력을 인정한다. 이 경우 제1항을 준용한다.

Ⅵ. 대법원 판결문 문장론 문제점과 개선방안

물론 문체는 개성이다. 오늘 300회 행사에서 이색적인 주장을 하
나 하려고 한다. 대법원 판결문에 나타난 문체 문제다.[35] 우리는 수십

---

35) 하태영, 대법원 판결문에서 법문장 문제점과 개선방안, 동아법학 제75호, 동

년 동안 대법원의 장문 문체를 읽어 왔다. 그러나 사실 너무 복잡하고 어렵다. 글을 읽으면 그림이 그려져야 하는데, 판결문은 그렇게 쉽게 되지 않는다. 간결체·건조체·강건체에 익숙한 사람들에게 해독은 너무 힘들다. 대법원 전원합의체 판결문 다수견해 판결요지를 한 번 고쳐 보았다. 간결성·가독성·명확성을 염두에 두었다. 수정한 문장이 절대적인 것은 아니다. 하나의 제안이라고 생각하셨으면 한다. 우리 모두가 가능한 것부터 서로 고쳐 나갔으면 좋겠다. 판결문이 바뀌면, 대한민국 법률문화가 변한다고 생각한다. 먼저 교과서와 변호사시험 문제·각종 임용시험문제가 개선될 것이다.

---

[1] [다수의견]

1. 사기죄에서 처분행위는 행위자~~와~~ 기망행위~~에 의한~~^로 피기망자~~와~~ 착오와 행위자 등~~의 재물 또는 재산상 이익의 취득~~^{재물 교부·재산이득 취득}이라는 ~~최종적 결과를~~^{최종결과를} 중간에서 매개·연결~~하는~~^{한다.}

2. 한편, 착오에 빠진 피해자~~와~~ 행위를 이용하여 재산을 취득하는 것을 본질적 특성으로 하는 사기죄와 피해자~~와~~ 행위~~에 의하지 아니하고~~^{없이} 행위자가 탈취~~와~~ 방법으로 재물을 취득하는 절도죄를 구분하는 역할을 한다.

3. 처분행위가 갖는 이러한 역할과 기능을 고려하면, 피기망자~~와~~ 의사에 기초한 어떤 행위를 통해 행위자 등이 재물 ~~또는~~ 재산상~~와~~ 이익^{재산이익}을 취득하였다고 평가할 수 있는 경우라면 사기죄~~에서 말하는~~ 처분행

아대학교 법학연구소, 2017, 1~55면(2면 인용): 독일 철학자 쇼펜하우어(Arthur Schopenhauer, 1788~1860) 표현이다. "오늘날 널리 통용되는 문체야 말로 독일 국민이 보여 주는 아둔함의 대표 격이며, 장황하고 복잡하게 늘어진 문장에서 나는 독일 국민의 참담한 내일을 목격한다. 간혹 이들이 쓴 글을 읽게 되면, 5분 정도 뭔지 알 수 없는 글귀들을 참을성 있게 받아들여야 결말 부분에 이르러서 마침내 수수께끼를 풀게 된다. 어쨌든 이런 문장들이 독일 국민들을 만족시키고 있다. 때문에 문체는 날이 갈수록 위엄과 엄숙한 풍모에 젖어들고 있으며 국민은 점점 바보가 되어 간다." 아르투어 쇼펜하우어/김욱 옮김, 쇼펜하우어의 문장론, 지훈출판사, 2005, 172면.

위가 인정된다.

4. 사기죄에서 피기망자와 처분의사는 기망행위로 착오에 빠진 상태에서 형성된 하자 있는 의사이므로 불완전하거나 결함이 있을 수밖에 없다. 처분행위와 법적 의미나^와 경제적 효과—등에 대한 피기망자의 주관적 인식과 실제로 초래되는 결과가 일치하지 않는 것이 오히려 당연하고,^{하다.}

5. 이 점이 사기죄의 본질적 속성이다. 따라서 처분의사는 착오에 빠진 피기망자가 어떤 행위를 한다는 인식이 있으면 충분하고,^{하다.}

6. 그 행위가 가져오는 결과에 대한 인식까지 ~~필요하다고 볼~~^{필요한} 것은 아니다.

7. 사기죄의 성립요소로서^인 기망행위는 널리 거래관계에서 지켜야 할 신의칙에 반하는 행위로서^{이다.}

8. ~~사람으로 하여금~~^{사람에게} 착오를 일으키게 하는 것을 말하고,^{말한다.}

9. 착오는 사실과 일치하지 않는 인식을 ~~의미하는 것으로,~~^{한다.}

10. 사실에 관한 것이든, 법률관계에 관한 것이든, 법률효과에 관한 것이든 상관없다.

11. 또한 사실과 일치하지 않는 하자 있는 피기망자의 인식은 처분행위의 ~~동기, 의도, 목적에 동기, 의도,~~^{목적 동기·목적 의도·} 목적에 관한 것이든, 처분행위 자체에 관한 것이든 제한이 없다.

12. 따라서 피기망자가 기망당한 결과 ~~자산의~~^{자기행위} ~~작위 또는 부작위~~^{작위·부작위가} 갖는 의미를 제대로 인식하지 못하여 그러한 행위가 초래하는 결과를 인식하지 ~~못하였더라도~~^{못하였더라도,} 그와 같은 착오 상태에서 재산상 손해를 초래하는 행위를 하기에 ~~이르렀다면~~^{이르렀다면,} 피기망자의 처분행위와 그에 상응하는 처분의사가 있다고 보아야 한다.

13. 피해자의 처분행위에 처분의사가 필요하다고 보는 근거는 처분행위를 피해자가 인식하고 한 것이라는 점이 ~~인정될 때~~^{인정될 때,} 처분행위를 피해자가 한 행위라고 볼 수 있기 때문이다.

14. 다시 말하여 사기죄에서 피해자의 처분의사가 갖는 기능은 피해자의 처분행위가 존재한다는 객관적 측면에 상응하여 이를 주관적 측면에서 확인하는 역할을 하는 것일 뿐이다.

15. 따라서 처분행위라고 평가되는 어떤 행위를 피해자가 인식하고 한 ~~것어라면~~^{것이라면,} 피해자~~와~~ 처분의사가 있다고 할 수 있다.

17. 결국 피해자가 처분행위~~로 인한~~^와 결과까지 인식할 필요가 있는 것은 아니다.

18. 결론적으로 사기죄~~의~~ 본질과 구조, 처분행위와 그 의사~~적~~ 요소로서 처분의사~~의~~ 기능과 역할, 기망행위와 착오~~의~~ 의미 등에 비추어 보면, 비록 피기망자가 처분행위~~의~~ 의미나 내용을 인식하지 못하였더라도, 피기망자~~의~~ ~~작위 또는 부작위가~~^{작위·부작위가} 직접 재산상 손해를 초래하는 재산~~적~~ 처분행위로 평가되고, 이러한 ~~작위 또는 부작위를~~^{작위·부작위를} 피기망자가 인식하고 한 ~~것어라면~~^{것이라면,} 처분행위에 상응하는 처분의사는 인정된다.

19. 다시 말하면 피기망자가 ~~자산의 작위 또는 부작위~~^{자신의 작위} ~~또는 부작위에~~^{작위·부작위에} 따른 결과까지 인식하여야 처분의사를 인정할 수 있는 것은 아니다.

[2] [다수의견]

1. 이른바 '서명사취' 사기는 기망행위~~에 의해~~^로 유발된 착오로 ~~인하여~~ 피기망자가 내심~~의~~ 의사와 다른 처분문서에 ~~서명 또는 날인~~^{서명·날인}함으로써 재산상 손해를 초래한 경우이다.

2. 여기서는 행위자~~의~~ 기망행위 태양 자체가 피기망자가 자신~~의~~ 처분행위~~의~~ 의미~~나~~^와 내용을 제대로 인식할 수 없는 상황을 이용하거나 ^{또는} 피기망자~~로 하여금~~^{에게} 자신~~의~~ 행위~~로 인한~~^{에 대한} 결과를 인식하지 못하게 하는 것을 핵심적인 내용으로 ~~하고,~~^{한다.}

3. ~~이로 말미암아~~^{이 경우} 피기망자는 착오에 빠져 처분문서에 대한 자신~~의~~ ~~서명 또는 날인행위가~~^{서명·날인행위가} 초래하는 결과를 인식하지 못하는 특수성이 있다.

4. 피기망자~~의~~ 하자 있는 처분행위를 이용하는 것이 사기죄~~의~~ 본질인데, 서명사취 사안에서~~는~~ 그 하자가 의사표시 자체~~의~~ 성립과정에 존재한다.

5. 이러한 서명사취 사안에서 피기망자가 처분문서~~의~~ 내용을 제대로 인식하지 ~~못하고~~^{못하고,} 처분문서에 ~~서명 또는 날인~~^{서명·날인}함으로써 내심~~의~~

의사와 처분문서를 통하여 객관적·외부적으로 인식되는 의사가 일치하
지 않게 되었더라도, 피기망자와 행위에 의하여^로 행위자 등이 재물이
나 재산상 이익을^{재물 겨부받음·재산이익을} 취득하는 결과가 초래되었다고 할
수 있는 것은^{있다.}

6. ^{이것은} 그러한 재산와 이전을 내용으로 하는 처분문서카^를 피기망자에 의
하여^가 작성되었다고^{하였다고} 볼 수 있기 때문이다.

7. 이처럼 피기망자가 행위자와 기망행위로 인하여 착오에 빠진 결과 내
심와 의사와 다른 효과를 발생시키는 내용와 처분문서에 서명 또는 날
인^{서명·날인}함으로써 처분문서 내용에 따른 재산상 손해가 초래되었다면
^{초래되었다면,} 그와 같은 처분문서에 서명 또는 날인^{서명·날인}을 한 피기망자
와 행위는 사기죄에서 말하는 처분행위에 해당한다.

8. 아울러 비록 피기망자가 처분결과, 즉 문서와 구체적 내용과 법적 효과
를 미처 인식하지 못하였더라도, 어떤 문서에 스스로 서명 또는 날인<sup>서
명·날인</sup>함으로써 처분문서에 서명 또는 날인^{서명·날인}하는 행위에 관한 인
식이 있었던 이상 피기망자와 처분의사 역시 인정된다.

Ⅶ. 결 론

1. 사기죄에서 교부의사가 필요한지(처분의사 필요성) 논쟁은 오래
되었다. 그리고 교부내용이 무엇인지(처분의사내용)에 대한 논쟁도 오
래되었다. 그동안 대법원 판례는 교부의사와 교부행위는 필요하다는
입장을 취해왔다. 그리고 재산변동, 즉 손실과 이익을 피기망자에게
귀속시킬 수 있을 때 처분행위를 인정해 왔다(손해발생인식·손해발생
가능성인식). 교부자(피기망자, 피해자)는 교부결과인 손실에 대한 인식
과 인식가능성이 있어야 한다고 판시했다.[36] **손해결과인식설**이다.

---

[36] 대법원 2017. 2. 16. 선고 2016도13362 전원합의체 판결: "처분행위에 관하여
종래 대법원은 주관적으로 피기망자에게 처분의사 즉 처분결과에 대한 인식
이 있고, 객관적으로 이러한 의사에 지배된 행위가 있어야 한다고 판시하여
왔다(대법원 1987. 10. 26. 선고 87도1042 판결; 대법원 1999. 7. 9. 선고 99도
1326 판결; 대법원 2011. 4. 14. 선고 2011도769 판결 등 참조). 이에 따르면 피

2. 그러나 대법원 2017. 2. 16. 선고 2016도13362 전원합의체 판결은 종전 견해를 변경하였다. 다음은 2017년 2월 대법원 전원합의체 판결문 요지이다: "처분의사는 착오에 빠진 피기망자가 어떤 행위를 한다는 인식이 있으면 충분하다. 그 행위가 가져오는 결과에 대한 인식까지 필요한 것은 아니다. 처분문서에 서명·날인을 한 피기망자 행위는 사기죄 처분행위에 해당한다. 비록 피기망자가 처분결과, 즉 문서 구체적 내용과 법적 효과를 미처 인식하지 못하였더라도, 어떤 문서에 스스로 서명·날인함으로써 처분문서에 서명·날인하는 행위에 관한 인식이 있었던 이상 피기망자 처분의사 역시 인정된다"(교부의사필요설과 교부행위인식설을 확인한 판례). **손해초래행위인식설이다.**

3. 나는 다수의견 결론에 동의한다. 이번 대법원 전원합의체 판결 의미는 피기망자(피해자)에게 교부의사가 필요하며, 교부의사내용은 교부행위인식(학계·판례 표현으로 처분행위인식설, 교부상황인식설, 손해초래인식설)으로 충분하다는 것이다. "피해자 공소외 7 역시 피고인 등의 기망행위로 착오에 빠진 결과 피고인 등이 3,000만 원을 대출받기 위하여 필요한 담보제공서류로 잘못 알고 1억 원의 대출을 위한 근저당권설정계약서 등에 **서명 또는 날인함으로써 재산상 손해를 초래하는 행위를 한 것이므로,** 피해자의 위와 같은 행위 또한 사기죄에서 말하는 **처분행위에 해당한다.**"[37] 이로써 많은 논란들은 명확하게 정리되었다. 생각건대 사기죄는 행위자 행위 관점에서 법해석을 해야 한다.[38] 기망자도 피기망자(피해자)의 교부행위만 인식하면, 주관적 구성요건으

해자가 기망을 당하여 자신에게 재산상 손해를 초래하는 행위를 하였다고 하더라도 그로써 생겨나는 결과에 대한 인식이 없으면 처분행위가 인정될 수 없기 때문에 사기죄는 성립하지 않는다."

37) 대법원 2017. 2. 16. 선고 2016도13362 전원합의체 판결.

38) 대법원 2017. 2. 16. 선고 2016도13362 전원합의체 판결: (김신 대법관 보충의견) "사기죄에서 처벌하는 대상은 피고인의 행위이고, 사기죄의 성부를 판단함에 있어 평가해야 하는 대상도 피고인의 행위이지 피기망자의 행위는 아니다. 그러므로 **사기죄의 성립 여부는 피고인의 행위 측면에서 평가하여 판단할 문제이고** 피기망자의 행위 측면에서 평가하여 가려낼 문제가 아니다."

로 고의를 인정할 수 있는 것이다.[39]

4. 소수의견(반대의견)[40]은 '지능범죄'인 사기죄 본질을 너무 축소하여 해석한 것이다.[41][42] 우리나라는 독일과 달리 형법 제347조 사기

---

39) 대법원 2017. 2. 16. 선고 2016도13362 전원합의체 판결: "피해자인 피기망자가 행위자의 기망행위나 그에 따른 자신의 착오라는 요소를 인식하여야 사기죄가 성립하는 것은 아니다. 오히려 피해자가 행위자의 기망행위나 그에 따른 자신의 착오라는 요소를 인식하였다면 사기죄가 성립할 수 없다. 마찬가지로 피해자가 처분행위의 결과인 행위자 등의 재물이나 재산상 이익의 취득이라는 요소를 인식하여야 한다고 보아야 할 이유도 없다."

40) 대법원 2017. 2. 16. 선고 2016도13362 전원합의체 판결: (반대의견) <u>다수의견에 의하면 사기죄 성립 여부가 불분명해지고, 그 결과 처벌 범위 역시 확대될 우려가 있음을 지적하지 않을 수 없다</u>; 황태정, 앞의 논문, 809~845면(836면): "대상판결의 태도는 처분행위와 처분의사의 범위를 넓게 보아 사기죄의 인정을 용이하게 함으로써, 현대사회에서 이루어지는 다양한 형태의 기망적 방법에 의한 재산침해를 사기죄로 포섭할 수 있도록 하는 순기능이 기대된다. 그러나 대상판결로 인하여 야기될 몇몇 문제점들도 예상되는바, 이른바 '책략절도' 사례와 '서명사취' 사례가 대표적인 예이다. 양자 모두 기존의 판례이론에 의해 확고히 지지되고 있던 사례들인데 이번 판례변경으로 인하여 이들에 대한 새로운 이론구성이 필요하게 된 것이다. 대상판결에 의하면 절도죄와 사기죄의 경계가 불분명해지는 결과 사기죄의 성립이 긍정될 수도 있게 되었다." <u>그러나 생각건대 사기죄와 절도죄는 명확하게 구분할 수 있다고 생각한다. 행위자의 행위에 초점을 두고, 제2차 행위에 중점을 두면 된다. 절도는 절취행위이다</u>(Wegnahme).

41) 대법원 2017. 2. 16. 선고 2016도13362 전원합의체 판결: (박병대 대법관 보충의견) "서명사취의 경우는 의사와 표시가 일치하지 않아 처분행위가 부존재 내지 불성립이라고 하는 것은 <u>원시적 의사주의 이론으로 시계를 되돌리는 것</u>이다. 의사표시의 해석 방법으로 내심의 의사를 앞세우는 자연적 해석론에 의하든 표시행위를 중시하는 규범적 해석론에 의하든, 사기죄에서 처분행위의 존부를 따질 때에는 당연히 표시행위를 기준으로 하는 규범적 해석에 따르는 것이 옳다. <u>피고인의 이익 보호를 위한 엄격해석주의 등 형사법 특유의 논리가 전개될 공간이 있는 것도 아니다.</u>"

42) 대법원 2017. 2. 16. 선고 2016도13362 전원합의체 판결: (반대의견) <u>다수의견에 의하면 사기죄 성립 여부가 불분명해지고, 그 결과 처벌 범위 역시 확대될 우려가 있음을 지적하지 않을 수 없다</u>; 황태정, 앞의 논문, 809~845면(836면): "대상판결의 태도는 처분행위와 처분의사의 범위를 넓게 보아 사기죄의 인정을 용이하게 함으로써, 현대사회에서 이루어지는 다양한 형태의 기망적 방법에 의한 재산침해를 사기죄로 포섭할 수 있도록 하는 순기능이 기대된다. 그러나 대상판결로 인하여 야기될 몇몇 문제점들도 예상되는바, 이른바 '책

죄 한 조문으로 사기범죄를 처벌하고 있다. 우리 사회시스템을 세밀하게 관찰하지 않은 것이다. 사기죄는 '교활한' 범죄행위자 관점[43])에서 법해석을 해야 한다. 피기망자(피해자)는 재물·재산이익 자체 단순 교부행위만 있으면 충분하다. 이것이 바로 피기망자 교부행위와 교부의 사이다. 피기망자(피해자)가 자기의 교부행위로 어떤 부당한 결과가 발생할 것인지 정확히 인식하고, 재물·재산이익 교부하는 것은 사기죄 사례에서 거의 찾아 볼 수 없다. 모두 정상적인 교부행위(거래행위)로 인식하는 것이다. 그러한 교부행위에 대한 인식만 있으면 법적으로 보호를 받아야 한다. 부당한 결과(손해)가 발생할 것이라는 점을 인식하면서, 과연 누가 '엉터리' 계약서에 서명하고, 인감증명서를 교부하겠는가.[44]) 반대의견은 "피해자가 자신의 재산과 관련하여 무엇을 하였는

략절도' 사례와 '서명사취' 사례가 대표적인 예이다. 양자 모두 기존의 판례이론에 의해 확고히 지지되고 있던 사례들인데 이번 판례변경으로 인하여 이들에 대한 새로운 이론구성이 필요하게 된 것이다. 대상판결에 의하면 절도죄와 사기죄의 경계가 불분명해지는 결과 사기죄의 성립이 긍정될 수도 있게 되었다." 그러나 생각건대 사기죄와 절도죄는 명확하게 구분할 수 있다고 생각한다. 행위자의 행위에 초점을 두고, 제2차 행위에 중점을 두면 된다. 절도는 절취행위이다(Wegnahme).

43) 대법원 2017. 2. 16. 선고 2016도13362 전원합의체 판결: "행위자가 교묘하고 지능적인 수법을 사용하는 바람에 피기망자가 자신의 행위가 낳을 결과를 인식하지 못할 정도로 심하게 착오에 빠질수록 오히려 처분의사가 부정될 가능성이 높아지게 될 것이다."

44) 다음 사례를 보라. 피기망자(피해자)는 모두 손해발생유무를 인식한 사례가 아니다. 기망에 빠져 정상적인 교부행위를 할 것이다. 교부행위 자체에 교부의 사가 있는 것이다. 피기망자(피해자)의 교부행위는 이 정도로 하자. 그래야 범죄행위자의 고의문제가 쉽게 해결 된다: ① 무전취식 주문행위(지불능력과 지불의사를 묵시기망)·무전숙박행위, ② 금전차용(대여가치와 변제의사 기망)·용도기망, ③ 과장광고·허위광고·한우취급제품광고·할인가격 변칙세일, ④ 보험회사에 보험금 지급청구·피해복구보조금지원신청, ⑤ 성행위대가지급 허위약속, ⑥ 가공일조작바코드라벨부착, ⑦ 질병치료특효 허위선전·건축가능토지로 속임, ⑧ 입장권 없이 출입·승차권 없이 승차, ⑨ 절취한 예금통장으로 은행에서 예금을 청구하는 행위·타인 명의 신용카드로 물품구입시 전표에 서명·지불무능력상태에서 자기 신용카드로 물품구입시 전표에 서명, ⑩ 타인의 명의를 빌려 예금계좌를 개설한 후 위 예금계좌로 돈을 송금하도록 요청한 경우, ⑪ 분식회계 재무제표로 금융기관에서 대출을 신청하는 경우, ⑫ 법원

지조차 전혀 인식하지 못하는 모습의 사기죄는 자기손상범죄로서의 본질에 반한다"고 한다. 그러나 피해자는 재산손실을 초래할 수 있는 중요한 서류를 기망자에게 넘겨준 것이다. 피해자가 자신 재산과 관련하여 무엇을 하였는지조차 전혀 인식하지 못한 것이 아니다. 재산손해를 초래할 수 있는 중요한 서류를 기망자에게 넘겨 준 것이다.

그동안 대법원 '사기죄 처분의사와 처분내용'에 관한 다수 판례들은 문제점이 있었다고 생각한다. '서명사취'라는 용어로 엄격해석해서는 안 된다. 기망으로 '문서'를 작성하게 하거나, 기망으로 '인장'과 '인감증명서'를 교부 받는 것은 단순한 '문서 관련 범죄'와 분명히 다르다.45) 행위 당시 행위자의 범죄고의가 다르고, 제2차 법익침해 위험성이 아주 높기 때문이다. 사기죄 객관적 구성요건에서 피기망자의 교부행위에 너무 몰입되어 엄격한 제한해석을 한다면,46) 형법이 법질서를

에 허위사실 주장·허위증거 제출·답변서나 준비서면 제출·허위로 제권판결 신청·허위로 공시최고 신청·소유권보존등기말소청구소송제기, ⑬ 명시기망 (음악편지도착 무작위 문자메세지 발송행위), ⑭ 묵시기망, ⑮ 부작위기망(보증인 지위, 저당권·가등기설정사실을 고지하지 않은 행위, 경매가 진행 중인 사실을 알리지 않은 행위, 진정한 소유자가 아님을 알리지 않은 행위, 부동산 매도시 쟁송사실 고지하지 않은 행위, 도시계획입안수용사실 미고지, 공장가동요건을 미고지행위, 시술효과와 원리 미고지행위, 청구초과금액 미고지행위 (논란 있음), 초과거스름돈 미고지행위(논란 있음), 독점계약체결시 타사 동일 제품 판매사실 미고지행위) 등이 있다. 사기죄 착수시기는 사기 고의로 기망 행위를 개시한 때이다. 허위채권 가압류·가처분 신청은 본안소송절차가 아니므로 강제집행보존절차신청에 불과하므로 사기죄 실행착수라 볼 수 없다(대법원 1988. 9. 13. 선고 88도55 판결).

45) 대법원 2017. 2. 16. 선고 2016도13362 전원합의체 판결: (반대의견) "기망당하여 그에 대한 아무런 인식 없이 행위자에 의해 제시된 서면에 서명·날인하였다면, **오히려 작성명의인인 피기망자의 의사에 반하는 문서가 작성된 것으로서 문서의 의미를 알지 못한 피기망자로서는 그 명의의 문서를 위조하는 범행에 이용당한 것일 뿐**(대법원 2000. 6. 13. 선고 2000도778 판결 등 참조), 그 의사에 기한 처분행위가 있었다고 평가할 수는 없는 노릇이다." **그러나 생각건대 사기피해자가 각각 다르다고 본다. 서명사취 피해자와 금전대여피자가 명확히 다른데, 행위자의 제1차 행위를 단지 사기 수단으로 보는 것은 무리한 해석이라고 본다.**

46) 대법원 2017. 2. 16. 선고 2016도13362 전원합의체 판결: (반대의견) "이러한 책

방위할 수 없다.47)

5. 형법 제347조 사기죄 법문에도 없는 '처분행위'(處分行爲)48)보다, 법문에 있는 '교부행위'(交付行爲)로 통일하여 법률용어를 사용해야 한

략절도의 경우 피기망자의 인식이나 의사를 전혀 고려하지 않은 채 객관적·외부적 교부행위만을 가지고서는 피기망자가 책 또는 귀금속의 점유를 여전히 보유하고 있는지 또는 점유를 완전히 이전한 것인지를 명확히 판단하는 것은 결코 용이하지 않다. 결국 처분결과에 대한 인식을 내용으로 하는 처분의사는 사기죄를 절도죄와 구분하기 위한 중요한 구성요건적 개념으로 사기죄 해석에 있어서 포기되어서는 안 되는 것임이 분명하다". 그러나 생각건대 행위자의 관점에서 보면, 행위자의 절취행위(Wegnahme)가 있을 것이다. 책과 귀금속을 누가·언제·어떻게 절도하였는지 사실관계로 확인할 수 있을 것이다. 한편 (박병대 대법관 보충의견) "사기죄에서 기망에 의한 처분행위가 인정되려면 행위자(피해자)에게 그 행위의 결과에 대한 인식이 있어야 한다는 논리는 민법상 법률행위에서 효과의사가 있어야 한다는 것과 유사한 구조이다. 민법상 의사표시의 관점에서 보면, 표시된 처분행위에 합치하는 효과의사가 존재하지 않는다는 점에서 의사표시의 부존재 내지 불성립으로 볼 여지가 있다. 그러나 민법 이론에서조차도 표시행위에 합치하는 내심의 효과의사가 있었는지만을 기준으로 법률행위의 존부를 판단하는 견해는 거의 없다고 보인다."

47) 대법원 2017. 2. 16. 선고 2016도13362 전원합의체 판결: (반대의견): "변종 보이스피싱 범죄의 경우, 기망당한 피해자가 자신의 재산을 처분한다는 인식을 가지고 송금 또는 이체한 것이 아니어서 사기죄 적용 여부가 불분명하다는 점을 고려하여 이러한 범행까지 처벌하기 위한 필요에서 신설된 것이다". 그러나 생각건대 변종 보이스피싱 범죄 경우 특별법이 필요했을 것이다. 자가 휴대폰 번호 입력행위를 '재물·재산상 교부행위'로 보기가 어려웠을 것이다. 행위와 가중처벌 때문에 특별법을 신설하지 않았나 생각한다. 교부의사를 반영한 입법으로 보기는 어렵다.

48) 대법원 2017. 2. 16. 선고 2016도13362 전원합의체 판결: (반대의견) "사기죄의 본질에 대해 재차 논하지 않더라도, '처분'의사라는 개념 자체는 이미 처분행위 내용에 상응하는 피기망자의 인식과 의사를 전제하고 있음을 알 수 있다. 행위를 한 피기망자에게 의사무능력자의 행위나 무의식적 행위와 구분할 수 있을 정도의 사실적 행위 의사만 있으면 된다는 취지에 불과함을 알 수 있다. 하지만 이러한 행위 의사를 처분행위에 상응하는 '처분'의사라고 평가할 수는 없는 노릇이다. 다수의견은 사기죄에서 말하는 처분의사와 피기망자의 일반적 행위 의사를 혼동하고 있고, 처분행위에 처분의사가 필요하다고 하면서도 처분의사의 의미를 처분의사 개념에 전혀 부합하지 않는 내용으로 독자적으로 해석함으로써 스스로 모순에 빠져 있다. 이러한 점에 비추어도 다수의견의 논리는 부당하다."

다. 유기천 교수님 『형법각론』에서 '처분행위와 처분의사'라는 표현이
나온다. 그 이후 모든 교과서가 동일하게 위 용어를 사용한다. 대법원
판례도 마찬가지다. 그러나 우리 입법부는 형법 제347조에서 '재물을
교부를 받은 사람과 재산이익을 취득하는 사람'이라고 말했다. 입법자
의 의도가 있는 것이다.49) 교부행위자는 주는 사람(교부하는 사람)과
받는 사람(교부받는 사람)을 모두 포함한다. 교부를 받았을 때, 취득을
했을 때 손해가 발생되는 것이다. 문리해석을 한다면, 교부행위는 교
부상황만 인식하면 충분하다.50) '교부 받은 문서·인감증명서·인감·
카드를 사용한 것'은 사기죄 성립에 아무런 영향이 없다. 행위자의 사
기죄 범의가 있기 때문이다. 무전취식자가 주문한 '음식'을 먹던, 먹지
않던 주문 후, 식대 값을 지불하지 않으면, 사기죄가 성립되는 것과
같은 논리다. 식당 주인은 식사비미지불에 대한 인식을 하고, 음식을
제공하는 것이 아니다. 따라서 식당 주인의 음식제공행위에 바로 교부
의사가 포함되어 있는 것이다.

　6. 피고인에게 불리한 판례변경은 다시 새롭게 논의되어야 한다.
판례변경 관련 대법원 판결은 20년 동안 지속되고 있다: "형사처벌 근
거는 법률이지 판례가 아니다. 형법 조항에 관한 판례변경은 그 법률
조항 내용을 확인하는 것에 지나지 않는다. 그 법률조항 자체가 변경
된 것이라고 볼 수는 없다. 그러므로 행위 당시 판례에 의하면, 처벌
대상이 되지 않는 것으로 해석되었던 행위를, 판례변경에 따라 확인된

---

49) 한국형사정책연구원(편), 형법, 형사법령제정자료집(1), 형사정책연구원, 1990,
　503~505면: 이희승 의원 **"위조이력서로 취업을 해서 봉급을 받는 경우도 사
　기죄가 성립될 수 있습니까?** 이를 속기록에 남겨주셨으면 합니다." 윤길중
　법제사법위장 **"당연히 사기죄가 성립되지만, 불법으로 재물을 취득한 것으로
　보기는 어렵지 않나 생각합니다.** 해석론이 더 적절한 것 같습니다. 적절한
　지적 찬성합니다."
50) 대법원 2017. 2. 16. 선고 2016도13362 전원합의체 판결: (박병대 대법관 보충의
　견) **"원시적 의사주의 이론으로 시계를 되돌리는 것**이다. 당연히 표시행위를
　기준으로 하는 규범적 해석에 따르는 것이 옳다. **피고인의 이익 보호를 위한
　엄격해석주의 등 형사법 특유의 논리가 전개될 공간이 있는 것도 아니다."**

내용의 형법 조항에 근거하여 처벌한다고 하여 그것이 헌법상 평등원 칙과 형벌불소급원칙에 반한다고 할 수는 없다."[51]

임 웅 교수님은 "피고인에게 불리한 판례변경의 소급효 인정여부 라는 논의는 ― 우리나라가 판례법주의 국가가 아닌 이상 ― 문제제기 자체가 잘못된 것이 아닌가 한다"고 말한다.[52] 그러나 죄형법정주의는 형사입법과 형법해석을 지도·제약하는 최고원칙이다. 그 정신은 법적 안정성에 있다. 대륙법 체계에서도 당연히 논의가 필요하다. 당해 사건에 대한 처벌에 중점을 두는 것보다는 새로운 법발견과 법적 안전 성을 함께 찾는 길을 모색해야 한다.

우리나라도 형사소송법에 판례변경 예고제를 도입할 필요가 있다. 대법원 판례에 대한 사법신뢰성을 높이는 길이다. 법(法, Recht)이란 법 률(法律, Gesetz)과 판례(判例, Rechtssprechung)를 말한다. 법률과 대법원 판례는 국민에게 같은 의미이다. 형법 제1조[범죄성립과 범죄처벌]와 형사소송법 제396조[파기자판과 장래효력 판례변경]개정을 생각할 필 요가 있다. 대륙법 체계에서 영미법(판례법) 발전을 수용하는 절충안이 다(제V장 필자 제안 개정안 참조).

7. 대법원 판결문 문체도 혁명적으로 바뀌어야 한다.[53] 그 폐해는

---

51) 대법원 1999. 9. 17. 선고 97도3349 판결[특정경제범죄가중처벌등에관한법률위 반(재산국외도피·업무상배임)·공문서변조·변조공문서행사].

52) 임 웅, 앞의 책, 28면: 그러나 나는 이러한 주장에 동의할 수 없다. 대륙법체 계에서 해결할 수 없는 영역이라고 방치할 수 없는 것이다. 죄형법정주의는 국민을 위한 헌법원칙이다. 신뢰의 원칙이다. 형식적 법치주의를 넘어 실질적 법치주의로 넘어가고 있다. 법적 안정성이다. 죄형법정주의의 현대적 의미다.

53) 하태영, 대법원 판결문에서 법문장 문제점과 개선방안, 동아법학 제75호, 동 아대학교 법학연구소, 2017, 1~55면(3면 인용): 독일 철학자 쇼펜하우어(Arthur Schopenhauer, 1788~1860)는 법학자 의무를 말한다. "적어도 학자라면 이러한 풍조에 반항하는 구체적인 시범을 보이고, 참된 모국어를 수호해야 마땅함에 도 누구 한 사람 법관 판결문장을 제지하려는 용기를 드러내지 못하고 있다. 나는 지금까지 이런 법관에게 순수한 학구 열망으로 저항하는 학자를 보지 못했다. 오직 해석론이다." 쇼펜하우어는 한국 법학자들에게 조언한다. "학자 들에게 분노가 없다. 멍청한 비둘기처럼 먹이를 던져 주는 손길에 감사 눈물 만 흘린다. 그러나 분노가 결여된 자에게 지성도 결여되어 있다는 점을 명심

이루 말할 수가 없다. 이를 번역해서 외국에 소개하려면 얼마나 많은 시간이 걸리겠는가.

　　"안타깝고 서글프다. 난해한 어휘와 길고 답답한 문장은 비난의 대상이 되었다. 긴 문장을 여러 개의 문장으로 나누고, 주어가 바뀌면 문장을 끝내야 하며, 세 줄을 넘으면 마침표를 찍고 새로 문장을 시작하고, 두괄식으로 글을 쓰자고 제의한다. 우리나라 판결에 문제가 있다. 판결문의 문장구성방식에 기인한다. 동사 중심으로 다시 풀어씀으로써 우리 어법에 맞는 말로 돌아올 수 있다".54)

　　"거대한 문장 덩어리를 바꾸어야 한다. 짧고 명료하게 판결문을 써야 한다. 판결문은 요점을 추려도 도해(圖解)가 가능해야 한다. 강제력이 있는 국가의 중요한 문서는 당사자를 설득하는 글이다. 동사 중심으로 돌아와야 한다. 진행과정의 끝이 장면으로 선명하게 떠올려야 정확한 의미를 터득할 수 있다".55)

　　8. 형법 제347조 사기죄는 개정되어야 한다. 명확성 · 간결성 · 가독성 · 개조식으로 쉬운 법조문으로 변해야 한다. 법조문이 개조식으로 바뀌면, 자연히 판결문도 간결해 질 것이다. 긴 법문을 모두 인용할 필요가 없기 때문이다. 또한 '처(處)한다'라는 문구도 개정되었으면 한다. 이것은 위하적 형벌사상이다. '처벌된다'는 문구가 옳다. 규범강화형 형벌사상이 입법에도 투영되었으면 한다. 적극적 일반예방사상이다.

　　해야 할 것이다. 지성은 반드시 어떤 종류 '예리함'을 요구한다. 예리한 감각은 판결문장에서도, 또한 판례평석에서도 비난과 모멸을 불러일으키기 위해 항상 손을 맞잡고 문제제기를 해야 한다. 이런 살아 있는 감정이야 말로 어리석은 모방을 제지하는 유일한 방법이다"(아르투어 쇼펜하우어/김욱 옮김, 앞의 책, 184면).

54) 고종주, 재판의 법리와 현실-소송사건을 이해하고 표현하는 방법-, 법문사, 2011, 142면.

55) 고종주, 앞의 책, 125~233면 요약.

[주 제 어]
사기죄, 처분행위, 처분의사, 교부행위, 교부의사, 법률문장, 판례변경

[Key words]
fraud crime in Article 347 of criminal law, the meaning of 'Act of Being Issued'
in fraud, the precedent that confirmed the theory of issuing intention necessity
and the theory of issuing act recognition, the problems and improvement plans of
the supreme court decision's changing precedents

접수일자: 2018. 5. 11. 심사일자: 2018. 5. 31. 게재확정일자: 2018. 6. 5.

[참고문헌]

1. 단행본

고종주, 재판의 법리와 현실 ― 소송사건을 이해하고 표현하는 방법―, 법문
　　사, 2011.

김성돈, 형법각론, 제4판, SKKUP, 2016.

김성천·김형준, 형법각론, 제6판, 소진, 2017.

김일수·서보학, 새로쓴 형법각론, 증보판8판, 박영사, 2016.

박상기, 형법각론, 제8판, 박영사, 2011.

박찬걸, 형법각론, 박영사, 2018.

배종대, 형법각론, 제10전정판, 홍문사, 2018.

손동권, 형법각론, 초판, 율곡출판사, 2004.

손동권, 형법각론, 제3판, 율곡출판사, 2010.

손동권·김재윤, 새로운 형법각론, 율곡출판사, 2013.

오영근, 형법각론, 제4판, 박영사, 2017.

유기천, 형법학[각론강의], 정정신판, 영인본, 법문사, 2012.

윤동호, 한눈에 잡히는 형법각론, 개정판 2판, 국민대학교출판부, 2017.

신동운, 형법각론, 법문사, 2017.

이상원, 형법각론, 박영사, 2011.

이정원, 형법각론, 신론사, 2012.

유기천, 형법학[각론강의], 정정신판, 영인본, 법문사, 2012.

이정원, 형법각론, 제3판, 법지사, 2003.

이정원, 형법각론, 신론사, 2012.

이재상, 형법각론, 제10판, 박영사, 2010.

이재상·장영민·강동범, 형법각론, 제10판(보정판), 박영사, 2017.

이형국, 형법각론, 법문사, 2005.

임　웅, 형법각론, 제8정판, 법문사, 2017.

정성근·박광민, 형법각론, 전정2판, SKKUP, 2015.

정웅석·최창호, 형법각론, 대명출판사, 2018.

최호진, 형법각론강의, 준커뮤니케이션즈, 2018.

하태영, 형사철학과 형사정책, 법문사, 2007.

한국형사판례연구회, 김성돈·오영근·이진국·윤지영·이진국·조균석 편, 형법
　　판례 150선, 박영사, 2016.

한정환, 형법각론, 법영사, 2018.

Küper, Wilfried, Strafrecht Besonderer Teil, Definitionen mit Erläuterungen,
　　Heidelberg, 1996.

Wessels/Hillenkamp, Strafrecht Besonderer Teil/2, Straftaten gegen Vermögenswerte,
　　27., neu bearbeitete Auflage, Heidelberg, 2004.

2. 논문(연도순)

김선복, "사기죄에 있어서 처분행위의 필요성", 형사법연구 제13호, 한국형
　　사법학회, 2000.

김재봉, "사기죄와 처분의사", 형사판례연구[11], 박영사, 2003.

천진호, "사기죄에 있어서 재산처분행위와 소취하", 형사판례연구[12], 박영
　　사, 2004.

이은신, "사기죄와 재산적 처분행위", 재판과 판례 제13집, 대구판례연구회,
　　윤지영·이진국·조균석 편, 형법판례 150선, 박영사, 2016, 254~255면.

김희수, "사기죄에서 말하는 처분행위가 인정되기 위해 피기망자에게 처분
　　결과에 대한 인식이 필요한지 여부", 사법 제40호, 사법발전재단, 2017.

오범석, "사기죄와 처분의사: 대법원 2017. 2. 16. 선고 2016도13362 전원합의
　　체 판결", 재판과 판례 제26집, 대구판례연구회, 2017.

오영근, "대포통장에서의 현금인출과 전기통신금융사기죄의 성립여부: 대법
　　원 2016. 2. 19. 선고 2015도15101 전원합의체 판결", 법조 통권 제722호,
　　법조협회, 2017.

원형식, "사기죄에서 처분의사 및 재산상 손해: ─ 대법원 2017. 2. 16. 선고
　　2016도13362 전원합의체 판결 ─", 일감법학 제38호, 건국대학교 법학연
　　구소, 2017.

이창섭, "사기죄와 처분행위", 영남판례연구회 5월 발표문(2017. 5. 15.), 영남

판례연구회, 2017.

황태정, "사기죄의 처분행위와 처분의사: 대법원 2017. 2. 16. 선고 2016도
13362 전원합의체 판결", 법조 통권 제723호, 2017.

하태영, "대법원 판결문에서 법문장 문제점과 개선방안", 동아법학 제75호,
동아대학교 법학연구소, 2017.

3. 논 단

김일연, "사기죄와 피기망자의 처분의사", 법률신문 제4499호, 2017년 4월 3
일자.

4. 자료집

한국형사정책연구원(편), 형법, 형사법령제정자료집(1), 형사정책연구원, 1990.

[Abstract]

The Meaning of 'Act of Being Issued' in Fraud

Ha, Tae-Young*

1. First of all, I intend to review the elements of fraud crime in Article 347 of criminal law and the meaning of 'issuing act · issuing intention'(Ⅱ). I try to investigate the meanings of theories on why we use 'act and intention of disposal', which is not specified in the law, and what 'issuing act · issuing intention' means. In addition, I intend to analyze fraud related precedents of Supreme Court(Ⅲ). I am going to organize Supreme Court's position of precedents from 1970s to February, 2017, and understand the tendency. Next, I will analyze majority opinions and minority opinions of the supreme court decision on fraud in February, 2017, which is the subject decision of this study(Ⅳ). I try to research from what perspectives the demonstration is done. I also consider the problems and improvement plans of the supreme court decision's changing precedents. I will suggest an independent legislative change in the principles of safety, reliability and retroactive prohibition(Ⅴ). Lastly, I will consider the problems and improvement plans of Supreme Court sentencing's sentences(Ⅵ). I will summarize the above contents at the conclusion(Ⅶ).

2. The supreme court decision, Supreme Court 2017. 2. 16. Decision 2016Do13362, changed the existing opinions. The following is the summary of the supreme court decision: "The disposal intention is enough if the deceived who is in the mistake recognizes what he or she is doing. It is not necessary to recognize the result of the act. The act of the deceived who sealed and signed on the disposal document can be

---

* Professor, Dong-A University Law School, Dr. jur.

considered as disposal act. Even though the deceived didn't recognize the specific details or legal effects of the disposal result, or the document, he or she recognized the act of sealing and signing on the disposal document, so the disposal intention of the deceived is also acknowledged."(the precedent that confirmed the theory of issuing intention necessity and the theory of issuing act recognition)

3. I agree with the conclusion of the majority opinion. The meaning of the Supreme Court decision is that the deceived(victim) needs issuing intention, and the issuing intention contents are enough with issuing act recognition(in the expression of academic field and precedents, the theory of disposal act recognition, issuing situation recognition, damage causing recognition). "The victim and 7 others fell into an error due to the defendant's deceiving act, so the deceived sealed and signed on the written application for registration of the right to collateral security settings needed for the defendant to loan 100 million won by mistaking for a document for furnishing of security for 30 million won, and the deceived had financial damages. Therefore, the act of the victim is also considered as disposal act in the crime of fraud." This arranges many controversies clearly. I think the crime of fraud should be legally interpreted from the perspective of a person who performs the act. If the deceiving recognizes the issuing act of the deceived(victim), the deliberation can be acknowledged by subjective elements of a crime.

4. I think many precedents about Supreme Court's 'disposal intention and disposal contents of fraud' had problems. It shouldn't be interpreted too strictly under the term of 'swindling signature'. Writing 'document' in deception or being issued with 'seal' and 'authentication certificate of one's seal' is totally different from simple 'document related crime'. The criminal intention at the time of act is different, and the risk of the second act of infringing the rights is very high. If too strict interpretation is done in the objective elements of a crime because the issuing act of the deceived is too concentrated, the criminal law can't defend law and order.

상호명의신탁관계에서의
형사책임에 대한 판례연구

이 상 한*

[대상판결] 대법원 2014. 12. 24. 선고 2011도11084 판결

[사실관계]

피고인 甲과 피고인 乙은 父子관계인바, 분할전 남양주시 ○○동 산 60 임야 49,488㎡(이하 '분할 전 토지'라 한다)는 원래 피고인 甲의 아버지인 김○○의 소유였는데, 피고인 甲은 부재자인 위 김○○의 재산관리인으로서 1979. 12. 17. A 및 B에게 분할 전 토지 중 각 49,488분의 24,744 지분을 매도하고 그에 관한 지분이전등기를 경료하였다가, 분할 전 토지 중 B 소유 지분에 관하여 1985. 3. 28. 지분소유권이전등기청구권 가등기를 경료하였다가 1997. 6. 3. 그 가등기에 기하여 지분소유권이전등기를 피고인 甲 앞으로 경료하였고, 위 A이 1995. 3. 10. 사망하자 그의 공동상속인인 피해자 C, D, E, F, G, H, I이 분할 전 토지를 상속하였고, 분할 전 토지는 1997. 9. 12.에 이르러 같은 동 산 60 임야 24,744㎡(이하 '분할 후 산 60 토지'라 한다) 및 같은 동 60-1 임야 24,744㎡(이하 '분할 후 산 60-1 토지'라 한다)로 각 분할되었다. 한편, 피고인 甲은 분할 전 토지를 분할 후 산 60-1 토지와 분할 후 산 60

* 충북대학교 법학전문대학원 초빙교수, 법학박사.

토지의 위치를 특정, 구분하여 전자를 A에게, 후자를 B에게 매도하되 다만 편의상 위와 같이 분할 전 토지 전부에 관한 각 공유지분등기를 경료한 것이고, 위 A가 분할 전 토지의 지분을 매수한 이후 분할 전 토지 중 분할 후 산 60 토지와 분할 후 산 60-1 토지 사이에 경계 말뚝이 설치되고, A는 분할 전 토지 중 산 60-1 부분에서, 경작, 관리를 하였고 분할 전 토지에 관하여 피고인 甲과 위 피해자들 및 A의 상속인들의 공동신청으로 각 점유 부분을 기준으로 하여 분할이 이루어져, A와 B 사이에서는 각 특정 매수 부분에 관하여 상호간에 명의신탁관계가 성립하였고, 이러한 상호명의신탁관계는 A의 상속인들과 B로부터 다시 그 지분을 취득한 피고인 甲 사이에도 승계되어, 피고인 甲은 분할 후 산 60-1 토지 중 49,488분의 24,744 지분을 명의신탁 받은 것이었다.

피고인 乙은 아버지인 피고인 甲의 소유 지분을 담보로 제공하고 금원을 차용하고자 하였으나, 위 분할 후 산 60 토지의 지분만으로는 담보 가치가 충분하지 아니하여, 실질적으로는 피고인 甲의 소유가 아니라 단순히 명의신탁 받은 것에 불과한 위 분할 후 산 60-1 토지 중 49,488분의 24,744 지분이 피고인 甲의 소유 명의로 되어 있음을 기화로, 피고인 甲에게 요청하여 명의신탁 받은 위 분할 후 산 60-1 토지 중 49,488분의 24,744 지분을 담보로 제공하고 금원을 차용하기로 마음먹었다.

피고인들은 공모하여 2005. 6. 24. 남양주시 지금동에 있는 의정부지방법원 남양주등기소에서, 위 분할 후 산 60-1 토지 중 49,488분의 24,744 지분을 명의신탁 받아 피해자를 비롯한 15명을 위하여 보관하던 중, 근저당권자 안○○, 채권최고액 6억 원, 채무자 피고인 乙로 하는 근저당권설정등기를 경료해 주었다.

이로써 피고인들은 공모하여 분할 후 산 60-1번지 중 49,488분의 24,744 지분을 횡령하였다.

[원심판단] 서울북부지방법원 2011. 8. 11. 선고 2010노1737 판결

토지의 각 특정 부분을 구분하여 소유하면서 상호명의신탁으로 공유등기를 거친 경우 그 토지가 분할되면 분할된 각 토지에 종전토지의 공유등기가 전사되어 상호명의신탁관계가 그대로 존속되고, 구분소유적 공유관계에 있어서 각 공유자 상호간에는 각자의 특정 구분부분을 자유롭게 처분함에 서로 동의하고 있다고 볼 수 있으므로, 공유자 각자는 자신의 특정 구분부분을 단독으로 처분하고 이에 해당하는 공유지분등기를 자유로이 이전할 수 있는바, 이와 같이 상호명의신탁관계가 존속되는 이상, 공소외 1과 피해자들은 상호 간 각자의 특정 구분부분을 자유롭게 처분함에 서로 동의하고 있었다고 볼 수 있으므로, 피고인이 공소외 1과 공모하여 분할 후 산 60-1 토지에 관한 공소외 1지분에 근저당권을 설정한 행위는 특별한 사정이 없는 한 실질적으로 공소외 1의 소유인 분할 후 산 60 토지에 대한 구분소유적 공유관계를 표상하는 공유지분을 처분한 행위로 봄이 상당하다는 이유로 제1심의 무죄판결을 유지하였다.

[판결요지]

구분소유적 공유관계에서 각 공유자 상호 간에는 각자의 특정 구분부분을 자유롭게 처분함에 서로 동의하고 있다고 볼 수 있으므로, 공유자 각자는 자신의 특정 구분부분을 단독으로 처분하고 이에 해당하는 공유지분등기를 자유로이 이전할 수 있는데, 이는 공유지분등기가 내부적으로 공유자 각자의 특정 구분부분을 표상하기 때문이다. 그러나 구분소유하고 있는 특정 구분부분별로 독립한 필지로 분할되는 경우에는 특별한 사정이 없는 한 각자의 특정 구분부분에 해당하는 필지가 아닌 나머지 각 필지에 전사된 공유자 명의의 공유지분등기는 더 이상 당해 공유자의 특정 구분부분에 해당하는 필지를 표상하는 등기라고 볼 수 없고, 각 공유자 상호 간에 상호명의신탁관계만이 존속하므로, 각 공유자는 나머지 각 필지 위에 전사된 자신 명의의 공유

지분에 관하여 다른 공유자에 대한 관계에서 그 공유지분을 보관하는
자의 지위에 있다.

[연　구]

Ⅰ. 문제의 제기

　　일반적 부동산물권에 대해 우리 민법은 부동산물권변동의 성립요
건주의(민법 제186조)와 일물일권주의, 1필지1등기용지주의(부동산등기
법 제15조)를 채택하여 1필지의 토지에 대한 물권변동은 등기하여야
효력이 발생하고, 1필의 토지 중 일부에 대한 소유권의 변동은 등기할
수 없다. 따라서 1필지의 토지 중 일부가 거래의 목적물이 된 경우 그
특정부분에 대한 소유권을 취득하기 위해서는 원칙상 먼저 해당 토지
를 각자의 특정 소유 부분에 맞추어 분필한 후에 소유권이전등기를
하여야 한다. 그러나 실제의 거래관행은 1필지의 토지 중 일부를 특정
하여 매수하고도 그 전체 토지 중에서 내부적으로는 그 위치와 면적
을 특정하여 2인 이상이 구분소유하기로 약정하고 외부적인 공시방법
으로 각 구분소유자 명의로 면적 비율에 따라 공유지분 등기를 하는
경우가 흔히 있다. 이러한 경우의 법률관계를 구분소유적 공유 또는
상호명의신탁이라고 한다.1)

　　구분소유적 공유에 관하여 내부적으로는 당사자의 단독소유라는
실질을, 외형상으로는 공유등기라는 형식을 취하고 있지만 특별히 이

---

1) 구분소유적 공유라는 용어는 판례가 1960년대에는 "서로 명의신탁관계" 또는
　"구분소유관계"라는 용어를 사용하였고(대법원 1967. 4. 4. 선고 66다814, 816
　판결), 1970년대 초반에는 "상호명의신탁"이라는 용어를 사용하였으며(대법원
　1973. 2. 28. 선고 72다317 판결), 1980년에 이르러 "이른바 구분소유관계"라는
　용어를 사용하였다가(대법원 1980. 8. 26. 선고 79다2068 판결) 1990년에 이르
　러 비로소 "이른바 구분소유적 공유관계"라는 용어를 사용하였다. 그 후 판
　례는 "상호명의신탁" 또는 "구분소유적 공유관계"를 혼용하여 사용하고 있다
　(서정우, "토지의 구분소유적 공유: 1필의 토지 중 특정일부를 매수하고 공유
　등기를 한 때의 법률관계", 사법논집 4집, 법원행정처, 1973, 110면).

를 규율할 수 있는 법규정이 마련되어 있지 못하여 우리 판례는 명의
신탁의 법리를 원용하여 상호명의신탁의 법리로 문제를 해결하고 있
다. 특히, 부동산 실권리자명의 등기에 관한 법률(이하 '부동산실명법'이
라 함, 제2조 제1호 나목)은 "부동산의 위치와 면적을 특정하여 2인 이
상이 구분소유하기로 하는 약정을 하고 그 구분소유자의 공유로 등기
하는 경우"에 무효인 명의신탁약정에서 제외된다는 취지의 규정을 두
어 부동산을 구분소유하기 위하여 상호명의신탁방식의 공유등기가 활
용될 수 있음을 명시하고 있기도 하다.

　　그런데 대상판결은 상호명의신탁으로 공유등기 된 토지에 대하여
분할로 공유자 자신의 특정 구분부분이 아닌 토지의 공유지분에 대해
근저당설정등기를 한 것에 대해 형사적 책임, 특히 횡령죄가 문제되었
다. 이에 원심에서는 횡령죄가 성립하지 않는다고 판시하였지만, 대법
원에서는 횡령죄가 된다고 판시하였다. 본 평석은 명의수탁자의 횡령
죄 성립의 타당성 여부를 살펴보고자 한다. 이를 위해 판례가 인정하
고 있는 상호명의신탁의 법리에 따른 법률관계를 파악하여 분할된 공
유물에 대한 특정한 공유지분을 근저당설정이라는 처분행위에 대해
명의수탁자의 횡령죄의 '타인의 재물을 보관하는 자'에 해당하는지, 또
한 근저당권설정행위가 횡령행위에 해당하는지를 파악하여 횡령죄 성
립의 타당성을 살펴보고, 배임죄의 성립 가능성에 대해도 살펴본다.

II. 구분소유적 공유관계의 법률관계

1. 구분소유적 공유관계의 법적 구조

　　구분소유적 공유관계는 다수의 공유자 사이에 각 공유자가 점유
하는 특정부분에 대하여는 내부적으로 사실상 단독소유로 볼 수 있지
만, 외부적으로는 공유의 형식을 가진다. 따라서 현행법의 제도에 맞
추어 단독소유인지, 공유인지 여부를 판단해서 법적 성질을 규명할 필

요가 있고, 이와 관련하여 내부적인 실질을 유지하려는 당사자의 의사에 비중을 두는 상호명의신탁설이 판례의 입장이다.2) 이러한 입장에서 서술해보면 구분소유적 공유는 공유가 아니며, 1필의 토지 중 위치·평수를 특정하여 매수한 수인이 편의상 공유지분이전등기를 경료한 경우에 각 매수인은 각자 자기의 매수부분에 대하여 배타적인 단독소유권을 취득한다는 것이고, 그러한 실질과 일치하지 않은 등기부분은 명의신탁이론이 적용된다는 것이다. 즉 각 구분소유자는 자신이 배타적으로 사용·수익하고 있는 부분에 관하여 등기된 지분을 초과하는 지분에 대해서는 다른 부분의 매수인에게 그 소유명의를 신탁하고 동시에 다른 매수인들로부터 자기의 매수부분을 제외한 나머지 부분에 대한 지분소유자 명의를 수탁받는 결과 1필지 모두에 대하여 공유자로서 등기를 할 수 있게 된다는 것이다.

예를 들면, 위 그림과 같이 1필지의 토지 90㎡에 대하여 甲, 乙, 丙이 각각 A부분 40㎡, B부분 30㎡, C부분 20㎡을 특정하여 매수 한 후 등기부상에 위 토지 90㎡ 전체에 대하여 甲은 40/90, 乙은 30/90, 丙은 20/90의 지분에 관하여 각각 지분이전등기를 마친 경우를 가정할 때, 먼저 甲은 다른 공유자들에 대한 관계에서 A부분에 대해서 내부적 소유권을 취득하게 되어 이를 배타적으로 사용·수익할 수 있으

---

2) 이외에도 공유설로 보는 견해도 있으나, 이하에서는 판례의 입장인 상호명의 신탁설에 따라 법률관계를 설명한다(배명이, 구분소유적공유의 법적 구조에 관한 연구, 경상대학교 박사학위논문, 2009, 84면 이하).

며 아울러 A부분에 대해서 乙에게 30/90, 丙에게 20/90의 지분을 명
의신탁한 것이 된다. 다른 한편으로 甲은 B부분 및 C부분에 대해서는
각각 다른 명의로 된 40/90지분에 대한 명의수탁자가 되는 것이다. 그
리하여 구분소유자 상호 간에 상호명의신탁의 관계가 성립된다는 것
이다.

2. 구분소유적 공유의 법률관계

구분소유적 공유에서 공유자들은 상대적 권리이전에 의해 그 내
부관계에 있어서는 각자의 특정구분부분에 대한 소유권을 취득하여
이를 배타적으로 사용할 수 있으며, 외부관계에서는 명의신탁의 일반
이론에 따라 각자가 공유지분권을 가지게 된다. 이하에서 내부적 법률
관계와 외부적 법률관계로 나누어 살펴본다.

(1) 내부적 법률관계

일반적인 명의신탁에서 명의신탁된 부동산의 소유권은 내부적으
로 신탁자에게 있으며, 신탁자는 신탁재산을 계속 사용·수익하게 되
고 수탁자는 자기명의로 등기가 되어 있다고 하더라도 신탁자에 대하
여 소유권을 주장할 수 없다. 이러한 법리는 상호명의신탁관계의 구분
소유적 공유에서도 마찬가지이므로 각 구분소유적 공유자들은 자신의
특정점용부분에 대해서는 완전한 단독소유자의 지위에 있게 된다.

(2) 외부적 법률관계

일반적인 명의신탁의 경우 대외적 관계에서의 소유권은 수탁자에
게 완전히 이전되어 수탁자만이 완전한 소유자로 취급되며, 수탁자가
수인인 경우에는 당해재산은 수탁자들의 공유가 된다. 따라서 신탁재
산의 침해자에 대한 소유권에 기한 방해배제청구는 대외적인 관계에
서 소유권자인 수탁자만이 할 수 있는 것이다.

이러한 법리는 상호명의신탁관계에 있는 구분소유적 공유에서 그

대로 적용되어 각 구분소유적 공유자들은 내부적으로는 특정취득부분
에 대한 단독소유권자이면서도 외부적으로는 일반적인 공유와 전혀
다를 바가 없으므로 제3자에 대하여는 공유물 전체에 대한 공유자로
서의 지위에 있게 되고 토지 전부에 관하여 뿐만 아니라 자기의 특정
구분소유부분에 대해서도 공유자로서의 권리밖에 주장할 수 없게 된
다. 따라서 제3자는 구분소유권자에 대하여 구분소유관계에 있음을
가지고 대항할 수 없으며 구분소유권자 또한 제3자에 대하여 구분소
유관계를 주장할 수 없다.

3. 구분소유적 공유토지의 분할에 따른 법률관계

구분소유적 공유에 있는 토지가 분할되면 분할된 각 토지에 종전
토지의 공유등기가 전사되어 상호명의신탁관계가 그대로 존속되는 것
이고, 후일 분할된 토지의 한 쪽 토지에 대한 등기가 중복등기로서 말
소됨으로써 그 토지에 관한 상호명의신탁관계가 소멸되었다고 하여도
나머지 분할토지에 관한 명의신탁관계가 당연히 소멸하는 것은 아니
라고 한다.3) 따라서 만일 공유자 중 일방이 각 공유자를 상대로 명의
신탁해지를 원인으로 한 지분이전등기청구를 하여 자신의 특정점용부
분을 분필하여 갔는데, 다른 공유자들이 자신들의 점용부분에 있는 구
분소유적 공유에서 일탈한 자의 지분을 그대로 두고 있는 경우가 발
생할 수 있으며, 판례의 논리에 따르면 이 경우에도 구분소유적 공유
에서 나와 그 지분 자체가 표상하는 특정점용 부분이 없음에도 불구
하고 다른 공유자와의 명의신탁관계가 그대로 유지된다. 대상판결도
이러한 논리로 토지의 각 특정 부분을 구분하여 소유하면서 상호명의
신탁으로 공유등기를 거친 경우 그 토지가 분할되면 분할된 각 토지
에 종전토지의 공유등기가 전사된 경우 더 이상 당해 공유자의 특정
구분부분에 해당하는 필지를 표상하는 등기가 아니고, 각 공유자 상호

---

3) 대법원 1992. 5. 26. 선고 91다27952 판결; 대법원 1993. 4. 27. 선고 92다42460,
   42477 판결.

간에 상호명의신탁관계만이 존속한다고 하였다.

Ⅲ. 구분소유적 공유관계의 공유자의 근저당설정행위에 대한 형사책임

1. 횡령죄 성립여부

횡령죄는 타인의 재물에 대한 재산범죄로 재물의 소유권 등 본권을 보호법익으로 하는 범죄이므로, 어떤 재물을 횡령의 객체로 보느냐에 따라 재물이 타인의 소유인지, 위탁관계에 기초한 보관자의 지위가 인정되는지, 피해자가 누구인지, 재물에 대한 반환청구가 가능한지 등이 달라질 수 있다.[4]

(1) 보관자의 지위

횡령죄의 주체는 위탁관계 내지 신임관계에 의하여 타인의 재물을 보관하는 자이다. 여기서 보관이란 재물이 사실상 지배하에 있는 경우뿐만 아니라 법률상의 지배·처분이 가능한 상태를 모두 의미하여 절도죄에서의 점유보다는 넓은 개념이다. 따라서 보관이라는 점유는 재물에 대하여 사실상 또는 법률상 지배력을 행사하는 상태, 즉 법률상의 지배·처분이 가능한 상태를 모두 의미한다.[5]

가. 부동산의 보관자

일반적으로 동산의 보관은 사실상의 지배, 즉 점유의 방법에 의하나, 반드시 사실상의 지배에 국한되지 않고 법률상의 지배도 포함된다.[6] 그런데 부동산의 경우에는 횡령죄의 주체인 보관자의 지위여부를 어떻게 판단할 것인가에 대해서 판례는 부동산에 관한 횡령죄에 있어서 타인의 재물을 보관하는 자의 지위는 동산의 경우와는 달리 부동산에 대한 점유의 여부가 아니라 부동산을 제3자에게 유효하게

---

4) 대법원 2016. 8. 30 선고 2013도658 판결.
5) 대법원 2000. 8. 18. 선고 2000도1856 판결.
6) 김태명, "재물과 재산상 이익의 개념과 양자의 교차", 형사법연구 제26권 제2호, 한국형사법학회, 2014, 81면.

처분할 수 있는 권능의 유무에 따라 결정하여야 한다는 입장을 취하고 있다.[7] 따라서 등기 있는 부동산의 경우 원칙적으로 등기부상의 명의인은 사실상의 지배여부와 상관없이 보관자가 된다.[8] 부동산의 경우 소비·은닉 등의 사실행위로 인해 현실적인 지배보다는 오히려 매매·담보제공 등의 법률행위로 인해 법률상의 지배에 의해 보관하는 경우가 많기 때문에 그러하다. 따라서 물권변동의 효력이 없는 공유지분등기의 명의자일지라도 소유자와의 사이에 위탁관계가 존재할 경우에는 횡령죄의 주체가 될 수 있다고 보는 것이 타당하다. 그리고 공유지분에 대해서는 등기명의자가 점유하는 것이므로 단독점유가 되지만, 타인의 부동산의 경우 공동점유하고 있는 경우 그 중 1인의 점유는 다른 공동점유자와의 관계에서는 자기의 점유에 해당하지 않는다. 따라서 그 중 1인이 다른 공동점유자의 동의 없이 임의로 그 재물을 자기 단독의 점유로 옮기는 행위는 횡령죄가 아니라 절도죄에 해당하게 된다.[9]

나. 위탁관계

횡령죄의 본질은 재물의 영득이 위탁에 의한 신뢰관계를 배반함으로써 이루어진 점에 있기 때문에 재물의 보관자와 재물의 소유자(또는 기타의 본권자) 사이에 법률상 또는 사실상의 위탁관계가 존재하여야 한다.[10] 이러한 위탁신임관계는 사용대차·임대차·위임 등의 계약에 의하여서뿐만 아니라 사무관리·관습·조리·신의칙 등에 의해서도 성립될 수 있으나, 횡령죄의 본질이 신임관계에 기초하여 위탁된 타인의 물건을 위법하게 영득하는 데 있음에 비추어 볼 때 그 위탁신임관계는 횡령죄로 보호할 만한 가치 있는 신임에 의한 것으로 한정하고 있다.[11]

---

7) 대법원 2007. 5. 31 선고 2007도1082 판결.
8) 김성돈, 형법각론, SKKUP, 2016, 400면.
9) 박재윤, 주석 형법 각칙편, 한국사법행정학회, 2007, 326면.
10) 대법원 2005. 9. 9. 선고 2003도4828 판결; 대법원 2010. 6. 24. 선고 2009도9242 판결 등 참조.
11) 원혜욱, "횡령죄에 있어서의 위탁관계", 형사판례연구 제14권, 박영사, 2006, 153~165면; 오영근, 형법각론, 박영사, 2017, 344~345면; 김성돈, 형법각론, 402

이에 따라 일반명의신탁의 경우 특히 중간생략등기형 명의신탁에 있어서 명의신탁약정을 부동산실명법상 무효인 반사회적 행위라 보고 형법상 보호할 만한 가치 있는 신임에 의한 사실상 위탁관계를 인정하지 않고 있다.[12] 하지만, 상호명의신탁의 경우 명의신탁의 법리를 원용하면서도 부동산실명법(제2조 제1호 나목)에 따라 "부동산의 위치와 면적을 특정하여 2인 이상이 구분소유하기로 하는 약정을 하고 그 구분소유자의 공유로 등기하는 경우"에 무효인 명의신탁약정에서 제외된다는 규정을 두어 명의신탁 약정이 유효하기 때문에 형법상 보호할 만한 가치 있는 위탁관계를 인정된다. 따라서 명의신탁자와 명의수탁자 사이의 위탁관계의 근거가 되는 명의신탁약정 자체에 의하여 타인의 재산보전에 협력할 의무가 인정될 수 있다. 즉 명의수탁자가 부동산 소유자인 경우, 원소유자인 명의신탁자의 요청에 의하여 부동산 소유권이전등기에 협력하여야 할 의무가 발생하게 되고 이러한 의무는 타인의 사무이고, 수탁자에게 타인의 사무를 처리하는 자의 지위가 인정되는 근거는 상호명의신탁약정에 의한 부동산등기협력의무라고 할 수 있다. 그리고 이러한 범위 내에서 명의신탁자와 수탁자 사이에서의 신뢰관계가 존재하는 것이라고 해석해야 할 것이다. 대상판결에서도 구분소유하고 있는 특정 구분부분별로 독립한 필지로 분할되는 경우에도 각 공유자 상호 간에 상호명의신탁관계만이 존속한다고 하여 위탁관계가 존재함을 인정하고 있다.

다. 대상판결 검토

상호명의신탁관계에서 분할된 목적부동산의 공유지분은 '실질적 소유자'와 '형식적 소유자'가 일치하지 않게 되고, 이 두 소유자 중 어느 쪽을 중시하는가에 따라 수탁자의 보관자의 지위를 인정할 수 있을 것이다.

원심 판결은 토지의 각 특정 부분을 구분하여 소유하면서 상호명

면; 대법원 2016. 5. 19. 선고 2014도6992 전원합의체 판결.
12) 대법원 2016. 5. 19. 선고 2014도6992 전원합의체 판결.

의신탁으로 공유등기를 거친 경우 그 토지가 분할되더라도 상호명의 신탁관계가 존속하여 공유지분등기를 자유로이 처분할 수 있다고 보아 명의수탁자는 신탁공유지분에 대해 자신의 재물을 보관하는 자의 지위에 있다고 할 수 있고, 따라서 명의신탁자가 그 공유지분을 임의로 처분하더라도 자신의 소유권을 행사하는 것으로서, 그의 행위는 횡령죄를 구성하지 않는다고 보았다. 이는 구분소유적 공유 관계에서 어느 일방이 그 명의신탁을 해지하고 지분소유권이전등기를 구함에 대하여 상대방이 자기에 대한 지분소유권이전등기 절차의 이행이 동시에 이행되어야 한다는 점에서[13] 구분소유적 공유관계가 유지되는 동안 공유지분 처분에 관한 적법한 권한은 등기명의자가 보유하고 있다고 보고, 해소 시에 채무문제로서 근저당권설정등기 말소의무만 부담한다고 보고 있다. 따라서 명의수탁자가 부동산의 공유지분을 임의로 처분하게 되면 그 행위는 자신의 공유지분을 처분한 것이 되므로 횡령죄를 구성하지 않는다는 것이다.

이에 반해 대상판결에서는 구분소유하고 있는 특정 구분부분별로 독립한 필지로 분할되는 경우에는 각자의 특정 구분부분에 해당하는 필지가 아닌 나머지 각 필지에 전사된 공유자 명의의 공유지분등기는 더 이상 당해 공유자의 특정 구분부분에 해당하는 필지를 표상하는 등기라고 볼 수 없고, 공유자 상호간에 상호명의신탁관계만이 존속하는 것이므로 공유자는 나머지 각 필지 위에 전사된 자신 명의의 공유지분에 관하여 다른 공유자에 대한 관계에서 그 공유지분을 보관하는 자의 지위에 있다고 보았다. 구분소유적 공유관계에서 특정 구분부분별로 독립한 필지로 분할되는 경우 명의수탁자는 부동산에 대하여 사실상의 공유지분 등기만 경료되어 있을 뿐 물권변동의 효력은 없다고 보아 대내적으로 아무런 실질적인 물권을 보유하지 못하지만, 명의신탁약정만 존재한다는 점에서 위탁관계는 계속 유지되고 있다고 보아 명의수탁자는 분할된 부동산의 공유지분에 대해 타인인 명의신탁자

---

13) 대법원 2008. 6. 26. 선고 2004다32992 판결.

소유의 재물을 보관하는 자의 지위에 있다고 할 수 있고, 따라서 명의
수탁자가 신탁부동산을 임의로 처분하게 되면 그 행위는 횡령죄를 구
성한다는 것이다.

대상판결은 민사법적 해석을 통하여 소유권과 보관자의 지위를
인정하여 범죄성립 여부를 결정하였다는 점에서 그 의미가 있다. 보통
명의신탁 관련한 형사범죄의 성립에 있어서 형법의 독자성을 강조할
것인가, 법질서의 통일성을 강조할 것인가에 따라 그 결론이 달라질
수 있는데, 형법의 독자성보다 법질서의 통일성을 우선하여 민사법적
해석을 통해 범죄성립 여부를 결정했다는 점에서 일맥상통한다.

(2) 타인의 재물

횡령죄는 순수 재물죄이므로 객체는 재물에 한정된다. 행위자가
위탁자의 신임관계에 위배하여 재산상의 이익을 취득하여도 배임죄가
될 뿐 횡령죄는 되지 않는다.[14]

가. 재물 여부

① 횡령죄의 객체로서 재물

횡령죄에 있어서의 재물은 동산, 부동산의 유체물 뿐만 아니라 형
법 제361조, 제346조의 규정에 의하여 관리할 수 있는 동력도 포함된
다. 형법 제346조 소정의 관리가 물리적 관리에 국한하느냐 사무적 관
리도 포함하느냐를 둘러싸고 견해의 대립이 있으나 전자가 통설이다.
후자의 견해에 의하면 관리가능한 이익 내지 가치도 재물이라고 하여
채권과 같은 권리까지도 재물에 포함되어야 한다고 하나, 권리는 물질
성이 없을 뿐만 아니라 재물과 재산상 이익을 구별하는 형법의 범죄
정형을 무시하는 것이 되어 부당하다. 관리가능성설에 의하여 재물의
개념에 관리가능한 에너지가지 포함한다고 하더라도 이를 무한히 확
장할 수는 없고 적어도 물질성을 구비하는 것을 한계로 하여 물질적
관리가 가능한 경우에 한한다고 하여야 할 것이다. 따라서 재물과 재

---

14) 박재윤, 앞의 책, 341면.

산상이익을 구별하고 횡령과 배임을 별개의 죄로 규정한 현행 형법의 규정에 비추어 볼 때 사무적으로 관리가 가능한 채권이나 그 밖의 권리 등은 재물에 포함된다고 해석할 수 없다.[15] 기업비밀이나 기업정보와 같은 정보 자체도 횡령죄의 객체가 될 수 없다. 그러나 권리가 화체된 문서 자체는 재물이다. 예컨대 권리증서를 보관하던 중에 영득하면 횡령죄가 되지만, 임의로 그 증서상의 권리를 행사하여 채무자로부터 금전을 취득하더라도 배임죄는 성립할 수 있을지언정 횡령죄는 성립되지 않는 것이다.

② 재물과 재산상 이익의 관계

재물과 관련하여 문제되는 것이 재산상 이익이다. 일반적으로 재산상 이익이란 재물이외의 재산상태의 증가를 가져오는 일체의 이익 내지 가치를 의미한다. 재산상 이익과 관련하여 배임죄(제355조 제2항)는 "타인의 사무를 처리하는 자가 그 임무에 위배하는 행위로써 재산상의 이익을 취득하거나 제3자로 하여금 이를 취득하게 하여 본인에게 손해를 가한 때"에 이를 처벌하여 역시 그 보호법익이 '재산'이라고 해석되고 있다. 이와 같이 형법의 해석에 있어서 '재산'은 그 중요성을 간과할 수 없는 개념이라고 할 수 있다. 재산의 개념을 무엇이라고 정의하느냐에 따라 형법상 배임죄 등의 성립범위는 넓어질 수도 있고 좁아질 수도 있다. 판례는 경제적 재산개념은 형법상 재산이란 권리 이외에 사실상의 이익과 노동력 등 경제적 가치가 있는 모든 재화를 의미한다고 보고, 그 재화가 법률적으로 보호 내지 승인되느냐를 묻지 않으며 순수하게 경제적 관점에서 재산개념을 파악하고 있다.[16]

이러한 재물과 재산상 이익의 관계를 알기 위해 횡령죄와 배임죄의 관계에 관하여 살펴볼 필요가 있다. 여기에서의 쟁점은 재물을 가지고 상대방에게 손해를 취하고 자신에게 이익을 취하면 경우 배임죄가 성립할 수 있는지가 문제가 된다. 다수설은 특별법(횡령죄)과 일반

---

15) 박재윤, 앞의 책, 342면.
16) 대법원 2001. 10. 23. 선고 2001도2991 판결.

법(배임죄)의 관계로 보고 객체에 따라 구별이 가능하다는 것이다.[17) 이에 의하면 재산상 이익을 취득하였다고 하여 재물을 취득한 것은 아니지만 재물을 취득하면 재산상 이익도 취득한 것이 된다. 그러나 소수설은 입법과정에 대한 분석과 비교법적 고찰을 통해 횡령죄와 배임죄를 상호배타적이고 택일적으로 이해한다. 이에 의하면 재물을 취득한 것이 재산상 이익을 취득한 것이라고 할 수 없고, 재산상 이익을 취득한 것 역시 재물을 취득한 것이라고 할 수 없다고 하는데, 이는 재물과 재산상의 이익을 택일관계로 파악하고 있다.[18) 판례는 '횡령'은 재물로, '배임'은 재산상 이익으로 보고 특별관계로 파악하고 있다.[19)

횡령죄의 주체는 그 재물을 보관하고 있어야 하나, 배임죄의 주체는 타인의 사무를 처리하는 자이어야 한다. 그런데 횡령죄의 객체인 재물은 재산상의 이익에 포함되고, 타인의 재물을 보관하는 것은 타인의 사무를 처리하는 것에 포함된다. 따라서 횡령죄와 배임죄의 관계는 특별과 일반의 관계에 있게 된다.[20) 재물을 통하여 이익을 취득하는 경우도 재산상 이익과 관련된 죄에서 성립이 가능하기 때문이다. 특히 행위의 객체가 재물인 부동산의 경우, 이에 대한 이중매매가 배임죄로 될 수 있다는 학설과 판례의 입장은 행위의 객체를 대상으로 횡령죄와 배임죄를 구별하려는 논리모순을 범하고 있다. 또한 유통성과 대체성을 속성으로 하는 금전은 재물의 성질과 가치의 성질을 모두 지니고 있기 때문에, 이 금전의 성격에 대해 횡령죄와 배임죄라는 두 죄의 구별을 명확히 할 수 있다는 것도 타당하지 않다.

17) 손동권, "양도담보물을 임의처분한 경우의 형사책임", 형사정책연구 제20권 제1호, 한국형사정책연구원, 2009, 552면; 김성돈, 형법각론, 432면; 오영근, 형법각론, 370면.

18) 신동운, "횡령죄와 배임죄의 관계", 한국형사법학의 새로운 지평(유일당 오선주 교수 정년기념논문집), 2001, 315~336면; 조현욱, "위임받은 금액을 초과한 현금인출과 컴퓨터등사용사기죄", 비교형사법연구 제8권 제1호, 한국비교형사법학회, 2006, 422면.

19) 대법원 1994. 3. 8. 선고 93도2272 판결.

20) 손동권, 앞의 논문, 552면.

③ 대상판결 검토

부동산은 그 '물성 자체'에 초점을 맞추면 동산(물건)과 더불어 '재물'에 해당하지만, 그 '경제적 가치'가 거래대상인 경우에는 '재산상 이익'으로 볼 여지도 충분하다.[21] 이러한 점은 부동산 중에서도 특히 공유에서 논의될 수 있는 문제이다. 공유는 소유권이 양적으로 분할되어 2인 이상이 하나의 물건을 소유하는 것을 말한다. 그리고 공유자가 가지는 양적 일부인 소유권을 「지분」이라고 한다. 즉, 지분은 1개의 소유권의 분량적 일부분이다.[22] 이는 2분의 1, 3분의 2 등과 같이 일정한 비율로 표시된다. 지분권은 실질적으로 소유권과 성질이 같은데, 소유권은 관념적 권리로서 물건을 현실적으로 지배하는 권리가 아니고 지배할 수 있는 권리이다. 절대권으로서 물건이 가지는 가치를 전면적으로 지배할 수 있으며, 법률의 범위 내에서 그 소유물을 사용·수익, 처분할 수 있다. 공유지분 역시 물건을 지배할 수 있는 관념적인 것이다.[23] 그러나 공유지분권자는 공유물을 사용·수익, 처분할 권리가 있지만, 독점적·배타적으로 사용할 수 있는 것이 아니라 공유물의 전부를 그의 지분의 비율로 사용·수익할 수 있다(민법 제263조). 또한 2인 이상이 하나의 물건을 공유하고 있으므로, 공유물을 처분하거나 변경할 때에는 다른 공유자의 동의가 필요하고(민법 제264조), 공유물의 관리에 관한 사항은 공유자의 지분의 과반수로 결정 한다(민법 제265조). 이러한 점에서 공유지분은 부동산의 일부분이 아닌 전체 부동산에 대한 비율에 따른 용익가치와 교환가치를 가진다는 점에서 재물이라고 볼 수 없다고 생각된다. 따라서 공유자의 공유지분은 재물 자체의 분할이 아니라 재물의 가치에 대한 분할이라고 볼 수 있기 때문에 재물 이외의 일체의 재산적 가치 있는 이익[24]이라고 볼 수 있다.

---

21) 김봉수, "'횡령 후 처분행위'에 대한 형법적 평가", 형사판례연구 제25권, 박영사, 2017, 204면.
22) 송덕수, 물권법, 박영사, 2012, 337면.
23) 전소현, 공유지분의 침해와 그 구제, 이화여대 석사학위논문, 2013, 5면.
24) 대법원 1997. 2. 25. 선고 96도3411 판결.

또한 하나의 물건은 그 자체로 불가분인 것인데, 그 물건이 가분적일 수 있다는 사고는 물건을 나누는 것이 아니라 물건에 내재되어 있는 가치를 나눈다는 사고가 깔려 있는 것이다. 따라서 공유지분이라는 것은 부동산에 대한 내재되어 있는 소유권 즉 사용가치와 교환가치를 나누는 것이라 볼 수 있기 때문에 재물이 아닌 재산상 이익으로 보는 것이 타당하다.

나. 타인성

타인의 재물인가 또는 자기의 재물인가는 기본적으로 민법, 상법 기타의 민사실체법에 의하여 결정되어야 한다.25) 소유권을 판단함에 있어 형법의 독자성을 강조하기보다 법질서의 통일성을 강조한 것이라 할 수 있다. 그러나 경우에 따라 형법적 보호의 필요성이라는 관점에서 검토할 필요도 있다. 타인의 재물에는 공유, 합유 또는 총유의 형태에 의한 공유물을 포함한다. 공유재산은 분할하기 전에는 그에 대한 지분권을 가지고 있는 것에 불과하여 권리침해라는 점에서 보면 타인의 재물과 다르지 않기 때문이다.

부동산 명의신탁의 경우 '실질적 소유자'(당사자들의 내부적 의사에 의한 소유자인 명의신탁자)와 '형식적 소유자'(등기명의자인 명의수탁자)가 일치하지 않게 되고, 이 두 소유자 중 어느 쪽을 중시하는가에 따라 명의수탁자의 형법상의 죄책이 달라질 수 있다. 명의신탁의 대내적 관계를 중시하게 되면, 명의신탁자가 신탁부동산에 대한 소유자가 되기 때문에 명의수탁자는 타인소유의 재물을 보관하는 자의 지위에 있게 되어 부동산을 임의로 처분하게 되면 횡령죄가 성립하게 된다. 이에 반해 명의신탁의 대외적 관계를 중시하게 되면, 자신의 명의로 소유권 등기를 한 명의수탁자가 부동산의 소유자로 인정되므로 명의수탁자는 부동산에 대해 자신의 재물을 보관하는 자의 지위에 있게 되어 부동산을 임의로 처분하더라도 자신의 소유권을 행사하는 것으로서 횡령

---

25) 대법원 2003. 10. 10. 선고 2003도3516 판결; 대법원 2010. 5. 13. 선고 2009도1373 판결 등 참조.

죄가 성립하지 않게 된다.[26]

그런데 원심판결에서는 물권법정주의와 부동산물권변동에 관하여 형식주의를 채택하고 있는 민법의 해석에 의하여 구분소유적 공유관계의 경우 소유권은 대외적으로는 물론 대내적으로도 명의수탁자에게 완전히 이전되고, 명의수탁자는 명의신탁자에 대하여 신탁목적에 따른 채무를 부담할 뿐이라고 하면서, 채무이행 전까지는 명의수탁자가 공유지분을 임의로 처분하게 되면 그 행위는 자신의 재물을 처분한 것이 되므로 횡령죄를 성립하지 않는다는 논리로 판단한 것으로 보인다. 이에 반해 대상판결에서는 구분소유적 공유관계에서 명의신탁의 대내적 관계를 중시한 결과 명의신탁자가 부동산에 대한 소유자가 되기 때문에 명의수탁자는 타인소유의 재물을 보관하는 자의 지위에 있게 되어 부동산을 임의로 처분하게 되면 횡령죄가 성립하게 된다.

(3) 실행행위

횡령죄의 실행행위는 횡령행위, 즉 횡령하거나 반환을 거부하는 행위는 불법영득의 의사를 실현하는 일체의 행위이다. 대체로 횡령행위의 태양으로 소비, 착복, 은닉 또는 점유의 부인, 매매, 입질, 저당권설정, 가등기, 증여, 대여 등이 열거된다.[27] 그러나 이러한 모든 행위태양을 횡령행위로 볼 수는 없다. 특히 근저당권설정행위가 그러하다. 왜냐하면 담보물권의 일종인 근저당권은 부동산의 소유자가 소유권을 유지한 상태에서 일정기간 동안 그 부동산의 경제적 가치를 현금화하는 제도로서, 채무불이행이 발생한 경우에도 담보권실행을 위한 임의경매 등 별도의 청산절차가 필요하기 때문이다.[28] 따라서 '근저당권설정=횡령행위'라고 획일적으로 판단하기보다는 근저당권설정이 횡령죄의 실행행위에 해당하는지를 평가하기 위해서는 당시 부동산의 가액

---

26) 원혜욱/김자영, "중간생략등기형 명의신탁과 횡령죄", 형사법연구 제28권 제3호, 한국형사법학회, 2016, 140~141면.
27) 오영근, 형법각론, 353면; 김성돈, 형법각론, 410면; 박상기, 형법각론, 박영사, 2011, 385면; 임웅, 형법각론, 법문사, 2011, 450면.
28) 김봉수, 앞의 논문, 205면.

과 채권최고액의 비율, 근저당권설정자의 채무이행 가능성 등을 토대
로 당해 근저당권설정으로 인한 담보물권실행의 잠재적 가능성이 소
유권자의 '소유권'을 위협할 수준의 것인지(구체적 위험의 창출·실현에
해당하는지)를 형법적 관점에서 신중히 검토하는 과정이 필요할 것이
다.29) 만약 근저당권의 채권최고액 및 실제 채무액이 부동산 가액 대
비 현저히 낮은 경우는 근저당권설정으로 인한 담보권실행의 위험이
미약한 경우에는 신임관계에 위배하여 부동산의 재산적 가치를 유용
하는 행위인 배임행위로 평가하는 것이 타당할 것이다.30) 대법원
2013. 2. 21. 선고 2010도10500 전원합의체 판결31)의 반대의견에서도
부동산 보관자의 근저당권설정행위에 대해 '그 부동산의 일부 재산상
가치를 신임관계에 반하여 유용하는 행위인 배임행위로서 행해진 것
인지 아니면 해당부동산을 재물로서 불법적으로 영득한 의사로 한 횡
령행위로 행해진 것인지 구분해야 한다'고 하면서 제3자에 대한 근저
당권설정행위는 경우에 따라 배임행위도 횡령행위도 될 수 있다고 하
여 비슷한 견해를 제시하고 있다.

대상판결의 경우에서 피고인이 분할된 토지 중 자신의 특정 구분
부분에 해당하지 않는 필지의 자신의 명의의 공유지분에 대해 근저당
권설정행위를 한 것은 이는 토지를 재물로서 불법적으로 영득한 의사,
즉 횡령행위라기보다는 부동산의 일부 재산상 가치를 신임관계에 반
하여 유용하는 행위보아야 할 것이고, 따라서 횡령행위로 보기보다 배
임행위로 보는 것이 타당할 것이다.

2. 배임죄 성립 가능성

앞서 본 바와 같이 횡령죄가 성립하지 않는다면, 배임죄가 성립할
수 있는지 여부에 대해 논할 필요가 있을 것이다. 배임죄는 타인의 사

---

29) 김봉수, 앞의 논문, 205~206면; 문영식, "횡령죄와 배임죄의 구별", 형사법의
    신동향 제34호, 대검찰청, 2012, 307면.
30) 김봉수, 앞의 논문, 206면.
31) 대법원 2013. 2. 21. 선고 2010도10500 전원합의체 판결.

무를 처리하는 자가 그 임무에 위배되는 행위를 하여 재산상 이익을 취득하거나 제3자로 하여금 취득하게 하고 본인에게 손해를 가함으로써 성립하는 범죄이다.

타인의 사무를 처리하는 자란 타인과의 대내적 신임관계에 비추어 맡겨진 사무를 신의성실의 원칙에 맞게 처리해야 할 의무가 있는 자를 말한다. 대외적으로 대리권과 같은 법적 권한은 요하지 않으나, 대내적으로 임무에 따라 성실하게 사무를 처리해야 할 의무가 있어야 한다.[32] 그리고 '타인의 사무를 처리하는 자'라고 하려면 두 당사자의 관계의 본질적 내용이 단순한 채권관계상의 의무를 넘어서 그들 간의 신임관계에 기초하여 타인의 재산을 보호 내지 관리하는 데 있어야 한다.[33]

먼저, 명의신탁자와 명의수탁자 사이의 신임관계의 근거가 되는 명의신탁약정 자체에 의하여 타인의 재산보전에 협력할 의무를 근거로 인정될 수 있다. 즉 명의수탁자가 부동산 소유자인 경우, 원소유자인 명의신탁자의 요청에 의하여 부동산소유권이전등기에 협력하여야 할 의무가 발생하게 되고 이러한 의무는 타인의 사무이고, 수탁자에게 타인의 사무를 처리하는 자의 지위가 인정되는 근거 상호명의신탁약정에 의하여 부동산등기협력의무에 의하여 할 수 있다. 그리고 이러한 범위 내에서 명의신탁자와 수탁자 사이에서의 신뢰관계가 존재하는 것이라고 해석해야 할 것이다. 또한 타인의 사무관리를 하는 자는 민법 제738조에 의하여 준용되는 민법 제684조 제2항에 의하여 자신의 명의로 취득한 권리를 권리자에게 이전하여야 하므로, 사무관리를 하는 수탁자는 위 규정에 의하여 자기의 명의로 취득한 등기명의를 원권리자인 신탁자에게 이전하여야 할 의무를 부담하게 되고, 이러한 사무관리의 근거규정에 의하여 수탁자에게 타인의 사무를 처리하게 된 신뢰관계, 즉 타인의 사무를 처리하는 자가 지위를 인정할 수 있을 것

---

32) 대법원 2002. 6. 14. 선고 2001도3534 판결.
33) 대법원 2009. 2. 26. 선고 2008도11722 판결 등 참조.

이다.34)

원심 판결에서는 명의수탁자가 명의신탁자에 대하여 매매대금 등을 부당이득으로 반환할 의무를 부담한다고 하더라도 이는 민사상의 의무에 불과하다 하여 형사상 책임을 물을 수 없다고 한다. 하지만 대상판결에서 "구분소유하고 있는 특정 구분부분별로 독립한 필지로 분할되는 경우에는 각자의 특정 구분부분에 해당하는 필지가 아닌 나머지 각 필지에 전사된 공유자 명의의 공유지분등기는 더 이상 당해 공유자의 특정 구분부분에 해당하는 필지를 표상하는 등기라고 볼 수 없고, 각 공유자 상호 간에 상호명의신탁관계만이 존속"한다는 점에서 명의수탁자는 명의신탁약정 자체에 의하여 타인의 재산보전에 협력할 의무나 사무관리에 의하여 자기의 명의로 취득한 등기명의를 원 권리자인 신탁자에게 이전하여야 할 의무를 부담하게 되고, 이러한 약정 또는 사무관리의 근거규정에 의하여 수탁자에게 타인의 사무를 처리하게 된 신뢰관계, 즉 타인의 사무를 처리하는 자가 지위를 인정할 수 있을 것이다. 그리고 배임죄의 객체는 재산상 이익인데, 대상판결의 사안에서는 횡령죄 부분에서 살펴본 바와 같이 공유지분의 경우 재산상 이익으로 볼 수 있다 점에서 배임죄의 객체에 해당한다고 판단된다. 행위자 또는 제3자가 재산상의 이익을 취득해야하는데, 명의수탁자는 이러한 처분행위에 의하여 공유지분 가액 상당의 재산상 이익을 취득한 것이라고 볼 수 있다. 그리고 본인에게 재산상의 손해를 가해야 하는데, 재산상 손해를 현실적인 손해뿐만 아니라 재산상 실해 발생의 위험을 초래한 경우도 포함된다.35) 이러한 점에서 부동산 소유자인 신탁자에 대하여 부동산에 대한 공유지분이전등기를 반환 할 수 없게 되거나 그러한 위험이 발생한 경우에는 손해가 발생한 것이라고 보아야 할 것이고, 명의수탁자가 자신의 명의로 등기된 부동산을 처분

---

34) 박홍식, "명의신탁부동산의 처분행위와 배임죄", 가천법학 제8권 제1호, 가천대학교 법학연구소, 2015, 149면.

35) 대법원 2009. 10. 29. 선고 2009도7783 판결 등 참조.

함으로써 그러한 위험이 이미 발생한 것이라고 하여야 할 것이다. 따라서 구분소유하고 있는 특정 구분부분별로 독립한 필지로 분할된 경우, 특정 구분부분 외 필지의 명의수탁자의 공유지분을 가지고 명의수탁자가 근저당권설정행위는 배임죄를 인정하는 것이 타당하고 생각된다.

Ⅳ. 결 론

이상에서 살펴본 바와 같이 대상판결은 구분소유하고 있는 토지에 대해 특정 구분부분별로 독립한 필지로 분할하여 각자의 특정 구분부분에 해당하는 필지 외 나머지 필지에 전사된 수탁자 명의의 공유지분을 근저당권설정행위를 한 경우, 보관자의 지위를 인정하여 횡령죄가 성립한다고 하였다. 하지만 횡령죄는 소유권을 보호법익으로 하는 재물죄인데, 재물인 부동산 전체를 횡령한 것이 아니고, 그 부동산의 공유지분에 대해 횡령한 점에서 재물의 재산적 가치의 일부만을 횡령한 것으로 인정하는 것은 횡령죄의 법리에 부합하지 않다고 할 수 있다. 이러한 점에서 재물의 재산적 가치의 일부만을 횡령한 것으로 인정하려면 해당 사안을 재산죄인 횡령죄로 의율할 것이 아니라 이득죄인 배임죄로 의율하는 것을 타당하다고 생각된다. 따라서 구분소유적 공유관계에서 분할 된 토지의 특정 구분부분에 해당하지 않는 토지의 공유지분등기를 가지고 행위자가 위탁자의 승낙 없이 근저당권설정등기를 경료한 행위는 횡령죄를 인정하기보다는 배임죄를 인정하는 것이 타당하다.

[주 제 어]

구분소유적 공유관계, 상호명의신탁, 횡령죄, 배임죄, 공유지분

[Key words]

Co-ownership representing de facto partition ownership, another mutual name trust relation, Embezzlement, Breach of Trust, Portion in co-ownership

접수일자: 2018. 5. 11. 심사일자: 2018. 5. 31. 게재확정일자: 2018. 6. 5.

[참고문헌]

김대웅, "횡령한 부동산에 대한 횡령죄의 성립 여부", 형사판례연구, 제18권, 박영사 2010.

김봉수, "'횡령 후 처분행위'에 대한 형법적 평가", 형사판례연구, 제25권, 박영사, 2017.

문영식, "횡령죄와 배임죄의 구별", 형사법의 신동향, 제34호, 대검찰청, 2012.

박홍식, "명의신탁부동산의 처분행위와 배임죄", 가천법학, 제8권 제1호, 가천대학교 법학연구소, 2015.

배명이, "구분소유적 공유의 지분 처분에 관한 연구", 법학연구, 제20권 제2호, 경상대학교 법학연구소, 2012.

배명이, 구분소유적공유의 법적 구조에 관한 연구, 경상대학교 박사학위논문, 2009.

송문호, "부동산 명의신탁의 형법상 의미와 전망", 형사정책연구, 제27권 제3호, 한국형사정책연구원, 2016.

안경옥, "최근 5년간의 주요 재산범죄 판례의 동향", 형사판례연구, 제25권, 박영사, 2017.

오영근, "재물과 재산상 이익에 대한 합리적 해석론", 법학논총, 제31집 제4호, 한양대학교 법학연구소, 2014.

우인성, 명의신탁에 관한 형사법적 연구, 서울대학교 박사학위논문, 2015.

원혜욱/김자영, "중간생략등기형 명의신탁과 횡령죄", 형사법연구, 제28권 제3호, 한국형사법학회, 2016.

이경렬, "'명의수탁자의 처분과 횡령'의 불가벌적 사후행위", 형사판례연구, 제22권, 박영사, 2014.

이상태, "부동산 명의신탁에 관한 민·형법의 통합적 연구", 일감법학, 제30호, 건국대학교 법학연구소, 2015.

이영희, "구분소유적 공유의 법적 구성", 부산대학교 법학연구, 제50권 제1호, 부산대학교 법학연구소, 2009.

이창섭, "부동산 명의수탁자의 횡령죄 주체성", 형사판례연구, 제19권, 박영사, 2011.

정다희, "부동산의 임의처분과 형사책임에 관한 연구", 성균관법학, 제29권
제1호, 성균관대학교 법학연구소, 2017.

천진호, "부동산 명의수탁자 상속인의 횡령죄 성립 여부", 형사판례연구, 제
23권, 박영사, 2015.

홍봉주, "중간생략등기형 명의신탁과 수탁자의 형사책임", 법학연구, 제28권
제1호, 충남대학교 법학연구소, 2017.

홍봉주, "이른바 3자간 등기명의신탁에 있어서 신탁부동산의 임의처분시 민
사법률관계와 범죄성립 여부", 일감법학, 제36권, 건국대학교 법학연구
소, 2017.

[Abstract]

A Case Review on the Criminal Responsibility
in the Co-title Trust Relationship

Lee, Sang-Han*

It often happens that after someone purchases a specific part in one
parcel of land, a shared equity registration is made according to the area
ratio of the specific part in the whole land, and this legal relation is
called co-ownership of divided ownership. This is substantially sole
ownership of the relevant party on the inside and takes the form of
"co-ownership registration" on the outside, but Korean precedents solve
this problem by the so-called co-title trust principle by citing the legal
principle of title trust. Therefore, in the relation of co-ownership of
divided ownership, each co-owner can dispose of his or her specific
division part independently and freely transfer the corresponding shared
equity registration. However, if a land is divided into independent parcels
by specific division parts owned separately, our precedents consider that
the shared equity registration of the co-owner name transferred to each
remaining parcel other than the parcel corresponding to each specific
division part can no longer be regarded as a registration to represent a
parcel corresponding to a particular division part of the co-owner, and
only the co-title trust relation between the co-owners will survive. Thus,
each co-owner is in the position of a person keeping the shared equity in
relation to the other co-owners with respect to the shared equity of his
or her name transferred over each remaining parcel, and if he or she
disposes of it, an embezzlement is established. But it is doubtful whether
a shared equity can be regarded as a property of embezzlement in the
"person who keeps other's property" among constitutional elements of

* Visiting professor, School of Law, Chungbuk National University, Ph.D. in law.

embezzlement. Shared equity, which is a quantitative part held by a co-owner, is an idea that can govern things, and it is problematic to regard it as a property. Therefore, even though Korean precedents acknowledge embezzlement in this case, it is reasonable to regard it as a breach of trust rather than embezzlement.

퇴사시의 영업비밀 반출과
업무상배임죄의 성부[*]

이 경 렬^{**}

[대상판결] 대법원 2017. 6. 29. 선고 2017도3808 판결

[판시사항]

[1] 회사직원이 영업비밀 또는 영업상 주요한 자산을 경쟁업체에 유출하거나 스스로의 이익을 위하여 이용할 목적으로 무단으로 반출한 경우, 업무상배임죄의 기수시기(=유출 또는 반출 시) 및 영업비밀 등을 적법하게 반출하였으나 퇴사 시에 회사에 반환하거나 폐기할 의무가 있음에도 같은 목적으로 이를 반환하거나 폐기하지 아니한 경우, 업무상배임죄의 기수시기(=퇴사 시)

[2] 퇴사한 회사직원이 위와 같이 반환하거나 폐기하지 아니한 영업비밀 등을 경쟁업체에 유출하거나 스스로의 이익을 위하여 이용한 행위가 따로 업무상배임죄를 구성하는지 여부(원칙적 소극) 및 제3자가 위와 같은 유출 내지 이용행위에 공모·가담한 경우, 업무상배임죄의 공범이 성립하는지 여부(원칙적 소극)

* 이 글은 2018년 3월 5일 대검찰청 디지털포렌식센터 2층 베리타스홀에서 개최된 제306회 한국형사판례연구회에서 발표한 "퇴사와 배임"을 수정·보완한 연구임.
** 성균관대학교 법학전문대학원 교수.

[판결요지]

[1] 업무상배임죄의 주체는 타인의 사무를 처리하는 지위에 있어야 한다. 따라서 회사직원이 재직 중에 영업비밀 또는 영업상 주요한 자산을 경쟁업체에 유출하거나 스스로의 이익을 위하여 이용할 목적으로 무단으로 반출하였다면 타인의 사무를 처리하는 자로서 업무상의 임무에 위배하여 유출 또는 반출한 것이어서 유출 또는 반출 시에 업무상배임죄의 기수가 된다. 또한 회사직원이 영업비밀 등을 적법하게 반출하여 반출행위가 업무상배임죄에 해당하지 않는 경우라도, 퇴사 시에 영업비밀 등을 회사에 반환하거나 폐기할 의무가 있음에도 경쟁업체에 유출하거나 스스로의 이익을 위하여 이용할 목적으로 이를 반환하거나 폐기하지 아니하였다면, 이러한 행위 역시 퇴사 시에 업무상배임죄의 기수가 된다.

[2] 회사직원이 퇴사한 후에는 특별한 사정이 없는 한 퇴사한 회사직원은 더 이상 업무상배임죄에서 타인의 사무를 처리하는 자의 지위에 있다고 볼 수 없고, 위와 같이 반환하거나 폐기하지 아니한 영업비밀 등을 경쟁업체에 유출하거나 스스로의 이익을 위하여 이용하더라도 이는 이미 성립한 업무상배임 행위의 실행행위에 지나지 아니하므로, 그 유출 내지 이용행위가 부정경쟁방지 및 영입비밀보호에 관한 법률 위반(영업비밀누설등)죄에 해당하는지는 별론으로 하더라도, 따로 업무상배임죄를 구성할 여지는 없다. 그리고 위와 같이 퇴사한 회사직원에 대하여 타인의 사무를 처리하는 자의 지위를 인정할 수 없는 이상 제3자가 위와 같은 유출 내지 이용행위에 공모·가담하였더라도 타인의 사무를 처리하는 자의 지위에 있다는 등의 사정이 없는 한 업무상배임죄의 공범 역시 성립할 수 없다.

[사실관계]

1) 피해 A회사는 3차원 광학 스캐너[1) 생산 분야 1위업체로서 '세

---

1) 3D스캐너란 실제 현실의 특정물체를 분석하여 3차원 데이터로 디지털화하는

계일류상품 인증기업'2)이다.

2) 피고인 甲은 2001. 8.경 피해 A회사에 입사하여 소프트웨어 개발팀에서 근무하던 중 2005. 6.경 퇴사하였다가 2007. 8.경 다시 A회사에 입사하여 소프트웨어 개발팀에서 3차원 스캐너의 측정 데이터 후처리 파트와 사용자 인터페이스(GUI) 개발업무를 수행하다가 2011. 8. 5. 퇴사하였다.

A회사를 퇴사할 무렵에 甲은 乙이 설립한 B회사에서 근무하기 위하여 새로 구입한 노트북 컴퓨터에 이 사건 각 파일들을 포함한 피해 A회사의 소스코드 전체를 저장하였고, 2011. 8. 2. A회사에 '비밀유지의무와 2년간의 경업금지의 내용'을 포함하고 있는 퇴직원3)을 제출하면서도 위 각 파일의 반출사실을 고지하지 않았을 뿐만 아니라 이를 피해 A회사에 반환하거나 폐기하지 않고 퇴사 후에도 계속 보관하고 있었다.

그 후 甲은 2011. 9. 16.경 B회사 사무실에서, "3차원 광학 스캐너의 구동에 필요한 소스코드로서 소프트웨어 구조설계에 필요한 'hsStdHeaders.h' 소스코드를 제작함에 있어 A회사의 영업비밀인 'snx2StdHeaders.h' 소스코드를 복사하여 위 'hsStdHeaders.h' 소스코드를 제작한 것을 비롯하여 그 시경부터 2012. 6. 8.경까지 사이에 별지 범죄일람표 순번 1 내지 13번, 15번 내지 34번 기재와 같이 A회사의 영업비밀인 3차원 광학 스캐너의 소스코드 34개 파일을 사용하여 피고인들의 각 소스코드 파일을 제작"4)하는 방법 등으로, 실제로 피해 A회사의 소스코드를

---

2) 지식경제부가 세계시장점유율 5위에 포함되거나 수출실적 1위 업체를 '세계일류상품 인증기업'으로 선정함.

3) 서울중앙지방법원 2017. 2. 15. 선고 2016노3163 판결 참조: "고용계약서 제8조(비밀유지의무)에 의하여 회사의 업무 중 취득한 모든 기술, 정보, 문건 및 지적재산권 등은 회사의 소유임을 알고 있으며, 회사의 동의하, 또는 관할법원의 판결, 결정 등에 의하여 요구받는 경우를 제외하고는 기밀 유지를 할 것임을 확인합니다. 영업비밀의 유지를 위하여 2년간 동종업계에 취업하지 않을 것을 확인합니다."라는 내용.

4) 서울중앙지방법원 2016. 8. 11. 선고 2013고단7560 판결 참조.

열람 및 참조하였다.

3) 피고인 乙은 2004. 2.경 피해 A 회사에 입사하여 2011. 4.경까지 7년여 간 근무하면서 주로 하드웨어 개발 및 생산 업무에 종사하였고, 하드웨어 개발팀장과 하드웨어 생산팀장을 거쳐 2010. 1.경부터 2011. 4. 30.까지 해외영업팀장으로 근무하였던 자이다. 피해 A회사를 퇴사한 후 乙은 B회사를 설립하여 대표이사로 재직하고 있다.

乙은 甲과 공모하여 "2012. 8. 24. B회사 사무실에서, 일본 소재 C회사로부터 위 회사가 A회사로부터 구입한 3D스캐너의 수리를 의뢰받고 별지 범죄일람표 순번 14번 기재와 같이 甲이 A회사를 퇴사하면서 임의로 반출하여 보관하고 있던 A회사의 영업비밀인 3D스캐너 라이선스 생성기 소스코드를 컴파일 시켜 라이선스 생성기를 만든 후 이를 실행하여 위 3D스캐너 수리를 위해 사용하였다.

[표 1] 별지: 범죄일람표*

순 번	내 용	비 고**
1	3D 스캐너 프로그램의 구조, 설계 및 데이터 병렬처리에 관한 파일	범행 가.
2	수학연산 및 멀티쓰레딩 작업과 구조에 관한 파일	
3	3D 데이터 가시화 구조 설계에 관한 파일	
4	사용자 인터페이스 설계에 관한 파일	
5	3D 데이터 획득을 위한 다수 카메라 관리 및 제어기술에 관한 파일	
6		
7	3D 데이터 병합에 관한 파일	
8		
9	카메라 캘리브레이션(calibration) 최적화에 관한 파일	
10		
11	카메라 캘리브레이션 최적화 및 데이터 정렬 등에 관한 파일	
12	3D 데이터 정렬 등에 관한 파일	
13		
14	3D 스캐너 라이선스 생성기에 관한 파일	범행 나.
15	각종 수학연산기능에 관한 파일	범행 다.

16	사용자 인터페이스에 관한 것으로서 스캐너 동작 등록, 툴바 생성, 메뉴 생성, 특정 기능 컨트롤 장치 생성, 연결에 관한 파일	
17	메인 윈도우에 관한 것으로서 사용자 인터페이스와 각 기능, 3D 데이터 뷰어 등을 하나로 묶어 실제 실행 프로그램으로 동작하도록 하는 파일	
18	3D 데이터 정렬 등에 관한 파일	
19	3D 특정 데이터의 외곽박스(3D 데이터 전체를 포함하는 공간) 관리에 관한 파일	
20	3D 데이터 관리에 관한 파일	
21	3D 데이터의 표현량을 제한하여 일부 3D 데이터만 화면에 표시하는 간략 가시화 기술에 관한 파일	
22	3D 데이터 정렬 등에 관한 파일	
23	행렬 연산을 위한 파일	
24	3D 데이터를 관리할 때 사용하는 4×4 크기의 행렬에 관한	
25	파일	
26	각종 수학연산기능에 관한 파일	
27	희소 행렬을 이용한 벡터 간 연산에 관한 파일	
28	3D 포인트와 3D 평면의 거리를 최소화시키는 행렬에 관한 파일	
29	3D 스캐너에서 획득한 영상에서 노이즈를 경감시키거나, 획득한 3D 데이터 표면의 노이즈를 경감시키는 기능에 관한 파일	
30		
31		
32		
33	3D 포인트 데이터를 면 데이터로 변환시키는 기능에 관한	
34	파일	

* 서울중앙지방법원 2017. 2. 15. 선고 2016노3163 판결 참조.
** 부정경쟁방지법위반의 '영업비밀의 취득, 사용'에 해당하는 각 '범죄일람표'상의 죄를 발제자가 편의상으로 구분한 범행임.

[사건의 경과]

1) 1심판결: 서울중앙지방법원 2016. 8. 11. 선고 2013고단7560 판결
1심법원은 甲의 범행에 대해 구 부정경쟁방지법 제18조 제2항(영업비밀 사용의 점)과 형법 제356조, 제355조 제2항(업무상배임의 점)을 적용하고 경합범 가중하여 징역 1년 6월의 실형을 선고하였고, 乙에 대해서는 甲의 구 부정경쟁방지법 제18조 제2항, 형법 제30조(영업비밀 사용의 점)를 적용하여 징역 2월에 집행유예 1년을 선고하였다.[5]

이에 피고인들은 (다음과 같이 정리된) 사실오인 내지 법리오해와 양형부당을, 그리고 검사는 사실오인과 양형부당을 이유로 각 항소하였다.[6]

[표 2] 항소사유 및 내용

항소인	항소 사유	내 용
甲, 乙	사실오인 내지 법리오해	(가) 한국저작권위원회의 감정결과 통보서의 증거능력에 관한 법리오해 (나) 부정경쟁방지법'이라고만 한다)의 '영업비밀' 해당 여부에 관한 사실오인 내지 법리오해 (다) 부정경쟁방지법상의 '사용' 해당 여부에 관한 사실오인 내지 법리오해 (라) 부정경쟁방지법상의 '부정한 이익을 얻거나 기업에 손해를 입힐 목적' 해당 여부에 관한 사실오인 내지 법리오해
	양형 부당	1심 각 형은 너무 무거워서 부당

---

5) 다만 乙에 대한 선고형을 결정함에 있어 참작할 수 있는(실제로 1심법원에서 참작한) 유리한 정상의 하나로 "이 사건으로 100일 넘게 구금되어 있었던 점"을 들고 있는데, 이처럼 乙에 대한 미결구금일수가 3개월이 넘는다면 그 선고하는 징역형기가 2월이고 이마저도 집행 유예하는 '주문'은 형법 제57조 제1항에서 규정하고 있는 '판결선고전 구금일수의 통산'내용과 관련하여 문제가 있다. 동 규정은 2014. 12. 30. 개정되었으며 공포한 날로부터 시행되고 있다(2014. 12. 30 법 12898 부칙 참조).

6) 각 항소인의 항소사유와 내용에 관한 자세한 내용은 서울중앙지방법원 2017. 2. 15. 선고 2016노3163 판결 참조.

甲	사실오인 내지 법리오해	(마) 업무상배임의 점에 관한 사실오인 내지 법리오해
검사	사실오인	- 위 범행 가.에 대한 부정경쟁방지법위반(영업비밀누설등)의 사실 - 이 사건 각 파일의 미반환과 불폐기, 그 후 사용과 관련된 업무상배임의 범행사실
	양형부당	1심 각 형은 너무 가벼워서 부당

2) **2심판결**: 서울중앙지방법원 2017. 2. 15. 선고 2016노3163 판결

2심법원은 甲에 대해서는 징역 1년 6월, 乙에게는 징역 4월에 처하고, 이들에 대해 각 3년과 1년의 집행유예를 선고하였다.

다만, 여기서는 항소심 진행 중에 검사가 피고인들에 대한 업무상배임의 점과 관련한 공소사실을 변경[7]하였고, 이를 법원이 허가함에 따라 그 심판대상이 변경되었음에 주의를 요한다. 그리고 또한 2심법원은 1심법원의 재판진행 중에 개정된 부정경쟁방지법 제18조 제2항과 관련하여 '법령 적용의 오류'[8] 및 피고인 乙에 의한 위 범행 가. 및

---

[7] '변경된 공소사실'은 다음과 같다(서울중앙지방법원 2017. 2. 15. 선고 2016노3163 판결 참조): "피고인들은 피해자 회사에 근무 중 취득한 영업비밀이나 영업상 주요한 자산을 유출하거나 경쟁회사 내지 피고인들의 개인적인 이익을 위하여 사용하여서는 아니 되고, 피해자 회사 퇴사 시 근무 중 취득한 영업비밀이나 영업상 주요한 자산을 피해자 회사에 반환하거나 폐기할 업무상 의무가 있었다.

그럼에도 불구하고 피고인들은 공모하여 제1항 기재와 같이 위 3D 광학 스캐너의 소스코드 전체를 임의로 반출하여 보관하던 중 피해자 회사를 퇴사하면서 소스코드를 피해자 회사에 반환하거나 폐기하지 않고, 3D 광학 스캐너를 제조함에 있어 피해자 회사의 영업비밀을 사용한 것을 비롯하여 그 시경부터 2012. 8. 24.경까지 별지 범죄일람표 기재와 같이 피해자 회사의 영업비밀인 소스코드를 사용하였다.

이로써 피고인들은 피해자 회사의 영업비밀 등 재산 가치에 해당하는 시가 불상의 재산상 이익을 취득하고, 피해자 회사에 동액 상당의 재산상 손해를 가하였다."

[8] 2013. 7. 30. 법률 제11963호로 개정되기 전의 구 부정경쟁방지법 제18조 제2항은 영업비밀을 사용한 자를 '5년 이하의 징역 또는 그 재산상 이득액의 2

다.와 범행 나.의 관계에 대한 '죄수판단의 위법'9)을 지적하고서 직권
으로 판단하였다는 점이다.

결론적으로 2심법원은 甲에 대하여 위 범죄일람표 범행 가. 나.
및 다.에 대한 업무상배임의 점 및 부정경쟁방지법 제18조 제2항 위반
의 점을 유죄로 인정하였고, 乙에 대해서는 검사의 항소를 기각하여
범행 가. 및 다.에 대한 1심법원의 판단(즉, 甲의 단독범행이라는 점)을
유지하면서도 범행 나.에 대한 업무상배임 및 부정경쟁방지법 제18조
제2항 위반의 점에 대해서는 공동정범이 성립한다고 판시하였다.

이에 피고인들과 검사는 각 상고하였다. 대법원은 검사와 甲의 각
상고를 기각하고, 乙의 상고에 대해서는 위 '범행 나'에 대한 업무상배
임의 점에 관한 판단에 법리오해의 위법이 있다는 취지로 이를 인용

배 이상 10배 이하에 상당하는 벌금'에 처하도록 규정하고 있으므로 영업비
밀 누설자에 대하여 벌금형을 선고하려면 먼저 그 재산상 이득액이 특정되
어야 한다. 따라서 재산상 이득액이 없거나 특정되지 않으면 벌금형을 선고
할 수 없다. 하지만 2014. 1. 31.부터 시행되는 '개정'부정경쟁방지법 제18조
제2항은 영업비밀 사용자를 '5년 이하의 징역 또는 5,000만 원 이하의 벌금
에 처하되, 벌금형에 처하는 경우 위반행위로 인한 재산상 이득액의 10배에
해당하는 금액이 5,000만 원을 초과하면 그 재산상 이득액의 2배 이상 10배
이하의 벌금에 처한다.'고 규정하고 있다.
위와 같은 법률의 변경은 선고형의 선택에 있어서는 "재산상의 이득의 유무
를 불구하고 일관하여 벌금형을 선택형으로 규정하게 된 것"이며 "위반자의
재산상 이득액을 특정할 수 없거나 위반자가 재산상 이득을 취하지 않은 사
건에 관하여 구 부정경쟁방지법 제18조 제2항에 의해 징역형만을 선택할 수
있었던 것과 달리, 개정 부정경쟁방지법 제18조 제2항은 5,000만 원 이하의
벌금형을 선택하여 부과할 수 있게 되었으므로 이 경우 구법보다 신법의 법
정형이 가볍다." 요컨대, 이를 1심법원이 징역형만을 선택할 수밖에 없었던
이유의 설시와 비교한다면, "형법 제1조 제2항에 따라 피고인들에 대하여 개
정 부정경쟁방지법 제18조 제2항을 적용하는 것이 타당하다."
9) 1심판결은 乙에 대한 공소사실 중, 이 사건 파일에 부정경쟁방지법위반(영업
비밀누설등)의 점이 형법 '제37조 전단의 경합범 관계'로 판단하고서 위 '별
지: 범죄일람표' 범행 나.에 대해 유죄로 인정하되 나머지 범행 가. 및 다.에
대해서는 무죄를 선고하였다. 하지만 2심판결에서는 이 사건 파일에 대한 범
행 가. 나. 다. 전부에 대해 乙이 "동일한 범의 하에 연속하여 이루어진 것으
로 포괄일죄"로 인정하였다.

하여 원심을 파기환송하였다.[10]

[연 구]

I. 들어가는 말

대법원판례는 기업의 임직원이 퇴사하면서 그 이전에 취득하였던 기업의 영업비밀을 반출하는 행위를 일관되게 업무상배임죄로 의율하고 있다.[11] 위 [대상판결]에서 A회사에 다니고 있는 甲은 이 사건 특정 파일을 반출한 후에 B회사로 이직하였다. 그런데 甲은 이 파일들을 곧바로 다른 회사(B회사)에 이용한 것이 아니라 퇴사한 후 1년이 경과한 후 위 반출된 특정 파일을 이용하여 프로그램을 개발하였다. 한편 B회사의 경영자인 乙은 甲의 이 프로그램 개발행위에 가담하였

10) 파기환송심인 서울중앙지방법원 2017. 9. 22. 선고 2017노2406 판결은 제1심판결을 파기하고 乙에 대해 벌금 5백만원에 처하였다. 다만, 환송받은 법원으로서는 파기환송을 선고한 상고심의 판단과 배치되는 판단을 할 수 없으므로 범행 나.에 대한 부정경쟁방지법위반(영업비밀누설등)의 점에 대해서는 환송전당심 판결(서울중앙지방법원 2017. 2. 15. 선고 2016노3163 판결)의 판단을 그대로 따르고 있다.

11) 대법원 2008. 4. 10. 선고 2008도679 판결: 기업의 직원으로서 영업비밀을 인지하여 이를 사용할 수 있는 자는 이미 당해 영업비밀을 취득하였다고 보아야 하므로 그러한 자가 당해 영업비밀을 단순히 기업의 외부로 무단 반출한 행위는 업무상 배임죄에 해당할 수 있음은 별론으로 하고 위 조항(부정경쟁방지법 제18조 제2항) 소정의 영업비밀의 취득에는 해당하지 않는다.

대법원 2008. 4. 24. 선고 2006도9089 판결: 회사직원이 영업비밀을 경쟁업체에 유출하거나 스스로의 이익을 위하여 이용할 목적으로 무단으로 반출하였다면 그 반출시에 업무상배임죄의 기수가 되고, 영업비밀이 아니더라도 그 자료가 불특정 다수의 사람에게 공개되지 않았고 사용자가 상당한 시간, 노력 및 비용을 들여 제작한 영업상 주요한 자산인 경우에도 그 자료의 반출행위는 업무상배임죄를 구성하며, 회사직원이 영업비밀이나 영업상 주요한 자산인 자료를 적법하게 반출하여 그 반출행위가 업무상배임죄에 해당하지 않는 경우라도 퇴사 시에 그 영업비밀 등을 회사에 반환하거나 폐기할 의무가 있음에도 경쟁업체에 유출하거나 스스로의 이익을 위하여 이용할 목적으로 이를 반환하거나 폐기하지 아니하였다면, 이러한 행위는 업무상배임죄에 해당한다.

다. 이에 검사는 피해 A회사의 영업비밀을 이용한 甲의 프로그램 개발행위가 업무상배임죄에 해당한다고 판단하였고 이에 가담한 乙에 대해서는 공범이 성립하는 것으로 기소하였다.

하급심법원은 위의 [사건의 경과]에서와 같이 피고인들에 대해 유죄를 선고하였다. 그러나 대법원은 [대상판결]에서, 회사직원이 "퇴사 시에 그 영업비밀 등을 회사에 반환하거나 폐기할 의무가 있음에도 경쟁업체에 유출하거나 스스로의 이익을 위하여 이용할 목적으로 이를 반환하거나 폐기하지 아니하였다면, 이러한 행위 역시 퇴사 시에 업무상배임죄의 기수가 된다."고 설시하고서, 위와 같이 이미 퇴사한 후 1년 정도 경과한 시점에는 甲이 A회사에 대해 '특별한 사정이 없는 한' 더 이상 업무상배임죄가 주체가 될 수 없으므로 A회사의 특정 파일을 이용한 甲의 프로그램 개발행위는 이미 성립한 업무상배임죄의 실행행위(불가벌적 사후행위)에 불과하고 별도의 업무상배임죄를 구성하지 않는다고 판단한다. 나아가 甲의 범행에 가담한 乙도 甲에게 인정되는 업무상배임죄를 전제로 하는 공범책임이기에 업무상배임죄의 공범 역시 성립할 여지가 없다고 판단하고서 원심을 파기환송하고 있다.[12]

이처럼 위의 [대상판결]과 관련하여 하급심과 대법원의 판단 사이에는 업무상배임죄의 기수시기와 퇴사 후 타인의 사무 처리자라는 지위의 존속여하, 그리고 임무위배행위의 특성에 따른 실행행위성의 인정 정도(환언하면, 불가벌적 사후행위의 인정여하) 등에 차이가 있는 것으로 보인다. 그러한 차이는 아마도 대법원의 법리와 다르게 배임죄의 성격을 규정하는 태도에서 연유되는 것으로 추정해볼 수 있다. 이하에서는 바로 이 점에서부터 논의를 시작하여 각 법원의 판단에 차이를 가져오는 쟁점을 분석하고자 한다(Ⅱ).

---

12) 그럼에도 특히 주의해야 할 사항은, 乙에 대해 업무상배임의 공범으로서 죄책이 인정되지 않는다는 취지이지, 대법원이 甲과 乙의 위와 같은 행위가 적법하다고 판단한 것은 아니라는 점이다.

다음으로 [대상판결]에서 유죄로 인정되고 환송후 원심판결에서도 유지되고 있는 부정경쟁방지법위반(영업비밀 누설 등)에 요구되는 "부정한 이익을 얻거나 영업비밀 보유자에게 손해를 입힐 목적" 요건은, 위 [판결요지]상에 명시된 "경쟁업체에 유출하거나 스스로의 이익을 위하여 '이용할 목적'으로 이를 반환하거나 폐기하지 아니"한 부작위 배임의 성립에는 필요가 없는, — 환언하여 대법원의 판단과 같이, 이 사건 파일의 "열람 및 참조"라는 퇴사이후의 (불가벌적) 사후'이용'행위에 지향되는 주관적 요소에 불과하여 — 그래서 객관적 사실과 완전히 절연된 의사만인가, 아니면 퇴사이후의 그 이용행위가 배임고의의 인식대상이 되는 객관적 사실과 관련이 있어서 '불법이득의사'로도 이해될 수 있는 심리상태의 언어적 표현인가에도 의문이 있다.13) [대상판결]과 같이 회사의 영업비밀 등을 침해하거나 유출하는 구체적인 사안에 대해서는 형법상의 (업무상)배임과 부정경쟁방지법위반(영업비밀 누설 등)간의 죄수판단과 관련하여 여기서 생각해봐야 할 문제로서 '목적'과 '의도'(의욕적 의사) 및 배임고의의 내용과 불법이득의사의 관계가 제기되기 때문이다(Ⅳ). 이를 구체적으로 검토하기 위한 전제로서 부정경쟁방지법위반과 관련된 주요법리에 대해 살펴본다(Ⅲ).

Ⅱ. 배임죄의 성립에 관한 법리 분석

1. 배임죄의 성격과 성립요건

1) 배임죄는 타인의 사무를 처리하는 자가 그 임무에 위배하는 행위로써 재산상의 이익을 취득하거나 제3자로 하여금 이를 취득하게 하여 본인에게 손해를 가한 때에 성립하는 범죄이다. 타인의 사무를 처리하는 자만이 범행의 주체가 될 수 있는 '신분범'이다. 보호법익은 '전체로서의 재산'이고, 그 보호의 정도에는 위험범설과 침해범설이 대립하지만 대법원은 재산상의 손해발생이 없더라도 손해발생의 위험이

---

13) 또는 불법이득의사와 관련 있는 배임의 '의도' 내지 배임고의의 한 '내용'으로서 불법이득의사의 이해.

있는 경우도 성립하는 위태범으로 보고 있다.14) 일반적으로는 적어도 손해발생의 위험을 요구하고 있으므로 구체적 위험범설이 판례의 입장이라고 평가할 수 있겠지만, 판례의 태도는 법문의 명문규정, 즉 "본인에게 손해를 가한 때"에 정면으로 배치된다고 본다.15)

2) 배임죄의 특성상 현실적으로 임무위배행위가 있더라도 어느 정도 기간이 경과된 후에야 비로소 실제로 손해가 발생했는가를 확인할 수 있는 경우가 많을 것이다. 이런 경우 배임죄의 성격을 침해범으로 보게 되면 그 기수시기를 정하는 것이 용이하지 않을 것이다. 이러한 현실을 감안한다면, 대법원이 배임죄의 성격을 위험범으로 파악하고 또 '손해를 가한 때'의 의미도 손해발생의 위험만으로도 충분하다고 해석하는 것이라고 추정도 해볼 수 있다.16)

하지만 위와 같이 현실적 이유 때문에 법문에 배치되게 그 기수시기를 앞당기는 것은 배임죄의 가벌성을 지나치게 확장하는 해석이다. 또 이는 '손해를 가한 때'라는 구성요건적 결과에도 불구하고, '침해'의 전단계로서 미수에 이른 경우를 부당하게 기수범으로 처벌하는 것과 결과에 있어서는 다르지 않다. 따라서 "위태범"이라는 대법원의 명시에도 불구하고, '현실적인 재산상 손해액의 확정을 필요로 하지 아니한다.'의 의미를 단지 손해발생이 없고 그 발생의 위험만이 있는 경우와 동일시할 수는 없다. 요컨대, 재산상 손해액을 구체적으로 확정할 수 없더라도 임무위배행위로 인한 손해의 발생은 있어야 배임죄가 성립한다는 의미이다. 이런 경우에 대법원은 오히려 '가액을 산정할 수 없는 손해'가 발생하였다고 판단하였다.17) 이와 같은 판단이 (판례의 명시적 설시에도 불구하고) 대법원의 입장을 정당하게 분석하는

---

14) 대법원 2000. 4. 11. 선고 99도334 판결: "배임죄는 현실적인 재산상 손해액이 확정될 필요까지는 없고 단지 재산상 권리의 실행을 불가능하게 할 염려 있는 상태 또는 손해 발생의 위험이 있는 경우에 바로 성립되는 위태범"이다.

15) 여기서는 특히 김성돈, 형법각론, 제4판, SKKUP, 2016. 11, 431면.

16) 김성돈, 앞의 책, 443~444면 참조.

17) 대법원 2009. 10. 15. 선고 2009도5655 판결.

태도일 것이며, 그것이 법문의 문언해석과도 일치하는 해석방법이다. 요컨대 양자를 동일하게 이해하거나 또는 그처럼 묵시하는 대법원의 설명에는 화용론상 논리적 오류가 있다고 본다.[18]

3) 결과적으로 배임죄가 성립하려면 — 학계의 일반적인 이해와 같이 — 객관적 요건으로는 타인의 사무처리자가 임무위배행위, 재산상의 이득 취득, 손해의 발생이 모두 충족되어야 하며 주관적 요건으로는 임무위배의 인식과 그로 인하여 자기 또는 제3자가 재산상의 이익을 취득하고 본인에게 손해를 가한다는 인식, 즉 배임의 고의가 있어야 한다.[19]

2. [대상판결]에서 배임죄의 성립과 관련된 법리

가. 배임죄의 기수시기에 관한 판단

1) 대법원판례는 배임죄에서 '실행의 착수시기와 기수시기'에 대해 "타인의 사무를 처리하는 자가 배임의 범의로, 즉 임무에 위배하는 행위를 한다는 점과 이로 인하여 자기 또는 제3자가 이익을 취득하여 본인에게 손해를 가한다는 점에 대한 인식이나 의사를 가지고 <u>임무에 위배한 행위를 개시한 때</u> 배임죄의 실행에 착수한 것이고, 이러한 행위로 인하여 자기 또는 제3자가 이익을 취득하여 <u>본인에게 손해를 가한 때</u> 배임죄는 기수가 된다."고 판시하고 있다.[20]

---

18) 대법원은 "여기에서 본인에게 "재산상의 손해를 가한 때"라 함은 현실적인 손해를 가한 경우뿐만 아니라 재산상 실해 발생의 위험을 초래한 경우도 포함된다 할 것"이라고 일관되게 판시하고 있다. 이에 대해서는 특히 대법원 2003. 2. 11. 선고 2002도5679 판결; 대법원 2003. 10. 30. 선고 2003도4382 판결 등; 최근에는 대법원 2017. 10. 12. 선고 2017도6151 판결 참조.

19) 대법원 2003. 2. 11. 선고 2002도5679 판결; 대법원 2004. 3. 26. 선고 2003도7878 판결 등 참조.

20) 대법원 2017. 9. 21. 선고 2014도9960 판결(강조는 필자). 예컨대, 타인의 사무를 처리하는 자의 임무위배행위가 민사재판에서 법질서에 위배되는 법률행위로서 무효로 판단될 가능성이 적지 않고, 그 결과 본인에게도 아무런 손해가 발생하지 않는 때에는 배임죄의 기수를 인정할 수 없다. 그러나 의무부담행위로 인하여 실제로 채무의 이행이 이루어지거나 본인이 민법상 불법행위

위의 [대상판결]에서 대법원은, 업무상배임죄의 주체는 타인의 사무를 처리하는 자의 지위에 있어야 하므로 회사직원이 '재직 중에' 영업비밀 또는 영업상 주요자산을 경쟁업체에 유출하거나 스스로의 이익을 위하여 이용할 의도로(목적으로) 무단으로 반출하였다면 유출 또는 반출 시에 업무상배임죄의 기수가 되지만, 적법하게 영업비밀 등을 반출함으로써 그 반출행위가 업무상배임죄에 해당하지 않는 경우이더라도, '퇴사 시에' 이를 반환하거나 폐기할 의무가 있음에도 불구하고 경쟁업체에 유출하거나 스스로의 이익을 위하여 이용할 의도로(목적으로) 그와 같은 의무를 위반하였다면, 이러한 경우에는 퇴사 시에 업무상배임죄의 기수가 된다고 한다.

여기서 재직 중의 유출 또는 반출행위는 "당연히 하지 않아야 할 것으로 기대되는 행위"를 하는 '작위'에 의한 임무위배행위이고, '퇴사 시의 미반환 내지 불폐기'는 작위의무의 위반, 즉 "당연히 하여야 할 것으로 기대되는 행위를 하지 않"는 '부작위'의 임무위배행위에 해당한다고 하겠다. 대법원도 "배임죄에 있어서 임무에 위배하는 행위라 함은 처리하는 사무의 내용, 성질 등 구체적 상황에 비추어 법령의 규정, 계약의 내용 또는 신의칙상 <u>당연히 하여야 할 것으로 기대되는 행위를 하지 않거나 당연히 하지 않아야 할 것으로 기대되는 행위를 함으로써</u> 본인과의 신임관계를 저버리는 일체의 행위를 의미한다."고 판시[21]하고 있다. 즉, 임무위배행위는 작위는 물론 부작위에 의해서도 가능하다고 하며 학계의 일반적 입장도 이와 다르지 않다.[22]

2) 그런데 위의 하급심에서는 회사의 영업비밀 등을 반출 시에 업무상배임죄의 기수가 되므로 甲이 그 영업비밀(여기서는 이 사건 각 소스코드 파일들)을 사용한 시기가 A회사를 퇴사하고 1년 정도 지난 후

책임을 부담하게 되는 등 본인에게 현실적인 손해가 발생하거나 실해 발생의 위험이 생겼다고 볼 수 있는 사정이 있는 때에는 배임죄의 기수를 인정해야 한다고 보고 있다.

21) 대법원 2004. 7. 9. 선고 2004도810 판결(강조는 필자).
22) 여기서는 특히 김성돈, 앞의 책, 439면 참조.

라고 하더라도 업무상배임죄의 성립에 아무런 영향이 없다고 판시하였다.[23] 이는 영업비밀 등의 '반출'이라는 임무위배행위의 실행에 착수한 이후에 이를 자기 또는 제3자의 재산상의 이득을 위하여 부정하게 '사용'함으로써 타인에게 손해를 가하여 배임죄를 성립시킨 일련의 과정으로 이해한 것으로 보인다. 즉 반출한 이 사건 파일들을 부정한 목적으로(의도로) 사용하는 행위도 배임죄가 된다고 판단한 것이다. 반면에 대법원은 (위의 판시와 같이) 퇴사 시에 이미 업무상배임죄'의 기수'가 되고, 퇴사 이후의 영업비밀 등을 사용하는 행위는 "이미 성립한 업무상배임 행위의 실행행위에 지나지 아니하므로" '불가벌적 사후행위'에 해당한다고 판단하고 있다.

　그러나 대법원의 판단에는, 특히 퇴사 시에 이미 업무상배임죄의 기수성립에 필요한 객관적 요건이 모두 충족된 것으로 볼 수 있는가라는 의문이 제기된다. 타인의 사무처리자가 부작위행위로서 임무위배의 실행행위를 한 것으로 인정하는 데에는 의견이 일치하겠지만, 그와 같은 부작위의 실행행위만으로 즉 영업비밀 등의 '사용이 아닌 단지 그 보관'만으로써 "본인에게 손해를 가한 때"에 해당하는가에 대해서는 이견이 있을 수 있다는 말이다.

　또한 대법원은 甲의 영업비밀 등 '사용' 행위에 가담한 乙에 대해서도 甲이 A회사 퇴사 시에 이미 성립한 업무상배임죄의 불가벌적 사후행위에 해당하므로 공범의 성립마저도 부정하고 있다. 나아가 대법원은 乙의 범행가담 시에 이미 甲은 피해자 A회사의 사무를 처리하는 자의 지위에 있다고 볼 수 없다는 이유도 덧붙이고 있다.

나. 타인의 사무처리자에 관한 법리

　1) 타인의 사무를 처리하는 자는 그 타인과의 대내적 관계에서는 '신임'에 비추어 그 사무를 신의성실에 맞게 처리해야 하는 의무 있는 자이지만, 제3자와의 대외적 관계에서는 그 사무에 관하여 반드시 대

23) 1심판결: 서울중앙지방법원 2016. 8. 11. 선고 2013고단7560 판결.

리권이 존재할 필요는 없다고 한다.

[대상판결]에서 甲은 A회사를 퇴사함으로써 더 이상 그 화사의 직원이 아니므로 어떤 임무, 즉 업무상배임죄에 있어서 '업무자'에는 해당하지 않는다고 할 수 있다. 하지만 퇴사 시에 업무상 지득한 A회사의 영업비밀 등을 반환하거나 폐기할 의무가 있음에도 불구하고 부정하게 사용할 의도(목적)로 이를 저장매체에 '보관'하고 있었을 뿐만 아니라 그 후에 이를 B회사를 위하여 열람·실행하여 사용함으로써 A회사에 "시가 불상의 … 재산상 손해를 가하였다." 이처럼 원심판결에 의해 확정된 [사실관계]에 따르면, 甲은 업무상배임죄에서 말하는 업무자에 포섭되지 않을지언정 최소한 배임죄에서의 "타인의 사무를 처리하는 자"에는 해당하는 것으로 볼 여지가 있다.24) 신임관계에 기초한 사무처리의 근거에 대해 대법원이 법령의 규정, 법률행위, 관습 또는 사무관리에 의하여도 발생할 수 있을 뿐만 아니라 신의성실의 원칙에 의해서도 발생할 수 있다고 인정하기 때문이다.25) 더욱이 — [대상판결]과 유사하게 — 대법원은 사무처리자의 법적 권한이 소멸되거나 그 직에서 해임된 후이더라도 사무의 인수인계 전에 그 사무를 처리한 경우에는 사무처리자에 해당하는 것으로 판시한 바도 있다.26)

2) 다른 한편에서는 판례처럼 신의칙에 의한 사실상의 신임관계를 지나치게 확장시키는 태도를 경계하는 학계의 입장조차도 '타인의 재산상의 이익을 보호해야 하는 보증인적 지위가 인정되는 것과 같이 일정한 영역에 해당하는 사람의 사무처리'에 한해서는 그러한 신임관

---

24) 업무상배임죄의 주체에 해당하기 위해서는 타인의 사무처리자라는 '구성적 신분'과 업무자로서의 '가중적 신분'이라는 이중의 신분이 요구된다(김성돈, 앞의 책, 456면). 대법원도 이와 같이 판단하고 있다.
 대법원 1999. 4. 27. 선고 99도883 판결: 업무상배임죄는 … 타인의 사무를 처리하는 지위라는 점에서 보면 신분관계로 인하여 성립될 범죄이고, 업무상 타인의 사무를 처리하는 지위라는 점에서 보면 단순배임죄에 대한 가중규정으로서 신분관계로 인하여 형의 경중이 있는 경우라고 할 것이다.

25) 여기서는 특히 대법원 1999. 6. 22. 선고 99도1095 판결 및 대법원 2002. 6. 14. 선고 2001도3534 판결 참조.

26) 대법원 1999. 6. 22. 선고 99도1095 판결.

계를 인정하고 있다.27) 요컨대, 학계의 제한적 입장을 따르더라도 위
[대상판결]에서와 같이 비밀유지와 경업금지의 의무 있는 甲에 대해서
는 퇴직 계약, (또는 적어도) 신의칙에 의한 타인의 사무를 처리하는
자에 해당한다고 볼 수 있다.

다. 임무위배행위와 불가벌적 사후행위에 관한 법리

1) 배임죄는 임무위배행위의 '결과'로서 재산상의 손해(대법원의 판
시대로라면 손해발생의 위험)가 발생한 때 기수가 된다.28) 그러나 판례
의 법리에 따르면, 영업비밀 등을 반출하는 경우에는 그 반출 시에 업
무상배임죄의 기수가 된다고 일관되게 판시하고 있다.29) 또 "회사직원
이 영업비밀이나 영업상 주요한 자산인 자료를 적법하게 반출하여 그
반출행위가 업무상배임죄에 해당하지 않는 경우라도 퇴사 시에 그 영
업비밀 등을 회사에 반환하거나 폐기할 의무가 있음에도 <u>경쟁업체에
유출하거나 스스로의 이익을 위하여 이용할 목적으로 이를 반환하거나
폐기하지 아니하였다면, 이러한 행위는 업무상배임죄에 해당한다.</u>"30)고
하고 있다.

위의 판시는 [대상판결]의 그것과 다르지 않은 것으로 보이지만
그 적확한 의미는 예컨대, 회사직원이 재직 중에 임무위배행위로서 영
업비밀을 적극적으로 '반출'하는 경우(작위의 경우)와, 재직 중에 정당
하게 반출된 영업비밀을 보관하다가 퇴직 시에 배임의 의도로(내지 부
정한 목적으로) 이를 '미반환 내지 불폐기'하는 소극적인 경우(부작위의
경우)도 업무상배임죄에 '해당'된다는 것이다. 하지만 [대상판결]은 이
에 덧붙여 '퇴사 시에' 작위의무에 위반한 미반환·불폐기라는 부작위
행위에 이미 업무상배임죄의 '기수'가 된다고까지 판시하고 있다.

그러나 [대상판결]의 위와 같은 판시태도는 부작위에 의한 임무위

27) 김성돈, 앞의 책, 434면(강조는 필자).
28) 김성돈, 앞의 책, 448면.
29) 대법원 2008. 4. 24. 선고 2006도9089 판결; 대법원 2009. 10. 15. 선고 2008도
9433 판결 등 참조.
30) 대법원 2008. 4. 24. 선고 2006도9089 판결(강조는 필자).

배 행위로 인하여 배임죄가 성립되는 경우, 그 배임죄의 성격을 '거동
범'으로 — 경우에 따라서는 진정부작위범으로 — 오해될 여지를 제공
하고 있으므로 문제가 있는 판시라고 본다. 물론 한걸음 물러서서 [대
상판결]의 위와 같은 판시는 甲의 단순한 부작위행위만으로 배임죄의
성부를 판단한 것이 아니고 그 후에 영업비밀 등에 해당하는 이 사건
각 파일들의 열람·실행하였던 적극적인 작위행위도 함께 고려한 판단
으로 이해해볼 수도 있을 것이다. (이처럼 일보 양보하더라도) 대법원의
판단에는 위와 같은 오해가 불식되지 않고 여전히 남아 있게 된다. 피
해 A회사의 영업비밀 등을 퇴사 후에 경쟁업체 B회사를 위하여 적극
'사용'하는 甲의 행위가 이를 미반환 내지 불폐기한 부작위의 임무위배
행위로써 이미 기수가 된 업무상배임죄의 실행행위에 불과하다고 —
불가벌적 내지 공벌적 사후행위로 — 판단하고, 이러한 甲의 불가벌적
사후행위에 가담한 乙에 대해서는 공범의 성립이 불가능하다고 보기
때문이다. 하지만 정범자의 불가벌적 사후행위에 가담한 공범자의 경
우에도 그 가벌성이 부정되지는 않는다.[31] 나아가 대법원은 사후행위
가 선행행위와 다른 별도의 법익을 침해하거나 또는 주된 선행행위에
의해 침해된 불법의 양을 초과하는 경우에는 불가벌적 사후행위에 해
당하지 않는다고 판시한다.[32]

2) [대상판결]에서 대법원은 甲이 의무불이행한 '퇴사 시'에 업무
상배임죄의 기수가 된다고 판시함으로써 퇴사 후의 — 배임죄의 또 다
른 임무위배행위에 해당할 수 있는 — '사용' 행위는 부정경쟁방지법위
반(영업비밀누설등)의 죄는 별론으로 하고서 별도로 (최소한 포괄일죄로
서도) 업무상배임죄에 해당하지 않는다고 보았다. 甲이 A회사의 퇴사

---

31) 대법원은 乙의 공범성립을 판단함에 있어 위의 행위측면만을 고려한 것이 아
   니라 나아가 정범인 甲의 범죄성립의 주체 관점에서도, 즉 퇴사한 甲은 타인
   의 사무를 처리하는 자에도 해당하지 않는다고 판단하였다.
32) 최근 대법원은 횡령죄의 성립과 불가벌적 사후행위의 인정여하와 관련하여
   위와 같은 법리를 따르면서 횡령죄의 가벌적 사후행위라는 종전의 입장을
   변경하고 있다. 이에 대해서는 특히 대법원 2013. 2. 21. 선고 2010도10500 전
   원합의체 판결 참조.

시에 A회사의 영업비밀인 이 사건 각 파일을 미반환·불폐기한 행위
는 부작위에 의한 임무위배행위로서 배임죄에 해당된다는 점에는 의
문의 여지가 없다. 하지만 배임죄의 기수가 그 반환의무 및 폐기의무
의 불이행이라는 부작위의 종료만으로 가능한가에 대해서는 의문이
있을 수 있다. 여기서 영업비밀인 이 사건 각 파일들을 "열람·실행"
하는 것은 배임고의를 실현하는 행위가 아닌가? 아니면 배임죄에서
요구되는 불법이득의 의사라는 주관적 요소를 인정하게 하는 판단과
는 전혀 관련이 없는 것인가?

　위와 같은 의문의 근저에는 진정부작위범으로 대표되는 퇴거불응
죄에 대한 이해가 터 잡고 있다. 예컨대 퇴거불응죄는 일반적으로 주
거권자의 적법한 퇴거요구를 받고도 이에 '불응'하는 부작위가 구성요
건적 실행행위인 거동범이며, '계속범'에 해당하는 것으로 분류되어 있
다.33) 미수범 처벌규정을 근거로 동죄의 성격을 침해범으로 해석하는
견해도 있으나, 이 죄는 '진정부작위범이자 거동범'으로 퇴거요구에의
불응이라는 '부작위가 있으면 곧바로 기수'가 되며, 이로써 미수가 성
립할 여지는 없기 때문에 현행의 미수범 처벌규정은 입법상의 오류로
보는 것이 학계의 다수견해이다. 이처럼 형식적으로 구성요건적 결과
발생을 요하지 않는 거동범에 대해서는 미수가 성립될 여지가 없어
부작위가 곧 기수가 된다고 볼 수 있겠지만, 배임죄에서처럼 임무위배
행위가 작위는 물론 부작위로도 가능하다고 하여 배임죄도 그런 경우
에 해당되어야 하는 것은 아니다. 먼저 배임죄에는 — 입법상의 오류
라고 도외시할 수 없는 — 미수범 처벌규정을 두고 있다. 또한 배임죄
는 배임행위로 인한 재산상 이득의 취득, 손해의 발생(또는 손해발생의
위험)이라는 구성요건적 결과발생을 필요로 하는 결과범이자 침해범(내
지 판례에서는 위험범)에 해당한다. 그 결과 대법원은 특히 이득취득이
없으면 재산상의 손해가 있어도 배임죄가 성립하지 않는다고 한다.34)

___

33) 김성돈, 앞의 책, 561면.
34) 대법원 2006. 7. 27. 선고 2006도3145 판결: 배임죄는 본인에게 <u>재산상의 손해</u>

3) 결국 [대상판결]에서 작위의무에 위반하는 영업비밀 등의 '미반환 내지 불폐기'라는 단순한 부작위에 의해 이미 업무상배임죄의 '기수'가 된다고 판시한 [판결요지]는 부적절한, 이른바 '악마의 편집'에 해당한다. 더욱이 영업비밀 등을 경쟁업체에 '유출'하거나 스스로의 이익을 위하여 '이용'하려는 배임의 의도 내지 주관적인 배임고의를 실현하는 객관적 행위에 대하여 그 영업비밀 등의 '미반환 내지 불폐기'라는 부작위 배임의 불가벌적 사후행위로만 인정하는 대법원의 판단은 [대상판결]에서처럼 공범의 성립여하를 판가름하는 결정적 차이를 나타낼 수 있으므로 더욱 신중하게 결정하여야 했을 것이다. 그런데 대법원은 (위 [대상판결]처럼 부작위에 의한) 업무상배임죄의 기수시기를 성급하게 '퇴사 시'로 판정함으로써 작위의 임무위배행위에 대한 공범자의 가담 가능성을 원천적으로 차단한 판시에는 불합리한 점이 있을 뿐만 아니라 배임죄의 성격도 결과범·침해범(또는 구체적 위험범)에서 거동범·추상적 위험범으로 변모시킬 위험마저도 내포되어 있어 타당하지 않다.

를 가하는 외에 <u>배임행위</u>로 인하여 행위자 스스로 또는 제3자로 하여금 <u>재산상의 이익을 취득할 것을 요건으로 하므로, 본인에게 손해를 가하였다고 할지라도 재산상 이익을 행위자 또는 제3자가 취득한 사실이 없다면 배임죄가 성립하지 않는다.</u>
이처럼 '재산상 이익의 취득'이 고의의 인식대상이 된다는 이러한 판례의 태도에 의하면, 배임죄에서 말하는 불법이득의사의 체계적 지위도 고의와 별개의 초과주관적 구성요건요소로 이해될 것이 아니라 배임고의의 내용이 되는 '의사'로 보아야 할 것이다. 일부 대법원 판결(대법원 1990. 7. 24. 선고 90도 1042 판결)에서는 그 판시내용에 '불법이득의 의사'라는 개념표지를 별도로 사용하고 있으나 이마저도 "자기 또는 제3자를 위한 재산상의 이득의 의사"와 결부시켜 고의의 내용으로 이해하지 초과주관적 구성요건요소로 파악되지는 않는다고 한다(여기서는 특히, 김성돈, 앞의 책, 449면).

Ⅲ. 부정경쟁방지법 제18조 제2항 위반(영업비밀누설등)에 관한 법리

1. 영업비밀의 보호와 관련 법규의 신설

1990년대 우루과이라운드의 TRIPs협상[35]을 전후하여 미국 등과의 통상협정과정에서 국내입법에 의한 영업비밀을 보호해야 할 필요성이 쟁점사항으로 등장하였다. 이에 1991년 부정경쟁방지법상에 영업비밀 보호규정을 신설하였다. 그 후 1998년 2월 KNTC라는 유령회사의 간부들이 삼성전자, LG반도체의 전·현직 연구원 14명에게 첨단반도체 기술관련 비밀자료를 빼내어 대만의 NTC회사에 유출한 사건[36]이 발생하였는데, 이를 계기로 1998. 12. 31. "부정경쟁방지 및 영업비밀보호에 관한 법률"이 개정되어 국내기술의 해외유출을 막는 취지에서 형사별칙규정을 대폭 확대·강화하게 되었다.[37]

위 부정경쟁방지법 제2조 제2호는 "영업비밀"이란 공공연히 알려져 있지 아니하고 독립된 경제적 가치를 가지는 것으로서, 합리적인 노력에 의하여 비밀로 유지된 생산방법, 판매방법, 그 밖에 영업활동에 유용한 기술상 또는 경영상의 정보를 말한다고 정의하고 있다. 이어서 동법 제2조 제3호에서는 "영업비밀 침해행위"에 해당하는 행위 태양을 열거하고 있다.[38]

---

35) 무역관련 지식재산권에 관한 협정; The Agreement on Trade-Related Aspects of Intellectual Property Rights (TRIPS).

36) 이 사건의 대법원 판결은 대법원 1999. 3. 12. 선고 98도4704 판결. 항소심 판결(수원지방법원 1998. 7. 29. 선고 98고합97 판결)에 대한 평석은 오경식, "기업비밀침해범죄-산업스파이 사건에 대하여-", 형사판례연구 [7], 박영사, 1999. 7, 301면 이하 참조.

37) 부정경쟁방지법의 제·개정에 관한 자세한 내용은 최호진, "전직한 종업원의 영업비밀 사용과 업무상 배임죄", 형사판례연구 [19], 박영사, 2011. 6, 272면 이하 참조.

38) 3. "영업비밀 침해행위"란 다음 각 목의 어느 하나에 해당하는 행위를 말한다.
가. 절취(竊取), 기망(欺罔), 협박, 그 밖의 부정한 수단으로 영업비밀을 취득하는 행위(이하 "부정취득행위"라 한다) 또는 그 취득한 영업비밀을 사용하

위와 같은 영업비밀 침해행위에 대한 벌칙규정으로 동법 제18조
는 "부정한 이익을 얻거나 영업비밀 보유자에게 손해를 입힐 목적으
로 그 영업비밀을 취득·사용 또는 누설하는 행위를 처벌하고 있다.[39]

거나 공개(비밀을 유지하면서 특정인에게 알리는 것을 포함한다. 이하 같
다)하는 행위
나. 영업비밀에 대하여 부정취득행위가 개입된 사실을 알거나 중대한 과실로
알지 못하고 그 영업비밀을 취득하는 행위 또는 그 취득한 영업비밀을
사용하거나 공개하는 행위
다. 영업비밀을 취득한 후에 그 영업비밀에 대하여 부정취득행위가 개입된
사실을 알거나 중대한 과실로 알지 못하고 그 영업비밀을 사용하거나 공
개하는 행위
라. 계약관계 등에 따라 영업비밀을 비밀로서 유지하여야 할 의무가 있는 자
가 부정한 이익을 얻거나 그 영업비밀의 보유자에게 손해를 입힐 목적으
로 그 영업비밀을 사용하거나 공개하는 행위
마. 영업비밀이 라목에 따라 공개된 사실 또는 그러한 공개행위가 개입된 사
실을 알거나 중대한 과실로 알지 못하고 그 영업비밀을 취득하는 행위
또는 그 취득한 영업비밀을 사용하거나 공개하는 행위
바. 영업비밀을 취득한 후에 그 영업비밀이 라목에 따라 공개된 사실 또는
그러한 공개행위가 개입된 사실을 알거나 중대한 과실로 알지 못하고 그
영업비밀을 사용하거나 공개하는 행위
39) 제18조(벌칙) ① 부정한 이익을 얻거나 영업비밀 보유자에게 손해를 입힐 목
적으로 그 영업비밀을 외국에서 사용하거나 외국에서 사용될 것임을 알면서
취득·사용 또는 제3자에게 누설한 자는 10년 이하의 징역 또는 1억원 이하
의 벌금에 처한다. 다만, 벌금형에 처하는 경우 위반행위로 인한 재산상 이득
액의 10배에 해당하는 금액이 1억원을 초과하면 그 재산상 이득액의 2배 이
상 10배 이하의 벌금에 처한다. <개정 2009. 12. 30., 2013. 7. 30.>
② 부정한 이익을 얻거나 영업비밀 보유자에게 손해를 입힐 목적으로 그 영
업비밀을 취득·사용하거나 제3자에게 누설한 자는 5년 이하의 징역 또는 5
천만원 이하의 벌금에 처한다. 다만, 벌금형에 처하는 경우 위반행위로 인한
재산상 이득액의 10배에 해당하는 금액이 5천만원을 초과하면 그 재산상 이
득액의 2배 이상 10배 이하의 벌금에 처한다. <개정 2013. 7. 30.>
③ 다음 각 호의 어느 하나에 해당하는 자는 3년 이하의 징역 또는 3천만원
이하의 벌금에 처한다. <개정 2013. 7. 30., 2017. 1. 17.>
1. 제2조제1호(아목 및 차목은 제외한다)에 따른 부정경쟁행위를 한 자
2. 제3조를 위반하여 다음 각 목의 어느 하나에 해당하는 휘장 또는 표지와
동일하거나 유사한 것을 상표로 사용한 자
가. 파리협약 당사국, 세계무역기구 회원국 또는 「상표법 조약」 체약국의 국
기·국장, 그 밖의 휘장

한편 동법은 2004. 1. 20. 일부개정(법률 제7095호, 시행 2004. 7. 21.)에 의해 영업비밀 침해죄와 관련된 친고죄 규정을 폐지하고(구 제18조 제5항), 미수(제18조의2)와 예비·음모(제18조의3) 처벌규정을 신설하였으며, 이와 함께 양벌규정을 마련하여 영업비밀을 침해한 그 행위자를 처벌하는 외에 법인 또는 개인(영업주)을 처벌하고 있다.

2. 영업비밀 사용 등에 관한 법리

가. 영업비밀 등 보호대상

1) 부정경쟁방지법에 의한 '영업비밀'로 보호받기 위해서는 비공지성, 경제적 유용성, 비밀관리성의 요건을 구비해야 한다.[40] 먼저 '공공연히 알려져 있지 아니하다'는 비공지성은, 그 정보가 간행물 등의 매체에 실리는 등 불특정다수인에게 알려져 있지 않기 때문에 보유자를 통하지 않고서는 그 정보를 통상적으로 입수할 수 없는 것을 의미한다. 비록 보유자가 비밀로서 관리하고 있다고 하더라도 당해 정보의 내용이 이미 일반적으로 알려져 있을 때에는 영업비밀이라고 할 수 없다.[41]

　나. 국제기구의 표지

　다. 파리협약 당사국, 세계무역기구 회원국 또는 「상표법 조약」 체약국 정부의 감독용·증명용 표지

④ 다음 각 호의 어느 하나에 해당하는 자는 1년 이하의 징역 또는 1천만원 이하의 벌금에 처한다. <신설 2013. 7. 30.>

1. 제9조의7제1항을 위반하여 원본증명기관에 등록된 전자지문이나 그 밖의 관련 정보를 없애거나 훼손·변경·위조 또는 유출한 자

2. 제9조의7제2항을 위반하여 직무상 알게 된 비밀을 누설한 사람

⑤ 제1항과 제2항의 징역과 벌금은 병과(倂科)할 수 있다. <개정 2013. 7. 30.>
[전문개정 2007. 12. 21.]

40) 대법원 2008. 7. 10. 선고 2008도3435 판결; 대법원 2011. 8. 25. 선고 2011도139 판결; 대법원 2017. 1. 25. 선고 2016도10389 판결 등 참조. 특히 위 [대상판결]의 원심인 서울중앙지방법원 2017. 2. 15. 선고 2016노3163 판결은 이 사건 파일들에 대해 영업비밀 자격요건을 판단하고 있다. 영업비밀의 의미요건에 관한 분석에 대해서는 최호진, "기업의 영업비밀에 대한 형사법적 보호", 형사법연구, 제25호, 한국형사법학회, 2006. 6, 381면 이하 참조.

41) 대법원 2004. 9. 23. 선고 2002다60610 판결 등 참조.

다음으로 '독립된 경제적 가치를 가진다'는 경제적 유용성의 요건은, 정보의 보유자가 그 정보를 사용함으로써 경쟁자에 대해 경쟁상의 이익을 얻을 수 있거나 또는 그 정보의 취득이나 개발에 상당한 비용이나 노력이 필요하다는 것을 말한다. 따라서 어떤 정보가 위와 요건을 모두 구비하였다면, 비록 이를 바로 영업활동에 투입·이용될 수 있을 정도의 완성된 단계에 이르지 못하였거나, 실제로 제3자에게 아무런 도움을 준 바 없거나 또는 시제품만 있으면 누구나 실험을 통하여 알아낼 수 있는 정보라고 하더라도 그와 같은 사실들이 위 정보를 영업비밀로 보는데 장애가 되는 것은 아니다.42) 끝으로 '상당한 노력에 의하여 비밀로 유지되어야 한다'는 비밀관리성은, 그 정보가 비밀로 인식될 수 있는 표시를 하거나 고지하고, 그 정보에 접근할 수 있는 대상자나 접근방법을 제한하거나 아니면 그 정보에 접근하는 자에게 비밀준수 의무를 부과하는 등 객관적으로 그 정보가 비밀로 유지·관리되고 있다는 사실을 인식 가능한 상태에 두어야 하는 것을 의미한다.43)

2) 한편 대법원은 영업비밀은 아니지만, 그 자료가 불특정다수인에게 공개되지 않았고 사용자가 상당한 시간, 노력 및 비용을 들어 제작한 '영업상 주요자산'인 경우에도 그 자료를 반출하면 업무상배임죄가 구성된다고 판시함으로써 형법적 보호대상을 부정경쟁방지법상의 영업비밀에만 한정하는 것이 아니라 영업상 주요한 자산에까지 확장하고 있다.44) 예컨대 부정경쟁방지법상의 영업비밀을 외부에 반출하는 경우에는 부정경쟁방지법위반죄와 업무상배임죄로도 처벌할 수 있지만, 영업비밀이 아닌 '영업상 주요자산'을 외부로 반출한 때에는 업무상배임죄만 성립된다고 한다.45)

---

42) 대법원 2008. 2. 15. 선고 2005도6223 판결 참조.
43) 대법원 2008. 7. 10. 선고 2008도3435 판결; 대법원 2009. 7. 9. 선고 2006도7916 판결; 대법원 2012. 6. 28. 선고 2012도3317 판결 등 참조.
44) 대법원 2009. 10. 15. 선고 2008도9433 판결; 대법원 2017. 6. 29. 선고 2017도3808 판결 등 참조.
45) 최호진(2011), 앞의 논문, 276면.

이와 관련하여, 하급심 판결에서는 이 사건 14번 파일(위의 이른바 범행 나.)에 대한 '비공지성이나 비밀관리성'을 이유로 한 영업비밀에의 해당여부가 쟁점사항으로 부각되어 있다.46) 하지만 원심판결은 영업비밀의 '비공지성'에 대해 명시적 판단을 유보한 채, 해당파일의 '경제적 유용성'과 甲의 검찰단계에서의 진술에 근거한 '비밀관리성'을 인정하고 있다.47) 또한 [대상판결]에서도 甲의 범행주체성을 인정하지 않음으로써 업무상배임죄의 성립을 부정하고 나아가 공범인 乙의 죄책마저도 부정하고 있어 이 사건 14번 파일이 영업비밀에 해당한다는 원심법원의 판단을 유지하고 있는 것으로 보인다.

나. 영업비밀 침해의 행위태양

부정경쟁방지법 제18조 소정의 "취득"의 의미에 대해 대법원은, 영업비밀의 '취득'은 문서, 도면, 사진, 녹음테이프, 필름, 전산정보처리조직에 의하여 처리할 수 있는 형태로 작성된 파일 등 유체물의 점유를 취득하는 형태로 이루어질 수도 있고, 유체물의 점유를 취득함이 없이 영업비밀 자체를 직접 인식하고 기억하는 형태로 이루어질 수도 있고, 또한 영업비밀을 알고 있는 사람을 고용하는 형태로 이루어질 수도 있으므로 그 어느 경우에 해당하든 사회통념상 영업비밀을 자신의 것으로 만들어 이를 사용할 수 있는 상태가 되었다면 영업비밀을 취득하였다고 보고 있다.48) 따라서 "기업의 직원으로서 영업비밀을 인지하여 이를 사용할 수 있는 자는 이미 당해 영업비밀을 취득하였다

---

46) 서울중앙지방법원 2017. 2. 15. 선고 2016노3163 판결 중 피고인들의 항소이유의 요지의 하나: "이 사건 14번 파일은 3D 스캐너의 소스코드 파일이 아니고, 피해자 회사가 판매한 제품의 사후 관리를 위하여 피해자 회사의 개발팀 직원뿐만 아니라 영업팀 직원을 포함한 거의 모든 직원이 일상적으로 사용하는 파일로서 비공지성이나 비밀관리성이 없어 영업비밀에 해당하지 아니한다."

47) 서울중앙지방법원 2017. 2. 15. 선고 2016노3163 판결 참조: '피해자 회사의 3D 스캐너 프로그램 소스코드를 피해자 회사의 허락 없이 외부로 반출하여서는 안 되고, 이 사건 14번 파일이 피해자 회사의 영업비밀로 관리될 만큼 중요한 파일이라는 점을 알고 있다'라는 취지로 진술.

48) 대법원 1998. 6. 9. 선고 98다1928 판결.

고 보아야 하므로 그러한 자가 당해 영업비밀을 단순히 기업의 외부로 무단 반출한 행위는 업무상 배임죄에 해당할 수 있음은 별론으로 하고 위 조항 소정의 영업비밀의 취득에는 해당하지 않는다고 봄이 상당하다"고 판시하고 있다.49)

그리고 동법 제18조 소정의 "사용"의 의미에 대해서는 "영업비밀의 사용은 영업비밀 본래의 사용 목적에 따라 이를 상품의 생산·판매 등의 영업활동에 이용하거나 연구·개발사업 등에 활용하는 등으로 기업활동에 직접 또는 간접적으로 사용하는 행위로서 구체적으로 특정이 가능한 행위를 가리킨다고 할 수 있다."고 판시하고 있다.50)

마지막으로 동조 소정의 "누설"은 비밀에 속하는 사실을 이를 모르는 제3자에게 알려 알게 하는 것을 말하며, 그 방법에는 제한이 없으므로 구두로 고지하든 영업비밀이 있는 서류를 열람시키든 상관이 없다. 그런데 동법 제2조의 침해행위유형 중에 누설 대신 '공개'를 규정하고 있다. 공개행위라고 할 경우 영업비밀을 제3자에게 공연히 알리는 것을 의미하게 되며, 비밀을 유지하면서 제3자에게 알리는 누설의 의미는 포함되지 않는다고 해석할 가능성이 있다. 이에 동법 제2조는 공개의 정의에 "비밀을 유지하면서 특정인에게 알리는 것을 포함한다."고 개념적으로 정의하였고, 결국 공개의 의미에는 누설 개념도 포함되는 것으로 해석된다.

한편 대법원은 피고인이 회사재직당시에 영업비밀과 관련하여 계약 등 어떠한 명시적 비밀유지의무를 부과 받은 사실이 없을 뿐만 아니라 생산 활동에 참여하면서도 영업비밀에 관한 보안교육을 받거나 전직 제한의 요구를 받은 사실도 없는 경우, 구법 제18조 제2항 제2호51) 소정의 계약관계 등에 의하여 비밀유지의무가 부과된 자에 해당

---

49) 대법원 2008. 4. 10. 선고 2008도679 판결; 대법원 2009. 10. 15. 선고 2008도9433 판결. 따라서 영업비밀 취득죄는 부정취득인 경우에 한하여 성립하는 것으로 해석하고 있다.
50) 대법원 1998. 6. 9. 선고 98다1928 판결.
51) 구 부정경쟁방지법(일부개정 2001. 2. 3. 법률 제6421호, 시행 2001. 7. 1.)

하지 않으므로 영업비밀 누설의 행위주체성 역시 인정할 수 없다고 판단한 바 있다.52) 그러나 현행법은 그 주체가 누구나 될 수 있도록 확장되어 있어 주체에 제한이 없다.

다. 부정한 이익을 얻거나 영업비밀 보유자에게 손해를 입힐 목적

1) 부정경쟁방지법 제18조 제1, 2항 위반의 죄는 고의 이외에 "부정한 이익을 얻거나 영업비밀 보유자에게 손해를 입힐 목적"을 범죄 성립요건으로 하는 목적범이다. 이와 같은 목적은 반드시 적극적 의욕이나 확정적으로 인식할 필요가 없으며, 미필적 인식으로도 목적은 인정된다. 그리고 이러한 목적이 있었는지의 여부는 피고인의 직업, 경력, 행위의 동기 및 경위와 수단, 방법, 그리고 영업비밀 보유기업과 영업비밀을 취득한 제3자와의 관계 등 여러 사정을 종합하여 사회통념에 비추어 합리적으로 판단하고 있다.53)

2) 하급심에서 적법하게 채택한 증거사실에 의하면, 甲이 재직 시에 작성한 연봉계약서의 기재에는 "비밀유지의 의무는 일반인에게 알려지기 전까지는 본 계약 후에도 존속한다."는 내용의 비밀유지의무가 포함되어 있었으며, 乙은 "근로자가 2년간의 경업금지약정에 의하여 2년간 경업금지의무가 있음에도 불구하고 퇴직한 회사와 동종의 사업

제18조(벌칙) ② 다음 각호의 1에 해당하는 자는 5년이하의 징역 또는 5천만원이하의 벌금에 처한다.

1. 기업의 임원 또는 직원으로서 그 기업에 유용한 기술상의 영업비밀을 정당한 이유없이 제3자에게 누설한 자
2. 기업의 임원 또는 직원이었던 자로서 부정한 이익을 얻거나 그 기업에 손해를 가할 목적으로 그 기업에 유용한 기술상의 영업비밀을 계약관계 등에 의하여 비밀로 유지하여야 할 의무에 위반하여 제3자에게 누설한 자

52) 대법원 2003. 1. 24. 선고 2001도4331 판결. 나아가 대법원 1996. 12. 23. 선고 96다16605 판결에서는 "부정경쟁방지법 제2조 제3호 (라)목에서 말하는 '계약관계 등에 의하여 영업비밀을 비밀로서 유지할 의무'라 함은 계약관계 존속 중은 물론 종료 후라도 또한 반드시 명시적으로 계약에 의하여 비밀유지의무를 부담하기로 약정한 경우뿐만 아니라 인적 신뢰관계의 특성 등에 비추어 신의칙상 또는 묵시적으로 그러한 의무를 부담하기로 약정하였다고 보아야 할 경우를 포함한다."고 판시하고 있다.

53) 대법원 2007. 4. 26. 선고 2006도5080 판결 등 참조.

을 목적으로 하는 회사를 설립한 다음 퇴직한 회사에서 재직 중 알게
된 고객정보를 이용하여 퇴직한 회사의 기존 고객에게 경쟁제품을 판
매하는 것이 경업금지의무를 위반한 것인지에 관하여 판시한 판결문
을 블로그에서 검색하여 2011. 9. 21. 이를 甲과 다른 직원에게 이메일
로 보내는 등 甲의 경업금지의무 위반 내지 영업비밀침해 여부에 관
하여도 미리 검토한" 바 있다.

　나아가 B회사에서 "소프트웨어 개발을 담당한 직원은 甲 혼자였
음에도 불구하고, 피고인들(甲과 乙)은 2011. 10. 무렵부터 불과 4개월
만에 3D 스캐너의 핵심기술을 개발하고 전체적으로 10개월 만에 3D
스캐너를 개발하려는 계획"을 가지고 있었는데, 피해 A회사의 "3D 스
캐너 관련 소프트웨어 개발에 참여한 인원이나 그 개발기간 등을 고
려할 때 이는 개발자 1명이 피해자 회사의 3D 스캐너 제작에 사용된
수준의 소프트웨어를 개발하는데 필요한 통상적인 개발기간보다 짧은
것으로 보인다."[54]

　실제로도 甲은 "피해자 회사와 동종 제품을 취급하려는 공소외 2
회사의 주요 상품인 3D 스캐너를 개발, 구동하는 데에 필요한 소스코
드 파일을 작성함에 있어 피해자 회사의 소스코드 파일을 사용"하였
을 뿐만 아니라 특히 이 사건 14번 파일을 컴파일시켜 라이선스 생성
기를 만든 후 이를 실행하여(위 범행 나.) B회사의 주요거래처 고객인
공소외 C회사가 보유한 A회사의 3D 스캐너 수리를 위해 사용한 것
또한 위 고객에 대한 영업활동을 위한 것이며 비록 위 고객으로부터
수리비용을 받지 않았더라도 "피고인들에 대한 '부정한 이익을 얻거나
손해를 입힐 목적이 있었음'을 인정함에 있어"서는 아무런 영향이 미
치지 않는다고 판단하고 있다.

3. 소　결

　요컨대, 위 [대상판결]에서는 甲이 미폐기·불반환한 A회사의 이

---

54) 서울중앙지방법원 2017. 2. 15. 선고 2016노3163 판결 참조.

사건 파일들은 부정경쟁방지법 소정의 영업비밀에 해당되고, 그래서
甲의 행위가 업무상배임죄를 성립시킬 뿐만 아니라 부정경쟁방지법
제18조 제2항에 저촉되는 데에도 하등의 지장이 없다고 한다.

Ⅳ. 업무상배임과 영업비밀 등 침해의 죄수 관계

1. 영업비밀의 침해를 둘러싼 부정한 목적과 배임의 고의: 불법이득의사

1) 배임죄의 주관적 성립요건으로 고의이외에 별도로 이른바 '불
법이득의사'가 필요한가에 대해서는 논의가 대립되어 있다.[55] 종래의
다수입장과 같이 배임죄의 성립에 일반적 주관적 요소인 고의이외에
별도의 주관적 요소로서 불법이득의사를 필요로 하든[56] 아니면 배임
고의의 (강화된) 내용으로서 불법이득의사를 요구하든[57] 상관없이 이
른바 불법이득의 의사는 배임죄의 객관적 요건인 배임사실(임무위배,
이익취득과 손해의 발생으로 이어지는 일련의 사태)에 대한 주관적인 반
영임에 틀림이 없고, 이는 다시 부정경쟁방지법 제18조 소정의 "부정
한 이익을 얻거나 영업비밀 보유자에게 손해를 입힐 목적"의 주관적
요건과의 중첩 내지 양자의 관계가 문제시된다. 형법 제40조의 규정내
용에 따르면, 물론 범죄의 주관적 요건인 '의사의 중첩 내지 부분적
동일'이 수죄의 경합문제를 판단하는데 결정적이지 않고 오히려 객관
적인 실행행위의 동일성이 더욱 중요하다. 따라서 배임죄에서의 객관
적 표지인 '임무위배', '이익의 취득'과 '손해의 발생'이 모두 행위의 요
소인지, 아니면 후2자는 임무위배 '행위'에 후행하는 '결과' 표지인지에

---

55) 불법영득의사에 관한 횡령죄의 경우와 달리 불법이득의사에 대한 배임죄의
경우에는 그 내용이나 체계적 지위, 인정여부 등에 관한 논의가 상대적으로
저조한 편이다. 재산범죄의 고의와 불법영득(이득)의 의사에 관한 자세한 논
의는 이경렬, "재산범죄와 불법영득의 의사", 법조 통권 578호, 법조협회
2014. 11., 51면 이하 참조.

56) 여기서는 특히 이재상, 형법각론, 제9판, 박영사, 2013. 7, 431면 및 각주 4) 참조.

57) 이에는 특히 김성돈, 앞의 책, 448~449면.

대한 분석이 필요할 것이다.

2) 여기서 배임죄에서의 객관적 요건 모두를 전자와 같이 배임죄의 성립에 필요한 행위요소로 이해하게 되면,58) 이 사건 파일을 '사용'한 甲의 영업비밀 침해행위는 배임죄를 구성하는 일련의 사태로서 배임행위의 한 요소인 '이익의 취득'과 관련 있는, 그래서 구성요건적 실행행위의 일부분이 동일한 행위로 판단될 여지가 있으며 이는 결국 행위의 부분적 동일성이 인정되므로 (업무상)배임죄와 영업비밀 침해죄가 상상적 경합관계에 있다고 볼 교두보가 마련되는 것이다. 이와 달리 이익의 취득 및 손해의 발생(내지 발생의 위험)을 배임죄의 임무위배행위에 후행하는 객관적 결과표지로 파악하게 되면, 퇴사이후에 甲의 이 사건 파일 사용행위는 배임죄의 임무위배행위와 구별되는 부정경쟁방지법상의 영업비밀 침해행위에 해당되므로 두 죄는 (실체적) 경합범관계에 있는 것으로 판단될 수도 있을 것이다.

나아가 배임죄의 객관적 구성에 대해 "① 행위 주체(타인의 사무를 처리하는 자), ② 제1의 행위방법(임무에 위배하는 행위), ③ 제2의 행위방법(자기 또는 제3자의 재산상 이익 취득), ④ 결과(본인에게 손해를 가함)"으로 이해하는 견해도 보인다.59) 이러한 이해에 따르면, 이 사건 파일의 사용행위는 부정경쟁방지법상의 영업비밀의 침해행위에 해당하고 이는 배임죄의 제2의 행위방법과도 관련이 있어 양 죄가 상상적 경합관계에 있는 것으로 볼 수도 있다. 위의 [대상판결]도 다분히 이와 같은 이해에 있는 것으로 보인다.60) 다만 [대상판결]은 퇴사한 甲에

---

58) 예컨대 위와 같은 입장으로는 김혜경 ""배임죄의 불법이득의사" 토론문", 한국형사법학회·한국비교형사법학회 2018년 춘계공동학술대회(신진학자 발표회) 자료집, 경북대학교 법학연구원, 2018. 4. 14, 187면: 배임죄에 대하여 '임무행위에 위배하여 본인에게 손해를 가한 때'에 구성요건 행위태양이 완성되는 것으로 이해하고 있다.

59) 조기영, "'배임죄의 불법이득의사'에 관한 토론문", 위의 자료집, 182면.

60) 위 배임죄의 구성과 관련하여 여기서는 특히, 대법원의 다음과 같은 판시에 착안하였다. 즉, "업무상배임죄는 타인의 사무를 처리하는 자가 그 업무상의 임무에 위배하는 행위로써 재산상의 이익을 취득하거나 제3자로 하여금 이를 취득하게 하여 본인에게 손해를 가한 때에 성립하는데, …… 업무상 배임죄

대해서는 위 ①의 행위주체가 인정되지 않기 때문에 배임죄가 성립하지 않고 또 이 사건 파일 사용행위는 — 부정경쟁방지법 위반은 별론으로 하더라도 — 부작위 배임행위의 불가벌적 사후행위에 불과하다고 보았다.

3) 그러나 배임죄의 객관적 표지를 위와 같은 이해하고 구성하는 것은 타당하지 않다고 본다. 위의 ③ 제2의 행위방법인 '재산상 이익 취득'과 ④ 결과인 '손해를 가함'은 동전의 앞면과 뒷면처럼 뗄 수 없이 밀접하게 붙어 있어, 이를 '행위방법'과 후행하는 '결과'로 분리하는 것은 매우 인위적이기 때문이다. 여기서 구상하는 배임죄의 객관적 구성은 ① 행위주체로서 "타인의 사무를 처리하는 자", ② 행위로서 "임무에 위배하는 행위", ③ 결과는 "자기 또는 제3자에게 재산상의 이익 취득"하여 "본인에게 손해를 가한" 경우로 이해하는 방법이다. 이 객관적 구성방법에 의하게 되면, 불법이득의 의사는 구성요건적 결과표지에 관련이 있는 주관적 의사로써 배임고의의 내용을 이루게 된다. 따라서 배임죄에서 일반주관적 요건인 고의이외에 별도의 초과주관적

는 본인에게 재산상의 손해를 가하는 외에 배임행위로 인하여 행위자 스스로 재산상의 이익을 취득하거나 제3자로 하여금 재산상의 이익을 취득하게 할 것을 요건으로 하므로, 본인에게 손해를 가하였다고 하더라도 행위자 또는 제3자가 재산상 이익을 취득한 사실이 없다면 배임죄가 성립할 수 없다." (대법원 2009. 6. 25. 선고 2008도3792 판결), 또 "배임죄에 있어서 배임의 범의는 배임행위의 결과 본인에게 재산상의 손해가 발생하거나 발생할 염려가 있다는 인식과 자기 또는 제3자가 재산상의 이득을 얻는다는 인식이 있으면 족하고 본인에게 재산상의 손해를 가한다는 의사나 자기 또는 제3자에게 재산상의 이득을 얻게 하려는 목적은 요하지 아니하며"(대법원 2004. 7. 9. 선고 2004도810 판결; 대법원 2000. 5. 26. 선고 99도2781 판결 등), "업무상배임죄의 형사책임을 묻고자 한다면 …… 현행 형법상의 배임죄가 위태범이라는 법리를 부인할 수 없다 할지라도, …… 자기 또는 제3자가 재산상 이익을 취득한다는 인식과 본인에게 손해를 가한다는 인식(미필적 인식을 포함)하의 의도적 행위임이 인정되는 경우에 한하여 배임죄의 고의를 인정하는 엄격한 해석기준은 유지되어야 할 것이고, 그러한 인식이 없는데 단순히 본인에게 손해가 발생하였다는 결과만으로 책임을 묻거나 주의의무를 소홀히 한 과실이 있다는 이유로 책임을 물을 수는 없다."(대법원 2004. 7. 22. 선고 2002도4229 판결)(강조는 필자).

요건으로서의 불법이득 의사를 요할 필요는 없다.[61]

2. 배임죄의 성격과 기수시기: 손해의 발생과 발생의 위험

가. 독일의 배임죄와 비교

1) 다른 한편으로 손해의 발생여하와 관련하여 배임죄의 성격에 관한 논의에 있어서도 앞서본 것처럼 침해범설과 위험범설의 대립이 있다. 배임죄의 성격에 관한 선명한 이해에는 독일에서의 논의를 비교법적인 분석하는 것이 매우 시사하는 바가 클 것으로 생각한다. 독일 형법 제266조 제1항은 "법률, 관청의 위임이나 법률행위를 통해 인정된 타인의 재산을 처분하거나 타인에게 의무를 부과할 권한을 남용하거나 또는 법률, 관청의 위임, 법률행위 또는 신임관계 등에 의하여 부과되는 타인의 재산상 이익을 도모해야할 의무에 위반하고, 그로 인하여 재산상 이익을 보호하여야 할 자에게 손해를 가한 자는 5년 이하의 자유형 또는 벌금형에 처한다."고 규정하고 있다.[62]

구성요건 체계상 독일형법상 배임죄는 남용구성요건과 배신구성요건을 모두 포함하고 있다.[63] 개정 전의 구성요건에서는 배임죄의 본질이 처분권한의 남용인지 아니면 신임관계의 배신인지가 논란되었지만, 1933년의 개정[64]을 통하여 남용구성요건과 배신구성요건을 모두

---

61) 대법원에서도 "배임의 범의는 배임행위의 결과 본인에게 재산상의 손해가 발생하거나 발생할 염려가 있다는 인식과 자기 또는 제3자가 재산상의 이득을 얻는다는 인식이 있으면 족하고 <u>본인에게 재산상의 손해를 가한다는 의사나 자기 또는 제3자에게 재산상의 이득을 얻게 하려는 목적은</u>" 요구하지 않고 있다(대법원 2004. 7. 9. 선고 2004도810 판결; 대법원 2000. 5. 26. 선고 99도 2781 판결 등 참조)(강조는 필자).

62) §266 StGB Untreue (1) Wer die ihm durch Gesetz, behördlichen Auftrag oder Rechtsgeschäft eingeräumte Befugnis, über fremdes Vermögen zu verfügen oder einen anderen zu verpflichten, mißbraucht oder die ihm kraft Gesetzes, behördlichen Auftrags, Rechtsgeschäfts oder eines Treueverhältnisses obliegende Pflicht, fremde Vermögensinteressen wahrzunehmen, verletzt und dadurch dem, dessen Vermögensinteressen er zu betreuen hat, Nachteil zufügt, wird mit Freiheitsstrafe bis zu fünf Jahren oder mit Geldstrafe bestraft.

63) HK-GS/*Beukelmann*, 3. Aufl., §266 Rn. 7.

수용함으로써 기존의 배임죄 본질에 관한 논쟁을 종식시켰다.

독일 배임죄의 보호법익은 본인의 개인적인 재산만이다. 따라서 그 소유권자의 재산처분의 자유, 법질서 혹은 경제 질서의 기능성 및 공정성에 대한 신뢰, 채권자의 이익 등은 배임죄의 보호법익에 포함되지 않는다.[65] 나아가 배임죄의 구성요건에는 어떤 형태로든지 이득취득을 요하지 않고 단지 재산침해(손해발생)만을 그 구성요건적 결과로 하고 있다는 점을 법문에 의해 분명하게 하고 있다.

2) 배임죄의 성립에는 객관적 구성요건으로 행위주체, 의무위반행위, 손해발생이 요구되고 주관적 구성요건으로는 고의를 필요로 한다. 행위주체는 처분권한 또는 재산관리의무를 갖는 자이다. 의무위반행위는 처분권한을 남용하거나 재산관리의무를 위반한 행위이다. 구성요건적 결과로 손해발생을 요건으로 한다. 나아가 의무위반행위와 손해발생 사이의 인과관계 및 객관적 귀속이 인정되어야 한다.[66] 주관적 구성요건으로 고의는 앞서 기술된 객관적 구성요건을 모두 인식하고 결과발생, 즉 손해발생을 의욕하거나 최소한 용인하여야 한다. 미필적 고의로도 충분하다고 보고 있다.[67]

재산상 손해발생 요건에서 손해의 개념은 사기죄(독일형법 제263조)의 손해의 개념과 상응한다.[68] 따라서 사기죄에서의 재산 및 손해에 관한 이론이 동일하게 배임죄구성요건에도 적용된다.[69] 배임죄에서 손해의 확정은 총체적인 손해산정의 원칙에 따른다. 즉 재산관리의무 침해로부터 발생하는 재산 감소와 재산증가가 모두 경제적 전체가

---

64) RGBl. I, 295.

65) BGHSt 8, 254; 14; 38, 47; 43, 297; *Fischer*, StGB, 63. Aufl., C.H.Beck, §266 Rn. 2.

66) HK-GS/*Beukelmann*, 3. Aufl., §266 Rn. 25.

67) *Perron*, in: Schönke/Schröder-StGB, 29. Aufl., C.H.Beck, 2014, §266 Rn 49; HK-GS/*Beukelmann*, 3. Aufl., §266 Rn. 40 u. Rn. 42; RGSt 75, 85; 76, 116; BGHSt 51, 100.

68) BGHSt 15, 342, 343 f.; 40, 287, 294 ff.; 43, 293, 297.

69) HK-GS/*Beukelmann*, 3. Aufl., §266 Rn. 25; *Wessels/Hillenkamp*, Strafrecht BT. Teil 2, 38. Aufl., C. F. Müller, 2015, Rn. 777 (S. 427).

치에 합산된다. 재산상태의 변화는 의무위반행위의 전·후 재산상태의 비교를 통해 확인될 수 있다. 재산상태가 의무위반행위로 인하여 감소하였고, 그 재산의 감소가 동시에 발생한 이득에 의하여 상쇄될 수 없는 때에는 배임구성요건상의 재산상 손해가 인정된다. 나아가 사기죄의 경우와 마찬가지로 배임죄에도 손해와 동일시되는 재산상 위태화(schadensgleiche Vermögensgefährdung) 이론이 적용된다.

3) 배임죄는 행위자의 임무위배행위로 인하여 본인에게 손해가 발생함과 동시에 기수에 이른다.[70] 배임죄의 손해발생은 손해와 동일시되는 재산상 위태화(schadensgleiche Vermögensgefährdung) 상태로 실현될 수 있으며, 그 경우에도 기수가 성립한다.[71] 따라서 위태화상태가 손해발생과 동일시되는 경우라면 이후에 그와 같은 위험이 손해로 실현되었는가는 기수 성립에 문제되지 않는다.

독일형법상의 배임죄는 횡령죄(§246 StGB) 및 사기죄(§263 StGB)와 달리 미수범을 처벌하지 않는다. 따라서 구성요건적 결과발생으로 손해의 발생이 부정되는 경우 불가벌이다.

나. 비교법적 검토

독일 형법학상 배임죄에 관한 논의의 개요를 비교법적으로 검토함으로써 우리의 논의와는 차이가 있어야 함을 분명히 하였다. 그러한 해석적 논의의 차이는 당연히 구성요건의 규정내용 및 형식에서 연유하는 것이다. 먼저 우리의 배임죄의 구성요건에는 객관적 표지로서 임무위배행위, 재산상의 이익취득과 손해의 발생을 요건으로 하지만, 독일의 경우에는 재산상의 이득취득을 명시하고 있지 않다. 이에 독일형법학에서는 재산상 이익취득에 해당하는 주관적 반영의사로서, 고의이외에 별도의 초과주관적 요건으로 불법이득의사(Absicht der rechtswidrigen Bereicherung)를 요구하고 이를 통한 배임죄의 성립에 관한 주관적인 제한이 논의되고 있다.[72] 하지만 독일의 통설(h. M.)은 불법이득의사 불

---

70) *Fischer*, StGB, 63. Aufl., §266 Rn. 187; BGHSt 47, 22.
71) *Fischer*, StGB, 63. Aufl., §266 Rn. 150; HK-GS/*Beukelmann*, 3. Aufl., §266 Rn. 52.

요설의 입장이다.73) 이와 비교한다면, 우리의 경우에는 구성요건의 객관적 규정내용에 따라 불법이득의사는 배임고의의 내용으로 이해되어야 한다.

다음으로 독일의 경우는 배임죄의 특성상 또 그 명시적인 구성요건의 규정태도에 따라 미수범을 처벌하지 않는다. 이것이 손해발생의 위태화를 손해발생과 동일시하는 해석의 현실적 이유가 된다. 하지만 우리의 경우에는 배임죄의 미수범을 처벌하는 명시적인 규정을 두고 있다(제359조 참조). 이와 같은 차이를 감안하면, 굳이 배임죄의 성격을 위험범으로 해석해야 할 현실적 이유가 없다고 본다.74)

3. 죄수판단에 관한 소결

1) 위와 같은 견해에 따르면, [대상판결]처럼 위험범설의 입장에서 (업무상)배임죄의 기수시기를 '퇴사 시'로 보는 것에는 문제가 있다고 본다. [대상판결]의 사실관계에 따른 부정경쟁방지법 제18조 제2항 위반의 죄(영업비밀 사용의 점)와 업무상배임죄의 관계를 검토하기보다는 그전에 전술한 [표 1]의 "별지: 범죄일람표"상의 범행에 관한 하급심의 재판결과를 정리할 필요가 있다. 아래의 [표 3]과 같은 도해(圖解)이후에야 양죄의 관계를 판단하는 각 법원의 차이가 명확하게 드러나기 때문이다.

72) *Labsch*, Untreue (§266 StGB): Grenzen und Möglichkeiten einer neuen Deutung, 1983, S. 337f.
73) *Wessels/Hillenkamp*, a.a.O., Rn. 781 (S. 431); *Rolf Schmidt/Stephanie Seidel*, StGB BT II, 5. Aufl., 2001, S. 221. 다만 독일제국법원시대 이래로 판례의 입장은 매우 엄격한 배임의 요건으로써 그 성립을 제한하고 있다고 한다. 이에 대해서는 *Wessels/Hillenkamp*, a.a.O., Rn. 782 (S. 431)
74) 또한 특정경제범죄법에서는 배임죄의 범죄행위로 인하여 취득한 이득액의 차등에 따라 가중처벌하는 규정을 두고 있다. 따라서 배임죄의 기수는 손해의 발생을 요하는 침해범으로 분류하는 것이 타당하다고 본다.

[표 3] 하급심의 판단 및 죄수관계

구분		범행 및 선고		부정경쟁방지법위반	업무상배임	비고
		주 문	범 행			
1심	갑	징역1년6월	범행 가, 다.	유 죄. 동법 제18조 제2항(포괄하여 1죄)	유 죄. 형법 제356조, 제355조 제2항	실체적 경합범
			범행 나.	유 죄. 동법 제18조 제2항, 형법 제30조		
	을	징역2월, 집행유예1년	범행 가, 다.	무 죄	무 죄	-
			범행 나.	유 죄. 동법 제18조 제2항, 형법 제30조	무 죄	-
2심	갑	징역1년6월, 집행유예3년	범행 가, 다.	유 죄. 동법 제18조 제2항(포괄하여 1죄)	유 죄. 형법 제356조, 제355조 제2항	실체적 경합범
			범행 나.	유 죄. 동법 제18조 제2항, 형법 제30조		
	을	징역4월, 집행유예1년	범행 가, 다.	무 죄	무 죄	-
			범행 나.	유 죄. 동법 제18조 제2항, 형법 제30조	유 죄. 형법 제356조, 제355조 제2항, 제30조	상상적 경합범
대상판결	갑	상고기각	범행 가, 다.	유 죄. 동법 제18조 제2항(포괄하여 1죄)	유 죄. 형법 제356조, 제355조 제2항	실체적 경합범
			범행 나.	유 죄. 동법 제18조 제2항, 형법 제30조		
	을	파기환송	범행 가, 다.	전부 파기	전부 파기	포괄1 죄 및 상상적 경합범
			범행 나.	전부 파기	파 기	
파기후환송심	을	1심 파기, 벌금5백만원, 미납 시 100,000원 당 1일의 환형유치	범행 가, 다.	무 죄	무 죄	-
			범행 나.	유 죄. 동법 제18조 제2항, 형법 제30조	무 죄	상상적 경합범

2) 위의 [표 3]에서 정리한 바와 같이 제1심 법원은 甲의 범행 가, 나, 다에 대해 부정경쟁방지법 위반의 포괄일죄로 보고, 이는 업무상 배임죄와 실체적 경합범관계에 있는 것으로 판단하여 경합범 가중하였다. 그런데 乙의 범행에 대해서는 甲에게 업무상배임죄의 성립을 인정하였음에도 (적어도 甲의 범행 나.에 대한) 그 공동정범의 성립을 인정하지 않은 판단에는 의문이 있다. 제1심 판결은 "[양형의 이유] 2. 선고형의 결정"에서도 乙이 "가담한 범행은 단 1건에 불과하고" (중략) "이득액을 산정할 수 없어 벌금형을 선택할 수 없는 점"을 乙에 대한 양형에 유리한 정상으로 참작하고 있다.75) 검사는 바로 이 점에 대해 항소이유로 제시한 것으로 보인다.

이에 원심판결에서는 비록 공판진행 중에 공소장변경절차를 거쳐 공소사실이 변경되었으나 乙에 대해 업무상배임죄의 공동정범의 성립을 긍정하고, 부정경쟁방지법 위반의 죄와 상상적 경합관계에 있는 것으로 보고 있다. 여기서는 특히 乙의 범행 가, 다는 '범죄의 증명이 없는 경우에 해당하여 무죄를 선고'해야 하지만 — 위의 [표 1]에서 정리된 것처럼 — '범행 나와 포괄일죄의 관계'에 있어 주문에서 별도로 무죄를 선고하지는 아니한다고 명시하고 있다. 원심판결은 乙의 범행 나에 대한 부정경쟁방지법 위반의 죄와 업무상배임죄가 상상적 경합범관계에 있는 것으로 판단하였다.76)

그리고 [대상판결]은 피고인 甲과 검사의 각 상고를 기각하고 있어, 甲의 범행과 관련된 부정경쟁방지법 위반의 죄와 업무상배임죄가 실체적 경합범관계에 있다는 원심의 판단을 확정시키고 있다. 나아가 乙의 범행에 대해서는 범행 나에 대한 부정경쟁방지법 위반의 죄의 공동정범을 긍정하였으나 乙의 상고이유를 받아 들여 업무상배임죄에 대한 공범의 성립을 부정하였다. 이에 [대상판결]은 범행 나에 대한 업무상배임의 유죄부분에 파기사유가 있지만 그 무죄부분과 포괄일죄

---

75) 서울중앙지방법원 2016. 8. 11. 선고 2013고단7560 판결 참조.
76) 서울중앙지방법원 2017. 2. 15. 선고 2016노3163 판결 참조.

및 상상적 경합범관계에 있는 부정경쟁방지법 위반의 유죄부분에 대해 하나의 형이 선고되었기 때문에 그 전부를 파기하였다.[77]

한편 파기환송심 판결[78]은 甲의 범행에 대해 환송전 원심판단을 그대로 따르고 있다. 비록 乙의 범행이 [대상판결]에 의해 전부 파기되었으나 그 파기사유가 범행 나에 대한 업무상배임죄의 유죄부분에만 존재하고 나머지 부분에 대해서는 상고이유가 없다고 판단되어 배척되었기 때문이다. 이 경우 "이 부분에 대해서는 그 상고심 판결 선고와 동시에 확정력이 발생"하고 또한 환송받은 법원으로서도 그와 배치되는 다른 판단을 할 수 없다고 한다.[79]

3) 다른 한편으로 위 [대상판결]의 사안에 대한 '배임죄의 성립에 관한 법리'를 전술한 분석(앞의 II. 참조)과 같이 이해할 수 있다면, 즉 먼저 배임죄에서 임무위배행위는 작위뿐만 아니라 부작위로도 가능하다. 따라서 위의 [대상판결] '사실관계'에서 甲의 (업무상)배임죄에서 임무위배행위의 실행의 착수는 A회사를 퇴사하면서 이 사건 파일 등 (영업비밀)을 반출한 때이고, 그 이후에 이를 자기 또는 제3자의 재상상의 이익을 위하여 부정하게 '사용'함으로써 A회사에 손해를 가한 때에 배임죄를 성립시키는 일련의 과정으로 파악될 수 있다. 따라서 반출후의 사용이라는 일련의 행위에 대해서도 — 주체로서의 신분성이 유지되는 한 — 작위의 임무위배행위에 해당할 수 있다. 특히, [대상판결]에서도 乙의 업무상배임죄에 대한 공범의 성립을 부정한 이유가 甲에 대해 행위주체성이 부정되어 신분범의 죄가 성립하지 않는다고 보았기 때문이다.

다음 A회사를 퇴사함으로써 甲은 더 이상 업무자(부진정신분)에는 해당하지 않지만 '비밀유지와 경업금지의 의무'를 부담하고 있어 — 그 의무부담을 지고 있는 한 적어도 — 타인의 사무처리 자(진정신분)에는

---

77) 대법원 2017. 6. 29. 선고 2017도3808 판결 참조.
78) 서울중앙지방법원 2017. 9. 22. 선고 2017노2406 판결 참조
79) 대법원 2006. 5. 11. 선고 2006도920 판결 참조.

해당하는 것으로 볼 수 있다. 이 사건 파일을 이용한 甲의 행위는 배임죄에 해당하고 이에 공모가담한 乙에 대해서는 배임죄의 공동정범이 성립된다고 볼 수 있다. 끝으로 배임죄의 기수시기를 [대상판결]과 같이 '퇴사 시'로 볼 것은 아니다. 이 경우 甲에게는 부작위의 임무위배행위로 인한 업무상배임죄가 성립하는 것이고, 그 이후의 이 사건 파일 사용행위에 대해서는 위의 [대상판결]과 같이 '불가벌적 사후행위'로 보든, 아니면 위의 분석과 같이 '작위의 임무위배행위'로 파악하여 배임죄의 실행행위로 보든 그 범행에 가담한 乙에 대해서는 배임죄에 대한 공동정범으로서의 죄책은 인정되어야 할 것이다.[80]

4. 배임의 이른바 불가벌적 사후행위와 공동정범의 성립

업무상배임죄의 실행으로 인하여 이익을 얻게 되는 수익자 또는 그와 밀접한 관련이 있는 제3자를 배임의 실행행위자와 공동정범으로 인정하기 위해서는 실행행위자의 행위가 피해자 본인에 대한 배임행위에 해당한다는 것을 알면서도 소극적으로 그 배임행위에 편승하여 이익을 취득한 것만으로는 부족하고, 실행행위자의 배임행위를 교사하거나 또는 배임행위의 전 과정에 관여하는 등으로 배임행위에 적극 가담할 것을 필요로 한다.[81]

[대상판결]에서 乙은 소극적으로 甲의 배임행위에 편승하여 이익을 취득한 것일 뿐, 甲의 배임행위를 교사하거나 또는 배임행위의 전 과정에 관여하는 등 그 배임행위에 적극 가담하거나 영업비밀의 사용에 기능적 행위지배를 인정할 정도로 가담하였다고 보기에는 부족하다고 판단하였다.

그러나 '위의 범행 나. 행위에 대한 업무상배임의 점'에 관해서는, 甲이 퇴사 시 이 사건 각 파일을 반환하지 않거나 폐기하지 않은 행위로 인하여 甲에 대한 업무상배임죄가 기수에 이르렀다 할지라도, 그

---

80) 형법 제33조 참조.
81) 대법원 2003. 10. 30. 선고 2003도4382 판결 등 참조.

이후에 불가벌적 사후행위에 가담한 제3자에 대해서는 별도의 범죄 성
립이 가능하므로,[82] 비록 甲에 대해 불가벌적 사후행위로 평가될 수 있
는 행위에 대해 제3자인 乙이 공모 및 가담한 이상 乙에게는 이 사건
14번 파일에 대한 별도의 (업무상)배임죄가 성립한다고 볼 수 있다.[83]

V. 나가는 말

위 [대상판결]에서 대법원은 회사직원이 "퇴사 시에 그 영업비밀
등을 회사에 반환하거나 폐기할 의무가 있음에도 경쟁업체에 유출하
거나 스스로의 이익을 위하여 이용할 목적으로 이를 반환하거나 폐기
하지 아니하였다면, 이러한 행위 역시 퇴사 시에 업무상배임죄의 기수
가 된다."고 판시하고서, 이미 퇴사한 후 1년 정도 경과한 시점에는
'특별한 사정이 없는 한' 더 이상 업무상배임죄가 주체가 될 수 없으
므로 피해회사의 특정파일을 이용한 피고인(甲)의 프로그램 개발행위
는 이미 성립한 업무상배임죄의 실행행위에 불과하고 별도의 업무상
배임죄를 구성하지 않는다고 판단한다. 나아가 甲의 범행에 가담한 피
고인2(乙)도 피고인에게 인정되는 업무상배임죄를 전제로 하는 공범책
임이기에 업무상배임죄의 공범 역시 성립할 여지가 없다고 판단하여
원심을 파기환송하고 있다.

하지만 여기서는 [대상판결]과 관련하여 업무상배임죄의 기수시기
와 퇴사 후 타인의 사무처리자라는 지위의 존속여하, 그리고 임무위배
행위의 특성에 따른 실행행위성의 인정 정도(환언하면, 불가벌적 사후행

---

82) 대법원 1977. 5. 18. 선고 77도541 판결: "불가벌적 사후행위에 대한 공범의 성
　　립은 가능하다고 할 것이므로 본범인 상피고인 5의 사후행위를 처벌할 수
　　없다고 하여 그 사후행위의 공범인 피고인 3의 행위도 처벌할 수 없는 것은
　　아니다." 동지; 대법원 1986. 9. 9. 선고 86도1273 판결. 불가벌적 사후행위의
　　성립 범위와 한계에 관한 논의는 김창종, "불가벌적 사후행위의 범위", 형사
　　법에 관한 제문제(하), 재판자료 제50집, 법원행정처, 1990년, 217면 이하, 특히
　　257~259면 참조.
83) 서울중앙지방법원 2017. 2. 15. 선고 2016노3163 판결.

위의 인정여하) 등에 의문을 제기하고서 이를 분석하였다. [대상판결]에 대한 위의 분석검토를 정리하면 아래의 [표 4]와 같다.

[표 4] 대상판결과의 비교분석*

구 분	주 체	甲의 배임		乙의 범행
		퇴사시 반출	퇴사후 이용	
대상 판결	업무상 타인의 사무 처리 자 부정	업무상배임 의 기수	업무상배임 죄의 (불가벌적) 실행행위	불가벌적 사후행위에 대 한 공범성립 부정 + 부 정경쟁방지법위반의 공 동정범 성립
평석 분석	(적어도) 타인의 사무 처리 자 인정가능	부작위 배임의 실행행위성 인정	작위 배임의 실행행위성 인정	배임죄의 공범성립 인정 + 부정경쟁방지법위반의 공동정범 성립
* 甲의 부정경쟁방지법 위반에 관한 죄는 논외로 함				

요컨대, [대상판결]에서 작위의무에 위반하는 영업비밀 등의 '미반환 내지 불폐기'라는 단순한 부작위에 의해 이미 업무상배임죄의 '기수'가 된다고 판시한 [판결요지]는 부당하다고 본다. 대법원이 위 [대상판결]처럼 부작위에 의한 업무상배임죄의 기수시기를 성급하게 '퇴사 시'로 판정함으로써 작위의 임무위배행위에 대한 공범자의 가담 가능성을 원천적으로 차단한 판시에는 불합리한 점이 있을 뿐만 아니라 배임죄의 성격도 결과범·침해범(또는 구체적 위험범)에서 거동범·추상적 위험범으로 변모시킬 위험마저도 내포되어 있기 때문이다.

[주 제 어]

업무상배임, 부정경쟁방지법, 영업비밀 누설, 불법이득의사, 배임의 고의

[Key words]

Professional misappropriation, Unfair competition prevention Act, Trade secret reveal, Intention of illegal acquirement, Intention of misappropriation

접수일자: 2018. 5. 1. 심사일자: 2018. 5. 31. 게재확정일자: 2018. 6. 5.

[참고문헌]

김성돈, 형법각론, 제4판, SKKUP, 2016.

김혜경 ""배임죄의 불법이득의사" 토론문", 한국형사법학회·한국비교형사법학회 2018년 춘계공동학술대회(신진학자 발표회) 자료집, 경북대학교 법학연구원, 2018. 4. 14.

남양우, "부정경쟁방지 및 영업비밀보호에 관한 법률상의 영업비밀 부정사용등 죄에 관한 사례(2009. 10. 15. 선고 2008도9433 판결: 공2009하, 1904)", 대법원판례해설 제82호, 법원도서관, 2009. 10.

오경식, "기업비밀침해범죄 — 산업스파이 사건에 대하여 —", 형사판례연구 [7], 박영사, 1999. 7.

이경렬, "재산범죄와 불법영득의 의사", 법조 통권 578호, 법조협회 2014. 11.

이재상, 형법각론, 제9판, 박영사, 2013년.

조기영, ""배임죄의 불법이득의사'에 관한 토론문", 한국형사법학회·한국비교형사법학회 2018년 춘계공동학술대회(신진학자 발표회) 자료집, 경북대학교 법학연구원, 2018. 4. 14.

최호진, "전직한 종업원의 영업비밀 사용과 업무상 배임죄", 형사판례연구 [19], 박영사, 2011. 6.

최호진, "기업의 영업비밀에 대한 형사법적 보호", 형사법연구, 제25호, 한국형사법학회, 2006. 6.

Beukelmann, Stephan: Handkommentar-Gesamtes Strafrecht, 3. Aufl., Nomos, 2013.

Fischer, Thomas: StGB mit Nebengesetzen, 63. Aufl., C.H.Beck, 2016.

Labsch, Karl Heinz: Untreue (§266 StGB): Grenzen und Möglichkeiten einer neuen Deutung, Schmidt-Römhild, 1983.

Perron, Walter: Schönke/Schröder-StGB, 29. Aufl., C.H.Beck, 2014.

Rolf Schmidt/Stephanie Seidel: StGB BT II, 5. Aufl., Rolf Schmidt, 2001,

Wessels, Johannes/*Hillenkamp*, Thomas: Strafrecht BT. Teil 2, 38. Aufl., C. F. Müller, 2015.

[Abstract]

Post-resignation trade secret reveal and possibility of establishing professional misappropriation

Lee, Kyung-Lyul*

In the court case of Jun 29 2017 ruling 2017Do3808, Supreme Court ruled that breaking the duty of returning or discarding trade secrets after resignation by revealing trade secrets to competitors or keeping it for own interest is enough to establish post-resignation professional misappropriation. And Supreme Court decided ruled that one cannot be a subject of professional misappropriation after 1year of resignation unless 'special consideration' is needed. Therefore, the accused, who created a program based on company's particular file, cannot be a subject of additional professional misappropriation since the action of the accused was based on already-established professional misappropriation. Furthermore, the Supreme Court ruled that the accused complicit cannot be a complicit of the professional misappropriation since the action of accused complicit is based on already-established professional misappropriation as well. Therefore, the Supreme Court returned the case to the lower court.

Based on this case, there is question regarding the relationship between perpetrated time of professional misappropriation and the status of being in charge of the transaction of others' business after resignation. There is also a question regarding the level of execution based on the speciality of professional misappropriation.

This case study is done based on those questions. Then this case study did the reviewed the relationship between the intention of misappropriation and intention of unlawful gains that needs to be proved in order to establish professional misappropriation crimes.

* Professor, School of Law, Sungkyunkwan University, Ph.D.

The Supreme Court's ruling that the accused is a subject of already-established professional misappropriation due to nonperformance of returning or discarding trade secrets is problematic. It is problematic for following reasons: First, it ruled out the possibility of accusing the complicit by deciding the perpetrated time as the period of resignation. Second, it contains the possibility of turning the characteristic of misappropriation from offense provoking specific danger to abstract endangerment offenses.

통정허위표시와
공정증서원본부실기재죄

고 제 성*

【대상판결】 대법원 2017. 2. 15. 선고 2014도2415 판결

1. 공소사실

피고인들은 공모하여, 피고인 甲이 채권자들로부터 강제집행을 당할 우려가 있자 이를 면탈할 목적으로, 피고인 甲은 피고인 乙에 대한 아무런 채무가 없음에도, 2011. 3. 23.경 법무사를 통해 피고인 甲소유의 오피스텔에 관하여 채권최고액 5,000만 원, 채무자 피고인 甲, 근저당권자 피고인 乙로 하는 근저당권설정등기 신청서류를 작성·제출하여, 그 사실을 모르는 등기소 직원으로 하여금 위 오피스텔에 관하여 피고인 乙 명의로 근저당권설정등기를 경료하게 함으로써, 공정증서원본인 부동산 등기부에 불실의 사실을 기재, 행사하게 하였다.

2. 제1심과 원심의 판단

제1심은, "등기의무자와 등기권리자 사이의 등기신청 합의에 따라 등기가 된 이상, 그 등기가 원인 없이 경료된 무효의 등기이고 피고인이 이를 알고 있었다고 하더라도, 특별한 사정이 없는 한 피고인이 등기부에 불실의 사실을 기재하게 하였다고 볼 것은 아니다(대법원 2008.

---

* 춘천지방법원 속초지원 부장판사.

3. 27. 선고 2007도10381 판결). 피고인 甲이 피고인 乙에 대하여 채무를 부담하고 있지 아니한 상태에서 강제집행을 면탈할 목적으로 피고인 乙 앞으로 근저당권설정등기를 마쳐준 것은 사실이나, 피고인들 사이에 근저당권설정에 관한 합의가 있었던 것은 사실이므로, 이를 두고 허위 신고를 하여 등기부에 불실의 사실을 기재하게 하였다고 볼 수 없어, 공정증서원본불실기재죄와 이를 전제로 하는 행사죄는 성립하지 않는다."라는 이유를 들어 무죄를 선고하였다.

원심은 위와 같은 제1심의 판단에 위법이 없다고 판결하였고, 이에 검사가 원심이 공정증서원본불실기재죄의 '허위신고'와 '불실기재'에 관하여 법리를 오해하였다는 이유로 상고하였다.

3. 대상판결 요지

실제로는 채권·채무관계가 존재하지 않는데도 허위의 채무를 가장하고 이를 담보한다는 명목으로 허위의 근저당권설정등기를 마친 것이라면 등기공무원에게 허위신고를 하여 등기부에 불실의 사실을 기재하게 한 때에 해당하므로 공정증서원본 등의 불실기재죄 및 불실기재공정증서원본 등의 행사죄가 성립한다(대법원 1969. 11. 11. 선고 69도1804 판결, 대법원 2008. 9. 11. 선고 2007도5386 판결 등 참조).

원심이 인정한 사실관계를 앞서 본 법리에 비추어 살펴보면, 피고인들은 실제로는 채권·채무관계가 존재하지 않는데도 허위의 채무를 가장하고 이를 담보한다는 명목으로 허위의 근저당권설정등기를 마친 것으로, 이는 등기공무원에게 허위신고를 하여 등기부에 불실의 사실을 기재하게 한 때에 해당하므로 공정증서원본 등의 불실기재 및 불실기재공정증서원본 등의 행사죄가 성립한다.

원심의 판단에는 공정증서원본 등의 불실기재죄에서 불실기재의 의미에 관한 법리를 오해한 잘못이 있다.

[연 구]

I. 들어가며

형법 제228조의 공정정서원본 등의 부실기재죄[1]는 공무원에 대하여 허위신고를 하여 공정증서원본 또는 이와 동일한 전자기록 등 특수매체기록 등에 부실의 사실을 기재하게 함으로써 성립하는 범죄이다.

본죄가 성립하기 위해서는 '부실의 사실'을 기재하게 하여야 하고, 이때 '부실 기재'란 객관적인 진실에 반하여 존재하지 아니한 사실을 존재하는 것으로 하거나, 존재하는 사실을 존재하지 아니하는 것으로 기재하는 것이라고 설명된다.[2]

그런데 통정허위표시의 경우, 형식적으로는 당사자 간에 의사합치가 있었으므로, 그와 같은 내용을 등기부 등에 기재하게 하였더라도 '부실 기재'라고 할 수 없어 본죄가 성립하지 않는다고 볼 수 있다. 제1심과 원심은 그와 같은 입장에서 본죄의 성립을 부정한 것인데 반해, 대상판결은 피담보채권이 실제로 존재하지 않음에도 존재하는 것처럼 근저당권설정등기를 마친 것이라면 당사자 간에 등기신청에 관한 합의가 있었다고 하더라도 본죄가 성립한다고 보았다.

이 글에서는 공정증서원본 등의 부실기재죄에서 '부실 기재'의 의미와 그에 관한 판례의 태도를 살펴보고, 통정허위표시에 기하여 등기부 등을 작성케 한 경우 본죄가 성립하는지에 관하여 검토하고자 한다.

---

1) 판례에서는 '불실기재'와 '부실기재'가 혼용되고 있다. 전자의 예로 대법원 2013. 5. 9. 선고 2011도15854 판결, 대법원 2012. 4. 26. 선고 2009도5786 판결 등이, 후자의 예로 대법원 2013. 1. 24. 선고 2012도12363 판결, 대법원 2009. 2. 12. 선고 2008도10248 판결 등이 있는데, 이 글에서는 '부실기재'라고 쓴다.

2) 대코멘타르 형법(제3판), 제8권, 청림서원, 2014, 185쪽 이하

II. 공정증서원본 등 부실기재죄

1. 일반론

(1) 보호법익과 행위객체

본죄의 보호법익은 특별한 신빙성이 인정되는 공문서에 대한 공공의 신용을 보장하는 데 있다(대법원 2007. 7. 12. 선고 2007도3005 판결 등). 공무원에 대하여 허위 신고를 하여 공정증서원본에 불실한 기재를 하게 하는 행위는 그 성립이 진정하더라도 내용이 부실한 공정증서를 작성하게 함으로써 공정증서가 갖는 공공의 신용을 해하는 행위이므로, 이를 처벌함으로써 공정증서에 부실한 기재를 방지하고 공정증서의 기재 내용에 대한 공공의 신용을 보호하려는 것이 본죄의 입법취지다.[3]

(2) '허위신고'와 '부실기재'

본죄의 행위는 공무원에 대하여 허위신고를 하여 부실의 사실을 기재하게 하는 행위이다.

'허위신고'란 일정한 사실에 대하여 진실에 반하는 신고를 하는 것으로, 신고 내용이 허위인 경우뿐만 아니라 신고인의 자격을 사칭하는 경우를 포함한다.

한편 '부실기재'란 권리의무에 관한 중요한 사항에 관하여 객관적 진실에 반하는 사실을 기재하는 것을 의미한다. 신고한 내용 중 사소한 부분이 사실과 다른 경우까지 본죄로 처벌하게 되면 너무 가혹할 뿐만 아니라 모든 국민을 범죄인으로 만드는 결과를 초래할 수 있기 때문에, 다수설과 판례는 '권리의무관계에 중요한 의미가 있는 사항'에 한하여 부실기재로 보아 본죄의 성립을 인정하고 있다.[4]

---

3) 곽동효, "소위 견금의 방법으로 주금을 가장납입하고 증자등기한 경우 공정증서원본부실기재죄의 성립여부", 대법원 판례해설 제7호, 478쪽.
4) 예고등기는 권리의무에 관한 사항에 아무런 영향이 없으므로 이를 말소하더라도 본죄가 성립하지 아니하고(대법원 1972. 10. 31. 선고 72도1966 판결), 부

'허위신고'는 신고자의 측면에서 본 것이고, '부실기재'는 작성자 또는 작성되는 공정증서의 측면에서 본 것일 뿐, 양자는 그 의미에서 큰 차이가 없다.[5]

2. '부실기재'에 관한 판례 검토

(1) 개 요

판례는 후술하는 바와 같이 '부실기재 여부'를 단순히 공정증서에 기재된 사항이나 그 원인된 법률행위의 '존부'만을 놓고 판단하지 않고, 그 '사법적 효력'까지도 고려하여 판단하고 있다고 보인다.

이러한 판례의 태도에 따르면, 어떤 사실이 있고 그 사실을 신고하여 공정증서에 기재케 한 행위이더라도, 그 행위가 법률상 무효이면 '부실의 사실을 기재케 한 행위'라고 평가될 수 있다.

예를 들어 종중 총회에서 A를 대표자로 선출하는 결의가 있다고 하더라도, 그 총회 소집절차에 하자가 있어 총회 결의가 무효라고 한다면, 그 총회 결의에 따른 대표자 변경등기는 '부실기재'에 해당한다는 것이다. 다만 여기서 주의할 점은, 본죄의 객관적 구성요건인 '부실기재'에 해당한다는 것일 뿐이고, 그렇다고 하여 피고인의 고의까지 항상 인정되는 것은 아니라는 것이다. 즉 피고인이 '부실의 사실을 기재한다'라는 점에 대한 인식이 있었는지는 별개의 문제이다.

동산등기부에 기재되는 거래가액은 부동산의 권리의무관계에 중요한 의미를 갖는 사항에 해당한다고 볼 수 없으므로, 거래당사자가 거래가액을 거짓으로 신고하여 신고필증을 받은 뒤 이를 기초로 사실과 다른 거래가액이 등기부에 등재되도록 하였더라도 본죄가 성립하지 아니한다(대법원 2013. 1. 24. 선고 2012도12363 판결).
반면 종중 대표자의 기재는 종중 소유의 부동산의 처분권한과 관련된 중요한 부분의 기재로서 이에 대한 공공의 신용을 보호할 필요가 있으므로, 이를 허위로 등재한 경우 본죄의 대상이 되는 부실기재에 해당한다(대법원 2006. 1. 13. 선고 2005도4790 판결).
5) 원유석, "공정증서원본불실기재죄에 대한 실무적 재검토", 고현철 대법관 퇴임기념 논문집, 형사재판의 제문제(제6권), 형사실무연구회(2009), 169쪽.

(2) 제1법리: 공정증서에 기재된 사항이 외관상 존재한다고 하더
라도 사법상 무효인 경우, 그 기재는 부실기재에 해당함

가. 내 용

판례는 "공정증서원본에 기재된 사항이 (부존재하거나) 외관상 존
재한다고 하더라도 무효에 해당하는 하자가 있다면, 그 기재는 부실기
재에 해당한다."라고 판시해 왔는데(이하 편의상 제1법리라 한다), 그 사
안별로 나누어 검토해 보면 다음과 같다.

나. 구체적 사안

① 부존재 또는 무효 사유에 해당하는 하자가 있는 경우6)

종중의 대표자인 피고인이 총회의 결의 없이 종중 재산인 부동산
에 관하여 A 앞으로 근저당권설정등기를 마쳐준 사안(즉 종중과 A 사
이에 원인행위인 근저당권설정행위가 존재하지만 총회 결의가 없어 무효인
경우임)에서, 대법원 2005. 8. 25. 선고 2005도4910 판결은, (제1법리를
설시한 후) 종중총회의 결의 없이 경료된 이 사건 근저당권설정등기는
그 원인된 법률행위에 무효에 해당하는 하자가 있으므로 피고인의 행
위는 본죄에 해당한다고 보았다.

이사회 결의에 따른 甲 회사의 대표이사 변경등기가 문제가 된
사안에서, 대법원 2007. 10. 25. 선고 2006도5719 판결은, (제1법리를 설
시한 후), 이 사건 이사회는 甲 회사의 대표이사 A가 소집하지도 않았
을 뿐만 아니라 적법한 소집절차를 거치지 아니하였으므로, 위 이사회
결의에 따른 대표이사 변경등기 부분은 존재하지 아니하거나 외관상
존재한다고 하더라도 무효에 해당하는 하자가 있으므로, 그 기재는
'부실기재'에 해당한다고 판시하였다.

---

6) 같은 취지의 판결로 대법원 2005. 10. 28. 선고 2005도3772 판결: 교회의 교인들
간에 갈등이 심화되어 교회가 분열된 후 일방의 교회가 타방의 교회를 배제한
채 소집·개최한 당회에서 교회재산인 부동산을 총회유지재단에 증여하기로
하는 내용의 결의를 하고, 등기공무원에게 위 결의에 따른 취지의 등기신청을
하여 위 부동산에 관하여 증여를 원인으로 한 소유권이전등기를 마쳤다면, 위
당회의 결의가 그 소집 및 결의절차가 부적법하므로 본죄가 성립한다.

한편, 대법원 2007. 5. 31. 선고 2006도8488 판결은, "주식회사의 신주발행의 경우 법률상 무효 사유가 존재한다고 하더라도 그 무효는 신주발행무효의 소에 의해서만 주장할 수 있는 것이고, 신주발행무효의 판결이 확정되더라도 그 판결은 장래에 대해서만 효력이 있는 것이므로, 그 신주발행이 판결로써 무효로 확정되기 이전에 그 신주발행 사실을 담당 공무원에게 신고하여 법인등기부에 기재하게 하였다고 하여 그 행위가 '허위신고'를 한 것이라거나 그 기재가 '부실기재'에 해당하는 것이라고 할 수 없다"고 판시하였는데, 이는 결국 본죄의 '부실기재 여부'를 객관적인 사실 그 자체만이 아닌 사법상의 유·무효까지 고려하여 판단하려는 것으로 제1법리에 따른 것이라고 할 수 있다.

② '취소 사유'에 해당하는 하자가 있는 경우

기망행위에 의하여 체결된 증여계약에 기하여 소유권이전등기가 마쳐진 사안에서, 대법원 2004. 9. 24. 선고 2004도4012 판결은, (제1법리 설시 후) 소유권이전등기의 원인행위인 증여계약은 객관적으로 존재하는 것이므로, 기망이라는 하자가 있다고 하더라도 그 증여계약이 취소되지 아니한 이상 등기부에 부실의 사실을 기재하게 한 것이라고 할 수 없다고 보았다.[7]

③ 제1법리에서 다소 벗어나 있는 예외적인 판례

한편 대법원 2004. 10. 15. 선고 2004도3584 판결은, "형법 제228조 제1항에 정하여진 '부실기재'란 객관적인 진실에 반하여 존재하지 아

---

7) 그밖에 같은 취지의 판례로, ① 대표이사가 아닌 이사가 이사회 소집 결의에 따라 주주총회를 소집한 것이라면, 위 소집절차상의 하자는 주주총회 결의 취소사유에 불과할 뿐이므로, 위 주주총회와 이에 기한 이사회 결의에 따라 등기가 이루어지더라도 본죄가 성립하지 않는다는 대법원 1993. 9. 10. 선고 93도698 판결과 ② 협의상 이혼의 의사표시가 기망에 의하여 이루어진 것일지라도 그것이 취소되기 전까지는 유효하게 존재하는 것이므로, 협의상 이혼 의사의 합치에 따라 이혼신고를 하여 호적에 그 협의상 이혼사실이 기재되었다면, 이는 본죄에서 정한 부실기재에 해당하지 않는다는 대법원 1997. 1. 24. 선고 95도448 판결 등이 있다.

니한 사실을 존재하는 것으로 하거나, 존재하는 사실을 존재하지 아니
하는 것으로 기재하는 것을 말하므로, 민법상 사단법인의 총회결의에
따라 이사 등의 변경등기를 하는 경우, 특별한 사정이 없는 한 총회결
의의 사법상 효력 여부와 관계없이 그와 별도로 현실적으로 사원총회
에서 그와 같은 내용의 결의가 있었다고 평가할 수 있는지에 따라 부
실기재의 여부를 판단하여야 한다."고 판시하였다.[8]

위 판결에 따르면, 부실기재 여부는 공정증서에 기재된 사항이나
원인된 법률행위의 사법적 효력을 고려할 필요 없이 단순히 그 존부
만을 놓고 판단하여야 하는데, 이는 앞서 본 제1법리와 상충되어 다소
예외적인 판례로 보인다. 다만 위 사안은 총회결의의 하자 정도가 크
지 않다는 점에서 피고인에게 허위신고나 부실기재에 대한 인식이 없
는 사안이어서, 제1법리에 따르더라도 여전히 무죄로 볼 수 있는 사안
이 아닌가 생각된다.

(3) 제2법리: 등기절차상 하자가 있거나 등기원인이 실제와 다르
다고 하더라도, 실체적 권리관계에 부합하는 유효한 등기인
경우에는 부실기재라고 할 수 없음

가. 내 용

판례는 "등기에 절차상 하자가 있거나 등기원인이 실제와 다르더
라도 (등기 경료 당시) 실체적 권리관계에 부합한 등기라면, 본죄가 성
립하지 않는다."라고 판시해 오고 있는데(이하 제2법리라 한다), 이는
부실기재 여부를 사법상 유·무효와 연관 지어 판단하겠다는 제1법리
와 궤를 같이 하는 것이라 할 수 있다.

---

8) 이 판결은 "재건축조합의 임시총회 소집절차나 결의방법이 법령이나 정관에
위배되어 임원개임결의가 사법상 무효라고 하더라도, 실제로 조합총회에서
그와 같은 내용의 임원개임결의가 이루어졌고 그 결의에 따라 임원변경등기
를 마쳤다면 본죄의 '부실기재'를 하게 한 것으로 볼 수 없다."고 판단하면서,
이와 달리 유죄로 판단한 원심을 파기하였다.

나. 구체적 사안
① 실제의 등기원인과 상이한 부동산 등기
점유에 의한 소유권취득시효가 완성된 토지에 대하여, '매매'를 원인으로 하는 소유권이전등기소송을 제기하여 자백간주에 의한 승소판결을 받아 소유권이전등기를 마친 사안에서, 대법원 1987. 3. 10. 선고 86도864 판결은, 비록 절차상의 하자가 있다고 하더라도 실체적 권리관계에 부합하는 등기인 만큼 '부실의 등기'라고 할 수 없다고 판시하였다.9)

허위의 보증서를 발급받아 부동산소유권이전등기등에관한특별조치법에 따라 소유권이전등기를 마쳤더라도, 그것이 권리의 실체관계에 부합하는 등기라면, 부실의 사실을 기재하였다고 할 수 없다(대법원 1984. 12. 11. 선고 84도2285 판결).

위와 같이 실제의 등기원인과 상이하더라도 실체관계에 부합하는 등기라면 본죄가 성립하지 않는다는 판례의 태도에 대하여, i) 등기원인은 부동산 등기부의 증명사항으로서 이에 대하 허위신고는 본죄에 해당한다고 보는 것이 이론적으로 타당하지만 판례는 현실적인 이유를 고려하여 부정하는 것으로 파악된다는 견해10)와 ii) 등기원인은 부동산 등기의 증명사항이라고 할 수 없고 판례는 그러한 전제에서 본죄의 성립을 부정한 것으로 타당하다는 견해11)가 있다.

한편 등기원인이 확정적으로 무효인 경우에는 실체관계에 부합할 여지가 없으므로 본죄가 성립한다. 즉 토지거래 허가구역 안의 토지에

9) 그밖에 같은 취지의 판결로, ① 부동산을 관리할 목적으로 이를 타에 신탁하는 의미로써 소유권이전등기를 하면서 등기원인을 '매매'로 가장하였다고 하여도, 이는 본죄에 해당하지 않는다."라고 본 대법원 1957. 4. 12. 선고 4290형상32 판결, ② 당사자 사이에 합의 없이 경료된 소유권이전등기라고 할지라도 그것이 실체법상 권리관계에 부합되어 유효인 등기인 이상 부실의 등기라고 볼 수 없다고 본 대법원 1980. 12. 9. 선고 80도1323 판결 등이 있다.
10) 원유석, 앞의 글, 172쪽 이하
11) 박동률, "공정증서원본불실기재죄에서의 불실", 비교형사법연구 제8권 제1호 (2006. 7.), 245쪽 이하 .

관하여 실제로는 매매계약을 체결하고서도 토지거래허가를 잠탈하려
는 목적으로 등기원인을 '증여'로 하여 소유권이전등기를 마친 경우,
그와 같은 토지거래계약은 확정적 무효이고,12) 이에 터 잡은 소유권이
전등기는 실체관계에 부합하지 아니하며, 그와 같은 소유권이전등기
는 등기부에 대한 공공의 신용을 해칠 위험성이 큰 점을 감안하면, 비
록 피고인(매도인)과 매수인 사이에 실제의 원인과 달리 '증여'를 원인
으로 한 소유권이전등기를 경료시킬 의사의 합치가 있더라도, 위 등기
를 한 것은 허위신고를 하여 공정증서원본에 부실의 사실을 기재하게
한 때에 해당한다(대법원 2007. 11. 30. 선고 2005도9922 판결).

② 중간생략등기의 경우 등

3자간에 합의 없이 이루어진 중간생략등기도 실체적 권리관계에
부합하는 등기이므로,13) 중간생략등기의 경우 본죄가 성립하지 않는
다는 것이 판례의 일관된 입장이다.14)

한편 대법원 1996. 6. 11. 선고 95도2817 판결15)은, 1인 주주회사에
서 1인 주주의 의사가 바로 주주총회와 이사회의 결의로서 1인 주주는
타인을 이사 등으로 선임하였다 하더라도 언제든지 해임할 수 있으므
로, 1인 주주인 피고인이 특정인과 합의가 없이 주주총회 소집 등 상법
소정의 형식적인 절차를 거치지 않고 특정인을 이사의 지위에서 해임
하였다는 내용을 법인등기부에 기재하게 하였다고 하더라도, 공정증서
원본에 부실의 사항을 기재하게 한 것이라 할 수 없다고 판시하였다.16)

---

12) 대법원 1991. 12. 24. 선고 90다12243 전원합의체 판결.
13) 대법원 2005. 9. 29. 선고 2003다40651 판결.
14) 대법원 1967. 11. 28. 선고 66도1682 판결 등; 이에 대하여, "중간생략등기는
   부동산등기특별조치법에 의해 금지될 뿐만 아니라, 실체관계를 정확하게 반
   영하지 못한다는 점 등을 이유로 본죄를 구성하고, 그 경우 부동산등기특별
   조치법 위반죄와는 상상적 경합관계에 있다"고 보는 적극설(박상기)이 있으
   나, 다수설(이재상, 김일수, 배종대)은 판례와 같이 본죄를 구성하지 않는다고
   보고 있다.
15) 같은 취지의 판결로 대법원 1978. 6. 13. 선고 77도3950 판결, 대법원 1979. 12.
   8. 선고 79도884 판결, 대법원 1985. 5. 14. 선고 85도488 판결.
16) 대법원 2008. 6. 26. 선고 2008도1044 판결은, 피고인이 주주 전원의 위임을 받

이는 부동산등기와 마찬가지로 그 원인이 되는 주주총회의 소집절차
에 절차적 하자가 있더라도 그 기재가 실체적 관리관계에 부합하는
때에는 이를 문제 삼지 않겠다는 취지로 이해된다.

Ⅲ. 통정허위표시 사안에 관한 판례의 태도

1. 문제의 소재

상대방과 짜고 하는 진의 아닌 거짓의 의사표시를 '통정허위표시'
라고 하고, 그러한 통정허위표시를 요소로 하는 법률행위를 가리켜
'가장행위'라고 한다. 통정허위표시는 당사자 사이에서 무효이나 선의
의 제3자에 대해서는 그 무효를 주장할 수 없고(민법 제108조 제1, 2항),
다만 본인의 진의를 절대적으로 존중하는 가족법상의 행위에서 통정
허위표시는 언제나 무효로서 민법 제108조 제2항이 적용되지 않는다
고 보는 것이 통설이다.[17]

대상 사건에서 피고인 甲은 피고인 乙에 대하여 아무런 채무를
부담하지 아니함에도 강제집행을 면탈할 목적으로 피고인 乙 앞으로
근저당권설정등기를 마쳐준 것으로, 그 원인행위인 근저당권설정계약
은 통정허위표시에 해당한다.

이처럼 통정허위표시에 기하여 등기가 마쳐진 경우, 본죄가 성립
하는지는 '원인된 법률행위의 사법상 효력'을 중시할 것인지, 아니면

아 기존 이사와 감사를 해임하고 새로운 이사와 감사를 선임한 내용의 결의
가 있었던 것으로 임시주주총회 의사록을 작성한 이상, 비록 피고인이 적법
한 주주총회 소집절차를 거치지 않았을 뿐 아니라 실제로 주주총회를 개최
하지도 않았지만, 주주 전원의 의사에 따라 그 내용의 유효한 결의가 있었던
것으로 볼 것이고, 따라서 그 결의에 따른 등기는 실체관계에 부합하는 것으
로 이를 부실의 사항을 기재한 등기라고 할 수 없다고 판단하였다.

17) 명의신탁의 경우 통정허위표시로서 무효라는 견해가 있으나, 대법원은 명의
신탁은 통정허위표시가 아니라는 전제에서 일관되게 명의신탁의 유효성을
인정해 왔다. 다만 부동산 실권자명의 등기에 관한 법률이 1995. 7. 1.부터 시
행됨에 따라 원칙적으로 명의신탁약정 및 그에 따라 이루어진 등기에 의한
물권변동도 무효가 된다.

'외관에 대한 의사합치'를 중시할 것인지에 따라 달리 판단될 수 있다. 등기의 원인행위는 존재하지만 통정허위표시로서 '무효'라는 점을 고려하면, 제1법리에 따라 부실기재에 해당하여 본죄가 성립한다고 볼 수 있지만, 당사자 간에 외관(등기)에 대한 의사 합치가 있다는 점에 주목하면 부실기재로 볼 수 없어 본죄가 성립하지 않는다는 논리도 가능하다.

아래에서 가장매매 등 통정허위표시가 문제되는 사안 등에 대하여 판례가 어떤 태도를 보여 왔는지를 먼저 살펴본 후 이 사건에 대해서 검토하기로 한다.

2. 각 사안별 판례의 태도

(1) 통정허위표시에 따라 소유권이전등기가 마친 경우(가장매매 사안)

대법원은, 처음에는 "당사자 간에 소유권이전의 의사가 없이 허위의 매매로 인한 소유권이전등기를 마친 행위는 본죄를 구성한다."고 판시하였다(대법원 1960. 9. 14. 선고 4293형상348 판결[18]).

그러나 이후 대법원은 견해를 바꾸어, "매수인 앞으로 이전등기를 해 줄 의무가 있는 매도인(피고인)이 그 의무를 면할 목적으로 제3자와 통모하여 가장한 매매예약을 원인으로 하여 제3자 앞으로 가등기를 마쳤다고 하더라도, 제3자와 피고인이 가등기 경료를 위한 합의에 따라 이루어진 이상, 그 기재는 부실기재라고 할 수 없어 본죄가 성립하지 않는다."고 판시하였다(대법원 1967. 12. 28. 선고 67도1166 판결).

그 후 위와 같이 가장매매에 기하여 소유권이전등기를 마쳤다고 하더라도, 그 당사자 간에는 소유권이전등기를 마칠 의사가 있었으므

---

18) 채권자가 피고인 소유의 부동산에 대하여 가압류하자, 피고인이 이후의 가압류 등을 모면하기 위하여 위 부동산을 처와 자식에게 매도한 사실이 없음에도 매도한 것처럼 소유권이전등기신청을 하고 그에 따른 등기를 마쳐지도록 한 사안이다.

로 본죄가 성립하지 않는다는 입장은 대법원 1972. 3. 28. 선고 71도 2417 전원합의체 판결19)을 통하여 현재까지도 유지되고 있다.20)21)

(2) 통정허위표시에 따라 근저당권설정등기가 마쳐진 경우(이하 허위 근저당권 사안)

허위의 채무를 가장하고 이를 담보한다는 명목으로 허위의 근저 당권설정등기를 마친 경우, 본죄가 성립하지 않는다는 판례와 본죄가 성립한다는 판례가 상존한다.

① 본죄가 성립하지 않는다고 본 판례

대법원 2008. 3. 27. 선고 2007도10381 판결22)은, 피고인들은 공모 하여, 피고인 甲이 A로부터 1억 원을 차용한 사실이 없음에도, 피고인 甲 소유의 아파트에 관하여 A 앞으로 근저당권설정등기를 설정해 준 사안에서, "등기의무자와 등기권리자 사이의 등기신청에 관한 합의에 따라 등기가 된 이상, 그 등기가 원인 없이 경료된 무효의 등기로서 이를 피고인이 알고 있었다고 하더라도 특별한 사정이 없는 한 등기 부에 부실의 사실을 기재하였다고 볼 것은 아니다"라는 이유를 들어, 본죄를 구성하지 않는다고 본 원심을 수긍하였다.

그러나 위 사건의 원심이 인정한 사실관계에 따르면,23) 위 근저당

---

19) 대법원 1972. 3. 28. 선고 71도2417 전원합의체 판결은 본죄가 성립하지 않는 다고 판시하였을 뿐, 종전에 유죄로 본 판결을 변경 내지 폐기하지는 않았다.

20) 대법원 1969. 1. 28. 선고 68도1735 판결, 대법원 1970. 5. 12. 선고 70도643 판 결, 대법원 1970. 5. 26. 선고 69도826 판결, 대법원 1971. 3. 9. 선고 69도2345 판결, 대법원 1972. 3. 28. 선고 71도2417 판결, 대법원 1972. 10. 31. 선고 72도 1971 판결, 대법원 1991. 9. 24. 선고 91도1164 판결 등.

21) 한편 채무면탈의 목적으로 증여를 가장한 사안에 관한 판례로, 대법원 2009. 10. 15. 선고 2009도5780 판결, 대법원 2011. 7. 14. 선고 2010도1025 판결 등이 있는데, 위 사안에서도 당사자 간에 등기신청의 합의에 따라 이전등기가 마 쳐진 이상 부실기재로 볼 수 없어 본죄가 성립하지 않는다고 보았다.

22) 이 사건 제1심이 무죄 이유로 들고 있는 판례이다.

23) 원심은, 실체적 권리관계에 부합하는 유효한 등기인 경우 본죄는 성립하지 아니한다고 설시한 후, 이 사건 기록에 나타난 사실에 비추어 보면, 이 사건 근저당권설정등기가 무효라고 보기 어려워, 제1심이 무죄를 선고하는 것은 정당하다고 판시하였다.

권은 통정허위표시에 따른 것으로 무효라기보다는 오히려 실체관계 부합하여 유효한 등기로 보이는데, 대법원은 '가장매매 사안의 법리'에 따라 위 원심의 결론을 수긍한 것이다.

② 본죄가 성립한다고 본 판례

대법원 2008. 9. 11. 선고 2007도5386 판결(미간행)은, "실제로는 채권·채무관계가 존재하지 아니함에도 이를 존재하는 것처럼 가장하여 허위의 근저당권설정등기를 마친 경우에는 본죄가 성립한다."라고 법리를 설시한 후, 이 사건 근저당권은 등기당사자인 A, B 및 甲 주식회사 사이에 피담보채권이나 근저당권설정에 관한 물권적 합의 없이 이루어진 것으로 실체적 권리관계에 부합하지 않는 허위의 근저당권인 사실을 인정할 수 있다는 이유로 본죄를 유죄로 인정한 원심의 판단은 정당하다고 보았다.[24]

(3) 통정허위표시에 따라 허위채권 등에 관한 공정증서를 작성한 경우(이하 허위 공정증서 사안이라고 함)

공증인법 제2조 등의 규정에 비추어 보면, 공증인법에서 말하는 공정증서란 '공증인이 당사자 기타 관계인의 촉탁에 따라 법률행위나 그 밖에 사권(私權)에 관한 사실에 대하여 일정한 증명력을 부여하기 위하여 직무상 작성하는 문서'라고 정의할 수 있다.

판례는 "실제로는 채권·채무관계가 존재하지 아니함에도 공증인에게 허위신고를 하여 가장된 금전채권에 대하여 집행력이 있는 공정증서원본을 작성하고 이를 비치하게 한 것이라면 본죄의 죄책을 면할 수 없다."라고 하여, ① 피고인이 강제집행을 면할 목적으로 A와 공모하여, 실제로는 피고인이 A에게 아무런 채무를 부담하지 않고 있었음

---

24) 대법원 1969. 11. 11. 선고 69도1804 판결(검사가 상고이유로 들고 있는 판결임)도, 피고인 甲은 공동피고인 A와 공소외 B에 대하여 아무런 채무가 없음에도, 사기 피해자들에 대한 손해배상채무를 면탈할 목적으로 서로 공모하여 채무를 가장하고 피고인 소유의 대지와 건물에 대하여 허위의 근저당권설정등기를 하였다는 사실을 인정한 이상, 원심이 위와 같은 행위에 대하여 본죄로 규율하였음에 위법이 있다고 할 수 없다고 판시하였다.

에도, 공증담당 변호사에게 피고인이 A에게 채무를 부담하고 있었던 것처럼 허위신고를 하여, 위 변호사로 하여금 채무변제계약 공정증서를 작성하게 한 경우(대법원 2003. 7. 25. 선고 2002도638 판결)와 ② 甲 주식회사가 대표이사의 전처인 A에 대하여 차용금채무를 부담하는 것처럼 허위로 작성한 차용증을 공증 변호사에게 제출하여 위 변호사로 하여금 금전소비대차계약 공정증서를 작성하게 한 사안(대법원 2008. 12. 24. 선고 2008도7836 판결)에서 각 본죄의 성립을 인정하였다.

나아가 대법원 2012. 4. 26. 선고 2009도5786 판결은, "발행인과 수취인이 통모하여 진정한 어음채무의 부담이나 어음채권의 취득에 관한 의사 없이 단지 발행인의 채권자로부터 강제집행을 받는 것을 회피하기 위하여 형식적으로만 약속어음의 발행을 가장한 경우, 이러한 어음발행행위는 통정허위표시로서 무효이므로, 그와 같이 통정허위표시로서 무효인 어음발행행위를 공증인에게는 마치 진정한 어음발행행위가 있는 것처럼 허위로 신고함으로써 공증인으로 하여금 그 어음발행행위에 대하여 집행력 있는 어음공정증서원본을 작성케 하고 이를 비치하게 하였다면, 이러한 행위는 본죄에 해당한다(2007. 7. 12. 선고 2007도3005 판결)."라는 이유로, 이와 달리 '피고인들이 그들의 의사에 따라 실제로 위 약속어음을 작성하고 공증인이 피고인들의 촉탁에 따라 위 약속어음이 진정하게 발행·교부되었음을 확인한 이상, 약속어음 발행의 원인이 되는 채권이 존재하지 않았다고 하여, 위 공정증서가 증명하는 사항이 불실기재되었다고 볼 수는 없다고 보아 무죄로 본 원심 판결을 파기하였다.

(4) 가장혼인신고와 가장협의이혼신고의 경우

대법원 1996. 11. 22. 선고 96도2049 판결은, "당사자 사이에 비록 혼인의 신고 자체에 관하여 의사의 합치가 있어 일응 법률상의 부부라는 신분관계를 설정할 의사는 있었다고 인정되는 경우라도 그것이 단지 다른 목적을 달성하기 위한 방편에 불과한 것으로서 그들 간에 참다운 부부관계의 설정을 바라는 효과의사가 없을 때에는 그 혼인은 민법 제815조 제1호에 따라 그 효력이 없다고 해석하여야 하므로, 피고인들이 조선족 여자들과 참다운 부부관계를 설정할 의사 없이 단지 그들의 국내 취업을 위한 입국을 가능하게 할 목적으로 형식상 혼인하기로 한 것이라면, 피고인들의 혼인은 효력이 없고, 피고인들이 그 효력이 없는 혼인신고를 한 이상 본죄의 죄책을 면할 수 없다."라고 판시하여, 가장혼인신고의 경우 본죄의 성립을 긍정하였다.25)

반면 대법원 1976. 9. 14. 선고 76도107 판결은, "피고인들이 해외로 이주할 목적으로 이혼신고를 하였다 하더라도, 일시적이나마 이혼할 의사가 있었다고 보이므로 혼인과 이혼의 효력발생여부에 있어서 형식주의를 취하는 이상 피고인 등의 이혼신고는 유효하고, 따라서 본죄의 공소사실에 대하여 무죄로 판단한 원심은 정당하다."라고 하여, 가장협의이혼신고의 경우 본죄의 성립을 부정하였다.

위와 같이 가장혼인신고와 가장협의이혼신고의 경우 본죄의 성립 여부에 대하여 판례는 서로 다른 결론을 내리고 있어 일견 모순된 것으로 볼 수 있으나, '부실기재 여부'를 '신고에 대한 의사 합치'가 아닌 '혼인이나 협의이혼의 효력'에 따라 판단하고 있다는 점에서는 일관된 입장을 취하고 있다고 할 수 있다. 다시 말해, 가장혼인의 경우, 판례는 '실질의사설'에 따라 가장혼인을 '무효'로 보고 있으므로,26) 그 혼인신고는 허위신고 내지 불실기재에 해당한다는 것이고, 반면 가장협의이혼의 경우, 판례는 '형식의사설' 또는 '수정의사주의'에 입각하여 (가장)이혼을 '유효'라고 보고 있으므로,27) 그 이혼신고는 허위신고 내지

---

25) 같은 취지의 판결로 대법원 1985. 9. 10. 선고 85도1481 판결(미국 이주를 위한 목적으로 혼인신고를 한 경우).

26) 혼인의 실질적 요건인 '혼인의사'의 의미에 관하여, i) 신고에 의하여 법률상의 혼인관계를 형성하려는 의사로 이해하는 형식의사설과 ii) 사회관념상 부부라고 인정되는 정신적·육체적 결합을 생기게 할 의사로 파악하는 실질의사설이 대립하고 있다. 판례는 '실질적 의사설'을 취하고 있는데(대법원 1975. 5. 27. 선고 74므62 판결, 대법원 1980. 1. 29. 선고 79므62, 63 판결 등), 이러한 실질적 의사설에 따르면 가장혼인은 혼인의사가 결여되어 있어 무효이다.

불실기재에 해당하지 않는다는 것이다.

위와 같이 판례가 가장혼인과 가장협의이혼 사안에서 '불실기재' 여부를 '혼인 또는 협의이혼의 효력 유무'에 따라 판단하고 있는 태도는, 등기 신청에 관한 합의만 있으면 부실기재가 아니라고 본 가장매매 사안의 법리와는 배치되고, 오히려 외관상 존재하는 사실이더라도 무효인 경우 부실기재로 본다는 제1법리와 궤를 같이 하는 것이라고 할 수 있다.

(5) 앞서 본 각 사안에 관한 판례의 태도 정리

앞서 본 통정허위표시 사안에 관하여 판례의 태도를 정리하면 아래와 같다.

통정허위표시 사안		본죄성립	판결 이유	비고
재산법	가장매매	×	당사자 간에 이전등기를 경료시킬 의사(등기신청에 관한 합의)는 있었음	외관 중시
	허위 근저당권		본죄가 성립한다는 판례와 성립하지 않는다는 판례가 있음	이 사건
	허위 공정증서	○	실제로는 채권·채무가 없음에도 허위채권 등에 대하여 공정증서를 작성케 한 것이라면, 본죄를 구성함	효력 중시
신분법	가장혼인	○	혼인으로서 효력이 없어 본죄가 성립함	효력 중시
	가장이혼	×	이혼으로서 효력이 있어 본죄가 성립하지 아니함	

---

27) 협의이혼이 성립하기 위해서는 당사자 사이에 이혼의사의 합치가 있어야 하는데, '이혼의사'의 의미에 관하여, 형식의사설과 '실체의사설' 및 '수정의사주의'의 세 가지 견해가 있다. 판례는 '실체의사설'에 입각하여 가장이혼을 무효라고 보아오다가, 견해를 바꾸어 '형식의사설'(대법원 1993. 6. 11. 선고 93므171 판결) 내지 수정의사주의(대법원 1997. 1. 24. 선고 95도448 판결)에 따라 가장이혼의 효력을 인정해 오고 있다.

Ⅳ. 통정허위표시와 공정증서원본 등의 부실기재죄의 성부

1. 견해 대립의 상정

(1) 개 요

앞서 본 바와 같이 판례는 '가장매매 사안'과 '나머지 사안'에서 판단 기준을 달리 하여 본죄의 성립 여부에 대하여 다른 결론을 내리고 있다. 특히 이 사건과 같은 허위 근저당권 사안에서는 결론이 서로 다른 판결이 있다.

위와 같은 판례를 통일적으로 설명하기란 쉽지 아니하고 오히려 적어도 재산법상 통정허위표시 사안은 그 구조나 법률적 효과가 동일하다는 점에서 같은 결론을 내리는 것이 논리적으로 일관되어 보인다.

아래에서 먼저 재산법상 통정허위표시에´기하여 등기부나 공정증서가 작성된 경우 본죄의 성립 여부에 대한 견해 대립을 상정해 본 다음, 이 사건 대상판결에 대해서 살펴본다.

(2) 상정 가능한 견해

가. 무죄설

통정허위표시에 기하여 등기부나 공정증서가 작성된 경우, 비록 그에 따른 권리변동이나 채권·채무관계가 발생하지 않는다고 하더라도, 당사자 간에 등기 신청이나 공정증서 작성에 관한 합의는 있었던 것이므로, 위 등기부나 공정증서의 기재를 '부실기재'라고 할 수 없어 본죄가 성립하지 않는다는 견해이다. 그 구체적인 논거는 다음과 같다.

첫째, 제1법리에 따라 '등기나 공정증서에 기재된 사항이 외관상 존재하더라도 무효인 경우에는 부실기재에 해당한다.'라고 보더라도, 재산법상 통정허위표시는 선의의 제3자에 대하여 유효한 행위로 취급되므로 부실기재로 볼 수 없다. 등기나 공정정서의 내용을 신뢰한 제3자는 민법 제108조 제2항에 따라 재산상 피해를 입을 우려가 없기 때문에, 통정허위표시에 따라 등기나 공정증서가 작성되더라도 거래안

전이나 공문서에 대한 공공의 신뢰를 해할 위험이 없어 본죄의 성립
을 부정함이 타당하다.

둘째, 사적자치 내지 계약자유의 원칙을 존중해 줄 필요가 있다.
당사자 간의 의사합치에 따라 등기부나 공정증서가 작성된 경우까지
본죄로 처벌하게 된다면, 이는 국가 형벌권을 부당하게 확대하는 것일
뿐만 아니라, 사인(私人)에게 지나치게 엄격하고 정확한 신고의무를 부
과하게 된다. 당사자 사이에 외관에 대한 의사합치가 있는 이상 사적
자치 내지 계약자유의 원칙에 따라 그러한 합의를 존중해 줄 필요가
있다.

셋째, 가벌성 있는 행위는 사기죄나 강제집행면탈죄 등으로 처벌
할 수 있으므로, 무죄설을 취하더라도 처벌의 공백을 우려할 필요는
없다. 통정허위표시에 따라 등기부나 공정증서를 작성한 행위 중에
가벌성 있는 행위, 예를 들어 강제집행면탈을 위하여 허위로 근저당
권을 설정하거나 공정증서를 작성하는 경우, 사기죄나 강제집행면탈
죄 등으로 처벌하면 충분하고, 굳이 본죄로 처벌할 필요는 없다. 오히
려 유죄설에 따르면, 단순히 제3자에게 보여주기 위하여 외관을 만든
경우와 같이 가벌성이 없는 행위까지 본죄로 처벌하게 되어 국가형벌
권이 지나치게 확장된다는 문제가 발생한다.

넷째, 무죄설은 제1법리에 정면으로 배치될 뿐만 아니라 가장혼인
신고에 대하여 본죄를 인정하는 판례를 제대로 설명하기 어려운 문제
가 발생한다는 비판이 있을 수 있으나, ① 제1법리는 '절대적 무효'인
경우에 적용되는 것일 뿐 통정허위표시와 같이 '상대적 무효'인 경우
에는 적용되지 않는다고 보면, 논리적으로 모순되지 않고, ② 신분법
상의 통정허위표시는 '절대적 무효'이므로 가장혼인신고가 본죄를 구
성한다고 하여 재산법상의 통정허위표시까지 본죄가 성립한다고 볼
것은 아니라는 반론이 가능하다.

나. 유죄설

통정허위표시에 기하여 등기부나 공정증서를 작성한 경우, 당사

자 간에 등기 신청이나 공정증서 작성에 관한 합의가 있었다고 하더라도, 통정허위표시는 무효로서 그에 따른 권리변동이나 채권·채무관계가 발생하지 않으므로, 등기부나 공정증서의 기재를 '부실 기재'로 볼 수밖에 없어 본죄가 성립한다는 견해이다. 그 구체적인 논거는 다음과 같다.

첫째, 통정허위표시의 경우 그에 해당하는 실질적인 의사표시는 존재하지 않는 것이므로, 통정허위표시에 따라 작성된 등기나 공정증서의 내용은 객관적 진실에 반하는 '부실기재'라고 보아야 한다. 예를 들어 '가장매매'는 매매계약서 등과 같은 외관만 있을 뿐 매매계약이 실질적으로 체결된 것이 아니므로, 당사자 사이에 매매가 이루어진 것처럼 이전등기를 마친 것이라면, 이는 객관적으로 존재하지 않은 사실(매매)을 존재하는 것처럼 신고한 것이라서, 허위신고 내지 부실기재로 볼 수밖에 없다.

둘째, 본죄의 '불실기재'와 관련하여 문제되는 것은 '단순한 사실'이 아닌 '권리·의무와 관련된 사실'이므로, 원인된 법률행위가 외관상 존재한다고 하더라도 '무효'라면 부실기재로 보아야 한다. 판례가 제2 법리, 즉 "등기원인이 실제와 다르다고 하더라도 그 등기가 실체관계에 부합하는 유효한 등기인 경우, 본죄가 성립하지 않는다."고 보는 것도 같은 취지라고 볼 수 있다. 따라서 무효인 통정허위표시를 마치 유효한 법률행위인 것처럼 가장하여 등기부나 공정증서에 기재케 한 것이라면, 설령 외관이 존재한다고 하더라도, 이를 부실기재라고 하지 않을 수 없다.

셋째, 통정허위표시에 기하여 공정증서를 작성하는 행위는 공문서에 대한 공공의 신용을 해치는 행위로서 가벌성이 충분하다. 강제집행면탈을 목적으로 단순히 허위의 매매계약서만을 작성한 것이라면 가벌성이 없다고 할 수 있으나, 그 매매계약서를 제출하여 허위의 등기를 마친 것이라면, 이는 등기부에 대한 일반의 신뢰를 해치는 행위로서 가벌성은 충분히 인정된다. 사적 자치가 인정된다고 하여, 무효

인 법률행위를 마치 유효한 것처럼 신고하여 공정증서에 부실한 사실
을 기재하는 것까지 허용되는 것은 아니다.

다. 구분설

부실기재 여부를 해당 공문서 작성자의 심사권한과 연계하여 판
단하자는 입장으로, 이 견해에 따르면 '등기부 사안'은 무죄로, '공정증
서 사안'은 유죄로 보게 된다.

등기관은 등기절차의 적법성만을 심사할 수 있을 뿐 등기원인의
유·무효를 심사할 수 있는 것이 아니어서,[28] 등기신청인이 매매나 근
저당권설정계약이 있는 것처럼 가장하여 등기를 마치더라도 부실기재
라고 할 수 없으나, 공증인은 공증인법 제25조[29])에 따라 공정증서의
내용이 되는 법률행위의 유·무효를 심사할 수 있으므로, 촉탁인이 채
권·채무가 있는 것처럼 가장하여 공정증서를 작성케 한 것이라면, 그
공정증서의 기재는 부실기재로 볼 수 있다는 점을 논거로 한다.

라. 사실 기준설

본죄에서 말하는 '부실기재'란 객관적인 진실에 반하여 존재하지
아니하는 사실을 존재하는 것으로 하거나, 존재하는 사실을 존재하지
아니한 것으로 기재하는 것을 말하므로, 등기부나 공정증서에 기재된
사항이 객관적으로 존재하기만 한다면 그 사법상의 효력 여부와 관계
없이 '부실기재'로 볼 수 없다는 견해이다.

이 견해에 따르면, 통정허위표시 사안은 당사자 간에 원인행위에
대한 의사합치는 있었던 것이므로 그 원인행위가 법률상 무효라고 하
더라도 '부실기재'로 볼 수 없어 본죄가 성립하지 않는다.

사실 기준설과 앞서 본 무죄설은 통정허위표시 사안의 경우 본죄

28) 대법원 2010. 3. 18.자 2006마571 전원합의체 판결은 "등기관은 등기신청에 대
    하여 실체법상 권리관계와 일치하는 여부를 심사할 실질적 심사권한은 없고,
    오직 신청서와 그 첨부서류 및 등기부에 의하여 등기요건에 합당한지를 심
    사할 형식적 심사권한밖에 없다."고 판시하였다.
29) 공증인법 제25조: 공증인은 다음 각 호의 어느 하나에 관하여는 증서를 작성
    할 수 없다. 1. 법령을 위반한 사항, 2. 무효인 법률행위, 3. 무능력으로 인하
    여 취소할 수 있는 법률행위

가 성립하지 않는다는 데 결론을 같이 하지만, 사실 기준설은 제1, 2
법리 자체를 부정하는 반면 무죄설은 제1, 2법리를 유지하면서 다만
통정허위표시 사안은 선의의 제3자 보호 규정이 있다는 점 등을 근거
로 예외로 보아야 한다는 입장이라는 점에서 양자는 차이가 있다.

(3) 검 토

가. 유죄설이 상대적으로 타당함

① 무죄설은 선의의 제3자 보호 규정이 있다는 점을 이유로 통정
허위표시 사안은 제1, 2법리의 예외로 두자는 입장으로, 국가 형벌권
의 개입을 최소화 할 수 있다는 장점이 있기는 하다.

그러나 선의의 제3자 보호규정은 통정허위표시를 한 당사자는 금반
언의 원칙상 선의의 제3자에게 이를 주장할 수 없다는 것으로,[30) 이는
오히려 '부실기재'를 전제로 한 것이라는 점에서 무죄설의 위 논거는 타
당하지 않다. 법률이 '선의의 제3자'를 보호해 주고 있다고 하여, '부실기
재'된 것을 '부실기재'가 아니라고 하는 것은 선후가 바뀐 것이다.

또한 무죄설의 논리에 따르면, 상법 제39조[31)에 따라 선의의 3자
가 보호되는 부실등기의 경우에도 본죄의 성립을 부정할 수밖에 없어,
처벌의 범위가 부당하게 축소될 수 있다는 문제점도 있다.

② 다음 구분설에 대해서 보면, 가장매매와 허위 공정증서 사안에
대한 기존 판례의 결론을 설명할 수 있다는 장점이 있지만, 본죄의 보
호법익은 '공문서에 대한 공공의 신용'이라는 점에서 부실기재는 공문
서의 내용이 진실에 반하는지에 따라 판단해야 옳지, 공무원의 심사권
한이 침해되었는지를 기준으로 판단할 것은 아니라는 비판이 가능하다.

사실 기준설도, 종전의 제1, 2법리에 따라 판단한 다수의 판례를
변경해야 하는 문제가 발생할 뿐만 아니라, 본죄에서 말하는 '공정증

---

30) 다수설은 민법 제108조 제2항은 선의의 제3자를 보호하기 위한 규정으로서,
선의의 제3자가 허위표시임을 증명하여 그 무효를 주장할 수도 있다고 보고
있다.
31) 상법 제39조(부실의 등기) 고의 또는 과실로 인하여 사실과 相違한 사항을 등
기한 자는 그 상위를 선의의 제3자에게 대항하지 못한다.

서'는 권리의무에 관한 사실을 증명하는 공문서만을 의미하므로 '사법
적 효력'과 무관하게 객관적인 사실의 존재만을 놓고 부실기재인지를
판단하는 것은 타당하지 않다는 문제가 있다.

③ 제1, 2법리에 부합할 뿐만 아니라 신분법상의 통정허위표시에
관한 판례 등을 논리적으로 일관되게 설명할 수 있다는 점에서 유죄
설이 타당하다고 본다.

본죄의 허위신고'나 '부실기재' 여부는 단순히 등기부나 공정증서
에 기재된 사항의 존부뿐만 아니라 그 사법적 효력까지 고려하여 판
단하여야 한다는 제1, 2법리는 판례가 계속하여 일관되게 선언해 온
법리로서, 그에 따르면 비단 재산법상의 통정허위표시에 관한 사안뿐
만 아니라 신분법상의 통정허위표시 사안에서 판례가 취하고 있는 대
부분의 결론을 설명할 수 있게 된다.

다만 가장매매 사안(일부 허위 근저당권 사안)에서 당사자 간 등기
신청에 관한 의사합치가 있는 이상 부실기재로 볼 수 없다는 판례는
제1, 2법리에서 벗어나 있는데, 이는 유죄설에 따라 변경되어야 한다
고 본다.

그 구체적인 이유는 다음과 같다. 종래 판례가 가장매매 사안에서
본죄의 성립을 부정해 온 것은 대법원이 명의신탁을 유효하다고 인정
해 온 것과 관련이 있어 보인다. 즉 가장매매와 명의신탁은 실무상 그
구별이 불가능한데, 만일 가장매매를 부실기재로 본다면, 이는 사실상
명의신탁을 부정하는 결과가 되기 때문에, 대법원이 '가장매매 사안'에
서 부실기재가 아니라고 하여 본죄의 성립을 부정해 온 것이 아닌가
생각된다. 그러나 부동산 실권리자명의 등기에 관한 법률의 시행(1995.
7. 1.)으로 명의신탁은 더 이상 유효하다고 볼 수 없으므로[32] 가장매매
의 경우에도 부실기재가 아니라고 보아 온 판례 역시 계속 유지될 필

[32] 부동산실명법은 제4조 제1항에서 명의신탁약정은 무효로 한다고 규정하면서,
제8조에서 조세 포탈, 강제집행의 면탈 또는 법령상 제한의 회피를 목적으로
하지 아니한 경우로서 종중이 종중 외의 자의 명의로 등기한 경우나 배우자
명의로 등기한 경우 등에는 위 조항을 적용하지 아니한다고 규정하고 있다.

요는 없는 것이다. 가장매매 사안에서만 유독 '등기신청에 관한 합의'
가 있었다는 이유로 본죄의 성립을 부정하면서, 다른 통정허위표시 사
안에서는 본죄의 성립을 긍정하는 것은 이해하기 힘들다.

나. 유죄설에 대하여 가능한 비판과 이에 대한 재반론

① 먼저, 유죄설을 취할 경우 가장매매 사안의 판례를 변경해서
유죄로 처벌해야 하는데, 이는 확립된 판례를 수범자에게 불리하게 변
경하여 소급적용하는 것으로, 수범자의 법적 신뢰나 안정성을 해쳐 결
국 죄형법정주의에 반하는 것이 아닌가 하는 문제가 발생한다.

이러한 비판에 대하여는, i) 행위 당시의 판례에 의하여 처벌대상
이 되지 아니하는 것으로 해석되었던 행위를 판례의 변경에 따라 확
인된 내용의 형법 조항에 근거하여 처벌한다고 하여, 그것이 헌법상
평등의 원칙과 형벌 불소급의 원칙에 반한다고 할 수 없고(대법원
1999. 9. 17. 선고 97도3349 판결 등), ii) 신분증명서의 제시를 요구받고
다른 사람의 운전면허증을 제시한 경우, 공문서부정행사죄에 해당하
지 않는다는 종전 판례를 변경한 대법원 2001. 4. 19. 선고 2000도1985
전원합의체 판결과 같이 범죄 불성립에서 범죄 성립으로 판례를 변경
한 사례33)가 적지 않다는 등의 반론이 가능하다.

② 다음 유죄설에 따르면 반사회적 내지 불공정한 법률행위 또는
명의신탁약정에 따라 등기를 마친 경우에도, 원인행위가 무효이기 때
문에 모두 본죄가 성립한다고 보아야 하는데, 이는 처벌범위를 지나치
게 확장하는 결과를 초래한다는 비판이 있을 수 있다.

그러나 이와 같은 비판에 대해서도, i) 원인행위가 무효인 경우

---

33) ① 증언거부권이 있는 자가 형사소추를 모면하기 위하여 자신에게 불이익한
사항에 관하여 허위증언을 한 경우 위증죄가 성립하지 않는다고 한 종전 판
결을 폐기하면서 그와 같은 경우에는 위증죄가 성립한다고 판시한 대법원
1987. 7. 7. 선고 86도1724 전원합의체 판결, ② 문서 명의인이 허무인이거나
또는 문서의 작성일자 전에 이미 사망한 경우 사문서위조죄가 성립하지 않
는다는 한 종전 판결을 변경하면서 그와 같은 경우 사문서위조죄가 성립한
다고 판시한 대법원 2005. 2. 24. 선고 2002도18 전원합의체 판결 등이 여기에
해당한다.

'부실기재'에 해당한다는 것이 판례의 기본적인 태도이므로, 원인행위가 반사회적 내지 불공정한 법률행위로 무효라면 역시 '불실 기재'로 보는 것이 논리적으로 일관되고, ii) 원인행위가 반사회적 내지 불공정한 법률행위로서 무효라는 점을 잘 알면서 그 등기를 강행한 것이라면, 이는 '무효인 등기'를 만들어 등기부에 대한 공공의 신용을 해치는 것으로 가벌성도 충분히 인정할 수 있으며,34) iii) 어떤 행위가 반사회적 내지 불공정한 법률행위로서 무효인지는 재판에서 확정되기 전까지 불분명한 경우가 많고, 그 경우 피고인은 허위신고나 부실기재에 대한 인식이 없었다고 보아 무죄로 판단할 수 있는 것이므로, 유죄설을 취한다고 하여 반드시 처벌이 확장되는 것은 아니라는 반론이 가능하다.

V. 맺으며

대상판결은 허위 근저당권 사안에 관한 것이다. 앞서 본 제1, 2법리와 유죄설에 따르면, 허위의 채무를 가장하고 이를 담보한다는 명목으로 허위의 근저당권설정등기를 마친 경우는 '부실기재'에 해당하므로, 대상판결이 본죄가 성립한다고 본 것은 타당하다. 특히 통정허위표시로 허위 근저당권을 설정한 경우 유죄와 무죄로 본 선례가 각각 있는 상황에서 대상판결은 유죄로 확인해 주었다는 점에서 의미 있는 판결이라고 생각한다.

다만 대상판결이 가장매매 사안의 판례 법리에 대하여 아무런 언급이 없었던 것은 아쉬움으로 남는다. 허위 근저당권 사안도 당사자 간에는 등기신청에 관한 합의는 있었던 것이므로 위 가장매매 사안의 법리를 적용하면 허위 근저당권 사안에도 본죄가 성립하지 않는다고

---

34) 예를 들어, 제2매수인이 매도인의 이중매매에 적극 가담하여 등기를 마친 경우, 그 원인행위는 반사회적 법률행위로서 무효인데, 그 경우 매도인과 제2매수인은 부실의 등기를 만들었다는 이유로 본죄로 처벌하는 것이 불가능한 것은 아니다.

볼 여지가 있기 때문이다.

사견으로는 가장매매 사안에서 본죄 성립을 부정한 종전의 판례는 부동산 실권리자명의 등기에 관한 법률이 시행되기 이전에 확립된 것으로, 현재 명의신탁등기를 금지하는 법제가 도입된 상황에서는, 종전에 형성된 판례를 유지할 필요가 없을 뿐만 아니라, 부동산실명제를 사회적으로 관철하고, 등기부에 대한 공공의 신뢰도 확립할 필요가 있다는 점에서 변경되어야 한다고 본다.

[주 제 어]
통정허위표시, 공정증서원본부실기재죄

[Key words]
Fictitious Declaration of Intention in Collusion, crime of the false entries in an authentic deed

접수일자: 2018. 5. 11. 심사일자: 2018. 5. 29. 게재확정일자: 2018. 6. 5.

[참고문헌]

대코멘타르 형법(제3판), 제8권, 청림서원, 2014.

곽동효, "소위 견금의 방법으로 주금을 가장납입하고 증자등기한 경우 공정
　　증서원본부실기재죄의 성립여부", 대법원 판례해설 제7호.

원유석, "공정증서원본불실기재죄에 대한 실무적 재검토", 고현철 대법관
　　퇴임기념 논문집, 형사재판의 제문제(제6권), 형사실무연구회(2009).

박동률, "공정증서원본불실기재죄에서의 불실", 비교형사법연구 제8권 제1
　　호(2006. 7.).

[Abstract]

Fictitious Declaration of Intention in Collusion and the Crime of False Entry in Officially Authenticated Original Deed

Ko, Je-Sung*

In the case of Fictitious Declaration of Intention in Collusion, an formal agreement between the parties was made, which is why the record related to these contents being filled out at the register may not be seen as a false entry and not be considered as having committed a crime in false entry in officially authenticated original deed.

However, what matter in false entry in officially authenticated original deed are not the actual facts but "facts on rights and duties". Thus, it is right to judge false entry not only on the existence of the legal acts or the literal meaning of the authentic deed they caused but also on the legal effectiveness.

Therefore, making government official to fill out an authentic deed by affecting as if the fictitious declaration of Intention in Collusion is an effective legal action, which is not, can not be but called an false entry, regardless of existence of appearance. Admitting private autonomy doesn't mean allowing declaring ineffective legal action as if it had legal force and recoring fake facts on the authentic deed.

* Presiding Judge, Sokcho Branch Court.

전자적 저장매체를 이용한 공소제기 가능성

조 지 은*

[사건의 개요]

I. 대상판결(대법원 2016. 12. 15. 선고 2015도3682 판결) 사건의 개요

1. 공소사실의 요지

이 사건 공소사실의 요지는, "피고인 1과 피고인 2는 2010. 6. 23.경부터 2011. 6. 16.경까지 공소장 별지 범죄일람표 1 기재와 같이 피고인 4와 공모하여 총 32,065건의 영화나 드라마 등을, 공소장 별지 범죄일람표 2, 3 기재와 같이 공소외인 등과 공모하여 438,024건과 179,458건의 영화나 드라마 등을 웹하드 사이트에 업로드하고 다른 회원들로 하여금 이를 다운로드받도록 하여 저작권자들의 저작재산권을 침해하고, 피고인 3 주식회사(이하 '피고인 회사'라 한다)는 그 대표이사인 피고인 2 등이 피고인 회사의 업무에 관하여 위와 같이 각 저작권자들의 저작재산권을 침해하였다."는 것이다.

2. 재판의 경과

(1) 검사는 이 사건에 대하여 공소를 제기하면서 공소장의 본문

---

* 법무연수원 용인분원 검사.

및 별지로 첨부된 범죄일람표 1, 2, 3에는 전체 업로드 건 중 일부에 대해서만 업로드한 파일의 제목과 크기, 업로드 일시, 업로더의 아이디 등을 기재하였고, 나머지 업로드 건에 대해서는 그와 같은 구체적인 내용을 기재하지 않았다.

　(2) 다만 위 각 범죄일람표 하단에 '종이문서로 출력할 경우 그 분량이 방대한 관계로 CD로 제출한다'는 취지를 기재하였고, 검사가 공소장에 첨부한 CD에는 전체 업로드 건을 대상으로 각 업로드한 파일의 제목과 크기, 업로드 일시, 업로더의 아이디 등이 기재되어 있는 엑셀파일이 저장되어 있었다.

　(3) 검사는 항소심에서 범죄일람표 2, 3의 업로드 건 중 일부를 삭제하고 그 중 일부를 범죄일람표 1의 업로드 건으로 추가하는 내용의 공소장변경허가신청서를 제출하면서, 범죄일람표 1로 추가되는 업로드 건에 대하여는 업로드한 파일의 제목과 크기, 업로드 일시, 업로더 아이디 등을 기재한 추가 일람표를 첨부하는 한편, 변경된 전체 업로드 건을 대상으로 각 업로드한 파일의 제목과 크기, 업로드 일시, 업로더의 아이디 등을 기재한 엑셀파일이 저장되어 있는 CD를 제출하였고, 원심 제7회 공판기일에서 그와 같은 내용으로 공소장변경이 이루어졌다.

3. 피고인들의 주장 요지

　피고인들은 "형사소송법 제254조 제1항에 의하여 공소제기는 서면에 의하여야 하는데, 검사는 이 사건 공소를 제기하면서 별지 범죄일람표 1, 2, 3을 종이문서로 출력할 경우 그 분량이 방대하다는 이유로 CD로 첨부하였고, 원심에서 공소장 변경 신청을 하면서 이 또한 CD에 의하였는바, 이는 공소제기의 방식에 위반된 것으로 무효이다."라고 주장하였다.

Ⅱ. 원심[1] 및 대상판결의 요지

1. 원심판결의 요지

원심은 피고인들의 공소제기 방식 위반 주장에 대하여,

"정보화 사회로의 전환이 가속화됨에 따라 현대 사회생활의 상당부분이 디지털 시스템에 의존하여 많은 편리를 가져왔고, 특허재판에 이어 민사재판에서도 전자문서 사용이 가능하게 되었으며, 형사소송규칙은 제134조의 7[2]에서 컴퓨터용디스크 그 밖에 이와 비슷한 정보저장매체에 기억된 문자정보를 일정한 증거조사방법을 거쳐 증거로 할수 있도록 규정하고 있다. 또한 형사소송규칙 제29조[3]는 조서에 서면, 사진 기타 법원이 적당하다고 인정한 것을 인용하고 소송기록에 첨부하여 이를 조서의 일부로 할 수 있다고 규정하고 있는바, 이는 조문의체계상 공무원의 서류에 관한 형사소송법 제57조, 서면주의를 취하고있는 공소장에 관한 제254조에도 유추 적용할 수 있다고 판단된다.

피고인 1, 피고인 2, 피고인 3 주식회사가 저작자들의 저작재산권을 침해하였다는 것으로 범행횟수가 범죄일람표 1, 2, 3 합계 617,481

---

1) 대전지방법원 2015. 2. 11. 선고 2013노525 판결.
2) 제134조의7(컴퓨터용디스크 등에 기억된 문자정보 등에 대한 증거조사) ① 컴퓨터용디스크 그 밖에 이와 비슷한 정보저장매체(다음부터 이 조문 안에서이 모두를 "컴퓨터디스크 등"이라 한다)에 기억된 문자정보를 증거자료로 하는 경우에는 읽을 수 있도록 출력하여 인증한 등본을 낼 수 있다. ② 컴퓨터디스크 등에 기억된 문자정보를 증거로 하는 경우에 증거조사를 신청한 당사자는 법원이 명하거나 상대방이 요구한 때에는 컴퓨터디스크 등에 입력한사람과 입력한 일시, 출력한 사람과 출력한 일시를 밝혀야 한다. ③ 컴퓨터디스크 등에 기억된 정보가 도면·사진 등에 관한 것인 때에는 제1항과 제2항의 규정을 준용한다.
3) 제29조(조서에의 인용) ① 조서에는 서면, 사진, 속기록, 녹음물, 영상녹화물, 녹취서 등 법원이 적당하다고 인정한 것을 인용하고 소송기록에 첨부하거나전자적 형태로 보관하여 조서의 일부로 할 수 있다. ② 제1항에 따라 속기록, 녹음물, 영상녹화물, 녹취서를 조서의 일부로 한 경우라도 재판장은 법원사무관 등으로 하여금 피고인, 증인, 그 밖의 소송관계인의 진술 중 중요한 사항을 요약하여 조서의 일부로 기재하게 할 수 있다.

회이고, 범행일시, 침해한 저작재산권도 달라 이를 문서로 출력할 경우 수만 페이지4)에 달하므로, 피고인의 방어권 보장이나 심판 범위 확정에 지장이 없다고 인정되는 한도에서 공소사실의 일부로 CD 제출을 허용하고, 공판기일에서 CD에 대한 증거조사에 준하는 방법으로 열람하면 족하다고 보이므로, 검사가 공소사실 특정을 위하여 범죄일람 CD를 제출하는 것은 허용된다고 할 것이다.

이 사건의 경우 서면으로 제출된 공소장의 공소사실에 범행일시가 2010. 6. 23.경부터 2011. 6. 16.경까지로 특정되어 있으며, 침해된 저작재산권의 총 횟수가 기재되어 있는 점, 범죄일람표 1, 2, 3 각각에 대하여 일부가 문서로 출력되어 별지로 첨부되었고, 범죄일람표 1, 2, 3 각 하단에 '종이문서로 출력할 경우 방대한 분량인 관계로 CD로 첨부함'이라고 기재되어 있는 점, 1심 및 당심에서 피고인들은 CD가 첨부된 공소장 부본 및 공소장변경신청허가에 따른 CD를 교부받은 점 등을 종합하면, 공소제기 및 공소장변경 신청에 있어 범죄일람표가 CD로 제출된 사정만으로 피고인들의 방어권 보장이나 심판 범위 확정에 지장이 있다고 보이지 아니하므로, 범죄일람표가 CD로 제출되어 이 사건 공소제기가 부적법하다는 피고인들의 위 주장은 이유 없다."고 판단하였다.

2. 대상판결의 요지

이에 대해서 대법원은,

"형사소송법이 공소제기에 관하여 서면주의와 엄격한 요식행위를 채용한 것은 앞으로 진행될 심판의 대상을 서면에 명확하게 기재하여 둠으로써 법원의 심판 대상을 명백하게 하고 피고인의 방어권을 충분히 보장하기 위한 것이므로, 서면인 공소장의 제출은 공소제기라는 소

---

4) 범죄일람표 한 페이지에 100회의 범죄사실이 기재된다고 할 경우, 범죄일람표는 총 6,100장에 달하고 보통 약 500페이지 분량을 한 기록으로 조제하므로 범죄일람표만 12권의 기록으로 된다는 결론이 나온다. 이를 피고인 수대로 부본까지 만들어야 한다.

송행위가 성립하기 위한 본질적 요소라고 보아야 한다. 또한 이와 같은 절차법이 정한 절차에 따라 재판을 받을 권리는 헌법 제27조 제1항이 규정하는 '법률에 의한 재판을 받을 권리'에 해당한다. 따라서 서면인 공소장의 제출 없이 공소를 제기한 경우에는 이를 허용하는 특별한 규정이 없는 한 공소제기에 요구되는 소송법상의 정형을 갖추었다고 할 수 없어 소송행위로서의 공소제기가 성립되었다고 볼 수 없다.

검사가 공소사실의 일부가 되는 범죄일람표를 컴퓨터 프로그램을 통하여 열어보거나 출력할 수 있는 전자적 형태의 문서로 작성한 후, 종이문서로 출력하여 제출하지 아니하고 전자적 형태의 문서가 저장된 저장매체 자체를 서면인 공소장에 첨부하여 제출한 경우에는, 서면인 공소장에 기재된 부분에 한하여 공소가 제기된 것으로 볼 수 있을 뿐이고, 저장매체에 저장된 전자적 형태의 문서 부분까지 공소가 제기된 것이라고 할 수는 없다. 이러한 형태의 공소제기를 허용하는 별도의 규정이 없을 뿐만 아니라, 저장매체나 전자적 형태의 문서를 공소장의 일부로서의 '서면'으로 볼 수도 없기 때문이다. 이는 전자적 형태의 문서의 양이 방대하여 그와 같은 방식의 공소제기를 허용해야 할 현실적인 필요가 있다거나 피고인과 변호인이 이의를 제기하지 않고 변론에 응하였다고 하여 달리 볼 것도 아니다.

그리고 형사소송규칙 제142조[5]에 따르면 검사가 공소장을 변경하고자 하는 때에는 그 취지를 기재한 서면인 공소장변경허가신청서를

---

5) 제142조(공소장의 변경) ① 검사가 법 제298조 제1항에 따라 공소장에 기재한 공소사실 또는 적용법조의 추가, 철회 또는 변경(이하 "공소장의 변경"이라 한다)을 하고자 하는 때에는 그 취지를 기재한 공소장변경허가신청서를 법원에 제출하여야 한다. ② 제1항의 공소장변경허가신청서에는 피고인의 수에 상응한 부본을 첨부하여야 한다. ③ 법원은 제2항의 부본을 피고인 또는 변호인에게 즉시 송달하여야 한다. ④ 공소장의 변경이 허가된 때에는 검사는 공판기일에 제1항의 공소장변경허가신청서에 의하여 변경된 공소사실·죄명 및 적용법조를 낭독하여야 한다. 다만, 재판장은 필요하다고 인정하는 때에는 공소장변경의 요지를 진술하게 할 수 있다. ⑤ 법원은 제1항의 규정에도 불구하고 피고인이 재정하는 공판정에서는 피고인에게 이익이 되거나 피고인이 동의하는 경우 구술에 의한 공소장변경을 허가할 수 있다.

법원에 제출함이 원칙이고, 피고인이 재정하는 공판정에서 피고인에게 이익이 되거나 피고인이 동의하는 예외적인 경우에 구술에 의한 신청이 허용될 뿐이므로, 앞서 본 법리는 검사가 공소장변경허가신청서에 의한 공소장변경허가를 구하면서 변경하려는 공소사실을 전자적 형태의 문서로 작성하여 그 문서가 저장된 저장매체를 첨부한 경우에도 마찬가지로 적용된다.

나아가 검사가 위와 같은 방식으로 공소를 제기하거나 공소장변경허가신청서를 제출한 경우, 법원은 저장매체에 저장된 전자적 형태의 문서 부분을 고려함이 없이 서면인 공소장이나 공소장변경신청서에 기재된 부분만을 가지고 공소사실 특정 여부를 판단하여야 한다. 만일 공소사실이 특정되지 아니한 부분이 있다면, 검사에게 석명을 구하여 특정을 요구하여야 하고, 그럼에도 검사가 이를 특정하지 않는다면 그 부분에 대해서는 공소를 기각할 수밖에 없다."고 판단하여 원심판결을 파기·환송하였다.6)

[연 구]

Ⅰ. 문제의 제기

1. 공소제기 방식의 위배 여부

공소장에 첨부된 범죄일람표를 서면이 아닌 CD에 저장하여 공소를 제기하거나 공소장을 변경하는 것이 공소제기 및 공소장변경 절차에 관한 규정을 위반한 것은 아닌지 문제된다.

---

6) 유사한 판례 3건 더 있음(대법원 2016. 12. 29. 선고 2016도11138 판결, 대법원 2017. 2. 15. 선고 2016도19027 판결, 대법원 2017. 4. 7. 선고 2016도13263 판결), 이 중 2017. 4. 7. 선고 2016도13263 판결은 홈플러스 경품응모와 관련된 사건에 관한 것인데, 이 사건의 경우 범죄일람표 순번이 2,300만 번에 달하여 범죄일람표만 23만 장(기록으로 조제할 경우 460권 상당)이다.

2. 공소사실의 특정 여부

CD 방식으로 공소제기 및 공소장변경을 하는 경우에 공소사실이 특정되지 않아 이로 인해서 법원의 심판범위가 특정되지 않는 것은 아닌지, 피고인의 방어권이 침해되는 것은 아닌지가 문제된다.

Ⅱ. 공소제기 및 공소장변경의 방식

1. 일반론

가. 공소제기

공소제기는 검사가 법원에 대하여 특정한 형사사건의 심판을 구하는 소송행위로서 형사소송법(이하 '동법'이라 함) 제254조[7]에서 공소장에는 피고인의 성명 기타 피고인을 특정할 수 있는 사항, 죄명, 공소사실, 적용법조를 기재하여 관할법원에 제출하도록 하고 있다. 또한 공소가 제기된 사실을 통지받아야 할 피고인의 수에 상응하는 부본을 공소장에 첨부하도록 하고 있다.

형사소송규칙(이하 '동규칙'이라 함) 제118조 제1항에는 "공소장에는 공소제기 전에 변호인이 선임되거나 보조인의 신고가 있는 경우 그 변호인선임서 또는 보조인신고서를, 공소제기 전에 특별대리인의 선임이 있는 경우 그 특별대리인 선임결정등본을, 공소제기 당시 피고

---

7) 제254조(공소제기의 방식과 공소장) ① 공소를 제기함에는 공소장을 관할법원에 제출하여야 한다.
   ② 공소장에는 피고인수에 상응한 부본을 첨부하여야 한다.
   ③ 공소장에는 다음 사항을 기재하여야 한다.
     1. 피고인의 성명 기타 피고인을 특정할 수 있는 사항
     2. 죄명
     3. 공소사실
     4. 적용법조
   ④ 공소사실의 기재는 범죄의 시일, 장소와 방법을 명시하여 사실을 특정할 수 있도록 하여야 한다.
   ⑤ 수개의 범죄사실과 적용법조를 예비적 또는 택일적으로 기재할 수 있다.

인이 구속되어 있거나, 체포 또는 구속된 후 석방된 경우 체포영장, 긴급체포서, 구속영장 기타 구속에 관한 서류를 각 첨부하여야 한다.” 고 규정하면서 같은 조 제2항에서 “공소장에는 제1항에 규정한 서류 외에 사건에 관하여 법원에 예단이 생기게 할 수 있는 서류 기타 물건을 첨부하거나 그 내용을 인용하여서는 아니된다.”고 규정하여 공소장에 첨부할 수 있는 서류 기타 물건을 제한하고 있다.

한편, 동법 제57조 제1항은 “공무원이 작성하는 서류에는 법률에 다른 규정이 없는 때에는 작성 연월일과 소속 공무소를 기재하고 기명날인 또는 서명하여야 한다.”라고 규정하고 있는데, 검사의 공소장은 공무원이 작성하는 서류에 해당하므로 이에 따라 공소장에는 검사의 기명날인 또는 서명이 있어야 한다.[8]

공소제기는 법원에 대하여 특정한 형사사건의 심판을 요구하는 검사의 법률행위적 소송행위[9]인바, 위 규정의 취지에 비추어 보면 공소제기는 검사의 법원에 대한 심판 청구의 의사표시가 직접 표시되어 있는 공소장에 의하여야 하며, 이러한 점에서 공소제기는 서면에 의한 소송행위라고 할 수 있다.[10]

나. 공소장변경

공소장변경과 관련하여 동규칙 제142조 제1항에서 “검사가 법 제298조 제1항에 따라 공소장에 기재한 공소사실 또는 적용법조의 추가, 철회 또는 변경을 하고자 하는 때에는 그 취지를 기재한 공소장변경허가신청서를 법원에 제출하여야 한다.”고 규정하고 있고, 같은 조 제

---

8) 검사의 기명날인 또는 서명이 없는 경우 동법 제57조 제1항에 위반한 서류이며, 따라서 법률이 정한 형식을 갖추지 못한 것으로 법률절차 규정에 위반하여 무효인 때에 해당하지만, 추완의 방법으로 공소제기가 유효하게 될 수 있다(대법원 2012. 9. 29. 선고 2010도17052 판결).

9) 노명선·이완규, 형사소송법, 제4판, 성균관대학교 출판부, 2015, 298면.

10) 배종대·이상돈·정승환·이주원, 신형사소송법, 제5판, 홍문사, 2013, 251면; 손동권·신이철, 새로운 형사소송법, 제3판, 세창출판사, 2016, 372면; 신동운, 신형사소송법, 제5판, 법문사, 2014, 574면.

2항에서 "공소장변경허가신청서에는 피고인의 수에 상응한 부본을 첨부하여야 한다."고 규정하고 있으며, 같은 조 제3항에서 "법원은 그 부본을 피고인 또는 변호인에게 즉시 송달하여야 한다."고 규정하고 있다.

즉 검사가 공소장을 변경하고자 하는 경우에도 원칙적으로 서면주의가 적용되나, 다만 피고인에게 이익이 되거나 피고인이 동의하는 예외적인 경우 구술에 의한 공소장 변경을 허가할 수 있다.[11]

2. 검 토

공소제기와 관련된 동법 제254조에서는 공소장에 어떠한 서면이나 물건을 첨부할 수 있는지 등에 대해서는 구체적으로 규정하고 있지 않고 있고, 또한 법 제266조의 법원의 송달 대상도 공소장 부본이라고만 되어 있어 별첨 CD도 부본으로 볼 수 있는지에 대해 논란의 여지가 있다.

또한 공판준비절차를 규정하고 있는 동법 제266조의6 제1항에서는 "검사, 피고인 또는 변호인은 법률상·사실상 주장의 요지 및 입증취지 등이 기재된 서면을 법원에 제출할 수 있다."고만 규정하고 있어, 검사가 주장의 요지 및 입증취지 등을 서면이 아닌 CD에 저장하여 제출하는 것이 가능한지에 대한 입법자의 태도를 알기 어렵다.[12]

한편 공소장에 CD를 첨부하는 것이 공소장일본주의에 위배되는 것인지 아닌지 문제되나, 대법원은 "공소장일본주의의 위배 여부는 공소사실로 기재된 범죄의 유형과 내용 등에 비추어볼 때에 공소장에 첨부 또는 인용된 서류 기타 물건의 내용, 그리고 법령이 요구하는 사항 외에 공소장에 기재된 사실이 법관 또는 배심원에게 예단을 생기게 하여 법관 또는 배심원이 범죄사실의 실체를 파악하는 데 장애가

11) 동규칙 제142조 제5항.
12) 김성룡, "컴퓨터용디스크·정보저장매체를 이용한 공소제기", 한국형사소송법학회, 형사소송 이론과 실무, 제8권 제2호, 2016, 69면.

될 수 있는지 여부를 기준으로 당해 사건에서 구체적으로 판단하여야
한다."고 판시하고, 나아가 "다만 공소장 기재의 방식에 관하여 피고
인 측으로부터 아무런 이의가 제기되지 아니하였고 법원 역시 범죄사
실의 실체를 파악하는 데 지장이 없다고 판단하여 그대로 공판절차를
진행한 결과 증거조사절차가 마무리되어 법관의 심증형성이 이루어진
단계에 이른 경우에는 소송절차의 동적안정성 및 소송경제의 이념 등
에 비추어볼 때 더 이상 공소장일본주의 위배를 주장하여 이미 진행
된 소송절차의 효력을 다툴 수 없다고 보아야 하나, 피고인 측으로부
터 이의가 유효하게 제기되어 있는 이상 공판절차가 진행되어 법관의
심증형성의 단계에 이르렀다고 하여 공소장일본주의 위배의 하자가
치유된다고 볼 수 없다."고 판시하였다.13)

이러한 판례의 태도에 비추어 보면, 공소제기된 범죄사실을 정리
한 범죄일람표를 CD로 첨부하는 것이 법관에게 예단을 생기게 하여
법관이 범죄사실의 실체를 파악하는 데 장애가 될 수 있는 것이라고
할 수는 없을 것이며, CD에 저장된 내용은 공소사실의 일부로서 공소
사실 그 자체라고 할 것이므로 범죄일람표를 CD에 저장하여 첨부한
것을 두고 공소장일본주의에 위배된다고 할 수 없다.

그렇다면 원심에서 인정하고 있는 바와 같이 "정보화 사회로의
전환이 가속화됨에 따라 현대 사회생활의 상당 부분이 디지털 시스템
에 의존하여 많은 편리를 가져왔고, 특허재판에 이어 민사재판에서도
전자문서 사용이 가능하게 되었으며, 형사소송규칙은 제137조의 7에
서 컴퓨터용디스크 그 밖에 이와 비슷한 정보저장매체에 기억된 문자
정보를 일정한 증거조사방법을 거쳐 증거로 할 수 있도록 규정하고
있고, 또한 형사소송규칙 제29조는 조서에 서면, 사진 기타 법원이 적
당하다고 인정한 것을 인용하고 소송기록에 첨부하여 이를 조서의 일
부로 할 수 있다고 규정하고 있는바, 이는 조문의 체계상 공무원의 서
류에 관한 형사소송법 제57조, 서면주의를 취하고 있는 공소장에 관한

13) 대법원 2009. 10. 22. 선고 2009도7436 전원합의체 판결.

제254조에도 유추 적용할 수 있다."고 봄이 상당하다.[14)

따라서 이 사건의 경우에 피고인 1, 피고인 2, 피고인 3 주식회사가 저작자들의 저작재산권을 침해하였다는 것으로 범행횟수가 범죄일람표 1, 2, 3 합계 617,481회이고, 범행일시, 침해한 저작재산권도 달라 이를 문서로 출력할 경우 수만 페이지에 달하므로, 공소사실의 일부로 CD 제출을 허용하고 공판기일에서 CD에 대한 증거조사에 준하는 방법으로 열람하면 족하다고 보이므로, 검사가 공소사실을 기재한 후 범죄일람표를 CD에 저장하여 제출하는 형식의 공소제기 내지 공소장변경은 허용된다고 봄이 상당하다.

Ⅲ. 공소사실의 특정

1. 공소사실 특정의 취지

공소사실이란 범죄의 구성요건을 충족하는 구체적 사실을 말한다. 따라서 그것은 구성요건에 해당하는 것으로 법률적·사실적으로 특정된 사실을 말하며, 검사가 공소장에 기재하여 공소를 제기한 범죄사실이고, 법원의 심판의 대상이 되는 사실이라고 할 것이다.[15)

공소사실의 기재는 범죄의 일시·장소와 방법을 명시하여 사실을 특정할 수 있도록 하여야 한다. 공소사실의 특정은 법원의 심판대상을 명확하게 한정함으로써 심판의 능률과 신속을 도모하는 한편 방어의 대상을 명확하게 한정하여 피고인의 방어권 행사를 실질적으로 보장하기 위한 당사자주의적인 요청에서도 반드시 필요하다.[16)

---

14) 이에 대해서는 "죄형법정주의의 기본정신에 비추어 볼 때 형법의 유추 적용 금지는 피고인에게 불리한 유추를 금지하는 것이지 피고인에게 유리한 유추 적용까지 금지한 것은 아니라 하더라도 판시와 같이 유추적용을 하는 것이 피고인에게 유리하다고 볼 수도 없는 만큼 죄형법정주의에 어긋난다 할 것이어서 타당하지 않다"는 견해가 있다(이기옥, "전자적 저장매체를 이용한 공소제기", 전남대학교 법학논총, 제37권 제2호, 2017, 190면).
15) 이재상·조균석, 형사소송법, 제10판, 2016, 박영사, 392면.
16) 신동운, 앞의 저서, 574면.

공소사실의 특정은 공소제기의 유효요건인바, 공소사실이 특정되지 아니한 공소제기는 무효이므로 법원은 판결로써 공소를 기각한다.[17] 공소사실이 특정되지 않은 경우에 그 하자를 추완할 수 있는지 문제되나, 공소사실이 전혀 특정되지 아니한 때에는 공소제기의 하자가 치유될 수 없다고 할 것이다.[18] 그러나 공소사실로서 구체적 범죄구성요건사실이 표시되어 있는 때에는 검사 스스로 또는 법원의 석명에 의하여 불명확한 점을 보정할 수 있다고 해야 한다.[19] 즉 다른 사항들에 의하여 특정할 수 있고 피고인의 방어권 행사에 지장이 없는 때에는 공소제기의 효력에 영향이 없다.[20]

그렇다면 공소사실이 특정되어 법원의 심판 범위 확정이나 피고인의 방어권 보장에 지장이 없다고 인정되는 한도에서 공소사실의 일부로 CD를 제출하는 것은 허용된다고 봄이 상당하므로, 이 사건의 경우에 범죄일람표를 CD에 첨부하여 제출하는 것이 법원의 심리와 판단의 대상이 포함되는지, 피고인의 방어권 행사에 지장이 없는지를 살펴볼 필요가 있다.

2. 법원의 심판대상 범위 특정

검사의 공소제기는 법원의 심판범위를 확정한다는 점에서 매우

17) 법원실무제요 형사[Ⅰ], 2014, 법원행정처, 434면.
18) 대법원 2009. 2. 26. 선고 2008도11813:『형사소송법이 공소의 제기에 관하여 위와 같은 서면주의와 엄격한 요식행위를 채용한 것은 공소의 제기에 의해서 법원의 심판이 개시되므로 심판을 구하는 대상을 명확하게 하고 피고인의 방어권을 보장하기 위한 것이다. 따라서 위와 같은 엄격한 형식과 절차에 따른 공소장의 제출은 공소제기라는 소송행위가 성립하기 위한 본질적 요소라고 할 것이므로, 공소의 제기에 있어서 현저한 방식위반이 있는 경우에는 공소제기의 절차가 법률의 규정에 위반하여 무효인 경우에 해당된다고 할 것이고, 위와 같은 절차위배의 공소제기에 대하여 피고인과 변호인이 이의를 제기하지 아니하고 변론에 응하였다고 하여 그 하자가 치유되지는 않는다.』
19) 배종대 외 3, 앞의 저서, 257면; 손동권 외 1, 앞의 저서 377면; 이재상 외 1, 앞의 저서, 395면.
20) 대법원 2010. 4. 29. 선고 2007도7064 판결 등.

중요한 의미를 가지고 있다. 법원은 검사가 공소를 제기한 피고인과 범죄사실에 대해서만 심판할 수 있을 뿐이다. 즉, 검사가 기소하지 않은 사람에 대하여 법원이 심판을 행할 수 없다는 의미와 기소한 범죄사실로 심판의 객체를 결정짓는다는 점에서 소송물확정이라는 의미를 가진다. 이때 검사의 공소제기에 의하여 확정되는 심판의 대상은 공소장 기재방식, 공소장변경절차, 확정판결의 효력범위 등 형사절차의 전 과정에 걸쳐서 영향을 미치게 된다.[21]

한편, 앞에서 살펴본 공소장일본주의를 규정하고 있는 형사소송규칙과 관련하여, 이는 공소장에 "법원에 예단이 생기게 할 수 있는 서류 기타 물건을 첨부하거나 그 내용을 인용해서는 안 된다."는 것이므로, 공소장에 첨부된 서류 기타 물건으로 인해 예단을 형성되는 것이 아니라 오히려 서류 기타 물건을 첨부해야지만 공소사실이 명확해지는 경우라면 당연히 첨부할 수 있다고 보아야 할 것이다.

이 사건의 경우 원심에서 판단하고 있는 바와 같이, 서면으로 제출된 공소장의 공소사실에 범행일시가 2010. 6. 23.경부터 2011. 6. 16.경까지로 특정되어 있으며, 침해된 저작재산권의 총 횟수가 기재되어 있고, 범죄일람표 1, 2, 3 각각에 대하여 일부가 문서로 출력되어 별지로 첨부되었으며, 범죄일람표 1, 2, 3 각 하단에 '종이문서로 출력할 경우 방대한 분량인 관계로 CD로 첨부함'이라고 기재되어 있는바, 공소사실의 일부를 이루는 범죄일람표 파일이 저장된 CD가 첨부됨으로써 비로소 공소사실이 명확해지고 심판 대상이 특정된다고 할 수 있을 것이다.

3. 피고인의 방어권 보장

피고인의 방어권 보장은 피고인의 방어권 행사와 관련하여 피고인에게 실질적인 불이익이 있는지와 같은 의미로 볼 수 있는바, 이러한 실질적 불이익이 있는지 여부는 "그 공소사실의 기본적 동일성이

---

21) 신동운, 앞의 저서, 607면.

라는 요소 이외에 법정형의 경중 및 그러한 경중의 차이에 따라서 피고인 자신의 방어에 들일 노력, 시간, 비용에 관한 판단을 달리할 가능성이 뚜렷한지 여부 등의 여러 가지 요소를 종합하여 판단"하여야 한다.[22]

이 사건의 경우에 피고인들은 CD가 첨부된 공소장 부본 및 공소장변경 신청허가에 따른 CD를 교부받았고, 범행횟수가 범죄일람표 1, 2, 3 합계 617,481회이고, 범행일시, 침해한 저작재산권도 달라 이를 문서로 출력할 경우 수만 페이지에 달하므로 공소사실의 일부로 CD를 제출하였고, 공판기일에서 CD에 대한 증거조사에 준하는 방법으로 열람을 하였으므로 피고인의 방어권 행사에 어떠한 지장이 있었다고 할 수 없다.

또한 이 사건과 같이 수만 페이지에 달하는 범죄일람표를 서면으로 직접 확인하는 것보다는 CD에 저장하여 검색하는 것이 오히려 피고인에게 더 편리한 것으로 볼 수 있다.

다만, 범죄일람표를 CD에 저장하는 것이 컴퓨터를 다루지 못하는 고령자나 컴퓨터에 대한 접근이 어려운 구속피의자의 경우에는 방어권 행사에 장애가 생길 수 있다는 지적이 있을 수 있다. 그러나 이러한 경우 변호인이나 주변인의 도움으로 얼마든지 그 내용을 확인할 수 있으며, 방어권의 충분한 보장을 위하여 CD와 서면 중 선택권을 주는 등의 보완책을 마련할 수 있으므로 특별한 문제는 없을 것으로 생각된다.

Ⅳ. 결 론

검찰에서는 현재까지 범행횟수가 수백만, 수천만 건인 범죄일람표를 종이문서로 제출하는 것은 사실상 곤란하여 저작권법위반·개인정보보호법위반 등 공소장 범죄일람표를 CD로 제출한 사례가 전국적

---

22) 대법원 2011. 2. 10. 선고 2010도14391 판결.

으로 적지 않으며, 서울중앙지검은 2014년 개인정보범죄단속과 관련하여 서울중앙지법과 CD 제출 관련 협의를 통해 서로 양해하기로 한 바 있다.[23] 대상판결은 이러한 실무관행에 대해서 제동을 걸었다는 점에서 의미가 있다.

그러나 앞서 살펴본 바와 같이 현행법에 의하더라도 공소사실의 일부인 범죄일람표를 파일로 저장하여 그 CD를 공소장에 첨부할 경우, 공소장이라는 서면에 범죄일람표까지 기재되어 있는 것으로 볼 수 있는 것이고, 특히 대상판결에서와 같이 서면으로 첨부된 범죄일람표 하단에 '종이문서로 출력할 경우 방대한 분량인 관계로 CD로 첨부함'이라고 기재하고 CD를 첨부한 것이라면 공소장에 기재되지 않았다거나 법원의 심판대상 범위를 벗어났다고 볼 수도 없다.

이러한 범죄일람표 서면 제출 문제는 공소장 뿐만 아니라, 판결문, 압수수색영장, 구속영장의 범죄일람표에도 같은 문제를 야기하며, 현재 진행 중인 많은 사건에 대해 법원은 CD 범죄사실에 대해 공소기각할 가능성이 높고, 검찰은 종이로 출력하여 다시 기소해야 하는 상황이 발생한다. 이때 범죄사실 중에는 공소시효가 완성되는 경우도 생길 수 있다.

대상판결에서는 "원심으로서는 검사에게 석명을 구하여 위 나머지 업로드 건에 대한 공소사실을 특정하도록 요구하고, 만약 이를 특정하지 아니하면 이 부분에 대한 공소를 기각하였어야 하는데, 원심은 이러한 조치를 취하지 아니한 채 이 부분에 대해서도 실체 판단을 하였다. 이러한 원심의 조치에는 공소제기 방식과 공소사실 특정에 관한 법리를 오해하여 판결에 영향을 미친 잘못이 있다."라고 하면서 원심판결을 파기·환송하였는데, 이 경우 파기환송심에서는 CD 저장파일을 출력한 서면을 제출하여 공소사실을 특정(공소장 변경)할 것이고, 결국 피고인은 범죄일람표에 기재된 범죄사실 전부에 대해 재차 법원

---

23) 오히려 범죄일람표의 양이 방대함에도 서면으로만 첨부했을 경우, 법원에서 판결문을 작성할 때 사용하기 위해 파일을 요구하는 경우가 대부분이다.

의 판단을 받게 될 것이다. 그것이 과연 피고인에게 이익이 되는 것인지 의문이다.

한편 현재 약식절차 등에서의 전자문서 이용 등에 관한 법률(이하 '약식전자문서법'이라 함)은 형사소송 중 특정 범죄에 대한 사건에 대해 약식명령을 청구하는 경우 구약식 공소장을 전자문서로 작성하는 것을 허용하고 있다.24) 이는 현대 사회에서의 디지털 매체의 사용이 일반화 되어 있음을 반증하는 것이라 할 것이다.

공소사실의 범죄일람표를 서면으로 작성하는 경우와 CD에 저장하는 경우를 비교하면 결국 그 차이는 범죄일람표를 법원에 전달하는 매체의 차이일 뿐 내용은 동일하므로, 양자를 다르게 평가할 이유가 없다고 생각된다. 법원의 심판 범위를 특정하고 피고인의 방어권을 보장하기 위해서는 공소사실이 명확해야 하는데, 과거에는 그 수단으로 서면 외의 것은 불가능하였다. 그러나 현대 사회에서는 서면 외에도 다양한 수단을 생각할 수 있을 뿐만 아니라, 서면이 아닌 다른 수단으로 법원과 피고인에게 전달할 필요성이 있는 경우라면 더욱더 양자를 동일하게 보아야 할 것이다.

지적재산권 침해 등 저작권법위반죄, 개인정보 유출범죄 등의 경우 범죄일람표만 하더라도 수 만 페이지에 이르는 상황에서 종이문서 제출만을 고수하는 것은 지나치게 비효율적이고, 시간적·물적 낭비를

---

24) 제3조(대상 사건) ① 이 법은 검사가 「형사소송법」 제448조에 따라 약식명령을 청구할 수 있는 사건 중 피의자가 전자적 처리절차에 따를 것을 동의한 다음 각 호의 어느 하나에 해당하는 사건에 대하여 적용한다. <개정 2014.12.30., 2016.1.6.>
  1. 「도로교통법」 제148조의2제2항, 제152조제1호 및 제154조제2호에 해당하는 사건
  2. 제1호에 해당하는 사건과 관련되는 「도로교통법」 제159조에 해당하는 사건
  ② 이 법은 「교통사고처리 특례법」 제3조제2항 본문에 해당하는 사건 중 같은 항 본문 또는 같은 법 제4조에 따라 공소를 제기할 수 없음이 명백한 사건에 대하여 적용한다.
  제5조(전자문서의 작성) ② 검사는 제3조제1항에 규정된 사건에 관하여 약식명령을 청구할 경우 시스템을 통하여 전자문서로 하여야 한다.

초래한다. 민·형사사법에 있어 전자문서를 활용한 시스템 구축이 확대되고, 정보통신 기술 발달로 일반인들의 정보저장매체 활용도 증가하는 현실을 고려할 때 대량의 범죄일람표를 정보저장매체에 저장하여 피고인 또는 변호인에게 제공할 경우, 사건분석, 기록보관 등 업무편의성이 제고되어 피고인의 방어권 보장에도 유리할 것이다. 따라서 원심의 판단이 형사소송법을 합목적적으로 해석한 것이라고 생각된다.

다만 공소제기 방식의 위배 논란을 차단하고, 공소사실의 특정과 현실적인 필요성을 동시에 충족하기 위해서는 피고인의 방어권을 침해하지 않는 범위에서 전자문서나 CD 등을 통한 공소제기를 허용하는 법률개정이 필요하다고 보인다.25)

즉, 형사소송법 제254조 제4항에 형사소송규칙 제29조의 형식을 빌려, "공소사실의 기재는 범죄의 시일, 장소와 방법을 명시하여 사실을 특정할 수 있도록 하여야 한다. 다만, 공소장의 일부 범죄사실26)에 대해서는 컴퓨터용디스크, 그 밖에 이와 비슷한 정보저장매체에 기억하여 공소사실에 첨부하는 방법으로 공소사실의 일부로 할 수 있다"는 등으로 개정하는 방안을 검토할 수 있겠다.

또한 공소제기가 있는 경우 공소장부본을 피고인 또는 변호인에게 송달해야 하는데, 공소장에 첨부된 정보저장매체의 사본이 '부본'에 포함되는지 명확하지 않아 논란의 여지가 생길 수 있으므로, 공소장 서면과 동일하게 정보저장매체의 사본을 첨부하고 송달할 수 있는 근거를 마련할 필요가 있을 것이다.

---

25) 법무부 형사법제과에 문의한 결과, 현재 법무부와 대검은 법률개정에 대해 협의를 마친 상태이며, 조만간 법원행정처와도 개정안에 대한 협의 예정이라고 한다.
26) 범죄일람표 외에도 특허사건, 기술유출사건의 도면 등 장래 기술발전에 따른 사안의 복잡성 등으로 인해 정보저장매체를 활용한 공소제기의 필요성이 지속적으로 증가될 것으로 예상되는바, 설계도면 등을 정보저장매체에 저장하여 공소제기하는 것이 법원, 피고인의 사건분석에 더 유리할 것으로 생각된다.

[주 제 어]

공소제기, 공소장, 범죄일람표, CD, 전자적 저장매체, 공소장일본주의

[Key words]

prosecution, indictment, electronic document, electronic data storage devices, CD, the principle of written indictment only

접수일자: 2018. 5. 10. 심사일자: 2018. 5. 31. 게재확정일자: 2018. 6. 5.

[참고문헌]

노명선 · 이완규, 형사소송법, 제4판, 성균관대학교 출판부, 2015.

배종대 · 이상돈 · 정승환 · 이주원, 신형사소송법, 제5판, 홍문사, 2013.

손동권 · 신이철, 새로운 형사소송법, 제3판, 세창출판사, 2016.

신동운, 신형사소송법, 제5판, 법문사, 2014.

이재상 · 조균석, 형사소송법, 제10판, 박영사, 2016.

법원실무제요 형사[Ⅰ], 법원행정처, 2014.

김성룡, "컴퓨터용디스크 · 정보저장매체를 이용한 공소제기", 형사소송 이론
    과 실무, 제8권 제2호, 한국형사소송법학회, 2016.

이기옥, "전자적 저장매체를 이용한 공소제기", 전남대학교 법학논총, 제37
    권 제2호, 2017.

[Abstract]

Prosecution using Electronic Data Storage Devices

Cho, Ji-eun*

This is a treatise on the legality of the practice of attaching the crime counts exhibit as the part and parcel of the indictment or information (hereinafter referred to as 'indictment'). Recently, the Korean Supreme Court decided the exhibit will not be considered as a part of the indictment.

In Korea, it became conventional that the prosecution attached the exhibit of the crime counts stored in CD-ROM because the printout of the voluminous crime counts, such as those of the copyright infringement and the privacy infringement, bloats to the tune of several millions and tens of million pages. But this time, the Supreme Court decided that this kind of practice is not tenable anymore.

But this decision of the Supreme Court seems at odds with the plain interpretation of the current criminal procedure law because 'whatever is attached to the content of the indictment constitute a part of the whole indictment' is the literal construction of the text of law.

Moreover, it is strange to render it illegal when indictment attach the footnote that the crime count is so voluminous that the specifics will be appended in the CD-ROM format and actually appends the crime counts exhibit. It is not only illogical but also impractical to interpret that the appended crime exhibit is out of the scope of the indictment or is overstepping the bounds of the court hearing.

It is well known that, in certain types of crime, such as the copyright infringement or the privacy infringement, crime counts exhibit extend to tens of thousand pages. If we stick to the traditional notion that all the

---

* Prosecutor, Institute of Justice.

crime counts should be presented in the physical document format, it will be not only impractical but also tremendous waste of efforts and expenses.

If we take into account the recent development that the electronic document usage steadily replacing the paper document usage in civil and criminal justice system and peoples are sufficiently accustomed to the data storage devices, providing the crime counts exhibit in the form of electronic storage will be conducive to enhancing the interest of the defense if we take into account that it is time-saving and efforts-saving to analyze and archive the case record in the electronic platform.

It is the right time to revise the criminal procedure law to avoid the controversy on the permissibility of the presenting the crime counts exhibit in the form of the electronic storage. It will be desirable to allow the prosecution to present the crime counts exhibit in the form of electronic storage unless it will curtail the right of the defendant and if it will meet the practical necessity of the court to authenticate the crime counts of the indictment.

세관공무원의 마약 압수와
위법수집증거 판단

한 제 희*

[대상판결 1] 대법원 2013. 9. 26. 선고 2013도7718 판결

[사실관계]

이 사건은 피고인이 칼슘 약통 속의 캡슐에 은닉된 필로폰을 국내항공사의 국제특급우편물 편으로 밀수입한 사안이다.

인천국제공항 국제우편세관 우편검사과 소속의 세관공무원이 2012. 9. 아시아나항공 편으로 인천국제공항에 도착한 국제특급우편물에 대해 엑스선 검사를 하다 이상음영이 있는 우편물을 발견하고 우편물 개장검사를 하였다. 우편물에는 칼슘 약통 속에 필로폰이 15개의 캡슐에 분산되어 은닉된 상태였고, 이 공무원은 시료를 채취하여 세관 분석실에 성분분석을 의뢰하였다. 분석실에서는 필로폰임을 확인하고 인천공항세관 마약조사과에 성분분석 결과를 회보하였다. 마약조사과 소속의 마약조사관은 성분분석 결과를 받은 후 적발보고서를 작성하여 인천지방검찰청 검사에게 보고한 다음 검찰수사관과 합동으로 이른바 '통제배달'1) 방식으로 이 우편물을 배달하여 피고인을 수취인 주

* 서울남부지방검찰청 검사.

1) 이른바 '통제배달'이라 함은 위 우편물과 같이 그 속에 든 물품이 마약으로 판명되어 그 수취인을 특정하는 것이 필요한 경우 우편집배원의 협조를 얻어 수사관과 우편집배원이 함께 우편물 수취지로 가서 우편집배원으로 하여금 수취인에게 우편물을 전달하도록 하고 수취인이 우편물을 전달받는 즉시

소지에서 현행범으로 체포하였다. 피고인은 인천지방검찰청 검사실에서 이 우편물 전부를 수사기관에 임의로 제출하였고, 검사는 이를 영장 없이 압수하였다.

공판과정에서 피고인은 "수사기관이 국제특급우편물을 개봉하거나 성분분석을 함에 있어 사전 영장을 받지 않았고 성분분석 후에도 사후 영장을 받지 않았으므로, 수사기관의 이 사건 우편물에 대한 샘플채취와 성분분석, 필로폰 전체에 대한 압수 등의 수사는 영장주의에 위반한 위법한 수사이다."라고 주장하였다.

[판결 이유]

1. 관세법 제246조 제1항은 세관공무원은 수출·수입 또는 반송하려는 물품에 대하여 검사를 할 수 있다고 규정하고 있고, 제2항은 관세청장은 검사의 효율을 거두기 위하여 검사대상, 검사범위, 검사방법 등에 관하여 필요한 기준을 정할 수 있다고 규정하고 있으며, 관세법 제257조는 통관우체국의 장이 수출·수입 또는 반송하려는 우편물(서신은 제외한다)을 접수하였을 때에는 세관장에게 우편물목록을 제출하고 해당 우편물에 대한 검사를 받아야 한다고 규정하고 있다.

관세법 규정에 따른 국제우편물의 신고와 통관에 관하여 필요한 사항을 정하고 있는 '국제우편물 수입통관 사무처리'에 관한 관세청고시에서는, 국제우편물에 대한 X-ray검사 및 현품검사 등의 심사 절차와 아울러 그 검사결과 사회안전, 국민보건 등과 관련하여 통관관리가 필요한 물품에 대한 관리 절차 등에 관하여 정하는 한편(제1-3조, 제3-6조), 위 고시 외에 다른 특별한 규정이 있는 경우에는 해당 규정을 적용하도록 하고 있다(제1-2조 제2항).

그리고 수출입물품 등의 분석사무 처리에 관한 시행세칙(2013. 1. 4. 관세청훈령 제1507호로 개정되기 전의 것)은 수출입물품의 품명·규격·성분·용도 등의 정확성 여부를 확인하기 위해서 물리적·화학적 실험

현장에서 수취인을 체포하는 수사방식을 말한다.

및 기타 감정분석 등이 필요하다고 인정되는 경우의 세관 분석실 등
에 대한 분석의뢰 절차, 분석기준 및 시험방법 등에 관하여 규정하고
있다.

　이러한 규정들과 관세법이 관세의 부과·징수와 아울러 수출입물
품의 통관을 적정하게 함을 목적으로 한다는 점(관세법 제1조)에 비추
어 보면, 우편물 통관검사절차에서 이루어지는 우편물의 개봉, 시료채
취, 성분분석 등의 검사는 수출입물품에 대한 적정한 통관 등을 목적
으로 한 행정조사의 성격을 가지는 것으로서 수사기관의 강제처분이
라고 할 수 없으므로, 압수·수색영장 없이 우편물의 개봉, 시료채취,
성분분석 등의 검사가 진행되었다 하더라도 특별한 사정이 없는 한
위법하다고 볼 수 없다.

　한편, 형사소송법 제218조는 검사 또는 사법경찰관은 피의자, 기
타인의 유류한 물건이나 소유자, 소지자 또는 보관자가 임의로 제출한
물건을 영장 없이 압수할 수 있다고 규정하고 있고, 압수는 증거물 또
는 몰수할 것으로 사료되는 물건의 점유를 취득하는 강제처분으로서,
세관공무원이 통관검사를 위하여 직무상 소지 또는 보관하는 우편물
을 수사기관에게 임의로 제출한 경우에는 비록 소유자의 동의를 받지
않았다 하더라도 수사기관이 강제로 점유를 취득하지 않은 이상 해당
우편물을 압수하였다고 할 수 없다(대법원 2008. 5. 15. 선고 2008도1097
판결 참조).

　2. 원심은 판시와 같은 이유를 들어, (1) 인천공항세관 우편검사과
에서 이 사건 우편물 중에서 시료를 채취하고, 인천공항세관 분석실에
서 성분분석을 하는 데에는 검사의 청구에 의하여 법관이 발부한 압
수·수색영장이 필요하지 않다고 봄이 상당하고, (2) 수사기관에서 이
사건 우편물을 수취한 피고인으로부터 임의제출 받아 영장 없이 압수
한 것은 적법하고, 이 사건 우편물에 대한 통제배달의 과정에서 수사
관이 사실상 해당 우편물에 대한 점유를 확보하고 있더라도 이는 수
취인을 특정하기 위한 특별한 배달방법으로 봄이 상당하고 이를 해당

우편물의 수취인이 특정되지도 아니한 상태에서 강제로 점유를 취득하고자 하는 강제처분으로서의 압수라고 할 수는 없다고 판단하는 한편, (3) 제1심이 검사 작성의 수사착수보고 등 일부 증거들을 증거능력이 없는 것으로 보아 증거로 채택하지 아니한 조치는 잘못이지만, 제1심이 그 채택 증거들만을 종합하여 이 사건 공소사실을 유죄로 인정한 것은 정당하다고 보아, 사실오인 또는 법리오해에 관한 항소이유를 받아들이지 아니하였다.

　　3. 원심판결 이유를 적법하게 채택된 증거들에 비추어 살펴보면, 원심의 위와 같은 판단은 앞에서 본 법리에 기초한 것으로 보이고, 거기에 상고이유에서 주장하는 바와 같이 영장주의, 증거능력에 관한 법리를 오해하거나 논리와 경험의 법칙을 위반하고 자유심증주의의 한계를 벗어나 판결에 영향을 미친 위법이 없다.

[대상판결 2] 대구고등법원 2016. 11. 24. 선고 2016노323 판결
　　　　　　　 (대법원 2017. 2. 21. 선고 2016도20488 판결로 확정)

　　[사실관계]
　　이 사건은 피고인이 2015. 11. 16. 알루미늄 바이스 공구 안에 은닉된 필로폰을 중국항공사의 국제특송화물 편으로 밀수입한 사안이다.
　　위 필로폰이 국제특송화물 편으로 인천국제공항에 도착하여 인천공항세관 공무원이 엑스선 검색기로 검사하던 도중 이상한 음영을 발견하고 위 세관의 마약조사관실에 연락하였다. 마약조사관실 공무원은 위 바이스 공구 안에 필로폰이 들어있다고 의심하고 이를 절단한 끝에 비닐봉지에 싸인 필로폰을 발견하였으며, 곧바로 간이분석기를 사용하여 직접 성분을 분석하는 한편 시료를 채취하여 위 세관 분석실에 성분분석을 의뢰하였다.
　　이어서 공항에 상주하는 검찰수사관에게 이 사실을 통보한 다음 피고인의 주거지 관할 검찰청을 방문하여 검사에게 위 필로폰을 인계하였고, 검사는 이를 영장 없이 압수하였다.

공판과정에서 피고인은 인천공항세관 소속 특별사법경찰관이 수사과정에서 피고인의 어머니가 수취인인 국제특송화물에 든 필로폰을 발견하여 점유를 취득하였으므로, 이 사건 필로폰을 긴급압수하고 검사에게 사후 압수수색영장을 신청하여 법원의 영장을 발부받았어야 함에도 이러한 조치를 취하지 아니한 채 검사에게 임의로 제출한 것이어서 이 필로폰을 압수한 행위는 위법하다고 주장하였다.

[판결 이유]
(앞부분 생략)[2]

'사법경찰관리의 직무를 수행할 자와 그 직무범위에 관한 법률'에 의하면, 관세법에 따라 관세범의 조사 업무에 종사하는 세관공무원으로서 소속 관서의 장의 제청에 의하여 그 근무지를 관할하는 지방검찰청검사장이 지명한 자는 사법경찰관리의 직무를 수행하고(제5조 제17호), 그 직무범위와 수사 관할에는 소속 관서 관할 구역에서 발생하는 관세법위반 사범, 소속 관서 관할 구역 중 우리나라와 외국을 왕래하는 항공기 또는 선박이 입·출항하는 공항·항만과 보세구역에서 발생하는 마약·향정신성의약품 및 대마 사범 등의 범죄 등이 포함된다(제6조 제14호).

따라서 세관공무원이 관할 구역 내에서 수출입물품을 검사하고 점유를 취득하는 모든 행위에 대하여 이를 일률적으로 행정조사의 성격을 가지는 것으로서 수사기관의 강제처분에 해당하지 아니하는 것으로 보아서는 아니 되고, 세관공무원이 해당 수출입물품을 검사하는 목적, 검사 대상 수출입물품을 특정하게 된 경위, 구체적인 검사의 방법 및 검사 이후의 조치 등에 비추어 세관공무원의 수출입물품 검사, 보관 등 행위가 통상적인 통관업무가 아닌 관세법위반 사범, 마약 사

---

[2] 이 부분에는 위 2013도7718 판결의 판결이유 제1항과 동일한 취지의 관련 법리가 설시되어 있다.

범 등 구체적인 범죄사실에 대한 수사에 이르렀다고 인정되는 경우에는 적법절차의 원칙과 영장주의를 규정하고 있는 헌법 제12조, 형사소송법 제215조 및 관세법 제296조에 따라 당연히 압수·수색영장이 필요하다고 보아야 할 것이다.

위와 같은 규정들과 법리 등에 비추어 이 사건을 살펴보건대, 앞서 본 바와 같이 세관공무원은 통관검사절차에서 우편물을 검사하고 성분을 분석하는 업무를 할 수 있고, 세관공무원이 특별사법경찰관리로 지명되었더라도 특별사법경찰관리의 모든 행위를 수사로 볼 수는 없으므로, 범죄혐의의 유무를 파악하기 위한 조사를 거쳐 구체적인 범죄혐의를 파악하여 이를 확인하기 위한 절차에 들어갔을 때 비로소 수사가 개시된다 할 것이다.

이 사건의 경우 제보를 받아 마약 사범을 검거하기 위해 조사를 실시한 것이 아니라 엑스레이 검색기로 통상적인 검사를 하던 중 이 사건 필로폰을 발견하게 된 것으로서, 이러한 점에서 인천공항 세관공무원이 이 사건 화물을 검사하고 개봉하여 시료를 채취하고 세관 분석실에 성분분석을 의뢰하여 분석한 행위는 관계법령에 근거한 행정조사에 불과하다 할 것이고, 그 과정에서 법원으로부터 압수·수색영장을 받지 않았다고 하더라도 특별한 사정이 없는 한 이를 위법하다고 볼 수는 없다. 따라서 검사가 제출한 증거들 중 피고인이 증거능력이 없다고 다투는 증거목록 순번 3 내지 7번 증거는 적법한 행정조사 과정에서 작성된 것으로서 위법하게 수집된 증거라고 볼 수 없다.

이에 반해 특별사법경찰관으로 지명된 세관공무원이 이 사건 화물에 든 물건이 필로폰인 사실을 확인하고 피고인을 특정하여 검거하기 위해 통제배달을 실시하거나 검사의 수사지휘를 받기 시작했을 때에는 관할 구역 내에서 발생한 관세법위반 사범 또는 마약 사범 등에 대한 증거의 수집을 목적으로 한 수사가 개시되었다 할 것이고, 이후 세관공무원이 이 사건 필로폰을 점유하는 행위는 그 실질이 압수에 해당한다. 그러므로 세관공무원은 그 즉시 검사에게 이 사건 필로폰에

대한 압수·수색영장을 신청하고, 검사는 법원으로부터 사후영장을 발
부받았어야 할 것인데도, 세관공무원과 검사가 이러한 조치 없이 이
사건 필로폰을 점유한 것은 강제처분에 관한 헌법과 형사소송법의 규
정을 위반한 것이다.

비록 검사는 2015. 11. 18. 통제배달을 위해 대구로 내려온 인천공
항세관 직원으로부터 이 사건 필로폰과 이를 포장한 투명 비닐봉지를
임의로 제출받은 다음 압수조서를 작성하기는 하였으나, 앞서 본 조사
경위 등에 비추어, 위 세관 직원이 이 사건 필로폰 등을 임의로 제출
할 수 있는 소유자·점유자 또는 보관자에 해당한다거나 그가 세관공
무원으로서 통관검사를 위해 직무상 소지 또는 보관하는 물건을 수사
기관에 임의로 제출하였다고 보기 어렵다.

따라서 특별사법경찰관인 세관공무원과 검사가 수사가 개시된 이
후에도 법원의 영장 없이 이 사건 필로폰을 점유하여 압수한 행위는
영장주의에 위반한 것이고, 이를 기초로 획득한 증거인 압수조서(증거
목록 순번 9번), 수사보고(압수물 사진 촬영 첨부, 증거목록 순번 10번), 감
정의뢰회보(공판조서 179쪽)는 모두 증거능력이 없으므로 유죄의 증거
로 삼을 수 없다.[3]

[대상판결 3] 대법원 2017. 7. 18. 선고 2014도8719 판결

[사실관계]

이 사건은 피고인이 2011. 6. 27. 가정에서 사용하는 와플제조 용
도의 주방기구 내부에 은닉된 필로폰을 미국항공사의 국제특송화물
편으로 밀수입한 사안이다.

---

3) 대상판결의 논거에 대한 대법원의 견해는 알 수 없다. 재판에 대한 불복은
재판의 주문에 관한 것이어야 하고 재판의 이유만을 다투기 위한 상소는 허
용되지 않는데, 검사가 항소심의 위와 같은 판결이유만을 다투어 상고하였기
에 대법원에서는 이 부분에 대한 판단 없이 검사의 상고를 기각하였기 때문
이다.

이 사건의 경우, 검찰에서 위 특송화물이 국내에 도착하기 전에 이미 필로폰 은닉 정보를 입수하고 세관 측과 통제배달을 하기로 미리 협의하였고, 위 특송화물이 도착하고 약 20분 후 검찰수사관들이 인천공항세관 마약조사과 사무실에서 위 특송화물의 와플제조기에 은닉된 백색가루 2봉지와 와플제조기, 포장지, 잡지 등 8점을 임의제출 받아 압수한다는 내용의 압수조서를 작성하였다. 즉, 이 사건 특송화물은 통상적인 국제우편물 통관절차로서 일괄적인 엑스선 검사 등의 절차를 거친 것이 아니라, 검찰에서 사전에 입수한 운송장번호 등을 이용하여 인천국제공항 세관공무원으로 하여금 이를 특정하여 마약조사과로 가져오도록 하였던 것이다.

공판과정에서 피고인은 인천공항세관 마약조사과 소속의 세관공무원은 특별사법경찰관으로서 위 세관공무원이 수입화물을 개봉하고 필로폰을 찾는 행위는 강제처분인 압수수색에 해당하여 영장주의가 적용된다고 보아야 하므로 사전 또는 사후 영장을 받지 않은 이 사건 필로폰 압수는 위법하고, 마약조사과 소속 세관공무원이 특별사법경찰관의 지위에 있는 이상 그로부터 검찰수사관이 마약을 임의제출받을 수는 없으므로 위 세관공무원로부터 임의제출 방식으로 필로폰을 압수한 행위는 위법하다고 주장하였다.

[판결 이유]

원심은 먼저 이 사건 압수의 적법성 및 압수로 취득한 압수물과 압수조서, 압수된 백색가루의 감정결과 등의 증거능력에 관하여, ① 검찰에서 이 사건 특송화물이 국내에 도착하기 전 이미 필로폰 은닉 정보를 입수하고 통제배달하기로 협의한 점, ② 이 사건 특송화물의 도착 약 20분 후 검찰수사관들이 인천공항세관 마약조사과 사무실에서 이 사건 특송화물의 와플제조기에 은닉된 백색가루 2봉지와 와플제조기, 포장지, 잡지 등 8점을 임의제출 받아 압수한다는 내용의 압수조서를 작성한 점, ③ 이 사건 특송화물은 통상적인 국제우편물 통관절차로서 일괄적인 X-ray 검사 등 절차를 거친 것이 아니라, 검찰에서 사전에 입수한 운송장번호 등을 이용하여 인천공항 세관공무원으로 하여금 이를 특정하여 마약조사과로 가져오도록 하였던 점, ④ 세관공무원이 처음부터 범죄증거의 수집을 위한 수사의 목적으로 국제우편물의 점유를 취득하고 개봉하여 시료를 채취하는 등의 행위를 한 경우에는 통관업무 담당자로서의 행정조사가 아니라 검사의 지휘에 따라 특별사법경찰관리의 지위에서 범죄의 수사 목적으로 압수·수색을 하였다고 보아야 하는 점, ⑤ 세관공무원이 특별사법경찰관리로서 직접 압수한 경우 그 압수물을 임의제출할 수 있는 '소유자, 소지자 또는 보관자'에 해당한다고는 볼 수 없으므로, 세관공무원으로부터 위 압수물들을 임의제출 받았다는 압수조서는 이 사건 압수에 대한 정당한 근거가 될 수 없는 점, ⑥ 세관공무원이 위 백색가루를 검찰수사관에게 넘겨주는 역할을 하였을 뿐이라고 하더라도 이는 처음부터 검찰수사관의 지휘와 통제 아래 진행된 압수절차에 따른 것으로서 검찰수사관이 직접 압수한 것이어서 세관공무원이 통관검사를 위하여 직무상 소지 또는 보관하는 우편물을 수사기관에 임의로 제출한 경우라고 볼 수 없는 점, ⑦ 다만 밀반입되는 필로폰을 국내에 반입되는 현장에서 적발한 경우 '범행 중 또는 범행 직후의 범죄 장소에서 긴급을 요하는 경우'에 해당하여 특별사법경찰관리인 세관공무원이나 현장에 있었던 검찰수사관은 형사소송법 제216조 제3항에 의하여 영장 없이 압수·수색·검증한 후 같은 항 후문에 따라 사후영장을 받아야만 한다고 볼 것인 점, ⑧ 만약 세관공무원의 국제우편물 등 수출입화물에 대한 점유취득, 개봉, 검사 등 조치를 그 목적이나 성질에 관계없이 일률적으로 모두 행정조사로 보아 영장주의가 적용되지 아니한다고 본다면, 통관 대상이 되는 국제우편물 등 수출입화물에 있어 영장주의 자체를 배제하는 부당한 결과를 초래될 수 있는 점 등을 들어, 이 사건 압수가 형사소송법의 영장주의를 위반한 강제조치에 해당하여 위법하다는 이유로 이 사건 압수에 의하여 취득한 압수물 등 증거들의 증거능력을 배척하였다.

이에 대하여 검사는 '우편물 통관검사 절차에서 이루어지는 우편물의 개봉, 시료채취, 성분분석 등의 검사는 수출입물품에 대한 적정한 통관 등을 목적으로 한 행정조사의 성격을 가지는 것으로서 수사기관의 강제처분이라고 할 수 없으므로, 압수·수색영장 없이 우편물의 개봉, 시료채취, 성분분석 등 검사가 진행되었다 하더라도 특별한 사정이 없는 한 위법하다고 볼 수 없다'고 판시한 대법원 2013. 9. 26. 선고 2013도7718 판결을 들면서 이 사건 압수도 같은 취지에서 행정조사로서 압수·수색영장 없이 할 수 있는 행정조사에 해당하는 것으로 보아야 한다고 주장한다. 그러나 위 판례의 사안은 인천국제공항세관 공무원이 국제특급우편물에 대한 통상적인 X-ray 검사를 하다가 이상 음영이 있는 우편물을 발견하고 우편물의 개장검사 및 성분분석을 한 결과 마약 성분을 검출하여 인천공항세관 마약조사관이 적발보고서를 작성한 것이어서, 화물 도착 전 이미 통제배달 협의를 마치고 화물 도착 직후 압수조서를 작성해 둔 상태에서 통상적인 통관절차와 무관하게 화물을 특정하여 압수한 이 사건과는 다르고, 위 판례의 사안의 경우 압수물의 임의제출자 또한 통제배달에 의하여 체포한 마약밀수범으로서 압수물의 임의제출자가 세관공무원으로 되어 있는 이 사건과는 다르므로, 위 판례에서 판시한 법리를 이 사건에 그대로 적용할 수는 없다.

결국 원심이 설시한 위와 같은 사정들을 관세법 등 관계법령의 규정 취지 및 헌법 제12조 제3항, 형사소송법 제215조 내지 제218조에서 규정하고 있는 압수 등 강제처분에 관한 적법절차의 원칙과 영장주의의 본질적 내용 등에 비추어 살펴보면, 이 사건 압수가 형사소송법상 영장주의를 위반하여 위법하다고 판단하고 이 사건 압수로 취득한 압수물 등 증거들의 증거능력을 배척한 원심의 조치는 정당한 것으로 수긍이 되고, 거기에 검사가 지적하는 바와 같은 법리오해의 위법이 있다고 할 수 없다.

[연 구]

I. 시작하는 말

이번 대상판결 세 건은 모두 마약 밀수입사범 수사와 관련하여 세관공무원이 통관검사 과정에서 국제우편물 또는 국제화물로 이동 중인 마약을 취득한 행위의 위법성 여부에 대한 판결들이다.

세관공무원이 통관검사 도중 마약을 취득한 사안에 관한 연구논문으로는, 대상판결 1에 관한 전승수 검사의 판례평석 "국제우편물에 대한 세관검사와 통제배달"4)이 있다. 그리고 역시 대상판결 1에 관한 심희기 교수의 "세관직원의 국제우편물 개봉·시료채취와 수사기관의 통제배달"5)과 예상균 교수의 "마약수사에서의 통제배달기법 고찰"6)이 있다.

이렇게 대상판결 1에 관한 여러 편의 판례평석이 발표된 지 얼마 되지 않았고 관련된 쟁점이 그다지 복잡한 것이 아니기 때문에 같은 주제를 굳이 또 다룰 실익은 크지 않다. 그런데 대상판결 1 이후에 역시 세관공무원에 의한 마약 취득의 위법성 여부가 쟁점이 된 판결이 두 건(대상판결 2, 3) 더 선고되었고, 이 두 판결들을 대상판결 1과 비교하여 세관공무원의 통관검사, 그리고 마약 밀수입사범 수사와 관련된 쟁점들을 한데 일별해보는 것도 의미가 있다고 판단되어 이번 판례평석을 준비하게 되었다.

이번 평석에서는 먼저 위 세 건의 대상판결 사안들을 비교하여, 세관공무원에 의한 행정조사와 수사의 경계가 어떠한지(II. 세관공무원의 행정조사와 수사), 그리고 이러한 사안에서 위법수집증거 배제법칙에 관한 형사소송법 제308조의2가 어떻게 적용되어야 하는지(III. 위법수집증거의 판단기준)에 대해 살펴보려 한다.

---

4) 형사판례연구(23), 한국형사판례연구회, 2015.
5) 비교형사법연구 제16권 제2호, 비교형사법연구회, 2014.
6) 법과 정책연구 제15집 제2호, 한국법정책학회, 2015.

Ⅱ. 세관공무원의 행정조사와 수사

1. 사안의 비교

대상판결 세 건의 비교를 위해 각 사안을 다음과 같이 정리해 보기로 한다.

	마약 발견경위	검사 인지시점	마약 압수경위	통제배달 방식	비고
대법원 2013도7718	세관공무원에 의한 통상적인 우편물 검사 과 정에서 발견됨	세관공무원이 성 분분석 결과를 회신받은 후 검 사에게 보고함	피의자 체포 후 피의자로부터 임의제출받음	'라이브 통제배달' 방식7)	영장 없음
대구고등법원 2016노323	세관공무원에의 한 통상적인 특 송화물 검사 과 정에서 발견됨	세관공무원이 성분분석 결과 를 회신받은 후 검찰수사관에 게 통보함	세관공무원으 로부터 임의제 출받음	'클린 통제배달' 방식8)	영장 없음
대법원 2014도8719	검사가 특송화 물 도착 이전에 미리 마약은닉 과 관련한 첩보 를 입수하여 세 관공무원에게 협조요청함	세관공무원이 특송화물 도착 즉시 검찰수사 관에게 통보함	특송화물 도착 즉시 세관공무 원으로부터 임 의제출받음	'클린 통제배달' 방식	영장 없음

---

7) 우편물이나 화물에 은닉된 마약을 즉시 압수하지 않고 우편물이나 화물을 다시 원상태로 복구한 다음 감시체제를 가동하면서 탁송자의 의도대로 발송계약상의 경로를 밟아 최종수취인에게 배송될 때까지 은밀히 추적하는 'live controlled delivery'(심희기, 앞의 글, 51쪽).

8) 우편물이나 화물에 은닉된 마약을 탁송인이나 수취인 모르게 다른 것으로 대체한 상태에서 최종수취인에게 배송될 때까지 추적하는 'clean controlled delivery'(심희기, 앞의 글, 51쪽).

먼저 마약의 발견경위를 보면, 대상판결 1과 대상판결 2의 사안에서는 세관공무원이 통상적 업무인 국제우편물이나 국제화물의 통관검사 도중 우연히 그 속에 은닉된 마약을 발견하였고, 대상판결 3의 사안에서는 마약이 은닉된 국제화물이 국내에 반입되기 전에 미리 검사가 특정 국제화물에 은닉된 채로 마약이 밀반입될 것이라는 첩보를 입수하고 세관과 협조하여 이 국제화물이 공항에 도착한 즉시 마약을 발견하게 되었다는 차이가 있다.

다음으로 검사가 마약 밀수입 범죄를 인지한 시점을 보면, 대상판결 1과 대상판결 2의 사안은 모두 세관공무원이 마약의 시료를 채취하여 자체적으로 성분분석까지 마친 후 검사에게 마약 발견사실을 알렸고, 대상판결 3의 사안에서는 마약이 공항에 도착한 즉시 검사에게 마약 발견사실이 알려졌다는 차이가 있다.

마지막으로 마약이 압수된 경위를 보면, 대상판결 1의 사안에서는 마약을 그대로 우편물에 담아둔 채 이른바 '라이브 통제배달'을 실시한 후 피의자를 체포하고 비로소 피의자로부터 임의제출 방식으로 마약을 압수한 데 반해, 대상판결 2와 대상판결 3의 사안에서는 이른바 '클린 통제배달'을 위해 세관공무원이 화물에서 마약을 제거하여 직접 검사에게 임의제출 방식으로 인계하였다는 차이가 있다.

세관공무원의 마약 취득과정이 위법한지 여부에 관하여 처음으로 명확한 법리를 설시한 리딩 판결은 바로 대상판결 1이다. 이 판결에서는 세관공무원의 마약 취득이 위법한지 여부를 판단하는 데 있어 두 가지 논리를 내세우고 있다. 그 하나는 우편물 통관검사 절차에서 세관공무원이 행하는 우편물 개봉, 시료채취, 성분분석 등의 행위는 행정조사이지 수사기관의 강제처분이 아니므로 영장이 필요하지는 않다는 것이고, 다른 하나는 세관공무원이 통관검사를 위해 직무상 소지 또는 보관하는 우편물을 수사기관에 임의제출하는 방식으로 수사기관이 이를 압수하는 것도 가능하다는 것이다.

대상판결 1의 등장 이후에 선고된 다른 두 대상판결들도 기본적으로는 대상판결 1에서 설시한 이 두 가지 논리를 기준으로 하여 세관공무원의 마약 취득이 위법한지 여부를 판단하고 있다.

다만, 대상판결 2에서는 이에 더하여 세관공무원 중 일부가 특별사법경찰관리(이하 '특사경'이라고 한다)로 지명받아 수사 업무에도 종사하고 있음에 착안하여, 세관공무원의 행위 중 구체적인 범죄혐의를 파악하여 이를 확인하기 위한 절차에 들어갔을 때의 행위는 단순한 행정조사가 아닌 수사에 해당하므로 이에는 법관의 영장이 있어야만 강제처분을 할 수 있다는 법리를 전개하고 있다.

대상판결 3 역시 대상판결 2와 사실상 동일한 맥락에서, 마약류 불법거래 방지에 관한 특례법 제4조 제1항에 따라 세관공무원이 수출입물품을 검사하는 과정에서 마약류가 감추어져 있다고 밝혀지거나 그러한 의심이 드는 경우 검사는 이 마약류의 반출 또는 반입 필요성에 대한 요청을 세관장에게 할 수 있고 세관장은 그 요청에 응하기 위해 필요한 조치를 할 수 있는데, 세관공무원이 이러한 조치의 일환으로 특정한 수출입물품을 개봉하여 검사하고 그 내용물의 점유를 취득하는 행위는 수사기관에 의한 압수에 해당하는 것이므로 영장주의가 적용된다고 한다.

2. 세관공무원의 수사 착수 시점과 영장주의

가. 관련 규정과 실무 절차

일반적으로 수사라 함은 범죄의 혐의가 있다고 사료되는 때에 그 혐의의 진위를 확인하고 범죄가 발생하였다고 인정되는 경우 범인을 발견·확보하며 증거를 수집·보전하는 수사기관의 활동을 말하고, 행정조사는 행정기관이 행정목적을 달성하기 위하여 필요한 자료나 정보를 수집하는 일체의 행정작용이라고 정의한다.[9]

세 건의 대상판결 사안에서는 국제우편물 또는 국제화물의 통관

---

9) 전승수, 앞의 글, 660쪽.

검사를 담당하는 세관공무원의 업무 중 어디까지가 행정조사이고 어디부터 수사라고 보아야 하느냐가 쟁점이었다. 행정조사와 수사의 경계가 어디인지가 쟁점이 되는 이유는, 이 세 대상판결 모두에서 설시한 바와 같이 수사가 개시된 시점 이후에는 대상물건의 점유를 취득할 때 '영장주의'의 문제가 제기되기 때문이다.

관세법의 관련 규정은 이러하다.

> **제246조(물품의 검사)** ① 세관공무원은 수출·수입 또는 반송하려는 물품에 대하여 검사를 할 수 있다. ② 관세청장은 검사의 효율을 거두기 위하여 검사대상, 검사범위, 검사방법 등에 관하여 필요한 기준을 정할 수 있다.
>
> **제256조(통관우체국)** ① 수출·수입 또는 반송하려는 우편물(서신은 제외한다. 이하 같다)은 통관우체국을 경유하여야 한다. ② 통관우체국은 체신관서 중에서 관세청장이 지정한다.
>
> **제257조(우편물의 검사)** 통관우체국의 장이 제256조 제1항의 우편물을 접수하였을 때에는 세관장에게 우편물목록을 제출하고 해당 우편물에 대한 검사를 받아야 한다. 다만, 관세청장이 정하는 우편물은 검사를 생략할 수 있다.
>
> **제296조(수색·압수영장)** ① 이 법에 따라 수색·압수를 할 때에는 관할 지방법원 판사의 영장을 받아야 한다. 다만, 긴급한 경우에는 사후에 영장을 발급받아야 한다. ② 소유자·점유자 또는 보관자가 임의로 제출한 물품이나 남겨둔 물품은 영장 없이 압수할 수 있다.

이 관세법 규정들의 관계에 대해 대상판결 1의 원심판결에서는, 관세법 제246조와 제257조에서 물품 검사와 우편물 검사에 관하여 법관이 발부한 압수수색영장을 요구하지 않고 있다는 점을 들어 "세관공무원은 관세법 제246조, 제257조에 의하여 대한민국으로 수입되거나 수출되는 물품 또는 우편물에 대하여 검사할 권한이 있고, 그 중에서 마약류로 의심되는 우편물 등이 발견되면 그 물품 등이 마약류에 해당하는지 검사를 하여 그에 대한 반입이나 반송 등의 결정을 해야 하는 것인데, 세관에서 수출·수입 물품 등에 대하여 하는 검사 및 분석에서는 수색·압수영장 없이 할 수 있도록 관세법에서 특별히 규정한 것으로 볼 수 있다"라고 설시하였다. 그리고 관세법 '제12장 조사와 처분'의 '제2절 조사'가 제290조부터 제310조까지에 걸쳐 관세범에 대한 수사절차를 규정하고 있고, 세관공무원이 '사법경찰관리의 직무를 행할 자와 그 직무범위에 관한 법률'에 따라 사법경찰관리의 직무를 수행한다(관세법 제295조)는 점에 비추어 관세법 제296조에 따른 압수수색의 성격은 행정조사가 아니라 수사에 해당하는 것으로 보아야 한다.[10]

즉, 관세법 제246조와 제257조가 규정하는 '검사(檢査)'의 범위를 초과하는 행위가 관세법 제296조 제1항의 '수색·압수'에 해당하므로, 이에는 법관이 발부한 압수수색영장이 필요하다고 봄이 상당하다.

통상 인천공항세관에서 이루어지는 마약사범 수사는 아래와 같은 과정을 거치게 된다.

먼저 ① 인천공항세관에서는 우편검사과 또는 특송통관과 소속의 공무원(대개 특사경이 아닌 일반공무원이다)이 수출입화물 또는 서신을 제외한 국제우편물에 대해 통관에 필요한 검사 업무를 담당한다. 이러한 검사 도중 마약류를 은닉한 우편물이나 화물을 발견하게 되면 같은 인천공항세관 마약조사과 소속의 공무원(이는 대개 특사경이다)이 해당 화물이나 우편물을 인계받아 마약류의 시료를 채취한 후 그 성분을 분석하고, 성분분석 결과 마약인 사실이 확인되면 인천국제공항에 상주하고 있는 인천지방검찰청 소속의 검찰수사관을 통해 인천지방검찰청 검사에게 마약적발사실을 알린다.

대상판결들에서도 각각 인정하고 있는 바와 같이, 여기까지의 과정, 즉 우편검사과 또는 특송통관과, 그리고 마약조사과 소속의 세관공무원이 통관검사를 위해 행하는 우편물 또는 화물의 개봉, 시료채취, 성분분석 등의 검사는 행정조사의 성격을 갖고 있어 수사상의 강

---

10) 전승수, 앞의 글, 668쪽.

제처분이라고 볼 수 없다.

다음으로 ② 인천공항세관 특사경으로부터 적발보고를 접수한 인천지방검찰청 검사는 해당 우편물 등의 배송지가 관내일 경우 직접 수사를 개시하고, 배송지가 다른 검찰청의 관할지역인 경우에는 대검찰청에 공조수사를 요청하고 대검찰청은 관할지역의 검찰청에 공조수사를 지시하여 관할지역의 검찰청 소속 검사가 이를 수사하게 된다.

그리고 ③ 세관 특사경이 해당 화물 등을 배송지 관할지역의 검찰청으로 인계하면 그 검찰청 소속의 검사 주재로 세관 특사경과 검찰청 마약수사관이 팀을 이루어 통제배달을 실시한다.

대개 검찰의 마약사범 수사에는 세관 특사경도 함께 참여한다. 2002년 대검찰청과 관세청은 마약수사 협력에 관한 협의약정을 체결하여 공항 등지에서 마약이 적발될 경우 두 기관이 합동하여 수사할 수 있는 근거를 마련하였는데, 세관공무원은 보세구역 내에서만 사법경찰관리로서의 역할을 수행할 수 있어 외부로 반출될 수밖에 없는 통제배달 수사를 위해서는 외부 수사기관의 협조가 필수적이기 때문이다.11) 즉, 세관의 특사경은 '공항, 항만과 보세구역에서 발생하는 마약, 향정의약품, 대마 사범'을 수사할 수 있는데(사법경찰관리의 직무를 수행할 자와 그 직무범위에 관한 법률 제6조), 대개 검찰과 세관으로 구성된 합동수사반의 일원으로 검사의 수사를 보조하는 형태로 마약사범 수사에 참여하고 있다.

대상판결 2와 3에서는, 이러한 경우에는 이미 행정조사를 넘어 수사단계에 들어선 것이므로 세관 특사경 또는 검사가 마약의 점유를 취득하는 데 압수수색영장을 요한다고 보고 있는 것이다.

④ 수령인을 추적하여 다시 그 배후를 검거해야 할 예외적인 경우 등에는 화물 등에 은닉된 마약류를 따로 보관하고 상자 등의 포장만 배송하는 경우도 있으나('클린 통제배달'), 마약류를 화물 등에 그대로 넣어둔 상태로 통제배달을 한 경우('라이브 통제배달')에는 통상 화물 등

---

11) 예상균, 앞의 글, 6쪽.

을 수령한 피의자를 검거하면서 그로부터 마약류를 압수하게 된다.

다만, 피의자를 특정할 수 없거나 검거하지 못한 경우에는 예외적으로 피의자 이외의 수령인(점유자) 또는 배달원(직무상 소지자)으로부터 마약류를 압수하는 경우도 있다.

나. 세관공무원의 마약 밀수입사범 수사 관련 사례

서울고등법원 2016. 4. 14. 선고 2015노2962 판결(대법원 2016. 7. 27. 선고 2016도6295 판결로 확정)의 사안을 잠시 살펴보기로 한다.

이 판결의 사안은, 세관 조사과 화물정보분석계 소속의 세관공무원이 컨테이너를 정밀검사 대상으로 전환하고, 같은 과 소속의 특사경인 세관공무원이 시약검사 키트로 은닉물이 필로폰임을 확인한 후 피고인의 사무실을 방문하여 진술조서를 작성하고, 이후 검찰에 위 필로폰을 임의제출한 것이다.

이 사안에서 법원은 "특사경인 세관공무원의 밀수품(마약류, 비아그라 등) 점유취득 행위가 통관업무 담당자의 지위를 넘어 마약 사범 등 구체적 범죄사실 수사를 위해 증거수집을 목적으로 압수한 것이므로, 세관공무원은 관세법 제296조 제1항(수색·압수영장)에 따라 영장을 받아야 하거나, 검찰이 세관공무원으로부터 밀수품을 인계받은 경우 밀수품에 대하여 사후 영장을 받아야 한다"라고 판시하였다.

이 사안과 같이 특사경의 자격을 겸하고 있는 세관공무원이 단지 세관 내부에서의 물품검사 업무에서 한발 더 나아가 세관 외부에서 혐의 대상자를 만나 조서를 작성하기까지 한 사안이라면, 이를 두고 세관공무원이 단지 행정조사만 행한 사안이라고 말할 수는 없을 것이다. 이는 구체적인 범죄사실을 인지하고 이를 확인하기 위한 조사에 이른 정도의 단계이므로, 당연히 수사절차로 진행해나간 사안으로 보아야 할 것이다.

그러면 대상판결들의 사안도 세관공무원이 이 정도의 단계로 나아간 사안으로 보아야 하는 것일까.

3. 사안의 검토

대상판결 1에서는 우편물 통관검사 절차에서 이루어지는 우편물의 개봉, 시료채취, 성분분석 등의 검사는 행정조사일 뿐 수사라고 할 수 없어 압수수색영장을 요하지 않는다고 보았다. 성분분석 이후 사실상 수사의 성격으로 진행된 절차에 대해서는 별다른 언급이 없는데, 이 사안에서는 마약이 압수됨이 없이 '라이브 통제배달' 방식으로 그대로 배송지로 배송되었고, 마약도 직접 피의자로부터 임의제출 방법으로 압수되었기 때문에 마약 압수와 관련한 별다른 문제점이 발생하지 않았기 때문이다.

다만, 이러한 대상판결 1의 결론에 대해서는 "세관공무원이 엑스선 검사를 하다 해당 우편물의 이상음영을 감지한 상황이라면 일반 세관공무원이 개장검사를 할 것이 아니라, 특사경으로서의 자격을 갖춘 세관공무원으로 하여금 검사에게 영장을 신청하도록 한 후 압수수색 등으로 나아가는 것이 적법절차에 부합한다고 여겨진다."라며 반대하는 견해도 있으나,[12] 이는 타당하지 않다. 왜냐하면 단지 세관공무원의 행정조사 과정에서의 음영검사 결과만 갖고는 수사를 개시할만한 단서가 충분하다고 보기 어려워 아직 압수수색영장을 신청할 단계에 이르렀다고 할 수 없기 때문이다. 이 판결의 항소심에서는《우리나라의 세관에 매일 접수되는 수많은 우편물 등에 대한 검사를 함에 있어서 그 우편물 등을 개봉하거나 시료채취 등을 할 때마다 검사의 청구에 의하여 법관이 발부한 압수·수색영장을 발부받도록 하는 것은 지나치게 절차를 복잡하게 만들어 세관에서의 통관업무를 지연시킬 수 있으므로, 세관에서 수출·수입 물품 등에 대하여 하는 검사 및 분석에 있어서는 압수·수색영장 없이 할 수 있도록 관세법에서 특별히 규정한 것으로 볼 수 있다.》라고 설시하여 현실적인 여건을 고려하자

---

12) 송진경, "압수, 수색으로서 실질적 의미를 가지는 행정조사에 있어서 영장주의의 준수필요성에 대한 소고", 법과 정책 제20집 제3호, 제주대학교 법과정책연구원(2014), 119쪽.

는 이유를 들고 있기도 하나, 그보다도 음영검사 결과만으로는 아직 압수수색영장을 청구할 만큼 수사에 필요한 범죄단서가 충분하지 않다고 보는 게 더 타당한 이유라고 할 것이다.[13)]

다음으로 대상판결 2에 대해 살펴보면, 이 역시 대상판결 1과 마찬가지로 세관공무원이 최초에 마약을 수중에 넣은 행위는 행정조사의 영역에서 일어난 일이어서 수사절차에서의 압수가 아니라고 본다. 다만, 이후 세관공무원이 검사에게 이 사건 마약을 인계하는 시점에는 세관공무원 중 일부가 특별사법경찰로 지명받아 수사 업무에도 종사하고 있음에 착안하여, 세관공무원이 수사를 진행하고자 하는 목적으로 마약을 취득하고 이를 검사에게 인계하는 행위는 압수라는 수사상 강제처분에 해당하므로, 이제는 압수수색영장(사후)이 필요하다고 보는 것이다. 대상판결 3 역시 이와 같은 맥락에 서 있다.

대상판결 2와 3에서 대상판결 1과는 사뭇 다른 논리가 동원된 이유는, 대상판결 2와 3의 사안에서는 대상판결 1의 사안과 같이 검사가 마약을 피의자로부터 압수하지 않고 세관공무원으로부터 압수하였다는 차이점이 있기 때문이다.

우리 형사소송법상 사후 압수수색영장이 필요한 경우는 범행 중 또는 범행 직후의 범죄장소에서 긴급하게 압수하거나 체포 또는 구속 과정에서 영장 없이 압수하였다가 이후에도 계속 압수할 필요가 있는 경우뿐이다. 대상판결 2의 경우 판결이유상으로는 명확하지 않으나, 대상판결 3의 판시내용에 비추어 범행 중 범죄장소에서 긴급하게 압수한 물건으로 구성하여 사후 영장이 필요하다고 한 것으로 보인다.

생각건대, 특히 대상판결 2 사안에서의 세관공무원이 특사경의 지위를 겸하고 있다 하더라도 그가 수행한 통관검사 업무의 성격이 행정조사인 이상, 그 통관검사 과정에서 발견한 마약을 사후적으로 적정히 처리하기 위한 이후의 조치 역시 그가 세관공무원으로서의 일반적

---

13) 한제희, "위법수집증거 배제법칙 운용의 개선방향", 형사소송 이론과 실무 제 9권 제2호, 한국형사소송법학회(2017), 294쪽.

인 지위에서 직무를 수행한 것이라고 볼 것이지 특사경의 지위에서 수사라고 하는 특별한 업무를 별도로 수행한 것으로 보아서는 안 된다. 즉, 세관공무원이 국제우편물 검사 결과 금제품(禁制品)인 대상물을 발견하면 이제 범죄가 발각된 것이므로 이를 수사기관에 통보할 의무가 생기는데, 이러한 세관공무원의 일련의 조치는 '관세주권, 국가주권'의 수호목적을 위하여 정당화되는 적법조치이고, 그 정보를 수사기관이 이어받는 것은 세관과 수사기관이 업무를 인수하고 인계받는 것이므로 정상적인 공무의 인수인계, 정보전달에 해당하는 것이지,[14] 여기에서 세관공무원의 행위를 곧바로 수사라고 볼 것은 아니라는 것이다.

앞에서 본 서울고등법원 2015노2962 판결의 사안과 같이 만약 마약을 발견한 세관공무원이 독자적으로 마약사범 수사를 진행하고자 하는 목적으로 마약을 계속하여 점유하고 있는 것이라면 모르되, 마약 발견 즉시 검사에게 마약적발보고와 함께 이 마약을 인계한 행위는 검사로 하여금 수사에 착수하도록 하기 위하여 통관검사 직무에 부수된 직무를 수행한 것일 뿐 이를 두고 세관공무원이 직접 수사기관으로서의 강제처분을 실시한 것으로 보는 것은 부당하다.

게다가 현실적으로 세관공무원 모두가 특사경으로 지명받는 것이 아니라 그 중 일부만 특사경으로 지명되어 있을 뿐인데, 만약 특사경의 지위에 있지 않은 세관공무원이 직접 검사에게 마약을 인계하는 경우라면 이때도 영장이 필요하다고 할 것인가라는 문제가 생길 수도 있다.

그러므로 대상판결 2의 사안은 세관공무원이 행정조사 단계를 넘어 수사의 단계로까지 더 나아간 것이라고 보기는 곤란하고, 단지 자신의 일반공무원으로서의 본래 업무에 부수된 업무로서, 검사의 수사에 협조하기 위한 업무를 부수적으로 수행한 것이라고 보아야 한다. 또한, 통관절차에서의 세관공무원의 검사 업무가 비록 사후적으로 범

---

14) 심희기, 앞의 글, 62쪽.

죄수사와 연결될 수 있다고 하더라도 모든 경우에 범죄수사로 이어지는 것도 아니고, 범죄수사는 성분분석 등의 검사 결과를 통보받은 이후에 검사 등의 수사기관에 의하여 본격적으로 진행되기 시작하는 것이므로, 이러한 부수적 효과로 인하여 행정조사라는 본래의 법적 성격이 변한다고 볼 수도 없기 때문이다.15)

결국 세관공무원이 특사경의 지위도 있음에 착안하여 어느 시점부터는 세관공무원에 의한 수사가 진행되는 것이라고 보는 대상판결 2는 다소 형식논리에 머문 판결이라고 생각한다.

마지막으로 대상판결 3의 경우는, 처음부터 검사와 세관 특사경 간에 사실상 합동수사가 이루어진 사안이라는 점을 감안하면, 국제화물이 국내에 도착하여 그 안에 은닉된 마약이 최초로 확인된 순간 이미 강제처분을 위한 영장이 필요하다고 보아야 할 것이다.

Ⅲ. 위법수집증거의 판단기준

1. 형사소송법 제308조의2의 해석론

가. 위법수집증거 배제법칙의 인정근거

2008년 1월부터 시행되고 있는 개정 형사소송법은 제308조의2에서 《적법한 절차에 따르지 아니하고 수집한 증거는 증거로 할 수 없다》라는 내용으로 위법수집증거 배제법칙을 명문화하였다.

이 제308조의2를 문자 그대로 문리해석하면, 적법절차의 위반 정도가 어떠하든 일단 수집행위가 위법하기만 하면 그 증거는 바로 증거능력이 없는 것이라고 보아야 한다. 적법절차를 위반하여 수집한 증거가 예외적으로 증거능력이 있다고 해석되지는 않는다.16) 때문에 증

---

15) 전승수, 앞의 글, 671쪽.
16) 同旨: 권영법, "위법수집증거배제의 기준", 저스티스 제118호, 한국법학원 (2010), 316쪽; 이석배, "적법절차에 따라 수집한 증거사용의 한계", 법학논총 제36권 제2호, 단국대학교 법학연구소(2012), 398쪽; 한성훈, "위법하게 수집한 증거의 예외적 허용에 관한 소고", 법학연구 제15집 제1호, 인하대학교 법학

거수집행위가 일응 위법해 보이는 경우에도 그 정도가 가벼워서 증거
능력을 인정하는 것이 합리적이라고 볼만한 사안에서는, 위반 정도가
가벼워서가 아니라 그 정도의 가벼운 위반은 제308조의2에서 말하는
'적법절차 위반행위'에 해당하지 않는 것이라는 식으로 해석하는 게
맞다고 본다.[17] 따라서 이런 식으로 해석하려면, 제308조의2의 '적법절
차 위반행위'의 의미를 가급적 확대해석하지 말고 제한적으로 해석하
여야 할 것이다.[18]

　　한편, 우리 대법원은 아직까지 제308조의2를 그 문맥 그대로 해석
하고 있지는 않다. 대법원은 제308조의2가 형사소송법에 들어오기 전
부터 사익과 공익을 비교형량하는 해석론으로 위법수집증거를 취급하
여 왔는데, 지금도 여전히 제308조의2의 의미를 재량적 증거배제 규정
으로 해석하여, 증거수집절차에 위법이 있다고 해서 무조건 증거능력
이 없는 것이 아니라 모든 사정을 종합하여 침해되는 사익과 형사소
추라는 공익의 비교형량을 통해 증거능력 여부를 판단하여야 한다는
입장이다.[19] 학설 역시 대체로 대법원의 견해를 지지하고 있는 것으로

연구소(2012), 245쪽.
17) 同旨: 이석배, 앞의 글, 411쪽.
18) 한제희, 앞의 글, 270쪽.
19) "기본적 인권보장을 위하여 압수·수색에 관한 적법절차와 영장주의의 근간을
　　선언한 헌법과 이를 이어받아 실체적 진실규명과 개인의 권리보호이념을 조화
　　롭게 실현할 수 있도록 압수·수색절차에 관한 구체적 기준을 마련하고 있는
　　형사소송법의 규범력은 확고히 유지되어야 하므로, 헌법과 형사소송법이 정한
　　절차에 따르지 아니하고 수집한 증거는 물론 이를 기초로 하여 획득한 2차적
　　증거 역시 기본적 인권보장을 위해 마련된 적법한 절차에 따르지 않은 것으로
　　서 원칙적으로 유죄인정의 증거로 삼을 수 없다. 다만, 위법하게 수집한 압수
　　물의 증거능력 인정 여부를 최종적으로 판단함에 있어서는, 수사기관의 증거수
　　집 과정에서 이루어진 절차 위반행위와 관련된 모든 사정, 즉 절차 조항의 취
　　지와 그 위반의 내용 및 정도, 구체적인 위반경위와 회피가능성, 절차 조항이
　　보호하고자 하는 권리 또는 법익의 성질과 침해 정도 및 피고인과의 관련성,
　　절차 위반행위와 증거수집 사이의 인과관계 등 관련성의 정도, 수사기관의 인
　　식과 의도 등을 전체적·종합적으로 살펴 볼 때, 수사기관의 절차 위반행위가
　　적법절차의 실질적인 내용을 침해하는 경우에 해당하지 아니하고, 오히려 그
　　증거의 증거능력을 배제하는 것이 헌법과 형사소송법이 형사소송에 관한 절차

보인다.[20]

이러한 대법원의 태도는 기본적으로 위법수집증거를 증거의 세계에서 배제하는 원칙을 유지하면서도 개개 사안에서의 구체적 타당성을 고려하고자 하는 것으로서, 지극히 유연하고 합리적인 태도라고 생각한다.

그러나 제308조의2라는 위법수집증거 배제법칙에 관한 명문규정이 만들어진 이상, 위법수집증거에 관한 문제는 이 제308조의2를 논의의 중심으로 놓는 해석이 우선되어야 할 것이다. 따라서 이익형량의 방법으로 증거능력 유무를 따지지 말고, 즉 이익형량의 문제는 잠시 내려놓고, 제308조의2에서 말하는 '적법절차 위반행위'의 의미 자체가 무엇인지를 고민해볼 필요가 있다. 제308조의2는 이익형량 문제를 따지기에 앞서, 어떤 행위가 '적법절차 위반행위'인지를 먼저 가려내라고 요구하고 있기 때문이다.[21]

그러면 제308조의2에서 말하는 '적법절차 위반행위'가 무엇을 의미하는지 검토하기 위해, 제308조의2 신설 이후 적법절차 위반행위로 인정된 사례 몇 건만 열거해본다.

수사기관이 법원으로부터 영장 또는 감정처분허가장을 발부받지 아니한 채 피의자의 동의 없이 피의자의 신체로부터 혈액을 채취하고 사후적으로도 지체 없이 이에 대한 영장을 발부받지도 않아 위법하다고 한 사례,[22] 구 정보통신망 이용촉진 및 정보보호 등에 관한 법률의 음란물유포 혐의를 이유로 압수수색영장을 발부받아 피의자의 주거지를 수색하는 과정에서 대마를 발견하자 피의자를 마약류 관리에 관한

조항을 마련하여 적법절차의 원칙과 실체적 진실 규명의 조화를 도모하고 이를 통하여 형사 사법 정의를 실현하려고 한 취지에 반하는 결과를 초래하는 것으로 평가되는 예외적인 경우라면, 법원은 그 증거를 유죄 인정의 증거로 사용할 수 있다고 보아야 한다"(대법원 2009. 12. 24. 선고 2009도11401 판결 등).

20) 권영법, 앞의 글, 313쪽.

21) 한제희, 앞의 글, 272쪽.

22) 대법원 2011. 4. 28. 선고 2009도2109 판결, 대법원 2012. 11. 15. 선고 2011도15258 판결.

법률 위반죄의 현행범으로 체포하면서 대마를 압수하였으나 사후 압
수수색영장을 발부받지 않아 위법하다고 한 사례,23) 피의자를 체포한
후 그곳에서 20m 떨어진 피의자의 집을 수색하여 칼과 합의서를 압수
하였고 사후 압수수색영장도 발부받지 않아 위법하다고 한 사례,24) 피
의자를 긴급체포하면서 그 현장에서 영장 없이 압수수색을 하고도 사
후 압수수색영장을 발부받지 않아 위법하다고 한 사례25) 등.

이러한 사례들을 대체적으로 보면, 수사기관의 행위가 법령의 각
종 규정에서 정하고 있는 의무나 제한사항을 위반하였음이 대체로 해
당 규정의 문언상 명백하여 해석상 이견이 없는 사안이고, 또한 수사
기관의 절차위반 정도가 중대한 사안이거나 수사기관이 조금만 주의
를 기울였더라면 위반이라는 결과를 쉽게 피할 수 있었을 것으로 보
이는 사안임을 알 수 있다. 이런 경우들을 두고 제308조의2에서 말하
는 적법절차 위반행위가 아니라고 할 방법은 없어 보인다.

이렇게 형사소송법 제308조의2의 적법절차 위반행위가 무엇을 의
미하는지를 판단하는 작업은, 먼저 법이 위법수집증거 배제법칙을 인
정하는 취지와 근거가 무엇인지를 따져보는 것에서 시작되어야 할 것
이다. 흔히 위법수집증거 배제법칙을 인정하는 근거로는 적정절차의
보장, 사법절차의 염결성 유지와 함께 위법수사의 억지 등이 들어지고
있다.26)

미국의 경우 연방대법원이 위법수집증거 배제법칙을 인정하는 주
된 근거는 위법수사의 억지로서,27) 원칙적으로 이익형량에 따라 증거

23) 대법원 2009. 5. 14. 선고 2008도10914 판결.
24) 대법원 2010. 7. 22. 선고 2009도14376 판결.
25) 대법원 2009. 12. 24. 선고 2009도11401 판결.
26) 권영법, 앞의 글, 321쪽.
27) 안성수, "각국의 위법수집증거 배제법칙과 우리법상 수용방안", 저스티스 제
96호, 한국법학원(2007), 201쪽; Yuval Merin, "Lost between the fruits and the
tree: In search of a coherent theoretical model for the exclusion of derivative
evidence", 18 New Criminal Law Review 273(2015), p. 5; Mark E. Cammack, "The
rise and fall of the constitutional exclusionary rule in the United States", 58
American Journal of Comparative Law 631(2010), p. 9.

배제 여부를 판단하면서도 수사기관이 의도적이거나 미필적 고의 또는 중과실에 기하여 수집한 증거에 대해서는 증거능력을 부정한다거나,[28] 증거능력을 인정할 수 없게 하는 위법이라 함은 모든 종류의 위법을 의미하는 것이 아니라 수사기관의 중대하고 현저한 위법만 의미한다는 입장[29]을 명확히 하고 있다.

우리 대법원도 다음 판시내용에서 보는 것처럼 위법수사의 억지를 위법수집증거 배제법칙의 주요한 근거로 고려하고 있는 듯하다.

《적법한 절차에 따르지 아니한 위법행위를 기초로 하여 증거가 수집된 경우에는 당해 증거뿐 아니라 그에 터 잡아 획득한 2차 증거에 대해서도 증거능력은 부정되어야 한다. 다만 위와 같은 위법수집증거 배제 원칙은 수사과정에서 위법행위를 억지함으로써 국민의 기본적 인권을 보장하기 위한 것이므로 적법절차에 위배되는 행위의 영향이 차단되거나 소멸되었다고 볼 수 있는 상태에서 수집한 증거는 그 증거능력을 인정하더라도 적법절차의 실질적 내용에 대한 침해가 일어나지는 않는다 할 것이니 그 증거능력을 부정할 이유는 없다.》[30]

위법수사의 억지는 향후 수사기관의 동기와 의사에 영향을 주어 수사기관 스스로 위법수사를 포기하도록 하겠다는 것을 의미한다는 점을 감안하면, 적법절차 위반행위의 가장 중요한 판단요소로 염두에 두어야 할 것은 바로 '수사기관의 주관적인 의도'라고 생각한다. 수사기관이 적법절차를 위반하겠다는 의도를 스스로 명확히 가진 상태이거나 그에 준하는 것으로 인정할 수 있는 상태에서 행한 행위만을 적법절차 위반행위라고 하여야, 이에 대한 제재를 가함으로써 향후 또다시 있을 수 있는 유사한 위반행위를 방지한다는 본래의 목적이 의미가 있을 것이기 때문이다.

---

28) 김종구, "재량적 위법수집증거배제법칙과 증거수집의 주체", 형사법연구 제26권 제2호, 한국형사법학회(2014), 244쪽.
29) 김재윤, "위법수집증거 배제기준의 정립에 관한 고찰", 저스티스 제120호, 한국법학원(2010), 152쪽.
30) 대법원 2013. 3. 14. 선고 2010도2094 판결.

이러한 의미에서 본다면, 제308조의2에서 말하는 적법절차 위반행위는 '수사기관이 각종 법령상의 의무나 제한사항을 회피하거나 잠탈하기 위한 목적으로 악의 또는 중과실에 기하여 하는 행위' 정도를 의미한다고 보면 어떨까 싶다.[31)32)]

반대로, 어떠한 행위로 절차위반이라는 결과가 발생하였더라도 그 행위가 법령상의 의무나 제한사항을 회피하거나 잠탈할 목적으로 행해진 것이 아니라 수사기관의 악의나 중과실 없이 단순한 과실이나 착오에 기인한 것에 불과하다면, 이런 행위는 적법절차 위반행위에 해당하지 않는다고 해석하는 것이다. 만약 단순 과실이나 착오에 기인한 행위라도 그 행위와 결과의 위법성이 객관적으로 중대하다면, 물론 이 경우는 달리 보아야 할 것이다.

그리고 같은 맥락에서, 수사기관이 각종 법령상 의무나 제한사항을 정한 규정에 관하여 그의 재량범위 내에서 합리적인 판단에 따라 적법한 방식이라고 믿고 이를 집행하였다면, 그것이 비록 결과적으로는 위 규정을 위반하기에 이른 경우라도 이를 적법절차 위반행위라고 간주하는 데는 신중을 기할 필요가 있다고 생각한다. 당연한 말이지만, 수사기관의 합리적 판단에 따른 법집행행위라면 적법절차를 위반하겠다는 수사기관의 불순한 의도나 중대한 과실도 인정되지 않을 것이기 때문이다. 이런 의미에서 우리의 제308조의2에 대한 해석에 있어서도 미국의 '선의의 예외 이론'(Good Faith exception)[33)]이 유용한 참고

---

31) 위법하게 수집한 증거물의 배제는 (1) 객관적으로 양과 질 측면에서 사법의 염결성과 절차의 공정성을 훼손하는 중대하고 현저한 위법수사가 행해졌거나, 또는 (2) 주관적으로는 수사기관의 악의 또는 중과실이 존재하여 증거배제를 통하여 수사기관의 위법행위에 대한 억지필요성이 인정되는 경우에 실시되어야 한다는 견해가 있는데{조국, "재량적 위법수집증거배제의 필요성, 근거 및 기준", 서울대학교 법학 제45권 제2호, 서울대학교 법학연구소(2004), 57쪽}, 기본적으로 그 취지에 동의한다. 다만, 중대하고 현저한 위법수사라는 결과는 수사기관의 악의나 중과실이 동반되는 경우가 대부분일 것이라는 점을 감안할 때, 이 글에서는 두 요건 중 후자의 주관적 요건에 보다 주안점을 두고자 한다.

32) 한제희, 앞의 글, 274쪽.

33) '선의의 예외 이론'이란, 위법하게 수집된 증거라 할지라도 그 위법이 수사관

가 되지 않을까 싶다.[34]

나. '수사기관의 악의 내지 중과실' 기준 검토

적법절차 위반행위 여부를 판단할 때 수사기관의 악의나 중과실이라는 기준을 어떻게 적용할지 설명하기 위해 다음과 같은 사례를 들어보겠다.[35]

이 사안은 피고인이 2008. 6. 25. 08:38경 체포영장에 의해 체포되어 같은 날 11:00경 검찰청 검사실에 인치된 후 6. 26. 00:40경 구치소에 구금되었고, 6. 27. 피고인에 대한 구속영장이 발부되어 같은 날 23:10경 구치소에서 검사의 지휘를 받은 교도관에 의해 집행되었으나, 당시 교도관이 미처 피고인에게 구속영장을 제시하지는 않은 채 구금상태를 지속한 경우이다.

법원은, 피고인이 체포영장에 의해 체포된 후 구치소에 구금되어 있는 상태에서 구속영장이 발부되었으나 구속영장의 제시 없이 피고인을 구속한 것이어서 헌법과 형사소송법이 정한 절차를 위반한 구속집행이고, 이러한 구속상태에서 수집한 피고인의 진술증거는 예외적인 경우가 아닌 한 유죄인정의 증거로 삼을 수 없는 것이 원칙이라고 판시하였다.[36]

구치소에 있는 피의자에 대하여 발부된 구속영장은 검사의 지휘에 의하여 교도관이 집행하고(형사소송법 제209조, 제81조 제3항), 구속영장을 집행할 때는 반드시 이를 피의자에게 제시하여야 한다(형사소

에 의하여 범해지지 않았거나 수사관에 의하여 범해진 경우에도 수사관이
정직하고 합리적인 신뢰에 따라 위법이 아니라고 믿고 수집한 경우에는 증
거로 허용된다는 원칙을 말한다. 수사관이 단지 그의 행위가 위법한 것이라
는 것을 몰랐다는 것으로는 부족하고, 그의 행위가 유효하다고 객관적이며
합리적으로 신뢰(objectively reasonable belief)할 것이 필요하며, 객관적이며 합
리적으로 신뢰하였는지는 재판과정에서 판사나 배심원에 의하여 결정된다(안
성수, 앞의 글, 208쪽).
34) 한성훈, 앞의 글, 241쪽.
35) 한제희, 앞의 글, 280쪽.
36) 대법원 2009. 4. 23. 선고 2009도526 판결.

송법 제209조, 제85조 제1항).

그런데 이 사건의 교도관은 미처 피고인에게 구속영장을 제시하지 않았다. 교도관이 일부러 작정을 하고 의도적으로 영장을 제시하지 않은 것일까? 그런 것으로 보이지는 않는다. 교도관이 피고인에게 의도적으로 영장을 제시하지 않을 특별한 이유가 있어 보이지는 않기 때문이다. 아마도 일부러 구속영장을 제시하지 않았다기보다는, 단순한 실수나 착오에 의해 절차를 누락한 것이 아닐까 싶다.

그러면 검사는 구속 후 피고인을 소환하여 조사할 때 구치소에서 피고인에게 구속영장이 제시되지 않았다는 사실을 알고 있었을까. 알면서도 모른 체 하며 그냥 조사를 계속 진행하였기 때문에 '위법한 수사'인 것일까. 이 판결의 내용만으로는 더 구체적인 사실관계는 알 수 없지만, 역시 그런 것으로 보이지는 않는다. 아마도 검사는 구치소 안에서 그런 일이 있었다는 사실을 아예 모르고 그냥 조사를 시작했을 것이다.

한편, 피고인은 발부된 구속영장을 영장집행 과정에서 직접 보진 못했더라도, 그 이전에 있었던 구속 전 피의자심문 절차 등을 통해 자신에게 구속영장이 청구된 사실과 구속영장에 기재된 범죄사실이 무엇인지에 대해서는 이미 잘 알고 있었을 것이다. 그리고 아마도 구속 이후 조사를 받기 전에 검사로부터 구속영장이 발부되어 현재 구속되어 있는 상태라는 말도 당연히 들었을 것이다. 참고로, 피고인은 뇌물수수 혐의로 입건된 경찰관이었다. 더더욱 그러한 사정을 잘 알 수 있었을 것이다.

하지만 아무튼, 교도관은 구속영장의 집행절차를 제대로 이행하지 않은 잘못은 있는 것이고, 검사는 교도관이 제대로 구속영장을 집행하였는지 아닌지 확인하지 않은 잘못은 있는 것이다. 그러나 검사가 피고인에게 구속영장 발부사실이나 구속영장에 기재된 범죄사실을 숨기기 위해, 또는 다른 어떠한 불이익을 주기 위한 불순한 목적이나 악의를 가지고 교도관에게 구속영장을 제시하지 말라고 지시한 것은 아니라고 보일뿐더러, 설령 구속영장을 제시하지 않은 교도관의 잘못은 중과실이라 할 수 있을지라도 교도관이 피고인에게 구속영장을 제시하였는지 여부를 단지 확인하지 않은 검사의 잘못까지 중과실이라고 할 수는 없는 게 아닐까 싶다.

결국 이 사례는 교도관의 중과실에 가까운 잘못으로 위법한 결과가 야기된 사안일 뿐, 검사가 수사의 편의나 편법적인 증거 수집을 위해 악의나 중과실로 위반행위에 나아간 사안으로는 볼 수 없다. 이처럼 수사기관이 영장주의나 각종 법령상의 의무나 제한사항을 회피하거나 잠탈하기 위해 악의나 중과실로 행한 행위가 아닌 경우는, 이를 제308조의2의 적법절차 위반행위라고 인정하는 데 신중할 필요가 있다고 생각한다.

다. '수사기관의 재량적 판단' 기준 검토

마찬가지 맥락에서, 간혹 법령이 정하고 있는 의무나 제한사항의 내용이 무엇인지 문언상으로 명확하지 않거나, 해석을 통하여 규정의 본래 취지에 포함되어 있다고 판단되는 의무나 제한사항을 추론해낼 수 있는 경우가 있다. 이런 경우에는 수사기관이 그 내용에 관하여 자신의 재량범위 내에서 나름의 합리적인 판단을 거쳐 적법하다고 믿는 방식으로 이를 집행할 수밖에 없을 것이다. 그런데 이러한 행위가 결과적으로 적법절차 위반에 이르게 된다면, 그 과정에서 수집된 증거도 위법수집증거라고 볼 것인가.

이런 사례를 생각해보자.[37]

피고인이 차를 운전하다 교통사고를 내 여러 사람에게 상해를 입힌 사안이 있는데, 사고 직후 경찰서로 이동하여 호흡측정기로 음주측정을 한 결과 처벌기준에 미달하는 혈중알콜농도 0.024%로 측정되었다. 그런데 당시 피고인은 얼굴색이 붉고 혀가 꼬부라진 발음을 하며 걸음도 제대로 걷지 못한 채 비틀거리는 등 술에 상당히 취해있는 모

---

37) 한제희, 앞의 글, 277쪽.

습을 보였고, 경찰관이 경찰서 안에 대기하고 있던 피해자들에게 이 호흡측정 결과를 알려주자 일부 피해자들이 측정 결과를 믿을 수 없다며 피고인의 혈액을 채취하여 측정할 것을 요구하였다. 그러자 경찰관은 피고인에게 호흡측정 수치를 알려주고 정확한 조사를 위하여 채혈에 동의하겠느냐고 하며 혈액채취측정에 응하도록 설득하였다. 이에 피고인이 순순히 응하여 혈액채취측정을 한 결과 혈중알콜농도가 0.239%로 측정되었다.

이 사건의 쟁점은 구 도로교통법 제44조 제2항과 제3항의 해석상 음주운전 사건 수사에서 이미 호흡측정에 응한 운전자를 상대로 재차 혈액채취 방법으로 혈중알콜농도를 측정할 수 있는지 여부인데, 항소심은 구 도로교통법 제44조 제2항, 제3항[38]의 해석상 경찰관이 이미 호흡측정이 이루어진 운전자에 대하여 다시 혈액채취의 방법으로 측정할 수 있는 경우는 운전자가 호흡측정 결과에 불복한 경우에 한정된다고 보아, 피고인이 호흡측정 결과에 불복하지 않았음에도 경찰관의 요구로 채혈하여 획득한 혈액은 적법한 절차에 따르지 않고 수집한 증거라고 판단하였다.[39]

그런데 만약 위 도로교통법 규정들이 "경찰관이 호흡측정이 이루어진 운전자에 대하여 다시 혈액채취의 방법으로 측정하면 안 된다"라는 식으로 정하고 있음에도 경찰관이 이미 호흡측정을 마친 피고인에게 다시 혈액채취측정을 요구한 것이라면, 이는 누가 보더라도 다른 해석의 여지가 없이 명확한 내용으로 되어 있는 위 규정들을 정면으

---

38) 구 도로교통법(2014. 12. 30. 법률 제12917호로 개정되기 전의 것) 제44조 제2항은 "경찰공무원은 교통의 안전과 위험방지를 위하여 필요하다고 인정하거나 제1항을 위반하여 술에 취한 상태에서 자동차 등을 운전하였다고 인정할 만한 상당한 이유가 있는 경우에는 운전자가 술에 취하였는지를 호흡조사로 측정할 수 있다. 이 경우 운전자는 경찰공무원의 측정에 응하여야 한다", 제3항은 "제2항에 따른 측정 결과에 불복하는 운전자에 대하여는 그 운전자의 동의를 받아 혈액 채취 등의 방법으로 다시 측정할 수 있다"라고 규정하고 있다.

39) 인천지방법원 2014. 11. 5. 선고 2014노2303 판결.

로 위반한 것이어서 당연히 위법한 행위일 것이다. 그러나 위 규정들은 분명히 그런 식으로 써 있지는 않다.

다행히 이 판결을 파기한 대법원 판결40)이 적절히 지적하고 있는 것처럼, 구 도로교통법 제44조 제2항과 제3항은 호흡측정에 오류가 있을 수 있으니 혈액채취라는 방법으로 재측정을 받을 수도 있는 기회를 운전자에게 보장하고 있는 규정일 뿐이다. 호흡측정에 이어 혈액채취측정을 하면 운전자에게 불리할 수 있으니, 운전자를 보호하기 위해 혈액채취측정을 다시 하면 안 된다는 취지가 아닌 것이다. 이 사건의 경찰관도 위 규정의 의미를 그와 같이 해석하여 피고인을 상대로 혈액채취측정을 시도해야겠다고 판단하였을 것이다. 법이 정하고 있는 것을 정면으로 위반하면서라도 어떻게든 피고인을 입건하고자 하는 의도로 혈액채취측정을 시도한 것은 더더욱 아닐 것이다.

이와 같이 해당 규정의 문언상 의무나 제한사항의 의미가 명확하지 않거나 해석을 통하여 어떠한 내용을 새로이 추론해낼 수 있는 경우라면, 수사기관이 이 규정에 대해 스스로 합리적인 판단에 따라 적

---

40) 대법원 2015. 7. 9. 선고 2014도16051 판결: "이와 같은 도로교통법 규정들의 입법연혁과 그 규정 내용 등에 비추어 보면, 구 도로교통법 제44조 제2항, 제3항은 음주운전 혐의가 있는 운전자에게 수사를 위한 호흡측정에도 응할 것을 간접적으로 강제하는 한편 혈액 채취 등의 방법에 의한 재측정을 통하여 호흡측정의 오류로 인한 불이익을 구제받을 수 있는 기회를 보장하는 데 그 취지가 있다고 할 것이므로, 이 규정들이 음주운전에 대한 수사방법으로서의 혈액 채취에 의한 측정의 방법을 운전자가 호흡측정 결과에 불복하는 경우에만 한정하여 허용하려는 취지의 규정이라고 해석할 수는 없다", "운전자의 태도와 외관, 운전 행태 등에서 드러나는 주취정도, 운전자가 마신 술의 종류와 양, 운전자가 사고를 야기하였다면 그 경위와 피해의 정도, 목격자들의 진술 등 호흡측정 당시의 구체적 상황에 비추어 호흡측정기의 오작동 등으로 인하여 호흡측정 결과에 오류가 있다고 인정할 만한 객관적이고 합리적인 사정이 있는 경우라면 그러한 호흡측정 수치를 얻은 것만으로는 수사의 목적을 달성하였다고 할 수 없어 추가로 음주측정을 할 필요성이 있다고 할 것이므로, 경찰관이 음주운전 혐의를 제대로 밝히기 위하여 운전자의 자발적인 동의를 얻어 혈액 채취에 의한 측정의 방법으로 다시 음주측정을 하는 것을 위법하다고 볼 수는 없다."

법하다고 믿는 방식으로 이를 집행할 수 있는 재량이 있다고 할 것이
다. 따라서 이러한 판단이 경험칙상 현저히 합리성을 잃거나 그 규정
이 정하고 있는 의무나 제한사항을 회피하기 위한 불순한 의도나 중
대한 과실에서 비롯된 것이 아닌 한, 이러한 행위를 두고 적법절차 위
반행위라고 보는 것은 곤란하다고 생각한다.

2. 임의제출물의 위법수집증거 판단

형사소송법 제218조는 《검사 또는 사법경찰관은 피의자, 기타인의
유류한 물건이나 소유자, 소지자 또는 보관자가 임의로 제출한 물건을
영장 없이 압수할 수 있다.》라는 내용으로 임의제출에 대해 규정하고
있다. 임의제출은 압수라는 강제처분의 한 방식이다.

형사소송법 제218조에 따른 임의제출은 범행현장이나 체포현장에
서도 가능하고, 제출자인 소유자, 소지자 또는 보관자가 반드시 적법
한 권리자일 필요도 없다.[41]

그리고 영장에 의해 압수한 물건이 해당 사건의 혐의사실과 관련
성이 없어 이를 환부하는 경우에도, 환부한 압수물이 다른 사건의 혐
의사실과는 관련성이 인정되는 경우에는 이를 다시 임의제출받는 것
도 가능하다고 해석된다. 이른바 '한국 까르푸 사건'에서 대법원이 "환
부 후 다시 제출하는 과정에서 수사기관의 우월적 지위에 의하여 임
의제출 명목으로 실질적으로 강제적인 압수가 행하여질 수 있으므로,
제출에 임의성이 있다는 점에 관하여는 검사가 합리적 의심을 배제할
수 있을 정도로 증명하여야 하고, 임의로 제출된 것이라고 볼 수 없는
경우에는 증거능력을 인정할 수 없다"라고 판시한 점에 비추어, 그 반
대해석상 일정한 요건을 갖출 경우 압수물을 환부한 후 다시 임의제
출받는 것도 가능함을 말해준다.[42]

---

41) 한상훈, "임의제출물의 영치와 위법수집증거 배제법칙", 최신판례분석 제719
　　호, 법조협회(2016), 609쪽.
42) 이순옥, "현행범인 체포 및 임의제출물 압수와 관련한 대법원의 태도에 대한
　　연구", 중앙법학 제18집 제4호, 중앙법학회(2016), 355쪽; 한상훈, 앞의 글, 615쪽.

그 외에 임의제출의 인정범위에 관한 판결 두 건을 더 소개해 본다.[43)]

① 광주고등법원 2014. 7. 1. 선고 2014노20 판결(대법원 2014. 10. 6. 선고 2014도9341 판결로 확정)은, 건설업자인 갑이 공무원인 피고인에게 뇌물을 교부하고 피고인이 이를 수수하였다는 것으로, 수사과정에서 검찰수사관이 수색장소를 '갑의 신체 및 A장소'로 기재한 압수수색영장을 발부받아 A장소에 대한 수색을 진행한 후, 위 영장과 관련 없는 B장소를 방문하여 갑을 만나 갑의 수첩을 임의제출받고 증거로 제출한 사안이다.

여기서는 검찰수사관이 A장소에 대한 수색을 진행한 후 영장 기재 장소가 아닌 B장소에서 갑으로부터 갑의 수첩을 임의제출받은 행위가 영장주의를 회피하고자 한 위법한 압수가 아닌지 문제되었는데, 법원은 《검찰수사관이 A에서 영장을 집행하려 하였으나 그곳에 관련된 자료가 없었고 갑도 그곳이 아닌 B에 있다는 것을 알게 되자 B로 찾아가 갑에게 영장에 기재된 신체 외에 B의 경우 별도로 영장을 발부받아 압수수색할 수도 있지만 임의제출에 동의하여 줄 것을 요구하여 갑이 협조하겠다고 함에 따라 갑의 사무실을 확인하던 중 갑의 사무실 책상에서 갑의 수첩을 발견하고 갑에게 이를 임의제출할 것인지를 묻자 갑이 이에 동의하여 위 수첩이 압수된 사실이 인정되는바, 그렇다면 갑의 수첩은 임의제출된 것으로서 영장주의나 별건 압수가 문제되지 않는다고 할 것이다.》라고 판단하였다.

이는 A장소에 대해 영장에 의한 압수수색을 진행하는 한편으로, 영장과 관련 없는 B장소에 있던 갑으로부터 임의제출을 받는 것도 가능하다고 인정한 사례이다.

② 대법원 2016. 12. 15. 선고 2016도11306 판결은, 피고인이 공무원의 직무에 속한 사항의 알선에 관하여 A업체로부터 금품을 받은 사건으로, 피고인이 수사기관에 자신과 A업체 사이에 오고간 이메일을

---

43) 한제희, 앞의 글, 298쪽.

세관공무원의 마약 압수와 위법수집증거 판단   *383*

임의제출한 사안이다.

대법원은《원심은 피고인이 검찰의 요구로 검찰청에 출석하여 검찰로부터 직전의 압수수색영장에 의한 집행 결과를 토대로 자신과 A업체 사이의 연락수단인 이메일을 제출할 수 있는지 질문을 받은 것은 임의제출물 압수절차의 일환으로 행하여진 것인데, 피고인은 검찰의 요청을 받아들여 이메일의 아이디와 비밀번호를 입력하고 이메일 내용을 출력한 후 임의로 이메일 출력물을 제출하였다고 할 것이므로, 이는 피고인의 임의에 기한 적법한 조치로서, 임의제출물 압수절차에 어떠한 위법이 있다고 보기 어렵다는 이유 등을 들어 이 사건 이메일의 증거능력을 인정하였다. (중략) 관련 법리 및 기록에 비추어 살펴보면, 원심의 위와 같은 판단은 정당하다.》라고 판시하였다.

이는 영장에 의한 압수수색을 실시하였으나 필요한 물건을 미처 압수하지 못한 경우, 압수수색 직후라도 재차 임의제출의 방법으로 압수하는 것도 가능함을 인정한 사례이다.

이렇듯 우리 판례는 임의제출 방식에 의한 압수를 폭넓은 범위에서 인정하고 있음을 알 수 있다. 물론, 외형은 임의제출이나 그 실질이 영장주의를 잠탈하기 위한 압수인 경우는 엄격히 제한되어야 한다는 입장 역시 취하고 있다.

3. 사안의 검토

그러면 대상판결들의 사안은 영장주의를 위반한 사안인가? 만약 영장주의 위반에 해당하는 사안이라면 이렇게 압수한 증거는 무조건 위법수집증거인가?

일응 영장주의를 위반한 것과 같은 외관이 있는 행위이더라도, 영장주의의 본래 취지에 비추어 볼 때 이것이 증거능력을 배척할 만큼 부당하다고 보기 어려운 사안도 있을 것이다. 그럼에도 불구하고 이러한 경우 역시 '영장주의'라는 대원칙 아래 위법수집증거라는 평가를 받아야 하는 것인가라는 의문이 든다.

먼저, 대상판결 1은 세관공무원이 우편물검사 도중 최초에 마약을 수중에 넣은 행위는 행정조사의 영역에서 일어난 일이어서 형사소송법상의 압수가 아니라고 보면서,《세관공무원이 통관검사를 위하여 직무상 소지 또는 보관하는 우편물을 수사기관에 임의로 제출한 경우에는 비록 소유자의 동의를 받지 아니하였다 하더라도 수사기관이 강제로 점유를 취득하지 아니한 이상 해당 우편물을 압수하였다고 할 수 없다. (중략) 수사기관이 이 우편물을 수취한 피고인으로부터 임의 제출 받아 영장 없이 압수한 것은 적법하다.》라는 법리를 설시하였다.

이러한 논지의 선례가 되는 판결들로는,《의료인이 진료 목적으로 채혈한 환자의 혈액을 수사기관에 임의로 제출한 것은 특별한 사정이 없는 한 적법하다.》는 취지의 대법원 1999. 9. 3. 선고 98도968 판결, 《교도관이 재소자가 맡긴 비망록을 수사기관에 임의로 제출한 것은 특별한 사정이 없는 한 적법하다.》는 취지의 대법원 2008. 5. 15. 선고 2008도1097 판결이 있다.[44]

더구나 대상판결 1의 사안은 '라이브 통제배달' 과정에서 수사기관이 사실상 해당 우편물에 대한 점유를 간접적으로 확보하고 있기는 하였으나, 대법원이 이러한 방식의 통제배달을 수취인을 특정하기 위한 특별한 배달방법으로 보면서 강제처분으로서의 압수에 해당하지 않는다고 보았다는 점에서 타당한 결론이다. 통제배달 과정에서 수사기관이 감시체제를 유지한 것일 뿐, 정당한 점유자의 점유를 배제하고 강제로 점유를 취득한 것은 아니기 때문이다.

다음으로 대상판결 2에 대해 살펴보면, 대상판결 2는 세관공무원이 검사에게 마약을 인계한 시점을 기준으로 보았을 때 세관공무원이 특사경의 지위에서 수사를 한다는 목적이 있었던 것이므로, 즉 자신이 수사기관 자체이므로 마약을 임의로 제출할 수 있는 소유자, 점유자 또는 보관자의 자격이 없다는 취지로 판단하였다.

---

44) 심희기, 앞의 글, 58쪽.

그러나 대상판결 2의 논리대로라면, 세관공무원이 행정조사 과정에서 점유를 취득한 물건을 수사 목적으로 수사기관에 인계하고자 하는 경우 임의제출의 방법으로는 거의 불가능하고 반드시 압수수색영장이 있어야만 한다는 결론에 이를 수밖에 없다. 그런데 임의제출에 의한 압수 역시 형사소송법에 마련되어 있는 여러 압수방식 중 하나인데, 임의제출에 의한 압수방식을 굳이 이러한 논리로 금지하면서 임의제출의 인정범위를 다른 사안에서와 달리 좁게 제한할 필요가 있는지는 의문이다.[45]

더구나 이는 대상판결 1의 사례와 비교하여도 형평에 맞지 않는다. 대상판결 1 사안과 대상판결 2 사안의 차이점은, 전자는 '라이브 통제배달'의 방법으로 마약이 피고인에게까지 전달되었고, 후자는 마약이 제거된 화물만을 피고인에게 '클린 통제배달'의 방법으로 전달하기로 하면서 마약은 곧바로 세관에서 검사에게로 점유가 이전되었다는 점뿐이다. 대상판결 1에서의 '라이브 통제배달'은 비록 마약 자체의 점유를 수사기관이 강제적으로 취득한 바는 없으나 그 배달과정에서 수사기관이 사실상 해당 우편물에 대한 점유를 확보하고 있는 것이나 마찬가지인 상태로도 볼 수 있다. 따라서 대상판결 2의 사안과 같이 이미 마약의 점유가 검사에게로 이전한 경우와 그 실질적인 효과 면에서는 별다른 차이가 없는 것임에도, 이런 유사한 두 사안에서의 마약 압수행위에 대한 평가를 굳이 서로 달리할 필요가 있을까.[46]

그리고 이러한 사안에서 굳이 압수수색영장을 받아 압수할 실익이 있는지도 의문이다. 이런 사안에서는 세관공무원이 통관검사 업무 도중 발견한 마약을 검사에게 임의제출한다는 것으로, 마약의 점유 이전과정에 대한 논리를 구성하면 된다. 즉, 세관공무원이 마약을 발견하게 되었을 때 수사를 위해 검사에게 이를 임의제출함으로써 통관검사 업무에 부수된 그의 임무는 정상적으로 종료된 것이고, 이후에는

45) 한제희, 앞의 글, 293쪽.
46) 한제희, 앞의 글, 295쪽.

특사경인 세관공무원이 검사와 합동으로 마약사범 검거에 나선 것으로 논리구성하면 지극히 자연스럽고, 그것으로 충분한 것이다. 그 중간 과정에서 굳이 영장이 존재하여야 한다는 것은 부자연스러운 논리구성이고, 그럴 실익도 없다.47)

결국 아직 배달 전인 마약의 수취인이 누구인지도 불분명한 상황에서 영장이 없었다고 하여 수취인의 권리가 침해되었다거나 문제가 있다고 보는 것은 영장주의의 본래 취지에서도 한참 벗어난 형식논리로 생각된다.

한편, 앞에서 살펴본 위법수집증거의 판단기준에 따라서 판단해 본다면, 대상판결 2의 경우 설령 세관공무원이나 검사가 압수절차와 관련한 형사소송법 규정을 제대로 지키지 않은 잘못이 있다고 하더라도, 이 세관공무원이나 검사의 입장에서 볼 때 수사편의를 도모한다거나 영장주의를 잠탈하기 위한 악의나 중과실에서 비롯된 행위는 아니었다고 볼 수 있다. 또한, 검사와 세관공무원으로서는 행정조사 단계에서 취득한 마약을 임의제출의 방법을 활용해 수사기관의 수중에 압수하는 데 아무런 문제가 없다고 판단하여 이를 증거로 수집하였는데, 특별한 근거 없이 임의제출을 압수방식으로 사용할 수 없다는 논리로 이를 적법절차 위반행위에 해당한다고 보는 것도 곤란하다.

---

47) 대상판결 2는 엑스선 검색기로 통상적인 검사를 하던 중 필로폰을 발견하여 해당 화물을 검사하고 개봉하여 시료를 채취하고 세관 분석실에 성분분석을 의뢰하여 분석한 행위까지는 영장이 필요 없는 행정조사 영역으로 보아 그 때까지 수집된 필로폰 시료와 성분분석 결과, 우편물을 촬영한 사진 등은 적법한 증거로 인정하고, 통제배달을 실시하고 검사의 수사지휘를 받기 시작한 이후는 영장이 필요한 수사의 영역으로 보아 그 과정에서 수집된 압수조서, 압수물 사진, 공판과정에서의 감정의뢰회보는 위법한 증거로 보았는데, 후자의 증거가 유효하지 않더라도 전자의 증거는 유효하므로 이에 의하여도 피고인을 유죄로 인정하는 데 문제가 없었다.
따라서 후자의 증거를 전자의 증거와 굳이 구분하여 위법하게 수집된 증거라고 볼 실익도 없고, 세관공무원의 일련된 행위들을 전체적으로 보아 행정조사 과정에서 적법하게 증거를 수집한 상태가 임의제출 압수를 통해 수사 과정에도 그대로 이어지는 것으로 봄이 타당하지 않은가 생각한다.

따라서 이를 위법하다고 본 대상판결 2의 결론 역시 적법절차 위반행위의 개념을 과도하게 넓게 본 것이다.

마지막으로 대상판결 3의 경우에는, 그 판결이유에서 보듯 통상적인 세관공무원의 통관검사에서 비롯된 사안이 아니라 처음부터 검사와 세관공무원의 내사 내지 수사가 개시된 사안이라는 점을 감안하면, 대상판결이 지적하고 있는 바와 같이 영장주의에 보다 충실할 필요가 있는 사안으로 보인다.

한편, 이상과 같은 마약 밀수입 사안에서 피의자가 금제품(禁制品)의 밀수입 혐의를 받고 있으므로 영장주의의 관철을 주장할 적격이 없고, '클린 통제배달' 방식이 통제배달의 원칙적 모습이라는 점을 감안하면 '프라이버시에 대한 정당한 기대 이론'(a legitimate expectation of privacy doctrine)을 도입하여 수사기관이 사전이나 사후에 법관의 영장을 발부받지 않았다 하더라도 영장주의 위반이 아님을 주장할 여지가 있다는 견해48)도 있다. 대상판결 2에서와 같이 금제품인 마약을 밀수하는 범죄자에 대해 논리도식적인 영장주의를 적용함으로 인해 발생하는 불합리한 결과를 감안하면 그 취지에 전적으로 공감하며, 이러한 해석론을 적극 도입할 필요도 있다고 생각한다.

Ⅳ. 맺는 말

지금까지 마약 밀수입사범 수사와 관련하여 세관공무원이 통관검사 과정에서 국제우편물 또는 국제화물로 이동 중인 마약을 취득한 행위의 위법성 여부에 대한 세 건의 대상판결들을 살펴보았다.

대상판결들의 사안에서, 세관공무원이 국제우편물 또는 국제화물에 대한 통관검사를 하는 과정에서 발견한 범죄의 증거물을 취득하여 이를 수사기관에 인계하는 행위는, 비록 그가 범죄수사에 관한 특사경의 지위를 겸하고 있다 하더라도 그가 수행한 통관검사 업무의 성격

---

48) 심희기, 앞의 글, 64쪽.

이 행정조사인 이상 그 업무에 부수되어 있는 사후적 조치를 취함으로써 수사기관의 수사에 협조한 것뿐이지, 그 자신이 직접 본격적인 수사를 진행한 것으로 볼 것은 아니다. 그리고 기존의 일관된 판례에 따른다면, 세관공무원이 범죄의 증거물을 수사기관에 인계하는 행위는 형사소송법이 정하고 있는 여러 압수 방식 중 하나인 임의제출에 해당하는 것으로 해석하여야 한다.

우리 형사소송법에 위법수집증거 배제법칙이 명문으로 도입되기 이전부터 우리 판례는 사안의 구체적 타당성을 고려하여 이 이론을 적용해 왔는데, 대상판결들에서도 역시 각 사안의 차이점에 따라 위법수집증거에 대한 판단기준을 달리하고 있다는 것을 알 수 있다.

그런데 형사소송법 제308조의2는 위법수집증거에 대한 자동적·의무적 증거배제를 규정하고 있는 데 반해 판례는 구체적 사안에 따른 재량적 증거배제의 입장을 취하고 있으므로, 제308조의2에서 말하는 '적법절차 위반행위'의 의미를 명확하게 해석하여 그 판단기준을 제시할 필요가 있다. 이를 위해 이 글에서는 '적법절차 위반행위'로서, 수사기관이 각종 법령상의 의무나 제한사항을 회피하거나 잠탈하기 위한 목적으로 악의 또는 중과실에 기하여 하는 행위를 상정하여 보았다.

이러한 시각에서 본다면, 세관공무원이나 수사기관의 마약 압수 행위가 헌법과 형사소송법상의 영장주의와 임의제출 관련 규정을 정면으로 위반하거나 그에 따른 의무나 제한사항을 회피하고자 하는 악의나 중과실에 기인한 것인지 여부를 잘 살펴봄으로써, 위법수집증거의 범위가 자칫 부당하게 확대해석되지 않고 개개 사안의 구체적 타당성이 유지될 수 있도록 하여야 한다.

[주 제 어]

세관공무원, 압수, 마약, 위법수집증거 배제법칙, 형사소송법, 위법수집증거,
위법수사, 형사증거법

[Key words]

customs officer, confiscation, drug, the exclusionary rule, the Criminal Procedure
Act, illegal evidence, illegal investigation, criminal evidence rule

접수일자: 2018. 5. 10. 심사일자: 2018. 5. 31. 게재확정일자: 2018. 6. 5.

[참고문헌]

권영법, "위법수집증거배제의 기준", 저스티스 제118호, 한국법학원(2010).

김재윤, "위법수집증거 배제기준의 정립에 관한 고찰", 저스티스 제120호, 한국법학원(2010).

김종구, "재량적 위법수집증거배제법칙과 증거수집의 주체", 형사법연구 제26권 제2호, 한국형사법학회(2014).

송진경, "압수, 수색으로서 실질적 의미를 가지는 행정조사에 있어서 영장주의의 준수필요성에 대한 소고", 법과 정책 제20집 제3호, 제주대학교 법과정책연구원(2014).

심희기, "세관직원의 국제우편물 개봉·시료채취와 수사기관의 통제배달", 비교형사법연구 제16권 제2호, 비교형사법연구회(2014).

안성수, "각국의 위법수집증거 배제법칙과 우리법상 수용방안", 저스티스 제96호, 한국법학원(2007).

예상균, "마약수사에서의 통제배달기법 고찰", 법과 정책연구 제15집 제2호, 한국법정책학회(2015).

이석배, "적법절차에 따라 수집한 증거사용의 한계", 법학논총 제36권 제2호, 단국대학교 법학연구소(2012).

이순옥, "현행범인 체포 및 임의제출물 압수와 관련한 대법원의 태도에 대한 연구", 중앙법학 제18집 제4호, 중앙법학회(2016).

전승수, "국제우편물에 대한 세관검사와 통제배달", 형사판례연구(23), 한국형사판례연구회(2015).

조 국, "재량적 위법수집증거배제의 필요성, 근거 및 기준", 서울대학교 법학 제45권 제2호, 서울대학교 법학연구소(2004).

조균석, "약물범죄수사기법으로서의 통제운반", 법조 제41권 제1호, 법조협회(1992).

한상훈, "임의제출물의 영치와 위법수집증거 배제법칙", 최신판례분석 제719호, 법조협회(2016).

한제희, "위법수집증거 배제법칙 운용의 개선방향", 형사소송 이론과 실무 제9권 제2호, 한국형사소송법학회(2017).

Yuval Merin, "Lost between the fruits and the tree: In search of a coherent theoretical model for the exclusion of derivative evidence", 18 New Criminal Law Review 273(2015).

Mark E. Cammack, "The rise and fall of the constitutional exclusionary rule in the United States", 58 American Journal of Comparative Law 631(2010).

[Abstract]

A study of the exclusionary rule on the case of the drug confiscated by customs officers

Han, Je-Hee*

The exclusionary rule is a principle restricted in order to draw appropriate conclusions according to the common sense of the community, and for this reason, other major countries recognize various exceptional theories of the exclusionary rule. In addition, article 308-2 of the Criminal Procedure Law stipulates the exclusion of automatic and mandatory evidence on evidence of illegal collection, which may lead to unjustified results depending on the case. Therefore, for the proper operation of article 308-2, it is necessary to interpret the meaning of 'procedural violation' as limited as possible rather than expanding it.

For a limited interpretation, taking into consideration that the main reason for recognizing the exclusionary rule is to deter illegal investigations, it is only a violation of the due process that the investigating agency has clearly made its intention to violate the due process.

From this point of view, the act of obtaining the evidence of the crimes that the customs officer discovered during the customs clearance inspection for international mail or international cargo and handing over the evidence to the investigating agency is considered to be legal. Because the nature of the customs inspection work performed by customs officer is an administrative investigation, and he has cooperated with the investigation of the investigating agency by taking the measures attached

* Public Prosecutor, Seoul Southern District Prosecutors' Office.

to the work. He is not considered to have conducted an investigation.

In the end, it is important to look closely at whether the customs officer or investigative agency's conduct of drug seizure directly violates the due process and it is intentionally malicious.

영장에 의해 취득한 통신사실확인자료 증거사용 제한 규정의 문제점

이 완 규*

[대상판결 1] 대법원 2017. 1. 25. 선고 2016도13489 판결

1. 공소사실 및 증거관계

갑은 지방공기업인 ○○교통공사 사장이었던 사람으로서 2009. 8. 경부터 2010. 6.경까지 사이에 건설현장 식당브로커인 을로부터 ○○ 교통공사가 발주하는 지하철 공사현장의 식당운영권을 수주할 수 있 도록 도와달라는 부탁을 받고 4회에 걸쳐 2,000만원의 뇌물을 수수하 였다.

공판정에서 갑은 공소사실을 부인하고 공여자인 을은 자백하였으 며 갑에 대해서는 공여자인 을의 진술과 을이 갑과 통화한 내역이 기 재된 통신사실확인자료가 증거로 제출되었다. 예컨대 2009. 8. 13.자 500만원의 뇌물공여사실에 대해서 을은 2009. 8. 13.경 갑과 통화를 한 후 갑에게 줄 돈을 현금인출기에서 출금한 후 갑의 사무실로 가서 돈 을 주었다고 진술하고, 을의 통화내역이 기재된 통신사실확인자료에 는 을이 2009. 8. 13. 13:31경 갑과 통화를 하였고 그 후 15:30경 및 16:43경부터 17:51경까지 사이에 을의 위치가 확인되는 기지국의 위치 가 갑의 사무실 부근이었던 내용 등이 들어 있었고 이러한 통신사실

확인자료가 4회에 걸쳐 뇌물수수시기에 모두 들어 있었다.

그런데 을이 갑과 통화한 내용이 들어있는 통신사실확인자료는 을이 이 사건과 별개로 먼저 수사를 받은 사건으로서 을이 병에게 강원랜드 직원채용, 발주공사 납품업체 선정 및 ××건설 사장에 대한 건설현장 식당운영권 수주에 대한 영향력 행사 등을 청탁하면서 금품을 공여하였다는 혐의사실에 대한 수사시에 법원의 허가를 받아 제공받았던 통신사실확인자료로서 2009. 8. 1.부터 2010. 11.경까지의 자료였으며 그 사건의 기록에 첨부되어 있던 것이었다. 본 사건의 검사는 을과 병에 대한 사건에서 위와 같은 통신사실확인자료제공요청이 있었고 그 자료가 위 사건 기록에 있는 것을 알고 그 사건 기록에서 위 자료를 사본하여 이 사건의 증거로 제출하였다.

2. 항소심 재판 경과

피고인 갑은 1심에서 유죄판결을 선고받았다.[1] 갑은 항소심에서 1심에서 증거가 된 을의 통화내역은 을이 다른 사건에서의 사기혐의 또는 을이 병에게 금품을 공여한 혐의에 기초하여 허가받은 통신사실확인자료로서, 수사기관이 별도로 을과 피고인 갑 사이의 금품수수 혐의에 기하여 통신사실확인자료 제공허가를 받지 않은 이상 위 통화내역자료는 위법하게 수집한 증거로서 증거능력이 없고 이에 기초한 을의 진술 또한 증거능력이 없다고 주장하였고 항소심법원은 이에 대해 다음과 같이 판시하면서 유죄판결을 유지하였다.[2]

"우선, 통신사실확인자료 및 그에 기초한 2차 증거가 증거능력을 갖추기 위해서는 ㉮ 검사 등이 통신사실확인자료를 취득하는 과정에서 통신비밀보호법 관련 규정에 의한 지방법원 또는 지원의 허가를 받아야 하고, 당해 피고사건에서 그 허가의 존재가 검사에 의하여 입증

---

1) 부산지방법원 2015. 11. 27.선고 2014고합 587, 441(병합), 603(병합), 802(병합) 판결.
2) 부산고등법원 2016. 8. 11. 선고 2015노777 판결.

되어야 한다.

통신사실확인자료의 사용제한에 관하여 통신비밀보호법 제12조 제1호를 준용하도록 한 법 제13조의5에 의하면, 통신사실확인자료 제공요청에 의하여 취득한 통신사실확인자료를 범죄의 수사, 소추 또는 예방을 위하여 사용하는 경우 그 대상범죄는 통신사실확인자료 제공요청의 목적이 된 범죄나 이와 관련된 범죄에 한정되는바 여기서의 '관련'은 통신사실확인자료 제공요청의 목적이 된 범죄와 객관적, 주관적, 시간적으로 관련됨을 의미한다고 좀 더 구체화할 수 있다.

통신사실확인자료 제공요청 또한 통신자료라는 디지털 증거에 대한 압수수색의 성격을 가지는데, 대법원 2009. 7. 23. 선고 2009도2649 판결에서 압수의 대상을 압수수색영장의 범죄사실 자체와 직접적으로 연관된 물건에 한정할 것은 아니고, 압수수색영장의 범죄사실과 기본적 사실관계가 동일한 범행 또는 동종·유사의 범행과 관련된다고 의심할 만한 상당한 이유가 있는 범위 내에서는 압수를 실시할 수 있다고 판시하여 동종·유사 범행까지도 관련성을 인정하고 있는 점, 대법원 2008. 7. 10. 선고 2008도2245 판결에서는 피고인을 사기죄 혐의자로 긴급체포하면서 압수한 타인의 주민등록증 등을 이에 대한 점유이탈물횡령죄의 증거로 사용하는 것도 적법하다고 판시한 점, 통신사실확인자료를 확보하는 데에는 보관상 시간적 한계가 있다는 점, 통신사실확인자료 자체는 피고인에게 유리할 수도 있고 불리할 수도 있는 중립적인 성격의 증거라는 점 등을 고려할 때, 객관적 관련성을 좁게 해석하여 통신사실확인자료 제공요청의 대상범죄와 기본적 사실관계를 같이 하거나 그 범죄의 전후 연결되는 범죄, 그 범행으로부터 직접 파생되는 동종·유사범죄 등으로 이해하기보다는 ㉯ 통신사실확인자료 제공요청의 대상범죄와 기본적 사실관계가 동일한 범행 뿐만 아니라 그 대상자의 동종·유사의 범행도 객관적 관련성이 인정된다고 봄이 상당하다.

여기서의 '대상자'는 통상 통신비밀보호법 제13조 제2항 등에서 규정하고 있는 '가입자'가 될 것이지만, 수사기관 등이 차명 등의 사정으로 제공요청서에 가입자로 기재하지는 않았지만, 해당 가입자와의 연관성 등 허가서 전체 문언에 의해 실질적으로 수사의 대상이 됨이 분명하다고 해석할 수 있는 사람까지 포함될 수 있고, '대상범죄' 또한 허가서 등에 기재된 죄명에 국한되는 것이 아니라 요청사유 등 허가서 전체 문언에 의해 대상범죄를 파악하여야 한다.

그리고 ㉐ 통신사실확인자료 제공요청의 대상범죄 및 그와 객관적 관련성이 인정되는 범죄에 관하여는 당해 대상자 외에 필요적 공범을 포함한 광의의 공범 등 범죄관련자에 대하여도 주관적 관련성을 인정할 수 있다. 다만, 통신사실확인자료 제공요청의 대상자가 아니면서도 주관적 관련성이 인정되는 사람의 '제공요청 대상자와 관련이 없는 별건 범행'은 비록 제공요청 대상범죄와 동종·유사 범행이라고 하더라도 관련성을 인정할 수는 없다. 그와 같은 범행까지도 관련성을 인정하게 되면 객관적, 주관적 관련성이라는 이중의 연결고리를 통해 애초 통신사실확인자료 제공요청의 대상자나 대상범죄와는 동떨어진 범행까지도 관련성을 인정하는 결과를 낳기 때문이다."

"마지막으로, ㉑ 통신사실확인자료 제공요청의 대상범죄와의 시간적 근접성이 인정되어야 하는바, 그 근접여부는 대상범죄 및 관련범죄의 종류, 자료제공요청기간과 관련 범행일시의 중첩정도 등에 따라 결정된다고 할 수 있다."

그리고 이와 같은 법리에 비추어 "우선 위 통신사실확인자료는 지방법원 판사의 허가를 받았음이 분명하다. 위 통신사실확인자료 제공요청의 대상자에 피고인 을이 포함됨 또한 분명하고, 요청사유 등 허가서 전체 문언에 의할 때 대상범죄는 피고인 을의 병에 대한 배임증재 범행이 포함된다고 볼 수 있다.

피고인 을의 병에 대한 배임증재 범행은 이 사건 공소사실 중 하나인 피고인 을의 피고인 갑에 대한 뇌물공여범행과 유사한 범행(돈을 주며 부정한 청탁을 하고 그를 통해 이익을 얻고자 하는 점 등에서)으로

객관적 관련성을 인정할 수 있고, 피고인 을의 피고인 갑에 대한 뇌물
공여범행에 대하여는 피고인 갑은 뇌물수수의 당사자로서 필요적 공
범에 해당하는 범죄관련자에 해당하므로, 결국 피고인 갑의 피고인 을
로부터의 뇌물수수범행과 통신사실확인자료 제공요청의 목적이 된 피
고인 을의 병에 대한 배임증재범행은 주관적으로 관련되었다고 볼 수
있다.

마지막으로, 이 사건의 증거로 제출된 통신사실확인자료의 자료
제공요청기간은 2009. 8. 1.부터 2010. 11. 10.경까지로 이 부분 공소사
실의 범행시점인 2009. 8. 13., 2010. 1. 21., 2010. 5. 13., 2010. 6. 14. 과
중첩됨이 분명하므로 시간적 관련성을 인정하는데 무리가 없다. 따라
서 위 통신사실확인자료는 판사의 허가를 받은 통신사실확인자료 제
공요청의 목적이 된 범죄와 객관적, 주관적, 시간적 관련성이 인정되
는 범죄인 피고인 갑의 2009. 8. 13., 2010. 1. 21., 2010. 5. 13., 2010. 6.
14. 각 뇌물수수 범행의 수사·소추를 위하여 사용할 수 있는 적법한
증거에 해당"한다.

3. 대법원 판결

피고인 갑은 다시 통신사실확인자료의 증거능력에 관하여 다투면
서 상고하였고 대법원은 다음과 같이 판시하였다.

"1) 통신비밀보호법은 통신제한조치의 집행으로 인하여 취득한
전기통신의 내용은 통신제한조치의 목적이 된 범죄나 이와 관련되는
범죄를 수사·소추하거나 그 범죄를 예방하기 위한 경우 등에 한정하
여 사용할 수 있도록 규정하고(제12조 제1호), 통신사실확인자료의 사
용제한에 관하여 이 규정을 준용하도록 하고 있다(제13조의5). 따라서
통신사실확인자료 제공요청에 의하여 취득한 통화내역 등 통신사실확
인자료를 범죄의 수사·소추를 위하여 사용하는 경우 그 대상 범죄는
통신사실확인자료 제공요청의 목적이 된 범죄 및 이와 관련된 범죄에

한정되어야 한다(대법원 2014. 10. 27. 선고 2014도2121 판결). 여기서 통신사실확인자료 제공요청의 목적이 된 범죄와 관련된 범죄라 함은 통신사실확인자료 제공요청 허가서에 기재된 혐의사실과 객관적 관련성이 있고 자료제공 요청대상자와 피의자 사이에 인적 관련성이 있는 범죄를 의미한다 할 것이다.

그중 혐의사실과의 객관적 관련성은, 통신사실확인자료 제공요청 허가서에 기재된 혐의사실 자체 또는 그와 기본적 사실관계가 동일한 범행과 직접 관련되어 있는 경우는 물론 범행 동기와 경위, 범행 수단 및 방법, 범행 시간과 장소 등을 증명하기 위한 간접증거나 정황증거 등으로 사용될 수 있는 경우에도 인정될 수 있다. 다만, 통신비밀보호법이 위와 같이 통신사실확인자료의 사용범위를 제한하고 있는 것은 특정한 혐의사실을 전제로 제공된 통신사실확인자료가 별건의 범죄사실을 수사하거나 소추하는 데 이용되는 것을 방지함으로써 통신의 비밀과 자유에 대한 제한을 최소화하는 데 입법취지가 있다 할 것이다. 따라서 그 관련성은 통신사실 확인자료제공요청 허가서에 기재된 혐의사실의 내용과 당해 수사의 대상 및 수사 경위 등을 종합하여 구체적, 개별적 연관관계가 있는 경우에만 인정된다고 보아야 하고, 혐의사실과 단순히 동종 또는 유사 범행이라는 사유만으로 관련성이 있다고 할 것은 아니다. 그리고 피의자와 사이의 인적관련성은 통신사실확인자료 제공요청 허가서에 기재된 대상자의 공동정범이나 교사범 등 공범이나 간접정범은 물론 필요적 공범 등에 대한 피고사건에 대해서도 인정될 수 있다.

2) 원심판결 이유와 기록에 의하면, 서울동부지방검찰청 검사는 피고인 1이[3] 건설현장 식당운영권 알선브로커로 활동하면서 전국 여러 지역의 건설현장 식당운영권 수주와 관련하여 공무원이나 공사 관계자에게 금품을 제공한 혐의를 수사하는 과정에서, 2010. 12. 16. 및 2010 12. 21. 통신비밀보호법 관련 규정에 따라 서울동부지방법원 판

---

3) 위의 사안 설명에서 피고인 을.

사의 허가를 받아 통신사실확인자료를 취득한 사실, 그 중 2010. 12. 16.자 허가서는 대상자가 피고인 1이고 대상범죄는 '2010. 3.경부터 2010. 10.경 사이의 피고인 1과 공소외인 사이의 ○○○○ 직원 채용 및 ○○○○ 발주 공사 납품업체 선정 청탁 관련 금품수수(공여자는 피고인 1)'로 기재되어 있고, 2010. 12. 21.자 허가서에는 대상자는 '피고인 1 등'으로, 대상범죄는 '2009. 2.경부터 2010. 12.경까지 사이의 공소외인과 피고인 1 사이의 ○○○○ 직원 채용 및 ○○○○ 발주 공사 납품업체 선정, △△건설 사장에 대한 인천 송도 건설현장의 식당운영권 수수 영향력 행사 청탁 관련 금품수수(공여자는 피고인 1)'로 기재되어 있는 사실, 위 통신사실확인자료에는 피고인 1과 피고인 2[4]가 이 사건 공소사실 기재 일시 무렵 통화한 내역이 포함되어 있고, 검사는 위 통화내역을 피고인들에 대한 이 사건 뇌물공여 및 뇌물수수의 점에 대한 유죄의 증거로 제출하고 있는 사실을 알 수 있다.

위와 같은 사실관계를 앞에서 본 법리에 비추어 살펴보면, 이 사건 통신사실 확인자료제공요청 허가서에 기재된 혐의사실 중 피고인 1과 공소외인 사이의 ○○○○ 직원 채용 및 ○○○○ 발주 공사 납품업체 선정 관련 부분은 부산교통공사가 발주하는 지하철 공사현장의 식당운영권을 수주할 수 있도록 청탁하면서 뇌물을 수수하였다는 이 사건 공소사실과 아무런 관련성이 없다고 할 것이다. 그러나 피고인 1의 인천 송도 건설현장의 식당운영권 수주 관련 금품제공 부분은 범행 경위와 수법이 이 사건 공소사실과 동일하고 범행시기도 근접해 있을 뿐만 아니라, 기록에 의하면 당시 피고인 1에 대하여는 위 혐의사실을 포함하여 여러 건설현장의 식당운영권 수주를 위해 다수의 공무원이나 공사관계자에게 금품을 제공하였다는 혐의로 광범위한 수사가 진행되고 있었는데, 피고인 2와 관련된 이 사건 공소사실 관련 사항은 당시에는 직접 수사대상에 포함되어 있지 않았으나 나중에 부산지방검찰청에서 별도의 수사를 하는 과정에서 종전에 서울동부지방검

---

4) 위의 사안 설명에서 피고인 갑.

찰청에서 확보해두었던 통신사실확인자료에서 이 사건 피고인들 사이의 통화내역을 확인하게 되어 이를 이 사건 공소사실에 대한 증거로 제출한 사실을 알 수 있다.

이와 같은 여러 사정, 특히 이 사건 공소사실은 건설현장 식당운영권 수주와 관련한 피고인 1의 일련의 범죄혐의와 범행 경위 및 수법 등이 공통되고, 이 사건에서 증거로 제출된 통신사실확인자료는 그 범행과 관련된 뇌물수수 등 범죄에 대한 포괄적 수사를 하는 과정에서 취득한 점 등을 종합하여 보면, 이 사건 공소사실과 이 사건 통신사실확인자료제공요청 허가서에 기재된 혐의사실은 객관적 관련성이 인정된다고 할 것이고, 또한 그 허가서에 대상자로 기재된 피고인 1은 이 사건 피고인 2의 뇌물수수 범행의 증뢰자로서 필요적 공범에 해당하는 이상 인적 관련성도 있다고 할 것이다. 그러므로 위 허가서에 의하여 제공받은 통화내역은 피고인 2에 대한 이 사건 공소사실의 증명을 위한 증거로 사용할 수 있다고 보아야 한다."

[대상판결 2] 대법원 2014. 10. 27. 선고 2014도2121 판결

1. 공소사실 및 증거관계

A는 2008. 4. 9. 실시된 제18대 국회의원 선거에서 ◇◇당 ×× 지역구 후보로 출마하였다가 낙선하였고 2010. 7. 28. 실시된 위 지역구 보궐선거에서 국회의원으로 당선되었으며 제19대 국회의원 선거에서 재선한 사람이다. A는 2008. 3. 24.경 ××시에 있는 A의 주거지에서 B로부터 선거자금 등 명목으로 정치자금법에 정하지 아니한 방법으로 4,000만원의 정치자금을 기부받았다.

공판정에서 A는 B를 만난 사실이 없고 4,000만원을 받은 사실이 없다고 범행을 부인하였다. B는 공판정에서 A의 주거지에서 돈을 교부한 사실을 진술하였고 B의 진술을 뒷받침하는 증거로 B가 C와 휴대폰 통화를 한 통신사실확인자료가 제출되었다. B는 서울이 거주지인데 제18대 총선에 출마한 지인인 A와 C 및 D에게 정치자금을 전달하기 위해 돈을 준비하여 먼저 A가 있는 충북 ××시로 가서 A의 주거지에서 돈을 교부한 후에 C가 있는 강원 ○○시로 가서 C에게 정치자금을 교부하고 다시 강원 ▽▽시로 가서 D에게 정치자금을 교부한 후에 그곳에서 하룻밤을 묵고 다음날 서울로 올라왔다고 진술하였는데 위 통신사실확인자료에 의하면 B가 2008. 3. 24. 17:43경 ××시에서 C에게 휴대전화로 전화를 걸어 1분 15초 동안 통화하고, 같은 날 19:11경 강원도 영월군 영월읍에서 C와 58초간 통화를 한 사실이 인정되어 B가 ××시에 간 사실은 명백하고, B가 진술하는 당일의 행적의 신빙성을 뒷받침하였다.

그런데 B가 C와 통화한 내용이 들어있는 통신사실확인자료는 2008. 3. 27.경 강원정선경찰서에서 C와 D에 대한 공직선거법위반 사건을 수사하면서 법원의 통신사실확인자료 제공요청 허가서에 의해 통신회사로부터 제공받은 것이었다. 그 사건의 혐의사실은 해당 지역구 국회의원 후보로 출마한 C가 D에게 돈을 교부하는 등으로 공직선거법을 위반하였다는 사실이었고 당시 정선경찰서 사법경찰관은 이와 같은 금품수수행위의 관련 증거를 확보하기 위하여 그 무렵의 C의 휴대폰 통화내역에 관한 통신사실확인자료 제공요청을 하였는데 그 통신사실확인자료에 C와 B가 통화한 내역이 들어 있었다. 그런데 당시는 C가 B로부터 금품을 받은 혐의는 수사되지 않았다.[5]

그 후 2011. 11. 5. 저축은행비리와 관련하여 대검찰청 중앙수사부 산하에 저축은행비리 합동수사단이 발족되었다. 그 수사단에서 J 저축은행 대주주이던 B의 비리혐의를 수사하던 검사가 B로부터 2008. 3.

---

5) C는 D에게 금품을 제공한 공직선거법위반 사실 이외에 다른 공직선거법위반 및 정치자금법위반 사실이 추가로 적발되어 기소되었고 유죄판결을 받았다 (춘천지방법원 영월지원 2008. 6. 5. 선고 2008고합10, 2008고합11(병합), 2008고합16(병합) 판결, 서울고등법원 2008. 8. 29. 선고 2008노1544 판결, 대법원 2008. 11. 27. 선고 2008도8366 판결).

24.경 A, C 및 E에게 불법정치자금을 제공하였다는 진술을 들었다. 이에 C를 조사하던 중 C로부터 그 무렵 금품교부 등의 공직선거법위반 사건 수사시에 휴대폰 통화내역에 관한 통신사실확인자료 제공요청이 있었다는 진술을 듣고 영월지청에 있는 사건기록을 확인하여 C의 휴대폰 통화내역이 있는 통신사실확인자료에 B와 C의 통화내역이 있는 것을 확인하였다. 검사는 B로부터 불법 정치자금을 받은 혐의로 A, C, E를 기소하였고 각 사건에 B의 휴대폰 통화내역이 제출되었다.

2. 항소심 재판 경과

A, C, E는 위 합동수사단에서 B로부터 불법 정치자금을 받은 정치자금법위반죄로 각 별개로 기소되어 1심에서 모두 유죄판결을 받았다.6) 먼저 1심 판결을 받은 C는 항소하였으나 2013. 1. 31. 항소기각의 판결을 받았고7) 상고하였으나 2013. 3. 28. 상고가 기각되었다.8) E도 2013. 4. 19. 항소기각 판결을 받았고,9) 상고하였으나 2013. 6. 27. 상고가 기각되었다.10)

그런데 A의 항소심 법원은 2014. 2. 6. A에 대해 무죄판결을 하였는데 B의 진술을 뒷받침하던 B와 C 사이의 휴대폰통화내역이 있는 통신사실확인자료의 증거능력을 다음과 같은 이유로 배척하고, 이에 더 나아가 B의 진술의 신빙성도 배척하였다.11)

"통신비밀보호법은 제13조 제2항에 따라 통신사실 확인자료제공을 받을 때에는 당해 통신사실 확인자료제공요청사실 등 필요한 사항을 기재한 대장과 통신사실확인자료제공요청서 등 관련자료를 소속기

---

6) A는 서울중앙지방법원 2013. 2. 8. 선고 2012고합887 판결, C는 서울중앙지방법원 2012. 9. 7. 선고 2012고합221 판결, E는 서울중앙지방법원 2012. 11. 29. 선고 212고합241 판결.
7) 서울고등법원 2013. 1. 31. 선고 2012노2953 판결.
8) 대법원 2013. 3. 28.자 2013도1832 결정.
9) 서울고등법원 2013. 4. 19. 선고 2012노4308 판결.
10) 대법원 2013. 6. 27. 선고 2013도4850 판결.
11) 서울고등법원 2014. 2. 6. 선고 2013노929 판결.

관이 비치하여야 한다고 규정하고 있음에도(제13조 제5항) 검사는 이 사건 통화내역을 취득하는 과정에서 사전 또는 사후에 통신비밀보호법이 정한 바에 따라 지방법원 또는 지원의 허가를 받았다는 자료를 제출하지 못하고 있고, 유죄의 증거가 적법한 절차에 따른 증거능력이 있는 증거라는 점은 검사에게 입증책임이 있는 것이므로 그에 대한 증명이 없는 이상 이 사건 통화내역은 적법한 절차에 의하여 수집된 증거라고 보기 어렵다.

또한 ① 통신비밀보호법은 지방법원 또는 지원의 허가를 받지 못한 경우에는 지체없이 제공받은 통신사실확인자료를 폐기하도록 하고 있으므로(통신비밀보호법 제13조 제3항) 이 사건 통화내역에 대하여 지방법원 또는 지원의 허가를 받지 못하였다면 결국 이 사건 통화내역의 수집 및 증거제출은 불가능하였을 것으로 보이는 점, ② 통신 및 대화의 비밀과 자유의 제한에 대하여 그 대상을 한정하고 엄격한 법적 절차를 거치도록 함으로써 보장하고자 하는 통신비밀보호법이 정한 절차에 따르지 않은 위법한 통화내역의 수집은 통신의 비밀과 자유를 본질적으로 침해하는 것인 점, ③ 아래에서 보는 바와 같이 이 사건 통화내역은 피고인에 대한 이 사건 공소사실과는 전혀 관련성이 없는 다른 범죄를 수사하는 과정에서 수집된 것인 점 등에 비추어 보면 지방법원 또는 지원의 허가를 받지 않은 이 사건 통화내역의 수집은 적법절차의 실질적인 내용을 침해한 경우에 해당하고, 또한 그 증거능력을 배제하는 것이 헌법과 형사소송법이 형사소송에 관한 절차 조항을 마련하여 적법절차의 원칙과 실체적 진실 규명의 조화를 도모하고 이를 통하여 형사 사법 정의를 실현하려 한 취지에 반하는 결과를 초래하는 것으로 평가되는 예외적인 경우에 해당한다고 볼 만한 사정도 없다. 따라서 이 사건 통화내역은 적법한 절차에 따르지 아니하고 수집한 증거로서 형사소송법 제308조의2에 의하여 증거능력이 없으므로 이 사건 공소사실에 대한 유죄의 증거로 사용할 수 없다.

한편, 통신비밀보호법은 통신사실 확인자료제공요청을 위하여 지

방법원 또는 지원의 허가를 받을 경우에는 그 요청사유, 해당 가입자
와의 연관성을 밝힌 서면으로 받도록 하고 있고(제13조 제2항), 취득한
통신사실 확인자료를 그 목적이 된 범죄나 이와 관련되는 범죄를 수
사·소추하거나 그 범죄를 예방하기 위하여 사용하는 경우 등 외에는
사용할 수 없다고 규정하고 있으므로(제13조의5, 제12조 제1호) 설령 검
사가 C와 D에 대한 공직선거법위반 사건의 수사절차에서 통신비밀보
호법 제13조 제2항 또는 제3항에 의한 지방법원 또는 지원의 허가를
받았다고 하더라도 피고인에 대한 이 사건 공소사실은 C 및 D의 공
직선거법위반 범죄와는 전혀 관련이 없는 것이고 C 및 D의 공직선거
법위반 사건에서 지방법원 또는 지원의 허가를 받을 당시에 그 요청
사유에 포함되었다고 볼 만한 아무런 증거도 없으므로 피고인에 대한
이 사건 공소사실은 통신비밀보호법 제13조의5, 제12조 제1호에서 말
하는 '그 목적이 된 범죄나 이와 관련되는 범죄'에 해당하지 아니하여
이 사건 통화내역을 피고인에 대한 이 사건 공소사실에 대한 증거로
사용하는 것은 위 규정을 위반한 것으로 위법하다."

3. 대법원 판결

통신사실확인자료의 사용제한에 관하여 통신비밀보호법 제12조
제1호를 준용하도록 한 같은 법 제13조의5에 의하면, 통신사실확인자
료 제공요청에 의하여 취득한 통신사실확인자료를 범죄의 수사·소추
또는 예방을 위하여 사용하는 경우 그 대상범죄는 통신사실확인자료
제공요청의 목적이 된 범죄나 이와 관련된 범죄에 한정된다고 할 것
이다.

원심은, 이 사건 통화내역은 공소외 1과 공소외 2에[12] 대한 공직
선거법위반 사건의 수사과정에서 에스케이텔레콤 주식회사가 강원 정
선경찰서장에게 제공한 것으로서, 검사가 이를 취득하는 과정에서 통
신비밀보호법 제13조 제2항 또는 제3항에 의한 지방법원 또는 지원의

---

12) 사례설명에서 C와 D.

허가를 받았다고 하더라도 피고인에 대한 이 사건 공소사실은 공소외 1과 공소외 2의 공직선거법위반죄와는 아무 관련이 없으므로 이를 이 사건 공소사실에 대한 증거로 사용할 수 없다고 판단하였다.

　원심판결 이유에 앞서 본 법리와 기록에 비추어 살펴보면 원심의 이러한 판단은 정당한 것으로 수긍이 가고, 거기에 상고 이유의 주장과 같이 법원의 석명의무, 통신사실확인자료 사용제한의 범위, 위법수집증거 배제원칙의 예외에 관한 법리를 오해하는 등으로 판결 결과에 영향을 미친 위법이 없다.

Ⅰ. 서

　2012. 1. 1. 시행된 형사소송법 일부 개정법률에서 압수수색 조문에 압수대상물을 '사건과 관계가 있다고 인정할 수 있는 것'으로 한정하는 문구가 도입되었다. 이는 종래 이론상 관련성이라고 이해되던 것을 법문으로 명문화한 것이었는데 실무상 관련성 유무를 엄격히 검토하지 않고 과잉압수가 빈번히 행해진다는 반성에서 법개정이 행해졌다.

　이에 따라 법시행 후에 관련성의 의미와 범위 등에 관한 논의가 활발해지고[13] 실무에서도 관련성의 유무를 따져 관련성이 없다고 판

---

13) 강수진, "별도 범죄혐의 관련 전자정보의 압수 · 수색에 관한 대법원 2015. 7. 16.자 2011모1839 결정의 검토", 안암법학 50권, 2016; 김재중 · 이승준, "압수수색의 범위와 범죄사실과의 관련성", 형사정책연구 제106호, 2016; 노수환, "디지털 증거 압수수색 절차상 당사자의 참여권 및 별건 관련성 없는 증거의 압수요건, 대법원 2015. 7. 16.자 2011모1839 결정", 법조 제65권 제7호, 2016; 이완규, "디지털 증거 압수수색과 관련성 개념의 해석", 법조 제62권 제11호, 2013; "디지털증거 압수절차상 피압수자 참여방식과 관련성 범위 밖의 별건 증거 압수방법", 형사법의 신동향 제48호, 2015; 이원상, "디지털증거 압수수색절차에 있어서의 관련성 연관 쟁점 고찰－미국의 사례를 중심으로", 형사법의 신동향 제51호, 2016; 정한중, "적법하게 취득한 통신사실 확인자료와 관련성 있는 범죄", 법조 제66권 제2호, 2017; 조광훈, "압수 · 수색절차에서 관련성의 요건인 기본적 사실관계의 동일성 · 동종성 · 유사성에 관한 검토", 영산법학논총 제12권 제2호, 2015.

단되는 물건을 압수한 경우 압수 자체를 위법으로 보고 위법수집증거 배제법칙을 적용하는 판례도 나오는 등[14] 압수수색에 있어 관련성은 매우 중요한 개념으로 등장하였다.

한편, 압수수색에 있어서 관련성은 어떤 사건에서 일정한 혐의사실이 기재된 압수수색영장에 의하여 어떤 범위의 대상물을 압수할 수 있는가의 문제이며 그러한 관련성 하에서 압수된 물건 중에서 다른 범죄의 증거로도 사용될 수 있는 증거가 발견되는 경우 이를 다른 범죄에 대한 수사와 소추에 사용하는 것은 적법한 압수물의 사용이므로 제한이 없었으며 이를 위해 별도로 영장을 받을 필요는 없다. 그러므로 만약 적법한 압수물의 사용을 제한하려면 별도의 법률이 필요한 것인데 현행법상 이러한 법률로서 통신제한조치결과물의 증거사용제한에 관한 통신비밀보호법 제12조 제1호와 통신사실확인자료의 증거사용제한에 관한 같은 법 제13조의5가 있다.

그런데 통신비밀보호법상 증거사용제한 조문에도 '관련되는 범죄'라는 문구가 있어 여기서도 관련성이 문제된다. 압수수색조문에서의 관련성은 압수대상물의 한계개념으로서의 관련성이고 통신비밀보호법상의 관련성은 적법하게 취득된 자료를 증거로 사용할 수 있는 사건의 범위로서 차원이 다르나 혼동의 소지가 있어 이를 구별할 필요가 있다. 나아가 판례는 '통신제한조치 또는 통신사실확인자료 제공요청 허가서에 기재된 혐의범죄와 관련성이 있는 범죄'라고 해석하고 있는데 그 해석의 타당성 여부도 검토하기로 한다.

Ⅱ. 압수 대상물 제한 개념으로서의 관련성

1. 관련성의 의의

수사는 일정한 범죄혐의를 전제로 하여 그 혐의를 확인하고 재판과정에서 적정한 처벌을 받도록 하기 위한 증거를 수집하며, 피의자의

---

14) 대법원 2014. 1. 16. 선고 2013도7101 판결.

신병을 확보하는 등의 행위를 말하고 압수는 이와 같은 수사의 한 방법으로 행해진다. 그러므로 수사과정에서의 압수대상물은 수사대상인 범죄혐의에 대해 수사함에 있어 증거로서의 의미를 가질 수 있는 것(또는 몰수할 수 있는 물건)에 한정되어야 할 것이며 명문의 문구가 없어도 당연한 것으로 인정되어 왔다.15)

여기서 증거로서의 의미를 가질 수 있는 가능성 또는 개연성을 관련성이라고 한다.16) 2012년의 형사소송법 개정에서 압수의 대상물에 관하여 "사건과 관계가 있다고 인정할 수 있는 것"이라는 문구를 추가하였는데 이는 종래 관련성이라고 개념하여 온 것을 법문화한 것이다. 관련성의 의미에 대하여 해당사건을 전제로 하여 중요한 어떤 사실이 그 증거가 없을 때보다는 그 증거에 의하여 존재가능성이 있게 인정되거나 반대로 존재가능성이 없게 여겨지도록 만드는 경향이라는 견해도 있으나17) 이 설명이 바로 증거로서 의미를 가지는 것을 말하므로 같은 취지라고 하겠다.

한편 증거로서의 의미는 수사단계에서는 진행되는 수사에 있어 사건의 전모를 파악하고 수사를 진행해 나가는데 도움이 될 수 있는 증거와 장래 재판에서 범죄사실에 대한 증거로 제출할 수 있는 가능성이 있는 것을 말한다.

2. 관련성의 범위

(1) 증거의 의미

가. 혐의사실 입증과 관련된 증거

① 직접증거와 간접증거

증거는 요증사실과의 관계에 따라 직접증거와 간접증거(정황증거)

---

15) 노명선·이완규, 『형사소송법』, 성균관대학교출판부, 2011, 243면; 신양균, 『형사소송법』, 화산미디어, 2009, 223면; 이은모, 『형사소송법』, 박영사, 2011, 294면.

16) 김재중·이승준, 앞의 논문, 69면에서는 무죄추정을 깨뜨릴 정도는 아니지만 피고사건의 증거물로서 의미를 가질 수 있는 객관적 가능성이라고 한다.

17) 정웅석·백승민, 『형사소송법』, 대명출판사, 2014, 211면.

로 분류된다. 따라서 압수대상물의 범위에 관한 관련성에 있어서의 증거로서의 의미는 직접증거로서의 의미뿐만 아니라 범행 동기와 경위, 범행 수단 및 방법, 범행 시간과 장소 등을 증명하기 위한 간접증거(정황증거)로서의 의미도 포함되며[18] 정상관계에 관한 증거도 포함된다.[19]

② 실질증거와 보조증거

요증사실의 존부를 직접·간접으로 증명하기 위하여 사용되는 증거를 실질증거라고 하고, 실질증거의 증명력을 다투기 위해 사용하는 증거를 보조증거라고 한다. 보조증거는 증명력을 증강시키기 위한 증강증거와 증명력을 감쇄하기 위한 탄핵증거가 있다. 실질증거뿐만 아니라 보조증거도 재판에 있어 증거로서 의미를 가지고 사용되므로 보조증거로서의 개연성이 있는 경우도 관련성이 인정된다고 할 것이다.

나. 수사 진행에 도움이 되는 관련된 증거

수사를 진행함에 있어 확보할 필요가 있는 증거는 범죄 혐의나 사건의 전모를 확인할 수 있는 증거뿐만 아니라 그러한 사실확인을 위한 수사의 진행 자체에 도움이 되는 증거도 포함된다. 피의자의 신병확보를 위해서는 피의자의 소재를 확인할 수 있는 자료가 필요하며 그것도 압수대상인 증거물이 될 수 있고, 사건의 전모를 확인할 수 있는 증거자료가 어디에 소재하는지에 관한 자료도 또한 압수대상인 증거물이 될 수 있다.[20]

(2) 성격, 성질에 관한 증거의 문제

범인의 어떠한 성격, 예컨대 진실성이 있다든가, 온화하다든가 하는 기질은 정황증거로서 중요한 증거이며, 증인인 경우 그 신빙성을

---

18) 대상판례 1에서도 같은 취지의 설시가 있다. 김재중·이승준, 앞의 논문, 74면; 조광훈, 앞의 논문, 131~134면.

19) 김재중·이승준, 앞의 논문, 74면. 이에 반해 정한중, 앞의 논문, 740면에서는 정상관계에 관한 자료는 관련성을 인정할 수 없다고 한다.

20) 이완규, "압수물의 범죄사실과의 관련성과 적법한 압수물의 증거사용범위", 형사판례연구 23, 박영사, 2015, 545면.

판단하는데 도움을 줄 수 있는 보조증거가 될 수 있다. 또한 피의자가 속한 집단도 사건의 전모를 파악하는 데 도움이 될 수 있다. 예컨대 조직폭력단의 구성원이 관련된 공갈사건에서 그 폭력단이 도박사업도 하는 경우 그 도박사업에 대한 증거도 그 구성원이 관련된 사건의 전모를 파악하는데 도움이 되는 정황증거가 되며[21] 특정인을 위한 불법 선거운동을 한 피의자가 일정한 조직에 가입되어 있었던 경우 그 조직이 선거와 관련이 있는 조직이었다면 그 집단의 성격과 관련된 증거 또한 피의자가 어떤 동기와 경위로 그러한 불법 선거운동을 하게 되었는지를 알 수 있는 정황증거가 될 수 있다.

(3) 다른 범행 또는 비행자료 문제

피의자가 다른 범행 또는 비행을 한 자료가 있는 경우 그 자료 또한 정황증거로 유력한 자료가 될 수 있다. 다른 범행 또는 비행자료가 범행의 동기, 기회, 의도, 준비, 계획, 범의, 동일인인지 여부의 확인 또는 과실의 부존재 등을 입증하기 위한 목적으로 사용될 수 있는데 이는 정황증거로의 사용이라 할 수 있다. 특히 동종의 범행자료는 이와 같은 정황증거로 사용될 가능성이 많다.

동일한 피의자의 동종·유사범행의 경우는 범위가 불명확하고 영장주의를 잠탈할 우려가 많으므로 관련성을 부정하여야 한다는 견해가 있으나[22] 관련성 판단의 핵심은 그러한 자료들이 현재 수사되고 있는 범죄사실에 대해 증거로서의 의미를 가지는가이므로 증거로서의 의미를 가진다면 동종·유사범행자료는 물론 이종의 범죄사실자료라고 하여 관련성을 부인할 것은 아니다.[23]

3. 압수기관의 관점을 토대로 한 일반적 합리성 판단

압수대상물이 범죄사실과 관련성이 있는지는 그 대상물을 압수하

---

21) 같은 취지의 일본 판례로 最判 昭和 51.11. 18. 判時 837, 104 참조.
22) 정한중, 앞의 논문, 740면.
23) 김재중·이승준, 앞의 논문, 74면.

고자 하는 압수기관의 관점을 기초로 하여 그러한 상황에서 일반인의 경험에 비추어 관련성이 있다고 의심하는 것이 상당한가라는 기준으로 판단하여야 할 것이다.

이에 대하여 필요성과 관련성을 구분하여 필요성은 압수하고자 하는 압수기관의 관점에서의 판단이나 관련성은 영장판사나 피고인 또는 변호인의 입장에서 판단하는 기준이라는 견해도 있으나24) 양자를 구별할 필요는 없다고 본다. 영장판사의 판단도 일반인의 입장에서 합리적이라고 수긍할 만한 기준이어야 하고, 피고인 또는 변호인의 관점은 피압수자의 주관적인 생각으로서 고려할 바는 아니라고 본다. 피고인이나 변호인이 관련성이 없다고 이의를 할 수는 있겠으나 결국 관련성이 있는지는 일반인의 경험칙에 비춘 객관적 판단이어야 할 것이다.25)

한편, 관련성 판단시점은 영장발부시이며 영장을 발부하는 판사의 관점에서 판단하여야 한다는 견해도 있으나26) 수사기관이 행한 압수가 적법한가를 판단하는 것이므로 수사기관이 어떤 생각을 하고 어디까지 알고 있었는지가 중요하고 그러한 지식과 상황에 따른 판단이 합리적이었는가를 판단하는 것이므로 판사의 인식상태가 판단의 준거가 되는 것은 타당하지 않다.

Ⅲ. 적법하게 압수된 증거의 사용범위와 제한

1. 관련성 문제와 별건 범죄 증거의 적법한 압수

일정한 범죄사실을 전제로 한 압수수색에서 관련성이 있는 증거자료 내에 그 범죄사실에 관한 증거로서의 의미뿐만 아니라 다른 범죄의 증거로서의 의미도 있는 자료가 들어 있는 경우에 그 다른 범죄

---

24) 신동운,『신형사소송법』, 법문사, 2008, 117면.
25) 이완규, 앞의 논문(주 20), 52면.
26) 김재중·이승준, 앞의 논문, 74면.

의 증거자료를 압수하는 것은 원래의 영장 범위내의 압수로서 적법하다. 어떤 증거자료가 영장범위 내의 적법한 증거자료인데 우연히 그 증거자료가 다른 범죄의 증거로서도 사용될 수 있다고 하여 갑자기 영장범위 밖의 물건으로 변화하는 것은 아니기 때문이다.

2. 적법한 압수물의 다른 범죄 증거사용 문제

(1) 영장주의와 증거사용 범위 문제의 구별

가. 영장주의의 보호영역

압수는 압수대상물의 점유를 국가로 이전하는 것이며 법원 또는 수사기관이 대상물을 압수함으로써 이에 대한 점유권을 취득하고, 압수물을 보관하게 된다. 이러한 점유이전으로 인해 압수당하는 사람의 프라이버시나 재산권 등에 침해가 발생하고 이는 기본권의 중대한 침해에 해당하므로 부당한 기본권 침해를 보장하기 위해서 법관의 영장을 받도록 하는 영장주의가 도입되어 있다. 그런데 영장주의는 그러한 침해를 보호하는 역할로서 그 기능을 다하는 것이고 침해를 위한 요건들이 충족되어 영장이 발부되고 그 영장에 의해 국가가 적법하게 점유권을 취득하면 영장주의의 보호기능은 종료된다.

나. 영장주의와 증거사용 문제의 구별

영장에 의해 취득된 압수물을 어떻게 사용하는가는 영장주의의 영역이 아니다. 그 목적물을 사용함으로써 개인의 프라이버시가 새롭게 다시 침해되는 것은 아니기 때문이다. 즉, 영장주의는 증거물을 취득하는 과정, 즉 수색에 있어서 개인의 프라이버시 침해를, 물건을 압수하는 경우 프라이버시와 재산권의 침해를 합리적인 수준에서 보호하려는 것이다. 따라서 그러한 과정에서 합리적이라는 판단 하에 영장을 통해 취득한 압수물을 사용하는 과정에서는 새로 영장을 받을 필요는 없는 것이다. 영장주의는 침해의 허용여부에 대한 요건일 뿐이고 압수물을 영장에 기재된 범죄사실에만 사용할 것을 허용하는 요건은 아니다.

이에 반하여 영장주의는 영장에 의하여 취득한 압수물을 어떻게 사용하는가까지의 문제를 포함하고 있으며 증거의 별건 사용도 영장주의 영역 내에 있다는 견해도 있으나27) 이는 영장주의의 발생 및 전개 연혁과 그 취지에 반한다. 이 견해에 의하면 영장에 의하여 적법하게 압수한 증거물을 다른 사건의 증거로 사용하기 위해서는 다시 이를 허가하는 영장을 받아야 할 것인데 이 침해되는 기본권은 무엇인지, 그 영장의 의미는 무엇인지 해명하기 어렵다.

(2) 원칙적 허용과 예외적 제한

가. 원칙적 허용

형사소송법상 증거능력과 관련한 법체계는 일단 모든 증거는 증거로 사용할 수 있다는 원칙을 전제로 하여 예외적으로 증거능력을 배제하려면 그러한 예외 규정이 필요한 구조이다. 예외적으로 증거능력을 배제하는 예가 전문법칙 규정, 위법수집증거배제법칙 규정, 자백배제법칙 규정 등이다. 적법하게 취득한 압수물이 다른 범죄의 증거로서의 의미도 있는 때에 이를 다른 범죄의 증거로 사용하는 것은 이를 제한하는 규정이 없으므로 제한이 없이 사용할 수 있는 것이 원칙이 되는 것이다.28)

---

27) 김재중·이승준, 앞의 논문, 81면.

28) 강수진, "앞의 논문, 292면. 이와 관련된 외국의 사례를 보면, 미국에서도 어떤 수사기관이 적법한 수색에 의해 압수한 압수물을 다른 수사기관이 사용하기 위해 열람하는 경우 이는 이미 압수된 물건이므로 피압수자가 이에 대해 헌법적으로 보호된 프라이버시를 가진다고 할 수 없어 새로운 영장이 필요하지 않다고 하며(Wayne R. Lafave, *Search and Seizure II*, 4th Ed., Thomson/West, 2004, p. 772-773); 예컨대 Hell's Angels Motorcycle Corparation v. McKinley, 354 F. 3d 1000(9th Cir. 2004)에서 주 수사당국이 영장에 의해 압수한 2트럭 분량의 압수물 중에서 FBI가 일정한 품목을 대출받아 복사하고 반환한 것에 대해 Hell's Angels 회사는 적법하게 압수된 서류에 대해서는 프라이버시에 대한 합리적인 기대를 가지지 않는다고 하였다. 일본 최고재판소의 판례로 공갈사건과 관련성이 인정된다고 판단된 도박개장 메모를 후에 기소된 도박개장죄의 증거로 사용하는 것도 당연히 허용된다고 한 사례가 있다

그리고 이러한 원칙은 우리나라 실무에서도 당연한 것으로 인정되어 왔다. 예컨대 대법원 2008. 7. 10. 선고 2008도2245 판결에서도 전화사기 범행으로 피의자를 긴급체포 하면서 소지하고 있던 타인 명의의 주민등록증 등을 압수한 후 사기죄와 별도로 점유이탈물횡령죄로 기소하였는데 이에 대해 주민등록증 등은 전화사기 범행과 관련된다고 의심할 만한 이유가 있는 것으로서 그 압수는 적법하다고 하였다. 그리고 이와 같이 적법하게 압수된 주민등록증의 취득경위에 대해 수사한 결과 점유이탈물횡령의 혐의가 인정되어 추가로 입건된 후 기소한 사건에서 이와 같이 적법하게 압수한 주민등록증을 증거로 사용하는 것은 아무런 제한이 없었다.

나. 예외적 제한

적법한 압수물을 다른 범죄사건의 증거로 사용하더라도 제한되지 않는다는 원칙에 반하여 그 사용 범위를 제한하려면 별도로 법률상 근거가 필요하다. 현행법상 그러한 예가 바로 통신비밀보호법 제12조 제1호의 통신제한조치로 취득한 자료의 사용제한 규정과 이를 통신사실확인자료에 준용한 제13조의5가 있다.

Ⅳ. 통신비밀보호법상 증거사용제한 규정의 해석

1. 통신비밀보호법 제정 경위

통신비밀보호법 제12조 제1호의 통신제한조치결과의 증거사용제한 규정은 1993. 12. 27. 국회를 통과한 통신비밀보호법 제정 당시부터 규정되어 있었다.

도청과 관련된 법을 제정하고자 한 시도는 그 이전부터 있었는데 1988. 7.경 정부와 민정당에서는 도청과 우편검열 등과 관련하여 도청·검열 방지법을 추진하겠다는 발표를 하였고,[29] 1988. 12. 13.에

(最判 昭和 51.11. 18. 判時 837, 104).

29) 1988. 7. 15.자 한겨레신문, "도청·검열 방지법추진", 1면.

국회의원 이진우 등의 의원발의로 통신비밀의 보호에관한법률안을 국회에 제출하였다. 그런데 이 안에 대하여는 국가안보를 위한 검열 또는 도청에 있어서 안보관련기관의 장이 그에 관한 계획을 국가안전기획부장에게 제출하고 국가안전기획부장은 이를 종합하여 국가안전보장회의의 심의를 거쳐 대통령의 승인을 얻어 행하도록 한 조문(통신비밀의보호에관한법률안 제11조)과 관련하여 공안기관의 도청에 관한 통제장치가 부족하여 공안기관의 자의적 판단에 의한 도청을 합법화할 우려가 제기되었다.30)

이 당시의 쟁점은 국가안보를 위한 도청에 있어 영장주의의 예외를 어떻게 둘 것인가가 주요 논의사항이었는데 위 법률안은 1992. 5. 29. 제13대 국회 임기만료시까지 의결되지 않아 임기만료로 폐기되었다.

제14대 국회에서도 도청 관련 규제법안의 필요성은 계속 논의되었다. 1992. 12. 대선기간 중에 발생한 부산기관장모임사건에서의 도청 문제로 도청에 대한 사회적 이목이 다시 집중되었고, 1993. 1.경 민주당에서 비민주적 악법 개폐를 추진하겠다면서 2월 임시국회에서 10여 개의 법률안을 제출하겠다고 발표하였는데 그 중에 통신비밀보호법 제정안도 포함되어 있었다.31) 1993. 4.경 정부도 우편검열과 도청을 규제하는 법안을 마련하겠다고 발표하였다.32) 이러한 논의 중에 1993. 5. 12.에 민주당에서 박상천 의원 등의 발의로, 1993. 7. 7.에 민자당에서 신상식 의원 등의 발의로 각각 통신비밀보호법안이 제출되었다.

한편, 국회는 1992. 8. 12.경 국회에 지방자치법, 대통령선거법, 정치자금법 등 정치관계법률을 논의하기 위해 정치관계법심의특별위원회를 설치하였는데 이 위원회에서 1993. 5. 및 1993. 7.에 발의된 위 통신비밀보호법안도 심의하게 되었다. 당시에도 안기부의 도청요건이

---

30) 1989. 5. 26.자 한겨레신문, "안보 판단기준 공안기관에 맡겨",3 면; 1990. 9. 26. 자 한겨레신문, "공안기관 도청 합법화 추진", 1면; 1990. 9. 27.자 한겨레신문, "겉다르고 속다른 통신비밀보호법, 안기부등 불법도청 양성화", 3면.
31) 1993. 1. 31.자 한겨레신문, "보안법등 악법 개폐추진", 1면.
32) 1993. 4. 3.자 동아일보, "우편검열, 도청 금지", 1면.

쟁점이었다. 1993. 8.경 민주당에서는 안보도청에 대해서는 특별법원
을 설치하는 방안을 제안하였으나 민자당에서 부정적인 견해를 표명
하였다.33)

정치관계법심의특별위원회에서는 1993. 7. 18.부터 1993. 7. 30.경까
지 독일, 영국, 미국의 법제도를 시찰하고 그 결과를 1993. 8. 23. 보고
하였고34) 이를 토대로 심의중인 두 법률안을 절충한 후 1993. 12. 1.
위원회의 대안을 마련하였다. 이 대안은 당일 법제사법위원회 의결을
거쳐35) 1993. 12. 19. 본회의에서 의결되었다. 쟁점이던 안보기관 도청
은 내국인과 대한민국에 적대하는 국가, 반국가활동의 혐의가 있는 외
국의 기관, 단체와 외국인, 대한민국의 통치권이 사실상 미치지 아니
하는 한반도내의 집단이나 외국에 소재하는 그 산하단체의 구성원을
구분하여 내국인의 경우는 고등법원 수석부장판사의 허가를 요하고,
그 이외에는 대통령의 승인을 받는 것으로 하였다.

2. 통신비밀보호법 제12조 제1호의 입법경위

(1) 각 의원발의 법안의 문구 및 제안이유

한편, 통신제한조치로 인하여 취득한 결과물의 증거사용제한과
관련한 법조문의 입법경위를 살펴보는 것도 해석에 있어 중요한 참고
가 될 것이다.

먼저, 1988. 12. 13. 이진우 의원 등이 제출한 통신비밀보호에관한
법률안은 제15조에 "제8조 내지 제11조의 규정에 의한 검열 또는 감
청으로 지득한 통신의 내용 및 통신과 관련된 자료는 해당조(該當條)
에 규정된 목적외의 용도로 이를 사용하거나 공개할 수 없다"고 규정

---

33) 1993. 8. 3.자 경향신문, "안보관련 도청심의 특별법원 설치제의", 1면.
34) 1993. 8. 23. 제163회 국회 정치관계법심의특별위원회 회의록 제1호, 1면. 이
    보고에서도 일반적으로는 법관의 영장을 받는다는 것과 국가안보 등에 관하
    여 예외가 있다는 것 그리고 그 유형에 대해 보고되었다.
35) 1993. 12. 1. 제165회 국회 정치관계법심의특별위원회 회의록 제3호, 2면. 1993.
    12. 1. 제165회 국회 법제사법위원회 회의록 제13호, 18면.

하고 있었다. 제안이유에는 "당해 검열 또는 감청의 목적 외의 용도로 사용 또는 공개하지 못하도록 함"이라고 설명하였다.

1993. 5. 12. 박상천 의원 등이 제출한 통신비밀보호법안은 제12조에 비공개의 원칙이라는 제목으로 "제6조 내지 제11조의 절차와 그 내용은 제13조에 의하여 그 내용이 증거자료 등으로 사용되는 경우 및 제14조의 경우 이외에는 이를 타기관 또는 외부에 공개할 수 없다."고 규정하고, 제13조는 "제9조 내지 제10조에 의한 통신제한조치의 집행으로 인하여 취득된 우편물 또는 그 내용과 통신내용은 다음 각호의 경우 이외에는 사용할 수 없다. 1. 통신제한조치의 목적이 된 제5조 제1항에 규정한 범죄나 이와 관련되는 범죄를 수사, 소추하거나 그 범죄를 예방하기 위하여 사용하는 경우, 2. 제1호의 범죄로 인한 징계절차에 사용하는 경우, 3. 제15조에 의하여 통신당사자가 제기하는 소송에서 사용하는 경우, 4. 국회에서의증언·감정등에관한법률 제4조에 의하여 국회에 제출하는 경우"로 규정하였다. 주요골자로서 제안이유를 설명하면서 제12조에 대해서는 "적법한 통신제한조치로 취득한 자료도 그 목적 이외의 용도로 타기관 또는 외부에 공개할 수 없도록 함"이라고 하고, 제13조에 대해서는 "적법한 통신제한조치로 취득한 자료도 범죄수사 등 그 목적 이외의 사용을 금지함"이라고 소개하였다.

한편, 1993. 7. 7. 신상식 의원 등이 발의한 통신비밀보호법안에는 제9조에 "제5조 내지 제8조의 절차와 그 내용은 제10조의 경우 외에는 이를 다른 기관 또는 외부에 공개 또는 누설하여서는 아니된다."고 하고, 제10조에 "제8조의 규정에 의한 통신제한조치의 실시로 인하여 취득한 통신의 내용은 그 본래의 용도외에는 이를 사용할 수 없다."고 규정하였다. 제안이유에는 "검열 또는 감청으로 통신의 내용 및 자료는 외부에 이를 공개 또는 누설할 수 없도록 하고 당해 검열 또는 감청의 목적외의 용도로 사용할 수 없도록 함"이라고 설명하였다.

(2) 정치관계법률심의특별위원회 대안

정치관계법률심의특별위원회는 박상천 의원 등 안과 신상식 의원 등 안을 놓고 논의를 하던 중 1993. 8. 23. 해외시찰연구보고를 하는데 통신비밀보호법과 관련해서는 안보기관의 감청과 관련한 보고가 주된 내용이었다. 보고자로서 박상천 의원이 보고를 하였는데 독일의 경우에는 내국인이나 외국인을 불문하고 G10 코미찌온의 허가를 받아서 도청이나 우편검열을 하도록 되어 있으며, 연방정보부가 국방부장관의 승인을 받아 긴급도청을 하고 국내정보부는 소속장관인 내무부장관의 허가를 받아 긴급도청을 한다는 내용이 보고되었다.[36]

미국에 관해서는 외국정보감시법이라는 법에 의해 외국기관이나 외국기관원간의 통신에 대한 감청은 법무부장관의 승인으로 하고 통신의 일방 당사자가 내국인인 때에는 일반법원의 영장을 받는다는 점, 외국관련정보에 관한 고도의 외교적인 성격이나 정치성을 띤 정보수집을 위한 도청은 특별법원을 구성해서 영장을 발부한다는 점 등이 보고되었다.[37]

이와 같은 보고와 함께 박상천 의원은 국내에서 받아본 자료에 많은 오류가 있었던 것이 드러났다고 하면서 부정확한 지식을 가지고 여야간에 여태까지 설전을 한 경우가 더러 있었으며 미국과 독일에서 얻은 이 지식이 우리나라의 공안관련 법규의 개정이 반영되길 희망한다고 하였다.[38]

이후 1993. 12. 1.의 위원회 대안 결의시에 박상천 의원이 대안의 주요내용을 설명하였는데 다음과 같다. 첫째 통신제한조치는 법관의 영장에 의하도록 하였는데 범죄수사의 경우는 검사의 신청에 의하여 법원의 허가를 받도록 하였고, 국가안보를 위한 정보수집을 위한 경우는 당사자가 내국인일 때에는 고등법원 수석부장판사의 허가를 받도

---

36) 1993. 8. 23. 제163회 국회 정치관계법심의특별위원회 회의록 제1호, 4면.
37) 1993. 8. 23. 제163회 국회 정치관계법심의특별위원회 회의록 제1호, 5면.
38) 1993. 8. 23. 제163회 국회 정치관계법심의특별위원회 회의록 제1호, 6면.

록 하며 적대국, 반국가활동의 혐의가 있는 외국 기관 단체와 외국인, 대한민국의 통치권이 사실상 미치지 않는 한반도내의 집단이나 외국에 소재하는 그 산하단체의 구성원의 경우는 대통령의 승인을 받도록 하였다. 둘째, 감청설비의 제조, 수집, 판매 등의 경우 체신부장관의 허가를 받도록 하였다는 것이 설명되었다.39)

한편 대안에는 박상천 의원 등이 발의하였던 법안에 있던 제13조 문구가 대안 제12조로 조문화되어 그 제1호로 "1. 통신제한조치의 목적이 된 제5조 제1항에 규정한 범죄나 이와 관련되는 범죄를 수사, 소추하거나 그 범죄를 예방하기 위하여 사용하는 경우"가 들어갔다. 제안이유에서는 이에 대해 "8. 통신제한조치로 취득한 자료는 범죄의 수사·소추 또는 그 범죄의 예방을 위하여 사용하는 경우와 그 범죄로 인한 징계절차에 사용하는 경우, 통신의 당사자가 제기하는 손해배상 소송에서 사용하는 경우 및 다른 법률의 규정에 의하여 사용하는 경우 외에는 이를 사용할 수 없도록 함"이라고 설명하였다.

3. 통신비밀보호법 제12조 제1호의 해석

(1) 입법 당시 참고한 입법례

1993. 8. 23.의 정치관계법심의특별위원회 회의에서 보듯이 통신비밀보호법 제정 당시에 독일 및 미국의 입법례가 참고되었으므로 당시의 법제를 살펴볼 필요가 있다.

가. 독 일

독일은 우편검열 및 감청 등과 관련하여 1968. 8. 13.에 편지·우편 및 통신비밀의 제한에 관한 법률40)을 제정하였다. 제1장(제1조부터 제9조)은 헌법수호청, 공안기관, 정보기관 등의 국가안보 관련 감청의 절차를 규정하고 있고 제2장은 범죄수사와 관련된 감청절차를 형사소

---

39) 1993. 12. 1. 제165회 국회 정치관계법심의특별위원회 회의록 제3호, 1-2면.
40) Gesetz zur Beschränkung des Brief-, Post- und Fernmeldegeheimnisses 또는 Gesetz zu Artikel 10 Grundgesetz(G10)라고도 한다.

송법 제100조의a와 제100조의b로 추가하는 내용을 규정하고 있었다. 이에 의하면 형사소송법 제100조의a는 제1호와 제2호에 열거된 범죄들의 사실관계 수사나 피의자의 거주지 수사 등을 위해 통신감청을 할 수 있도록 하였고, 제100조의b는 이를 위해 법관의 영장을 받아야 하며, 긴급한 경우는 검사가 긴급감청을 하되 3일 이내에 법관의 승인을 받도록 하는 영장주의(제100조의b 제1항), 영장의 형식(동조 제2항)과 집행방법(동조 제3항, 제4항, 제5항)이 규정되어 있었다.

1968년 개정시에 도입된 조항에는 감청에 의해 취득한 자료의 증거사용과 관련된 제한규정이 없었다. 이에 따라 압수물에 있어서의 일반적인 법리에 따라 감청에서 취득한 자료를 다른 범죄의 증거로 사용하는 사례에서 증거사용제한을 주장한 사례가 1972년 함부르크 주최고법원(OLG Hamburg)에서 있었다.[41] 이 법원에서는 감청을 집행함에 있어서는 녹음기에 통화내역 전체를 녹음할 필요가 있고 그 과정에서 제100조의a에 열거된 범죄가 아닌 다른 범죄에 관한 통화내역도 녹음될 수 있는데 이는 감청집행에 따른 부수적 결과(Nebenfolge)로서 입법자도 이미 예상하고 있는 것이라고 보아야 할 것이므로 수색중 우연한 발견물의 증거사용에 대한 독일형사소송법 제108조와의 관계상 다른 범죄에 대해서도 제한없이 증거로 사용할 수 있다고 판결하였다.

함부르크 주최고법원의 이 판결 이후 학계에서는 찬반 논의가 있었는데 다수설은 그 다른 범죄가 형사소송법 제100조의a에 열거된 범죄(이를 Katalogtat이라 한다)인 경우에 한정하여 증거로 사용할 수 있다고 하였다. 1976년 연방대법원은 감청에 의해 취득한 자료의 증거사용은 제100조의a에 열거된 범죄와 관련된 경우에만 가능하다고 판결하였다. 입법자는 통신비밀의 침해로 인한 기본권 침해의 중요성을 감안하여 제100조의a에 열거된 국가보안사범이나 중대한 형사범죄로 감청의 허용을 한정하였고 열거된 범죄 이외의 다른 범죄에 대하여는 침

41) OLG Hamburg NJW 1973, 158.

해되는 법익에 비하여 그 범죄를 수사함으로 인한 공익을 비교하여
필요하지 않은 것으로 보았던 것이다. 그렇기 때문에 그러한 다른 범
죄에 대해서는 감청영장이 발해지지 않았을 것이다. 그러므로 감청의
결과로 취득한 내용을 증거로 사용함에 있어서도 열거된 범죄 또는
열거된 범죄와 관련된 행위가 아닌 경우는 증거사용을 부정하여야 한
다는 것이다.42) 이후 증거사용은 제100조의a에 열거된 범죄와 관련된
경우만 가능하나 제100조의a에 열거된 범죄가 아닌 범죄의 자료를 알
게 된 경우에 그 자료를 수사의 단서로 사용하여 수사를 진행하는 것
은 가능하며 이를 통해 감청자료와는 별개의 증거가 수집되는 경우
그 증거는 위법수집증거가 아니라는 판결도 있었다.43)

이러한 연방대법원 판례를 반영하여 1992년 제100조의b를 개정하
여 제5항에 통신의 감청 및 녹음의 조치로 취득된 개인관련 정보
(personenbezogenen Information)는 그 내용이 제100조의a에 열거된 범죄
의 확인을 위하여 필요한 경우에만(benötigt) 다른 형사절차에서의 증거
의 목적으로 사용할 수 있다는 내용을 추가하였다.

제100조의b 제5항의 증거사용제한 규정은 형사사건기록을 다른
사건의 증거목적으로 사용하기 위해 이용하는 것과 관련하여 독일 형
사소송법 제477조 제2항에 규정이 도입되면서 삭제되었다. 제477조 제
2항 제2문은 어떤 조치가 형사소송법상 특정한 범죄들의 혐의가 있는
경우에만 허용되는 것인 경우는 그러한 조치로 인하여 취득한 개인관
련 자료는 조치와 관련된 사람의 승낙이 없는 때에는 그러한 특정한
범죄들의 수사를 위하여서만 증거의 목적으로 이용될 수 있다고 규정
하고 있다.

이와 같이 열거된 범죄에 관한 내용으로서 그 수사를 위하여 영
장을 청구하였다면 발부되었을 경우에만 증거로 사용할 수 있다는 가
설적 대체침해론(der Gedanke des hypothetischen Ersatzeingriffs)이 현재까

---

42) BGH 26, 298 NJW 1976, 1463.
43) BGH 27, 355 NJW 1978, 1390.

지도 판례이다. 열거된 범죄와 관련이 있는 범죄에도 사용할 수 있다
고 하는데 이 경우 관련행위는 소송법상의 행위개념에 의해 해석되며
독일 형사소송법 제264조의 공소사실의 동일성에서의 행위개념, 상상
적 경합, 평가의 단일성(Bewertungseinheit) 등을 검토한다.[44]

이와 같은 독일의 법률상황을 감안하면 1993년의 통신비밀보호법
제정 당시에 참고한 독일법의 상황은 통신제한조치로 취득한 결과물
은 통신제한조치를 할 수 있는 대상범죄 및 그와 관련된 범죄의 수사
와 재판을 위해서만 증거로 사용할 수 있다는 것이었다.

나. 미 국

미국은 감청과 관련하여 1968년 범죄단속 및 거리안전 종합법
(Omnibus Crime Control and Safe Street Act)이 제정되었고 그 후 전기통신
감청과 관련하여 1986년에 전기통신프라이버시법(The Electronic Communications
and Privacy Act: ECPA)이 제정되었다. 1993년의 통신비밀보호법 논의
시에 참고된 것은 이 ECPA이었을 것이므로 그 내용을 살펴본다.

ECPA는 미국연방법 제18장 제2510조부터 제2522조까지로 편성되
어 있는데, 일정한 중요범죄들을 열거하고 그러한 범죄들의 수사를 위
하여 법관의 영장을 받아 대화 및 전기통신 감청(interception of wire,
oral, or electronic communications)을 할 수 있도록 하고 있다(18 U.S. Code
§2516).

감청에 의한 취득 자료의 사용에 관하여는 제2517조에서(Authorization
for disclosure and use of intercepted wire, oral, or electronic communications)
정하고 있다. 모든 수사 및 법집행기관은 감청에 의해 취득한 자료를 그
의 임무를 적절히 수행하는 데 적합한 정도로(appropriate to the proper
performance of his official duties) 사용할 수 있고(18 U.S. Code §2517 (2)),
다른 수사기관 및 법집행기관에게 그의 임무를 적절히 수행하는 데 적
합한 정도로 공개(disclose)할 수 있다(18 U.S. Code §2517 (1)). 이러한 자료
이용은 영장에 기재된 특정한 범죄와는 다른 범죄에 관련된 자료인 경

44) Bruns, *Karlsruher Kommentar zur StPO*, C.H.Beck, 2013, §100 a Rdnr 56, 60.

우에도 마찬가지로 적용된다(18 U.S. Code §2517 (5)).

(2) 제12조 제1호의 해석 문제

통신비밀보호법 제12조 제1호의 문구는 박상천 의원 등이 발의한 통신비밀보호법안의 제13조 제1호의 문구가 그대로 입법화되었다. 그런데 '통신제한조치의 목적이 된 제5조 제1항에 규정된 범죄와 이와 관련되는 범죄'라는 문구를 어떤 취지로 조문화하였는지는 설명자료가 없고 제안이유 요지에서는 "적법한 통신제한조치로 취득한 자료도 범죄수사 등 그 목적 이외의 사용을 금지"한다는 취지만 설명되었다.

당시에 참고가 되었을 만한 독일과 미국의 입법례를 감안하면 이 조문은 당시의 독일의 입법례를 참고한 것으로 보인다. 앞에서 본 바와 같이 미국의 ECPA는 감청으로 취득한 자료의 사용과 공개에 수사기관 및 법집행기관의 임무의 적절한 수행을 요건으로 할 뿐 범죄군의 제한을 두지 않는다. 반면에 독일에서는 통신비밀에 따른 프라이버시의 보호강화를 위해 제100조의a에 열거된 특정한 범죄군의 범죄(Katalogtat)에 대해서만 감청을 제한한 취지에 따라 감청으로 취득한 자료의 사용도 그 특정한 범죄군의 범죄(Katalogtat) 및 그와 관련된 범죄(Zusammenhangtat)로 제한하고 있었다. 그러므로 '제5조 제1항에 규정된 범죄와 이와 관련되는 범죄'라는 문구는 독일법에서와 같이 제100조의a에 열거된 범죄 및 이와 관련되는 범죄라는 당시의 독일 연방대법원 판례이론에 가깝다.

그런데 문제는 그 앞에 '통신제한조치의 목적이 된'이라는 문구가 있어 그 해석에 따라 증거사용범위가 크게 달라지게 되었다. 만약 입법당시에 참고한 것으로 보이는 독일법의 규제와 같이 해석한다면 '목적이 된'이라는 문구는 통신제한조치 당시의 해당 혐의범죄를 말하는 것이 아니라 '통신제한조치의 목적으로서 규정된'이라는 의미로 해석될 수 있을 것이다. 그러면 '통신제한조치의 목적으로서 제5조 제1항에 규정된 범죄'가 되므로 통신제한조치에 의해 취득한 자료는 그 허가서에 기재된 혐의범죄와 다른 범죄의 증거라고 하여도 그 다른 범죄가 제5조 제1항에 규정된 범죄군 안에 있으면 사용가능하다고 할 것이다.[45]

반면에 '목적이 된'을 통신제한조치를 할 당시에 그 허가서에 기재된 혐의범죄만을 의미한다고 해석하면 당해 범죄와 다른 범죄의 자료는 원칙적으로 증거로 할 수 없고 '이와 관련되는 범죄'를 어떻게 해석하는가에 따라 사용범위가 정해질 것이다.

그런데 후자로 해석하면 제1호의 전체문구의 해석상 불합리가 발생한다. 왜냐하면 제1호에는 수사, 소추 뿐만 아니라 그 범죄를 예방하기 위한 경우도 포함하고 있기 때문이다. 범죄의 예방은 때로는 급박한 상황도 생길 수 있는데 통신제한조치로 취득한 자료나 알게 된 내용의 이용을 만약 통신제한조치 허가서에 기재된 혐의범죄로 그 이용을 한정한다면 법규정의 목적을 달성할 수 없는 경우가 많을 것이다.

예컨대 갑의 강도혐의를 근거로 갑의 전화를 감청하였는데 갑과 을의 통화 중에서 을이 갑에게 병이 정녀를 살해하려한다고 말을 하는 내용이 감청되었다고 하자. 전자의 해석에 의하면 살인은 통신비밀보호법 제5조 제1항에 규정된 범죄이므로 위 감청자료는 병의 정녀에 대한 살해범행을 예방하기 위하여 사용될 수 있을 것이다. 그러나 후자의 해석에 의하면 이는 강도범죄도 아니고 갑의 강도범죄와 관련된 범죄로 보기도 어려우므로 살해범행을 예방하는 데 사용할 수 없다.

나아가 후자로 해석하여 '목적이 된'을 당해사건 범죄로 한정하면 그 뒤에 '제5조 제1항에 규정된'이라는 문구가 불필요할 것이다. 왜냐하면 제5조 제1항에 의해 통신제한조치는 이미 제5조 제1항에 규정된 범죄에 한해서만 가능하므로 굳이 다시 제5조 제1항에 규정된 범죄라는 문구를 제12조 제1호에서 반복할 필요는 없는 것이다.

따라서 제12조 제1호의 증거사용제한은 통신제한조치의 목적으로

---

45) 원혜욱, 도청·감청 및 비밀녹음(녹화)의 제한과 증거사용, 한국형사정책연구원, 2000, 162면.

서 제5조 제1항에 규정된 범죄와 이와 관련된 범죄에 한정하는 것으로 해석하는 것이 타당했다고 할 것이다. 그런데 2005년에 통신비밀보호법을 개정하면서 제13조의5로 이 조항을 통신사실확인자료에도 준용하도록 하면서 해석상 어려운 문제가 발생하였다.

4. 통신비밀보호법 제13조의5 준용규정의 문제점

(1) 입법경위

전기통신과 관련하여 가입자의 전기통신일시, 전기통신개시 및 종료시간, 발신 및 착신 전화번호 등 상대방의 가입자번호, 사용도수, 컴퓨터통신 또는 인터넷사용자가 전기통신역무를 이용한 사실에 관한 컴퓨터통신 또는 인터넷의 로그기록자료, 정보통신망에 접속된 정보통신기기의 위치를 확인할 수 있는 발신기지국의 위치추적자료, 컴퓨터통신 또는 인터넷의 사용자가 정보통신망에 접속하기 위하여 사용하는 정보통신기기의 위치를 확인할 수 있는 접속지의 추적자료 등을 통신사실확인자료라고 한다(통신비밀보호법 제2조 제11호).

통신사실확인자료는 통신의 내용을 알아내는 것이 아니라 누구와 통신을 하였는지 그리고 통신자의 위치 등을 확인하는 정도이므로 그 내용을 확인하는 감청보다는 프라이버시 침해의 정도가 상대적으로 경하다. 그렇기 때문에 1993년의 통신비밀보호법 제정시에는 통신비밀호보법의 규율대상이 아니었고 수사기관은 사실조회의 방식으로 통신업체로부터 자료를 취득할 수 있었다.

그런데 통신사실도 프라이버시 침해가 행해지는 것이므로 법적 규제가 필요하다는 여론이 높아져 2001. 12. 29. 개정에서 제13조로 통신사실확인자료 제공절차를 규정하게 되었는데 당시는 검사 또는 사법경찰관은 지방검찰청 검사장의 승인을 받아 통신사실확인자료 제공요청을 할 수 있었다. 그런데 그 후에도 수사기관의 통신사실확인자료 제공요청이 남용되므로 법관의 영장을 받도록 해야 한다는 여론이 높

아져 2005. 5. 26. 개정에서 수사기관은 법관의 영장을 받아 통신사실
확인자료 제공요청을 할 수 있도록 하였다.[46]

이 개정시에 제13조의5에 통신제한조치의 증거사용제한에 관한
제12조를 준용하는 규정이 도입되었다.

(2) 입법상 문제점

앞에서 본 바와 같이 통신제한조치인 감청은 개인의 프라이버시
의 내밀한 부분의 내용까지 침해할 수 있으므로 그 침해의 중대성에
비추어 감청을 할 수 있는 대상범죄도 중대한 범죄로 제한하고 있다.

압수수색에 있어 일반적인 원리는 적법하게 압수된 압수물을 해
당 사건 이외의 절차에서 증거로 사용하는 데는 제한을 두지 않는 것
이나 감청의 경우 감청에 의해 취득한 자료의 증거사용을 제한하려
하는 이유는 감청을 할 수 있는 대상범죄를 제한하고 있기 때문에 감
청의 취득자료를 감청 대상범죄 이외의 범죄에 대한 증거로 사용한다
면 그 대상범죄에 있어서는 영장을 받을 수 없었던 자료를 사용할 수
있게 되므로 감청대상 범죄를 제한하여 감청과 관련된 프라이버시를
강하게 보호하고자 하는 취지에 반하기 때문이다.

그런데 통신사실확인자료는 일반적인 압수수색이나 계좌추적 등
에 비추어 프라이버시 침해의 정도가 중하다고 할 수 없다. 그렇기 때
문에 통신사실확인자료 제공요청은 대상 범죄의 제한이 없다. 따라서
통신사실확인자료 제공요청으로 취득한 자료의 증거사용을 제한할 합
리적 이유(rationale)를 찾기 어렵다. 즉 제13조의5 준용규정은 통신제한
조치와 통신사실확인자료 제공요청의 차이를 고려하지 못한 입법상의
문제가 있다.

---

46) 2004년 9월 3일 양형일 의원 등 32인이 발의한 통신비밀보호법중개정법률안,
2004년 11월 3일 권영세 의원 등 16인이 발의한 통신비밀보호법중개정법률안,
2004년 11월 16일 진영 의원 등 41인이 발의한 통신비밀보호법중개정법률안
및 2004년 11월 22일 노회찬 의원 등 17인이 발의한 통신비밀보호법중개정법
률안을 법제사법위원회에서 논의한 후에 2005. 5. 2. 법제사법위원회 대안으로
제안되어 2005. 5. 4. 국회 본회의에서 가결되었다.

(3) 해석상의 문제

앞에서 본 바와 같이 통신제한조치의 증거사용제한에 관한 통신비밀보호법 제12조 제1호의 해석에 있어서는 '통신제한조치의 목적이 된'이라는 문구의 해석에 있어서 통신제한조치의 목적으로서 제5조 제1항에 규정된 범죄로 해석하여 제5조 제1항에 열거된 범죄에 대한 증거로 사용하는 것이라면 허용된다고 해석할 수도 있었고 그러한 해석이 합리적이었다고 본다.

그런데 통신사실확인자료에 대해서도 제12조 제1호를 준용하면서 그러한 해석이 어렵게 되었다. 왜냐하면 통신사실확인자료 제공요청에서는 대상범죄를 제한하고 있지 않기 때문이다. 즉 통신제한조치의 경우와 마찬가지로 통신사실확인자료 제공요청을 할 수 있었던 범죄에 대해서는 증거로 사용할 수 있다고 해석한다면 제13조의5 준용규정은 무의미한 규정이 되므로 결국 이 준용 때문에 제12조 제1호의 '목적이 된'이라는 문구는 당해사건의 범죄로 제한하여 해석할 수밖에 없게 된 것이다.

물론, 이와 달리 통신제한조치의 증거사용제한의 취지를 반영하여 해석하는 논리도 가능하다. 즉, 제12조 제1호의 준용에 있어서는 통신제한조치와 같은 제한적 열거범죄군이 없으므로 범죄의 수사와 소추, 예방을 위해서는 제한없이 이용할 수 있다고 해석하면서도, 제12조의 준용에 있어 의미가 있는 것은 제2호, 제3호, 제4호와 같이 징계 등 특별한 목적을 위해서만 이용할 수 있는 제한이라고도 해석할 수 있을 것이다. 이는 통신비밀보호법 제11조가 원칙적 공개금지를 규정하고 제12조에 나열된 목적으로만 공개 및 이용을 가능하게 하는 구조이므로 통신사실확인자료에 있어서 제13조의5에서 제11조, 제12조가 준용되는 구조를 이와 같이 사용용도를 제12조에 나열된 용도로만 사용할 수 있다는 의미로 해석하는 것이다. 사견으로는 이러한 해석이 타당한 것으로 보이나 대법원은 이러한 해석을 하지 않고 제12조 제1

호 문구를 당해사건의 범죄로 제한하는 것으로 해석하였다.

그러나 이렇게 해석하면 우리나라는 통신제한조치에 대해서 입법의 유례없이 증거사용의 범위를 매우 제한하는 나라가 되고 특히 대상범죄에 아무런 제한도 없는 통신사실확인자료마저도 증거사용범위를 유례없이 제한하는 나라가 되는 것이다. 우리나라에서 그러한 제한을 할 특수한 합리적인 이유가 있다면 그러한 제한도 이해할 수 있겠으나 필자가 보기에는 입법상의 불찰로 보인다.

어떻든 제13조의5로 인하여 해석상으로는 당해사건의 범죄로 제한하는 해석을 할 수밖에 없는 상황이 되었고 이러한 해석으로 초래되는 불합리를 해결하기 위해서는 다시 제12조 제1호에 있는 '이와 관련되는 범죄'의 범위를 적절히 정할 수밖에 없는데 그 해석이 매우 어렵다는 점이 문제이다.

5. 판례의 해석론 검토

(1) 압수대상물 제한원리인 관련성과 증거사용제한 범위인 관련성의 혼동

최근에 압수수색의 대상물을 제한하기 위하여 관련성이 중요한 쟁점이 되고 있고 이에 대한 여러 가지 견해들이 제시되고 있다. 그런데 여기서의 관련성은 일정한 범죄혐의를 수사하기 위하여 어떠한 범위의 대상물을 압수할 수 있는가라는 관점에서 보는 개념이다. 그러므로 이 경우는 관련성을 정하기 위한 매개적인 목적개념이 있는데 그것이 바로 '증거로서의 의미'나 '수사진행(예컨대 도주한 피의자의 위치를 알 수 있는 자료 등)에 도움' 등이다. 이러한 목적개념을 구체화하면서 직접증거, 간접증거, 보조증거 등으로 관련성의 기준을 세분화할 수 있다.

그런데 증거사용제한의 문제는 이와 같이 혐의사실과 관련성이 인정되어 적법하게 압수한 대상물을 어느 범위까지 증거로 사용할 수 있는가의 문제이다. 그러므로 증거사용제한에 있어서 혐의범죄와의 관련성은 압수대상물에서의 관련성과는 차원이 다른 개념이다. 그런데 증거사용의 범위를 정하기 위한 관련성에서는 압수대상물에 있어서의 관련성에서와 같이 이를 구체화하기 중간적 목적개념이 없다. 그러므로 관련성의 구체적 범위를 정하기 위한 기준을 마련하기 어렵다.

그렇기 때문에 증거사용범위의 관련성과 압수대상범위의 관련성을 혼동하기 쉽다. 대상판례 1의 대법원 판결에서도 보듯이 "여기서 통신사실확인자료 제공요청의 목적이 된 범죄와 관련된 범죄라 함은 통신사실확인자료 제공요청 허가서에 기재된 혐의사실과 객관적 관련성이 있고 자료제공 요청대상자와 피의자 사이에 인적 관련성이 있는 범죄를 의미한다 할 것이다. 그중 혐의사실과의 객관적 관련성은, 통신사실확인자료 제공요청 허가서에 기재된 혐의사실 자체 또는 그와 기본적 사실관계가 동일한 범행과 직접 관련되어 있는 경우는 물론 범행 동기와 경위, 범행 수단 및 방법, 범행 시간과 장소 등을 증명하기 위한 간접증거나 정황증거 등으로 사용될 수 있는 경우에도 인정될 수 있다"고 하는데 이는 압수수색 대상물에 관한 관련성 판단기준이다. 그리고 대상판례 1의 항소심 판결에서도 관련성의 기준으로 혐의사실과의 객관적 관련성, 주관적 관련성, 시간적 관련성을 설시하고 있는데 이러한 설명도 압수수색에 있어서 압수대상물의 관련성에 관하여 오기두 부장판사가 제시한 기준들이다.[47] 그러므로 대상판례에서 제시한 관련성 판단기준이 그렇게 관련성이 인정되어 압수된 대상물 또는 본건과 같이 적법하게 취득한 통신사실확인자료를 어떤 범위까지 증거로 사용할 수 있는가라는 범죄와 범죄 사이의 관련성에도 그대로 적용될 수 있는지는 의문이다.

(2) 판단 기준의 자의성 개입 가능성

이와 같이 증거사용범위로서의 관련성은 어떤 범죄와 다른 범죄

---

47) 오기두, "전자정보의 수색·검증 압수에 관한 개정 형사소송법의 함의", 형사소송의 이론과 실무 제4권 제1호, 한국형사소송법학회, 2012, 151~152면.

사이에 어떤 관계가 있어야 하는가인데 그 관계를 설정하기 위한 중간적인 목적개념이 없으므로 구체적인 객관적 기준을 마련하기 어렵다. 형사소송법상 사건과 사건 사이의 관련성을 규정한 것으로는 관할에 있어서의 관련사건 규정이 있고 이에는 ① 1인이 범한 수죄, ② 수인이 공동으로 범한 죄, ③ 수인이 동시에 동일 장소에서 범한 죄, ④ 범인은닉죄, 증거인멸죄, 위증죄, 허위감정통역죄 또는 장물에 관한 죄와 그 본범의 죄로 규정하고 있다. 이는 이러한 관련이 있는 사건들은 함께 재판하는 것이 타당하다는 이유에서 규정한 것으로 관련성을 근거짓는 중간개념으로는 '함께 재판한다'는 목적개념이 있어 그 범위를 이 목적개념에 따라 구체화할 수도 있고 또한 법률로 규정하고 있으므로 적용도 객관적일 수 있다.

그러나 증거의 사용범위를 결정하기 위한 범죄와 다른 범죄 사이의 관련성은 이와 같이 객관적이고 구체적인 기준을 설정하기 어렵고 이에 따라 사건마다 해석으로 이를 결정하려 하면 보는 관점에 따라 결론이 쉽게 달라질 수 있는 자의성이 개입될 수 있다.

대상판례 1에서는 관련성이 인정되었고 대상판례 2에서는 관련성이 부정되었는데 그 차이가 무엇인지 객관적으로 납득하기 어렵다. 대상판례 1의 항소심은 "통신사실확인자료 제공요청의 대상자에 피고인 을이 포함됨 또한 분명하고, 요청사유 등 허가서 전체 문언에 의할 때 대상범죄는 피고인 을의 병에 대한 배임증재 범행이 포함된다고 볼 수 있다. 피고인 을의 병에 대한 배임증재 범행은 이 사건 공소사실 중 하나인 피고인 을의 피고인 갑에 대한 뇌물공여범행과 유사한 범행(돈을 주며 부정한 청탁을 하고 그를 통해 이익을 얻고자 하는 점 등에서)으로 객관적 관련성을 인정할 수 있고, 피고인 을의 피고인 갑에 대한 뇌물공여범행에 대하여는 피고인 갑은 뇌물수수의 당사자로서 필요적 공범에 해당하는 범죄관련자에 해당하므로, 결국 피고인 갑의 피고인 을로부터의 뇌물수수범행과 통신사실확인자료 제공요청의 목적이 된 피고인 을의 병에 대한 배임증재범행은 주관적으로 관련되었다고 볼 수 있다. 마지막으로, 이 사건의 증거로 제출된 통신사실확인자료의 자료제공요청기간은 2009. 8. 1.부터 2010. 11. 10.경까지로 이 부분 공소사실의 범행시점인 2009. 8. 13., 2010. 1. 21., 2010. 5. 13., 2010. 6. 14.과 중첩됨이 분명하므로 시간적 관련성을 인정하는 데 무리가 없다.”고 한다.48)

그런데 대상판결 2의 사안에서도 B는 C가 D에게 공직선거법위반의 금품교부 직전에 C에게 불법 정치자금을 전달하였으므로 B가 C에게 전달한 자금이 C가 D에게 전달한 공직선거법위반의 자금일 가능성이 많아 그 정치자금법위반행위가 C와 D의 공직선거법위반 범죄와 관련이 있다고 할 수 있다. 또한 C의 공직선거법위반사건의 수사당시에 수사기관이 C가 D에게 전달한 돈의 자금원에 대한 수사를 하면서 당시에 확보하였던 통신사실확인자료 중 B와 C사이의 통화내역에 착안하여 조금 더 치밀한 수사를 하였다면 그 때에 이미 B와 C사이의 정치자금법위반 사건도 수사되었을 수도 있었을 것이다.

이와 같이 B가 C에게 불법정치자금을 전달한 범죄를 C가 D에게 공직선거법을 위반하여 돈을 교부한 사건과 관련성을 인정할 수 있다면 다시 대상판결 2의 사안에게 B가 A에게 불법정치자금을 전달한 사건은 동일한 시기에 B에 의해 연달아 행해진 범죄였으므로 대상판례 1에서 말하는 주관적, 시간적 관련성도 인정할 수 있을 것이다. 대상판결 1과 대상판결 2의 사안에서 차이는 단지 통신사실확인자료 제공요청 당시에 대상판결 1에서는 을이 현실적으로 수사대상이었음에 반하여 대상판결 2에서는 B가 현실적으로 수사대상이 아니었다는 차이뿐이다. 그러나 B는 잠재적으로 수사대상일 수 있었던 사람이며 B의 행위는 당시 현실적인 수사대상이었던 C와 D의 범행과 관련되어 있었다. 그러므로 이러한 정도의 차이가 증거사용제한을 근거짓는 합

---

48) 정한중, “적법하게 취득한 통신사실 확인자료와 관련성 있는 범죄”, 법조 제 66권 제2호, 2017, 753면에서는 본 판례에 대해서 동종, 유사범행에 대해 객관적 관련성을 인정한 것과 대향범에 대해서도 주관적 관련성을 인정한 것은 타당하지 않다고 한다.

리적인 이유가 될 수 있는지는 의문이다.

V. 결어: 입법론

증거의 사용가능 여부는 사실인정에 있어 매우 중요하며 그 판단 여부에 따라 유죄와 무죄의 차이가 생길 수 있다. 그러므로 증거사용을 제한하려면 그로 인해 실체적 진실발견이라는 공익이 훼손되는 것을 납득할 수 있는 합리적인 이유(rationale)가 있어야 하고, 나아가 그 판단기준은 누구나 일관되고 납득할 수 있는 판단을 할 수 있도록 최대한 객관적이고 명확할 필요가 있다.

통신비밀보호법상 통신제한조치는 프라이버시의 긴밀한 부분을 침해하여 침해 정도가 중대하므로 통신제한조치의 목적이 될 수 있는 범죄군을 제한하고 있기 때문에 이로 인해 취득한 증거자료도 통신제한조치를 할 수 있었던 그 범죄군의 수사와 소추에만 사용할 수 있도록 제한해야 그와 같이 범죄군을 제한하는 입법취지가 관철될 수 있다. 통신제한조치로 취득한 자료의 증거사용제한에 관한 동법 제12조 제1호는 이러한 점에서 합리적인 이유를 인정할 수 있으며 '제12조 제1호의 통신제한조치의 목적이 된 제5조 제1항에 규정된 범죄'라는 문구의 해석도 이러한 취지에 맞게 해석할 수 있었다.

그런데 통신사실확인자료 제공요청은 감청인 통신제한조치보다는 그 침해의 정도가 상대적으로 경하고 그렇기 때문에 통신사실확인자료 제공요청의 목적이 될 수 있는 범죄군에 대한 제한이 없다. 따라서 적법하게 취득한 통신사실확인자료의 증거사용을 제한해야할 합리적인 이유가 없다. 그럼에도 불구하고 통신비밀보호법 제13조의5에서 제12조 제1호를 준용하도록 함으로써 통신사실확인자료의 증거사용을 제한 규정을 둔 것은 입법론적으로 볼 때 충분히 검토되지 않은 불찰로 보인다. 이러한 불찰로 인해 제12조 제1호의 '목적이 된 제5조 제1항에 규정된 범죄'를 당해 사건의 범죄로 해석할 수밖에 없게 만들었다. 그러다 보니 '이와 관련이 있는 범죄'가 중요한 쟁점이 되게 되었는데 여기서의 관련성을 판단할 수 있는 목적개념 내지 중간개념이 없으므로 매우 주관적이고 자의적인 판단이 행해질 가능성이 상존한다. 그러나 이러한 주관성이나 자의성은 증거사용 허용여부가 재판에서 차지하는 중요성에 비추어 보면 부적절하고 위험하다고 할 것이다.

향후 입법적으로 이러한 문제가 신속히 해결되어야 할 것으로 보이는데 통신비밀보호법 제13조의5를 삭제하고, 제12조 제1호의 문구를 '통신제한조치의 목적으로서 제5조 제1항에 규정된 범죄'로 하거나 '제15조 제1항에 규정된 범죄'로 단순화하는 것이 바람직하다고 생각한다.

[주 제 어]
감청, 통신사실확인자료, 관련성, 증거사용제한, 영장주의

[Key words]
interception of communications, indentification materials of electronic communications, correlation, restriction of the scope of using evidence, warrant principle

접수일자: 2018. 5. 11. 심사일자: 2018. 5. 31. 게재확정일자: 2018. 6. 5.

[참고문헌]

강수진, "별도 범죄혐의 관련 전자정보의 압수·수색에 관한 대법원 2015. 7. 16.자 2011모1839 결정의 검토", 안암법학 50권, 2016.

김재중·이승준, "압수수색의 범위와 범죄사실과의 관련성", 형사정책연구 제106호, 2016.

노명선·이완규, 『형사소송법』, 성균관대학교출판부, 2011.

노수환, "디지털 증거 압수수색 절차상 당사자의 참여권 및 별건 관련성 없는 증거의 압수요건, 대법원 2015. 7. 16.자 2011모1839 결정", 법조 제65 권 제7호, 2016.

신동운, 『신형사소송법』, 법문사, 2008.

신양균, 『형사소송법』, 화산미디어, 2009.

오기두, "전자정보의 수색·검증 압수에 관한 개정 형사소송법의 함의", 형사소송의 이론과 실무 제4권 제1호, 한국형사소송법학회, 2012.

원혜욱, 도청·감청 및 비밀녹음(녹화)의 제한과 증거사용, 한국형사정책연구원, 2000.

이완규, "디지털 증거 압수수색과 관련성 개념의 해석", 법조 제62권 제11 호, 2013.

이완규, "디지털증거 압수절차상 피압수자 참여방식과 관련성 범위 밖의 별건 증거 압수방법", 형사법의 신동향 제48호, 2015.

이완규, "압수물의 범죄사실과의 관련성과 적법한 압수물의 증거사용범위", 형사판례연구 23, 박영사, 2015,

이원상, "디지털증거 압수수색절차에 있어서의 관련성 연관 쟁점 고찰—미국의 사례를 중심으로", 형사법의 신동향 제51호, 2016.

이은모, 『형사소송법』, 박영사, 2011.

정웅석·백승민, 『형사소송법』, 대명출판사, 2014.

정한중, "적법하게 취득한 통신사실 확인자료와 관련성 있는 범죄", 법조 제66권 제2호, 2017.

조광훈, "압수·수색절차에서 관련성의 요건인 기본적 사실관계의 동일성·동종성·유사성에 관한 검토", 영산법학논총 제12권 제2호, 2015.

1993. 8. 23. 제163회 국회 정치관계법심의특별위원회 회의록 제1호.

1993. 12. 1. 제165회 국회 정치관계법심의특별위원회 회의록 제3호.

1993. 12. 1. 제165회 국회 법제사법위원회 회의록 제13호.

Bruns, *Karlsruher Kommentar zur StPO*, C.H.Beck, 2013.

Wayne R. Lafave, *Search and Seizure II*, 4th Ed., Thomson/West, 2004.

[Abstract]

The Problem of the Ristriction of Using Evidence of Indentification Materials of Electronic Communications Obtained by the Warrant

Lee, Wan-kyu*

As the interception of communications infringe the close part of the privacy and the degree of the infringement is very serious, the law of protecting the secrecy of communications limits the group of crimes which can be the cause of the interception. As the result, the purpose of the limitation could not be achieved if the materials of evidence would not be restricted to use in investigation and prosecution only for the crimes within the limited group. We could admit the provision §12(1) of the law of protecting the secrecy of communications reasonable, which restrict the scope of the use of the evidence obtained by the interception of the communications.

But the indentification materials of electronic communications includes only the names, the telephone numbers of the parties of the communication, the times fo the communication. It does not include the contents of the communications. The degree of the infringement could be said relatively minor and the law does not limit the scope of the crime which could be the cause of the request for the identification materials. Therefore, there would be no reason to limit the scope of the use of the evidence obtained by the request issued by the court. Nevertheless, the provision §13-5 of the law of protecting the secrecy of communications provides that the provision §12(1) which restrict the use of the evidence

---

* Attorney at law, Ph.D.

obtained by the interception apply correspondingly to the indentification materials of electronic communications.

From the point of view of legislation, the provision §13-5 could be said inappropriate and should be eliminated in the future.

법원에 출석하여 불일치진술한 피고인 아닌 자의 검찰진술조서의 증거능력
― 형사소송법 제312조 제4항의 특신상태의 의미에 대한 분석을 중심으로 ―

강 우 예*

[대상판결] 대법원 2015. 8. 20. 선고 2013도11650 전원합의체 판결

[판결요지]

[1] [다수의견] 형사소송법 제307조 제1항, 제308조는 증거에 의하여 사실을 인정하되 증거의 증명력은 법관의 자유판단에 의하도록 규정하고 있는데, 이는 법관이 증거능력 있는 증거 중 필요한 증거를 채택·사용하고 증거의 실질적인 가치를 평가하여 사실을 인정하는 것은 법관의 자유심증에 속한다는 것을 의미한다. 따라서 충분한 증명력이 있는 증거를 합리적인 근거 없이 배척하거나 반대로 객관적인 사실에 명백히 반하는 증거를 아무런 합리적인 근거 없이 채택·사용하는 등으로 논리와 경험의 법칙에 어긋나는 것이 아닌 이상, 법관은 자유심증으로 증거를 채택하여 사실을 인정할 수 있다.

* 한국해양대학교 해사법학부 부교수.

[대법관 이인복, 대법관 이상훈, 대법관 김용덕, 대법관 박보영, 대법관 김소영의 반대의견] 수사기관이 피고인 아닌 사람을 상대로 증거를 수집하면서 헌법과 형사소송법이 정한 절차에 따르지 아니하여 증거능력이 부정되는 정도에까지는 이르지 아니하였더라도, 피고인 아닌 사람을 소환하여 진술을 듣고 이를 조서로 작성하는 일련의 증거수집과정이 수사의 정형적 형태를 벗어남으로써 실체적 진실 규명과 기본적 인권 보장을 목표로 하는 형사사법절차의 존재 의의와 목적에 비추어 수사의 상당성을 인정하기 어렵고 그 과정에 허위가 개입될 여지가 있을 경우에는, 진술조서의 진술기재의 신빙성을 인정하려면 그것을 뒷받침할 객관적인 증거나 정황사실이 존재한다는 특별한 사정이 있어야 한다.

그리고 공판중심주의 원칙과 전문법칙의 취지에 비추어 보면, 피고인 아닌 사람이 공판기일에 선서를 하고 증언하면서 수사기관에서 한 진술과 다른 진술을 하는 경우에, 공개된 법정에서 교호신문을 거치고 위증죄의 부담을 지면서 이루어진 자유로운 진술의 신빙성을 부정하고 수사기관에서 한 진술을 증거로 삼으려면 이를 뒷받침할 객관적인 자료가 있어야 한다. 이때 단순히 추상적인 신빙성의 판단에 그쳐서는 아니 되고, 진술이 달라진 데 관하여 그럴 만한 뚜렷한 사유가 나타나 있지 않다면 위증죄의 부담을 지면서까지 한 법정에서의 자유로운 진술에 더 무게를 두어야 함이 원칙이다.

[공소외1 진술의 증거능력] 제1심인 서울중앙지방법원 2011. 10. 31. 선고 2010고합1046 판결에서 발췌

가. 공소외1 검찰 진술의 증거능력

1) 공소외1 검찰 진술의 임의성

2년에 가까운 시간 동안 구치소에 구금되어 외부와의 교류가 차단된 상황에 있던 공소외1이 갑작스럽게 검찰의 소환을 받아 사회적으로 적지 않은 파장을 불러일으키고 있던 사건의 참고인이 된 점, 공소외1이 금품공여사실을 부인하던 당시의 상황에 관한 진술조서가 남겨져 있지 않아 초기 조사 당시의 상황에 대하여 확인할 수 있는 객관적인 자료가 없는 점, 공소외1이 공소외7의 회유를 받은 후 갑자기 금품공여 진술을 시작한 점, 공소외1이 구치소에 있는 중에 70여 회의 검찰 조사를 받은 점 등에 비추어 보면, <u>공소외1의 검찰 진술의 임의성을 의심할 만한 사정이 있다</u>고 할 것이다.

그러나 피고인이 검사 작성의 참고인에 대한 진술조서에 기재된 참고인의 진술 및 공판기일에서의 그 참고인의 진술의 임의성을 다투면서 그것이 허위라고 주장하는 경우, 법원은 구체적인 사건에 따라 참고인의 학력, 경력, 직업, 사회적 지위, 지능정도, 진술의 내용, 진술조서의 경우 그 조서의 형식 등 제반 사정을 참작하여 자유로운 심증으로 위 진술이 임의로 된 것인지의 여부를 판단하면 되는데(대법원 2003. 5. 30. 선고 2003도705 판결 등 참조), 이 법원이 적법하게 채택하여 조사한 증거들을 종합하여 인정되는 다음과 같은 사정, 즉 공소외1에 대한 검찰 소환 횟수가 많기는 하나 그와 같이 소환 횟수가 많아진 데에는 수사 개시로부터 공소외1에 대한 증인신문이 이루어지기까지 9개월이 소요되었다는 참작할 만한 사정이 있고, 그와 같은 소환 조사 과정에서 공소외1에 대한 강압은 없었던 것으로 보이는 점, 공소외1은 이 법정에서 공소외7의 겁박으로 인해 공여 진술을 시작하게 되었다고 진술하고 있으나, 실제로는 앞서 본 바와 같이 공소외7이 가석방 등의 이야기를 하며 공소외1을 회유하였을 뿐 강압적인 언동을 하지는 않은 것으로 보이는바, 위 겁박이라는 표현은 공소외7과의 면담 당시 공소외1이 느낀 자신의 심정을 묘사하는 주관적이고 과장된 표현으로 보이는 점, 공소외1이 검찰에서 금품 공여 진술을 하게 된 데에는 검찰수사에 협조함으로써 회사를 되찾겠다는 자발적인 동기가 있었던 것으로 보이는 점, 공소외1을 진료하였던 ♡♡병원 정신과 의사 공소외 77의 진술에 의하면, 공소외1은 술이 깬 상태에서는 보통의 일반인과 같은 상태이고, 현실 검증력이나 상황 판단능력, 기억력에 특별한 문제는 없는 것으로 보이는 점 등에 비추어 보면 공소외1의 검찰 진술이 임의성이 없어 증거능력이 부정되는 정도에 이른다고 보기는 어렵다.

다만, 공소외1의 검찰 진술 당시의 위와 같은 여러 가지 사정들이 공소외1의 검찰 진술의 증거능력을 부정하는 정도에 이르지는 않는다고 하더라도 그 신빙성 판단에 영향을 미칠 소지는 있다.

2) 공소외1의 진술 번복과 검찰 진술의 증거능력

가) 공소외1은 이 법정에서 "내가 2010. 4. 2.부터 지금까지 수십 번에 걸친 검찰 조사에서 총리님과 피고인 2에게 정치자금을 제공하였다고 일관되게 진술한 것은 사실이다. 하지만 그것은 수감 이후에 믿었던 사람에게 억울하게 빼앗긴 회사를 되찾을 욕심과 수사 초기에 공소외 7이라는 제보자가 검찰로 찾아와서 ▄▄시장 이야기와 협조하지 않으면 또 다른 어려움을 겪게 될 것이라고 암시적으로 겁박을 하고 돌아갔기 때문에 어쩔 수 없이 허위진술을 하게 된 것이다. 나는 피고인에게 어떠한 정치자금도 제공한 사실이 없다. 피고인은 비겁하고 조악한 나로 인해 누명을 쓰고 있는 것이다"는 취지로 진술하며 자신의 검찰에서의 진술을 전면적으로 번복하였고, "나의 검찰 진술은 정치인 사무실에 갔을 때 들은 이야기들을 기억해서 만들어낸, 조작해낸 이야기이기 때문에 검사님께서 계속 나의 검찰 진술을 근거로 말씀하시는 것은 죄송하지만, 좀 무의미하다."라고도 진술하였다. 공소외1의 이와 같은 진술 번복에 따라 이 사건 공소사실에 부합하는 증거인 공소외1의 검찰 진술에 관하여 반대신문에 의한 탄핵을 거침으로써 진술내용의 모순이나 불합리를 드러내는 것이 원천적으로 불가능하게 된 것으로 볼 여지가 있는바, 이러한 공소외1의 검찰 진술을 피고인에 대한 유죄의 증거로 사용할 수 있는지가 문제가 된다.

나) 형사소송법 제312조 제4항에 의하면, 검사가 참고인의 진술을 기재한 조서는 적법한 절차와 방식에 따라 작성된 것으로서 그 조서가

검사 앞에서 진술한 내용과 동일하게 기재되어 있음이 원진술자의 공판준비 또는 공판기일에서의 진술이나 영상녹화물 또는 그 밖의 객관적인 방법에 의하여 증명되고, 피고인 또는 변호인이 공판준비 또는 공판기일에 그 기재 내용에 관하여 원진술자를 신문할 수 있었던 때 증거로 할 수 있다고 되어 있는바, 공소외1이 공판기일에서 자신의 검찰 진술을 기재한 조서가 자신의 진술대로 기재되어 있음을 인정하였고, 피고인 또는 변호인이 공판기일에서 공소외1을 신문할 기회를 가졌으므로, 공소외 1이 공판기일에서 그 조서의 내용과 다른 진술을 하였다고 하여 곧 그 조서의 증거능력 자체를 부정할 사유가 되지는 아니한다 할 것이다.

다) 다만, 원래 진술증거는 진술자의 기억이나 표현에 오류가 개입할 가능성이 존재하고 또 신문자의 신문방식이나 기술에 따라서 진술자의 의사와 다른 내용이 전달될 가능성도 있다고 할 것인바, 이를 바로 잡기 위한 가장 기본적 제어장치가 상대 당사자의 반대신문권인 점 등을 고려하여 볼 때, 이 사건과 같이 반대신문을 통하여 공소외1의 검찰 진술을 검증하는 것이 실질적으로 곤란하게 되었다면, 그 조서에 기재된 진술이 구태여 반대신문을 거치지 않더라도 진술의 정확한 취지를 명확히 인식할 수 있고 그 내용이 경험칙에 부합하는 등 신빙성에 의문이 없는 경우이거나, 그 조서에 기재된 진술의 신빙성과 증명력을 뒷받침할 만한 다른 유력한 증거가 따로 존재하는 등의 예외적인 경우가 아닌 이상 그 신빙성을 판단함에 있어서는 보다 신중할 필요가 있다.

I. 문제의 제기

공소외1은 검찰에서 자신의 회사인 ○○건영을 통해 조성 한 자금[1]을 모두 피고인1에게 직접 공여하였다고 진술하였다가, 제1심 법

---

1) 공소외1이 공소사실과 같이 3차례에 걸쳐 현금과 달러 등을 섞어서 각 3억여

정에서는 이를 번복하여 피고인2에게 빌려주거나 공사 수주를 위한
로비자금 등으로 사용하였다는 취지로 진술하였다. 대상판결에서는
이 공소외1이 피고인에게 정치자금을 3차례에 나누어 제공했다는 검
찰진술의 신빙성이 가장 큰 쟁점이 되었다. 왜냐하면, 공소외1이 공판
정에서 자신의 검찰진술을 완전히 번복하여 피고인에게 정치자금을
제공한 일이 없다고 부인하게 되자 공소사실의 입증을 위해서는 공소
외1의 검찰진술이 중요한 증거가 될 수밖에 없었기 때문이다. 본 사안
에서 공소외1의 진술을 제외하면 공소외2의 진술, 물적증거, 기타 정
황증거들이 남게 된다. 그런데, 피고인에게 불법정치자금을 공여한 사
실과 관련하여 오직 공소외1의 검찰 진술만이 직접적이고 구체적인
증거라고 할 수 있으며 나머지 진술증거 내지 물적증거들은 공소외1
의 검찰진술의 신빙성을 간접적으로 뒷받침하는 정황에 지나지 않는
다. 그러면, 공소외1의 검찰진술에 대한 채택여부가 유무죄 판단에 결
정적인 역할을 했다고 볼 수밖에 없다.

이러한 이유로, 이 공소외1의 검찰진술의 신빙성에 대하여 1심,
항소심, 상고심의 다수의견과 반대의견이 각각 장문에 걸쳐 매우 분석
적으로 논하고 있다. 1심과 항소심은 동일한 자료를 바탕으로 공소외1
의 검찰진술의 신빙성에 대하여 전혀 다른 평가를 내리고 있다. 대법
원에서는 다수의견은 자유심증주의를 적시하며 항소심의 결론을 지지
했다. 그러나, 반대의견은 공소외1의 검찰진술과정에서 절차적인 문제
가 있었다고 보았다. 또한, 반대의견은 공판정에서 공소외1이 자신의
검찰진술을 번복하고 정반대의 사실을 증언한 경우 신빙성 판단에 특
별한 효과를 부여해야 한다고 주장했다. 이어, 반대의견은 사정이 이
런데도 항소심에서 공소외1을 증인으로 채택하지 않은 부당함이 있다
고 적시했다. 결국, 반대의견은 다수의견과 달리 1심과 입장을 대체로
같이 하며 공소외1의 검찰진술의 신빙성을 배척해야 한다고 기술했다.

원씩 총 9억 원 정도의 자금을 조성한 사실은 객관적인 금융자료에 의하여
인정될 뿐만 아니라 공소외1이 제1심 법정에서도 시인한 부분이다.

그런데, 이상한 점은 대상판결의 반대의견이 공소외1의 검찰 진술조서와 관련된 쟁점이 전문법칙이라고 주장하면서도 공소외1의 검찰 진술조서의 증거능력에 대해서는 판단하지 않았다는 부분이다. 반대의견은 공소외1이 작성한 진술서의 경우 형사소송법 제244조의4 제1항 및 제3항의 절차를 위반하여 증거능력이 없다고 하면서 유독 진술조서의 경우 신빙성이 크게 훼손되었지만 증거능력을 취득했다고 보았다. 반대의견은 그 근거로 공소외1의 법정진술에 의하여 진술조서가 성립의 진정이 인정되었다는 점을 지적하고 있다. 그러면, 참고인 진술조서의 경우 성립의 진정이 인정되고 원진술자인 참고인이 증인으로 공판정에 출석하여 반대신문 기회가 주어졌으면 곧바로 증거능력이 인정되는 것으로 볼 수 있는가? 대상판결의 다수의견이나 반대의견 모두 형사소송법 제312조 제4항의 특신상태 요건에 대해서는 왜 아무런 언급이 없는 것인가?

형사소송법 제310조의2에 의하면 원칙적으로 공판준비 또는 공판기일 이외에서 이루어진 타인의 진술을 내용으로 하는 진술은 증거로 할 수 없다. 또한, 형사소송법 제311조에 따르면, 공판준비 또는 공판기일에 작성한 진술은 특별한 요건의 충족이 필요없이 곧바로 증거로 할 수 있다. 왜냐하면 법원절차 내의 진술은 전문증거가 아니기 때문이다. 반면, 법원절차 밖에서 작성되어 요증사실을 입증하기 위한 진술을 내용으로 하는 조서는 직접주의와 공판중심주의에 위배되는 전문증거이다. 우리 형사소송법 제312조부터 제316조까지 예외규정을 두어 정형화된 요건을 충족하는 것을 조건으로 증거능력을 인정하고 있다. 이 조문들에서 형사소송법 제312조 제3항과 제6항의 규정을 제외하면 전문증거가 증거능력을 가질 수 있는 공통된 요건은 특신상태라고 할 수 있다.

특히, 형사소송법 제312조 제4항의 네 번째 요건인 특히 신빙할 수 있는 상태의 의미는 무엇인가? 대상판결에서 결정적인 유죄의 증거인 공소외1의 검찰 진술조서는 성립의 진정과 원진술자의 법원절차에서의 증언이라는 절차적 요건을 충족하고 있으므로 신용성의 정황적 보장이 당연히 있는 경우로 볼 수 있는가? 형사소송법 제312조 제4항에 따라 법원절차에 조서의 원진술자였던 참고인을 증인으로 출석시켜 피고인과 변호인에게 반대신문의 기회를 주는 것은 원진술의 내용을 검증할 수 있다는 면에서 매우 중요하다. 그런데, 반대신문의 기회가 있은 경우 다른 고려없이 곧바로 증거능력을 지닌다고 인정해야 하는가? 이 경우 참고인이 검찰에서 진술조서의 내용에 해당하는 원진술을 할 당시에는 피고인과 변호인은 반대신문의 기회를 가지지 못했다는 사실을 주목해야 한다. 이뿐만 아니라, 대상판결에서는 참고인인 공소외1의 검찰에서의 진술 과정, 절차, 내용이 수사의 정형성, 적법성 및 특신상태를 준수했는지에 대해서는 상당한 의문이 일어난다.

우선, 본고에서는 우리 형사소송법상의 특신상태에 대한 판례와 학설을 재점검해 보았다. 이를 위하여 외국의 증거법의 입법론과 해석론을 검토하는 과정을 피할 수 없었다. 우리 특신상태의 어원이 되는 신용성의 정황적 보장이라는 법문과 관련하여 미국 증거법은 필수적인 분석대상이었다. 이를 바탕으로 본 대상판결의 공소외1의 검찰진술조서의 증거능력에 대한 평가를 하고자 했다.

Ⅱ. 형사소송법 제312조 제4항 참고인 진술조서의 특신상태의 의미

1. 형사소송법 제312조 제4항의 연혁

제정 형사소송법 제312조는 수사기관 작성 진술조서는 공판준비 또는 공판기일에 피고인 또는 피고인 아닌 자의 진술에 의하여 성립의 진정이 인정되는 경우 증거능력이 있다고 규정했다.

1961년 개정 형사소송법 제312조 제1항은 검사 작성 참고인 진술조서는 피고인이 된 피의자 진술조서와 마찬가지로 법원절차에서 원진술자에 의하여 성립의 진정이 인정되는 경우 증거능력을 지닌다고 보았다. 당시 개정 형사소송법에는 검사 작성 참고인 진술조서에 대해서는 피고인 진술조서와 달리 특신상태를 요구하는 내용이 없었다. 다만, 대법원은 형사소송법 제316조에 따라 원진술자인 피고인의 진술에 특신상태가 있을 것을 조건으로 그 진술을 내용으로 하는 참고인의 진술조서에 증거능력을 부여한 경우가 있었다.[2]

2007년 개정 형사소송법 제312조 제4항은 참고인 진술조서를 피고인 진술조서와 별도로 규정을 하고 증거능력 부여를 위한 요건을 네 가지로 설정했다. 첫째, 진술조서는 적법한 절차와 방식에 따라 작성되어야 한다. 둘째, 진술조서는 진정 성립되었음이 원진술자의 공판준비 또는 공판기일에서의 진술이나 영상녹화물 또는 그 밖의 객관적인 방법에 의하여 증명되어야 한다. 셋째, 피고인 또는 변호인이 공판준비 또는 공판기일에 진술조서의 기재내용에 관하여 원진술자를 신문할 수 있어야 한다. 넷째, 조서에 기재된 진술의 특신상태가 증명되어야 한다.

2. 특신상태 요건의 해석

형사소송법 제312조 제4항의 참고인 진술조서의 특신상태에 대해서는 피의자 진술조서의 특신상태와 달리 판례나 학설에서 견해가 갈라지는 형태의 논의가 풍부하게 이루어지지 않았다. 다만, 형사소송법 제312조 제1항 및 제2항의 특신상태 요건의 해석론에 준하여 형사소송법 제312조 제4항의 특신상태 개념에 대해 접근할 수 있을 것으로 보인다.[3]

유의할 부분은 형사소송법 제312조 제4항은 원진술자인 참고인이 법원절차에서 피고인 내지 변호인의 반대신문을 받을 것을 참고인 진

---

2) 대법원 2001. 10. 9. 선고 2001도3106 판결.
3) 참고인 신문조서의 특신상태는 피의자신문조서의 특신상태와 의미가 같다고 보는 견해로, 배종대 · 이상돈 · 정승환 · 이주원, 신형사소송법 제5판, 홍문사, 2013, 656면; 노명선 · 이완규, 형사소송법 제5판, 성균관대학교 출판부, 2017, 507면.

술조서의 증거능력 부여를 위한 요건으로 설정하고 있다는 점이 형사
소송법 제312조 제1항과는 차이가 난다. 이 경우, 양 조문의 특신상태의
의미가 완전히 동일하다고 보기는 힘들 것이다. 사실, 형사소송법 제312
조 제1항, 제312조 제4항, 제314조, 제315조, 제316조 각각은 조문의 특
성에 따라 특신상태를 다른 의미로 해석할 수 있는 여지가 있다.[4]

(1) 진술의 임의성설

진술의 임의성설은 특신상태가 상당부분 조서에 기재된 진술의
임의성을 의미한다고 본다. 대법원은 1989년에 있은 88도1251 판결에
서 "진술의 내용 자체와 그 진술의 임의성에 영향을 미치는 사유를
토대로 하여 특신상태의 유무를 판단"[5]하는 접근법을 보여주었다. 이
에 따르면, 진술조서의 성립의 진정이 인정되고 임의성에 의심이 있어
신빙성이 없는 상태가 아닌 한 특신상태가 인정될 수 있다.[6] 사실, 대

---

4) 김정한, "형사소송법상 특신상태의 의미와 개념 요소 및 판단기준에 관한 소
   고", 비교형사법연구 제16권 제1호, 2014, 175면; 송광섭 형사소송법 개정판,
   형설출판사, 2012, 615면; 정웅석, "형사소송법상 특신상태의 필요성에 대한
   비판적 고찰", 저스티스 통권 제138호, 한국법학원, 2013, 313~314면. 다만, 법
   원이 형사소송법 제314조의 특신상태는 역시 원진술자의 소재불명을 필요 요
   건으로 설정하고 있는 형사소송법 제316조 제2항의 특신상태와 같은 의미로
   보는 경우들이 있었다(대법원 2014. 4. 30. 선고 2012도725 판결; 대법원 2006.
   4. 14. 선고 2005도9561 판결; 대구고등법원 2015. 8. 11. 선고 2014노324, 2014
   전노74 판결). 한편, 우리 판례에서 형사소송법 제312조 제4항, 제314조, 제316
   조 제2항의 참고인 진술의 특신상태 존부는 단일한 기준이나 강도로 심사되
   는 것이 아닌 것으로 보인다. 현재, 대법원은 형사소송법 제314조의 특신상태
   요건에 대해 개연성이 있을 정도면 부족하고 합리적인 의심의 여지없이 증
   명되어야 한다고 보고 있다(대법원 2017. 7. 18. 선고 2015도12981, 2015전도
   218 판결; 대법원 2014. 4. 30. 선고 2012도725 판결; 대법원 2014. 2. 21. 선고
   2013도12652 판결). 그러나, 대법원은 형사소송법 제312조 제4항의 특신상태의
   경우에는 소송상의 사실이라는 이유로 엄격한 증명을 요하지 않고 자유로운
   증명으로 족하다고 판시했다(대법원 2012. 7. 26. 선고 2012도2937 판결; 대법
   원 2001. 9. 4. 선고 2000도1743 판결).
5) 대법원 1989. 11. 14. 선고 88도1251 판결.
6) 이에 대하여 정리된 내용으로, 신동운, 신형사소송법 제5판, 법문사, 2014,
   1176면 참조.

법원의 동 판결은 임의성 판단과 관련하여 조서의 내용을 조서의 형식, 진술자의 학력, 경력, 지능정도 등의 다른 제반사정들과 함께 고려하고 있다. 이처럼, 대법원은 과거 임의성 판단과 신빙성 판단을 상호교차시키고 있다. 즉, 임의성이 있는지 여부는 조사과정이 특별히 신빙할 수 있는 상태에서 이루졌는지를 고려하여 판단하며, 특신상태 판단에 있어 임의성은 중심되는 개념이었다.[7] 이를 더 밀고 나가면, 임의성이외에 별도로 특신상태 요건이 필요하지 않다고 하는 주장까지 이르게 된다.[8]

(2) 신용성의 정황적 보장설

가. 우리의 논의

우리 형사소송법에 규정된 특신상태에 대해 신용성의 정황적 보장으로 보는 것이 학계 다수의 견해이다.[9] 사실, 신용성의 정황적 보장은 일본 형사소송법 제311조 및 제322조에서 사용되었으며 이를 우리 판례와 학계에서 원용하고 있는 것으로 보인다.[10] 보다 거슬러 올라가면 신용성의 정황적 보장은 미국의 증거법에서 연원을 찾을 수 있다. 예를 들어, 미국 연방증거법 제802조에서는 원칙적으로 전문증거(hearsay)를 금지하고 있지만, 곧이어 연방증거법 제803조, 제804조, 그리고 제807조에는 신용성의 정황적 보장(circumstantial guarantees of truthworthiness)을 지니는 경우를 전문법칙의 예외사유로 두어 증거능력

---

7) 예를 들어, 대법원 1983. 3. 8. 선고 82도3248 판결.

8) 안성수, "자백배제의 원칙과 특신성", 저스티스 통권 101호, 한국법학원, 2007. 12. 201면.

9) 김정한, 앞의 논문, 158면. 노명선 · 이완규, 앞의 책, 491면; 손동권 · 신이철, 새로운 형사소송법 제3판, 세창출판사, 2016, 604면; 송광섭, 위의 책, 615면; 이재상, 신형사소송법 제2판, 박영사, 2010, 570면; 차용석 · 최용성, 형사소송법 제3판, 21세기사, 2008, 566면.

10) 신동운 교수는 우리 형사소송법의 특신상태는 일본 형사소송법 제311조 및 제322조에서 전문법칙의 예외 인정 요건으로 "특히 신용할 만한 정황하에서 행하여진 것일 때 한하여"라는 특신정황이라는 용어에서 직접적으로 유래한 것으로 기술했다. 신동운, 위의 책, 1175면.

을 인정하고 있다.

신용성의 정황적 보장의 의미를 밝히기 위하여 주로 미국 연방증거법에 등장하는 전문법칙의 예외사유가 활용된다. 신동운은 형사소송법 제311조에 따라 원진술이 법원절차에서 행해진 경우나 형사소송법 제315면에 따라 공문서 등 증명할 수 있는 사항에 관하여 작성한 문서 또는 상업장부, 항해일지 등과 같이 업무상 필요로 기재된 통상문서의 경우 신용성이 정황적으로 보장되는 경우라고 기술하고 있다. 또한, "사건 직후의 충동적 발언과 같은 자연적·반사적 진술, 죽음에 직면한 사람의 임종시 진술, 자신의 이익에 반하는 진술"이 신용성을 정황적으로 보장할 수 있는 경우라고 했다.[11]

전문법칙의 정형화된 예외사유를 넘어 특신상태의 의미를 넓게 보는 입장들이 있다. 김정한은 진술의 동기, 진술 당시의 분위기, 변호인 접견 또는 참여의 충분한 보장, 신뢰관계인 및 피해자변호사 등의 조력, 조사를 위한 소환 방법이나 횟수의 합리성, 조사에 소요된 시간이 합리적이었는지, 필요없는 야간조사가 이루어지지 않았는지, 수사기관에 협조하는 진술하여 형을 경감받을 동기가 있었는지, 어린 피해자에게 유도질문을 통하여 피해진술을 이끌어냈는지, 진술자의 진술이 심리적으로 혼란스러운 상태에서 집요한 추궁에 기초하여 이루어졌는지, 수사과정에 대한 기록의 내용이 있었는지 등의 다양한 정황이 특신상태 존부판단에 활용될 수 있다고 보았다.[12] 나아가, 노명선은 특신상태가 진술하게 된 경위, 진술자와 사건과의 관계, 진술자의 기억력의 정도, 지적 수준, 진술내용이 전체적으로 보아 그 사건을 경험한 사람의 진술로 평가할 수 있는지 등의 정황 전반을 가리킨다고 보

---

11) 신동운, 앞의 책, 1148면.
12) 김정한, 앞의 논문, 168~169면. 다만, 김정한은 형사소송법 제314조의 특신상태는 영미법상의 신용성의 정황적 보장과 동일하다고 보는 견해(백원기, "증언거부권의 행사와 형사소송법 제314조의 해석론에 관한 비판적 고찰", 형사법의 신동향 통권 제39호, 대검찰청, 2013, 261면)를 비판하고 있다. 즉, 형사소송법 제314조의 특신상태는 형사소송법 제312조 등이 말하는 특신상태보다도 더 엄격한 의미의 특신상태여야 한다고 본다. 김정한, 위의 논문, 158면.

았다.13)

한편, 상당수 학자들은 특신상태 개념을 일반적인 신빙성 개념과 명확히 구분하고자 한다. 김정한은 신빙성은 진술내용에 대한 심사기준이지만 특신상태는 진술정황에 대한 심사기준이라고 보았다.14) 손병현 또한 특신상태의 판단기준을 진술의 내용이 아닌 외부적 정황에 두어야 한다고 강조한 바 있다.15) 여기서 외부정황은 제3자의 시각으로 관찰하여 외부적으로 드러나 보이거나 느낄 수 있는 정황이다.

그러나 진술내용의 신빙성 또한 특신상태 판단에 참조할 수 있다고 보는 견해도 있다.16) 예를 들어, 진술이 논리정연하고 경험칙에 부합하는 경우 특신상태가 있다고 본다.17) 반면, 검찰에서의 진술과 공범자에 대한 형사기록검증결과가 다르고 부인하는 경우나 진술내용이 모순되는 경우에는 신빙성 및 특신상태가 의문시 된다.18) 우리 대법원 또한 특신상태 고려 시 진술을 내용을 참작하는 입장을 취하고 있다.19)

나. 미 국

① 개 요

미국 증거법의 예외사유로서의 '신용성을 보장할 수 있는 정황'에 해당하는 경우를 면밀히 살필 필요가 있다. 미국 증거법에서는 전문증거를 원칙적으로 증거능력이 없다고 하고 있지만,20) 폭넓은 예외사유

---

13) 노명선·이완규, 앞의 책, 491면.
14) 김정한, 앞의 논문, 166면; 한제희, "특신상태의 의의와 판단기준", 형사판례연구 제21권, 한국형사판례연구회, 박영사, 2013, 547~548면.
15) 손병현, "전문법칙의 예외를 규정한 형사소송법 제314조의 합헌성 여부", 한라대학교 논문집 제12집, 2009, 30면.
16) 이재상, 앞의 책, 570면.
17) 정진연, "형사증거법상 보충적 규정인 제314조에 대한 소고", 법학연구 제37집, 한국법학회, 2010. 2., 250면.
18) 이재상, 위의 책, 570면.
19) 대법원 1967. 4. 25. 선고 67도322 판결. 보다 구체적인 내용으로 아래 "② 참고인 진술에 대한 특신상태 관련 판례 유형" 참조.
20) *See, e.g.,* Fed. R. Evid. §802.

를 두어 증거능력을 인정하고 있다.21) 다만, 전문법칙에 대한 예외사
유들이 발견되는 경우 적극적으로 증거능력을 부여하는 것이 아니라
소극적으로 전문법칙을 적용하지 않는 방식을 취하고 있다는 점을 유
의해야 한다. 이는 전문법칙의 예외사유에 해당한다고 할지라도 여전
히 증거능력을 배제할 수 있는 전문법칙의 효력이 완전히 사라지지
않았다는 점을 표현한 것이다.22)

한편, 참고인 진술의 증거능력에 관한 논의에서 미국 연방대법원
의 크로포드(Crawford) 판결은 빼놓을 수 없다. 미국 연방대법원은 크
로포드 판결에서 전문법칙과 미국연방헌법상의 대면권(confrontation
clause)을 결합시켰다. 이 크로포드 판결의 반대신문권을 중심으로 하
는 신용성의 정황적 보장의 판단기준을 숙고할 필요가 있다.

② 비전문증거(non-hearsay)

무엇보다, 참고인 진술과 관련해서는 미국의 비전문증거 개념을
살펴볼 필요가 있다. 미국 연방증거법 제801조(정의) (d)(1)에는 공판절
차 내지 청문절차에서 반대신문을 거친 진술자의 진술과 배치되는 이
전의 공판절차, 청문절차, 기타 절차, 또는 조서(deposition)23)에서 위증
시 형사처벌을 감수한다는 선서 하에서 이루어진 해당 진술자의 원진
술은 전문증거로 보지 않는다.24) 즉, 동 규정에 따라 법원절차 밖에서
이루어진 원진술자의 진술의 전문성이 부정되기 위해서는, 첫째 해당
원진술이 위증 시 형사처벌을 감수한다는 선서 하에서 이루어져야 하
며, 둘째 해당 원진술의 내용이 법원절차 등에서의 진술내용과 배치되
어야 하며, 셋째 공판절차와 청문절차의 현재의 진술에 대해 반대신문

---

21) *Id.,* §§801, 803. 804, 805, 807.
22) Thomson West, Federal Fules of Evidence 2003-2004, p. 148.
23) 조서(deposition)는 주로 법원서기(court reporter)가 작성하는 목격자의 법원절차
    밖의 진술을 담은 서류를 의미한다. See Black's Law Dictionary, 9th Ed., (Bryan
    A. Garner editor in chief) 505.
24) 동 연방증거법의 규정의 공판절차 밖의 진술의 전문증거성에 대해서는 상당
    히 많은 논란이 있다.

이 이루어져야 한다. 전통적으로 과거 미국에서는 법정밖 불일치 원진술(inconsistent prior statement)은 탄핵증거만으로 사용될 수 있었으나 1970년대 중반 개정된 미국 연방증거법 제801조(정의) (d)(1)는 이를 실체적 증거(substantive evidence)로 사용될 수 있도록 했다.25)

미국 연방증거법 제801조(정의) (d)(1)은 많은 논란을 낳았다. 동 규정에 비판적인 입장은 법원절차 밖의 원진술자의 진술이 선서, 반대신문, 태도관찰(demeanor observation)이 통상 없는 상태에서 이루어지기 때문에 전문증거로 보아야 한다고 주장한다.26) 또한, 많은 주 법원들은 법원절차 밖의 진술의 신빙성이 미약할 수밖에 없다는 점을 지목해왔다.27) 나아가, 과거 미국 연방법원의 핸드(Learned Hand) 판사는 배심원이 원진술자의 과거 진술의 신빙성을 판단하기 위해서는 결국 현재 공판정에서의 진술과 태도에 기초할 수밖에 없다는 지적을 한 바 있다.28)

사실, 미국 연방증거법 제801조(정의) (d)(1)의 초안자는 불일치 원진술(prior inconsistent statement)에 대하여 매우 엄격하게 형성되어 있는 전문법칙을 배제하고 원칙적으로 증거능력을 부여하는 접근법을 취했다.29) 초안자의 견해로는 원진술자가 법정에 출석하여 선서하에 진술

---

25) House Comm. on Judiciary, Fed. Rules of Evidence, H.R.Rep. No.650, 93d Cong., 1st Sess., p. 13 (1973).

26) Thomson West, Federal Fules of Evidence 2003-2004, p. 136.

27) *See, e.g.,* State v. Saporen, 205 Minn. 358, 285 N.W. 898 (1939); Ruhala v. Roby, 379 Mich. 102, 150 N.W.2d 146 (1967); People v. Johnson, 68 Cal.2d 646, 68 Cal.Rptr. 599, 441 P.2d 111 (1968).

28) Di Carlo v. United States, 6 F.2d 364 (2d Cir. 1925).

29) 1960년대 말 연방증거법 제정절차를 진행할 당시 연방증거법 초안자는 전형적인 전문법칙의 범위에 반대당사자의 시인(Admission) 개념이 정확히 부합하지 않는다고 보았다. 왜냐하면, 시인의 경우 신용성의 정황적 보장에 기초된 요건이 아니기 때문이다. 따라서, 별도로 시인을 비전문진술로 규정한 것이다. 이는 반대당사자의 시인을 법관의 재량하에 자유롭게 판단하던 전통적인 접근법을 포기하는 것이다. 물론, 이에 대해 반대하여 시인의 경우에도 전문법칙의 예외사유로 규정해야 한다는 견해도 존재했다. 당시, 레오나드 러빈(Leonard Rubin) 변호사는 모범증거법(Model Rule)이나 통일증거법(Uniform Rule)

刑事判例硏究[26]

을 하는 경우는 전문법칙의 목적을 완전히 만족시키기 때문이다. 통일
증거법(Uniform Rule) 제63(1)조는 원진술자가 공판정에 출석하여 반대
신문을 거치면 원진술자의 법원절차 밖의 진술이 증거능력을 지닌다
고 봄으로써 연방증거법 제801조(정의) (d)(1) 보다 더 완화된 입장을
보이고 있다. 다만, 통일증거법의 동 규정은 비전문증거가 아닌 전문
법칙의 예외로서 제시된 것이라는 차이가 있다. 많은 주들, 예를 들어
뉴저지 주 증거법(New Jersey Rule of Evidence)이나 뉴욕 주 증거법
(California Evidence Code)의 경우에도 전문법칙의 예외로서 불일치진술
문제를 다루었다.[30])

에서 시인과 불일치진술을 전문법칙의 예외로 다루고 있으며 이를 전문증거
의 개념에서 제외하는 정당한 근거가 없다는 점을 지적했다. 시인과 불일치
진술의 경우 연방증거법 제803조나 제804조로 포섭할 수 없으므로 전문법칙
의 일반적 예외(general exception)로 보아야 한다고 주장했다. 사실, 연방증거법
개정 초안 보고자(reporter) 또한 시인과 비일치진술을 별도의 조항으로 전문
법칙의 예외로 놓는 것이 대안이 될 수 있다고 보았다. 결국 현재와 같이 시
인과 비일치진술은 전문증거에서 제외하여 규정하는 것으로 결론지어졌는데,
이러한 선택에 대한 이유나 근거제시가 권고위원회(the Advisory Committee)의
회의록에 남아있지 않다. 시인이나 불일치진술이 전문법칙의 예외 유형으로
규정이 되었으면 전문법칙의 발전에 더 바람직한 결과가 되었겠지만 시인과
불일치가 전문증거 개념에서 제외됨으로서 전문증거의 예외사유로서의 근거
제시를 할 필요가 없게 되는 결과를 가져왔다. 사실, 이러한 연방증거법 초안
자의 접근법은 시인이 전문증거에서 제외되는 것은 시인이 진술자의 자기모
순의 증거로서 제시되는 경우 특정 사실을 입증하는 증거가 아니기 때문에
전문증거가 아니라는 빅모어(Wigmore) 등의 학자들의 주장을 왜곡·반영한 것
이다. 빅모어의 경우에도 시인이 전문증거이지만 전문법칙의 통상의 목적을 충
족하기 때문에 증거능력이 부인되지 않는다고 보았다. 나아가, 맥코믹은 시인
을 진술적 시인(verbal or express admissions)과 행위적 시인(admissions by conduct)
으로 구분하였다. 이 중 범죄현장으로부터 도주한다든지 목격자의 호출이나
증거의 제출을 거부하는 행위적 시인은 전문증거가 아니라고 보았다. 그러나
진술적 시인은 여전히 전문증거라고 기술했다. See Sam Stonefield, Rule
801(D)'s Oxymoronic "Not Hearsay" Classification: The Untold Backstory and A
Suggested Amendment, 5 Fed. Cts. L. Rev. 1, 37-41 (2011).

30) Sam Stonefield, Rule 801(D)'s Oxymoronic "Not Hearsay" Classification: The Untold
Backstory and A Suggested Amendment, 5 Fed. Cts. L. Rev. 1, 41 (2011).

③ 전문법칙의 예외(hearsay exception)

우선, 미국 연방증거법 제803조에는 원진술자의 출석 여부를 전제조건으로 하지 않는 전문법칙의 예외사유를 규정하고 있다.[31] 특히, 미국 연방증거법 제803조 (6)에는 계속적 · 반복적으로 수행하는 행위의 기록(records of regularly conducted activity)은 전문법칙의 예외로 보고 있다. 이 요건에 부합하기 위해서는 관찰자와 기록자 등 모든 참여자가 진실기록의무(duty of accuracy)하에서 계속적 · 반복적(routine and regular)인 업무의 산물로 기록이 이루어져야 한다. 정보제공자의 진술에 계속성 및 반복성이 결여된 경우는 이에 해당하지 않는다. 왜냐하면, 이러한 진술에는 동 조항에서 요구하는 정확성에 대한 보장(assurance of accuracy)이 없기 때문이다. 예를 들어, 경찰이 목격자(bystander)의 진술을 기록한 서류에 대해서 미국 연방증거법 제803조 (6)을 적용할 수 없다. 왜냐하면, 경찰은 계속적 · 반복적으로 행하는

---

31) 연방증거법 제803조 (1) 현장 인지(present sense impression), (2) 흥분상태의 진술(excited utterance), (3) 진술시의 정신, 감정, 육체 상태(Then exiting mental, emotional, or physical condition), (4) 의료진단이나 치료목적의 진술(statements for purposes of medical diagnosis or treatment), (5) 기록된 기억(Recorded recollection), (6) 계속 · 반복해서 행해지는 활동의 기록(records of regularly conducted activity), (7) (6)에 따른 기록의 미기입(Absence of entry in records kept in accordance with the provisions of paragraph (6)), (8) 공적 기록과 보고서(public records and reports), (9) 인구 동태 통계 기록(record of vital statistics), (10) 공적 기록의 부존재 또는 미기입(absence of public record or entry), (11) 종교 조직의 기록(record of religious organization), (12) 결혼, 세례, 및 유사 증명(marriage, baptismal, and similar certificates), (13) 가족 기록(family records), (14) 재산상 이익에 영향을 미치는 문서 기록(records of documents affecting an interest in property), (15) 재산상 이익에 영향을 미치는 문서의 진술(statements in documents affecting an interest in property), (16) 고대 문서의 진술(statement in ancient documents), (17) 시장 보고, 상용 출판(market reports, commercial publication), (18) 학술서(learned treatises), (19) 개인 혹은 가족 이력 관련 평판(reputation concerning personal or family history), (20) 경계 또는 역사 일반의 평판(reputation concerning boundaries or general history), (21) 성격 관련 평판(reputation as to character), (22) 과거 유죄 판결(judgment of previous conviction), (23) 개인, 가족, 또는 역사 일반 또는 경계에 대한 판결(judgment as to personal, family, or general history, or boundaries).

업무하에서 행한 것이 되지만 정보제공자인 목격자는 그렇지 않기 때이다.32)

나아가, 미국 연방증거법 제804조는 증인이 불가피하게 출석할 수 없음33)을 조건으로 하는 전문법칙의 예외사유를 규정하고 있다.34) 특히, 미국 연방증거법 제804조 (b)(1)에는 동일하거나 별도의 다른 절차에서 행한 증언이나 동일하거나 다른 절차에서 법령에 따라 작성된 조서에 담긴 증언은 그 증언을 부인하고자 하는 당사자가 직접, 반대, 재반대 신문으로 해당 증언을 검증하는 기회를 가졌을 때는 증거능력이 부인되지 않는다고 규정했다. 또한, 미국 연방증거법 제804조 (3)에서는 원진술이 진술 시 원진술자의 금전적 혹은 재산적 이해관계와 배치되거나, 원진술자가 원진술로 인하여 민사상 또는 형사상 책임을 질 수 있거나, 원진술자가 타인에 대한 청구의 효력이 없도록 할 수 있을 때, 원진술자의 위치에 있는 합리적인 사람이 진실이라고 믿지 않았으면 진술하지 않았을 것으로 보이는 경우 전문법칙의 예외로 평가한다. 다만, 원진술자가 형사책임을 지도록 하거나 피고인을 면책할 수 있는 진술은 신용성을 보강하는 다른 정황증거(corroborating circumstances clearly indicate the trustworthiness of the statement)가 없이는

---

32) Johnson v. Lutz, 253 N.Y. 124, 170 N.E. 517 (1930); Gencarella v. Fyfe, 171 F.2d 419 (1st Cir. 1948); Gordon v. Robinson, 210 F.2d 192 (3d Cir. 1954); Standard Oil Co. of California v. Moore, 251 F.2d 188, 214 (9th Cir. 1957); Yates v. Bair Transport, Inc., 249 F.Supp. 681 (S.D.N.Y. 1965).

33) 미국 연방증거법 제804조 (a)에는 원진술자의 진술이 불가능한 경우(unavailability)로 5가지를 규정하고 있다. 여기에는 원진술자가 법원의 결정에 의하여 출석을 면제받았을 때, 원진술자가 계속해서 출석을 거부할 때, 원진술자가 스스로의 과거 진술 내용을 기억하지 못한 때, 원진술자가 사망, 질병 혹은 쇠약으로 출석하거나 진술할 수 없는 때, 원진술자가 다른 상당한 이유로 출석하거나 진술할 수 없는 때가 있다.

34) 미국 연방증거법 제804조 (b) 전문법칙의 예외(hearsay exception) (1) 과거 진술 (former testimony), (2) 죽음이 임박한 것으로 인식한 상태의 진술(statement under belief of impending death), (3) 이익에 반하는 진술(statement agaisnt interest), (4) 개인 또는 가족 이력의 진술(statement of personal or family history).

증거능력이 없도록 하고 있다.[35] 이와 관련하여, 미국 연방대법원은 공범의 원진술이 자신에게 불리하게 행해진 진술인 경우에 전문법칙의 예외사유가 되지 못하며 신용성이 보장되지 않고 본질적으로 신빙성이 없다고 판시했다.[36]

한편, 미국 연방증거법 제807조에는 전문법칙에 대한 잔여 예외사유(residual exception)를 규정하고 있다. 미국 연방증거법 제807조의 잔여 예외사유는 원진술자의 출석여부를 문제 삼지 않는다. 구체적으로, 미국 연방증거법 제807조는 (A) 진술이 중요 사실에 대한 증거로서 제시되었고 (B) 진술이 증거신청자가 합리적인 노력을 통하여 획득할 수 있는 다른 증거보다 더 높은 증명력이 있으며 (C) 진술의 증거능력을 인정하는 것이 연방증거법의 일반적 목적과 정의의 원칙이 최상으로 실현하게 되는 경우, 연방증거법 제803조와 제804조에 준하여 신용성의 정황적 보장이 있다고 평가될 수 있으면 증거능력을 배제하지 않는다고 규정했다. 이와 같은 진술증거의 제출자는 반대당사자가 해당 증거를 대처할 수 있는 공정한 기회를 가질 수 있도록 원진술자의 이름 및 주소를 포함한 진술증거의 상세 및 제출자의 의도를 공판이나 청문 전에 충분히 반대당사자에게 고지해야 한다.[37] 요약하건대, 잔여 예외사유에 해당하기 위해서는 신용성(truthworthiness), 중요성(materiality), 증명력(probativeness), 정의의 원칙의 충족(satisfaction of the interests of justice), 고지(notice) 요건이 충족되어야 한다. 다만, 연방법원들은 이 다섯 가지 요건들을 사안에 따라 가변적으로 적용했다.[38]

사실, 미국 연방증거법 제807조에서 전문법칙에 대한 잔여 예외사유로 진술내용의 증명력을 고려하도록 하는 것은 미국 연방증거법 제403조의 의미를 반영한 것이다. 미국 연방증거법 제403조는 증거능력

---

35) Fed. R. Evid. §804.
36) Lilly v. Virginia, 527 U.S. 116(1999).
37) Fed. R. Evid. §807.
38) Joseph W. Rand, The Residual Exceptions to the Federal Hearsay Rule: The Futile and Misguided Attempt to Restrain Judicial Discretion, 80 Geo. L.J. 873 (1992).

판단을 위한 연방증거법의 여러 가지 기준들에 대한 검토는 궁극적으로 증거의 증명력(probative value)와 증거가 발생시킬 수 있는 부당한 영향(unfair prejudice) 간의 형량문제라는 점을 기술하고 있다. 즉, 연방증거법에 기초하여 전문증거 요건이나 전문증거의 예외 요건에 해당한다고 할지라도 최종적으로는 연방증거법 제403조의 심사로 귀결된다. 즉, 미국 연방증거법 제807조는 증명력이 높은 원진술자의 진술증거가 신용성의 정황적 보장이 되는 경우라면 진술증거의 전문성이 지니는 약점을 희석하여 증거능력이 인정될 수 있다는 점을 규정하고 있다.39)

---

39) 미국 연방증거법 제807조에 따른 연방법원의 판결들을 살펴보자. 미국 연방 제4항소법원은 힌크슨(Hinkson) 판결에서 사실심인 1심 법원이 연방증거법 제803조(24)(미국 연방증거법 제807조의 전신이다. 미국 연방증거법 제803조(24)가 분리되어 미국 연방증거법 제807로 규정되었다)에 따라 피고인과 같은 모터싸이클 폭력단(motorcycle gang)의 구성원인 A가 피고인과 함께 살인범죄를 범했다는 자백을 들은 제3자의 증언의 증거능력을 배척한 것을 적절하다고 판시했다. 피고인은 총으로 살인행위를 했다는 A의 자백을 들은 A의 여자친구의 친구의 증언을 제시하고자 했다. 연방제4항소법원은 증인이 동 사건을 다른 살인사건과 혼동했다는 점에 주목했다. 연방제4항소법원은 해당 전문진술에 있어 유일하게 신용성을 정황적으로 보장하는 사실은 A의 자기부죄적(self-incriminatory) 진술이며 이는 모터싸이클 폭력단의 이미지를 과시하며 사건현장으로부터 수백마일 떨어진 곳에서 일상적으로 만난 지인에게 한 허풍으로 보인다고 판시했다. U.S. v. Hinkson, 632 F.2d 382, (4th Cir. 1980). 미국 연방제7항소법원은 홀(Hall) 판결에서 피고인과 함께 범죄행위를 했다는 B의 자백이 신용성이 부족하다고 판시했다. 동 사건에서, 자전거를 타던 소녀 중 한 명이 사라졌는데 수 주 후 훼손된 그녀의 시체가 옥수수밭에서 발견되었다. 피고인과 B는 모두 범죄를 자백했지만 그들 각자를 범죄로 연결지을 수 있는 어떠한 물적 증거도 발견되지 않았다. B는 정신병적 증세를 보였고 경찰로부터 질문받은 어떠한 범죄에 대해서도 다 자백했다. 오히려, B는 피고인과는 달리 사건과 관련된 사실들을 인식하지 못했다. 약취유인 현장에서 B를 목격한 자도 없었으며 4명의 목격자가 피고인을 보았다고 지목했다. 연방제7항소법원은 연방증거법 제803조(24)에 따라 B의 자기부죄적 진술의 증거능력을 부인한 사실심 법원의 판단이 적절하다고 보았다. 연방제7항소법원은 그 이유로 시체가 발견되기 전에 원진술자인 B의 진술이 있었는지가 분명하지 않다는 사실을 기술했다. 또한, 연방제7항소법원은 원진술자인 B가 자신의 책임을 인정하는 진술을 했다는 점을 부인했으며 이와 관련하여 거짓말탐지기

④ 크로포드(Crawford) 판결

크로포드 판결은 전문법칙의 적용을 회피할 수 있는 가장 강력한 사유가 증인에 대한 대면권에 기초한 반대신문이라고 보았다. 즉, 연방

검사를 통과했다는 점 또한 지적했다. U.S. v. Hall, 165 F.3d 1095, (7th Cir. 1999). 미국 연방제2항소법원은 할우드(Harwood) 판결에서 공동피고인인 맥키(MaKee)가 사실심 공판 약 3주 전에 기자에게 "할우드는 우연히 범행현장에서 누명을 쓴 것이다," "맥키가 승객이었던 차량을 운전한 누구에게도 동일한 일이 일어났을 수 있다"는 진술한 것을 증거능력이 없다고 판시한 사실심인 1심 법원의 판단을 지지했다. 사실심에서 마약소지 및 유포 행위로 유죄평결을 받은 할우드와 맥키는 각기 그들이 체포된 승합차에서 발견된 마약인 LSD와 자신이 관계없다고 주장했으며 서로 상대방이 마약을 그곳에 두었다고 비난했다. 사실심 법원은 해당 진술이 신용성이 없으며(untruthworthy) 부당한 영향을 발생시킬 가능성이 고도로 높다(highly prejudicial)고 보았다. 연방제2항소법원은 맥키가 행한 유책한 진술을 포함하여 다른 증거가 존재한다는 점에 주목했다. U.S. v. Harwood, 998 F.2d 91 (2d Cir. 1993). 반면, 알래스카 주의 미국 연방하급심은 존슨(Johnson) 판결에서 미국 연방증거법 제803조(24)에 따라 고등학교 교장인 D가 연방수사국(FBI)에 행한 진술이 증거능력이 있다고 판시했다. D는 자신이 화재를 일으켰다고 진술했다. D는 그러한 진술을 하자마자 취소했다. 그러나, 동 연방법원은 해당 진술이 충분히 신용할 만하다고 결론내렸다. 동 연방법원은 이러한 결론에 도달하는데 있어, 첫째 두 명의 연방수사국 요원이 해당 진술이 실제 있었다고 증언했다는 사실, 둘째 인터뷰에서 교장이 자발적으로 정보를 제공했다는 사실, 셋째 사전에 인터뷰의 성격에 대하여 연방수사국 요원들의 신원에 대한 언질을 받았다는 사실, 넷째 해당 진술은 연방수사국 요원들이 언급한 일시에 이루어졌다는 사실, 다섯째, 해당 진술이 자기부죄적이라는 사실을 고려했다. U.S. v. Johnson, 904 F. Supp. 1303 (M.D. Ala. 1995). 또한, 뉴욕 주의 미국 연방하급심은 모랄레스(Morales) 판결에서 연방증거법 제807조의 전문법칙의 잔여 예외사유에 기초하여 살인범죄를 범했다는 E의 진술이 증거능력이 있다고 판시했다. 동 연방법원은 해당 진술이 항변(defense)에 중요하다는(vital) 사실, 원진술자는 연방법원절차의 심리가 진행될 시점에 사망했다는 사실, 필수적인 신빙성(reliability)의 징표(indicia)가 나타난다는 사실을 지적했다. 이 신빙성과 관련하여, 동 연방법원은 원진술자가 각기 다른 상황에서 최소한 4명의 사람에게 자백을 했다는 사실(이 중 2건은 의사-환자간의 비밀유지 의무 그리고 변호인-의뢰인 간의 비밀유지 의무로 인하여 증거능력이 부인되었다) 그리고 원진술자가 거짓말을 할 동기가 없다는 사실, 원진술자가 살인행위에 가담한 자신의 역할에 진심어린 죄책감을 느끼고 있었다는 점을 고려했다. 이뿐만 아니라 동 연방법원은 원진술자의 진술이 다른 증거에 의하여 보강된다는 점 또한 근거로 삼았다. Morales v. Portuondo, 154 F.Supp. 2d 706 (S.D. N.Y. 2001).

대법원은 법정 밖에서 특정한 사실입증을 의도로 이루어진 증언적
(testimonial) 진술은 진술자가 공판정에 출석하지 않은 경우 증거능력이
없다고 판시했다. 다만, 출석이 불가능한 원진술자에 대하여 사전에 피
고인에 의하여 반대신문이 가능했던 경우에는 증거능력이 있다고 부
연했다. 보다 구체적으로는, 법원절차 밖에서 경찰관에게 피고인의 아
내인 실비아40)가 자신의 남편인 크로포드가 피해자를 칼로 찔렀다는
진술을 한 데 대하여 연방헌법상의 대면권 위반이어서 증거능력이 없
다고 판시했다. 따라서, 증언적 진술은 비록 전문법칙의 예외에 속하더
라도 대면권의 심사대상이 된다. 즉, 진술의 신빙성을 징표해 주는 미
국 연방헌법의 요청은 대면에 기초한 반대신문이라는 것이다.41) 크로
포드 판결은 법원절차 밖의 증언적 진술에 대하여 진술 시 반대신문
기회를 보장해주는 것은 증거능력 부여의 단순한 충분조건이나 중요
한 고려요소가 아니라 필요조건이며 결정적 요건이라고 판시했다.42)

　　따라서, 크로포드 판결에서는 신용성의 정황적 보장보다 증언적
진술43)이 무엇인지에 초점이 맞추어졌다. 크로포드 판결은 증언적 진
술로 일방향적 법원 내 증언(ex parte in-court testimony)과 이에 준하는

---

40) 실비아(Sylvia)는 부부간 특권(marital privilege)에 기초하여 공판정에 출석하여
증언하지 않았다.

41) Crawford v. Washington, 541 U.S. 36 (2004)(대법원 전의 주법원 판결들은 미국
연방대법원의 로버츠판결(Ohio v. Roberts, 448 U.S. 56 (1980))에 기초했다. 미
국 연방대법원은 로버츠 판결에서 전문진술이 증거능력을 부여받기 위해서는
전문법칙의 예외사유 또는 신용성의 정황적 보장이 있는 경우여야 한다고 판
시했다. 로버츠 판결에 기초하여, 워싱턴주 사실심 법원은 실비아의 진술이
신용성이 있으므로 증거능력이 있다고 했다. 반면, 워싱턴주 항소심 법원은
실비아의 진술이 일관성이 없고, 실비아의 진술은 수사기관의 특정질문(유도
질문) 답을 한 것이었으며, 크로포드가 칼로 피해자를 찌를 때 실비아가 눈을
감고 있었다는 사실들을 고려하여 신용성의 정황적 보장이 없다고 판시했다.
그러나, 워싱턴주 대법원은 실비아의 진술이 정형화된 전문법칙의 예외사유
에 해당하지는 않지만 신용성의 정황적 보장이 있는 경우라고 보았다).

42) Crawford, 541 U.S., at 55-56.

43) 증언(testimony)이란 일정한 사실을 입증(establishing or proving)하기 위한 목적
의 진술(declaration or affirmation)을 가리킨다. Crawford, 541 U.S., at 51.

것인 선서 하 진술서(affidavit), 구인신문(cutodial examination),44) 피고인이
반대신문 할 수 없었던 과거 증언(prior testimony that the defendant was
unable to cross-examine), 원진술자가 기소목적으로 사용될 것을 합리적으
로 예상할 수 있는 공판전 진술(siminlar pretrial statements that declarants
would reasonably expect to be used presecutorially)을 예로 들었다. 또한, 크
로포드 판결은 법원절차 외의 진술이 공식적인 증언적 자료에 담겨져
있는 경우인 수사절차상 진술서(affidavits),45) 조서(deposition),46) 과거 증
언(prior testimony), 또는 자백(confession)을 증언적 진술로 보았다. 특히,
경찰조사를 통하여 받은 진술은 선서절차를 결하고 있지만 증언적 진
술이라고 보았다.47)

크로포드 판결의 논리는 전통적인 전문법칙의 신용성의 정황적
보장만으로는 부족하며 대면권이 필수적으로 보장되어야 한다는 것이
다. 여기서, 크로포드 판결이 신빙성 판단에 있어 반대신문기회의 보
장을 가장 중요한 요소로 포착했지만 신용성의 정황적 보장이라는 기
준을 완전히 폐기하지 않았다는 점을 유의해야 한다. 나아가, 크로포
드 판결의 주된 초점은 불출석한 원진술자의 반대신문 기회의 보장이
었다. 즉, 법정에 불출석한 원진술자의 증언적 진술의 신빙성 확보와
관련된 최선의 기준이 원진술 시 반대신문권의 보장이라고 한 것이다.
다만, 크로포드 판결문 어디에서도 원진술자가 증인으로 출석하는 경
우에는 법원절차 밖에서 반대신문권을 보장받지 못한 채 이루어진 원
진술이 항상 증거능력을 인정받는다는 내용을 발견할 수 없다. 오히
려, 크로포드 판결은 선서와 같은 정형적 요건을 갖춘 수사절차에서

---

44) 신문(examination)은 선서절차를 거친 증인에 대한 질문을 가리킨다. Black Law
Dictionary 9th ed., 641.
45) 원진술자가 선서를 집행할 권한 있는 자 면전에서 선서 후 작성한 임의성 있
는 사실에 관한 진술을 말한다(a voluntary declaration of facts written down and
sworn to by the declarant before an officer authorized to administer oaths). Black's
Law Dictionary 9th Ed., p. 66.
46) 앞의 각주 23) 참조.
47) Crawford, 541 U.S., at 51-52.

받은 진술의 경우 반대신문 요건을 배척하는 것이 아니라 추가적으로 반대신문이 반드시 필요하다는 내용을 담고 있다. 크로포드 판결에서도 미국연방대법원은 단지 절차적으로 형식적인 대면권이 부여되었는지만을 본 것이 아니라 참고인인 실비아의 경찰신문과정에서의 신빙성을 떨어뜨리는 정황이 있다는 점을 고려했다. 즉, 크로포드 판결문을 작성한 스칼리아 대법관(Justice Scalia)은 실비아가 경찰에 의하여 구금되어 있었으며 피의자신분으로 전환될 수도 있는 상태였으며, 경찰로부터 경찰조사에 따라 석방여부가 결정될 것이라는 언질을 들었으며, 경찰로부터 유도질문(leading questions)을 받고 자신의 남편인 크로포드에게 불리한 진술을 했다는 점들에 비추어 실비아의 진술의 신빙성이 의심된다고 지적했다.48) 또한, 스칼리아 대법관은 워싱턴 주 사실심 법원이 실비아의 진술을 확보한 수사절차가 실비아의 이해관계에 편향될 가능성이 없어 중립적이라는 이유로 신빙성이 확보된다고 본 부분에 대하여 매우 냉소적인 비판을 가했다.49) 이뿐만 아니라, 크로포드 판결에서는 워싱턴 주 대법원이 하급심들이 고려한 수많은 사항들을 배척하고 실비아의 진술이 유죄와 결부되는 부분만을 집중적으로 고려했다는 점 또한 지적되었다.50) 스칼리아 대법관은 이 모든 것을 종합해 볼 때 로버츠 판결의 기준51)으로도 실비아의 경찰진술에 대해 증거능력을 배척할 수 있지만 대면권이 이에 결정적인 역할을 해야 한다고 결론지었다.52)

여기서, 렝퀴스트 대법원장(Chief Justice Rehnquist)이 로버츠 판결을 파기하고 대면권의 엄격한 기준을 판결내용으로 제시한 다수의견에 동의하지 않고 제시한 별도의 의견에 대해 살필 필요가 있다. 렝퀴스트 대법원장은 수사절차에서 선서 없이 확보된 피고인 아닌 자의 진

48) Crawford, 541 U.S., at 65.
49) *Id.*, at 66.
50) *Id.*, at 65-66.
51) Ohio v. Roberts, 448 U.S. 56 (1980). 앞의 각주 41)에 상세하게 기재된 내용 참조.
52) *Id.*, at 67.

술은 전통적인 커먼로 법리에 의해서도 증거능력이 부여되지 않는다
고 지적했다.53) 렝퀴스트 대법원장이 보기에는 위증죄의 처벌을 감수
한다는 선서 없이 행한 진술은 비증언적 진술과 동일하게 취급되어
왔다는 것이다. 렝퀴스트 대법원장은 진술서(affidavit)나 조서(deposition)
와 같이 선서를 조건으로 한 진술은 비록 법원절차 밖의 진술이라도
증거능력을 인정해왔다고 주장했다.54) 렝퀴스트 대법원장이 보기에
대면권 보장 여부는 신빙성을 판단하는 여러 가지 요소들 중의 하나
일 뿐이다. 여기서, 그는 19세기 미국 연방대법원이 설령 반대신문 기
회가 부여되었을지라도 공판 전 진술에 대해서는 증거능력을 부여하
지 않는 엄격한 접근법을 유지한 주 법원의 판결들을 지지한 사실을
기술했다.55)

한편, 크로포드 판결 이후에도 비증언적 진술에 대해서는 미국 연
방헌법상의 대면권 대신 전통적인 전문법칙의 법리가 적용된다. 이 경
우, 신용성의 구체적(정황적) 보장(particularized guarantees of trustworthiness)
이라는 전문법칙의 예외사유의 기본적 원칙이 여전히 중요하다. 대부
분의 전문법칙의 예외사유에 해당하는 진술은 비증언적 진술이다.56)

⑤ 소 결
미국에서는 피고인 이외의 자의 공판절차 밖의 원진술은 원칙적
으로 전문증거로서 증거능력이 없다. 다만, 미국 연방증거법 제801조
(d)(1)을 기준으로 할 때 위증 시 처벌을 감수한다는 선서 하에서 이루
어진 공판절차 밖의 원진술이 공판절차의 진술과 불일치하는 경우에
해당 공판절차 내의 진술에 대한 반대신문이 이루어질 수 있는 경우

53) Id., at 70 (dissenting, J. Rehnquist).
54) *Id.*, at 73 (dissenting, J. Rehnquist).
55) *Id.*, at 72 (dissenting, J. Rehnquist); 이와 관련하여 렝퀴스트 대법원장이 인용한
    주법원 판결로, Finn v. Commonwealth, 26 Va. 701, 708 (1827); State v. Atkins, 1
    Tenn. 229 (Super. L. & Eq. 1807) (per curiam).
56) Crawford, 541 U.S., at 56~58(업무상 기록(business record), 공모 중 행한 진술
    (statement in furtherance of a conspiracy) 등을 예로 들 수 있다).

전문증거가 아니라고 본다. 또한 동규정은 피고인의 공범자가 공모 중에 행한 원진술의 경우에 대해서 전문증거가 아니라고 보았다. 원래, 미국 연방증거법의 동규정은 커먼로 증거법과 주 증거법들에서 전문법칙의 예외사유로 분류되던 것들이었다.

또한, 미국 연방증거법 제807조는 잔여예외사유라는 명칭으로 피고인 이외의 자의 공판절차 밖의 원진술에 대하여 신용성(truthworthiness), 중요성(materiality), 증명력(probativeness), 정의의 원칙의 충족(satisfaction of the interests of justice), 고지(notice)라는 5가지 요건을 바탕으로 증거능력을 판단하고 있다. 동법 동조의 기준은 매우 가변적인 것이어서 전문증거의 증거능력 판단에 있어 법관의 폭넓은 재량이 보장된다.

크로포드 판결은 대면권에 바탕을 둔 반대신문 보장과 전문법칙을 명시적으로 결합시켰다는 의미가 있다. 크로포드 판결에서는 원진술이 증언적 성격을 지니는 경우 신용성의 정황적 보장만으로는 부족하며 반대신문권이 보장되어야 한다고 보았다. 반대신문권이 보장되지 않은 증언적 진술은 연방헌법상의 대면권을 침해한 것으로서 증거능력이 없다고 보았다.

크로포드 판결의 다수의견의 판시사항에 동의하지 않은 랭퀴스트 대법원장은 반대신문권은 신빙성 판단을 위한 여러 정황적 고려사항 중 하나라고 했다. 물론, 크로포드 판결이 반대신문권의 보장을 결정적인 고려요소로 격상시킨 것은 사실이나, 반대신문 기회의 보장만으로 신용성의 정황적 보장이 되지 않는 경우가 존재할 수 있다. 랭퀴스트 대법원장이 반대신문권 보장에도 불구하고 공판전 진술에 대해서는 증거능력을 엄격하게 인정하지 않은 19세기 주 법원 판결을 제시한 것은 의미있는 지적으로 보인다.

다. 일 본

일본 형사소송법은 검사작성 진술조서의 경우 주로 형식적 진정성립이 인정되는 경우 증거능력을 인정하고 있다. 일본 형사소송법 제321조에 따르면, 검사작성 참고인 진술조서의 서명 및 날인이 있는 경

우 참고인이 전 진술과 상반되는 진술을 하게 되면 해당 진술조서를
증거로 할 수 있다. 다만, 공판기일의 진술보다 진술조서의 내용을 특
별히 신용할 정황이 있어야 한다.

라. 독 일

독일 형사소송법에 따르면, 전문법칙 대신 직접주의를 기초로 법
정외 진술의 증거능력을 판단한다. 독일 형사소송법 제250조에는 원진
술자의 체험사실에 대해서는 공판절차에서 신문하는 것을 원칙으로
하고 있다. 따라서, 과거 행해진 신문에 기하여 작성된 조서나 진술서
를 낭독하는 방법으로 공판정의 신문을 대체할 수 없다고 규정하고
있다.

다만, 독일형사소송법 제251조에는 검사와 피고인 양측이 동의하
거나 사망 기타 사유로 법정에서 증인을 신문하기 어려운 사유가 있
는 경우에는 조서 등을 낭독하여 증거로 할 수 있다. 또한, 독일 형사
소송법 제253조에는 증인이 더 이상 기억할 수 없거나 과거 진술과
모순되는 진술을 할 경우에는 조서를 낭독하여 증거로 할 수 있다고
규정하고 있다.

(3) 적법절차준수설

적법절차준수설은 특신상태가 수사기관 면전의 진술이 법원절차
의 진술에 준할 수 있는 적법성이 갖추어진 경우를 가리킨다고 본다.
적법절차란 법령에 규정된 절차를 의미할 뿐만 아니라 객관성과 공정
성을 실질적으로 유지한 형태의 조사과정을 가리킨다.[57]

(4) 결합설

결합설은 특신상태가 신용성의 정황적 보장과 적법절차라는 두
가지를 모두 내포하는 의미를 지니고 있다고 본다. 예를 들어, 신용성
의 정황적 보장에 되는 경우로 조사과정에 변호인이 참여한 경우,[58]

---

57) 신동운, 앞의 책, 1177~1178면.
58) 배종대 · 이상돈 · 정승환 · 이주원, 앞의 책, 645면.

진술거부권의 고지, 이익이 되는 사실을 진술할 기회 부여, 조서의 열람·정정[59] 등이 해당한다.

(5) 판 례

최근, 대법원은 직접심리주의와 전문법칙을 강조하며 법원 밖 진술이 이에 대한 예외가 되기 위해서는 충분한 신빙성을 담보할 것을 요구하고 있다. 그러한 신빙성 판단은 단순히 임의성이 담보되는 정도를 넘어서는 것이다.[60] 따라서, 특신상태는 성립의 진정 등의 다른 요건이 충족되었다고 하여 단순히 추정되지 않으며 별도의 자료로 증명되어야 한다.[61] 대법원은 전문법칙의 예외는 필요최소한도로 인정되어야 한다고 보았다.[62]

또한, 대법원은 오랫동안 특신상태는 첫째 진술 내용이나 조서의 작성에 허위개입의 여지가 거의 없고 둘째 진술 내용의 신빙성이나 임의성을 담보할 구체적이고 외부적인 정황이 있는 경우를 의미한다고 판시해왔다.[63] 사실, 대법원은 신용성의 정황적 보장 여부를 판단하기 위하여 진술내용이 아니라 진술의 진실성을 담보할 구체적이고 외부적인 정황을 심사해야 한다는 태도를 보여준 바 있었다.[64] 헌법재

---

59) 신양균, 신판 형사소송법, 화산미디어, 2009, 788면.

60) 형사소송법 제314조의 특신상태와 관련하여 대법원 2011. 11. 10. 선고 2010도12 판결.

61) 형사소송법 제314조의 특신상태와 관련하여 대법원 2014. 4. 30. 선고 2012도725 판결.

62) 대법원 2011. 11. 10. 선고 2010도12 판결; 대법원 2004. 11. 12. 선고 2004도4044 판결; 헌법재판소 2005. 12. 22. 선고 2004헌바45 전원재판부 결정.

63) 대법원 2017. 7. 18. 선고 2015도12981, 2015전도218 판결; 대법원 2014. 4. 30. 선고 2012도725 판결; 대법원 2014. 2. 21. 선고 2013도12652 판결; 대법원 2012. 7. 26. 선고 2012도2937 판결; 대법원 2006. 5. 25. 선고 2004도3619 판결; 대법원 2006. 4. 14. 선고 2005도9561 판결; 대법원 2000. 3. 10. 선고 2000도159 판결; 대법원 1995. 6. 13. 선고 95도523 판결; 대법원 1992. 3. 13. 선고 91도2281 판결; 대법원 1990. 4. 10. 선고 90도246 판결; 대법원 1987. 3. 24. 선고 87도81 판결.

64) 대법원 2000. 3. 10. 선고 2000도159 판결; 신동운, 앞의 책, 1148면. 대법원은 때때로 진술정황에 주된 초점을 맞추고 있다는 태도를 보여준다. 대법원은

판소 또한 특신상태란 진실성이나 신용성에 있어 법관면전에서 이루
어지는 반대신문을 갈음할 만한 외부적 정황이라고 보았다.65) 그러나,
대법원은 특신상태 판단 시 고려요소로 진술정황뿐만 아니라 진술내
용의 신빙성을 분명 포함시키고 있다.

　우선, 대법원은 형사소송법 제314조의 특신상태 판단 시 개별사건
에 맞추어 진술내용과 진술정황을 고려하는 태도를 보여주었다. 우선,
대법원은 진술내용 및 진술정황을 함께 고려하여 형사소송법 제314조
의 특신상태 여부를 판단한 경우가 있었다.66) 또한, 대법원이 진술정
황만을 고려하여 특신상태를 판단한 경우도 있었다.67) 이뿐만 아니라,
대법원은 진술내용을 특신상태 판단의 주요 고려 사유로 삼아 판결한
바도 있었다.68) 많은 판례가 있는 것은 아니지만, 대법원은 형사소송
법 제316조 제2항의 특신상태를 판단하는데 있어서도 진술정황69)과
진술능력70) 등의 요소들을 개별사안별로 적절히 고려하는 방식을 취
하고 있다. 종래, 대법원은 형사소송법 제312조 제4항의 특신상태를

"자기에게 불이익한 사실의 승인이나 자백은 재현을 기대하기 어렵고 진실
성이 강하다."고 하며 수사기관에서의 진술에 대한 신용성의 정황적 보장이
있었는지를 각 사안에 따라 구체적으로 판단해야 한다고 판시한 바 있다. 동
판결에서 대법원은 이러한 신용성의 정황적 보장이 있는 유형으로 "부지불
각 중에 한 말, 사람이 죽음에 임해서 하는 말, 어떠한 자극에 의해서 반사
적으로 한 말, 경험상 앞뒤가 맞고 이론정연한 말, 범행에 접착하여 범증은
폐를 할 시간적 여유가 없을 때 한 말, 범행 직후 자신의 소행에 충격을 받
고 깊이 뉘우치는 상태에서 한 말"을 제시했다(대법원 1983. 3. 8. 선고 82도
3248 판결).

65) 헌법재판소 1994. 4. 28. 선고 93헌바26 결정.

66) 대법원 2017. 7. 18. 선고 2015도12981, 2015전도218 판결; 대법원 2014. 4. 30.
　　선고 2012도725 판결; 대법원 2014. 2. 21. 선고 2013도12652 판결; 대법원
　　1995. 6. 13. 선고 95도523 판결.

67) 대법원 2011. 11. 10. 선고 2010도12 판결; 대법원 2006. 5. 25. 선고 2004도3619
　　판결; 대법원 1995. 12. 26. 선고 95도2340 판결; 대법원 1987. 3. 24. 선고 87도
　　81 판결.

68) 대법원 1992. 3. 13. 선고 91도2281 판결.

69) 대법원 2000. 3. 10. 선고 2000도159 판결.

70) 대법원 2006. 4. 14. 선고 2005도9561 판결.

좀체 쟁점으로 고려하지 않았다. 다만, 대법원 2012도2937 판결에서 신빙성과 임의성이라는 두 고려요소를 바탕으로 특신상태를 판단하는 접근법을 보여준 바 있다.[71]

이처럼, 참고인 진술조서의 특신상태 판단과 관련된 판례는 대부분 형사소송법 제314조의 원진술자의 부득이한 불출석에 의하여 필요성이 인정되는 경우를 중심으로 집중적으로 이루어졌다. 이는 대법원이 특신상태의 심사를 조문별로 달리 하고 있다는 심증을 가능하게 한다. 일면, 형사소송법 제312조 제4항이 형사소송법 제314조와 달리 참고인 진술조서가 증거능력이 있기 위해서 특신상태 이외에 성립의 진정, 적법절차, 법원절차에서의 반대신문을 요구하기 때문에 동조 동항의 특신상태 심사는 빈번하지 않은 것으로 이해된다.

결론적으로, 우리 대법원은 특신상태 존부의 판단을 매우 가변적으로 하고 있다. 또한, 특신상태 존부 판단의 고려 요소는 매우 포괄적이다. 진술내용의 임의성, 진술내용의 신빙성, 진술정황의 신빙성, 진술능력, 적법절차 준수, 반대신문기회 부여, 등을 고려하여 개별 사건의 구체적인 상황에 맞추어 특신상태를 판단하고 있다. 심지어 대법원은 전문법칙의 예외사유 중 특신상태와 별개의 요건인 조서의 성립의 형식적 진정이 있었는지 여부를 특신상태 판단에 사용한 경우[72]도 있었다.

(6) 특신상태 불요설

특신상태불요설에 의하면 형사소송법 제312조 제4항의 참고인 진술조서의 경우와 같이 반대신문의 기회를 부여한 경우에는 특신상태가 추정되므로 별도로 특신상태의 충족을 검토할 실익이 없다고 본다. 이 견해는 진정성립이 인정되며, 적법한 절차에 따라 이루어지고 임의

---

71) 대법원 2012. 7. 26. 선고 2012도2937 판결.
72) 대법원 2000. 7. 28. 선고 2000도2617 판결(동 판결에서 대법원은 간인, 서명, 무인이 법조항의 절차를 거치지 않는 등의 형식적 진정성립의 요건을 갖추지 못한 경우 특신상태가 없다고 판시했다).

성이 확보된 진술조서의 경우 특신상태가 부정되는 상황이 과연 존재할 수 있는지에 대해 의문을 표시하고 있다.[73] 법무부 또한 2007년 개정형사소송법의 해설서에서 특신상태에 대한 적극적 증명의무 자체를 부인하며 조서에 성립의 진정이 인정되는 경우 특신상태가 추정된다고 보았다.[74] 이는 특신상태 증명에 관하여 논한 것이지만 특신상태 불요설과 매우 가깝다. 사실, 이러한 시각에는 특신상태가 매우 일반적이고 포괄적인 기준으로 작용하게 되는 점을 우려하는 바가 있다.[75] 즉, 증거의 증거능력은 요증사실에 대한 증명력이 있는 한 법률상 제한규정이 없으면 원칙적으로 인정되어야 한다는 입장에 있다. 왜냐하면, 신빙성 판단과 분리되는 특신상태에 대한 판단은 존재하지 않는다고 보기 때문이다.[76] 즉, 특신성은 신빙성을 가리키며 증거능력이 아닌 증거력의 문제라고 본다.[77]

(7) 소 결

특신상태는 참고인 진술조서의 내용의 신빙성과는 구분되게 진술조서가 작성될 정황의 신빙성을 가리킨다. 사실, 미국 연방증거법 제807조의 잔여예외사유에서도 볼 수 있듯이 진술의 증명력(probativeness)은 증거능력 판단 시 하나의 고려요소로 작용할 수 있다. 우리 대법원에서도 진술내용의 신빙성을 특신상태 판단에 매우 빈번하게 그리고 중요하게 고려한 바 있다. 다만, 진술내용의 신빙성은 진술정황의 신

---

73) 정웅석, 앞의 논문, 313-314면, 326면. 정웅석 교수는 이외에도 피고인이 피의자 신분시 작성된 진술조서의 진정성립을 부인하는지 여부에 따라 특신상태의 의미도 달라진다고 보고 있다. 다만, 적법한 절차와 방식에 따라 작성되고 성립의 진정이 객관적으로 증명되는 경우에 특신상태가 부정되는 경우는 매우 제한적일 것이라고 보고 있다. 또한, 형사소송법 제316조에서 조사자 증언이 허용되었기 때문에 제316조가 적용되는 경우 형사소송법 제314조의 증거능력 문제도 반감될 것이라 보고 있다. 정웅석, 위의 논문, 320~321면.

74) 법무부, 개정 형사소송법, 2007, 238면.

75) 정웅석, 위의 논문, 305면.

76) 정웅석, 위의 논문, 327~328면.

77) 안성수, 앞의 논문. 201면.

빙성과 구분하여 단계적으로 판단하는 것이 바람직해 보인다. 즉, 전문진술의 내용이 상당히 신빙할 만한 것이라는 판단이 되면, 따로 진술정황이 특히 신빙할 상태였는지를 판단하는 것이 적절하다. 미국 연방증거법 제803조와 제804조의 정형화된 전문법칙의 예외요건을 살피면 모두 정황에 관한 것이다. 이러한 접근법을 유지해야 증거능력 판단으로서의 특신상태 판단이 자유심증주의가 지배하는 단순한 신빙성 판단과 구분될 수 있다. 일단, 단순한 신빙성 판단의 영역으로 넘어가게 되면 전체 증거를 모두 종합해서 자유롭게 증명력을 판단하는 법원의 재량만 남게 된다.

또한, 전문법칙의 특신상태 요건은 진술의 임의성과는 별개의 개념이다. 임의성 판단에 있어서는 의사자유의 침해 여부가 주된 쟁점이 된다. 진술의 임의성이 부인되는 가장 대표적인 경우는 수사기관의 부당한 압력이 있는 경우이다. 이에는 폭행, 협박, 위계, 위력 등이 해당할 수 있다. 임의성이 침해되면 형사소송법 제308조의2의 위법수집증거배제의 적용을 받아야 한다. 다만, 진술의 임의성 심사는 "허위진술을 유발 또는 강요할 위험성이 있는 상태하에서 행하여진 진술은 그 자체가 실체진실에 부합하지 아니"[78]할 우려를 상쇄하기 위한 것이므로 진술 시 허위개입의 정황이 없었는지를 살피는 특신상태 심사와 상호 교차하는 부분이 있다. 그러나 특신상태는 전문법칙을 상쇄할 수 있는 진술 당시의 구체적 정황의 신용성을 가리킨다. 따라서 진술의 임의성이 있는 경우라고 할지라도 특신상태에 대한 요구는 여전히 의미가 있다.

특신상태는 적법절차준수를 포함하는 개념이 될 수 있다. 물론, 형사소송법 제312조 제4항에서는 특신상태와 별도로 적법절차 준수를 첫 번째 요건으로 설정하고 있으므로 특신상태 개념에 적법절차준수가 포함될 필요가 없다고 볼 수도 있다. 그러나 특신상태의 적법절차 준수의 의미는 보다 넓은 의미의 실질적 적법절차로서 객관성과 공정

---

78) 대법원 2006. 11. 23. 선고 2004도7900 판결.

성을 유지한 형태의 조사과정을 가리킨다고 보는 것이 적절하다. 이 시각에 의하면, 특정 법령의 위반이 아니라도 조사과정이 객관적 정당성과 공정성을 상실했다는 의심이 드는 경우 특신상태 개념을 통하여 심사할 수 있게 된다. 특히, 예를 들어 참고인의 진술조서 작성에 있어서는 피의자 진술조서와는 달리 형사소송법 제243조의2의 변호인의 참여권, 동법 제244조의3의 피의자에 대한 진술거부권의 고지 등과 같은 조항들이 직접 적용된다고 보기 힘들다.[79] 이러한 피의자를 위한 절차적 조항들은 참고인의 진술의 신빙성을 보장하는 형태의 적법절차 준수가 이루어졌는지를 평가하는 데 고려사항이 될 수 있을 것이다. 따라서 특신상태의 개념에는 진술에 있어 신용성의 정황적 보장이라는 의미와 함께 실질적 적법절차 준수가 포함된다는 결합설이 적절하다.

신용성의 정황적 보장은 미국 연방증거법 제803조나 제804조의 전문법칙의 예외사유와 같이 엄격하게 구성된 정형적인 기준뿐만 아니라 일반조항의 성격을 지니는 동법 제807조와 같이 폭넓은 예외사유를 의미할 수도 있다. 따라서 특신상태 판단 시 수사협조 대가 등 진술의 동기, 진술당시의 분위기, 조사를 위한 소환 방법이나 횟수의 합리성, 조사에 소요된 시간, 불필요한 야간조사 여부, 유도질문 여부, 심리적 상태, 기억력, 지적수준, 등이 사건별 특성에 따라 고려되어야 할 정황에 포함될 수 있다.

특히, 재판에 사용될 것을 목적으로 하는 진술조서와 같은 경우에는 반대신문기회의 보장이 매우 중요한 고려요소가 될 수 있다. 우리 형사소송법 제312조 제4항의 경우 원진술자인 증인이 법원절차에서 반대신문에 처해지는 경우 전문증거의 예외로 할 수 있다고 규정하고 있다. 유사하게, 미국 연방대법원의 크로포드 판결에서는 증언적 진술의 경우 반대신문권 보장이 신용성의 정황적 보장을 위한 필요적이고 결정적인 요건이 되어야 한다고 판시한 바 있다. 그러나 반대신문기회

---

79) 예를 들어, 대법원 2014. 4. 30. 선고 2012도725 판결 참조.

의 보장이 특신상태 판단을 완전히 대체할 수 없다. 무엇보다, 수사절차의 조서에 대한 원진술자가 향후 증인으로 법원절차에서 증언할 기회를 얻었다고 하더라도 수사절차에서 작성된 조서라는 문서의 신용성의 정황적 보장이 있는지를 검토하는 것은 별개의 문제이다. 또한, 수사절차에서 참고인이 진술을 내용으로 하는 조서작성에 있어 피의자와 변호인은 반대신문으로 대응하지 못하며 참고인이 허위진술을 할 경우 위증죄로 대처할 수도 없다. 크로포드 판결은 불가피한 사유로 불출석한 피고인에 불리한 진술을 한 자에 대한 원진술 시 반대신문 기회가 보장되었는지가 주된 쟁점이었을 뿐이며 원진술자의 법원절차의 출석이 신용성의 정황적 보장을 결정하는 유일한 사유라고 판시한 것은 아니었다. 또한 크로포드 판결에서 소수의견을 낸 랭퀴스트 대법관이 신용성의 정황적 보장을 위한 고려사유는 반대신문권에만 제한되지 않는다고 주장한 부분을 음미할 필요가 있다. 우리 헌법재판소 또한 피고인의 반대신문권은 우리 헌법상 기본권이 아니라고 판시한 만큼 원진술자의 법원 출석과 반대신문 기회 부여가 신용성의 정황적 보장을 위한 절대적 기준이라고 보기 힘들다.80) 특신상태를 판단하는 데 기여할 수 있는 다른 중요한 사항들을 반대신문 기회가 부여되었다는 이유로 배척해서는 안 되는 것이다. 이 점은 참고인 진술조서가 네 가지 요건을 모두 충족할 때 비로소 증거능력이 있다고 규정한 형사소송법 제312조 제4항에 이미 선명하게 드러나 있다. 그러므로 특신상태는 별도로 증명되었어야 한다.

증인이 피고인에 불리하게 진술한 법원절차 밖의 원진술의 내용을 부인하고 전혀 다른 증언을 하는 경우 형사소송법 제312조 제4항에 따라 법원절차에서 반대신문의 기회를 보장했다는 것만으로 원진술에 대한 신용성의 정황적 보장이 있다고 볼 수 없다. 여기서, 미국 연방증거법 제801조 (d)(1)에서 법원절차 밖의 원진술과 법원절차의 증언이 불일치하는 때 원진술이 위증시 형사처벌을 감수한다는 선서 하

---

80) 헌법재판소 1998. 9. 30. 선고 97헌바51 전원재판부 결정.

에서 이루어지고 법원절차에서의 증언에 대하여 반대신문 기회가 부여되는 경우 원진술은 전문증거가 아니므로 증거능력이 부여된다고 하는 부분81)을 참조할 수 있겠다. 즉, 불일치진술이 있은 때 미국 연방증거법은 원진술 시 선서와 같은 엄격한 절차적 정형성이 갖추어진 경우에만 증거능력을 부여하고 있다는 점을 눈여겨 볼 필요가 있다. 요약하건대, 특신상태의 증명은 수사절차를 통과했다는 것만 가지고는 부족하며 진술 시 공판절차에 준하는 신빙할 상태가 있었는지를 적극적으로 심사해야 한다.

Ⅲ. 대상판결의 분석 — 공소외1 검찰 진술조서의 증거능력 판단

1. 성립의 진정

형사소송법 제312조 제4항에 따르면, 검사가 작성한 피고인 아닌 자의 진술조서는 원진술자가 법원절차에서 자신이 진술한 내용과 동일하게 기재되어 있다고 인정하게 되면 증거능력이 인정된다. 대상판결의 다수의견뿐만 아니라 반대의견에서도 공소외1의 검찰신문조서의 성립의 진정을 문제삼지 않았다. 문제는 법원이 자주 참고인이 조서가 자신의 진술대로 기재되었다는 성립의 진정을 인정한 경우 곧바로 진술조서의 증거능력이 인정하는 듯한 태도를 보이고 있다는 점이다. 이러한 접근법은 2007년 개정 전 형사소송법의 입장이었고 과거 대법원이 유지하던 입장이었다.82) 대상판결의 1심 법원은 성립의 진정이 있

81) 사실, 미국 연방증거법 제801조 (d)는 커먼로의 증거법과 많은 주법에는 전문법칙의 예외사유로 다루어지고 있다. 또한, 미국 연방증거법이 제801조 (d)에 해당하는 사안들을 전문증거의 개념 밖이라고 규정한 데 대해 의문을 표시하며 비판하는 견해들이 오히려 중론이었다. 자세한 사항은 앞의 "② 미국" "ⅱ. 비전문증거(non-hearsay)"부분 참조. 따라서 우리의 경우 불일치진술의 경우 전문법칙의 예외로 보는 것이 적절하다. 참고인의 불일치진술에 대해서는 일반적으로 형사소송법 제312조 제4항이 적용된다고 보아야 한다.

82) 대법원 1985. 10. 8. 선고 85도1843 판결("수사기관에서 진술한 것이 맞다고 하면서 실질적 진정성립을 인정하는 경우에는 설사 내용을 부인하거나 진술조

고 반대신문의 기회가 형식적이나마 보장되었으니 증거능력이 있다는 점을 부인할 수 없다고 했다. 대상판결 이외에도 우리 법원이 형사소송법 제312조 제4항의 참고인의 진술조서의 경우 특신상태를 진지하게 검토한 예를 찾기 힘들다.

2. 임의성

대상판결의 반대의견은 공소외1이 검찰조사에서 진술할 시 부당한 압박이 가해졌을 가능성을 지적했다. 우선, 공소외1은 대상판결의 사건과 관련된 검찰 조사를 받을 당시 이미 ○○건영을 운영하며 분양대금을 편취한 사실로 구속되었고 사기죄로 징역3년 형을 받아 수형생활을 하고 있는 상태라는 점이 지적되었다. 공소외1은 자신이 조성한 비자금의 적절한 사용처를 밝히지 못하면 횡령죄로 처벌받아 수형생활이 연장될 수 있는 상황에 처해 있었다. 또한, 공소외1은 대상판결과 관련된 혐의인 ○○건영에서 조성한 비자금의 사용처를 검찰로부터 추궁받던 중 채권회수 업무를 담당하여 비자금 조성내역을 알고 있던 공소외7로부터 수사에 협조하면 가석방 등의 선처가 있을 것이라는 이야기를 들었다는 사실 또한 거론되었다. 게다가, 공소외1은

서에 기재된 내용과 다른 진술을 하는 경우에도 참고인 진술조서의 증거능력은 인정된다. 만약 원진술자가 법정에서 증인으로서 진술조서에 기재된 내용과 같이 수사기관 에서 진술한 것이 맞다고 하면서 실질적 진정성립을 인정하는 경우에는 설사 내용을 부인하거나 진술조서에 기재된 내용과 다른 진술을 하는 경우에도 참고인 진술조서의 증거능력은 인정된다"). 이 대법원 판례를 비판한 글로 서보학, "개정형사소송법에 의한 조서 및 영상녹화물 등의 증거능력에 대한 검토", 한국형사법학의 오늘: 정온이영란교수화갑기념논문집, 정온이영란교수화갑기념논문집 간행위원회, 2008, 834면("본 판례는 과거 원진술자인 참고인에 대한 반대신문이 없이도 성립의 진정만으로 증거능력이 인정될 수 있었다. 따라서 원진술자가 그 조서의 형식적 진정성립과 실질적 진정성립을 인정한 이상 그 내용을 부인하거나 조서의 내용과 다른 진술을 하여도 증거능력이 인정된다는 내용을 담은 판례이었다. 그러나 법정에서 피고인에 의해 탄핵되지 않은 수사단계의 진술이 유죄의 증거로 사용되는 것은 공판중심주의에 반하고 피고인의 방어권을 현저히 침해하는 것이다").

대상판결의 혐의와 관련하여 검찰에 60회가 넘게 출석하여 조사를 받았으나 1회의 진술서와 5회의 진술조서의 작성 이외에는 공소외1이 받은 조사과정과 진술내용에 대해 기록된 자료가 없었다. 또한 구속되기 전후로 공소외1은 우울증, 알콜의존증 그리고 수면장애에 시달렸다.

사실관계가 이렇다고 하더라도 공소외1의 진술의 임의성이 부인되기는 어려워 보인다. 무죄로 판단한 1심 법원에서도 공소외1의 검찰진술의 임의성을 부정하지 않았다. 즉, 임의성이 침해되기 위해서는 소위 위법한 강압이 있어야 하는데[83] 대상판결의 1심과 2심의 판결문을 살펴보아도 강압에 이를만한 사실관계는 보이지 않는다. 다만, 대상판결의 1심법원은 공소외1의 검찰진술의 신빙성 판단에 앞의 사실들이 영향을 미칠 소지가 있다고 보았다. 요약하자면, 검찰 진술 시 공소외1이 피고인에 불리한 진술을 하도록 할 유혹이나 압박으로부터 완전히 자유롭지 못했다는 점은 임의성보다는 특신상태 판단 시 고려될 수 있는 사항으로 보인다.

3. 진술 내용의 부인

공소외1은 검찰 신문시 진술한 내용 중 비자금으로 조성한 자금 9억원을 피고인1에게 제공하였다는 부분을 공판절차에서 증언 시 부인했다. 법원절차에서 피고인 아닌 자가 검찰 신문 시 자신의 진술이 기재된 조서의 내용의 진정성을 부인하는 경우 해당 조서의 증거능력이나 증명력을 문제삼을 수 있는 규정이 우리 형사소송법에는 없다. 이는 형사소송법 제312조 제3항 및 제5항에서 검사 이외의 수사기관이 작성한 피의자 내지 피고인 아닌 자의 신문조서의 내용을 법원절차에서 피의자였던 증인, 피고인 또는 변호인이 부인한 경우에 증거능력이 없도록 하는 명시적인 규정이 있는 것과 대비된다.

대상판결의 다수의견은 공소외1이 법원절차에 자신이 진술한 검찰신문조서와 상반되는 진술을 한 바에 대하여 자유심증주의에 기초

---

83) 예를 들어, 대법원 2006. 11. 23. 선고 2004도7900 판결 참조.

하여 신빙성이 없다고 판단했다. 즉, 대상판결의 다수의견은 검찰신문
조서의 내용의 진정성을 진술자가 부인하는 경우에 대하여 특별한 의
미를 부여하지 않았다.

그런데, 대상판결의 반대의견은 공소외1이 법원절차에서 자신이
진술한 검찰신문조서의 내용을 부인하고 상반되는 진술을 한 부분에
대하여 특별한 효과를 부여해야 한다고 주장했다. 즉, 대상판결의 반
대의견은 수사절차와 법원절차에서 진술이 달라진데 대하여 '뚜렷한
사유가 나타나지 않으면' 법원절차에서 이루어진 진술에 더 무게를 두
어야 한다고 기술했다.[84]

이는, 대상판결의 다수의견이 성립의 진정이 인정되어 증거능력
이 있는 검찰신문조서와 법원절차의 증언에 대한 증명력 판단이 전적
으로 법관의 자유심증에 맡겨져 있다고 판시한 것과 선명한 대조를
이룬다. 대법원은 다수의견의 취지에 따라 증거재판주의를 규정한 형
사소송법 제307조와 자유심증주의를 기술한 형사소송법 제308조를 판
결문의 참조조문란에 기재하고 있을 뿐이다.

생각하건대, 대상판결의 반대의견의 접근법은 일면 의미가 있다.
그러나 형사소송법 제312조 제3항의 사경면전 피의자신문조서와는 달
리 참고인 진술조서를 내용을 부인하고 증언대에서 불일치진술을 한
경우 형사소송법상 증거능력을 부인할 명문상의 규정이 없다. 사실,
공소외1이 내용을 스스로 부인한 검사진술조서보다 공소외1의 공판정

---

84) 사실, 반대의견을 면밀히 살피면 마치 조서의 증거능력 판단을 하는 것과 같
은 문구를 사용한 부분이 있다. 즉, 반대의견에서는 "공개된 법정에서 교호신
문을 거치고 위증죄의 부담을 지면서 이루어진 자유로운 진술의 신빙성을
부정하고 수사기관에서 한 진술을 증거로 삼으려면 이를 뒷받침할 객관적인
자료가 있어야 한다."고 하여 증거로서의 자격인 증거능력을 문제삼는 듯한
논지를 취하다가, 곧이어 "단순히 추상적인 신빙성의 판단에 그쳐서는 아니
되고, 그와 같이 진술이 달라진 데 관하여 그럴 만한 뚜렷한 사유가 나타나
있지 않다면 위증죄의 부담을 지면서까지 한 법정에서의 자유로운 진술에
더 무게를 두어야 함이 원칙이다."라고 기술하여 결국 증명력 문제로 귀착시
키고 있다.

의 진술에 과연 어느 정도의 무게를 더 부여하는 것이 적절한지는 상당히 불분명하다. 대상판결의 다수의견의 주장하는 바와 같이 사건별로 증거의 증명력을 재량껏 판단할 수 있다는 자유심증주의를 사전적 기준으로 제한하기는 쉽지 않다. 신빙성 판단에 대한 법적 제한은 증거능력 판단 단계에서 시도하는 것이 훨씬 용이하고 논리적이다.

한편, 참고인의 불일치진술이 있었다는 사실을 특신상태 판단 시 고려할 수 있어 보인다. 우리의 경우 정형화된 전문법칙의 예외사유가 없기 때문에 불일치진술, 시인, 기타 상황에 있어 진술의 신용성이 보장되는 경우인지를 개별 사건별로 판단할 수 있다. 이를 가능하게 하는 것이 형사소송법 제312조 제4항의 특신상태 요건이다.

4. 반대신문 기회의 보장

대상판결의 1심 법원은 진술증거의 낮은 신빙성과 허위개입 여지를 견제할 수 있는 장치가 상대 당사자의 반대신문권이라고 기술했다. 이어 1심 법원은 대상사건에서 공소외1이 피고인에 유리한 증언을 함으로서 피고인 측에서 반대신문을 통하여 검찰진술을 검증하는 것이 실질적으로 곤란하게 되었다는 점을 지적했다. 여기서, 1심 법원은 "반대신문의 절차를 거치지 않더라도 진술의 정확한 취지를 명확히 인식할 수 있고 그 내용이 경험칙에 부합하는 등 신빙성에 의문이 없는 경우이거나, 그 조서에 기재된 진술의 신빙성과 증명력을 뒷받침할 만한 다른 유력한 증거가 따로 존재하는 등의 예외적인 경우가 아닌 이상 그 신빙성을 판단함에 있어서는 보다 신중할 필요가 있다."고 하여 외견상 특신상태를 언급하면서 실제로는 증명력 평가를 하고 있다. 사실, 1심에서 공소외1이 증언대에 서게 됨으로써 형식적이나마 피고인 측의 반대신문권이 보장되었다고 볼 수 있지만, 미국과 같이 대면권이 강렬한 의미를 지니지 않은 우리나라의 경우 대면권의 보장만으로 신용성을 보장할 정황 요건이 완전히 충족되었다고 보기 힘들다.

한편, 대상판결의 반대의견에서는 항소심에서 공소외1의 증인 신청을 배척한 것을 지적하고 있다. 사실심 기능을 하고 있는 항소심에서 피고인과 변호인의 반대신문을 할 기회를 보장하지 않았으므로 형사소송법 제312조 제4항의 요건이 충족되지 못한 것이다. 따라서 항소심 판결을 위하여 공소외1의 검찰진술조서를 증거로 활용한 부분은 위법이라고 볼 여지가 있다.

5. 적법절차 위반

대상판결의 반대의견은 공소외1의 검찰진술조서는 수사절차의 정형적 형태를 벗어나서 수사의 상당성을 인정하기 어렵다고 기술하고 있다. 즉, 반대의견은 공소외1의 진술서 1회와 검찰진술조서 5회가 각기 작성되는 과정에서 수사절차에 대한 기록이 없는 상태라는 점을 지적하고 있다. 공소외1이 7개월 가량의 시간 동안 70회가 넘게 검찰에 출석했지만 그 과정에서 어떠한 조사를 받고 어떠한 진술을 했는지 알 수 있는 자료가 없다는 것이다. 또한, 반대의견은 이러한 사정은 수사기관의 진술증거 취득 과정을 투명하게 하고 이 과정에서 절차적 적법성이 준수되도록 하는 수사의 적법성 보장 원칙에 반한다고 주장했다.

형사소송법 제312조 제4항은 검사 또는 사법경찰관이 피고인 아닌 자의 진술을 기재한 조서의 증거능력이 인정되기 위해서는 "적법한 절차와 방식에 따라 작성된 것"이어야 한다고 규정하고 있다.[85] 또한, 형사소송법 제224조의4 제3항에서는 검사 또는 사법경찰관이 피의자 아닌 자를 조사하는 과정에 대한 상세, 즉 시각 및 조사과정의 진

---

85) 형사소송법에는 피의자 조사와는 참고인 조사와 관련해서는 제244조 제4항 이외에는 특별한 규정이 없다. 다만, 참고인이 피해자일 경우 형사소송법과 특별법에 몇 가지 절차적 보호규정들이 있다. 형사소송법 제221조 제3항 및 제163조의2(신뢰관계 있는 자의 동석), 성폭력범죄의 처벌 등에 관한 특례법과 아동·청소년 성보호에 관한 법률에서는 진술조력인의 동석, 피해자변호사의 조력 등을 규정하고 있다.

행경과를 확인하기 위하여 필요한 사항 등을 신문조서에 기록하거나 별도의 서면에 기록한 후 수사기록에 편철하여야 한다고 규정하고 있다. 이 과정에서 형사소송법 제244조 제2항과 제3항이 준용되어, 조사대상자에게 해당 기록의 내용을 알려주어야 하며 이의가 없으면 자필로 그 취지를 기술하도록 하고 이의를 제기하거나 의견을 진술하면 그 내용을 추가해야 하며 조사대상자가 간인한 후 기명날인 또는 서명하도록 해야 한다. 이 수사기관의 조사과정기록 의무는 조서뿐만 아니라 진술서의 경우에도 동일하게 적용된다. 대법원은 대상판결보다 앞선 대법원 2013도3790 판결에서 수사기관이 조사과정을 기록하지 않은 채 피고인 아닌 자로부터 받아낸 진술서의 경우 증거능력이 없다고 판시했다.[86)]

대상판결의 반대의견은 공소외1의 진술서는 이와 관련한 조사과정에 대한 검사가 기록을 남기지 않았기 때문에 증거능력이 없다고 주장했다. 즉, 앞의 문단에서 살핀 바와 같이 형사소송법 제244조의4의 절차를 위반한 것으로 판단했다. 그러나 이상하게도 대상판결의 반대의견 조차 공소외1의 진술서에 기초하여 문답이 이루어지고 작성된 공소외1의 검찰신문조서에 대해서는 적법절차 위반과 관련된 증거능력을 쟁점으로 제기하지 않았다. 대상판결의 반대의견은 조사과정에 대한 기록 부재가 공소외1의 검찰진술의 신빙성을 낮추는 고려요소라고 보았을 뿐이다. 즉, 반대의견은 이처럼 수사의 정형적 형태를 벗어나 수사의 상당성이 인정되기 어려운 경우에는 진술조서의 내용을 뒷받침할 "별도의 객관적인 증거나 정황사실이 존재한다는 특별한 사정"이 있어야 해당 조서의 신빙성을 인정할 수 있다고 보았다.

사소한 위법이 있다고 하여 증거능력이 부인되어서는 안 되지만,[87)] 형사소송법 제244조의4에 명시된 절차를 준수하지 않은 상태에

---

86) 대법원 2015. 4. 23. 선고 2013도3790 판결.
87) 예를 들어, 신이철, "참고인 진술조서의 증거능력 인정요건－특히 전문법칙과의 관계에서－, 동아법학 제48호, 동아대학교 법학연구소, 2010, 372면 참조.

서 작성된 참고인 진술조서는 명백한 절차 위반이라고 할 수 있다. 참고인 조사와 관련된 적법절차 규정이 피의자 조사의 경우와는 달리 많지 않은데도 형사소송법 제244조의4 제3항은 피의자 아닌 자라고 명시하고 있다. 이 규정을 위반한 상태로 작성된 참고인 진술조서는 증거능력이 없다고 보아도 큰 문제가 없어 보인다.

6. 특신상태

대상판결의 다수의견과 반대의견 모두 공소외1의 검찰진술조서가 특신상태를 충족했는지에 대해서는 전혀 언급하지 않고 있다. 대상사건의 1심, 2심, 그리고 대법원 판결의 다수의견과 반대의견은 모두 공소외1의 진술조서의 신빙성을 판단하는데만 장문의 정열을 쏟았다.

그러나 대상판결에서는 공소외1의 검찰진술조서의 특신상태가 쟁점이 될 여지가 충분했다. 참고인이 법정에서 자신의 검찰 진술조서의 내용을 부인하는 경우는, 형사소송법 제314조에서 규정한 참고인이 부재한 경우보다 더 심각한 경우이다.[88] 사실, 대상판결의 1심 법원은 참고인이 피고인에게 불리한 내용을 담고 있는 검찰 진술조서를 법정에서 먼저 적극적으로 부인해서 형사소송법 제312조 제4항의 피고인과 변호인의 반대신문 기회의 보장을 무의미하게 만들었다고 보았다. 이 경우 공소외1의 검찰진술조서의 증거능력이 인정되는 이유가 반대신문기회의 보장이었다는 사실은 설득력이 떨어진다는 것이다. 이뿐

---

88) 따라서, 형사소송법 제312조 제4항의 특신상태가 일률적으로 형사소송법 제314조보다 낮은 기준이며 약한 강도로 심사된다고 보아서는 안 된다. 이에 반하여 형사소송법 제314조의 특신상태가 가장 강도 높은 심사를 요구한다고 보는 견해들이 존재한다. 김정한은 형사소송법 제314조는 진술조서 등이 진정성립을 요구하지 않은 상태에서 특신상태를 심사하도록 하고 있기 때문에 진정성립을 요구하는 형사소송법 제312조 제4항 등의 특신상태보다 엄격하게 해석해야 한다고 주장했다(김정한, 앞의 논문, 175면). 유사하게, 송광섭은 제312조의 특신상태가 제314조의 특신상태나 제315조 제3호의 특신정황보다 약한 의미라고 본다(송광섭, 앞의 책, 615면). 같은 맥락에서, 정웅석 또한 원진술자가 공판정에서 진술하는 경우와 원진술자가 출석하지 않는 경우의 특신상태는 의미가 다를 수 있다고 했다(정웅석, 앞의 논문, 313~314면).

만 아니라, 항소심 법원은 공소외1의 법정 증언을 아예 허용하지 않고 공소외1의 검찰진술조서만을 증거로 채택했다. 대상판결과 같은 불일치진술이 있은 경우 미국 연방증거법에 따르면 원진술이 형사처벌을 감수한다는 선서 하에서 이루어지고 법원절차에서 원진술을 한 증인이 출석하여 반대신문이 이루어져야 한다. 이처럼, 형식적 반대신문기회 제공만으로는 충분하지 않으며 원진술 시 정형적 절차요건이 준수되었을 때만 증거능력이 있는 것으로 보고 있다는 점을 유의해서 참조할 필요가 있다.

대상판결의 사실관계에 따르면 수사는 전반적으로 정형성을 벗어나 상당성을 잃었다. 반대의견과 1심법원에 따르면, 공소외1은 검찰에 무려 70회 이상 불려갔으며 공소외1로부터 공소사실과 부합하는 진술이 나오자마자 비로소 이를 진술조서로 기록했다. 공소외1이 피고인의 유죄를 입증할 수 있는 진술을 시작한 초기의 상황에 관한 진술조서나 기록 등 객관적 자료가 없다. 또한, 검찰에서는 공소제기 이후에 공소외1에 대하여 종전진술 내용을 반복 연습시키는 형태로 법정에서의 공소외1의 증언을 대비했다. 그리고 조성한 비자금의 사용처를 검찰로부터 추궁받던 중 채권회수 업무를 담당하여 비자금 조성내역을 알고 있던 공소외7이 검찰조사실에 갑자기 등장하여 공소외1에게 검찰에 협조하면 가석방 등의 이익이 있을 것이라고 회유했다. 이러한 사실들은 앞에서 살핀 대로 형사소송법 제244조의4의 위반을 차치하고라도 특신상태 판단에 있어 중요하게 참조해야 할 사항들이다.

이뿐만 아니라, 대상판결의 반대의견과 1심법원의 판결문에 따르면 공소외1의 검찰진술에 허위가 개입되었다는 점을 의심케 하는 정황들이 있다. 공소외1은 자신이 조성했다고 시인한 비자금의 사용처를 밝히지 못하면 횡령죄로 추가로 처벌될 위기에 처해있었으며, 수사협조의 대가로 회사의 경영권을 회복하겠다는 생각을 가지고 있었다. 나아가, 공소외1은 검찰조사 1년 전부터 조사시점까지 우울증, 알콜의존증, 수면장애 등으로 심리적으로 불안정한 상태였다.

결론적으로, 공소외1의 검찰조서의 특신상태를 인정하기 위해서는 수사절차의 형식적 요건을 충족하여 사실증명의 내용이 조서에 담겨있다는 사실만으로는 부족하다. 법원절차에서 위증 시 형사처벌을 감수하겠다는 내용의 선서한 증인이 반대신문절차를 거쳐서 증언한 것에 준하는 신용성의 정황적 보장이 인정되는 방식으로 작성된 조서인 경우에만 전문법칙의 예외로 인정해야 한다. 그러나, 대상판결의 1심과 2심 그리고 대법원에서 이러한 수준의 증거능력 판단을 위한 심사는 시도조차 되지 않았다. 사실, 대상판결의 반대의견은 공소외1의 조사과정에 허위가 개입할 여지가 있으므로 진술조서 내용을 뒷받침할 객관적인 증거나 정황사실이 존재한다는[89] 특별한 사정이 있어야 신빙성을 인정할 수 있어야 한다고 했다. 이러한 대상판결의 반대의견은 증명력 판단을 하고 있지만 결국 사용하는 언어는 특신상태 판단 기준에 근접한 것이다. 대상판결의 반대의견조차 전문법칙을 명시적으로 지칭하기만 했지 그 핵심 개념인 특신상태와 증거능력에 대해서는 정면으로 다루지 않았다.

Ⅳ. 결 론

대상판결에서 유죄판결의 결정적 증거가 된 공소외1의 검찰진술조서와 관련하여 형사소송법 제312조 제4항의 증거능력 판단 요건들에 대한 검토가 생략되었다는 점은 재고될 필요가 있다. 특히, 법원이 공판정에서 조서의 원진술자인 증인에 대하여 피고인과 변호인의 반

---

89) 대상판결의 반대의견은 "진술조서의 내용을 뒷받침할 객관적인 증거나 정황사실"에 대해 진술조서 작성과정의 정황을 가리키는 것으로 이해한 것이 아니라 금융정보나 신빙성 있는 장부 등 진술조서의 내용을 보강할 수 있는 다른 물적 증거를 가리키는 것으로 보인다. 따라서 대법원 반대의견의 접근법조차 다수의견과 완전히 다르다고 할 수 없다. 그러면, 결국 증거와 자료를 바탕으로 한 누구의 사실판단이 더 설득력이 있는가의 문제만 남게 된다. 대법원 다수의견과 반대의견 가릴 것 없이 이러한 "논리와 경험의 법칙"이라는 개념을 매개로 이루지는 사실상의 사실심의 역할에 헌신하고 있다.

대신문기회가 있었고 조서작성과정에서 중대한 적법절차 위반이라고
보기 어렵다고 판단했을지라도, 특신상태의 존부를 평가할 여지는 얼
마든지 있었다. 혹시, 법원에서 전문법칙의 예외사유를 판단하는 마지
막 보루로서의 특신상태 요건의 의미를 간과하고 있었던 것은 아닌지
의문이 든다. 적어도, 지금까지 법원이 참고인 진술과 관련하여 형사
소송법 제314조 및 제316조 제2항와 달리 제312조 제4항의 특신상태
요건을 적극적으로 활용한 사례를 찾기 힘들다.

공소외1의 검찰진술조서의 증거능력에 대해 검토하지 않을 경우
모든 논의는 자유심증주의로 빨려들어가게 된다. 대상판결의 반대의
견이 불일치진술의 경우 법원절차에서의 증언에 더 신빙성을 두어야
한다는 주장은 공감되는 바는 있으나 완전히 동의하기 힘들다. 왜냐하
면, 불일치진술이 있은 경우 반드시 일률적으로 법관면전의 증언에만
신빙성을 두어야 한다는 것은 분명 자유심증주의와 배치되는 접근이
다. 과연 어느 정도의 무게를 수사절차의 진술과 불일치하는 법원절차
의 증언에 부여해야 하는가? 자유심증주의는 법관이 모든 증거들을
사건별로 자유로운 재량 하에 그 무게를 저울질할 수 있다는 의미이
다. 이는 사건별로 나타나는 증거의 양상과 각 증거의 중요도가 같을
수가 없기 때문이다. 따라서 대상판결의 반대의견은 그 접근법에서 다
수의견을 쉽사리 넘을 수 없는 논리적 구조 속에 있다고 보아도 무방
하다. 대상판결에서 공소외1의 진술을 비롯한 수많은 직·간접적 증거
들은 피고인이 공소외1로부터 전체 9억의 불법정치자금을 수령했는지
를 입증하기 위해 자유롭게 활용되었다.

대상판결에서 나타난 사실관계에 비추어 증거에 대한 증명력을
종합으로 판단하는 것과는 별개로 진술정황에 대한 신빙성 판단을 할
수 있었다. 무엇보다, 본문에서 분석한대로 사실심의 판결문을 살피면
공소외1의 검찰진술은 그 작성정황이 석연치 않은 부분이 분명히 있
었다. 따라서 법원절차 특히 항소심에서는 공소외1과 조사자 등 검찰
진술이 작성될 당시 관계된 이를 증언대에서 세워 석연치 않았던 진

술정황에 대하여 보다 면밀하게 신문했어야 했다. 법관면전의 진술과 동등한 정도의 신빙성을 보장하는 정도의 수사과정의 진술정황이 있었다고 판단되어야 공소외1의 검찰진술조서가 증거능력을 부여받을 수 있다. 이러한 평가과정이 생략되었으니 특신상태가 입증되지 않은 것이다. 그러면, 공소외1의 검찰진술조서는 증거능력이 없다고 보아도 무방할 듯하다. 적어도, 공소외1의 검찰진술조서의 특신상태의 충족여부에 대한 심리를 하지 않았다는 점을 이유로 파기환송하는 것이 바람직했다.

[주 제 어]
불일치진술, 전문증거, 증거능력, 특신상태, 진술조서

[Key words]
Inconsistent Statement, Hearsay, Admissibility, Circumstantial Guarantees of Truthworthiness, Statement Deposition

접수일자: 2018. 5. 8. 심사일자: 2018. 5. 31. 게재확정일자: 2018. 6. 5.

[참고문헌]

김정한, "형사소송법상 특신상태의 의미와 개념 요소 및 판단기준에 관한 소고", 비교형사법연구 제16권 제1호, 2014.

노명선·이완규, 형사소송법 제5판, 성균관대학교 출판부, 2017.

배종대·이상돈·정승환·이주원, 신형사소송법 제5판, 홍문사, 2013.

백원기, "증언거부권의 행사와 형사소송법 제314조의 해석론에 관한 비판적 고찰", 형사법의 신동향 통권 제39호, 대검찰청, 2013.

법원행정처, 형사소송법 개정법률 해설, 법원행정처, 2007.

서보학, "개정형사소송법에 의한 조서 및 영상녹화물 등의 증거능력에 대한 검토", 한국형사법학의 오늘: 정온이영란교수화갑기념논문집, 정온이영란교수화갑기념논문집 간행위원회, 2008.

손동권·신이철, 새로운 형사소송법 제3판, 세창출판사, 2016.

손병현, "전문법칙의 예외를 규정한 형사소송법 제314조의 합헌성 여부", 한라대학교 논문집 제12집, 2009.

송광섭 형사소송법 개정판, 형설출판사, 2012.

신양균, 신판 형사소송법, 화신미디어, 2009.

신이철, "참고인 진술조서의 증거능력 인정요건 — 특히 전문법칙과의 관계에서—", 동아법학 제48호, 동아대학교 법학연구소, 2010.

안성수, "자백배제의 원칙과 특신성", 저스티스 통권 101호, 한국법학원, 2007.

이재상, 신형사소송법 제2판, 박영사, 2010.

정웅석, "형사소송법상 특신상태의 필요성에 대한 비판적 고찰", 저스티스 통권 제138호, 한국법학원, 2013.

정진연, "형사증거법상 보충적 규정인 제314조에 대한 소고", 법학연구 제37집, 한국법학회, 2010.

차용석·최용성, 형사소송법 제3판, 21세기사, 2008.

한제희, "특신상태의 의의와 판단기준", 형사판례연구 제21권, 한국형사판례연구회, 박영사, 2013.

House Comm. on Judiciary, Fed.Rules of Evidence, H.R.Rep. No.650, 93d Cong., 1st Sess. (1973).

Rand, Joseph W., The Residual Exceptions to the Federal Hearsay Rule: The Futile and Misguided Attempt to Restrain Judicial Discretion, 80 Geo. L.J. 873 (1992).

Stonefield, Sam, Rule 801(D)'s Oxymoronic "Not Hearsay" Classification: The Untold Backstory and A Suggested Amendment, 5 Fed. Cts. L. Rev. 1 (2011).

Thomson West, Federal Fules of Evidence 2003-2004.

[Abstract]

Admissibility of Prosecutor's Record Containing the Statement of Witness Who Makes Inconsistent Statement in Court

Kang, Wu-Ye*

In the korean supreme court case in question, the fact needs to be reconsidered, that the prosecutor's record containing the statement of witness that becomes the decisive evidence to prove the guilt was left out. Especially, even though the court judged that the chance of cross-examination was provided to the declarant of the record and there was no substantial violation of procedural rules, it could have assess the circumstantial guarantees of truthworthiness.

Every issue will be absorbed into the principle of free evaluation of evidence, if the admissibility of the prosecutor's record is not considered. It is so hard to completely agree with the argument of the dissenting opinion in which in case of inconsistent statements more weight of reliability must be placed on a court testimony. It is because it is clearly in violation of the principle of free evaluation of evidence to simply more rely on a court testimony in case of inconsistent statement.

In light of the facts appearing in the case in question, it was possible to assess reliability of circumstances of statement separately from total consideration of reliability of evidences. Most of all, the witness' statement before prosecutor should not have easily admitted when considering its'doubtful circumstances. Therefore, the courts, expecially the appellate

* Associate Professor, Maritime Law Department Korea Maritime and Ocean University, S.J.D.

court, should have closely examined the circumstances by having the persons related to the prosecutor's interrogation take the stance. Because this process was left out, the requirement of the circumstantial guarantees of truthworthiness was not satisfied.

외국환거래법상 징벌적 추징에 대한
비판적 고찰

김 대 원*

[대상판결] 대법원 2017. 5. 31. 선고 2013도8389 판결

[사실관계]

A(피고인)는 거주자인 甲 재단법인(○○○선교회)의 이사이자 사무총장으로서 위 재단법인의 자금관리 업무를 총괄하고 있었다. 비영리법인인 거주자가 비거주자로부터 외화자금을 차입하고자 하는 경우 지정거래 외국환은행을 경유하여 한국은행총재에게 신고하여야 하고, 거주자가 비거주자로부터 원화자금을 차입하고자 하는 경우에는 지정거래 외국환은행을 경유하여 기획재정부장관에게 신고하여야 한다.[1)]

---

* 성균관대학교 법학전문대학원 초빙교수, 법학박사.
1) 외국환거래법 제3조(정의) ① 이 법에서 사용하는 용어의 뜻은 다음과 같다.
   <개정 2011.4.30., 2012.3.21.>
   1.-18. 생략
   19. "자본거래"란 다음 각 목의 어느 하나에 해당하는 거래 또는 행위를 말한다.
   가. 예금계약, 신탁계약, 금전대차계약, 채무보증계약, 대외지급수단·채권 등의 매매계약(다목에 해당하는 경우는 제외한다)에 따른 채권의 발생·변경 또는 소멸에 관한 거래(거주자 간 거래는 외국환과 관련된 경우로 한정한다)
   나.-바. 생략
   20. 생략
   [전문개정 2009.1.30.]

그럼에도 불구하고, A는 甲 재단법인 명의로 2009. 11. 9. 비거주자인
乙 회사(워싱턴 타임스, Washington Times Aviation USA LLC)로부터 원화
자금(160억원) 및 외화자금(미화 700만 달러)을 차입하는 금전대차계약
을 하면서 당일 안에 이 사건 금전대차계약에 의한 송금절차를 마무
리하기 위하여 의도적으로 신고의무를 회피하였다.

이러한 사실관계에 대하여, 1심(서울중앙지법 2011고정7114)은 A에
게 벌금 3,000만원,2) 추징 235억 3,200만원3)을 선고하였고, 이에 피고

외국환거래법 제18조(자본거래의 신고 등) ① 자본거래를 하려는 자는 대통령
령으로 정하는 바에 따라 기획재정부장관에게 신고하여야 한다. 다만, 외국환
수급 안정과 대외거래 원활화를 위하여 대통령령으로 정하는 자본거래는 사
후에 보고하거나 신고하지 아니할 수 있다.<개정 2017.1.17.>
② 제1항의 신고와 제3항의 신고수리(申告受理)는 제15조제1항에 따른 절차 이
전에 완료하여야 한다.
③ 기획재정부장관은 제1항에 따라 신고하도록 정한 사항 중 거주자의 해외
직접투자와 해외부동산 또는 이에 관한 권리의 취득의 경우에는 투자자
적격성 여부, 투자가격 적정성 여부 등의 타당성을 검토하여 신고수리 여
부를 결정할 수 있다.
④ 기획재정부장관은 제3항에 따른 신고에 대하여 대통령령으로 정하는 처리
기간에 다음 각 호의 어느 하나에 해당하는 결정을 하여 신고인에게 통지
하여야 한다.
1. 신고의 수리
2. 신고의 수리 거부
3. 거래 내용의 변경 권고
⑤ 기획재정부장관이 제4항제2호의 결정을 한 경우 그 신고를 한 거주자는
해당 거래를 하여서는 아니 된다.
⑥ 제4항제3호에 해당하는 통지를 받은 자가 해당 권고를 수락한 경우에는
그 수락한 바에 따라 그 거래를 할 수 있으며, 수락하지 아니한 경우에는
그 거래를 하여서는 아니 된다.
⑦ 제4항에 따른 처리기간에 기획재정부장관의 통지가 없으면 그 기간이 지
난 날에 해당 신고가 수리된 것으로 본다.
[전문개정 2009.1.30.]
2) 외국환거래법 제29조(벌칙) ① 다음 각 호의 어느 하나에 해당하는 자는 1년
이하의 징역 또는 1억원 이하의 벌금에 처한다. 다만, 위반행위의 목적물 가
액의 3배가 1억원을 초과하는 경우에는 그 벌금을 목적물 가액의 3배 이하로
한다. <개정 2016.3.2., 2017.1.17.>
1. 제8조제5항에 따른 인가를 받지 아니하거나, 거짓이나 그 밖의 부정한 방법

인이 항소하였지만 2심(서울중앙지법 2013. 6. 21. 선고 2012노4404 판결)에서는 피고인의 항소를 기각하였다. 이에 대하여 피고인은 대법원에 상고하였다.

[판결요지]

[1] 형벌법규의 해석은 엄격하여야 하고 명문규정의 의미를 피고인에게 불리한 방향으로 지나치게 확장해석하거나 유추해석하는 것은 죄형법정주의의 원칙에 어긋나는 것으로서 허용되지 아니한다. 외국환거래법 제30조가 규정하는 몰수·추징의 대상은 범인이 해당 행위로 인하여 취득한 외국환 기타 지급수단 등을 뜻하고, 이는 범인이 외국환거래법에서 규제하는 행위로 인하여 취득한 외국환 등이 있을 때 이를 몰수하거나 추징한다는 취지로서, 여기서 취득이란 해당 범죄행위로 인하여 결과적으로 이를 취득한 때를 말한다고 제한적으로 해석

　　　으로 인가를 받고 계약을 체결한 자
　2. 제10조 제1항을 위반하여 확인하지 아니한 자
　3. 제16조 또는 제18조에 따른 신고의무를 위반한 금액이 5억원 이상의 범위
　　　에서 대통령령으로 정하는 금액을 초과하는 자
　4. 제17조에 따른 신고를 하지 아니하거나 거짓으로 신고를 하고 지급수단 또
　　　는 증권을 수출하거나 수입한 자(제17조에 따른 신고의무를 위반한 금액이
　　　미화 2만달러 이상의 범위에서 대통령령으로 정하는 금액을 초과하는 경우
　　　로 한정한다)
　5. 제19조제2항에 따른 거래 또는 행위의 정지·제한을 위반하여 거래 또는 행
　　　위를 한 자
　6. 제32조제1항에 따른 과태료 처분을 받은 자가 해당 처분을 받은 날부터 2
　　　년 이내에 다시 같은 항에 따른 위반행위를 한 경우
　② 제1항제4호의 미수범은 처벌한다. <개정 2017.1.17.>
　③ 제1항의 징역과 벌금은 병과할 수 있다.
　[전문개정 2009.1.30.]
3) 외국환거래법 제30조(몰수·추징) 제27조 제1항 각호, 제27조의2 제1항 각호
　또는 제29조 제1항 각호의 어느 하나에 해당하는 자가 해당 행위를 하여 취
　득한 외국환이나 그 밖에 증권, 귀금속, 부동산 및 내국지급수단은 몰수하며,
　몰수할 수 없는 경우에는 그 가액을 추징한다. <개정 2017.1.17.>
　[전문개정 2009.1.30.]

함이 타당하다.

　　[2] 甲 재단법인의 이사 겸 사무총장으로서 자금관리 업무를 총괄하는 피고인이, 거주자인 甲 재단법인이 비거주자인 乙 회사로부터 원화자금 및 외화자금을 차입하는 자본거래를 할 때 신고의무를 위반하였다는 내용으로 외국환거래법 위반죄가 인정된 사안에서, 금전대차계약의 차용 당사자는 甲 재단법인으로서, 비록 피고인이 금전대차 거래행위를 실제로 집행하였지만 甲 재단법인을 대표하는 지위에 있지 아니하여 甲 재단법인의 기관으로서 한 것이라고 볼 수 없는 점, 위 계약에 따른 차입금은 모두 대여자인 乙 회사로부터 甲 재단법인 계좌로 입금되었다가 그 후 甲 재단법인으로부터 그 금액이 乙 회사에 반환되었고, 피고인은 甲 재단법인 계좌로 직접 입금된 차입금을 교부받았다고 볼 수 없으며, 달리 차입금을 피고인이 개인적으로 분배받는 등으로 실질적으로 자신에게 귀속시켰다고 인정할 만한 자료가 없는 점 등의 사정에 비추어 보면, 피고인이 금전대차계약에 의하여 결과적으로 외국환거래법에서 규제하는 차입금을 취득하였다고 인정하기 어려워 피고인의 취득을 이유로 외국환거래법 제30조에 따라 피고인으로부터 차입금을 몰수하거나 그 가액을 추징할 수 없는데도, 이와 달리 본 원심판결에 외국환거래법 제30조에서 정한 추징에 관한 법리오해의 위법이 있다.

[관련판결] 대법원 1998. 5. 21. 선고 95도2002 전원합의체 판결

　　[판결요지]

　　[1] [다수의견] 외국환관리법상의 몰수와 추징은 일반 형사법의 경우와 달리 범죄사실에 대한 징벌적 제재의 성격을 띠고 있다고 할 것이므로, 여러 사람이 공모하여 범칙행위를 한 경우 몰수대상인 외국환 등을 몰수할 수 없을 때에는 각 범칙자 전원에 대하여 그 취득한 외

국환 등의 가액 전부의 추징을 명하여야 하고, 그 중 한 사람이 추징
금 전액을 납부하였을 때에는 다른 사람은 추징의 집행을 면할 것이
나, 그 일부라도 납부되지 아니하였을 때에는 그 범위 내에서 각 범칙
자는 추징의 집행을 면할 수 없다.

[반대의견] 형벌법규는 죄형법정주의의 내용인 유추해석의 금지나
명확성의 원칙상 문리에 따라 해석하여야 한다. 외국환관리법상의 추
징의 성격이 징벌적인가 아니면 이익박탈적인가의 여부는 먼저 외국
환관리법상의 추징에 관한 규정을 문리해석하여 그 결과에 따라 판단
해야 할 것이다. 다수의견이 외국환관리법의 입법목적까지를 고려하
여 그 추징에 징벌적 제재의 성격을 강조하는 이유는, 외국환관리법위
반 사범의 단속과 일반 예방의 철저를 기하기 위한 것으로 보여 타당
한 면이 없지 아니하다. 그러나 외국환관리법위반 사범의 단속과 일반
예방의 철저를 기할 필요가 있다면 그것은 주형을 엄하게 하여 그 목
적을 달성해야 할 것이지, 부가형인 몰수에 대한 환형처분에 불과한
추징으로 이를 달성하려고 할 것은 아니라고 생각될 뿐만 아니라, 이
는 추징의 본질이나 보충성에 비추어 보더라도 그 한계를 벗어나는
것이라고 하지 않을 수 없다. 다수의견에 따르면 여러 가지 논리상 모
순이 생기고 따라서 외국환관리법상의 추징을 공동연대 추징으로 보
는 것은 타당하지 아니하므로, 몰수의 대상이 된 외국환 등을 '취득한
사람'만이 추징의 대상자가 되는 것으로 해석함이 마땅하다. 외국환관
리법상의 추징은 관세법상의 추징과는 그 조문의 규정내용과 형식이
모두 다르다. 다만 외국환관리법상의 추징이 외국환 등의 취득에 소요
된 비용 내지 대가의 유무·다과를 고려함이 없이 그 가액 전부를 추
징한다는 점에서 그 성격이 이익박탈적이기보다는 징벌적이라고 볼
여지가 없지 아니하나, 그렇다고 하여 관련 규정의 문언과 공동연대
추징의 문제점 등에도 불구하고 굳이 외국환관리법위반의 경우에까지
공동연대 추징의 유추해석을 도출하는 것은 죄형법정주의 원칙에 위

배된다고 하지 않을 수 없다.

　[2] "생 략"

[연 구]

Ⅰ. 문제의 제기

　몰수는 범죄의 반복을 방지하거나 범죄로부터 이득을 취하지 못하게 할 목적으로 범행과 관련된 재산을 박탈하여 이를 국고(國庫)에 귀속시키는 재산형이고, 추징은 몰수 대상물의 전부 또는 일부를 몰수할 수 없는 경우에 그 대가의 납부를 몰수에 갈음하여 명하는 사법처분이다.

　우리 형법은 제48조에서 형벌의 일종인 몰수의 대상과 추징에 대하여 규정하면서 임의적인 것으로 규정하고 있다. 즉 제48조 제1항에 의하면 몰수의 대상은 범죄행위에 제공하였거나 제공하려고 한 물건(供用物件), 범죄행위로 생하였거나(生成物件) 이로 인하여 취득한 물건(取得物件), 이들의 대가로 취득한 물건(對價物件)이며, 제2항에서는 이들 물건을 몰수 할 수 없는 경우에 그 가액을 추징할 수 있도록 규정하고 있다. 이에 대하여 형법 제134조(뇌물죄에 있어서 범인 또는 정(情)을 아는 제3자가 받은 뇌물 또는 뇌물에 공할 금품), 제206조(아편에 관한 죄에 있어서 아편, 몰핀이나 그 화합물, 아편흡식기구), 제357조 제3항(배임수증재죄에 있어 범인 또는 정(情)을 아는 제3자[4]가 취득한 재물) 및 다수의 특별법에서는 몰수 및 추징을 필요적인 것으로 규정하고 있다.

　몰수는 재산권을 범인에게서 박탈하여 일방적으로 국가에 귀속시키는 효과가 있으므로 몰수판결의 효력은 유죄판결을 받은 피고인에 대해서만 발생하고 피고인 이외의 자에게는 미치지 않는다. 또한 몰수에 갈음한 추징도 실제로 분배받은 이익을 개별적으로 추징하여야 한다(개별추징의 원칙).

---

　4) '정(情)을 아는 제3자' 부분은 2016년 5월 29일 형법 일부개정으로 추가되었음.

이러한 일반적 몰수·추징에 대하여 대법원은 일부 특별법5)상의
몰수와 추징은 그 입법목적과 규정의 취지에 비추어 '이익박탈'을 목
적으로 하지 않고 '징벌'을 목적으로 하는 '징벌적 몰수·추징'이라고
하여, 본범 이외에 공범이 있는 경우에는 본범과 공범간에 공동연대추
징을 인정하고 있다.

위 [관련판결]은 대법원이 일반 형사법의 몰수·추징이 '이익박탈적
성격'을 갖는 것에 대하여 외국환거래법(구 외국환관리법)상의 몰수·추
징 경우는 범죄사실에 대한 '징벌적 제재'라고 하면서, 추징의 방법에
대하여 공동연대추징6)을 인정한 판결이다. 이 판결에 따라 그 동안
우리 법원은 외국환거래법상의 몰수·추징은 '징벌적 몰수·추징'으로
이해하고 그 추징의 방법에 대하여도 공동연대추징을 하여야 한다고
하였다. 이에 따라 [대상판결]의 1심과 2심은 기존 대법원의 견해를 따
라서 A에게 공동연대추징의 책임을 묻고 있다. 그러나 [대상판결]은
외국환거래법상의 추징에 대하여 기존의 공동연대추징을 인정하지 아
니하고 개별추징을 인정하고 있는 듯한 판시를 하면서 원심판결을 파
기환송하고 있다.

이하에서는 그 동안 대법원이 외국환거래법상의 몰수·추징에 대

---

5) 대법원이 인정하는 징벌적 몰수·추징으로는 '관세법상 몰수·추징', '외국환거
래법(구 외국환관리법)상 몰수·추징', '마약류 관리에 관한 법률(구 향정신성
의약품관리법)상 몰수·추징', '밀항단속법상의 몰수·추징', '특정경제범죄 가
중처벌 등에 관한 법률 제10조(재산국회도피죄)의 몰수·추징' 등이 있다.
6) 일반적으로 추징을 개별추징이 원칙이다. 예를 들어 수인이 공모하여 뇌물을
수수한 경우에 몰수가 불가능하여 가액을 추징할 때에는 실제로 분배받은 뇌
물을 개별적으로 개별추징을 하여야 하며(대법원 1993. 10. 12. 선고 93도2056
판결), 개별적으로 분배받은 금원을 알 수 없으면 평균분할액을 추징해야 한
다(대법원 1975. 4. 22. 선고 73도1963 판결; 대법원 1977. 3. 8. 선고 76도1982
판결). 이러한 일반적 추징에 대하여 대법원에서 인정하는 공동연대추징은 여
러 사람이 공모하여 범칙행위를 한 경우 몰수대상물을 몰수할 수 없을 때에
는 각 범칙자 전원에 대하여 그 취득한 가액 전부의 추징을 명하여야 하고,
그 중 한 사람이 추징금 전액을 납부하였을 때에는 다른 사람은 추징의 집행
을 면할 것이나, 그 일부라도 납부되지 아니하였을 때에는 그 범위 내에서
각 범칙자는 추징의 집행을 면할 수 없는 것을 말한다.

하여 '징벌적 추징'이라고 하는 것에 대하여 비판적으로 검토하고, 이에 따른 공동연대추징의 문제점에 대하여 살펴보고자 한다.

Ⅱ. 외국환거래법상 징벌적 추징의 타당성 검토

1. 일반적 몰수·추징

가. 일반적 몰수

몰수는 범죄의 반복을 방지하고 범죄자에게 범죄로부터 이득을 얻지 못하게 할 목적으로 범죄행위와 관련된 재산을 박탈하여 국고에 귀속시키는 것을 내용으로 하는 재산형이다. 몰수는 원칙적으로 다른 형에 부가하여 과하는 부가형이다. 그러나 행위자에게 유죄의 재판을 아니할 때에도 몰수의 요건이 있는 때에는 예외적으로 몰수만을 선고할 수도 있다(형법 제49조). 따라서 주형의 선고를 유예하는 경우에도 몰수의 요건이 충족되는 때에는 몰수만 선고할 수도 있다.

이러한 몰수의 법적성격에 대하여 몰수를 형벌의 일종으로서 재산형이라는 견해,7) 형식적으로는 형벌이지만 실질적으로는 대물적 보안처분이라는 견해,8) 형벌과 보안처분의 중간영역에 위치한 독립된 형사제재라는 견해,9) 행위자 또는 공범의 소유에 속하는 물건의 몰수는 재산형의 성격을 갖지만 제3자 소유의 물건에 대한 몰수는 보안처분의 성격을 갖는다는 견해10) 등이 있다. 이에 대하여 대법원은 형법이나 변호사법상의 몰수나 추징에 대해 범죄행위로 인한 이득을 박탈하여 부정한 이익을 보유하지 못하게 하는 보안처분의 성격을 인정한다.11) 그러나 마약류관리에 관한 법률 위반행위, 관세법위반행위, 특정

---

7) 오영근, 형법총론(제4판), 박영사, 2018, 510면.
8) 김성돈, 형법총론(제5판), 성균관대학교 출판부, 2018, 795면; 박상기, 형법총론(제9판), 박영사, 2012, 541면; 정성근/박광민, 형법총론(전정2판), 성균관대학교 출판부, 2015, 687면.
9) 김일수/서보학, 새로 쓴 형법총론(제12판), 박영사, 2014, 567면.
10) 이재상/장영민/강동범, 형법총론(제9판), 박영사, 2017, §40/37.
11) 대법원 2002. 6. 14. 선고 2002도1283 판결; 대법원 1994. 2. 25. 선고 93도3064

경제범죄가중처벌 등에 관한 법률상의 재산국외도피행위, 외국환관리법 위반행위의 경우는 몰수가 범죄사실에 대한 징벌의 정도를 강화하는 '징벌적' 성격을 갖는 것으로 파악한다.

형법상 몰수가 형벌의 일종으로 규정되어 있는 이상 형식적으로는 재산형의 일종으로 보는 것이 타당하나, 실질적으로 몰수대상의 특성에 따라서는 범죄반복의 위험성을 예방하고 범인에게 불법이득을 금지하려는 목적에서 부과되는 대물적 보안처분의 성격도 있음을 인정하는 것이 타당하다. 다만 특별법상의 몰수는 형법의 몰수와는 그 목적과 성질을 달리하는 것이라고 해석할 수 있다고 해야 한다. 그러나 몰수를 재산형으로 파악하든 보안처분으로 파악하든 특별법의 성격에 따라 변형해서 파악하든 중요한 것은 대상자의 재산권을 침해하는 점에 있어서는 본질이 변하는 것이 아니므로 죄형법정주의의 원칙은 적용되어야 할 것이다.[12]

나. 일반적 추징

추징이란 몰수대상물의 전부 또는 일부를 몰수하기 불능한 때에 몰수에 갈음하여 그 가액의 납부를 명하는 부수처분이다(형법 제48조 제2항).

이러한 추징은 몰수 대상물의 전부 또는 일부를 몰수하기 불능한 때에 몰수에 갈음하여 그 가액의 납부를 명령하는 사법처분으로서 형벌이 아니다. 하지만 추징은 몰수의 취지를 관철하기 위하여 인정된 제도라는 측면에서 부가형의 성질을 가진다.

대법원은 1심에서 선고하지 않은 추징을 항소심에서 선고하면 불이익변경금지원칙에 위배된다[13]고 하고 있는데 이 역시 추징은 형벌

판결; 대법원 1996. 11. 29. 선고 96도2490 판결; 대법원 1999. 4. 9. 선고 98도 4374 판결.

12) 노수환, "외국환거래법상 필요적 몰수·추징 규정에 관한 몇 가지 고찰", 성균관법학 제29권 제2호, 2017. 6, 161면; 이상원, "몰수의 법적성격", 비교형사법연구 제6권 제2호, 2004, 255~256면.

13) 대법원 1961. 11. 9. 선고 4292형상572 판결.

적 성격을 갖는 것으로 보고 있는 것이다. 따라서 재판실무상 추징은 실질적으로 형에 준하여 평가되고 있다고 한다.14)

2. 외국환거래법상 징벌적 몰수·추징

가. 징벌적 몰수·추징의 법적 성격

징벌적 몰수·추징에 대하여 보안처분적 성격을 갖는다는 견해는 징벌적 추징이 범죄로 인한 이익을 박탈하여 범인이 부정한 이익을 보유하지 못하게 함으로써 범죄반복의 위험을 예방하려는 목적을 가지기 때문에 보안처분적 성격이 강하다고 한다.15) 그러나 이 견해에 대하여는 범죄반복의 위험에 대한 구체적 판단 없이 막연한 위험을 근거로 보안처분을 확장하여 법질서에 적대적인 이유로 처벌하는 것과 같은 결과가 되는 점, 범죄제공물건이 멸실된 경우에는 물건 자체의 위험성도 없고, 범인이 범죄제공물건으로부터 부정한 이득을 취득한 바도 없기 때문에 재범의 위험성이 없다고 해야 함에도 불구하고 이런 경우까지 재범의 위험성을 인정하는 점에서 타당하지 않다.16)

이에 대하여 징벌적 추징이 재산형적 성격을 갖는다는 견해는 징벌적 추징이 범죄로 이익을 얻지 못한 범인의 일반재산에까지 추급하여 추징함으로써 범인에게 경제적 손해를 준다는 점에서 벌금형과 유사하기 때문에 재산형적 성격이 강하다고 한다.17) 이는 징벌적 몰수·추징이 '강력한' 일반예방적 효과를 목표로 함으로서 일반적 이익박탈에 그쳐서 '단순한' 일반예방적 효과를 목적으로 하는 일반적 몰수·추징과 구분될 수 있다. 이 때문에 징벌적 추징은 재산형적 성격이 강하다고 해야 한다.

---

14) 노수환, 앞의 논문, 161면.
15) 서보학, "공범간에 취득한 이익이 다른 경우의 추징방법", 형사판례연구 제8권, 2000, 189~194면. 정확히는 징벌적 추징이 책임주의원칙과 관련하여 가져야할 법적 성격을 설명하고 있다.
16) 홍찬기, "징벌적 추징의 문제점과 개선방향", 법학논총 제37권 제4호, 2013. 12, 단국대학교 법학연구소, 709면.
17) 김대휘, "징벌적 추징에 관하여", 형사판례연구 제8권, 2000, 163면.

이에 따라 징벌을 정의하면 '징벌'은 벌금형 또는 재산형을 말하고, 징벌의 범죄억지적 성격은 재산형의 일반예방적 효과에 따른 범죄억지적 성격을 말한다. 따라서 징벌적 추징은 벌금형적 성격 또는 재산형적 성격을 갖는 범죄억지적 사법처분이라고 해야 한다. 그리고 징벌적 추징은 범인의 일반재산에 대한 침해를 수반하는 점에서 원상회복적 성격을 갖는 이익박탈적 추징보다 형사법의 일반원칙인 죄형법정주의원칙과 책임주의원칙이 엄격하게 준수되어야 할 필요가 있다.[18]

나. 외국환거래법상 징벌적 몰수 · 추징

1) 징벌적 몰수 · 추징을 인정하는 견해

[관련판결]에서 대법원 다수의견은 구 외국환관리법의 몰수 · 추징은 '징벌적 몰수 · 추징'이라고 하면서 그 근거로 구 외국환관리법 제33조의 규정(현재 외국환거래법 제30조)과 구 외국환관리법 제1조(현재 외국환거래법 제1조)의 입법목적을 제시하고 있다. 구 외국환관리법 제33조는 "제30조 내지 제32조의 각 호의 1에 해당되는 자가 당해 행위로 인하여 취득한 외국환 기타 증권, 귀금속, 부동산 및 내국지급수단은 이를 몰수하며, 이를 몰수할 수 없을 때에는 그 가액을 추징한다."고 규정하고 있고, 구 외국환관리법 제1조는 "이 법은 외국환과 그 거래 기타 대외거래를 합리적으로 조정 또는 관리함으로써 대외거래의 원활화를 기하고 국제수지의 균형과 통화가치의 안정을 도모하여 국민경제의 건전한 발전에 이바지함을 목적으로 한다."고 규정하고 있다.

2) 징벌적 몰수 · 추징을 부정하는 견해

[관련판결]의 반대의견은 "……다수의견이 외국환관리법의 입법목적까지를 고려하여 그 추징에 징벌적 제재의 성격을 강조하는 이유는, 외국환관리법위반 사범의 단속과 일반 예방의 철저를 기하기 위한 것으로 보여 타당한 면이 없지 아니하다. 그러나 외국환관리법위반 사범의 단속과 일반예방의 철저를 기할 필요가 있다면 그것은 주형을 엄

---

18) 홍찬기, 앞의 논문, 710면.

하게 하여 그 목적을 달성해야 할 것이지, 부가형인 몰수에 대한 환형처분에 불과한 추징으로 이를 달성하려고 할 것은 아니라고 생각될 뿐만 아니라, 이는 추징의 본질이나 보충성에 비추어 보더라도 그 한계를 벗어나는 것이라고 하지 않을 수 없다. …… 따라서 외국환관리법상의 추징을 공동연대 추징으로 보는 것은 타당하지 아니하므로 …… 다만 외국환관리법상의 추징이 외국환 등의 취득에 소요된 비용 내지 대가의 유무·다과를 고려함이 없이 그 가액 전부를 추징한다는 점에서 그 성격이 이익박탈적이기보다는 징벌적이라고 볼 여지가 없지 아니하나,[19] 그렇다고 하여 관련 규정의 문언과 공동연대 추징의 문제점 등에도 불구하고 굳이 외국환관리법위반의 경우에까지 공동연대 추징의 유추해석을 도출하는 것은 죄형법정주의 원칙에 위배된다고 하지 않을 수 없다."라고 하면서 외국환관리법상의 몰수·추징에 대하여 징벌적 성격을 부정하고 있다.

3) 검 토

[관련판결]의 다수의견은 구 외국환관리법상 추징의 징벌적 성격을 구 외국환관리법[20]의 입법목적 및 추징규정의 형식에서 찾고 있다.

현재의 외국환거래법 제1조는 "이 법은 외국환거래와 그 밖의 대외거래의 자유를 보장하고 시장기능을 활성화하여 대외거래의 원활화 및 국제수지의 균형과 통화가치의 안정을 도모함으로써 국민경제의 건전한 발전에 이바지함을 목적으로 한다."고 있다. 그리고 외국환거래법 제30조는 "제27조 제1항 각 호, 제27조의2 제1항 각 호 또는 제29조 제1항 각 호의 어느 하나에 해당하는 자가 해당 행위를 하여 취득한 외국환이나 그 밖에 증권, 귀금속, 부동산 및 내국지급수단은 몰수

---

19) 대법원 소수의견의 이러한 견해를 징벌적 몰수·추징을 인정하는 근거로 할 수도 있을 것이다. 즉 외국환거래법이 총액주의를 취하기 때문에 외국환거래법상 추징이 징벌적 성격을 갖는다고 하는 견해가 있다(서보학, 앞의 논문, 193면). 그러나 범죄수익은닉의 규제 및 처벌 등에 관한 법률 제10조의 범죄수익 추징에 대해 대법원은 총액주의를 취하고 있지만, 일반적 추징으로 파악하고 개별추징을 원칙으로 하고 있기 때문에 타당한 견해라고 할 수 없다.

20) 현재는 법률명이 '외국환거래법'으로 변경되었음.

하며, 몰수할 수 없는 경우에는 그 가액을 추징한다.”고 규정하고 있다.

　　그런데 이와 비슷한 입법목적과 추징규정을 두고 있는 것으로 특정범죄 가중처벌 등에 관한 법률(이하 ‘특가법’이라고 함)이 있다. 특가법 제1조는 “형법, 관세법, 조세범 처벌법, 지방세기본법, 산림자원의 조성 및 관리에 관한 법률 및 마약류관리에 관한 법률에 규정된 특정범죄에 대한 가중처벌 등을 규정함으로써 건전한 사회질서의 유지와 국민경제의 발전에 이바지함을 목적으로 한다.”고, 특가법 제13조는 “알선수재(제3조) 또는 외국인을 위한 탈법행위(제12조)의 죄를 범하여 범인이 취득한 해당 재산은 몰수하며, 몰수할 수 없을 때에는 그 가액을 추징(追徵)한다”고 규정하고 있다.

　　이상의 두 법률의 입법목적과 추징규정을 비교해보면 내용 및 형식이 거의 같다고 할 수 있다. 그러나 대법원은 특가법의 추징규정에 대하여는 이익박탈적 성격을 갖는 일반적 추징이라고 하고 있다.21)

　　그러나 [관련판결]에서 대법원 다수의견과 같이 특별법의 입법목적에서 징벌적 몰수·추징의 근거를 찾는 것은 타당하다고 할 수 없다. 왜냐하면 일반적·추상적인 문구로 이루어진 특별법의 입법목적에서 형법상의 몰수·추징과 다른 성격을 갖는 징벌적 몰수·추징의 특징을 나타내는 어떠한 근거도 찾을 수 없기 때문이다.22) 또한 이러한 다수의견에 대하여는 범죄에 대한 엄격한 처벌이라는 목적을 우선시하여 본질적으로 같은 것을 다르게 판단한 것으로서 유추해석금지원칙 위반 및 명확성의 원칙에 위반된다고 할 수 있다.23)

　　결국 외국환거래법상 추징은 추징규정의 형식, 입법목적에서 이익박탈적 성격을 갖는 일반적 추징과 크게 다르지 않기 때문에 외국환거래법상 추징은 이익박탈적 성격을 갖는 일반적 추징으로 보아야 하고, 외국환거래법상 추징에 대해 징벌적 성격을 인정하는 것은 유추

---

21) 대법원 1999. 6. 25. 선고 99도1900 판결.
22) 같은 견해로는 노수환, 앞의 논문, 165면.
23) 김대휘, 앞의 논문, 172면; 서보학, 앞의 논문, 188~192면; 홍찬기, 앞의 논문, 725면.

해석금지원칙과 명확성원칙을 위반하는 것이 된다. 따라서 외국환거래법상 추징에 대해 징벌적 성격을 인정하는 대법원의 견해는 타당하지 않다고 판단된다.

Ⅲ. 외국환거래법상 공동연대추징의 문제점

1. 공동연대추징을 긍정하는 견해

[관련판결]의 다수의견은 "여러 사람이 공모하여 범칙행위를 한 경우 몰수대상인 외국환 등을 몰수할 수 없을 때에는 각 범칙자 전원에 대하여 그 취득한 외국환 등의 가액 전부의 추징을 명하여야 하고, 그 중 한 사람이 추징금 전액을 납부하였을 때에는 다른 사람은 추징의 집행을 면할 것이나, 그 일부라도 납부되지 아니하였을 때에는 그 범위 내에서 각 범칙자는 추징의 집행을 면할 수 없다고 해석하여야 할 것이다"고 하여 외국환거래법상의 추징방법으로 공동연대추징을 인정하고 있다. 이와 관련하여 국가 및 사회적 영향이 중대한 특별법 위반 범죄가 늘어나고 있어 이에 대한 예방조치가 필요한 상황이지만 이에 대한 적발이 어렵고 또한 적발하더라도 본범과 공범간 역할분담이나 이득분배내용을 밝히는 것이 쉽지 않기 때문에 각 특별법에 별도로 추징액 산정방법을 규정하지 않는 한 공동연대추징을 두는 것은 불가피하다고 한다.[24] 또한 일부 견해는 징벌적 추징의 특성을 반영한다면 공범자 각자에게 중첩적으로 전액을 추징하는 것이 논리에 부합되므로 외국환거래법의 추징에 대하여 공동연대추징을 긍정하고 있다.[25]

---

24) 이영한, "징벌적 개념의 몰수·추징에 대한 몇 가지 문제", 재판실무연구, 광주고등법원 2005, 132~133면.
25) 황일호, "징벌적 몰수·추징의 법적 문제", 중앙법학 제10권 제2호, 2008. 8, 122면.

2. 공동연대추징을 부정하는 견해

[관련판결]의 반대의견은 "다수의견에 따르면, 공동연대 추징을 선고받은 공범 중 1인에 대하여 추징이 집행되면 그 범위 내에서 나머지 범인들은 집행을 면하게 된다는 것이지만, 이는 추징의 징벌적 성격을 강조하는 다수의견의 기본입장과 논리가 일관되지 아니한다. 즉, 외국환관리법상의 추징에 대하여 징벌적 성격이 있다고 보는 이상 모든 공범들에 대하여 그 가액의 전액을 추징하는 것으로 보아야 논리적으로 일관되기 때문이다.

그리고 위와 같이 추징을 집행하게 되면 추징에 대한 선고와 집행이 분리되어 몰수대상 물건에 대하여 소유권 등 아무런 권리도 가진 바 없는 공범이 그 전액의 추징을 당하거나, 반대로 몰수대상 물건에 관하여 처분의 이익을 누린 주범 등이 추징의 집행을 면할 수도 있게 되는바, 이는 형벌개별화의 원칙에 반하게 되어 부당하다고 아니할 수 없다.

뿐만 아니라 다수의견에 따르면, 예컨대, 공범 중 1인이 먼저 재판을 받게 된 경우 기소되지 아니한 다른 공범이 소유 보관하는 것이 확실한데도 몰수대상 물건이 압수되어 있지 아니한 때에는 먼저 재판을 받고 있는 자에게 추징을 선고할 수밖에 없게 되는데, 이 또한 부당한 결론임이 분명하다.

따라서 외국환관리법상의 추징을 공동연대 추징으로 보는 것은 타당하지 아니하다."고 하여 외국환거래법상의 추징방법으로 공동연대추징을 반대하고 있다.

또한 일부 견해는 특별법상 추징에 대해 징벌적 성격을 인정하고 이에 대해 사법상의 부진정연대책임과 비슷한 성격을 부여하는 것은 불법은 공동귀속이 가능하더라도 책임은 개별귀속하는 형사법의 일반원칙에 반한다고 비판하면서, 이는 마치 범행에 관여한 두 사람이 모두 사형판결을 받았는데 한 사람에 대하여 먼저 사형이 집행되면 나

머지 한 사람은 사형집행을 면할 수 있는 논리와 유사하다고 한다.[26]

3. 검 토

대법원은 이미 일반 형법상 몰수·추징에 관하여 개별추징의 원칙을 선언하면서 몰수대상물의 취득자로부터 몰수할 수 없는 경우에 그 몰수대상물건의 취득자였던 사람으로부터 환형처분으로 추징을 할 수 있다고 하고 있다. 그런데 특별한 규정이 없음에도 형사정책적인 필요나 처벌의 필요성만을 고려하여 몰수대상 물건을 취득한 바가 전혀 없는 공범자로부터 몰수대상물건의 가액 전부를 공동연대 추징할 수 있다고 해석하는 것은 형벌법규의 명확성의 원칙을 저버리고 문리와 다르게 확장해석 한 것이라고 하지 않을 수 없다.[27]

따라서 외국환관리법상의 몰수·추징 규정은 '이익박탈적'인지, '징벌적'인지의 여부와 상관없이 형법상의 일반적인 몰수·추징과 다르게 해석할 필요가 없으므로, 특별한 사정이 없는 한 개별적으로 몰수·추징하여야 한다. [관련판결]의 다수의견과 같이 필요적 몰수·추징 규정을 해석, 적용하는 데 있어서 '징벌적'이라는 개념을 사용할 필요는 없으며, 각각의 개별 법률의 구체적인 규정 내용에 따라서 일반 형법상의 몰수·추징과 동일한 견지에서 해석하여야 할 것이다.[28]

Ⅳ. [대상판결] 사안의 검토 ─ 외국환거래법상의 추징에 대하여 견해를 변경한 것인가? ─

[대상판결]에서는 외국환거래법상의 추징이 형법상의 일반적 추징인지, 아니면 징벌적 성격을 갖는 추징인지에 대하여는 언급하지 않았으므로 외국환거래법상의 추징이 징벌적 추징이라는 [관련판결]의 견

---

26) 서보학, 앞의 논문, 194면.
27) 노수환, 앞의 논문, 166면.
28) 노수환, 앞의 논문, 170면.

해는 유지되는 것으로 판단된다. 그러나 [관련판결]의 다수의견이 제시하였듯이 외국환거래법에 의하여 추징을 할 때에는 공동연대추징을 하여야 한다는 견해는 변경된 것으로 해석될 여지가 있다.

즉 [관련판결]은 "여러 사람이 공모하여 범칙행위를 한 경우 몰수대상인 외국환 등을 몰수할 수 없을 때에는 각 범칙자 전원에 대하여 그 취득한 외국환 등의 가액 전부의 추징을 명하여야 하고, 그 중 한 사람이 추징금 전액을 납부하였을 때에는 다른 사람은 추징의 집행을 면할 것이나, 그 일부라도 납부되지 아니하였을 때에는 그 범위 내에서 각 범칙자는 추징의 집행을 면할 수 없다."고 하였으며, 이에 따른다면 [대상판결]에서는 제1심과 제2심이 유지한 결론이 타당하다고 할 것이다.

왜냐하면 A(피고인)는 甲 재단법인의 사무총장으로서 법인 기관의 지위에 있지 않다고 하더라도 외국환거래법상의 자본거래에 관한 신고의무를 부담하는 '법인 명의의 금전대차계약을 주도한 사람'에 해당하므로 그 신고의무 위반에 따른 책임을 지게 된다. 물론 甲 재단법인은 외국환거래법 제31조의 양벌규정29)에 의하여 벌금형의 책임을 지며, 또한 외국환거래법 제30조의 몰수·추징 규정도 적용되어 법인으로부터 당해 외국환 등을 몰수·추징할 수 있다.30) 결국 A와 甲 재단법인은 공동의 범칙자가 되기 때문에 A와 甲 재단법인은 공동연대추징의 대상자가 되기 때문이다.

그러나 [대상판결]에서는 "외국환거래법 제30조가 규정하는 몰수·추징의 대상은 범인이 해당 행위로 인하여 취득한 외국환 기타 지급

---

29) 외국환거래법 제31조(양벌규정) 법인의 대표자나 법인 또는 개인의 대리인, 사용인, 그 밖의 종업원이 그 법인 또는 개인의 재산 또는 업무에 관하여 제27조, 제27조의2, 제28조 및 제29조의 어느 하나에 해당하는 위반행위를 하면 그 행위자를 벌하는 외에 그 법인 또는 개인에게도 해당 조문의 벌금형을 과(科)한다. 다만, 법인 또는 개인이 그 위반행위를 방지하기 위하여 해당 재산 또는 업무에 관하여 상당한 주의와 감독을 게을리하지 아니한 경우에는 그러하지 아니하다. <개정 2017.1.17.>[전문개정 2009.1.30.]

30) 이러한 견해에 대하여 자세한 논증은 노수환, 앞의 논문, 171-172면 참조.

수단 등을 뜻하고, 이는 범인이 외국환거래법에서 규제하는 행위로 인하여 취득한 외국환 등이 있을 때 이를 몰수하거나 추징한다는 취지로서, 여기서 취득이란 해당 범죄행위로 인하여 결과적으로 이를 취득한 때를 말한다고 제한적으로 해석함이 타당하다."고 하여 A에 대한 추징을 인정하지 아니하였다. 즉 외국환 등을 취득한 것은 A가 아니라, 甲 재단법인이므로 추징의 대상은 甲 재단법인만으로 한정된다는 것이다.

이러한 결과는 [관련판결]의 반대의견이 외국환거래법상의 추징에 대한 공동연대추징을 부정하고 제시하였던 해석방법과 동일한 것이다. 즉 [관련판결]의 반대의견은 "외국환관리법상의 추징을 공동연대추징으로 보는 것은 타당하지 아니하므로 다음과 같이 해석하여야 한다고 생각한다.

외국환관리법 제33조는 '제30조 내지 제33조의 각 호의 1에 해당되는 자가 당해 행위로 인하여 취득한 외국환 기타 증권, 귀금속, 부동산 및 내국지급수단은 이를 몰수하며, 이를 몰수할 수 없을 때에는 그 가액을 추징한다.'고 규정하고 있는바, 이를 몰수·추징에 관한 일반규정인 형법 제48조와 대비해 보면, 몰수의 대상을 형법 제48조 제1항 제2호 후단의 '범죄행위로 인하여 취득한 물건'만으로 한정하는 한편, 이를 필요적인 것으로 규정하고 있다. 그리고 아래에서 보는 바와 같이 관세법과[31] 달리 몰수와 추징에 관하여 그 대상자를 하나의 조

---

31) [관련판결]이 제시하는 관세법상의 추징은 다음과 같은 특징이 있다.
　첫째, 관세법은 범인이 소유하는 범칙물건뿐만 아니라 점유하는 범칙물건에 대해서도 필요적으로 몰수·추징하되, 추징의 대상자를 포괄적으로 별도 규정하여(제198조 제2항, 제3항), 범인이 그 물건의 가액에 상당하는 이익을 보유한 소유자가 아니고 단지 이를 소지함에 불과한 자라고 하더라도, 몰수불능시 그 가액으로서 일률적으로 범칙 당시의 국내 도매가격에 상당한 금액을 추징하도록 하고 있다. 그뿐만 아니라 관세법은 수출입 금지물품을 수입 또는 수출한 경우에는 범인의 소유 또는 점유 여부를 불문하고 필요적으로 몰수·추징하도록 규정하고 있다(제198조 제1항, 제3항, 제179조 제1항).
　둘째, 관세법은 예비를 한 자와 미수범을 기수범에 준하여 처벌한다고 규정하여(제182조 제2항), 범칙행위를 완성하지 못하여 아무런 이익을 실현하지

문에 동일하게 규정하고 있다. 따라서 외국환관리법 제33조의 몰수·
추징에 관한 규정을 문리에 따라 해석하여 보면, 몰수의 대상이 된 외
국환 등을 '취득한 사람'만이 추징의 대상자가 되는 것으로 해석함이
마땅하다. 예를 들면, 공범 甲, 乙, 丙 중에서 甲이 외국환 등을 전부
취득하여 소지하고 있은 경우에는 甲으로부터 그 외국환 등을 몰수하
여야 하고, 그 외국환 등을 몰수할 수 없을 때에는 그 외국환 등의 취
득자인 甲만이 추징의 대상자가 될 뿐이다."라고 하였다.

결국 [대상판결]의 결론이 외국환거래법의 추징에 있어서는 공동
연대추징을 부정하고 일반적 추징의 해석론에 따른 것이라면, 타당한
것이라고 할 수 있다. 그러나 기존에 공동연대추징을 유지하면서 단지
외국환거래법 제30조 '취득'의 해석을 제한적인 것으로 한 것이라면,
예를 들어 공범 甲, 乙, 丙, 丁이 외국환거래법상 자본거래의 신고의무
를 위반하였고, 이에 따라 甲과 乙만이 외국환 등을 취득하였고 丙과
丁은 결과적으로 취득한 외국환이 없다면, 甲과 乙 사이에서는 역시
공동연대추징을 인정하게 될 것이고, 이에 대하여는 앞서 언급한 공동
연대추징의 문제점에 대한 비판이 그대로 타당하다고 할 것이다.

못한 자로부터도 기수범과 마찬가지로 범칙물건의 몰수불능시 추징하도록 하
고 있다(대법원 1990. 8. 28. 선고 90도1576 판결, 1996. 10. 11. 선고 96도1999
판결 등 참조).
셋째, 관세법은 범칙물건을 운반·보관·알선·감정한 자에 대하여도 필요적
으로 몰수·추징하도록 규정하여(제198조 제2항, 제3항, 제186조), 처음부터 범
칙물건의 취득과는 관계없이 단지 그 유통 단계에 관여함에 불과한 경우에도
몰수불능시 그 가액 상당을 추징하도록 하고 있다.

[주 제 어]

몰수, 추징, 징벌적 추징, 공동연대추징, 외국환거래법

[Key words]

Forfeiture, Confiscation, Disciplinary confiscation, Collective responsibility of confiscation, Foreign Exchange Transactions Act

접수일자: 2018. 5. 11. 심사일자: 2018. 5. 31. 게재확정일자: 2018. 6. 5.

[참고문헌]

김대휘, "징벌적 추징에 관하여", 형사판례연구 제8권, 2000.

김성돈, 형법총론(제5판), 성균관대학교 출판부, 2018.

김일수/서보학, 새로 쓴 형법총론(제12판), 박영사, 2014.

노수환, "외국환거래법상 필요적 몰수·추징 규정에 관한 몇 가지 고찰", 성균관법학 제29권 제2호, 2017. 6.

박상기, 형법총론(제9판), 박영사, 2012.

서보학, "공범간에 취득한 이익이 다른 경우의 추징방법", 형사판례연구 제8권, 2000.

오영근, 형법총론(제4판), 박영사, 2018.

이상원, "몰수의 법적성격", 비교형사법연구 제6권 제2호, 2004.

이영한, "징벌적 개념의 몰수·추징에 대한 몇 가지 문제", 재판실무연구, 광주고등법원 2005.

이재상/장영민/강동범, 형법총론(제9판), 박영사, 2017.

정성근/박광민, 형법총론(전정2판), 성균관대학교 출판부, 2015.

황일호, "징벌적 몰수·추징의 법적 문제", 중앙법학 제10권 제2호, 2008. 8.

홍찬기, "징벌적 추징의 문제점과 개선방향", 법학논총 제37권 제4호, 2013. 12, 단국대학교 법학연구소.

[Abstract]

A Critical Review on disciplinary confiscation in Foreign Exchange Transactions Act

Kim, Dae-Won*

Forfeiture is a property punishment that deprives a crime-related property for the purpose of preventing the repetition of a crime or preventing it from profiting from the crime. In addition, Confiscation is a Judicial disposition to pay for the whole or part of the forfeitured object if it can not be forfeitured.

Article 48 of the Korean Penal Code stipulates forfeiture and confiscation, and stipulates arbitrary. However, Article 134 of the Criminal Code (money to be paid to a bribe or bribe received by a criminal or a third person who knows the criminal in bribery), Article 206 of the Criminal Code (opium, opium, morphine), Article 357 (3) of the Penal Code (the property acquired by the criminal) and many special laws require forfeiture and confiscation as essential.

In regard to such general forfeiture and confiscation, the Supreme Court refers to the forfeiture and confiscation in some special act as 'disciplinary forfeiture and confiscation' for the purpose of punishing without aiming at the deprivation of profits in light of the purpose of the legislation and the purpose of the legislation. and in the case of 'disciplinary forfeiture and confiscation', it acknowledges the collective responsibility of confiscation.

In this article, I will review critically on what the Supreme Court has called 'disciplinary confiscation' for the forfeiture and confiscation of foreign exchange transaction act, and examine the problems of collective responsibility of confiscation.

* Invited professor, School of Law, Sungkyunkwan University, Ph.D in Law.

교통사고처리 특례법상
처벌특례의 인적 적용범위

이 주 원*

[대상판결] 대법원 2017. 5. 31. 선고 2016도21034 판결[업무상과실치상]

[사실관계]1)

피고인(甲) 서△△은 주식회사 △△의 작업팀장으로 오리의 상하차 업무를 담당하는 사람이고, 피고인(乙) 김○○는 전북 ○○사○○○○ 4.5톤 트럭의 운전업무에 종사하는 사람이다.

"乙은 2015. 5. 12. 04:15경 위 트럭을 운전하여 피해자 김ㅁㅁ가 운영하는 오리농장 축사 5동 앞에서 위 트럭 적재함에 고박된 케이지에 오리를 상차한 후 다시 추가로 오리를 상차하기 위하여 차량을 축사 4동 앞으로 10m 정도 이동하여 정차한 다음 아직 차량의 시동을 끄지 아니한 채 운전석에 앉아 있었는데, 차량의 좌우가 경사진 곳에 정차한 것이 원인이 되어 케이지의 고박이 풀려 넘어지면서 위 차량 앞으로 다가서던 피해자의 하반신 위로 떨어지게 하여 피해자에게 약 8주간의 치료가 필요한 다발성 갈비뼈 골절 등의 상해를 입게 하였다."

---

* 고려대학교 법학전문대학원 교수.
1) 제2심(광주지방법원 2016. 11. 29. 선고 2016노741 판결)이 인정한 사실관계이다.

[공소사실의 요지]

피고인들은 2015. 5. 12. 04:15경 전남 ㅁㅁ군 ㅁㅁ면 ㅁㅁ로 ㅁㅁ
에 있는 피해자 김ㅁㅁ가 운영하는 ㅁㅁ농장 내 공터에서 피해자가
사육한 오리를 위 트럭 적재함의 오리케이지에 상차하는 작업을 하게
되었다.

그곳은 경사진 공터이었으므로, 트럭을 정차하고 오리의 상차작
업을 진행함에 있어서는 오리케이지를 고정하는 줄을 제대로 고정하
고, 오리케이지가 넘어지는 경우를 대비하여 주변에 사람이 가까이 오
지 않도록 하는 등 안전하게 작업을 진행하여야 할 업무상 주의의무
가 있었다.

피고인 乙은 경사진 곳에 트럭을 정차하여 오리케이지가 기울어
지게 하고, 피고인 甲은 트럭이 경사진 곳에 정차하였음에도 트럭을
안전한 장소로 이동하게 하거나 오리케이지를 고정하는 줄이 풀어지
지 않도록 필요한 조치를 하지 아니한 채 오리 상차작업을 진행하게
하였다.

피고인들은 공동하여 위와 같은 업무상 과실로 오리케이지를 고
정하는 줄이 하중을 이기지 못하고 풀어지면서 오리케이지를 트럭 왼
쪽에서 오리를 수거하고 있던 피해자의 하반신 위로 떨어지게 하여
피해자에게 약 8주간의 치료가 필요한 갈비뼈 골절 등의 상해를 입게
하였다.

[사건의 경과]

(1) 검사는 피고인들을 업무상과실치상죄(형법 제268조)의 공동정
범으로 공소제기하였다.

제1심(광주지방법원 목포지원 2016. 2. 15. 선고 2015고단1307 판결)은,
"이 사건 사고는 교통사고처리 특례법 제2조 제2호에서 정한 교통사
고에 해당하고,[2] 피고인 乙은 트럭의 운전자로서, 피고인 甲은 위 乙

---

2) 원문: "이 사건 사고는 오리 상차 작업을 진행하던 도중 트럭을 약 10m 정도

과 공동하여, 교통사고로 인하여 형법 제268조의 죄를 범하였으므로, 결국 이 사건 공소사실은 교통사고처리 특례법 제3조 제1항, 형법 제268조, 제30조에 해당하는 죄로서, 위 차가 교통사고처리 특례법 제4조 제1항에서 정한 보험에 가입되었다"는 것을 이유로 형사소송법 제327조 제2호에 따라 피고인들에 대한 공소를 각 기각하였다. 즉, ① 이 사건 사고가 교통사고에 해당함을 전제로, 甲과 乙이 <u>교통사고처리특례법위반(제3조 제1항)죄의 공동정범으로 인정한 다음, 위 트럭이 종합보험에 가입되었음을 이유로, 피고인들에 대한 공소를 모두 기각하였다.</u> ② 그러나 <u>교통사고처리특례법위반죄의 공동정범('운전자 아닌' 甲)에 대해서까지 종합보험가입의 특례를 적용하는 근거에 대해서는 언급이 없다.</u>

이에 대해 검사는, "피해자가 상해를 입을 때 트럭은 정차하여 어떤 움직임도 없었고, 오리를 상차하기로 한 상태에서 이를 준비하는 과정에서 케이지가 넘어진 것이므로, 이는 '차가 사람이나 물건의 이동 또는 운송을 하는 상태'라고 보기 어려운 만큼 교통사고처리특례법 소정의 교통사고에 해당하지 아니한다."는 이유로 항소하였다.

(2) 제2심은 제1심과 마찬가지로 "교통사고로 봄이 타당하다."[3]는

이동하여 정차한 다음 1~2분 사이에 발생한 사실, 트럭을 약 10m 정도 이동하여 정차한 다음 이 사건 사고가 발생할 때까지 오리 상차 작업을 하거나 트럭의 적재함에서 어떠한 작업을 하지는 않은 사실, 이 사건 사고가 발생할 당시 피고인 김△△가 시동을 끄지 않은 상태로 트럭의 운전석에 앉아 있었던 사실이 각 인정된다. (중략) 이 사건 사고 당시 상황을 종합하여 볼 때 트럭을 경사진 곳에 정차한 것이 이 사건 사고의 가장 큰 원인이라 할 것이다. 이 사건 사고 당시 트럭이 완전히 정차되어 있었다 하더라도 이 사건 사고는 트럭의 이동과 정차 과정에서 발생한 것으로 교통사고처리 특례법 제2조 제2호에서 정한 교통사고에 해당한다."

3) 원문: "주행 중인 화물자동차의 적재함으로부터 화물이 떨어져 행인이 사상한 경우 운행 중의 교통사고라는 점은 법리상 분명하고, 대법원은 화물차를 주차하고 적재함에 적재된 물건을 운반하던 중 적재된 상자 일부가 떨어지면서 피해자에게 상해를 입힌 경우 교통사고에 해당하지 않아 업무상과실치상죄가 성립한다(대법원 2009. 7. 9. 선고 2009도2390 판결 참조)"고 판시한 적이 있다.

이유로 항소를 기각하였다. '운전자 아닌' 교통사고처리특례법위반죄의 공동정범에 대해 특례를 적용하는 근거에 대해서는 언급이 없다. 이에 대해 검사는 상고하였다.

(3) 대법원은 트럭 운전자인 乙에 대해서는 "이 사건 사고가 교통사고에 해당한다고 보아 특례법 제4조 제1항을 적용하여 공소를 기각한 제1심 판결과 이를 유지한 원심의 결론은 위법이 없다"는 이유로 상고를 기각하였으나, 작업팀장 甲에 대해서는 "교특법이 적용되는 운전자라 할 수 없다."는 이유로 원심판결 및 제1심판결 중 피고인 甲에 대한 부분을 파기하고 제1심 법원에 환송하였다.

(4) 환송 후 제1심(광주지방법원 목포지원 2017. 8. 10. 선고 2017고단 616 판결: 확정)은, 피고인 甲을 乙과 업무상과실치상죄(형법 제268조)의 공동정범으로 인정한 다음, "피해자의 상해 정도가 중하고 피고인이 피해자와 합의하지 못하였으나, 乙 운전 차량이 자동차종합보험에 가입되어 있고 乙이 피해자와 합의한 점, 사고발생에서 피해자의 과실 등 제반 양형사유를 종합하여", 금고 6월에 집행유예 2년 및 1년간 보호관찰과 80시간의 사회봉사 명령을 선고하였다.

[대법원 판결요지] (피고인 甲에 대한 부분)

"피고인 甲에 대한 이 사건 공소사실은, 피고인 甲이 주식회사 △△의 작업팀장으로서 오리의 상하차 업무를 담당하면서, 애경오리농장 내 공터에서 피해자가 사육한 오리를 피고인 乙이 운전한 트럭 적

결국 이러한 법리를 이 사건 사실관계에 비추어 보면, 피고인 김△△는 차량의 시동을 아직 끄지 않은 상태에서 차량의 문을 열고 밖으로 나오지 않았고, 다만 차량을 정차한 후 상차 작업을 하기 이전 단계의 상태에 있었으므로, 피고인 김△△는 아직 운전 중에 있었다거나 최소한 그와 동일하게 평가할 수 있을 정도로 밀접하게 관련된 행위, 즉 운전에 수반되고 밀접 불가분한 최종 정차 및 시동 소거의 과정에 있었다고 봄이 상당하다. 그리고 이러한 과정에서 피고인 김△△가 평탄한 지형에 정차하지 아니한 과실로 차량의 무게 중심이 한쪽으로 쏠려 케이지의 고박이 풀려 우연히 그곳으로 다가서던 피해자에게 상해를 입힌 만큼 이는 교통사고로 봄이 타당하다."

재함의 오리케이지에 상차하는 작업을 하였는데, 트럭이 경사진 곳에 정차하였음에도 트럭을 안전한 장소로 이동하게 하거나 오리케이지를 고정하는 줄이 풀어지지 않도록 필요한 조치를 하지 아니한 채 작업을 진행하게 한 업무상의 과실로 이 사건 사고가 발생하였다는 것이다.

즉 피고인 甲은 트럭을 운전하지 아니하였을 뿐 아니라 피고인 乙이 속하지 아니한 회사의 작업팀장으로서 위 트럭의 이동·정차를 비롯한 오리의 상하차 업무 전반을 담당하면서 상하차 작업 과정에서 사고가 발생하지 않도록 필요한 조치를 제대로 하지 아니한 업무상의 과실을 이유로 기소되었으므로, 이러한 공소사실이 인정된다면 피고인 甲이 담당하는 업무 및 그에 따른 주의의무와 과실의 내용이 피고인 乙의 경우와 달라 피고인 甲은 특례법이 적용되는 운전자라 할 수 없고 형법 제268조에서 정한 업무상과실치상의 죄책을 진다.”

Ⅰ. 들어가는 말

교통사고처리 특례법(이하 '교특법'이라고만 한다) 제1조는 “업무상 과실 또는 중대한 과실로 교통사고를 일으킨 운전자에 관한 형사처벌 등의 특례를 정함으로써 교통사고로 인한 피해의 신속한 회복을 촉진하고 국민생활의 편익을 증진함을 목적으로 한다.”고 규정하고 있다. 그리고 교특법 제3조 제1항은 “차의 운전자가 교통사고로 인하여 「형법」 제268조의 죄를 범한 경우에는 5년 이하의 금고 또는 2천만원 이하의 벌금에 처한다.”고 규정하고 있다. 한편, 교특법은 그 처벌특례와 관련하여, 제3조 제2항 본문에서 “차의 교통으로 제1항의 죄 중 업무상과실치상죄 또는 중과실치상죄와 「도로교통법」 제151조의 죄를 범한 '운전자에 대하여는' 피해자의 명시적인 의사에 반하여 공소를 제기할 수 없다.”고 규정하고, 제4조 제1항 본문에서 차의 교통으로 업무상과실치상죄 등을 범하였을 때 “교통사고를 일으킨 차가 교특법 제4조 제1항에서 정한 보험 또는 공제에 가입된 경우에는 그 차의 '운전자에 대하여' 공소를 제기할 수 없다."고 규정하고 있다. 따라서 교특법 제3조 제2항 본문과 제4조 제1항 본문은 차의 운전자에 대한 소송조건 내지 공소제기의 조건을 규정한 것이다.[4]

대상판결에서 피고인 乙은 해당 트럭의 운전자이므로 교특법 제3조 제1항 본문 및 제4조 제1항 본문에 규정된 '운전자'에 해당함은 이론의 여지가 없으나, 피고인 甲은 '운전자 아닌 자'에 해당한다. 대상판결의 제1심 판결은 위 트럭의 '운전자 아닌' 피고인 甲을 乙과 함께 교특법위반죄의 공동정범으로 인정한 다음 제4조 제1항 본문의 종합보험가입 특례를 적용하였고, 그 항소심도 이를 수긍하였다. 그러나 대법원은 이와 달리 甲에 대해서는 "교특법이 적용되는 운전자라 할 수 없다."는 이유로 제4조 제1항의 특례 적용을 부인하였고, 최종적으로 환송후 제1심 판결은 피고인 甲을 乙과 함께 업무상과실치상죄의 공동정범으로 인정한 다음 제4조 제1항 본문의 특례 적용을 부인하였으며, 위 판결은 그대로 확정되었다.

대상판결은 교특법상 처벌특례(특히 종합보험가입 특례)의 인적 적용범위에 대해 명시적·직접적으로 판시한 최초의 판결이라는 점에서 그 의미가 적지 않다. 특히 과실범의 공동정범을 인정하는 판례의 입장을 감안한다면, 이 기회에 그 인적 적용범위에 관한 제반 쟁점들의 심층적 분석 또한 전체적·망라적으로 함께 수행될 필요가 있다.

따라서 이하에서는 교특법위반죄의 법적 성격(Ⅱ), 운전과 관련된 과실범의 공동정범의 문제(Ⅲ)를 필요한 범위 내에서 간략히 고찰하고, 교특법상 처벌특례의 인적 적용범위와 관련하여, 처벌특례의 비운전자에 대한 적용 여부의 문제(Ⅳ)를 다양한 공동정범 유형을 감안하여

---

4) 형법상 업무상과실치상죄에 대해 반의사불벌칙 특례를 규정한 특별법으로는 이와 같이 교통사고로 인하여 업무상과실치상죄를 범한 차의 운전자에 대한 교특법 이외에도, 의료사고로 인하여 업무상과실치상죄를 범한 보건의료인에 대해서는 "의료사고 피해구제 및 의료분쟁 조정 등에 관한 법률"(2011.4.7. 제정)이 있다. 즉, 한국의료분쟁조정중재원에서 조정이 성립하거나 조정절차 중 합의로 조정조서가 작성된 경우 또는 중재절차 중 화해중재판정서가 작성된 경우 피해자의 명시한 의사에 반하여 공소를 제기할 수 없다(제51조 ①·②항).

분석한 다음, 이어서 대상판결에 대한 검토(V)를 진행하기로 한다.

Ⅱ. 교특법위반죄의 법적 성격

교특법 제3조 제1항은 형법 제268조와 별도로 독자적인 구성요건
과 법정형을 규정한 것으로, "차의 운전자가 교통사고로 인하여 형법
제268조의 죄를 범한 경우에는 5년 이하의 금고 또는 2천만원 이하의
벌금에 처한다."는 내용이다. 즉, 형법 제268조의 죄를 구성요건의 일
부로 규정한 이외에, 그 행위주체를 '차의 운전자'로 한정하고, '교통사
고'를 구성요건의 일부로 추가하여 규정하고 있다. 한편, 행위주체를
'운전자'로 한정하여 규정한 죄형법규로는, 그밖에도 도로교통법(이하
'도교법'이라고만 한다)상 업무상과실 재물손괴죄(151조)⁵⁾를 비롯하여 다
수 존재한다. 예컨대, 교통사고발생시 조치의무 불이행(미조치)죄(제148
조, 제54조 제1항),⁶⁾ 교통사고발생시 신고의무 불이행(미신고)죄(제154조
제4호, 제54조 제2항),⁷⁾ 공동위험행위(제150조 제1호, 제46조),⁸⁾ 안전운전

---

5) **제151조(벌칙)** 차의 운전자가 업무상 필요한 주의를 게을리하거나 중대한 과
   실로 다른 사람의 건조물이나 그 밖의 재물을 손괴한 경우에는 2년 이하의
   금고나 500만원 이하의 벌금에 처한다.

6) **제54조(사고발생시의 조치)** ① 차의 운전 등 교통으로 인하여 사람을 사상하거
   나 물건을 손괴(이하 "교통사고"라 한다)한 경우에는 그 차의 운전자나 그
   밖의 승무원(이하 "운전자등"이라 한다)은 즉시 정차하여 다음 각 호의 조치
   를 하여야 한다. (이하 생략)
   제148조(벌칙) 제54조제1항에 따른 교통사고 발생 시의 조치를 하지 아니한
   사람(주·정차된 차만 손괴한 것이 분명한 경우에 제54조제1항제2호에 따라
   피해자에게 인적 사항을 제공하지 아니한 사람은 제외한다)은 5년 이하의 징
   역이나 1천500만원 이하의 벌금에 처한다. <개정 2016.12.2.>

7) **제54조(사고발생시의 조치)** ② 제1항의 경우 그 차의 운전자등은 경찰공무원이
   현장에 있을 때에는 그 경찰공무원에게, 경찰공무원이 현장에 없을 때에는
   가장 가까운 국가경찰관서(지구대, 파출소 및 출장소를 포함한다. 이하 같다)
   에 다음 각 호의 사항을 지체 없이 신고하여야 한다. 다만, 운행 중인 차만
   손괴된 것이 분명하고 도로에서의 위험방지와 원활한 소통을 위하여 필요한
   조치를 한 경우에는 그러하지 아니하다. (이하생략)
   제154조(벌칙) 다음 각 호의 어느 하나에 해당하는 사람은 30만원 이하의 벌

의무위반죄(제156조 제1호, 제48조 제1항)[9] 등이다.

1. '운전자'의 법적 성격

(1) 신분범

우선 교특법위반죄의 법적 성격과 관련하여 신분범인지 여부, 신분범이라면 진정신분범인지 또는 부진정신분범인지 여부가 문제된다. 이에 대해 상세히 언급한 견해를 찾기는 어렵다. 다만 교특법 제3조 제1항은 행위주체를 '차의 운전자'로 한정하고 있기 때문에 일종의 신분범으로 볼 수 있다는 견해가 있기는 하나,[10] 나아가 구체적으로 진정신분(구성적 신분)인지 부진정신분(가감적 신분)인지 또는 그 근거가 무엇인지 등에 대해서는 역시 특별한 언급이 없다. 두 가지 입론의 여지가 있을 것으로 생각된다.[11]

　　금이나 구류에 처한다.
　　4. 제54조제2항에 따른 사고발생시 조치상황 등의 신고를 하지 아니한 사람
8) **제46조(공동 위험행위의 금지)** ① <u>자동차등의 운전자</u>는 도로에서 2명 이상이 공동으로 2대 이상의 자동차등을 정당한 사유 없이 앞뒤로 또는 좌우로 줄지어 통행하면서 다른 사람에게 위해를 끼치거나 교통상의 위험을 발생하게 하여서는 아니 된다.
　　제150조(벌칙) 다음 각 호의 어느 하나에 해당하는 사람은 2년 이하의 징역이나 500만원 이하의 벌금에 처한다.
　　1. 제46조제1항 또는 제2항을 위반하여 공동 위험행위를 하거나 주도한 사람
9) **제48조(안전운전 및 친환경 경제운전의 의무)** ① 모든 <u>차의 운전자</u>는 차의 조향장치(조향장치)와 제동장치, 그 밖의 장치를 정확하게 조작하여야 하며, 도로의 교통상황과 차의 구조 및 성능에 따라 다른 사람에게 위험과 장해를 주는 속도나 방법으로 운전하여서는 아니 된다.
　　제156조(벌칙) 다음 각 호의 어느 하나에 해당하는 사람은 20만원 이하의 벌금이나 구류 또는 과료에 처한다.
　　1. (생략) 제48조제1항, (중략)을 위반한 차마의 운전자
10) 최석윤, "교통사고처리 특례법에서 교통사고의 의미와 운전자의 범위", 비교형사법연구 제19권 제3호, 한국비교형사법학회, 2017. 10, 73~77면.
11) 차의 운전자가 교통사고로 인하여 '업무상과실치상죄'를 범한 경우를 대상으로 한정하여 상론한다. 즉 중과실의 경우, 업무상과실'치사'의 경우 등은 논증의 집중을 위하여 편의상 본고의 논의에서 이를 제외한다.

1) 부진정신분범설

행위주체인 운전자 자체를 구성적 신분이 아닌 가중적 신분으로 파악하는 입론이 가능하다. 즉, 운전자를 업무자로 파악한다면, 형법상 (단순) 과실치상죄에 대한 관계에서 업무상과실치상죄는 '일종의 신분적 가중범으로서 부진정신분범인 셈'[12]인데, 형법상 업무상과실치상죄와 법정형이 동일한[13] 교특법위반죄 역시 형법상 (단순) 과실치상죄에 대한 관계에서 부진정신분범이 되는 셈이라는 입론이다. 운전은 일반적으로 '업무'와 '운전자'라는 두 구성요건요소를 모두 연결하는 표지인데,[14] 교특법위반죄를 규정한 교특법 제3조 제1항에서도 '운전'은 마찬가지로 '업무'와 '운전자'라는 두 구성요건요소를 모두 연결하는 표지이다. 운전이 업무성(반복·계속성)을 갖는다면 이는 '사회생활상의 지위에서 계속 또는 반복하여 행하는 사무'로서의 업무이므로, 업무상과실치상죄가 된다. 그러나 운전이 업무성을 갖지 않는다면[15] 형법상

---

12) 김일수, 한국형법Ⅲ[각론상], 박영사, 1997, 209면

13) 교특법위반죄의 법정형은, 교특법 제정 당시에는 형법 제268조에 비해 금고형은 같고 벌금형은 그 상한이 더 높게 규정되었으나, 그 후 1995. 12. 29. 형법 개정(법률 제5057호), 1996. 8. 14. 교특법 개정(법률 제5157호)으로 모두 벌금형의 상한이 동일하게 인상됨으로써, 그 법정형과 서로 같게 되어 현재에 이르고 있다.
　교특법위반죄는, 과거 그 법정형이 형법상 업무상과실치상죄에 비하여 더 높게 규정되었을 당시에는 형법상 업무상과실치상죄의 가중적 구성요건으로 해석할 여지가 없지 않았다. 그러나 1996. 8. 14. 교특법 개정 이후 그 법정형이 동일한 현재의 상태에서는, 더이상 형법상 업무상과실치상죄의 가중적 구성요건으로 해석할 여지는 없다. 다만 교특법위반죄의 구성요건은 형법상 업무상과실치상죄의 구성요건과 동일한 요소를 지니고 있는 동시에 다른 관점을 고려하고 있는 부가적 요소(교통 등)를 적어도 한가지 이상 지니고 있는 경우이므로, 특별관계에 있음은 분명하다.

14) 최준혁, "동승자가 특가법상 도주차량죄의 공동정범이 될 수 있는가?－도주차량죄의 구조에 대한 해석론－", 비교형사법연구 제19권 제4호, 한국비교형사법학회, 2018. 1., 45면 참조.

15) 예컨대, 호기심으로 단 1회 운전한 경우(대법원 1966. 5. 31. 선고 66도536 판결), 평소 자전거로 상품을 배달하는 자가 공휴일날 우연히 친구의 승용차를 운전한 경우에는 업무라 할 수 없다(김성돈, 형법각론, 96면).
　한편, 자동차의 경우 면허를 받은 차종과 다른 차종의 차량을 무면허로 운전

(단순) 과실치상죄가 된다는 것이다. 따라서 교특법위반죄의 성립 여부
와 관련하여, 운전자의 운전이 업무성(반복·계속성)을 갖는다면 그 업
무성 때문에 운전자는 신분성을 갖게 되므로, 형법상 (단순) 과실치상
죄에 대한 관계에서 운전자의 '업무자'로서의 신분은 가중적 신분이고,
운전자를 행위주체로 규정한 교특법위반죄는 부진정신분범이 되는 셈
이다. 비록 교특법 제정 이전의 사건이기는 하지만, 판례는 과실범의
공동정범에 대한 대법원 1962. 3. 29. 4294형상598 판결[이른바 '그대로
가자 사건']에서, 운전자는 업무상과실치상죄로, 동승자를 업무상과실
치상죄가 아닌 (단순) 과실치상죄로 처벌한 바 있는데, 이것은 운전자
에 대하여 '업무자'(운전'업무'자)로서의 신분을 부진정신분(즉, 가중적 신
분)으로 고려한 것으로서, 이는 본질적으로 운전의 '업무성'(반복·계속
성)에 주목한 결과라고 할 수 있다.

  2) 진정신분범설

  행위주체인 운전자 자체를 아예 구성적 신분으로 파악하는 입론
도 가능하다. 즉, 운전 그 자체가 형법상 업무는 아니지만, 운전자 자
체를 구성적 신분으로 파악할 수 있다면, 적어도 교특법위반죄는 형법
상 업무상과실치상죄와 관계없이 별도의 독자적인 진정신분범을 규정
한 것이 된다는 입론이다. 교특법위반죄를 규정한 교특법 제3조 제1항
에서 운전은 '업무'와 '운전자'라는 두 구성요건요소를 모두 연결하는
표지인데, 운전을 업무성과 분리하여 운전자라는 일신전속적 지위 또
는 상태 그 자체를 형법상 신분으로 파악할 수 있다면, 교특법위반죄

한 경우의 업무성에 관하여, 일본판례가 그 업무성을 부정한 사례도 다수 있
다. 즉, ㉠ 경차동차의 운전면허를 받은 자가 보통승용차를 운전한 경우(東京
高判 昭和 35. 3. 22), ㉡ 2륜자동차의 운전면허를 받은 자가 보통승용차를 운
전한 경우(廣島高判 昭和 46. 9. 30), ㉢ 제1종원동기자동차면허를 받은 자가
소형4륜화물자동차를 운전한 경우(名古屋高金沢支判 昭和 37. 7. 10), ㉣ 보통면
허를 받은 자가 트렉터셔블카를 운전한 경우(釧路地帶廣支判 昭和 45. 6. 12)에
대하여는 언제나 업무성이 없다고 한다(당해 차량 운전에 대하여 반복계속성이
없기 때문)(大塚仁외 3인, 大コンメンタール 刑法(제2판), 제11권, 靑林書院, 2002,
14면).

는 진정신분범이 되는 셈이라는 입론이다. 운전이 업무성(반복·계속
성)을 갖지 않는 경우 물론 이것은 바로 교특법위반죄의 구성요건의
일부인 제268조의 업무성(반복·계속성)을 충족하지 못하게 됨을 의미
하므로, 어찌됐든 간에 교특법위반죄가 성립하지 않고 형법상 (단순)
과실치상죄가 성립하게 된다는 점에서는 그 결과가 위 1)의 부진정신
분범설과 같은 결론이지만, 그렇다고 해서 형법상 (단순) 과실치상죄를
교특법위반죄의 감경적 구성요건으로 이해할 수는 없다는 것이다. 즉,
운전자 그 자체를 신분으로 본다는 전제에서라면, 운전자라는 신분의
결여가 곧바로 형법상 (단순) 과실치상죄의 성립을 의미하는 것은 아
니기 때문이다. 다시 말하면, 운전자에게 업무성이 없으면 형법상 (단
순) 과실치상죄가 되지만, 이것은 업무성의 결여 때문일 뿐 운전자라
는 지위 또는 상태의 결여 때문은 아니라는 것이다. 형법상 (단순) 횡
령죄에서의 '타인의 재물을 보관하는 자' 또는 (단순) 배임죄에서 '타인
의 사무를 처리하는 자'에서 그 일신전속적 지위 또는 상태가 구성적
신분인 것과 유사하다는 입론이다.

(2) 사　견

1) 교특법위반죄: 부진정신분범

생각건대, 교특법위반죄에서 운전자 그 자체는 신분이 아니고, 운
전이 업무성(반복·계속성)을 갖는다면 그 업무성 때문에 운전자는 신
분성을 갖게 된다고 보는 것이 타당하다. 따라서 교특법위반죄에서 운
전자의 '업무자'로서의 신분은 형법상 (단순) 과실치상죄에 대한 관계
에서 가중적 신분이고, 교특법위반죄는 부진정신분범이 되는 셈이다.

형법상 신분에 대한 개념정의는 없고, 다양한 견해의 대립이 있으
나, 일반적으로는, "남녀의 성별, 내·외국인의 구별, 친족관계, 공무원
인 자격과 같은 관계뿐만 아니라 널리 일정한 범죄행위에 관련된 범
인의 인적 관계인 특수한 지위 또는 상태"를 말하며,[16] '행위자'관련적

---

16) 대법원 1994. 12. 23. 선고 93도1002 판결 등.

요소이어야 하며 '행위'관련적 요소는 해당하지 않는다는 점에 이견이 없다. 다만, 신분의 요소로서 객관성이나 계속성이 필요한가에 따라 견해가 대립되나,[17] 판례는, 모해위증죄에서 모해의 목적도 신분에 포함된다[18]고 판시함으로써, 형법상 신분의 요소로서 '행위자'관련적 요소라면, 주관적인 요소이든 계속성 없는 일시적인 인적 상태이든 신분에 포함시키고 있다.

신분은 '행위자'관련적 요소, 즉 '인적' 요소이어야 하므로, '행위'관련적 요소는 신분이 될 수 없다. 다만 예외적으로 행위적 요소가 행위자적 요소로 전환되어 신분이 되는 경우가 있는데, 부진정부작위범에서의 보증인지위(Garantenstellung)가 그 대표적인 예이다. 즉, 선행행위는 별도의 독립적 행위이지만 선행행위로 인한 보증인지위가 가능하고, 보증인지위는 특별한 인적 관계로서 신분에 해당하며, 보증인지위를 요구하는 부진정부작위범은 진정신분범이 된다는 것이다.[19] '보증인'이라는 표현에서 볼 수 있듯이 행위자적 요소이므로 이를 신분으로 볼 수 있기 때문이다. 교특법위반죄의 경우에서 운전은 그 자체로는 행위적 요소이지만 그러한 행위를 통하여 행위자적 요소가 발생하고, 운전행위를 한 자에 대해 도로교통법상 특별한 의무가 부과되어 범죄주체로 제한되는 경우 그 운전행위를 하거나 운전행위를 한 사실은 범인의 인적 관계인 일종의 특수한 지위 또는 상태로 평가될 여지가 있기도 하다. 즉, 운전은 도교법 제2조 제26호에 따르면 '차마를 그 본래의 사용방법에 따라 사용(조종을 포함)'하는 고의행위로서, 운전 그 자체가 교특법위반죄에서 불법의 내용인 것은 아니고, 또한 객관적 요소에 해당하는 것도 분명하다. 운전자의 지위 또는 상태는 대개 어느

---

17) 백원기, "신분과 공범의 성립", 형사판례연구(6), 박영사, 1998. 157~158면; 한상훈, "결합범의 구조와 신분범과의 관계 – 준강도죄와 강도강간죄를 중심으로–", 법조 제580호, 법조협회, 2005. 1., 113~115면 등 참조.
18) 대법원 1994.12.23. 선고 93도1002 판결.
19) 김성돈, 형법총론(제3판), 성균관대학교 출판부, 2014, 525면; 한상훈, 앞의 글, 115~116면 등.

정도의 계속성이 예정되어 있는 것으로서, 설령 그렇지 않은 예외적인 경우라고 하더라도 주관적인 요소이든 계속성 없는 일시적인 인적 상태이든 신분에 포함시키는 판례에 비추어 그 신분성이 인정될 여지가 있기도 하다.[20]

그러나 운전은 그 자체가 신분은 아님을 물론이거니와, 운전자가 무슨 사회생활상의 지위라고도 할 수 없다. 운전은 단지 행위자가 행하거나 행한 '행동 내지 행위상황'을 의미하는 것으로 행위자의 신분을 지칭하는 것이 아니다. 직업적 운전사가 아닌 바에야, 운전을 하는 사람이 따로 정해져 있는 것도 아니고, 운전자라는 신분이 따로 존재하는 것도 아니며, 교특법위반죄를 비롯한 각종 운전 관련 범죄가 직업적 운전사를 대상으로 하는 구성요건인 것도 물론 아니다. 누구든지 운전이라는 행위를 하면 운전자라는 요건을 충족할 수 있는 것이다. 운전이 객관적 요소에 해당하는 것은 분명하나, 운전이라는 적법행위를 통하여 자신의 보증인의무가 창설되는 것도 아니고, 운전자가 일반적으로 일반인과 구별되는 특별한 의무를 특히 부담하는 행위자라고 보기도 어렵다. 따라서 운전의 업무성(반복·계속성)과 무관하게 운전자라는 사실 그 자체만으로 그 신분성을 인정하기에는 난점이 있다(부정설). 이는 단순한 과실범을 신분범으로 볼 수 없는 것과 마찬가지 이치이다.

부진정신분범이라면 형법 제30조, 제33조의 해석에 따라 신분자(운전'업무자')와 함께 비신분자(비업무자)도 공동정범이 될 수 있다.[21]

---

20) 강도강간죄에 대해서 판례는 "강도강간죄는 '강도라는 신분'을 가진 범인이 강간죄를 범하였을 때에 성립하는 범죄"(대법원 1988. 9. 9. 선고 88도1240 판결)라고 판시한 적이 있고, 헌법재판소는 "강도강간죄는 강도죄와 강간죄의 결합범으로, (중략) 특수강도강제추행죄와 특수강도강간죄는 모두 '특수강도라는 신분'적 요소를 필요로 한다."(헌법재판소 2001. 11. 29. 선고 2001헌가16 결정)라고 판시한 적이 있다.

21) 독일의 경우에는 진정신분범에 비신분자가 가공한 경우 공동정범의 성립을 인정하는 규정이 없다(손동권, "형법 제33조에 관한 연구", 일감법학 제5권, 건국대학교 법학연구소, 2000. 12., 121~140면 참조).

2) 대물사고에서 도교법 제151조의 죄: 진정신분범

도교법 제151조(업무상과실 재물손괴)의 죄22)는 운전의 업무성(반복·계속성)을 매개로 하더라도, 운전의 '업무자'는 구성적 신분이고 그 업무자만이 그 불법을 행할 수 있으므로, 진정신분범에 해당한다고 해석된다. 형법상 재물손괴죄는 고의범만 처벌되고(제366조) 단순한 과실 재물손괴에 대한 처벌규정은 아예 존재하지 않으므로(교통사고의 경우에 한하여 업무상과실 재물손괴의 처벌규정이 있을 뿐이다), 감경적 구성요건의 존재를 상정할 수 없기 때문이다. 감경적 구성요건의 존재를 상정할 수 없다면, 공범과 신분에 관한 형법 제33조에 대한 판례의 해석론, 즉 '부진정신분범 성립·과형 구별설'(판례, '신분의 종속·과형의 개별화설')의 전제 자체가 충족될 수 없다. 도교법 제151조(업무상과실 재물손괴)의 죄가 업무성을 매개로 진정신분범이라는 것은 형법상 업무상과실장물죄(제364조)가 진정신분범인 것23)과 마찬가지 이치이다.

(3) 자수범인가?

1) 자수범이란 구성요건적 행위를 행위자가 자신의 신체를 통하여 몸소 또는 자신이 직접적으로 수행할 것을 구성요건에 미리 규정하고 있는 범죄를 말한다. 자수범은 '타인을 이용하여 범할 수 없는 범죄'로서, 간접정범의 형태로 범할 수 없을 뿐만 아니라, 자수적 행위수행이 없는 한 공동정범의 성립도 인정될 수 없는 범죄로 정리된다.24) 즉, 자

---

22) 입법연혁상 도교법의 업무상과실재물손괴죄는 ① 1961. 12. 31. 도교법 제정 당시부터 규정되었다(제74조)(구성요건은 "제 차의 운전자가 업무상 필요한 주의의 태만으로 교통사고를 야기하여 타인의 건조물을 손괴하였을 때"). ② 1973. 3. 12. 개정 도교법에서 구성요건이 다소 확장되었다("제 차의 운전자가 업무상 필요한 주의를 태만하거나 중대한 과실로 인하여 타인의 건조물 기타 재물을 손괴한 때"). ③ 1980. 12. 31. 개정 도교법에서 반의사불벌죄로 규정되었다("다만, 이 조 위반사실에 대하여는 피해자의 명시한 의사에 반하여 논할 수 없다."). ④ 그 후 1981. 21. 31. 교특법 제정으로 단서조항(반의사불벌죄)은 불필요하게 되어 삭제되었다.

23) 김성돈, 형법각론(제4판), 성균관대학교 출판부, 2016, 577면.

24) 김성돈, 형법총론, 577면.

수범의 경우에는 자수적 행위수행이 없는 자는 비록 행위지배가 인정
되더라도 공동정범이 될 수 없으므로, 교특법위반죄가 자수범인지 여
부에 대한 검토의 필요가 있다.

　2) 운전 관련 범죄의 자수범 여부와 관련하여 상세하게 언급한 견
해를 찾기는 쉽지 않지만, 도교법상 음주운전죄의 경우에 대해 술을
먹고 자동차를 몸소 운전한 자만이 정범이 되므로 자수범이라는 견
해[25] 내지 간접정범이 불가능하므로 자수범이라는 견해[26] 등이 있다.
반면, 특가법위반(도주차량)죄의 경우에 대해 자수범 인정의 핵심은 행
위의 특수한 성질인데, 위 죄는 자수범 판단의 기준인 "(행위자의) 생
활태도가 형법적 비난의 대상이 되는 구성요건, 법익침해를 내포하지
않고 양식·풍속 위반행위와 결합된 구성요건 또는 형법상 의무가 특
정 개인으로 한정되는 구성요건"[27]에 해당하지 않으므로 자수범이 아
니라는 견해[28] 등이 있다.

　3) 판례에서 자수범이 언급되거나 적용되는 예는 없다.[29][30] 오히

---

25) 김성돈, 위의 책, 573면.
26) 김혜경, 자수범에 관한 연구, 연세대학교 법학박사학위논문, 2006, 220면. 음주
　　를 한 자의 운전만이 구성요건이고, 이용자가 피이용자에게 음주운전을 시킬
　　목적으로 술을 마시게 하였더라도 이용자에게 '음주운전'을 하였다고 할 수도
　　없으며, 나아가 운전면허 소지자라면 누구든지 음주 후에는 운전을 해서는
　　안 된다는 점에 대하여 인식이 있고, 비록 타인이 음주를 조장하였다고 하더
　　라도 그 이후의 운전에 대하여 그 타인에게 그 행위의 불법성을 전가시킬만
　　한 근거가 없으므로 이용자가 피이용자를 도구로 사용했다고 보기 어렵다고
　　한다.
27) 한정환, "지배범, 의무범, 자수범", 형사법연구 제25권 제2호, 한국형사법학회,
　　2013, 17~18면.
28) 최준혁, 앞의 글, 36면.
29) 한정환, 앞의 글, 17면.
30) 한편, 대법원 1992. 11. 10. 선고 92도1342 판결('부정수표단속법상 허위신고죄
　　는 발행인이 아닌 자는 그 주체가 될 수 없고, 허위신고의 고의 없는 발행인
　　을 이용하여 간접정범의 형태로 허위신고죄를 범할 수도 없다') 등 일련의
　　판결을 근거로, 판례가 간접정범의 형태로 범할 수 없는 범죄가 있다고 함으
　　로써 우회적으로 자수범 개념의 존재를 인정하고 있다는 견해(김성돈, 형법
　　총론, 574면 등)가 있으나, 이 판결들은 허위신고죄는 일종의 신분범이고 발
　　행인이 아닌 비신분자가 신분자를 이용하여 (공범이 아니라) 단독정범의 형

려 교특법위반죄의 경우에서는 특히 대법원 1984. 3. 13. 선고 82도
3136 판결[이른바 '전문적인 운전교습자 관련 판시' 사건]이 간접정범
의 성립가능성에 대해 간접적으로나마 인정하는 취지로 판시하고 있
다는 점에서, 운전행위의 자수성은 판례상 부인된다고 봄이 타당하다.

2. '교통' 상황의 법적 성격

1) 교특법위반죄를 규정한 제3조 제1항은 구성요건에 '교통사고로
인하여'라는 문언을 포함하고 있다. 그런데 교특법 제2조 제2호에 의
하면, '교통사고란 차의 교통으로 인하여 사람을 사상하거나 물건을
손괴하는 것을 말한다'고 규정되어 있으므로, 결국 '교통사고로 인하
여'는 곧 '교통으로 인하여'와 동일한 문언이 된다. 따라서 교특법위반
죄는 형법상 업무상과실치상죄와 관련하여 '교통상황에서의 운전자'에
대해 별도의 구성요건을 규정한 것이 된다. 한편, 교특법 제3조 제2항
본문은 형법상 업무상과실치상죄와 달리, '차의 교통으로' 업무상과실
치상죄를 범한 '운전자에 대하여는' 반의사불벌이라는 처벌특례를 규
정하고 있다.

여기서 제3조 제1항의 '교통'이라는 특수한 행위상황 표지의 법적
성격이 문제된다.

다만 대물사고에 관한 도교법 제151조는 대인사고에 관한 교특법
제3조 제1항과 달리, 단순히 "차의 운전자가 업무상 필요한 주의를 게
을리하거나 중대한 과실로 다른 사람의 건조물이나 그 밖의 재물을
손괴한 경우"라고만 규정되어 있을 뿐, "교통사고로 인하여"라는 '교
통'상황에 대한 표지는 규정되어 있지 않다는 차이점이 있다.

2) 생각건대, 이는 강학상 '객관적 처벌조건'[31]으로 지칭되는, 형법

_____

태인 간접정범이 될 수 없다는 것을 판시한 것으로서, 허위공문서작성죄에서
비신분자의 간접정범의 성립을 원칙적으로 부정하는 판례와 같은 맥락에 불
과하다. 자세한 것은, 대법원 1992. 11. 10. 선고 92도1342 판결에 대한 판례해
설인, 김이수, "부정수표단속법 제4조의 허위신고죄의 주체", 대법원판례해설
제18호(1992년 하반기), 법원도서관, 1993, 892면 참조.

상 사전수뢰죄에서의 '공무원 또는 중재인이 된 사실'(제129조 ②항)과 "채무자회생 및 파산에 관한 법률"상 '채무자회생 및 파산 관련 범죄'에서의 '채무자에 대한 회생절차개시의 결정 확정' 또는 '파산선고의 확정'(제643조·제650조)의 법적 성질과 비교하여, 다른 점도 분명 있으나 매우 유사한 측면이 있다고 본다.[32][33]

즉, 형법상 사전수뢰죄에서의 '공무원 또는 중재인이 된 사실' 등의 사유는 구성요건적 행위 당시가 아니라 그 '행위 후에 발생하게 될' 사후적인 사정 또는 여건이고, 교특법위반죄에서의 '교통'상황의 사유는 구성요건적 행위(업무상과실행위) 당시에 존재할 것이 요구되는 행위시의 사정 또는 여건이라는 점에서, 양자 사이에 분명 차이점이 존재한다. 그런데 다른 한편으로 관점을 달리하여 본다면, 교특법위반죄의 경우에는 형법상 업무상과실치상죄와 특별관계에 있다는 점은 분명하지만, 그 법정형이 서로 전적으로 동일하다는 특수한 사정이 있

---

31) 김성돈, 형법총론, 135~136면, 오영근, 형법총론(제3판), 박영사, 2014, 64면, 이재상/장영민/강동범, 형법총론(제9판), 박영사, 2017, 74면 등. 다수설의 입장이다.

32) 처벌조건은 범죄의 성립조건과 구별되는 개념으로, ① 처벌조건이 흠결된 경우에도 범죄임에 변함이 없으므로 이에 대한 정당방위가 가능하고, ② 처벌조건에 대한 인식은 고의의 내용이 되지 아니하므로, 이에 대한 착오는 범죄의 성립에 영향이 없으며, ③ 처벌조건이 없는 경우에도 공범의 성립이 가능하다는 등의 특징이 있다(이재상/장영민/강동범, 형법총론, 74면).

33) 처벌조건에 관한 기존의 논의와 그 문제점을 지적하고 해결방안을 제시한 선행연구(이승호, "가벌요건의 문제점과 해결방향", 형사법연구 제12호, 한국형사법학회, 1999. 11., 175~195면)에 따르면, 이러한 객관적 사유는 '초과객관적 구성요건요소'로 파악함이 바람직하다고 한다. 즉, 형법상 사전수뢰죄에서의 '공무원 또는 중재인이 된 사실' 등의 사유는, 객관적 구성요건요소이면서도 고의의 대상이 되지 못하는 독특한 사유인데, 이는 범죄의 행위태양이나 결과가 아니라 범죄를 완성시켜줄 조건으로, '행위 후에 발생하게 될' 사정 또는 여건에 불과하므로, 행위자가 행위 당시 그 사실을 인식하지 못하였더라도, 범죄의 불법성을 논정하는 데 하등의 지장이 없기 때문이라는 것이다. 즉, 구성요건의 내용이기는 하나 전통적인 구성요건요소가 아니라 구성요건 부속물(Tatbestandsannex)의 성격을 갖는 사유로서, 이러한 부속물은 불법성 논정에 필수적인 주된 구성요건요소가 아니므로 고의의 대상일 필요가 없게 된다는 것이다(이승호, 위의 글, 188~191면 참조).

다. 그렇다면 '교통'상황이라는 사유는, 불법성이나 책임비난의 유무·정도와 관련하여, 형법상 업무상과실치상죄에 대한 관계에서 실질적으로 특별한 의미를 전혀 갖지 못한다. 즉, 형법상 업무상과실치상죄의 불법성은 행위반가치(업무상과실행위) 및 결과반가치(치상의 결과발생)에 근거하고, 그 책임성은 그러한 불법이 행위자의 과실에 의한 것이라는 점에 근거하는데, 그와 특별관계에 있는 교특법위반죄에서의 '교통'상황이라는 사유는 비록 그 불법성등과 관련하여 전혀 무관한 것은 아닐지라도, 업무상과실치상죄에 대한 관계에서 더 이상 특별한 고려가치를 갖지 못한다는 것이다. 형법상 업무상과실치상죄와 법정형이 서로 동일한 이상, 그 '교통'상황의 사유가 업무상과실치상이라는 허용되지 않고(불법성) 비난받는(책임비난) 행위에 대해 미치는 별도의 특별한 영향은 더 이상 없게 되는 셈이다. 이점은 '행위 이후의 사후적인 사정'에 불과한 형법상 사전수뢰죄에서의 '공무원 또는 중재인이 된 사실' 등의 사유와는 분명 다른 점이 있지만, 불법성과 책임비난에 전혀 의미를 갖지 못한다는 점에서 그 특수한 성격의 본질과는 아주 흡사한 성격을 가진 것으로서, 그 유사조건에 해당한다고 할 수 있다.

따라서 교특법위반죄를 규정한 교특법 제3조 제1항에서의 '교통' 상황의 특별한 사유는 형법상 업무상과실치상죄와의 관계에서 그 불법성과 책임비난에 영향이 없는 '객관적 행위상황'으로 자리매김함이 바람직하다고 본다. 다만 대물사고에서는 이와 달리 도교법 제151조 (업무상과실재물손괴)가 '교통'상황의 존재를 별도로 구성요건요소로 규정하고 있지 않으므로, 이러한 '교통'상황의 존재가 문제될 여지는 없을 것이다.

3) 이러한 '객관적 행위상황'의 존재는 한편, 교특법 제3조 제2항 본문에서 처벌특례의 '객관적 조건'이 됨은 당연한 그 논리적인 귀결이 된다(이하 이 글에서는 다수설의 용례에 따라 단순히 '처벌조건'라고만 한다). 물론 교특법 제3조 제2항은 "차의 교통으로 (중략) 업무상과실치상죄와 도교법 제151조의 죄를 범한 운전자에 대하여" 반의사불벌의

특례를 규정하고 있기도 하다. 이는 적어도 업무상과실치상죄 부분에 관해서는 제3조 제1항과 관계에서 그 논리적 귀결로써 당연한 규정이고, 다만 도교법 제151조(업무상과실재물손괴)의 죄 부분에 관해서는 '교통'상황을 특례의 '객관적 조건'으로 별도로 부가한 의미 정도는 있다고도 하겠으나, 어차피 교통은 운전을 포함하는 것으로서 운전보다 넓은 개념이므로,[34] 그마저도 큰 의미가 있는 것은 아니다.

Ⅲ. 운전과 관련된 과실범의 공동정범

1. 과실범의 공동정범

(1) 판례의 태도

2인 이상이 과실로 범죄의 결과를 발생시킨 경우에 공동정범을 인정할 것인가의 문제가 과실범의 공동정범 문제이다.[35] 통설은 이를 반대하는 입장이나, 판례는 대법원 1962. 3. 29. 선고 4294형상598 판결 ['그대로 가자' 사건] 이후 이를 긍정하는 입장에 있다.[36] 판례가 과실범의 공동정범을 인정하는 실제적인 이유에 대해서는 동시범에서 반드시 제기되는 인과관계의 문제를 건너 뛰어 처벌의 공백을 메우기 위한 정책적 고려에 기인한 것[37]으로 평가되고 있다. 공동정범이 성립한다면, 독립행위경합 등의 문제는 아예 제기될 여지가 없다.[38]

---

34) 도교법 제54조(사고발생시 조치) 제1항의 '차의 운전 등 교통으로 인하여'라는 문언 참조.
35) 과실범의 공동정범을 인정하는 목적은 다수 참가자가 상호양해 하에 서로 협력한 경우 - 전체사건의 어느 부분이 각각의 행위자에게 귀속되느냐를 묻지 않고 - 주의의무위반의 전체결과들이 하나로서 행위자들에게 귀속된다는 점에 있다(이용식, "과실범의 공동정범", 현대 형법이론 Ⅱ, 박영사, 2008, 324면).
36) 판례상 요구되는 과실범의 공동정범의 성립요건 등에 관한 분석으로서 자세한 것은, 이승호, "과실범의 공동정범에 관한 판례의 검토와 학설의 정립", 형사법연구 제47호(제23권 제2호), 한국형사법학회, 1999. 11., 151~176면; 이용식, 앞의 글, 324~333면 등 참조.
37) 김성돈, 형법총론, 603면.
38) 대법원 1997. 11. 28. 선고 97도1740 판결(성수대교 붕괴사건).

판례의 입장에 따르면 교특법위반죄에서도 비운전자에 대해서도 과실범의 공동정범이 인정될 수 있다.[39] 그러나 비운전자에게 교특법 위반죄의 교사범이나 방조범이 문제될 여지는 없다. 정범개념의 우위 성에 비추어 피교사자나 피방조자의 행위가 과실행위인 경우에는 간 접정범의 성립이 문제될 뿐 교사범이나 방조범이 성립될 여지가 없기 때문이다.

(2) 처벌조건과 소추조건이 공동정범의 성립에 미치는 영향

1) **처벌조건('교통'상황의 존재)**: 이른바 객관적 처벌조건의 존재 여 부는 '공범 즉, 공동정범의 성립'에 아무런 영향이 없다. 즉, 객관적 처 벌조건설(통설)의 입장에서도, 처벌조건이 없는 경우에도 공범의 성립 이 가능하다는 것이고,[40] 초과객관적 구성요건요소설의 입장에서도, 예컨대, 사전수뢰죄에서 정범이 수뢰행위를 시작하면 그에 대해 공범 이 성립할 수 있는 것이지, 정범의 범행완결요소인 '후일 발생해야 하 는 사정'의 충족 여부는 공범 성립과 관계없다는 것이다.[41] 물론 그러 한 객관적 사정이 충족되지 않아 정범의 범죄성이 배제된다면 공범

---

39) 대법원 2007. 7. 26. 선고 2007도2919 판결("전자가 아닌 동승자가 교통사고 후 운전자와 공모하여 운전자의 도주행위에 가담하였다 하더라도, 동승자에게 과실범의 공동정범의 책임을 물을 수 있는 특별한 경우가 아닌 한, 특정범죄 가중처벌등에관한법률 위반(도주차량)죄의 공동정범으로 처벌할 수는 없다.") 은, 동승자에게도 과실범의 공동정범의 성립이 문제될 수 있음을 판시한 바 있다. 위 판결의 원심판결은, "특정범죄가중처벌등에관한법률위반(도 주차량) 죄는 과실범과 고의범의 결합범으로 운전자의 업무상과실치상 행위 는 구성 요건의 일부인데, 피고인 2(동승자)는 교통사고 당시 위 승용차를 운전하지도 않았고, 피고인 2가 조수석에 앉아 길을 가르쳐 주었다는 것만으로는 피고인 2에게 운전자인 피고인 1(운전자)과 운전행위를 함께 하였다거나 운전업무상 공동의 주의의무를 부담한다고 보기 어려우므로, 피고인 2에 대한 업무상과 실치상 행위는 인정될 수 없으며, 피고인 2가 교통사고 후 이 사건 차량을 몰고 가 사고 현장을 이탈하였다 하더라도 행위책임제한원칙에 비추어 도주 차량죄의 공동정범으로 보기도 어렵다"는 이유로, 도주차량죄 부분에 대하여 피고인 2에게 무죄를 선고하였는바, 대법원은 검사의 상고를 기각하였다.

40) 이재상/장영민/강동범, 형법총론, 74면 등.

41) 이승호, 앞의 "가벌요건의 문제점과 해결방향", 191면.

역시 범죄성이 배제되는 것은 당연하다. 환언하면, 교특법위반죄에서 정범인 신분자(운전'업무자')에게 '교통'상황이라는 객관적 사정의 존재가 인정된다면, 비신분자(비업무자 또는 다른 업무자)에게도 그 '교통'상황의 존재에 대한 인식 유무와 관계없이 당연히 교특법위반죄의 공동정범이 성립할 수 있다는 것이다.

2) 소추조건(교특법 제3조 제2항 단서의 12개 예외사유의 존재): 소추조건은 범죄의 성립이나 형벌권의 발생과는 관계없는 공소제기의 적법·유효요건에 불과하다는 점에서, 소추조건의 존재 여부는 '공범 즉, 공동정범의 성립'에 아무런 영향이 없다. 판례는 위 12개 예외사유의 법적 성격에 관하여 공소제기조건설(소추조건설)의 입장으로, "교특법 제3조 제2항 단서의 각호에서 규정한 예외사유는 교특법 제3조 제1항 위반죄의 구성요건요소가 아니라 그 공소제기의 조건에 관한 사유일 뿐이다"42)라는 것이다.43) 이는 일종의 적극적 소송조건인 셈이다. 환언하면, 교특법위반죄에서 정범인 신분자(운전'업무자')에게 교특법 제3조 제2항 단서의 12개 예외사유의 존재가 인정된다면, 비신분자(비업무자 또는 다른 업무자)에게도 그 사유의 존재에 대한 귀책사유 등

---

42) 대법원 2007. 4. 12. 선고 2006도4322 판결; 대법원 2008. 12. 11. 선고 2008도9182 판결; 대법원 2011. 7. 28. 선고 2011도3630 판결.

43) 소추조건에 불과하다는 이유로 이러한 예외사유의 유무는 '자유로운 증명의 대상'이 된다는 견해(신동운, 간추린 신형사소송법(제9판), 법문사, 2017, 388면)가 있으나, 비록 구성요건요소가 아니라 소송조건에 불과하여 범죄사실 자체는 아니지만, 범죄사실에 준하여 엄격한 증명의 대상이 된다고 함이 타당하다. 왜냐하면 위 예외사유는 처벌특례의 적용 여부에 관한 것으로 필벌인지 반의사불벌인지에 관한 것으로 형벌권의 발생에 직접 기초되는 사실이기 때문이다. 따라서 ① 예컨대, 단서 제2호에 정한 중앙선침범의 경우에는 ㉠ 가해차량이 도교법 제13조 제3항을 위반하여 중앙선을 침범한 사실, ㉡ 중앙선침범에 부득이한 사유가 없었다는 사실(고의 또는 과실의 존재), ㉢ 중앙선침범이 사고발생의 직접적인 원인인 사실(직접적인 인과관계의 존재)를 검사가 엄격한 증명에 의하여 증명하여야 한다. 나아가 ② 단서 제7호에 정한 무면허운전사고, 단서 제12호에 정한 자동차화물낙하사고의 경우에는 도로성이 요구되므로(이주원, 특별형법(제5판), 홍문사, 2018, 135면) 단서위반의 장소가 도로인 사실 또한 검사가 엄격한 증명에 의하여 증명하여야 한다.

과 관계없이 교특법위반죄의 공동정범이 성립할 수 있다는 것이다.

2. 운전과 관련된 판례 사례

[사례1 (대법원 1962. 3. 29. 선고 4294형상598 판결: '그대로 가자' 사건)] 트럭운전사 갑은 화주 을과 함께 오후 5시경 부정임산물인 장작을 트럭에 가득 싣고 대전을 향하여 가던 중 오후 11시 10분경 검문소 전방 약 35미터 지점에 이르렀다. 검문소 순경이 손전등으로 정차신호를 하여 갑이 속력을 줄이자 운전석 옆에 앉아 있던 을은 '그냥 가자'고 하여, 갑은 트럭을 가속하였다. 이때 검문을 하려던 순경 병은 차에 매달렸다가 위 검문소로부터 약 150미터 지점에서 떨어져 트럭 뒷바퀴에 치어 사망하였다. 갑은 무면허 운전의 단속을, 을은 화주로서 부정임산물의 단속을 회피하기 위하여 경관의 검문에 응하지 않고 화물자동차를 질주할 의사를 상통하였다.

대법원은 "'형법 제30조에 공동하여 죄를 범한 때'의 '죄'는 고의범이고 과실범이고를 불문한다고 해석하여야 할 것이고, 따라서 공동정범의 주관적 요건인 공동의 의사도 고의를 공동으로 가질 의사임을 필요로 하지 않고 고의행위이고 과실행위이고 간에 그 행위를 공동으로 할 의사이면 족하다고 해석하여야 할 것이므로, 2인 이상이 어떠한 과실행위를 서로의 의사연락 아래 하여 범죄되는 결과를 발생케 한 것이라면 여기에 과실범의 공동정범이 성립되는 것"이라고 판시하였다.

당시에는 교특법위반죄나 특가법위반(도주차량)죄에 관한 규정이 없었으므로, 형법상 업무상과실치사죄의 공동정범 성립 여부가 문제되었는데, 대법원은 을의 행위가 "형법 제33조 본문, 제268조에 해당하는바 범인의 신분에 의하여 특히 형의 경중이 있는 경우에 해당하고 을에게는 그 신분이 없으므로 형법 제33조 단서에 의하여 형법 제267조의 단순 과실치사죄의 형에 따라 처벌"한 사안이다. 즉, 업무란 사회생활상의 지위에서 계속·반복할 의사로 행하는 사무이며, 갑의

운전은 일신전속적 상태로서 이에 해당하나, 을에게는 그러한 신분이
없다는 이유이다. 여기서 운전자 갑에게는 운전'업무자'로서 운전업무
상의 과실이 있고, 화주 을에게는 운전자 갑에게 가공한 사실(과실 포
함)은 있으나 별도의 독자적인 다른 '업무'상의 과실이 없다('다른 업무
자'에 해당하지 않음).

[사례2 (대법원 1979. 8. 21. 선고 79도1249 판결: '선임탑승자' 사
건)] 운전병 을이 운전하던 지프차의 선임탑승자 갑은 을의 안전운행
을 감독하여야 할 책임이 있는 것이므로, 을이 차량운행 중 음주를 한
다면 이를 적극 제지하여야 할 뿐만 아니라, 을이 안전운행을 할 수
있는 정도로 술에서 깰 때까지는 운전을 하지 못하도록 할 주의의무
가 있음에도 불구하고, 오히려 을을 데리고 주점에 들어가서 각각 소
주2홉 이상을 마신 다음 이를 운전케 한 결과, 을이 운전 중 음주로
인하여 취한 탓으로 차량의 전조등에 현기를 느껴 전후좌우를 제대로
살피지 못한 결과 본건 사고가 발생하였다.
　대법원은, 공동정범에 관한 형법 제30조를 적용하여 선임탑승자
갑에게도 업무상과실군용물손괴죄의 공동정범 성립을 인정하였다.
　운전병 을에게는 운전'업무자'로서 운전업무상의 과실이 있고, 선
임탑승자 갑에게는 별도의 독자적인 업무상의 과실 즉, 감독업무상의
과실이 있다('다른 업무자'에 해당).44) '서로 다른 업무상의 과실이 경합'
한 경우의 사안으로 분류할 수 있을 것으로 본다.45)

44) 양자 사이에는 공동의 주의의무가 없다고 보고 있다(이용식, 앞의 글, 329면).
45) 한편, 대법원 1986. 5. 27. 선고 85도2483 판결(또 다른 '선임탑승자' 사건)은 운
　전병이 선임탑승자의 지시에 따라 철도선로를 무단횡단하다가 사고 난 경
　우 선입탑승자에게 과실범의 공동정범의 책임을 부정한 사례가 있다. 즉, "군
　용 지프차의 운전병이 선임탑승자의 지시에 따라 철도선로를 무단횡단 중 운
　전부주의로 사고지점 철도변의 배수로에 앞바퀴가 빠짐으로써 철도선로에 돌
　출된 차량의 앞부분이 때마침 그곳을 통과하던 화물열차와 부딪혀 손괴된 것
　인데, 선임탑승자가 운전병에게 사고지점을 무단횡단하도록 지시하였음에도
　그 과실과 손괴 사이에 인과관계가 없고, 운전병을 지휘감독할 책임있는 선

다만 그 죄명이 업무상과실'군용물'손괴죄로 되어 있는 점으로 보아, 운행의 수단으로 제공된 짚차 자체가 손괴된 사고로 짐작된다. 그렇다면 이것은 현행 도교법상 제151조(업무상과실재물손괴)의 죄에는 해당하지 않는다. 위 제151조는 "도로운송에 즈음하여 차량운행과 관련 없는 제3자의 재물을 보호하려는 입법 취지에서 특별히 처벌 규정을 둔 것이므로, 범행의 수단 또는 도구로 제공된 차량 자체는 위 법조의 '그 밖의 재물'에는 포함되지 아니한다"[46]는 것이기 때문이다.

[사례3-① (대법원 1982. 6. 8. 선고 82도781 판결: '정·부기관사 열차퇴행' 사건)] 정기관사 갑과 부기관사 을이 함께 열차를 운행하던 중 장애물이 나타나자 본건 116열차의 퇴행에 대해 서로 상론하였으며, 정기관사 갑의 제안에 부기관사 을도 동의하였다. 후진하던 중 후방에서 다른 열차가 달려와 두 열차가 충돌, 전복되었다.

대법원은, "피고인 을이 정기관사의 지휘감독을 받는 부기관사이기는 하나, 위 열차의 퇴행에 관하여 상론 동의한 이상 이에 과실이 있다면 과실책임을 면할 수 없으며, 위의 퇴행에는 적절한 조치 없이 한 업무상의 과실이 있다."는 이유로 과실범의 공동정범의 성립을 인정하였다.

정기관사 갑은 물론 부기관사 을에게도 운행'업무자'로서 양자 모두 운행업무상의 과실이 있고(도로상의 운전은 아니므로 도교법의 적용대상이 아니지만, 공동의 주의의무를 위반한 공동의 업무상 과실이 있는 사안), 특히 운행행위 또한 분담하고 있다('공동운전자'에 해당).

[사례3-② (대법원 1984. 3. 13. 선고 82도3136 판결: '전문적인 운전교습자 판시' 사건)] 피고인 을이 사고차량의 운전자 공소외 갑의 부

임탑승자라 하여 그 점만으로는 곧 손괴의 결과에 대한 공동과실이 있는 것이라고 단정할 수도 없다."고 한 사례이다.

46) 대법원 2007. 3. 15. 선고 2007도291 판결.

탁에 응하여 위 차량의 조수석에 올라탄 것은 피고인 을이 운전자 갑
의 차량운전행위를 살펴보고 잘못된 점이 있으면 이를 지적하여 교정
해 주려는 목적에서였다. 피고인 자신이 주도적인 지위에서 동 차량을
운행할 의도가 있었다거나 실제로 그러한 운행이 이루어졌다고는 보
기 어려웠다.

대법원은, 피고인 을에 대한 교특법위반죄 피고사건에서, "원심은
(중략) 달리 피고인이 그 차량의 운전자였다거나 전문적인 운전교습자
가 피교습자로 하여금 운전기기를 직접 조작하도록 하되 교습자 자신
이 일일이 당해 차량의 운행에 관한 모든 지시를 함으로써 피교습자
는 그 지시에 따라 기계적으로 움직일 뿐 차량운행의 주도적인 책임
은 교습자 자신에게 귀속하는 경우와 같은 간접정범의 지위에 있었다
고도 인정할 자료가 없다는 이유로 무죄를 선고하였는바, 원심의 그와
같은 조치는 정당하고 심리미진으로 인한 사실오인의 위법이 없다."고
판단하였다.

이 판결은 판시사항에 "조수석에 동승하여 차량운전을 교정하여
준 자와 과실범의 공동정범"이라는 제목하에, 판결요지에 "피고인이
운전자의 부탁으로 차량의 조수석에 동승한 후, 운전자의 차량운전행
위를 살펴보고 잘못된 점이 있으면 이를 지적하여 교정해 주려 했던
것에 그치고, 전문적인 운전교습자가 피교습자에 대하여 차량운행에
관해 모든 지시를 하는 경우와 같이 주도적 지위에서 동 차량을 운행
할 의도가 있었다거나 실제로 그 같은 운행을 하였다고 보기 어렵다
면 그 같은 운행중에 야기된 사고에 대하여 과실범의 공동정범의 책
임을 물을 수 없다."라고 요약하고 있다.[47] 우선 이 판결은, 간접정범
의 성립가능성에 대해 간접적으로나마 인정하는 취지로 판시하고 있
다('간접정범'의 성립가능성 인정). 또한, 비운전자라도 운전자와 함께

---

47) 이 판결에 대해 김태명, 앞의 책, 402면. 최석윤, 앞의 글, 68면 등은, '전문적
   인 운전교습자와 같이 주도적 지위에서 차량을 운행할 의도가 있었다거나
   그 같은 운행을 하였다면 운전자가 아니더라도 운전자와 함께 과실범의 공
   동정범의 책임을 물을 수 있다는 것이 대법원의 입장'이라고 이해한다.

'기능적 운전지배'의 경우에는 과실범의 공동정범의 책임을 인정할 수 있다는 취지로도 이해할 수 있다('공동운전자'의 가능성 인정).

[기타 참고사례] 한편, 판례는 ① 2인 이상이 서로의 의사연락 아래 과실행위를 하여 범죄의 결과를 발생하게 하면 과실범의 공동정범 성립을 인정하는 기존의 입장을 확인하면서, 터널굴착공사를 도급받은 건설회사의 현장소장과 위 공사를 발주한 한국전력공사의 지소장에게 과실범의 공동정범을 인정한 사례48)도 있다(서로 다른 업무상과실의 경합). ② 더 나아가 판례는, "성수대교와 같은 교량이 그 수명을 유지하기 위하여는 건설업자의 완벽한 시공, 감독공무원들의 철저한 제작시공상의 감독 및 유지·관리를 담당하고 있는 공무원들의 철저한 유지·관리라는 조건이 합치되어야 하는 것이므로, 위 각 단계에서의 과실 그것만으로 붕괴원인이 되지 못한다고 하더라도, 그것이 '합쳐지면' 교량이 붕괴될 수 있다는 점은 쉽게 예상할 수 있고, 따라서 위 각 단계에 관여한 자는 전혀 과실이 없다거나 과실이 있다고 하여도 교량붕괴의 원인이 되지 않았다는 등의 특별한 사정이 있는 경우를 제외하고는 붕괴에 대한 공동책임을 면할 수 없다."49)고도 한다. 이와 같은 일련의 대형 붕괴사고 사건, 예컨대, 우암상가아파트 붕괴사고, 성수대교 붕괴사고, 삼풍백화점 붕괴사고에서는, 어떤 사람의 결과기여행위를 다른 참가자들에게 귀속시킬 수 없다면, 야기된 결과에 대하여 각자의 형사책임을 지우기 어렵게 된다50)는 측면이 있다. 각각의 원인들이 단독으로는 결과를 발생시킬 수 없고 일련의 단계의 원인들이 결합해서만 결과를 발생시킬 수 있는 소위 '누적적 인과관계'의 사례51)로 평가된다(서로 다른 업무상 과실의 누적).

---

48) 대법원 1994. 5. 24. 선고 94도660 판결.
49) 대법원 1997. 11. 28. 선고 97도1740 판결.
50) 이용식, 앞의 글, 319면.
51) 이용식, 앞의 글, 326면.

3. 신분(운전의 '업무자')**이 공동정범의 성립 · 과형에 미치는 영향**

공범과 신분에 관한 형법 제33조의 성격에 관하여 ㉠ 제33조 본문은 진정신분범에 대해서만 적용되므로, 단서는 부진정신분범의 성립근거인 동시에 과형을 규정한 것이라는 견해, 즉 '진정신분범 · 부진정신분범 구별설'(통설, '종속적신분 · 비종속적신분 구별설' 또는 단서의 성격에 관한 '부진정신분범의 성립근거 및 과형규정설'), ㉡ 제33조 본문은 진정신분범과 부진정신분범의 성립근거를 규정하고 단서는 부진정신분범의 과형만을 규정한 것이라는 견해, 즉 '부진정신분범성립 · 과형 구별설'(판례, '신분의 종속 · 과형의 개별화설' 또는 단서의 성격에 관한 '부진정신분범의 과형규정설')의 대립이 있다.

여기서 과실범의 공동정범을 인정하는 판례의 논리에 따를 때, 부진정신분범인 교특법위반죄와 진정신분범인 대물사고에 관한 도교법 제151조의 죄의 공동정범의 성립 · 과형에 대해, 그 신분이 미치는 영향을 선행하여 살펴볼 필요가 있다. 위 판례사례를 토대로, ① 비신분자가 단순 비운전자(비업무자)인 경우 [위 판례사례1]와 ② 비신분자가 비운전자(다른 업무자)인 경우 [위 판례사례2]로 구분하여, 판례의 '부진정신분범성립 · 과형 구별설'에 따라 유형적으로 구분하여 검토해 보기로 한다.

(1) 교특법위반죄(부진정신분범)의 공동정범

1) 신분자인 운전 '업무자'에 비신분자인 단순 비운전자(비업무자)가 가공한 경우[사례1]

① 비신분자에게도 교특법위반죄의 공동정범이 성립하고(제33조 본문), 형법상 (단순) 과실치상죄의 형으로 처벌된다(제33조 단서).

② 여기서 처벌조건인 '교통'상황의 존재 및 소추조건인 '12개 예외사유'의 존재는 신분자인 운전'업무자'에게만 인정되면, 비신분자에게도 당연히 교특법위반죄의 공동정범이 성립한다. ③ 이 경우 비신분자에게도 교특법위반죄의 공동정범이 성립하므로, 그 당연한 결과로

써 교특법 제3조 제2항 본문의 반의사불벌의 특례 또한 적용된다.

2) 신분자인 운전 '업무자'에 비신분자인 비운전자(다른 업무자)가
   가공한 경우[사례2]

① 비신분자에게도 비신분자에게도 다른 업무자로서의 신분이 인
정되므로, 비신분자에게도 교특법위반죄의 공동정범이 성립하고 그
법정형으로 처벌된다(제33조 본문). 비신분자은 운전'업무자'와는 별도
로 다른 업무자로서 고유의 업무상 과실이 있으므로, 형법상 업무상과
실치상죄의 공동정범도 성립할 수 있는데, 형법 제268조에 대한 관계
에서 교특법 제3조 제1항은 특별관계에 있기 때문이다.

나머지 ②와 ③은 위 1)과 같다. 즉, ② 여기서 처벌조건인 '교통'
상황의 존재 및 소추조건인 '12개 예외사유'의 존재는 신분자인 운전
'업무자'에게만 인정되면, 비신분자에게도 당연히 교특법위반죄의 공
동정범이 성립한다. ③ 그 당연한 결과로써 비신분자에게도 교특법 제
3조 제2항 본문의 반의사불벌의 특례 또한 적용된다.

(2) 도교법 제151조의 죄(진정신분범)의 공동정범

1) 신분자인 운전 '업무자'에 비신분자인 단순 비운전자(비업무자)가
   가공한 경우[사례1]

① 비신분자에게도 대물사고에 관한 도교법 제151조의 죄의 공동
정범이 성립하고 그 법정형으로 처벌된다(제33조 본문). 나머지 ②는
해당 없고, ③은 위 치상사고에서의 (1) 1)과 같다. 즉, 그 당연한 결과
로써 비신분자에게도 교특법 제3조 제2항 본문의 반의사불벌의 특례
또한 적용된다.

2) 신분자인 운전 '업무자'에 비신분자인 비운전자(다른 업무자)가
   가공한 경우[사례2]

대물사고에 관한 위 1)과 동일하다. 즉, 비신분자에게도 대물사고
에 관한 공동정범이 성립하고 그 법정형으로 처벌되며(제33조 본문),
교특법상 반의사불벌의 특례 또한 적용된다.

(3) 대상판결의 사안

대상판결의 사안은 "위 (1) 교특법위반죄 부분의 2) 비신분자인 다른 업무자가 가공한 경우[사례2]"에 해당하는 것으로 보인다. 대상판결에서 운전자 을은 신분자인 운전'업무자'이고, 팀장 갑은 비신분자이지만 운전 '업무자'와는 별도로 '다른 업무자'로서 고유의 업무상 과실이 인정되기 때문이다.

Ⅳ. 처벌특례의 인적 적용범위

1. 특례의 내용

교특법상 운전자에게 적용되는 처벌의 특례는 2가지가 있다. 하나는 반의사불벌의 특례(제3조 제2항 본문)이고, 다른 하나는 종합보험가입의 특례(제4조 제1항 본문)이다. 즉, 교특법 제3조 제2항 본문에 의하면, "차의 교통으로 제1항의 죄 중 업무상과실치상죄 (중략) 또는 도교법 제151조의 죄를 범한 '운전자에 대하여'는 피해자의 명시한 의사에 반하여 공소를 제기할 수 없다." 제4조 제1항 본문에 의하면, "교통사고를 일으킨 차가 (중략) 보험 또는 공제에 가입된 경우에는 제3조 제2항의 본문에 규정된 죄를 범한 차의 '운전자에 대하여' 공소를 제기할 수 없다." 법문상 위 제3조 제2항 및 제4조 제1항은 '운전자에 대하여' 특례를 규정하고 있음은 분명하다.

여기서 공동정범이 성립한다면 그 공동정범에게도 위 특례가 적용되는지 여부가 문제된다. 그런데 이 문제는 과실범의 공동정범 성립을 부정하는 통설의 입장에서는 아예 문제조차 될 수 없는 쟁점이고, 나아가 친고죄에서의 주관적 고소불가분의 원칙이 반의사불벌죄의 경우에도 준용된다는 적극설의 입장에서도 역시 별로 문제되지 않는 쟁점이다.

2. 특례의 인적 적용범위

(1) 반의사불벌의 특례(제3조 제2항 본문)

비신분자에게 공동정범이 성립하면, 신분자에 대한 소극적 소송 조건 또한 그 공동정범에게 적용되는 것은 당연한 이치이다. 따라서 제3조 제2항 본문의 반의사불벌의 특례는 법문상 "운전자에 대하여" 라고 규정되어 있지만 그 운전자 아닌 공동정범에게도 적용되는 것은 법리상 당연하다. 즉, 교특법위반죄는 운전자는 물론 그 공동정범에 대해서도 반의사불벌죄가 된다.

다만 반의사불벌죄의 경우 친고죄에서의 공범 상호간에 대한 주관적 고소불가분의 원칙이 적용되는지 여부가 문제된다. 이에 대해 견해의 대립이 있는데, 적극설은 처벌불원과 고소취소는 그 내용이 같으며, 친고죄와 달리 반의사불벌죄의 경우에 유독 피해자가 지정한 범인만 불처벌하도록 한다면 피해자의 자의에 의하여 국가형벌권의 행사가 좌우되는 불공평한 결과가 발생할 수 있다는 점을 이유로 반의사불벌죄의 경우에도 주관적 고소불가분의 원칙을 준용한다.[52] 그러나 소극설은, 형사소송법상 친고죄의 고소불가분에 관한 규정을 반의사불벌죄에 준용할 것인지 여부는 입법정책의 문제인데, 반의사불벌죄에 대하여 이를 준용한다는 명문의 준용규정을 두고 있지 않고, 반의사불벌죄는 그 법익침해가 친고죄보다 더 중하여 특정 범인에 대하여만 처벌불원하는 피해자의 의사를 존중할 필요가 있으며, 피해변상 등의 합의가 이루어진 자와 그렇지 않은 경우를 차별적으로 취급하는 것이 피해자의 보호나 당사자간의 개인적 차원에서의 분쟁해결을 위해서 바람직하다는 점을 들어 주관적 불가분의 원칙을 적용하지 않는다(다수설).[53] 판례는 부정설의 입장으로, '입법의 불비로 볼 것은 아니다'[54]고 한다.

---

52) 신동운, 신형사소송법, 법문사, 2008, 150면 등.
53) 주석형사소송법(II)(제4판), 한국사법행정학회, 2009, 430면 이하 참조.
54) 대법원 1994. 4. 26. 선고 93도1689 판결("형사소송법이 제233조에서 고소와 고소취소의 불가분에 관한 규정을 함에 있어서는 반의사불벌죄에 이를 준용하는 규정을 두지 아니한 것은, 처벌을 희망하지 아니하는 의사표시나 처벌을

판례에 따르면, 반의사불벌죄에서는 친고죄와 달리 공범 중 일부에 대한 피해자의 가분적 취급이 허용된다는 것이다. 따라서 공동정범 중 일부에 대한 피해자의 처벌불원의 의사표시는 그 효력이 다른 공범자에게 미치지 않는다. 신분자인 운전'업무자'와 비신분자(비운전자) 사이의 공동정범인 경우[사례1, 사례2]는 물론이거니와, 심지어는 공동운전자인 경우[사례3-①] 또는 비운전자라도 운전자와 함께 '기능적 운전지배'의 경우[사례3-②]에도 그 공동정범에 대한 가분적 취급, 즉 공동정범의 일부에 대한 피해자의 처벌불원의 의사표시는 그 효력이 다른 공범자에게 미치지 않는다.

(2) 종합보험가입의 특례(제4조 제1항 본문)

1) 그런데 제4조 제1항 본문의 종합보험가입의 특례 역시 그 인적 적용범위에 대해 법문상 "운전자에 대하여"라고 규정되어 있는데, 이 경우에 운전자는 물론 비운전자라도 공동정범 전부에 대하여 위 특례가 당연히 적용되는지 여부가 문제될 수 있다. 이를 긍정하는 견해가 있다. 즉, 교특법 제3조 제1항의 공동정범인 경우에는 제4조 제1항의 운전자에 해당하는 것으로 확대해석하는 것이 타당하다는 견해[55]로서, 그 논거로, ㉠ 자동차손해배상보장법 제2조 제4호는 "운전자란 '다른 사람을 위하여 자동차를 운전하거나 운전을 보조하는 일에 종사하는 자'를 말한다."고 규정되어 있는 점, ㉡ 국가형벌권의 남용으로부터 시민의 자유와 권리를 보호하고 형법 이전의 사회규범이나 법규범으로 피해자를 보호하면서 사회적 갈등을 원만히 해결할 수 있는 경우에는 형법의 투입을 자제해야한다는 점 등을 들고 있다. 그러나 교특법과 달리 자동차손해배상보장법은 입법목적이 '손해배상을 보장하는 제도를 확립하여 피해자를 보호' 등에 있는 것[56]이므로, 제4조 제1항의 적

희망하는 의사표시의 철회에 관하여 친고죄와는 달리 공범자간에 불가분의 원칙을 적용하지 아니하고자 함에 있고, 입법의 불비로 볼 것은 아니다"); 대법원 1999. 5. 14. 선고 99도900 판결.
55) 최석윤, 앞의 글, 75~76면.
56) 제1조(목적) 이 법은 자동차의 운행으로 사람이 사망 또는 부상하거나 재물이

용범위를 확대하는 근거로 삼기에는 난점이 있다.

　　2) 교특법은 그 입법취지가 사고운전자에 대한 형사처벌의 특례를 정하는 데에 초점이 맞추어져 있는 것은 사실이다. 그러나 교특법은 그 처벌특례와 관련하여 형법체계상 문제점을 비롯하여 여러 문제점이 지적되고 있다. 즉, 일반 과실범 중 유독 교통사고에 대하여만 처벌의 특례를 인정함으로써 다른 과실범과 균형을 잃고 있고, 형법상 가장 중요한 과실범규정인 제268조를 형해화하였다는 것이다. 또한 형사처벌의 면제로 인한 해방감에서 비롯되는 사고의 급증·인명경시 풍조·난폭운전 등 부작용이 있고, 현행 보험제도의 실태에 비추어 충분한 보상이나 공정한 보상이 기대되기 어려워 피해자보호의 측면에서 중대한 문제점이 노출되고 있으며, 종합보험가입만으로 형사처벌이 면제되자 사고운전자가 피해자에 대해 죄의식을 느끼지 못한다거나 인간적인 미안함조차 갖지 않는 심각한 사회도의적 측면에서의 문제점도 지적된다.57) 이러한 문제점을 감안한다면 보험특례의 인적 적용범위를 확장하고자 하는 노력에는 그 한계가 있을 것이다.

　　오히려 법리적으로만 본다면 보험특례의 인적 적용범위는 문언 그대로 '운전자에 대하여'만 제한되는 것으로 해석된다.

　　① 우선 교특법상 처벌특례에 관한 한 소극적 소송조건의 측면에서 볼 때, 제3조 제2항 본문과 제4조 제1항 본문의 관계는 원칙과 예외의 관계에 해당한다. 즉, 제4조 제1항 본문은 "교통사고를 일으킨 차가 (중략) 보험 또는 공제에 가입된 경우에는 '제3조 제2항의 본문'에 규정된 죄를 범한 차의 '운전자에 대하여' 공소를 제기할 수 없다."는 것으로, 그 입법형식이 제3조 제2항을 전제로 하고 있다. 그 문언상 교특법의 형사처벌 특례는, 우선 제3조 제2항 본문에서 반의사불벌죄로서 '피해자의 명시한 의사'를 소극적 소송조건으로 하는 규정을

멸실 또는 훼손된 경우에 손해배상을 보장하는 제도를 확립하여 피해자를 보호하고, 자동차사고로 인한 사회적 손실을 방지함으로써 자동차운송의 건전한 발전을 촉진함을 목적으로 한다.

57) 이주원, 앞의 책, 106면 참조.

원칙규정으로 두고, 제4조 제1항 본문에서 그러한 피해자의 의사와 관계없이 그에 대한 일종의 예외로써 '종합보험의 가입'을 소극적 소송조건으로 추가 규정한 구조를 갖는 셈이다. '원칙의 해석은 가급적 너그럽게, 예외의 해석은 가급적 엄격하게'라는 것이 일반적인 법해석인데, 피해자의 의사재량의 예외 영역을 좁게 해석하는 것이 아니라 오히려 넓히는 해석은 논리에 반한다.58)59)

② 반의사불벌죄의 경우 친고죄에서의 고소불가분의 원칙이 준용되지 않는다는 판례의 입장에 따른다면, 공동정범의 일부에 대한 피해자의 가분적 취급이 허용된다는 것인데, 그 취지가 보험특례의 해석에서도 그대로 작용해야만 논리적으로 일관된다. 즉, 운전자와 비운전자는 구분되므로 보험특례의 해석에서도 그 가분적 취급이 마찬가지로 가능하다.60)

③ 교특법은 일반 업무상과실치상죄 중 유독 교통사고의 운전자에 대해서만 특례를 인정하는 것으로, 다양한 형태로 과실범의 공동정범이 가능한 비운전자에 대해 보험특례가 적용되지 않는다는 것은 결국 형법상 업무상과실치상죄의 처벌원칙이 특별법 적용에서도 그대로

---

58) "예외는 좁게 해석해야 한다."(singularia non sunt extendenda)라는 제한원리가 보험특례의 해석에서는 작용해야 한다.

59) 물론 제4조 제1항의 보험특례는 그 존부 판단이 제3조 제2항의 반의사불벌의 특례에 선행하는 것이지만, 이러한 사정이 위와 같은 해석에 영향을 미치지는 못한다. 이것은 종합보험의 가입 여부가 교통사고 당시의 '상태' 문제이고, 피해자의 처벌불원의 의사가 교통사고 이후 어느 시점에서 그 의사의 '표시' 문제이기 때문에 생기는 현상에 불과하기 때문이다.

60) 이와 달리, 대법원 1999. 5. 14. 선고 99도500 판결은, 반의사불벌죄로 규정되어 있는 부도수표발행으로 인한 부정수표단속법위반죄의 경우에, 공범 중 일부에 의하여 그 수표가 회수되었다면 그 효력은 회수 당시 소지인의 의사와 관계없이 다른 공범자에게도 당연히 미친다는 입장이다. 판례는 그 논거로, ① 부정수표가 회수되면 그 회수 당시의 소지인은 더 이상 수표상의 권리를 행사할 수 없게 되는 점, ② 부정수표가 그 공범에 의하여 이미 회수된 경우에는 그 수표에 관한 한 처벌을 희망하지 아니하는 의사를 표시할 수 있는 수표소지인은 더 이상 존재하지 아니하게 되는 점, ③ 부수법 제2조 제4항의 규정 형식상 '수표소지인의 명시한 의사'는 수표를 회수하지 못하였을 경우에 소추조건이 되도록 규정되어 있는 점 등을 들고 있다.

관철된다는 것을 의미한다.

④ 보험특례는 법문상 운전자에게만 인정되는 특례이므로, 비운전자에게는 공동정범이라고 하더라도 당연히 그 특례가 적용되는 것은 아니다. 운전자 그 자체가 신분이 아니라는 점은 앞서 본 바와 같으므로, 운전자라는 사실 그 자체가 친족상도례처럼 인적 처벌조각사유가 될 수는 없다. 그러나 운전자 그 자체가 인적 처벌조각사유는 아니지만 '종합보험의 가입'이 운전자에 대한 관계에서 소극적 소송조건이라는 점에서는 '신분'이 인적 처벌조각사유로서 소극적 처벌조건(형면제사유) 내지 소극적 소송조건(친고죄에서 적법한 고소의 부존재)이라는 점과 그 논리구조가 유사한 측면이 있다. 즉, 친족상도례에서 인적 처벌조각사유의 인적 적용범위(친족)에 대한 논의는 교특법상 처벌특례에서 보험특례 규정의 인적 적용범위(운전자)에 대한 논의에 참고가 될 수는 있다. 공동정범 관계에 있더라도, 인적 처벌조각사유가 비신분자(비친족)에게 적용되지 않는 것처럼, 교특법상 보험특례 역시 비운전자에 대해서는 적용되지 않는다고 하는 것이 논리적이다.

⑤ 입법상의 문제점도 감안되어야 한다. ㉠ 교특법은 그 입법과정에서 종합보험의 가입으로 운전자에 대한 피해자의 처벌불원의사표시를 대체하는 것은 법이론적으로도 문제가 있는 것으로 지적된 바 있다.61) ㉡ 사실 반의사불벌죄는 피해자의 의사를 존중하여 국가형벌권의 발동을 피해자의 의사에 종속시키는 범죄인데, 보험특례 규정은 피해자의 의사와 관계없이 심지어는 피해자의 의사에 반하더라도, 피해자와 가해자의 형사법적 관계를 피해자와 보험자의 민사법적 관계로 치환을 결과적으로 강제한다는 문제가 있다. 사적 보험의 존재가 피해

---

61) 원래 교특법 제정 당시 국회에 제출된 법안에는 그 제4조에서 교통사고를 일으킨 제차가 보험 또는 공제에 가입된 경우에는 '운전자의 처벌을 원하지 아니하는 피해자의 명시한 의사가 있는 것으로 의제'하였으나 이는 피해자의 의사를 의제한다는 점에서 법이론상 타당성을 결하고 있다는 이유로 그러한 경우에는 당해 제차의 운전자에 대하여 공소를 제기할 수 없는 것으로 수정한 바 있다(손기식, "교통사고처리특례법의 물적·장소적 적용범위", 법조, 제443호, 법조협회, 1993, 15면 참조).

자의 불원의사를 일반적으로 대체한다고 할 수는 없을 것이다. ㉢ 그
리고 종국적 전액보상이 곧 피해자의 불원의사라는 등식이 성립하는
것은 아니며, 이러한 점은 치상사고에서는 더욱 크게 부각되지만 대물
사고에서도 그 정도만 다를 뿐 마찬가지이다.[62] ㉣ 현행 보험제도의
실태에 비추어 충분한 보상이나 공정한 보상이 항상 기대되는 것도
아니라는 점에서 피해자보호 측면의 문제점도 있다.[63]

　3) 여기서 운전자는, 자동차의 경우 결국 '운전석에 앉아서 운전하
는 사람'을 의미한다. 도교법상 '운전'이란 '도로에서 차마를 그 본래의
사용방법에 따라 사용하는 것(조종을 포함)'을 말하고(제2조 제26호), '자
동차'란 '원동기를 사용하여 운전되는 차'를 말하므로, 원동기를 사용
하여 그 본래용법에 따라 목적적 조종을 하는 사람은 결국 '운전석에
앉아서 운전하는 사람'이 될 수밖에 없다. 경우에 따라서는 운전석에
앉지 않고 운전하는 경우를 전혀 예상할 수 없는 것은 아니지만, 적어
도 목적적 조종이라는 '기계적 조작행위의 기능적 분담'이 있어야 할
것이다. 따라서 [사례3-①②] 유형 가운데서도 운전행위 자체에 대한
기능적 분담이 있는 경우(기능적 운전지배에 의한 '공동운전자')에는 그
에 한하여 보험특례의 적용대상인 운전자에 포함시키는 것은 무방하
다고 본다.

V. 대상판결의 검토

1. '운전자'에 대한 부분

(1) 처벌특례의 적용

피고인 乙은 위 트럭의 운전자로서, 교통상태라는 객관적 행위상

---

62) 도교법 제151조(업무상과실재물손괴)의 죄는 진정신분범인 점도 감안되어야
　　한다.

63) 종합보험가입의 특례는 유독 교특법에만 특유한 것으로, 의료사고의 경우에
　　대한 "의료사고 피해구제 및 의료분쟁 조정 등에 관한 법률"에서도 이러한
　　보험특례는 인정하지 않고 있다(제51조 ①·②항).

황에서 업무상 과실치상의 죄를 범한 경우에 해당하므로, 위 차가 교특법 제4조 제1항의 종합보험에 가입된 사실이 증명되고 위 차량의 운전자에 해당하는 이상 처벌특례(특히 보험특례)의 적용대상이 된다. 피고인 乙이 형법상 업무상과실 치상죄로 공소제기되었든 교특법위반죄로 공소제기되었든 관계없이, 교특법 제4조 제1항 본문의 특례적용을 위한 요건이 구비된 이상 위 특례는 적용된다. 제1심판결은 일반법인 업무상과실치상죄로 공소제기되었음에도 불구하고 직권으로 특별법인 교특법위반죄로 인정하였는데, 이는 양 죄의 법정형이 동일한 점, 단지 피고인에게 교특법상 처벌특례의 적용을 위한 전제로써 한 것이라고 보이는 점 등 수긍할 바가 없지는 않지만,[64] 굳이 교특법위반죄를 인정하지 않더라도 교특법상의 처벌특례의 적용은 얼마든지 가능하다는 점에서 공소장에 기재된 공소사실과 다른 죄명과 범죄사실로 굳이 인정할 필요는 없었을 것으로 보인다. 대상판결은 이점은 지적하지 아니한 채 제4조 제1항을 적용하여 乙에 대한 공소를 기각한 제1심과 이를 유지한 제2심의 결론을 그대로 받아들이고 있다.

(2) 자동차 화물낙하사고(단서 제12호)의 신설

1) 2016. 12. 2. 개정된 교특법은 단서 제12호에 자동차의 화물낙하 방지의무를 위반하여 발생한 사고를 예외사유의 하나로 신설하였다(2017. 12. 3. 시행). 즉, 도로교통법 제39조 제4항[65]을 위반하여 자동차의 화물이 떨어지지 아니하도록 필요한 조치를 하지 아니하고 운전

---

64) 대법원 2006. 4. 14. 선고 2005도9743 판결("어느 범죄사실이 일반법과 특별법에 모두 해당하는 경우라 하여도 검사가 형이 보다 가벼운 일반법의 죄로 기소하면서 그 일반법의 적용을 청구하고 있는 이상 법원은 형이 더 무거운 특별법을 적용하여 특별법위반의 죄로 처단할 수는 없지만, 이러한 경우가 아니라면 공소장의 적용법조의 오기나 누락으로 잘못 기재된 적용법조에 규정된 법정형보다 법원이 그 공소장의 적용법조의 오기나 누락을 바로잡아 직권으로 적용한 법조에 규정된 법정형이 더 무겁다는 이유만으로 그 법령 적용이 불고불리의 원칙에 위배되어 위법하다고 할 수 없다") 참조.

65) "모든 차의 운전자는 운전 중 실은 화물이 떨어지지 아니하도록 덮개를 씌우거나 묶는 등 확실하게 고정될 수 있도록 필요한 조치를 하여야 한다."

한 경우를 예외사유의 하나로 새롭게 규정하였다.[66]

2) 본건의 경우 개정 교특법의 시행 이후의 사고라고 하더라도, 단서사유에 해당할 여지는 없으므로 특례의 적용대상이 될 것으로 보인다.

첫째, 위 단서사유는 그 '운전 중' 실은 화물이 떨어지지 아니하도록 필요한 조치를 할 것이 요구되므로, 운전 중의 낙화사고만이 그 적용대상이다. 그런데 대상판결의 경우 '운전'에는 해당하지 않는 것으로 보인다. 즉 대상판결의 경우 정차한 다음 1-2분 사이에 발생한 사고로 사고 당시 乙은 아직 시동을 끄지 않은 채 운전석에 앉아 있었다는 것이므로, 상차작업을 위해 정차하였고 정차한 이후 1-2분 지난 점을 감안하면, 동력전달장치의 해제 및 고정장치의 조작을 완료[67]한 것으로 보이기 때문이다. 한편, 도교법상 운전이 아니라고 하여도 교특법상 '교통' 개념에는 포함되는지 여부는 별개의 문제인데, 대상판결의 경우 정차 중 사고라도 정차에 관한 주의의무위반으로 인한 것이므로, '운전과 밀접하게 관련된 행위'로서 '교통'상황에 해당하는 것으로 평가함에는 별다른 문제가 없다.[68]

둘째, 위 단서사유는 단서의 규정형식이 '도교법 …을 위반하여'라는 것이므로 도로에서의 사고에 제한된다.[69] 그런데 대상판결의 경우 사고장소가 도로 아닌 곳이므로, 설령 운전 중이라고 하더라도 역시 위 단서사유의 적용대상이 아닌 것으로 보인다. 즉 대상판결의 경우 사고장소가 '오리농장 축사 5동 앞에서 4동 앞으로 약 10m 정도 이동하여 정차한 곳'이므로, 일반 교통에 사용되는 공개된 공공성 있는 장

---

66) 이는 자동차의 낙화물 발생건수가 고속도로에서만 연간 20만건 이상으로 집계되고 있으며, 이러한 낙화물이 다수의 교통사고의 원인이 되어 국민의 생명과 재산의 피해를 발생시키고 있음을 감안하여, 반의사불벌의 특례를 배제하고 피해자의 의사에 상관없이 공소를 제기할 수 있도록 함으로써 가해자에 대한 처벌을 강화하려는 취지이다.

67) 이주원, 앞의 책, 19면 참조.

68) 이주원, 위의 책, 110면 이하 참조.

69) 이주원, 위의 책, 135, 207면.

소(도교법상 '도로')가 아니라 오리농장 주인의 자주적 관리 장소('사적 영역')로 보인다.

따라서 단서사유에 해당할 여지가 없으므로 특례가 적용되고, 대상판결과 동일한 결론에 이를 것으로 보인다.

2. '운전자 아닌 자'에 대한 부분

(1) 처벌특례의 적용 여부

1) 대상판결의 경우 피고인 甲은 작업팀장으로 위 트럭의 운전자인 을과 사이에 '다른 업무자'에 해당하는 것으로 보인다. 그런데 대상판결은 다른 업무자에 대해서 교특법위반죄(또는 형법상 업무상과실치상죄)의 공동정범이 성립되는지 여부, 나아가 그 공동정범이 성립하는 경우 반의사불벌의 특례(제3조 제2항 본문)가 비운전자(다른 업무자)에게도 적용되는지 여부 등에 대해서는 아무런 언급이 없다.

2) 대상판결은 단순히 작업팀장 甲은 '특례법이 적용되는 운전자라 할 수 없고, 형법 제268조의 업무상과실치상의 죄책을 진다'라고만 판시하고만 있다. 그런데 몇 가지 의문이 있다.

첫째, 교특법의 경우 제3조 제1항의 구성요건은 운전자 아닌 자에게도 적용되고, 제3조 제2항 본문의 반의사불벌 특례 부분 또한 운전자 아닌 자에게도 적용되므로, 이는 정확한 판시라고 보기 어렵다. 다만 그 바로 다음의 문단의 '특례법 제4조 제1항 (중략)에 관한 법리를 오해하여'라는 판시 부분과 연결하여 이해하면, 여기서의 특례법이란 '특례법 제4조 제1항'을 뜻하는 것으로 보이는데, 이와 같이 '특례법 제4조 제1항이 운전자에게만 적용된다'는 취지의 판시라면, 이는 타당한 법리를 확인한 의미는 있다고 하겠다.

둘째, 만일 이와 달리 대상판결의 위 부분이 '특례법이 운전자에게만 적용되고, 운전자 아닌 자는 형법 268조가 적용된다'는 취지라면, 이는 과실범의 공동정범 성립을 인정하는 기존의 판례 입장이나 '교통'상황에 대한 법리적 이해가 비운전자에게 미치는 법리적 영향을 전혀 고려하지 않았거나 이를 전혀 의식하지 못한 것으로서 매우 잘못되거나 무책임한 판시라는 비판도 가능하다. 물론 그렇지는 않겠지만 오해의 소지가 있는 것은 사실이다. 다만 일반법과 특별법 모두에 해당하는 하나의 범죄사실에 대하여 일반법을 적용하여 기소한 것을 (법원이) 특별법을 직권으로 적용하여 판단할 수 없다는 점을 간접적·묵시적으로나마 전제한 것이라면 그 범위 내에서 선해할 수는 있을 것이다.

(2) 보험가입 특례의 적용배제

결국 대상판결은 비운전자에 대한 보험특례의 적용배제, 즉 종합보험의 가입이 비운전자에게는 효력을 미치지 않는다는 점만은 확인해 주고 있는 것으로 평가된다. 다만 그러한 취지의 선언만 있고 구체적인 논증이 결여된 점은 아쉬우나, 적어도 이점에서 만큼은 반의사불벌죄에서는 주관적 고소불가분 원칙이 준용되지 않는다는 종래의 확립된 판례 입장의 연장선상에 있다고 생각된다.

판례와 같이 서로 다른 업무상 과실이 경합 또는 중첩된 경우이든 누적적 인과관계에 의한 경우이든 폭넓게 과실범의 공동정범을 인정한다면, 다양한 행위상황이나 다수 관여자의 가담정도 및 과실정도가 상이한 경우에 피해자의 의사를 최대한 존중한다는 측면에서, 제4조 제1항 본문에 규정된 '운전자'라는 문언의 인적 적용범위를, 해석에 의해 확장하는 것이 반드시 타당하다고 할 수만은 없을 것이다.

VI. 결 론

교특법위반죄와 도교법 제151조의 죄에 관한 한 운전자는 '운전하는 사람 또는 운전한 사람'을 의미한다. 이는 보다 더 압축적 표현을 선호하는 입법자의 입법기술상 효율성에 기인한 것으로, '누구든지 운전하는 기회에 또는 운전 중에'(제3조 제1항, 도교법 제151조의 경우) 내지 '운전하는 사람 또는 운전한 사람'(제3조 제2항, 제4조 제1항의 경우)라는 서술적 문구보다는 '운전자'라는 압축적 표현을 선호한 결과로 이해하여야 한다.[70]

교특법위반죄는 부진정신분범이고, '교통' 상황은 처벌조건으로 이해되며, 도교법 제151조의 죄는 진정신분범으로 파악된다. 1) 신분자인 운전'업무자'에 비신분자인 단순 비운전자(비업무자)가 가공한 경우[사례1] 비신분자에게도 교특법위반죄의 공동정범이 성립하고(제33조 본문), 형법상 (단순) 과실치상죄의 형으로 처벌된다(제33조 단서). 2) 신분자인 운전'업무자'에 비신분자인 비운전자(다른 업무자)가 가공한 경우[사례2] 비신분자에게도 비신분자에게도 다른 업무자로서의 신분이 인정되므로, 비신분자에게도 교특법위반죄의 공동정범이 성립하고 그 법정형으로 처벌된다(제33조 본문). 비신분자은 운전'업무자'와는 별도로 다른 업무자로서 고유의 업무상 과실이 있으므로, 형법상 업무상과실치상죄의 공동정범도 성립할 수 있는데, 형법 제268조에 대한 관계에서 교특법 제3조 제1항은 특별관계에 있기 때문이다. 대상판결의 사안은 [사례2] 의 경우에 해당한다. 여기서 처벌조건인 '교통'상황의 존재 및 소추조건인 '12개 예외사유'의 존재는 신분자인 운전'업무자'에게만 인정되면, 비신분자에게도 당연히 교특법위반죄의 공동정범이 성립한다.

그 당연한 결과로써 비신분자에게도 교특법 제3조 제2항 본문의 반의사불벌의 특례 또한 적용된다. 다만 반의사불벌죄의 경우 고소불가분 원칙이 준용되지 않으므로, 공동정범 중 일부에 대한 피해자의 처벌불원의 의사표시는 그 효력이 다른 공범자에게 미치지 않는다. 신분자인 운전'업무자'와 비신분자(비운전자) 사이의 공동정범인 경우[사례1, 사례2]는 물론이거니와, 심지어는 공동운전자인 경우[사례3-①] 또는 비운전자라도 운전자와 함께 '기능적 운전지배'의 경우[사례3-②]에도

---

70) 한상훈, 앞의 글, 133면 참조.

그 공동정범에 대한 가분적 취급, 즉 공동정범의 일부에 대한 피해자의 처벌불원의 의사표시는 그 효력이 다른 공범자에게 미치지 않는다.

그러나 종합보험가입의 특례는 인적 적용범위가 문언 그대로 '운전자에 대하여'만 제한되는 것으로 해석된다. 여기에서는 "예외는 좁게 해석해야 한다"(singularia non sunt extendenda)라는 제한원리가 작용해야 한다. 다만 [사례3-①②] 유형 가운데서도 운전행위 자체에 대한 기능적 분담, 즉 목적적 조종이라는 '기계적 조작행위의 기능적 분담'이 있는 경우(기능적 운전지배에 의한 '공동운전자')에는 그에 한하여 보험특례의 적용대상인 운전자에 포함시키는 것은 무방하다고 본다.

[주 제 어]
교통사고처리특례법, 부진정신분범, 과실범의 공동정범, 반의사불벌죄, 종합보험가입의 특례

[Key Words]
Act on Special Cases concerning the Settlement of Traffic Accidents, Non-real Status Crime, Co-principals of Crimes of Negligence, Offence which cannot be prosecuted against the clearly expressed intention of the victim, Special cases of comprehensive insurance coverage

접수일자: 2018. 5. 9. 심사일자: 2018. 5. 31. 게재확정일자: 2018. 6. 5.

[참고문헌]

김성돈, 형법총론(제3판), 성균관대학교 출판부, 2014.

_____, 형법각론(제4판), 성균관대학교 출판부, 2016.

김일수, 한국형법Ⅲ[각론상], 박영사, 1997.

김태명, 판례형법총론(제2판), PNC미디어, 2016.

김희옥 외 2인(편집대표), 주석형사소송법(Ⅱ)(제4판), 한국사법행정학회, 2009.

신동운, 간추린 신형사소송법(제9판), 법문사, 2017.

_____, 신형사소송법, 법문사, 2008.

오영근, 형법총론(제3판), 박영사, 2014.

이재상/장영민/강동범, 형법총론(제9판), 박영사, 2017.

이주원, 특별형법(제5판), 홍문사, 2018.

大塚仁외 3인, 大コンメンタール 刑法(제2판), 제11권, 靑林書院, 2002.

김이수, "부정수표단속법 제4조의 허위신고죄의 주체", 대법원판례해설 통권 제18호(1992년 하반기), 법원도서관, 1993.

김혜경, 자수범에 관한 연구, 연세대학교 법학박사학위논문, 2006.

백원기, "신분과 공범의 성립", 형사판례연구(6), 박영사, 1998.

손기식, "교통사고처리특례법의 물적·장소적 적용범위", 법조, 통권 제443호, 법조협회, 1993, 8.

손동권, "형법 제33조에 관한 연구", 일감법학 제5권, 건국대학교 법학연구소, 2000, 12.

이승호, "가벌요건의 문제점과 해결방향", 형사법연구 제12호, 한국형사법학회, 1999. 11.

_____, "과실범의 공동정범에 관한 판례의 검토와 학설의 정립", 형사법연구 제47호(제23권 제2호), 한국형사법학회, 1999. 11.

이용식, "과실범의 공동정범", 현대 형법이론 Ⅱ, 박영사, 2008.

최석윤, "교통사고처리 특례법에서 교통사고의 의미와 운전자의 범위", 비교형사법연구 제19권 제3호, 한국비교형사법학회, 2017. 10.

최준혁, "동승자가 특가법상 도주차량죄의 공동정범이 될 수 있는가? ─ 도
　　주차량죄의 구조에 대한 해석론 ─", 비교형사법연구 제19권 제4호, 한
　　국비교형사법학회, 2018. 1.

한상훈, "결합범의 구조와 신분범과의 관계 ─ 준강도죄와 강도강간죄를 중
　　심으로 ─", 법조 통권 제580호, 법조협회, 2005. 1.

한정환, "지배범, 의무범, 자수범", 형사법연구 제25권 제2호, 한국형사법학
　　회, 2013.

[Abstract]

Personal application scope of Act on Special Cases concerning the Settlement of Traffic Accidents

Rhee, Joo-Won*

Article 3(1) of the Act on Special Cases concerning the Settlement of Traffic Accidents (hereinafter 'Traffic Special Act') provides that "A driver of a vehicle who commits a crime provided for in Article 268 of the Criminal Act by reason of a traffic accident shall be punished by imprisonment without prison labor for not more than five years or by a fine not exceeding 20 million won". This regulates Non-real Status Crime, and 'traffic' stipulated herein is interpreted as objective circumstances of conduct. Additionally, driver stipulated in the Traffic Special Act seems to be defined as 'a person driving or who has driven.' This stems from legislator's preference for compressed expression in terms of legislative technical efficiency. It is understood to be the result of preference for 'driver', which is a compressed expression, rather than the descriptive phrase such as "anyone who is under the circumstances of operating a vehicle or driving" (Article 3(1) of the Traffic Special Act, Article 151 of the Road Traffic Act is identical) or "anyone who is driving or have driven" (Article 3(1) & 4(1) of the Traffic Special Act).

The background of the subject judgment corresponds to [Case 2] where a non-driver (different occupation), who is a person lacking status, collaborates with an 'occupational' driver, who is a person with status. In this case non-driver, who lacks the status as an 'occupational' driver, has a status for a different occupation, and consequently shall be punished according to the statutory penalty for Co-principals of Traffic Special Act

---

* Professor, School of Law, Korea University.

along with the person with status as 'occupational' driver (Article 33 of the Criminal Act). The reason is that the person lacking status has its own unique occupational negligence derived from the different occupation apart from the occupational driver, being guilty as Co-Principals of Bodily Injury by Negligence of the Criminal Act - Article 3 of the Traffic Special Act supercede Article 268 of the Criminal Act based on the existence of special relation. As regards to the contravention of Article 3(1) of the Traffic Special Act, where 'traffic' situation, which is the condition of punishment, and 12 exception clauses, which are the conditions of prosecution, exist only in respect of occupational driver, the person lacking such status also is inevitably guilty for Co-Principals of Traffic Special Act.

As an inevitable outcome, Article 3(2) of the Traffic Special Act, which is a special case of non-prosecution against the clearly expressed intention of the victim, also applies to the person lacking such status. However, since the Principle regarding the Indivisibility of Criminal Complaint does not apply to an offence which cannot be prosecuted against the clearly expressed intention of the victim, declaration of an injured party of his/her intention not to prosecute two or more Co-Principals does not take effect in respect to the other accomplices.

Therefore, Article 4(1) of the Traffic Special Act, stipulating special cases of comprehensive insurance coverage, is interpreted to limit the scope of personal application to only 'driver' according to its literal reading. "Exceptions must be interpreted narrowly"(ingularia non sunt extendenda), which is a principle of limitation, must apply to the above.

The subject judgment is evaluated to confirm the non-application of the special cases of insurance to non-driver, i.e. comprehensive insurance coverage not taking effect to non-driver. This point is at least considered to be in line with the established precedent that the principle of Subjective Indivisibility of Criminal Complaint shall not apply mutatis mutandis to offence which cannot be prosecuted against the clearly expressed intention of the victim. Nonetheless, it is extremely regrettable that the subject judgment only declares such purport without any detailed grounds.

2017년도 형법판례 회고

오 영 근*

Ⅰ. 머리말

2017년 선고된 대법원형사판결 중 2018. 2. 3. 현재 대법원 종합법률정보 사이트[1])에 등록되어 있는 대법원 형사판례는 모두 110건이다.[2]) 이것은 2016. 1. 1.~12. 15.까지 등록된 154건에 비해 현저히 줄어든 것이다. 또한 이전에 비해 등록된 하급심판결의 수도 많이 줄어들었고, 등록된 판결들을 소개하는 방식도 2016년도 비해 불편해진 느낌이 있다. 앞으로는 모든 대법원판결을 등록하고 하급심판결의 등록범위도 늘려야 할 필요가 있다. 우선적으로는 등록되어 있는 대법원판결들만이라도 그 하급심판결들과, 대법원에서 파기환송하거나 파기이송한 경우 파기환송이나 파기이송된 사건에 대한 하급심의 판결들을 등록해야 할 필요가 있다. 그래야 대법원판례에 대한 좀더 정확한 평석이 이루어질 수 있을 것이다.

위 법률정보사이트에 등록되어 있는 110건의 대법원 형사판결 중 전원합의체 판결은 모두 5건이다.[3]) 이 중 3건의 판결은 관여법관의

---

* 한양대학교 법학전문대학원 교수.
1) http://glaw.scourt.go.kr/wsjo/panre/sjo060.do#1483080591481, 2017. 1. 8. 검색.
2) 이때에는 2017년 12월 21일까지 선고된 판결들만이 공개되었다.
3) 이것 이외에 대법원 전원합의체 형사소송법판결로서 군사법원과 일반법원의 재판권에 관한 결정이 있었다. 대법원 2016. 6. 16.자 2016초기318 전원합의체 결정.

의견이 일치하지 않아 전원합의체에서 판결을 한 것이고, 2건의 판결
은 종래 판례의 입장을 변경하기 위해 전원합의체에서 판결한 것이다.

　　대법원의 판례 중에는 변경을 요하는 판례들이 많은데 기존 판례
를 변경한 판례가 2건에 불과하다는 것은 실망스럽다고 할 수 있다.
예컨대 판례가 따르는 형법 제1조 제2항에 관한 동기설은 피고인에게
불리한 유추해석으로 죄형법정주의에 반한다. 2017년에도 "형벌법규
는 문언에 따라 엄격하게 해석·적용하여야 하고 피고인에게 불리한
방향으로 지나치게 확장해석하거나 유추해석하여서는 안 된다."고 한
판결이 여러 건 있고,[4] 형법 제1조 제2항의 적용여부에 대한 판결도 3
건이 검색되지만[5] 동기설을 그대로 답습하고 있다. 더욱이 종래의 입
장을 변경한 앞의 2건의 판결도 새로운 입장보다는 기존의 입장이 더
타당하다고 생각된다.

　　대법원은 구체적 타당성보다는 법적 안정성을 우선시해야 한다.
이를 위해서는 명확하고 일관된 해석원리를 제공해야 하는데, 아직도
그렇지 못한 경우가 많다. 예를 들어 판례는 어떤 경우에는 형벌법규
를 엄격하게 해석해야 하고 또 어떤 경우에는 체계적·논리적 해석
방법을 따라야 한다고 한다."고 하지만,[6] 그 명확한 기준은 제시하지
못하고 있다.

　　이하에서는 2017년 선고된 대법원판결 중 전원합의체 판결 5건과
대법원이 파기환송한 판결들을 중심으로 필자가 임의로 선정한 판결

---

4) 대법원 2017. 12. 21. 선고 2015도8335 전원합의체 판결; 대법원 2017. 12. 7. 선고 2017도10122 판결 등 2017년에 선고된 판결만 10개 이상이 검색된다.
5) 대법원 2017. 11. 28.자 2017모1990 결정; 대법원 2017. 5. 31. 선고 2017도2566 판결; 대법원 2017. 3. 16. 선고 2013도16192 판결.
6) 대법원 2017. 12. 7. 선고 2017도10122 판결. 형벌법규는 문언에 따라 엄격하게 해석·적용하여야 하고 피고인에게 불리한 방향으로 지나치게 확장해석하거나 유추해석하여서는 안 된다. 그러나 형벌법규를 해석할 때에도 가능한 문언의 의미 내에서 해당 규정의 입법 취지와 목적 등을 고려한 법률체계적 연관성에 따라 그 문언의 논리적 의미를 분명히 밝히는 그 규정의 본질적 내용에 가장 접근한 해석을 하기 위한 것으로 죄형법정주의의 원칙에 부합한다.

들에 대해 살펴보기로 한다.[7]

II. 대법원 전원합의체 판결

1. 처벌범위를 확장하는 시행령의 효력

— 대법원 2017. 2. 16. 선고 2015도16014 전원합의체 판결 —

(1) 판결요지

구 의료법 제41조가 "환자의 진료 등에 필요한 당직의료인을 두어야 한다."라고 규정하고 있을 뿐인데도 시행령 조항은 당직의료인의 수와 자격 등 배치기준을 규정하고 이를 위반하면 의료법 제90조에 의한 처벌의 대상이 되도록 함으로써 형사처벌의 대상을 신설 또는 확장하였다. 그러므로 시행령 조항은 위임입법의 한계를 벗어난 것으로서 무효이다.[8]

(2) 평 석

구 의료법 제41조와 관련하여 예컨대 당직의료인을 전혀 두지 않은 경우 대상판결의 별개의견은 처벌가능하다는 입장을, 다수의견은 — 분명하지는 않지만 — 처벌불가능하다는 입장을 취하는 것으로 보인다.

오늘날의 성문법주의는 성문'법률'주의, 즉 구성요건과 형벌을 가능한 한 '법률'의 수준에서 규정하고 될 수 있는 대로 하위법규에 위임하지 말아야 한다는 원칙을 강조하고 있다고 할 수 있다. 이러한 의미에서 별개의견보다는 다수의견이 더 타당하다고 할 수 있다.

2010. 6. 20. 개정의료법은 제41조를 다음과 같이 개정하여 논란의 불씨를 제거하였다.

---

7) 이 글에서 대상판결로 하는 판결들에 대한 좀더 자세한 평석은 로앤비 (http://www.lawnb.com/) 중 천자평석에 게재되어 있음.

8) 이 판결에는 별개의견이 있지만 소개를 생략하기로 한다.

2016. 12. 20. 개정 이전 법률	2016. 12. 20. 개정 법률
제41조(당직의료인) 각종 병원에는 응급환자와 입원환자의 진료 등에 필요한 당직의료인을 두어야 한다.	제41조(당직의료인) ① 각종 병원에는 응급환자와 입원환자의 진료 등에 필요한 당직의료인을 두어야 한다. ② 제1항에 따른 당직의료인의 수와 배치 기준은 병원의 종류, 입원환자의 수 등을 고려하여 보건복지부령으로 정한다.

2. 항공보안법 제42조에서 '항로'의 의미

— 대법원 2017. 12. 21. 선고 2015도8335 전원합의체 판결 —

(1) 사실관계 및 재판의 경과

항공기 1등석에 탑승한 피고인은 스튜어디스 A가 자신에게 견과를 대접하는 방식이 자기가 알고 있는 방법과 다르다는 이유로 심하게 화를 냈고, 객실사무장 B에게 '설명서를 제대로 모르는 승무원은 데리고 갈 수 없으니 당장 기장에게 비행기를 세우라고 연락하라'고 고함을 쳤다. 그 시간에 비행기는 탑승교로부터 분리되어 푸시백(Pushback, 계류장의 항공기를 차량으로 밀어 유도로까지 옮기는 것)으로 이동하던 중이었다. 비행기는 그때까지 약 22초간 17m가량 후진하였고, 계류장을 벗어나 유도로에 진입하지는 않은 상태였다. 기장 C는 B로부터 연락을 받고 공항 계류장 통제소의 승인을 받아 비행기를 다시 탑승구를 향해 이동시켰다.

피고인은 항공보안법 제42조의 항공기 항로변경죄(위계 또는 위력으로써 운항중인 항공기의 항로를 변경하게 하여 정상 운항을 방해한 사람은 1년 이상 10년 이하의 징역에 처한다)로 기소되었다.

제1심법원은 피고인에게 유죄를 선고하였으나, 항소심인 서울고등법원은 제1심판결을 파기하고 피고인에게 무죄를 선고하였다(서울고

법 2015. 5. 22. 선고 2015노800 판결).[9] 검사가 상고하였으나 대법원은
전원합의체에서 관여법관 10 대 3의 의견으로 상고를 기각하였다.

(2) 판결요지

[다수의견] 본죄의 객체는 '운항 중'의 항공기이다. 그러나 위계 또
는 위력으로 변경할 대상인 '항로'는 별개의 구성요건요소로서 그 자
체로 죄형법정주의 원칙에 부합하게 해석해야 할 대상이 된다. 항로가
공중의 개념을 내포한 말이고, 입법자가 그 말뜻을 사전적 정의보다
넓은 의미로 사용하였다고 볼 자료가 없다. 지상의 항공기가 이동할
때 '운항 중'이 된다는 이유만으로 그때 다니는 지상의 길까지 '항로'
로 해석하는 것은 문언의 가능한 의미를 벗어난다.

[반대의견] 승객이 탑승한 후 항공기의 모든 문이 닫힌 때부터 내
리기 위하여 문을 열 때까지 항공기가 지상에서 이동하는 경로는 항
공보안법 제42조의 '항로'에 포함된다고 해석하여야 한다.

(3) 평 석

다수의견보다는 반대의견이 더 타당하다고 생각된다. 반대의견이
제시하는 논거 이외에 다수의견의 문제점으로 다음과 같은 것들을 지
적할 수 있다.

첫째, 항로에 지상에서 이동하는 길을 포함시킨다고 하더라도 그
것이 문언의 가능한 의미를 벗어난 것이라고 볼 수는 없다. 즉, 지상
에서 이동하는 길을 포함시킬 것인지는 유추해석 여부의 문제가 아니
라 가능한 해석 중 어느 것이 더 타당한가의 문제라고 할 수 있다.

둘째, 다수의견은 국립국어원의 표준국어대사전이 항로를 '항공기
가 통행하는 공로(空路)'로 정의하고 있으므로, 국어학적 의미에서 항로
는 공중의 개념을 내포하고 있음이 분명하다고 한다. 그런데 위 표준

---

9) 그러나 항공기 안전운항을 저해하는 폭행으로 인한 항공보안법 위반, 업무방
   해, 강요 부분에 대하여는 제1심과 원심이 모두 유죄로 판단하였고, 피고인
   은 이 부분에 대한 상고는 포기하였다.

국어대사전은 항로를 "1. 선박이 지나다니는 해로(海路). '뱃길'로 순화. 2. 항공기가 통행하는 공로(空路). '항공로'로 순화"라고 풀이하고 있다.[10] 여기에서 해로의 문언상의 의미는 '해(海) 즉 바다'에서의 뱃길만을 의미하고, 호수나 강에서의 뱃길은 포함되지 않는다. 그러나 뱃길이라는 순화된 용어에 의하면 '배가 다니는 길'로서 바다이든 호수나 강의 길이든 모두 뱃길에 포함될 수 있다. 항공기의 경우 순화된 용어인 항공로 역시 다수의견처럼 공중의 길이라는 의미로 해석하기보다는 뱃길처럼 '항공기가 다니는 길'이라고 해석하는 것이 논리일관적이라고 할 수 있다. 다시 말해 적어도 표준국어대사전에 따른 항로의 개념이 다수의견의 입장처럼 논쟁의 여지없이 분명하다고 할 수는 없다.

셋째, 항공보안법 제50조는 '운항 중인 항공기'(제2항)와 '계류 중인 항공기'(제5항)를 구별하고 같은 범죄라도 어디에서 행해지느냐에 따라 형벌을 달리하고 있다. 여기에서 항공기는 계류 중 아니면 운항 중이라고 할 수 있는데, 이륙하기 위해 활주로를 달리는 항공기는 계류 중이 아니라 운항 중인 항공기라고 해야 할 것이다. 그리고 계류장에서 다른 계류장이나 탑승구로 이동하거나 탑승구에서 다른 탑승구나 계류장으로 이동하는 항공기는 계류 중인 항공기로 보아도 무방할 것이다.

따라서 이 사건에서는 이륙하기 위해 계류장이나 탑승구에서 활주로로 이동하는 항공기를 운항 중인 항공기로 볼 것인지 계류 중인 항공기를 볼 것인지를 좀더 면밀하게 검토해야 한다.

3. 외국에서 집행된 미결구금에 대한 형법 제7조의 적용 가부
— 대법원 2017. 8. 24. 선고 2017도5977 전원합의체 판결 —

(1) 사실관계 및 재판의 경과
피고인은 필리핀에서 살인죄로 기소되었으나 무죄취지의 판결을

---

10) http://stdweb2.korean.go.kr/search/List_dic.jsp.

선고받고 석방되었다. 이 과정에서 피고인은 5년간 미결구금되었다. 피고인은 귀국하여 다시 우리나라 법원에 살인죄로 기소되어 제1심에서 징역 10년을 선고받았다.

이에 피고인은 자신이 필리핀에서 미결 상태로 구금된 5년여의 기간에 대하여도 형법 제7조가 적용되어야 한다는 이유로 항소하였다. 항소심인 서울고등법원은 피고인의 항소를 기각하였다(서울고법 2017. 4. 21. 선고 2016노3678 판결).

피고인이 상고하였으나, 대법원 전원합의체는 관여법관 8 대 5의 의견으로 피고인의 상고를 기각하였다

(2) 판결요지

[다수의견] 형사사건으로 외국 법원에 기소되었다가 무죄판결을 받은 사람은, 설령 그가 무죄판결을 받기까지 상당 기간 미결구금되었더라도 이를 유죄판결에 의하여 형이 실제로 집행된 것으로 볼 수는 없으므로, '외국에서 형의 전부 또는 일부가 집행된 사람'에 해당한다고 볼 수 없고, 그 미결구금 기간은 형법 제7조에 의한 산입의 대상이 될 수 없다.

[반대의견] 형법 제7조의 문언상 외국에서 … 단순히 미결구금되었다가 무죄판결을 받은 사람에 대하여 위 법조를 직접 적용할 수 없다는 것은 다수의견이 지적하는 바와 같지만, 유추적용을 통하여 그 미결구금일수의 전부 또는 일부를 국내에서 선고하는 형에 산입하여야 한다.

(3) 평 석

미결구금이나 징역형에 사실상 별 차이가 없고, 외국에서 집행받는 미결구금이나 우리나라에서 집행받는 미결구금에도 별 차이가 없다. 국제교류가 증가함에 따라 하나의 범죄로 인해 여러 국가에서 처벌받은 경우도 늘어갈 것이다. 이러한 측면을 고려한다면 이 사건에서 피고인에게 형법 제7조를 유추적용하는 것이 바람직하고 시대의 흐름

에도 맞을 것이다. 그리고 이 사건을 계기로 형법 제7조를 미결구금도 포함될 수 있도록 개정해야 할 것이다.

4. 사기죄에서 처분의사의 내용
— 대법원 2017. 2. 16. 선고 2016도13362 전원합의체 판결 —

(1) 사실관계 및 재판의 경과

피고인 甲과 乙 등은 토지거래허가 등에 필요한 서류라고 속여서 토지의 매도인인 피해자 A로 하여금 근저당권설정계약서 등에 서명·날인하게 하고, A의 인감증명서를 교부받은 다음, 이를 이용하여 A 소유의 위 각 토지에 관하여 피고인을 채무자로 하여 채권최고액 합계 10억 5,000만원인 근저당권을 K등에게 설정하여 주고, 7억 원을 차용하였다.

피고인은 특경경제범죄법상의 사기죄로 기소되었다. 항소심인 서울고등법원은 종래 대법원의 입장을 따라서 피고인에게 무죄를 선고하였다(서울고법 2016. 8. 17. 선고 2016노744 판결).

검사가 상고하였다. 대법원 전원합의체는 관여법관 7 대 6의 의견으로 종래의 입장을 변경하여 항소심판결을 파기하고 사건을 서울고등법원으로 환송하였다.

(2) 판결요지

[다수의견] 서명사취 사안에서 … 피기망자가 행위자의 기망행위로 인하여 착오에 빠진 결과 내심의 의사와 다른 효과를 발생시키는 내용의 처분문서에 서명 또는 날인함으로써 처분문서의 내용에 따른 재산상 손해가 초래되었다면 그와 같은 처분문서에 서명 또는 날인을 한 피기망자의 행위는 사기죄에서 말하는 처분행위에 해당한다. 아울러 비록 피기망자가 처분결과, 즉 문서의 구체적 내용과 법적 효과를 미처 인식하지 못하였더라도, 어떤 문서에 스스로 서명 또는 날인함으

로써 처분문서에 서명 또는 날인하는 행위에 관한 인식이 있었던 이상 피기망자의 처분의사 역시 인정된다.

[반대의견] 행위자가 최초부터 금전을 편취할 의도 아래 토지 소유자 명의의 문서를 위조하였다면, 서명사취 범행에 따른 문서위조는 금전 대여자에 대한 기망을 통하여 금전을 편취하는 일련의 사기 범행을 위한 수단이거나 그 실행행위에 포함되는 행위로 보아야 한다. … 사기죄에서 말하는 처분행위가 인정되기 위해서는 처분결과에 대한 피기망자의 주관적인 인식이 필요하고, 서명사취 사안의 경우 피기망자에게는 자신이 서명 또는 날인하는 처분문서의 내용과 법적 효과에 대하여 아무런 인식이 없으므로 처분의사와 그에 기한 처분행위를 부정함이 옳다.

(3) 평 석

반대의견이 지적하듯이 다수의견은 사기죄의 처벌범위를 부당하게 확대하고 있다. 다수의견에는 다음과 같은 문제점도 있다.

첫째, 행위의 의미는 객관적 거동과 주관적 의사를 모두 고려하여 파악해야 하고, 사기죄의 처분행위는 재산상 처분행위여야 한다. 그런데 피기망자의 의사는 근저당권설정계약서에 서명·날인하는 것이 아니라 토지거래허가를 받기위한 서류에 서명·날인하는 것이었다. 전자는 재산상 처분행위라고 할 수 있지만 후자는 재산상 처분행위라고 할 수 없다.

둘째, 다수의견의 보충의견은 이전의 판례가 오토바이를 시운전 명목으로 교부받아 운전하여 도주한 행위가 사기죄가 아닌 절도죄가 된다고 한 것은, 오토바이의 교부행위가 그 당시의 전후 사정으로 볼 때 처분권의 이전이라는 외관을 가지는 처분행위가 아니기 때문이라고 한다. 그러나 이 경우에도 피기망자의 의사를 고려하지 않는다면 오토바이를 시운전해보라고 하는 것은 객관적으로도 처분권의 이전이라는 외관을 가지는 처분행위라고 할 수도 있다.

셋째, 사기죄가 성립하기 위해서는 피기망자의 처분행위로 인해 행위자 또는 제3자가 직접 재물 또는 재산상 이익을 취득하여야 한다. 그런데 이 사건에서 피기망자가 근저당권설정계약서등에 서명·날인 하였다고 하여 기망자가 직접 차용금을 취득한 것은 아니고 기망행위로 직접 취득한 것은 계약서에 불과하다.

넷째, 사소한 것이기는 하지만 다수의견의 보충의견은 사기죄의 보호법익을 전체로서의 재산이라고 한다. 이것은 사기죄의 성립에 재산상의 손해발생을 요한다고 하는 입장에 따른 것인데, 이러한 입장은 사기죄의 성립에 재산상의 손해발생을 요하지 않는다는 판례의 입장과 모순된다.

다수의견보다는 반대의견이 타당하고 이 판결이 7 대 6으로 이루어졌으므로 대법원이 다시 이전의 입장으로 되돌아 갈 것을 기대한다.

5. 법인대표의 대표권남용과 배임죄의 기수시기

— 대법원 2017. 7. 20. 선고 2014도1104 전원합의체 판결 —

(1) 사실관계 및 재판의 경과

피고인은 甲회사와 乙회사의 대표이사를 동시에 맡고 있었다. 乙회사는 丙상호저축은행에 대한 대출금채무를 지고 있었다. 피고인은 乙회사의 대출금채무를 담보하기 위해 丙상호저축은행에 甲회사 명의로 액면금 29억 9,000만 원의 약속어음을 발행하여 주었다.

피고인은 특정경제범죄법상의 업무상배임죄를 범하였다는 이유로 기소되었다. 제1심과 항소심법원(서울고법 2014. 1. 10. 선고 2013노3282 판결)은 종래의 대법원판례의 입장에 따라 피고인에게 유죄를 선고하였다.

피고인이 상고하였다. 대법원 전원합의체는 종래의 입장을 변경하여 항소심판결을 파기하고 사건을 서울고등법원으로 환송하였다. 대법원 전원합의체에서 반대의견은 없었고, 4명의 대법관이 별개의견을 제시하였다.

(2) 판결요지

[다수의견] 주식회사의 대표이사가 대표권을 남용하는 등 그 임무에 위배하여 약속어음 발행을 한 경우 … 약속어음 발행이 무효일 뿐만 아니라 그 어음이 유통되지도 않았다면 회사는 어음발행의 상대방에게 어음채무를 부담하지 않기 때문에 특별한 사정이 없는 한 회사에 현실적으로 손해가 발생하였다거나 실해 발생의 위험이 발생하였다고도 볼 수 없으므로, 이때에는 배임죄의 기수범이 아니라 배임미수죄로 처벌하여야 한다.

[별개의견] 배임죄는 위험범이 아니라 침해범으로 보아야 한다. 배임죄를 위험범으로 파악하는 것은 형법규정의 문언에 부합하지 않는 해석이다. … 따라서 회사의 대표이사가 대표권을 남용하여 회사 명의의 약속어음을 발행한 경우에도 그 발행행위의 법률상 효력 유무나 그 약속어음이 제3자에게 유통되었는지 또는 유통될 가능성이 있는지 등에 관계없이 회사가 그 어음채무나 그로 인해 부담하게 된 민법상 불법행위책임을 실제로 이행한 때에 배임죄는 기수가 성립한다.

(3) 평 석

종래의 판례는 대표이사가 대표권을 남용하여 약속어음을 발행한 경우 특별한 사정이 없는 한 배임죄의 기수가 된다고 하였지만, 대상판결은 특별한 사정이 없는 한 배임죄의 미수가 된다고 견해를 변경하였다.

다수의견이든 별개의견이든 이 사건에서 현실적 재산상 손해가 없거나 실해발생의 위험성이 없다고 하는데, 이것은 법률적 개산개념에 따른 것이다. 그러나 통설·판례는 형법에서는 경제적 재산개념을 따라야 한다고 한다. 피고인과 丙은행이 약속어음을 발행해 주고받은 것은 법률적으로는 아무런 효력이 없다. 그럼에도 불구하고 그러한 행위가 이루어졌다면, 경제적 관점에서는 어떠한 재산상 이익이나 손해가 있을 수 있기 때문일 것이다. 이 사건에서는 이러한 경제적 의미의 재산상 이익이나 손해가 있는지를 좀더 면밀히 검토해야 한다.

Ⅲ. 총칙 관련 판례

1. 형벌법령의 개폐와 형법 제1조 제2항의 적용여부
— 대법원 2017. 3. 16. 선고 2013도16192 판결 —

(1) 판결요지

형법 제257조 제2항의 가중적 구성요건을 규정하고 있던 구 폭력행위처벌법 제3조 제1항을 삭제하는 대신에 위와 같은 구성요건을 형법 제258조의2 제1항에 신설하면서 그 법정형을 구 폭력행위처벌법 제3조 제1항보다 낮게 규정한 것은, 위 가중적 구성요건의 표지가 가지는 일반적인 위험성을 고려하더라도 개별 범죄의 범행경위, 구체적인 행위태양과 법익침해의 정도 등이 매우 다양함에도 불구하고 일률적으로 3년 이상의 유기징역으로 가중 처벌하도록 한 종전의 형벌규정이 과중하다는 데에서 나온 반성적 조치라고 보아야 할 것이므로, 이는 형법 제1조 제2항의 '범죄 후 법률의 변경에 의하여 형이 구법보다 경한 때'에 해당한다.

(2) 평 석

형법 제1조 제2항은 "범죄후 법률의 변경에 의하여 그 행위가 범죄를 구성하지 아니하거나 형이 구법보다 경한 때에는 신법에 의한다."고 규정하고 있다. 판례는 이 규정을 문리해석하지 않고 동기설에 따라 축소해석하고 있다. 이것은 피고인에게 유리한 규정을 축소해석하여 가벌성의 범위를 넓히는 것도 유추해석금지의 원칙에 위반하여 허용될 수 없다고 한 판례의 입장[11]과 서로 모순된다.

---

11) 대법원 2010. 9. 30. 선고 2008도4762 판결; 대법원 1997. 3. 20. 선고 96도1167 전원합의체 판결 등.

대상판결과 같은 입장은 이미 대법원 2016. 1. 28. 선고 2015도 17907 판결이나 대법원 2016. 1. 28. 선고 2015도18280 판결에서 판시되었다. 그런데 전자의 판결의 경우 항소심판결 선고일이 2015. 10. 27. 이었고, 후자의 판결의 경우 항소심판결 선고일이 2015. 11. 5.이었다. 그런데 대상판결의 경우 항소심판결은 2013. 12. 6.에 선고되었다. 즉, 상고 후 3년이 넘은 후 2016. 1. 에 법률이 개정되었고, 그 이후 1년 2개월이 지나서 대상판결이 선고되었다는 것이다. 대상판결의 선고까지 오랜 기간이 걸린 이유가 궁금하다.

2. 법률의 착오에서 '정당한 이유'

— 대법원 2017. 3. 15. 선고 2014도12773 판결 —

(1) 사실관계 및 재판의 경과

사립 외국인학교의 경영자인 피고인은 A학교의 교비회계에 속하는 수입을 같은 학교법인에 속한 B학교에 여러 차례에 걸쳐 합계 114억 4,230만 원을 대여하였다. 피고인은 자신의 행위가 범죄가 되지 않는다고 생각하였으나, 피고인의 행위는 구 사립학교법위반죄(제29조 제6항, 제73조의2)에 해당되는 범죄였다. 그런데 A학교의 이사회에서 'A학교가 한국법의 기준에 따라 재정적으로 가능한 범위 내에서 B학교에 자금을 대여한다'는 결의를 한 적이 있고, A학교 회계감사 시에 회계법인에서도 법위반이라는 지적을 하지 않았다. 그러나 피고인이 그 자금 대여가 적법한지에 관하여 경기도교육청에 질의하여 회신을 받거나 법률전문가에게 자문을 받은 적은 없었다.

항소심인 수원지방법원은 피고인의 착오에 정당한 이유가 있다는 이유로 피고인에게 무죄를 선고하였다(수원지법 2014. 9. 4. 선고 2013노 5316 판결). 검사가 상고하였고, 대법원은 항소심판결을 파기하고 사건을 수원지방법원에 환송하였다.

(2) 판결요지

피고인은 자신의 대여행위가 적법한지에 관하여 관할 도교육청의 담당공무원에게 정확한 정보를 제공하고 회신을 받거나 법률전문가에게 자문을 구하는 등의 조치를 취하지 않았고, 피고인이 외국인으로서 국어에 능숙하지 못하였다거나 A학교 설립·운영협약의 당사자에 불과한 관할청의 소속 공무원들이 참석한 A학교 학교운영위원회에서 B학교에 대한 자금 대여 안건을 보고하였다는 것만으로는 피고인이 자신의 지적 능력을 다하여 행위의 위법 가능성을 회피하기 위한 진지한 노력을 다하였다고 볼 수 없으므로, 피고인이 위와 같은 대여행위가 법률상 허용되는 것으로서 죄가 되지 않는다고 그릇 인식한 것에 정당한 이유가 없다.

(3) 평 석

A학교의 운영위원회에 참석한 공무원이나 회계법인이 피고인의 행위가 사립학교법에 위반되는지를 판단해야 하거나 판단할 수 있는 지위나 능력을 가졌다고 할 수 없다. 따라서 자금대여에 대한 결의나 자금대여에 대한 이의제기가 없었다는 것만으로는 피고인이 법률의 착오를 피하기 위한 진지한 노력을 하였다고 할 수 없다.

피고인이 경기도교육청에 질의를 하였거나 법률전문가에게 자문을 받았더라도 정확한 답변을 얻지 못했을 수도 있다. 왜냐하면 피고인의 행위가 마지막으로 이루어진 2011. 5. 31.보다 약 1년 후인 2012. 5. 10.에야 피고인의 행위와 같은 행위가 사립학교법 위반죄에 해당된다고 한 대법원판결(대법원 2012. 5. 10. 선고 2011도12408 판결)이 선고되었기 때문이다. 즉, 2012. 5.까지는 법률전문가라도 피고인의 행위가 사립학교법위반죄에 해당되지 않는다고 판단할 수도 있었을 것이기 때문이다.

만약 피고인이 담당공무원이나 법률전문가 등에게 문의를 하였고, 담당공무원이나 법률전문가가 잘못 판단하여 범죄가 되지 않는다고 잘못된 대답을 하였고, 피고인이 잘못된 대답을 그대로 믿었다면 피고인의 법률의 착오에 정당한 이유가 있다고 할 수 있다. 그러나 피고인이 담당공무원이나 법률전문가에게 문의하지 않았기 때문에 피고인의 법률의 착오에 정당한 이유가 있었다고 할 수 없다.

다만, 대법원의 일관된 판례에도 불구하고 항소심이 피고인의 법률의 착오에 정당한 이유가있다고 한 것은 대법원판례의 부지인지 아니면 소신인지 궁금하다.

3. 업무방해죄의 죄수

— 대법원 2017. 9. 21. 선고 2017도11687 판결 —

(1) 판결요지

피고인이 '2015. 4. 16. 13:10경부터 14:30경까지 M업체 사무실에서 직원 6명가량이 있는 가운데 직원들에게 행패를 하면서 피해자 A의 업무를 방해하였다'는 공소사실로 기소되었는데, 피고인은 '2015. 4. 16. 13:30경부터 15:00경 사이에 M업체 사무실에 찾아와 피해자 B, C와 일반직원들이 근무를 하고 있음에도 피해자들에게 욕설을 하는 등 큰소리를 지르고 돌아다니며 위력으로 업무를 방해하였다'는 등의 범죄사실로 이미 유죄판결을 받아 확정된 사안에서, 업무방해의 공소사실과 확정판결 중 업무방해죄의 범죄사실은 범행일시와 장소가 동일하고, 범행시간에 근소한 차이가 있으나 같은 시간대에 있었던 일이라고 보아도 무리가 없으며, 각 범행내용 역시 업무방해의 공소사실은 '직원들을 상대로 행패를 부렸다'는 것이고, 확정판결의 범죄사실은 '직원들이 근무를 하고 있는데도 욕설을 하는 등 큰소리를 지르고 돌아다녔다'는 것으로 본질적으로 다르지 않아, 결국 양자는 동일한 기회에, 동일한 장소에서 다수의 피해자를 상대로 한 위력에 의한 업무방해행위로서 사회관념상 1개의 행위로 평가할 여지가 충분하므로 상상적 경합 관계에 있다.

(2) 평 석

피고인은 6명의 직원이 일을 하고 있는 사무실에서 위력을 행사하였다. 이 경우 6개의 업무방해죄의 상상적 경합이라고 할 것인지 아니면 업무방해죄의 포괄일죄 혹은 단순일죄라고 해야 할 것인지에 대해서 검토가 필요하다.

업무방해죄에서 허위사실 유포, 위계 또는 위력의 행사는 그 자체만으로는 처벌되지 않고, 업무방해와 결합되어야만 처벌된다. 그런데 업무방해에서 업무란 행위의 객체가 아니고 보호의 객체이므로 이 사건에서는 법익표준설이 죄수결정에 중요한 기능을 할 것이다.

일반적으로 법익표준설에 의하면 침해된 법익의 성격에 따라 죄수가 달라진다. 생명, 신체, 자유, 명예, 프라이버시 등 인격적 법익을 침해하는 경우에는 피해자의 수에 따라 범죄가 성립하지만, 재산적 법익인 경우에는 피해자의 수가 별로 중요하지 않다. 예컨대 하나의 행위로 여러 사람을 상해한 때에는 피해자의 수만큼 상해죄가 성립하지만, 한 장소에서 여러 사람의 재물을 절취한 경우에는 절도죄의 단순일죄가 된다.

이러한 의미에서 업무가 어떤 성격의 법익인지를 살펴봐야 한다. 판례는 "'업무'란 직업 또는 계속적으로 종사하는 사무나 사업을 말하고, 여기서 '사무' 또는 '사업'은 단순히 경제적 활동만을 의미하는 것이 아니라 널리 사람이 그 사회생활상의 지위에서 계속적으로 행하는 일체의 사회적 활동을 의미한다"고 한다(대법원 2009. 11. 19. 선고 2009도4166 전원합의체 판결).

위 판례에 의하면 업무란 인격적 법익과 재산적 법익의 성격을 모두 지니고 있다고 할 수 있다. 따라서 전자의 성격을 강조한다면 이 사건에서 상상적 경합을, 후자의 성격을 강조한다면 단순일죄를 인정할 가능성이 높다. 그런데 재산적 법익의 경우에도 "다만 피해자들이 하나의 동업체를 구성하는 등으로 피해 법익이 동일하다고 볼 수 있

는 사정이 있는 경우에는 피해자가 복수이더라도 이들에 대한 사기죄
를 포괄하여 일죄로 볼 수도 있다."고 하는 대법원 2011. 4. 14. 선고
2011도769 판결의 논리도 이 사건에 적용될 수 있을 것이다.

즉, 피고인이 6명의 직원이 일하고 있는 사무실에서 위력행사를
통한 업무방해를 하였는데, 이 경우 피해자는 A, B, C만이 아니라 6명
모두라고 할 수도 있을 것이다. 그러나 6명이 모두 M업체의 사무를
수행하고 있으므로 피해자별로 범죄가 성립하지는 않고, 일죄만이 성
립한다고 하는 것이 타당할 것이다.[12]

(3) 기타의 문제

판례는 그 자체로 처벌되는 폭행·협박·손괴나 허위사실적시에 의
한 명예훼손 등의 행위를 통해 업무를 방해하였을 경우 폭행·협박·손
괴죄 또는 명예훼손죄는 불가벌적 수반행위가 아니라 업무방해죄와
상상적 경합(대법원 2012. 10. 11. 선고 2012도1895 판결; 대법원 2007. 11.
15. 선고 2007도7140 판결) 또는 실체적 경합(대법원 2009. 10. 29. 선고
2009도10340 판결) 관계에 있다고 한다.

그런데 폭행·협박·손괴행위는 업무방해죄의 위력행사, 허위사실
적시 명예훼손행위는 업무방해죄의 허위사실 적시 또는 위계의 행사
에 해당된다고 할 수 있다. 따라서 이들 범죄가 성립한다고 하면서 업
무방해죄도 인정하는 것은 하나의 행위를 이중평가하는 것은 아닌지
의문이다.

---

12) 판례 중에는 소유 임야에서 조경수 조림농장을 운영하는 피고인이 그 소유
   임야에 철제울타리를 설치하여 피해자들로 하여금 농장 내 작업도로를 사용
   하지 못하게 함으로써 피해자들의 전답 경작에 지장을 주어 경작업무를 방
   해한 경우 피해자별로 업무방해죄가 성립한다는 취지의 판례도 있다(대법원
   2005. 10. 27. 선고 2005도5432 판결). 그러나 이 경우에도 피해자들이 동업으
   로 경작업무를 하는 것은 아니었기 때문에 수죄를 인정할 수 있지만, 만약
   피해자들이 동업으로 경작업무를 하였다면 하나의 업무방해죄만을 인정하는
   것이 타당할 것이다.

Ⅳ. 각칙 관련 판례

1. 상습특수상해죄의 관할과 처단형의 범위

— 대법원 2017. 6. 29. 선고 2016도18194 판결 —

(1) 사실관계 및 재판의 경과

피고인은 상습특수상해죄(형법 제264조, 제258조의2)를 범했다는 이유로 기소되었는데, 이에 대하여 광주지방법원 순천지원 단독판사가 제1심으로 심판하였으며, 그 항소사건을 원심인 광주지방법원 합의부가 실체에 들어가 심판하여 피고인에게 징역 8개월을 선고하였다(광주지법 2016. 10. 27. 선고 2016노2445 판결).

검사는 항소심의 선고형이 처단형의 범위를 벗어났다는 이유로 상고하였다. 대법원은 제1심과 항소심판결을 모두 파기하고 사건을 광주지방법원 순천지원 합의부로 이송하였다.

(2) 판결요지

[1] 형법 제264조, 제258조의2 제1항에 의하면 상습특수상해죄는 법정형의 단기가 1년 이상의 유기징역에 해당하는 범죄이고, 법원조직법 제32조 제1항 제3호 본문에 의하면 단기 1년 이상의 징역에 해당하는 사건에 대한 제1심 관할법원은 지방법원과 그 지원의 합의부이다.

[2] 형법은 제264조에서 상습으로 제258조의2의 죄를 범한 때에는 그 죄에 정한 형의 2분의 1까지 가중한다고 규정하고, 제258조의2 제1항에서 위험한 물건을 휴대하여 상해죄를 범한 때에는 1년 이상 10년 이하의 징역에 처한다고 규정하고 있다. 위와 같은 형법 각 규정의 문언, 형의 장기만을 가중하는 형법 규정에서 그 죄에 정한 형의 장기를 가중한다고 명시하고 있는 점, 형법 제264조에서 상습범을 가중처벌하는 입법 취지 등을 종합하면, 형법 제264조는 상습특수상해죄를 범한

때에 형법 제258조의2 제1항에서 정한 법정형의 단기와 장기를 모두 가중하여 1년 6개월 이상 15년 이하의 징역에 처한다는 의미로 새겨야 한다.

(3) 평 석

대상판결은 사물관할 위반을 이유로 항소심판결 뿐만 아니라 제1심판결도 파기하고 사건을 항소심법원이 아니라 제1심법원으로 이송하였다. 이것은 제1심법원과 항소심법원의 실수에 기인한 것이다.

제1심법원과 항소심법원의 관할위반 문제는 결국 상습특수상해죄의 처단형을 잘못 산정하였기 때문에 발생한 것이다. 상습범에 대한 가중은 그 죄에 정한 '형기의 2분의 1'까지인 것이 대부분이지만, 상습도박죄(제246조 제2항), 상습강도죄(제341조), 상습장물죄(제363조) 등에서는 별도의 법정형이 규정되어 있다.

이와 같은 가중규정들을 볼 때에 상습특수상해죄와 같이 '형기의 2분의 1까지' 가중하는 경우에는 장기 뿐만 아니라 단기까지 가중하는 것으로 해석하는 것은 너무나 당연하다. 따라서 상습특수상해죄의 처단형은 1년 6개월(18개월) 이상 15년 이하의 징역이고, 작량감경하더라도 선고형은 9개월 이상이 되어야 한다.

제1심법원과 항소심법원이 실수를 범한 이유는 상습특수상해죄에서 장기만 2분의 1까지 가중하는 것으로 해석했거나 1년 6개월을 18개월이 아니라 16개월로 오해하여 그 2분의 1을 9개월이 아니라 8개월로 잘못 계산한 것으로 보인다.

2. 강간 및 강제추행상해 · 치상죄에서 상해의 개념
― 대법원 2017. 6. 29. 선고 2017도3196 판결 ―

(1) 판결요지

강간치상죄나 강제추행치상죄에 있어서의 상해는 피해자의 신체의 완전성을 훼손하거나 생리적 기능에 장애를 초래하는 것, 즉 피해자의 건강상태가 불량하게 변경되고 생활기능에 장애가 초래되는 것을 말하는 것으로, 여기서의 생리적 기능에는 육체적 기능뿐만 아니라 정신적 기능도 포함된다.

따라서 수면제와 같은 약물을 투약하여 피해자를 일시적으로 수면 또는 의식불명 상태에 이르게 한 경우에도 약물로 인하여 피해자의 건강상태가 불량하게 변경되고 생활기능에 장애가 초래되었다면 자연적으로 의식을 회복하거나 외부적으로 드러난 상처가 없더라도 이는 강간치상죄나 강제추행치상죄에서 말하는 상해에 해당한다.

(2) 평 석

대상판결은 일시적으로 수면 또는 의식불명 상태에 이르게 한 경우에도 상해에 해당될 수 있고, 범행 이후 피해자가 특별한 치료를 받지 않았어도 상해에 해당될 수 있다는 것을 분명히 하고 있다.

대상판결이 타당하지만, 다음과 같은 관련문제를 검토해볼 필요가 있다.

첫째, 수면제를 먹여 잠들게 하는 행위가 상해행위에 해당된다면 피고인이 처음부터 상해에 대한 고의가 있기 때문에 강간치상죄나 강제추행치상죄가 아닌 강간상해죄나 강제추행상해죄가 성립한다고 해야 할 것이다.

둘째, 이 사건에서 검사가 강간치상죄 및 강제추행치상죄로 기소한 것은 형법 제301조가 이들 범죄 모두의 법정형을 동일하게 규정한 것이 한 원인이라고 할 수 있다. 그러나 이것은 책임주의원칙에 반하므로, 입법론적으로는 법정형을 세분화할 필요가 있다.

셋째, 성폭력범죄에서 문제되는 외상후 스트레스장애를 상해라고 본다면, 상해없는 강간이나 강제추행은 거의 불가능하다. 강간죄나 강제추행죄의 법정형이 높은 이유는 이러한 범죄들이 피해자의 생명·신체를 훼손할 개연성을 지니기 때문일 것이다. 따라서 상해가 발생하였다고 하여 무조건 가중처벌하는 것은 문제가 있다. 우리나라에서도 독일형법등과 같이 강간이나 강제추행의 행위태양에 폭행·협박 뿐만 아니라 상해도 포함시키고, 강간상해·치상죄나 강제추행상해·치상죄의 경우 중상해의 결과를 발생시킨 경우에만 가중처벌하는 방향으로 개정할 필요가 있다.

3. 민사판결과 다른 사실의 적시와 명예훼손죄의 성립여부

— 대법원 2017. 12. 5. 선고 2017도15628 판결 —

(1) 사실관계 및 재판의 경과

피고인은 K씨 M공 종중의 사무총장이었다. K씨 M공 문중 내에서는 A가 B의 맏형 또는 C의 장자로서 공동선조인 D의 후손인지 논란이 있었다. 이에 D를 공동선조로 하는 종중에서 A의 일부 후손들을 상대로 종원지위 부존재 확인을 구하는 소를 제기하였다. 그러나 이 민사재판에서 A가 D의 후손이라는 확정판결이 있었다.

그럼에도 불구하고 피고인은 종중 이사회의 결의에 따라, 'K씨의 적통'이라는 제목의 두 권으로 이루어진 책을 각 출간하여 안내문과 함께 K씨 각종 계파 회장, 임원들에게 배포하였다. 그런데 이 사건 책자와 안내문에는 'A가 B의 맏형 또는 C의 장자가 될 수 없다는 사실이 입증된다'거나 'A가 실존인물이라고 볼 확실한 근거가 없는데도 그 후손들이 실존성을 조작하였다'는 등의 내용이 기재되어 있었다.

피고인은 A의 후손들에 대해 출판물에 의한 허위사실적시 명예훼손죄(제309조 제2항)를 범하였다는 이유로 기소되었다. 항소심인 수원지방법원은 피고인에게 유죄를 선고하였으나(수원지법 2017. 9. 7. 선고 2017노1270 판결), 대법원은 항소심판결을 파기하고 사건을 수원지방법원 본원 합의부에 환송하였다.

(2) 판결요지

[1] 다른 사람의 말이나 글을 비평하면서 사용한 표현이 겉으로 보기에 증거에 의해 입증 가능한 구체적인 사실관계를 서술하는 형태를 취하고 있더라도, 글의 집필의도, 논리적 흐름, 서술체계 및 전개방식, 해당 글과 비평의 대상이 된 말 또는 글의 전체적인 내용 등을 종합하여 볼 때, 평균적인 독자의 관점에서 문제 된 부분이 실제로는 비평자의 주관적 의견에 해당하고, 다만 비평자가 자신의 의견을 강조하기 위한 수단으로 그와 같은 표현을 사용한 것이라고 이해된다면 명예훼손죄에서 말하는 사실의 적시에 해당한다고 볼 수 없다. 그리고 이러한 법리는 어떠한 의견을 주장하기 위해 다른 사람의 견해나 그 근거를 비판하면서 사용한 표현의 경우에도 다를 바 없다.

[2] 민사판결의 사실인정이 항상 진실한 사실에 해당한다고 단정할 수는 없다. 따라서 다른 특별한 사정이 없는 한, 그 진실이 무엇인지 확인할 수 없는 과거의 역사적 사실관계 등에 대하여 민사판결을 통하여 어떠한 사실인정이 있었다는 이유만으로, 이후 그와 반대되는 사실의 주장이나 견해의 개진 등을 형법상 명예훼손죄 등에 있어서 '허위의 사실 적시'라는 구성요건에 해당한다고 쉽게 단정하여서는 아니 된다. 판결에 대한 자유로운 견해 개진과 비판, 토론 등 헌법이 보장한 표현의 자유를 침해하는 위헌적인 법률해석이 되어 허용될 수 없기 때문이다.

(3) 평 석

항소심은 피고인이 민사재판의 결과에 반하는 내용의 사실을 주장하였다는 것을 주된 근거로 유죄를 인정한 것으로 보이지만, 대상판결의 논거가 훨씬 설득력이 있다. 대상판결은 민사재판의 원리와 형사재판의 원리가 다르다고 하는 — 당연하지만 현실 사건에서는 종종 잊혀지는 — 명제를 다시 한번 분명히 하고 있다.

그런데 대상판결에서는 사망한 A에 대한 명예훼손이 아니라 A의 후손들에 대한 명예훼손이 문제되었다. 따라서 피고인이 사망한 사람에 대해 허위사실이 아닌 진실한 사실을 적시하였어도 후손들에 대한 명예훼손 여부가 문제될 수 있다. 이 사건과 같이 피고인의 행위가 허위사실 적시가 아니라 가치판단이나 평가에 불과하다고 할 경우에는 문제가 없다. 그러나 사망한 사람에 대한 진실한 사실 적시가 있었거나 적시한 사실이 허위라는 증명이 없어 진실한 사실적시로 다루어질 경우 사자에 대한 명예훼손은 문제되지 않지만, 후손에 대한 진실한 사실 적시 명예훼손죄가 문제될 수 있을 것이다.

위의 경우 형법 제310조에 의해 위법성이 조각된다고 할 수 있지만, 피고인은 진실성이나 공익성의 입증에 대한 부담을 지게 된다. 특히 진실성은 있지만 공익성이 없다고 할 경우에는 제310조에 의한 위법성조각이 불가능하다. 이것이 진실한 사실 적시에 의한 사자 명예훼손은 처벌하지 않는 취지와 부합될 수 있는지 의문이다.

4. 권리행사방해죄에서 은닉 및 권리행사방해의 개념
— 대법원 2017. 5. 17. 선고 2017도2230 판결 —

(1) 사실관계 및 재판의 경과
피고인들은 A주식회사 등의 대출을 통해 할부구매한 신차들을 싸게 구입하여 S렌트카 회사 명의로 등록한 다음, 자동차대여사업자등록이 취소되더라도 차량의 소재를 파악하지 못한 A회사 등 저당권자는 결국 차량에 대한 강제집행을 할 수 없게 되어 S렌트카 회사 등록 차량들에 대한 직권 등록말소절차가 이루어지고, 이후 직권말소된 차량의 번호판을 반납하면 공부상 저당권등록이 소멸된 새로운 번호로 신규등록할 수 있다는 사실을 알고, 이와 같이 저당권 설정된 차량을 정상차로 부활시켜 판매하기로 공모한 후 그대로 실행하였다.

피고인들은 A회사의 저당권의 목적이 된 차량을 은닉하여 권리행사방해죄를 범하였다는 이유로 기소되었다. 항소심은 피고인들에게 무죄를 선고하였으나(서울중앙지법 2017. 1. 20. 선고 2016노2964 판결), 대법원은 항소심판결을 파기하고 사건을 서울중앙지방법원에 환송하였다.

(2) 판결요지

피고인들은 처음부터 자동차대여사업자에 대한 등록취소 및 자동차등록 직권말소절차의 허점을 이용하여 권리행사를 방해할 목적으로 범행을 모의한 다음 렌트카 사업자등록만 하였을 뿐 실제로는 영업을 하지 아니함에도 차량 구입자들 또는 지입차주들로 하여금 차량을 관리·처분하도록 함으로써 차량들의 소재를 파악할 수 없게 하였고, 나아가 자동차대여사업자등록이 취소되어 차량들에 대한 저당권등록마저 직권말소되도록 하였으므로, 이러한 행위는 그 자체로 저당권자인 A회사 등으로 하여금 자동차등록원부에 기초하여 저당권의 목적이 된 자동차의 소재를 파악하는 것을 현저하게 곤란하게 하거나 불가능하게 하는 행위에 해당한다.

(3) 평 석

자동차의 성격상 그 소재파악이 어려운 경우가 많기 때문에, 대상판결의 은닉 개념을 따르면 이 사건에서 자동차의 소재 발견이 불가능하거나 현저히 곤란하게 되었는지 의문이다. 또한 자동차등록부상의 권리관계를 말소토록 한 것이 은닉행위에 해당되는지도 의문이다. 예컨대 자신의 부동산에 설정된 저당권등기를 저당권자 몰래 말소한 행위를 권리행사방해죄에서의 은닉에 해당된다고 하기 어려울 것이다.

권리행사방해죄의 행위태양은 "취거, 은닉 또는 손괴하여 타인의 권리행사를 방해하는 것"으로서 손괴죄의 행위태양인 "손괴 또는 은닉 기타 방법으로 그 효용을 해하는 것"과 구별된다. 피고인의 행위를 혹시 손괴죄에 규정된 '기타 방법'에는 해당된다고 할 수 있을지 모르지만, 은닉에 해당된다고 하기는 어려워 보인다.

5. 허위의 근저당권설정등기와 공정증서원본등(공전자기록등)부실기재죄

— 대법원 2017. 2. 15. 선고 2014도2415 판결 —

(1) 사실관계 및 재판의 경과

피고인 甲과 乙은 그들 사이에 아무런 채권·채무관계가 없음에도 甲의 채권자들에 의한 강제집행을 피하기 위하여 甲 소유의 오피스텔에 관하여 乙 앞으로 허위의 근저당권을 설정하여 등기를 마쳤다.

甲, 乙은 공정증서원본부실기재죄 및 동행사죄로 기소되었다. 제1심법원과 항소심인 춘천지방법원 강릉지원은 피고인들에게 무죄를 선고하였으나(춘천지법 강릉지원 2014. 1. 28. 선고 2013노279 판결) 대법원은 항소심판결을 파기하고 사건을 춘천지방법원 강릉지원에 환송하였다.

(2) 판결요지

형법 제228조 제1항이 규정하는 공정증서원본불실기재죄나 공전자기록등불실기재죄(이하 위 두 죄를 합쳐 '공정증서원본 등의 불실기재죄'라고 한다)는 특별한 신빙성이 인정되는 공문서에 대한 공공의 신용의 보장을 보호법익으로 하는 범죄로서, 공무원에 대하여 진실에 반하는 허위신고를 하여 공정증서원본 또는 이와 동일한 전자기록 등 특수매체기록에 실체관계에 부합하지 않는 불실의 사실을 기재 또는 기록하게 함으로써 성립한다.

따라서 실제로는 채권·채무관계가 존재하지 않는데도 허위의 채무를 가장하고 이를 담보한다는 명목으로 허위의 근저당권설정등기를 마친 것이라면 등기공무원에게 허위신고를 하여 등기부에 불실의 사실을 기재하게 한 때에 해당하므로 공정증서원본 등의 불실기재죄 및 불실기재공정증서원본 등의 행사죄가 성립한다(대법원 1969. 11. 11. 선고 69도1804 판결, 대법원 2008. 9. 11. 선고 2007도5386 판결 등 참조).

(3) 평 석

판례는 "피고인이 부동산에 관하여 가장매매를 원인으로 소유권이전등기를 경료하였더라도, 그 당사자 사이에는 소유권이전등기를 경료시킬 의사는 있었다고 할 것이므로 공정증서원본불실기재죄 및 동행사죄는 성립하지 않고, 또한 등기의무자와 등기권리자(피고인) 간의 소유권이전등기신청의 합의에 따라 소유권이전등기가 된 이상, 등기의무자 명의의 소유권이전등기가 원인이 무효인 등기로서 피고인이 그 점을 알고 있었다고 하더라도, 특별한 사정이 없는 한 바로 피고인이 등기부에 불실의 사실을 기재하게 하였다고 볼 것은 아니다."라고 한다(대법원 1991. 9. 24. 선고 91도1164 판결; 대법원 2009. 10. 15. 선고 2009도5780 판결).

이 판결들의 입장을 대상판결의 사건에 적용시켜 보면 '피고인들 사이에 근저당권설정등기에 관한 합의가 있었던 이상 등기부에 부실한 사실을 기재하게 한 것으로 볼 수 없다'고 할 수도 있을 것이다.

또한 부동산명의신탁은 부동산실명법에 의해 처벌되기는 하지만 공정증서원본불실기재죄로 처벌되지는 않는다. 그 이유는 등기부상의 소유명의자에게 대외관계에서는 소유권을 인정하므로 등기명의자와 거래한 일반인들이 손해를 입을 염려가 없다. 즉, 명의신탁행위가 공증증서원본등부실기재죄의 보호법익인 '특별한 신빙성이 인정되는 공문서에 대한 공공의 신용의 보장'에 대한 추상적 위험도 초래하지 않기 때문이다.

마찬가지로 허위의 원인으로 부동산에 근저당권설정등기를 하더라도 이로 인해 거래상대방이 재산상 손해를 입을 염려가 없어 공정증서원본등부실기재죄의 보호법익인 공문서의 신용성 보장에 대한 추상적 위험도 발생하지 않을 것이다.

이러한 의미에서 피고인들에게 유죄를 인정한 대상판결에는 의문이 있다.

6. 합의하에 찍은 나체사진 전송행위와 통신매체이용음란죄
— 대법원 2017. 6. 8. 선고 2016도21389 판결 —

(1) 사실관계 및 재판의 경과
피고인은 피해자와 내연의 관계를 유지해 왔으나, 채무 문제 등으로 사이가 좋지 않게 되었다. 피고인과 피해자는 성관계를 하면서 서로 합의하에 피해자의 나체사진을 촬영하였다. 피고인은 두 번에 걸쳐 카카오톡을 통해 위 나체사진이 저장되어 있는 드롭박스 애플리케이션에 접속할 수 있는 인터넷 주소 링크를 피해자에게 보냈다. 이 중 한번은 피해자가 남편과 함께 있을 때 보냈다.

피고인은 성폭력범죄의 처벌 등에 관한 특례법(이하 '성폭력처벌법'이라 한다) 제13조의 통신매체이용음란죄로 기소되었다. 항소심인 서울지방법원 동부지원은 피고인에게 무죄를 선고하였으나(서울동부지법 2016. 12. 1. 선고 2016노147 판결), 대법원은 항소심판결을 파기하고 사건을 서울동부지방법원으로 환송하였다.

(2) 판결요지
[1] 성폭력처벌법 제13조의 '자기 또는 다른 사람의 성적 욕망을 유발하거나 만족시킬 목적'이 있는지는 피고인과 피해자의 관계, 행위의 동기와 경위, 행위의 수단과 방법, 행위의 내용과 태양, 상대방의 성격과 범위 등 여러 사정을 종합하여 사회통념에 비추어 합리적으로 판단하여야 한다. 또한 '성적 수치심이나 혐오감을 일으키는 것'은 피해자에게 단순한 부끄러움이나 불쾌감을 넘어 인격적 존재로서의 수치심이나 모욕감을 느끼게 하거나 싫어하고 미워하는 감정을 느끼게 하는 것으로서 사회 평균인의 성적 도의관념에 반하는 것을 의미한다. 이와 같은 성적 수치심 또는 혐오감의 유발 여부는 일반적이고 평균적인 사람들을 기준으로 하여 판단함이 타당하고, 특히 성적 수치심의 경우 피해자와 같은 성별과 연령대의 일반적이고 평균적인 사람들을

기준으로 하여 그 유발 여부를 판단하여야 한다.

[2] 성폭력처벌법 제13조에서 '상대방에게 도달하게 한다'는 것은 '상대방이 성적 수치심을 일으키는 그림 등을 직접 접하는 경우뿐만 아니라 상대방이 실제로 이를 인식할 수 있는 상태에 두는 것'을 의미한다. 따라서 … 상대방에게 성적 수치심을 일으키는 그림 등이 담겨 있는 웹페이지 등에 대한 인터넷 링크(internet link)를 보내는 행위를 통해 그와 같은 그림 등이 상대방에 의하여 인식될 수 있는 상태에 놓이고 실질에 있어서 이를 직접 전달하는 것과 다를 바 없다고 평가되고, 이에 따라 상대방이 이러한 링크를 이용하여 별다른 제한 없이 성적 수치심을 일으키는 그림 등에 바로 접할 수 있는 상태가 실제로 조성되었다면, 그러한 행위는 … 상대방에게 도달하게 한다는 구성요건을 충족한다.

(3) 평 석

대법원 2003. 7. 8. 선고 2001도1335 판결은 음란정보에 접할 수 있는 웹페이지에 대한 인터넷링크 행위를 음란정보의 '전시'에 해당될 수 있다고 하였다. 이에 대해서는 음란물을 서랍 안에 넣어놓고 '음란물은 서랍 안에 있음'이라는 안내문을 서랍 위에 써놓은 행위를 '전시'에 해당된다고 하는 것과 같다는 비판이 있었다.

그러나 대상판결에서는 인터넷링크 행위가 '전시'가 아니라 '상대방에게 도달하게 하는 행위'에 해당되는지 문제되었는데, 이를 긍정하는 대상판결의 입장은 타당하다고 할 수 있다. 예컨대 음란한 문서를 매우 철저하게 봉함하여 우송하였어도 그 우편물이 상대방에게 도달하게 한 경우 '전시'에는 해당되지 않아도 '상대방에게 도달하게 한 때'에는 해당된다고 할 수 있다.

(4) 문제점

그러나 이 사건에서 통신매체이용음란죄를 인정하는 대상판결의 입장은 타당하다고 할 수 없다. 피고인은 피해자와 성관계를 하면서 서로 합의하에 찍은 피해자의 나체 사진 2장을 남편과 함께 있는 피해자에게 보냈는데, 여기에서 통신매체이용음란죄의 성립과 관련하여 두 가지 의문점이 있다.

첫째, 피고인에게 자신 또는 피해자의 성적 만족을 유발하거나 만족시킬 목적이 있었다고 할 수 있는지이다. 대상판결은 피고인에게 사이가 나빠진 피해자에게 둘이 성관계를 한 사진을 보유하고 있다는 사실을 알리고 피해자에게 자신과 내연관계에 있었다는 사실을 상기시킴으로써 자신의 성적 욕망을 만족시키거나 피해자에게 보복이나 고통을 줄 목적이 있었다고 한다. 그런데 여기에서 나타나는 피고인의 목적은 피해자가 자신과의 내연관계를 계속하도록 하고 그렇지 않으면 보복하겠다는 것이라고 해야 할 것이다. 성적 만족을 목적으로 하였다면 발각될 위험을 무릅쓰고 피해자가 남편과 같이 있을 때에 사진을 보낼 리는 없기 때문이다.

둘째, 피고인이 보낸 사진이 성적 수치심이나 혐오감을 일으키는 사진이라고 할 수 있는지이다. 대상판결은 피해자뿐만 아니라 피해자와 같은 성별과 연령대의 일반적이고 평균적인 사람들의 성적 도의관념에 비추어 성적 수치심이나 혐오감을 일으키는 그림이나 영상에 해당한다고 한다. 그런데 피고인이 제3자의 나체사진을 보냈다면 위와 같은 논리가 타당할지 모르지만, 합의하에 찍은 피해자 자신의 나체사진을 보았을 때 피해자에게 성적 수치심이나 혐오감이 생겨날지 의문이다.

따라서 대상판결의 사건에서 피고인의 행위는 통신매체이용음란죄보다는 형벌이 더 무거운 협박죄나 강요미수죄의 문제로 다루는 것이 타당할 것이다.

[주 제 어]
죄형법정주의, 유추해석, 사기죄, 상해, 통신매체이용음란행위

[Key words]
nulla poena sine lege, analogical interpretation, fraud, injury in sexual violence,
Obscene Acts by Using Means of Communication

접수일자: 2018. 4. 15. 심사일자: 2018. 5. 30. 게재확정일자: 2018. 6. 5.

[Abstract]

The Reviews of the Criminal Cases of the Korean Supreme Court in 2017

Oh, Young-Keun*

In the year of 2017, 110 criminal cases by the Korean Supreme Court(KSC) are registered on the internet homepage of the Court. 5 criminal law cases of which are decided by the Grand Panel. In this paper, above 5 cases and other several cases are reviewed which seem to be comparatively important to the author. All the reviews are constituted as follows: 1. The Fact of the Case, 2. The Summary of Decision and 3. The Note.

The contents of this paper is as follows;

Ⅰ. Introduction

Ⅱ. The Cases of the Grand Panel of the Korean Supreme Court
In this chapter, 5 cases of the Grand Panel are reviewed. The subjects of the cases are mainly related with the principle of 'nulla poena sine lege'. For example, the prohibition of analogical interpretation and the prohibition of wide delegation of the punishment to the lower regulation are commented.

Ⅲ. The Cases relating to General Part of Criminal Law
In this chapter, 3 cases are reviewed. The subjects of the cases are the temporal effect of the punishment, Verbotsirrtum and the number

---

* Professor, School of Law, Hanyang University, Ph.D in law.

concerned with the crime of forcible obstruction of business.

IV. The Cases relating to Special Part of Criminal Law

6 Cases are reviewed in this Chapter. The subjects are the calculation of punishment, the concept of injury in sexual violence crimes and etc.

刑事判例研究 總目次
(1권~26권)

[刑事判例研究(1)]

한시법의 효력 ··· 장영민

형법상 방법의 착오의 문제점 ···································· 김영환

법률의 부지의 효력 ··· 허일태

과실범에 있어서 의무위반과 결과의 관련 ·············· 신양균

결과적 가중범의 공동정범 ·· 박상기

유기치사죄와 부작위에 의한 살인죄 및 양심범과의 관계 ······· 최우찬

부녀매매죄의 성립요건에 관하여 ······························ 석동현

명예훼손죄의 공연성 ··· 오영근

사기죄의 보호법익론 ··· 조준현

사기죄에 있어서의 죄수 ·· 김수남

소위 불법원인급여와 횡령죄의 성부 ························· 강동범

복사문서의 문서성 ·· 하태훈

국가보안법 제7조 제1항 및 제5항의 해석기준 ········· 김대휘

국토이용관리법상의 허가없이 체결한 토지거래계약 ············· 김광태

음주운전과 도로교통법상의 도로 ······························ 황인규

환경보전법 제70조의 행위자 ······································ 선우영

환경형사판례에 관한 비판적 검토 ······························ 조병선

관할위반 선고사건의 처리 ·· 최성창

접견교통권의 침해와 그 구제방법 ······························ 심희기

고소불가분의 원칙과 강간범에 대한 공소권의 행사 ············· 손동권

검사작성의 공범자에 대한 피의자신문조서의 증거능력 ………… 여훈구
경합범에 있어서의 일부상소의 허용범위 ……………………………… 이민걸
1992년의 형법 주요판례 ……………………………………………………… 이재상

[刑事判例硏究(2)]
외교공관에서의 범죄행위에 대한 재판권 ………………………………… 신양균
소위 "개괄적 고의"의 형법적 취급 ……………………………………… 이용식
부진정부작위범의 성립요건 ……………………………………………… 장영민
의료행위의 형법해석학적 문제점 ……………………………………… 김영환
쟁의행위에 있어서 업무방해와 정당성 ……………………………… 김대휘
무기징역 감경시 선고할 수 있는 징역형기의 범위 ……………… 이민걸
몰수·추징의 부가성의 의미 및 그 예외 ……………………………… 서정걸
상습범의 상습성 인정기준 ……………………………………………… 이영란
감금죄와 강간죄의 관계 ………………………………………………… 최우찬
절도죄의 불법영득의사와 사용절도 ………………………………… 오영근
절도죄에 있어서 실행의 착수시기 …………………………………… 정영일
부동산거래관계에 있어서 고지의무와 부작위에 의한 기망 …… 하태훈
업무방해죄에서의 '업무방해'의 의미 ……………………………… 박상기
범죄단체조직죄의 성격 ………………………………………………… 조영수
성명모용과 피고인의 특정 ……………………………………………… 김상희
전문법칙과 사법경찰 …………………………………………………… 손동권
사법경찰관 사무취급작성의 실황조사서의 증거능력 …………… 강용현
제1회 공판기일 전의 증인신문 ……………………………………… 이재홍
증언거부와 형사소송법 제314조의 기타사유로 인하여
 진술할 수 없는 때 …………………………………………………… 김희옥
불이익변경금지의 내용 ………………………………………………… 이기헌
미결수용자의 구금장소변경(이송 등)에 법원의 허가가
 필요한가 ……………………………………………………………… 심희기

교통사고처리특례법의 물적·장소적 적용범위 ·························· 손기식
1993년의 형사판례 ·· 이재상

[刑事判例研究(3)]
양벌규정과 법인의 형사책임 ··· 조병선
인과관계의 확정과 합법칙적 조건설 ·· 장영민
결과적 가중범의 제한해석 ·· 조상제
허가 등의 대상인 줄 모르고 한 행위의 형법상 취급 ··············· 강동범
정당방위와 긴급피난의 몇 가지 요건 ·· 이용식
동종의 범죄를 가액에 따라 차등처벌하는 특별형법규정 ········· 이기헌
살인죄의 범의 ·· 최성창
강간치상죄에서 상해의 개념 ·· 오영근
출판물에 의한 명예훼손죄 ·· 박상기
형법상의 점유개념 ··· 하태훈
사자의 점유 및 사자명의의 문서 ·· 최철환
강도죄의 경우 재산상 이익취득의 시기 ·· 최우찬
강도죄 및 강도상해죄의 죄수관계 ··· 이민걸
공무집행방해죄에 있어서 직무집행의 적법성 ····························· 이완규
음주측정불응죄의 성립요건 ··· 봉　욱
신용카드부정사용죄의 기수시기 ·· 김우진
신용카드부정사용에 관한 형법해석론의 난점 ····························· 김영환
조세포탈범의 성립과 적극적 부정행위 ·· 윤재윤
특정범죄가중처벌등에관한법률 제 5 조의3 제 1 항
　위반죄와 관련된 제문제 ·· 황상현
피의자연행과 보호실유치 ·· 손동권
이혼소송과 간통고소 ··· 이상철
소위 축소사실에 대한 유죄인정범위 ··· 정동욱

강도상해죄와 장물취득죄 사이에 공소사실의 동일성이
　있는지 여부 ·· 김상헌
포괄일죄와 이중기소 ··· 신양균
1994년도 형사판례 회고 ·· 이재상

[刑事判例硏究(4)]
형법해석의 한계
　— 허용된 해석과 금지된 유추와의 상관관계 — ·················· 김영환
행정행위와 형법 ·· 조병선
상관의 위법한 명령에 따른 행위 ······························· 이용식
과실의 원인에 있어서 자유로운 행위 ··························· 조상제
공모와 공동정범 ·· 백원기
상습범 및 누범에 대한 형벌가중의 문제점 ····················· 손동권
변호사법위반죄에 있어서의 추징범위 ··························· 전주혜
유가증권에 관한 죄의 판례연구 ································· 정영일
판례에 나타난 음란성 ··· 이기호
강간죄와 폭행·협박의 정도 ····································· 박상기
형벌법규의 해석 ·· 오영근
강간치상죄에 있어서의 상해의 인정범위 ······················· 김상희
주거침입죄의 범의와 기수시기 ·································· 강용현
사기죄에 있어서 편취의 범의 ··································· 이완규
교통사고처리특례법의 장소적 적용범위 ························· 이종상
교통사고와 죄수 ·· 이유정
음주측정불응죄에 관한 약간의 고찰 ···························· 손기식
현금자동인출기 부정사용에 대한 형법적 평가 ··················· 하태훈
형사소송법 제314조의 위헌성 논의 ······························ 조준현
공소사실의 특정 ·· 최철환
판결경정제도에 관하여 ··· 전강진

친고죄에 있어 고소전 수사의 허용여부 ················· 강동범
권리행사와 공갈죄의 성부 ································· 장영민
1995년도 형사판례 회고 ································· 이재상

[刑事判例研究(5)]
공소시효와 형벌불소급의 원칙 ························· 김영환
살인죄에 있어서 미필적 고의
  ― 삼풍백화점 붕괴사건과 관련하여 ― ················· 이종상
책임능력과 감정 ··································· 신양균
중지(미수)범의 특수문제
  ― 특히 예비단계에서의 중지 ― ················· 손동권
불능미수와 위험성
  ― 차브레이크액유출 살인미수사건 ― ················· 백원기
공범관계의 해소에 관한 사례연구 ················· 조준현
연속범의 죄수 ··································· 허일태
야간건조물침입절도 피고사건 ················· 오영근
사기죄에 있어서의 기망행위 ················· 안경옥
교인총회의 결의 없는 교회재산의 이중매매와 배임죄 ············· 석동현
횡령죄에서의 대체물보관자의 지위 ················· 최철환
압수절차가 위법한 압수물의 증거능력 ················· 하태훈
마약류 투약사범과 공소사실의 특정 ················· 손기호
참고인의 허위진술과 증거위조죄 ················· 이상철
경합범 중 일부죄에 관하여만 재심사유가 있는 경우의
  심판범위 ··································· 강용현
일죄의 일부가 각 무죄, 공소기각에 해당하는 경우
  판결 주문의 표시 방법 ························· 여훈구
행정범에 있어서 고의 ··································· 손기식
자기신용카드의 부정사용행위에 대한 형사책임 ················· 강동범

도주차량운전자의 가중처벌(특가법 제5조의 3) 소정의
　도주의 의미해석과 그 한계 ·· 조상제
특가법 제5조의 3 의 도주운전죄 ······································· 이기헌
의붓아버지와 성폭력법상의 '사실상의 관계에 의한 존속',
　그리고 '친족강간(incestuous rape)'의 범주획정문제 ············· 심희기
의료법상 의사의 진료거부금지와 응급조치의무 ······················ 정현미
변호사법위반죄에 있어서의 타인의 사무 ···························· 강수진
사용권 없는 제3자의 캐릭터 상품화와 부정경쟁방지법
　제2조 제1호 ㈎목의 부정경쟁행위 ······························· 남성민
1996년의 형사판례 회고 ··· 이재상

[刑事判例研究(6)]
형법의 시간적 적용범위에 관한 동기설의 문제점 ···················· 이승호
분업적 의료행위에 있어서 형법상 과실책임 ························· 정영일
개괄적 과실(culpa generalis)?
　— 결과적 가중범에서의 결과귀속의 문제 — ···················· 장영민
정당방위와 긴급피난의 법리에 관한 사례연구 ························ 조준현
추정적 승낙 ·· 이기헌
부작위에 의한 방조 ·· 신양균
신분과 공범의 성립 ·· 백원기
성전환수술자의 강간죄의 객체 여부 ·································· 정현미
출판물에 의한 명예훼손 ·· 오경식
형법 제310조의 실체면과 절차면 ······································ 손동권
승낙의 의사표시의 흠결과 주거침입죄의 성부 ······················· 하태훈
현금자동지급기의 부정사용에 관한 형법적인 문제점 ················· 김영환
부동산명의신탁과 횡령죄 ··· 박상기
권리행사와 사기죄 ··· 강수진

사기죄의 기수
　— 재산상의 손해발생의 요부와 관련하여 — ························· 안경옥
가장혼인신고가 공정증서원본부실기재죄에 해당하는지 여부 ··· 석동현
음주측정불응죄의 성립요건과 계속운전의 의사
　— 음주측정불응죄에 관한 종전의 대법원판결과 최근의
　　헌법재판소결정 — ··· 심희기
행정형벌법규와 양벌규정 ·· 김우진
구체적 방어권과 공소장변경의 요부 ································· 서정걸
수첩기재내용의 자백 여부와 보강법칙 ····························· 오영근
사진과 비디오테이프의 증거능력 ······································ 김대휘
녹음테이프의 증거능력 ··· 강동범
1997년의 형사판례 회고 ··· 이재상

[刑事判例研究(7)]
유추금지와 목적론적 축소해석 ··· 장영민
보호관찰과 형벌불소급의 원칙 ··· 이재홍
의료과실과 과실인정조건 ·· 박상기
중지미수의 성립요건 ·· 하태훈
과실범의 공동정범 ··· 이용식
합동범에 관한 판례연구 ·· 정영일
합동절도의 공동정범 ·· 이호중
경합범과 상상적 경합 ··· 이기헌
집행유예기간중 발각된 범죄에 대한 집행유예선고의 가능 여부 ··· 백원기
소위 의사살인죄 ·· 허일태
자동차를 이용한 폭행과 '위험한 물건의 휴대' ··················· 강용현
특정범죄가중처벌등에관한법률 제 5 조의 3 도주차량운전자의
　가중처벌조항의 해석
　　— 도주의 의미를 중심으로 — ································· 조준현

노동자집단의 평화적인 집단적 노무제공의 거부행위와
  위력업무방해죄 ……………………………………………… 심희기
기업비밀침해죄
  ― 산업스파이 사건에 대하여 ― ……………………………… 오경식
신용(현금)카드부정사용의 유형별 범죄성립과 죄수 ……………… 손동권
특수강도죄의 실행의 착수시기 …………………………………… 여훈구
부동산명의신탁과 횡령죄 …………………………………………… 백재명
유가증권위조죄 해석상의 문제점 ………………………………… 오영근
이혼소장의 각하가 고소권에 미치는 효력 ……………………… 김기준
철야조사에 의하여 얻은 자백의 증거능력 ……………………… 봉 욱
1998년의 형사판례 회고 …………………………………………… 이재상

[刑事判例研究(8)]
법률의 착오에서 정당한 이유의 판단기준 ……………………… 정현미
(오상)과잉방위에 대한 책임비난 ………………………………… 손동권
불능미수범에 있어서 위험성의 의미 …………………………… 허일태
공동정범의 실행의 착수와 공모공동정범 ……………………… 이용식
무형적·정신적 방조행위 ………………………………………… 백원기
의사의 응급의료의무와 치료의무 ………………………………… 조상제
죄수의 결정 ………………………………………………………… 이기헌
양벌규정과 업무주 및 행위자의 책임 …………………………… 박강우
징벌적 추징에 관하여 ……………………………………………… 김대휘
공범간에 취득한 이익이 다른 경우의 취득방법
  ― 외국환관리법 및 관세법상의 몰수·추징의 법적 성격과
    추징방법을 중심으로 ― ……………………………………… 서보학
형법 제310조와 의무합치적 심사 ………………………………… 김재봉
주거침입죄의 성립범위 …………………………………………… 오영근

지명채권양도인이 양도통지 전에 채권의 변제로서 수령한
　금전을 자기를 위하여 소비한 경우 횡령죄 또는 배임죄의
　성립 ·· 이민걸
불법원인급여와 횡령죄 ·· 장영민
공문서등부정행사죄 ·· 박상기
형벌법규의 경합과 그 적용
　— 형법과 행정형법 경합을 중심으로 — ································· 박기석
검사가 증거로 제출하지 아니한 수사기록 등에 대한
　열람·등사의 가부 ·· 석동현
강제적 성범죄에 대한 효율적 형사사법집행을 위한 제언 ······· 이승호
약물사용죄와 공소사실의 특정 ··· 이은모
축소사실에 대한 공소장변경 없는 유죄인정
　— 비친고죄의 공소사실에 대하여 친고죄의 유죄를
　　인정하는 경우 — ·· 이호중
항소심에서의 공소장변경과 고소취소의 효력 ··························· 천진호
자백의 임의성과 그 입증 ·· 박광민
증거능력이 없는 증거에 의한 사실인정과 무해한 오류 ·········· 최병각
사인이 비밀리에 녹음한 녹음테이프의 증거능력 ······················· 하태훈
불이익변경 여부의 판단기준 ·· 한영수
'강조되어야 할 예외'로서의 재정신청제도 ······························· 조　　국
1999년의 형사판례 회고 ··· 이재상

[刑事判例硏究(9)]
1990년대의 형사판례
　— 책임·미수·공범론을 중심으로 — ······································· 오영근
1990년대 재산범죄에 관한 대법원판례의 동향 ··························· 박상기
1990년대 형사증거법에 관한 주요판례 및 동향 ······················· 김희옥
1990년대 선거법판례의 동향 ·· 강용현

피고인에게 불리한 판례의 변경과 소급효금지원칙 ………………… 허일태
인과과정에 개입된 타인의 행위와 객관적 귀속 …………………… 정현미
상관의 명령에 복종한 행위 ……………………………………………… 하태훈
'공모'공동정범에 있어서 공모의 정범성 …………………………… 천진호
무형적·정신적 방조행위의 인과관계 ……………………………… 이용식
목적범에 관한 판례연구 ……………………………………………… 정영일
명예훼손죄에 있어서의 공연성 ……………………………………… 김우진
'사실상의 신임관계'에 기초한 배임죄 처벌의 한계 ……………… 안경옥
장물인 현금 또는 자기앞수표의 예금과 장물성의 상실 여부 …… 여훈구
간 첩 죄 ……………………………………………………………… 김성천
영장청구 기각결정에 대한 불복방법 ……………………………… 오세인
음주측정을 위한 '동의 없는 채혈'과 '혈액의 압수' ……………… 한영수
공소권남용과 주관적 요건 …………………………………………… 김재봉
검사작성 피의자신문조서의 성립진정과 증거능력 ……………… 조   국
법정증언을 번복하는 진술조서의 증거능력 ……………………… 이재홍
사법경찰관 작성 검증조서에 기재된 피의자 진술의 증거능력 …… 이승호
항소심에서의 공소사실변경으로 인한 특수문제 ………………… 손동권
공소사실의 축소인정과 '현저한 정의와 형평기준' ……………… 심희기
2000년의 형사판례 회고 ……………………………………………… 이재상

[刑事判例硏究(10)]
건축법상 불법용도변경과 형법의 시간적 적용범위 ……………… 허일태
양벌규정의 해석 ……………………………………………………… 김대휘
고의의 본질과 대법원 판례의 입장 ………………………………… 박상기
개괄적 과실(culpa generalis) 사례의 결과귀속 …………………… 조상제
정당방위의 사회윤리적 제한
    — 부부 사이의 정당방위의 제한 — …………………………… 박강우
유책한 도발과 정당방위 ……………………………………………… 정현미

정당행위와 사회상규 …………………………………………… 최병각
고의의 원인에 있어서 자유로운 행위 ……………………… 한상훈
이중평가금지와 연결효과에 의한 상상적 경합 ……………… 김성돈
상상적 경합의 비교단위 ……………………………………… 이승호
소송사기의 가벌성 …………………………………………… 안경옥
허위공문서작성죄의 간접정범에 대한 공범의 성립여부
　— 예비군훈련확인서 허위작성사건 — ………………… 백원기
공연음란죄의 내포와 외연 …………………………………… 조　국
내란죄의 간접정범과 간접정범의 본질 …………………… 오영근
해상교통의 주의의무와 특례입법 …………………………… 이경호
형사소송법상 전문법칙의 예외요소로서의 필요성 ………… 손동권
재전문증거의 증거능력
　—특히 피고인의 진술을 내용으로 하는 진술조서의 경우—…… 신양균
불법감청에 의한 대화녹음테이프의 증거능력 ……………… 원혜욱
일부상소와 심판의 대상 ……………………………………… 박기석
사건의 병합과 불이익변경금지의 원칙 …………………… 임동규
2001년의 형사판례 회고 ……………………………………… 이재상

[刑事判例硏究(11)]
형벌법규의 해석과 죄형법정원칙
　— 대법원 판례를 중심으로 — ………………………… 하태훈
인과관계판단과 과실판단의 분리 …………………………… 김성돈
법률의 부지의 형법해석학적 문제점 ……………………… 김영환
공동자 중 1 인의 실행착수 이전 범행이탈
　— 공동정범의 처벌한계 — ……………………………… 이용식
대향범 중 불가벌적 대향자에 대한 공범규정 적용 ………… 조　국
신용카드를 이용한 현금자동인출기 사용행위의 형사책임 …… 김대웅

타인 명의를 모용·발급받은 신용카드를 이용한

　현금인출행위와 컴퓨터 등 사용사기죄 ················· 안경옥

사기죄와 처분의사 ············· 김재봉

편의시설부정이용죄의 본질과 전화카드의 문서성 ·············· 박상기

명의신탁부동산 처분행위의 형사책임 ············· 천진호

누락사건에 대한 추가기소에서 공소권남용의 판단기준 ········· 김혜정

포괄일죄의 일부에 대한 추가기소와 확정판결에 의한

　전후사건의 분리 ·············· 박광민

공소장변경과 법원의 심판범위 ················· 오경식

공소장변경과 공소시효완성 ················· 임동규

범죄인지서 작성 전에 행한 피의자 신문조서의 증거능력

　— 인지의 개념과 시기 — ·············· 이완규

공범자인 공동피고인의 진술을 내용으로 하는 전문증거 ········ 김대휘

공범자의 법정외 진술의 증거능력과 자백의 보강법칙

　— 공범자의 법정외 진술에 대한 제314조 및

　　제310조의 적용 여부 — ················· 서보학

사인에 의한 비밀녹음테이프의 증거능력 ················· 박미숙

유전자감정결과의 증거능력과 증명력 ················· 원혜욱

압수절차가 위법한 압수물의 증거능력 ················· 이완규

자백거부와 선고유예 및 '개전의 정상'에 관한

　상고심의 대상 여부 ················· 허일태

음주운전죄에 있어서 혈중알코올농도와 위드마크 공식 ········· 김우진

적성검사 미필로 인한 운전면허 취소 공고와 도로교통법

　위반(무면허운전)죄의 성립 여부 ················· 여훈구

'청소년의 성을 사는 행위'와 '위계에 의한

　청소년간음행위'의 구별 ················· 한영수

국회에서의증언·감정등에관한법률상 증인의 출석의무와

　형사책임 ················· 김정원

[刑事判例研究(12)]

도주운전죄와 원인에 있어서 자유로운 행위 ························ 김성돈
분업적 의료행위에서 형사상 과실책임 ····························· 전지연
기능적 범행지배의 의미 ·· 하태훈
부진정부작위범의 정범표지

　— 보증인의 부작위 — ··· 김성룡
결과적 가중범의 공범 인정 여부

　— 상해치사죄의 교사범 — ··· 조상제
생명 침해범에 대한 양형

　— 대법원 2002. 2. 8. 선고 2001도6425 판결을

　　중심으로 — ··· 윤병철
몰수와 비례원칙 ··· 이상원
선고유예의 요건으로서 '개전의 정상이 현저한 때' ················ 오영근
공무상 표시무효죄와 착오 ··· 박상기
배임수증재죄의 부정한 청탁

　— 유형화의 시도 — ·· 신용석
위탁금전의 소비와 형법상 고유한 소유권개념 ···················· 허일태
사기죄에 있어서 재산처분행위와 소취하 ···························· 천진호
검사의 지위와 객관의무 ·· 이완규
친고죄에서의 일부기소 ··· 손동권
기소전 체포·구속적부심사단계에서의 수사기록열람·

　등사청구권 ·· 조　국
참고인의 허위진술과 범인도피죄 ······································ 이승련
판결 확정후 누락사건의 추가기소에 대한 공소권남용

　적용론에 대한 평가 ·· 이완규
전문진술이 기재된 조서의 증거능력 ··································· 박수희
선고유예의 요건판단과 상고이유 ······································ 박미숙
범칙행위와 일사부재리의 효력 ·· 임동규

재심의 이유로서 증거의 신규성과 명백성에 관하여 ················ 백원기
선거법위반과 사회상규에 반하지 않는 행위 ······························· 김대휘
인터넷상 음란정보 전시 및 링크의 형사책임 ··························· 정현미
2003년 형사판례 회고 ·· 박상기
〈특별기고〉
국제인도법의 최근 동향
　— ICTY의 소개를 중심으로 — ··· 권오곤

[刑事判例研究(13)]
법령의 개폐와 형법 제1조 제2항의 적용 ···································· 서보학
형법상 해석원칙과 그 한계 ·· 허일태
범죄유형별 인과관계판단과 직접성 ·· 김성돈
결과적 가중범에서 기본범죄가 미수인 경우의 법해석 ············ 변종필
부작위범에서 정범과 공범의 구별 ·· 전지연
치료행위중단에 있어서 작위와 부작위의 구별 ························· 김성룡
사회상규의 의미와 정당행위의 포섭범위
　— 체벌의 허용요건과 정당행위— ··· 이인영
형법개정에 따른 경합범의 양형 ·· 최병각
집행유예기간이 경과한 자에 대한 선고유예 ······························ 한영수
명예훼손죄의 '공연성' 해석의 재검토 ··· 안경옥
기간부신용공여와 재산상 이익 ·· 이완규
재물죄(절도죄)에서의 사자점유(?)와 불법영득의 의사 ·············· 손동권
업무상 배임죄와 경영판단 ·· 이규훈
타인명의예금 인출행위의 형사책임과 장물죄 ···························· 천진호
직권남용죄에 있어서의 주체와 직권남용의 의미 ······················ 이민걸
인·허가 행정관청을 상대로 한 위계에 의한 공무집행방해죄의
　성부와 논지의 확장 ·· 황병주
위조범죄의 보호법익으로서 '공공의 신용'과 복사물 ··············· 류전철

비신분자에 의한 허위공문서작성죄의 간접정범 ·························· 김태명
팝업(Pop-Up) 광고와 상표권침해죄 및 부정경쟁방지법
  위반죄 ·· 김기영
신체구속되지 않은 피의자신문시 변호인참여권의 확대인정 ···· 조 국
형사판결의 정정 ··· 최길수
2004년 형사판례 회고 ·· 박상기

[刑事判例研究(14)]
착수미수와 실행미수의 구별 ·· 정현미
상습범의 죄수와 기판력이 미치는 범위 ······································· 박광민
낙태와 살인
  — 대법원 2005. 4. 15. 선고 2003도2780 판결 — ······················ 전지연
강간죄의 구성요건으로서의 폭행·협박의 정도 ·························· 윤승은
준강도죄의 기수 및 미수의 판단기준 ·· 이천현
사기죄에 관한 대법원판례의 소극적 기망행위와 관련한
  몇 가지 문제점 ·· 김성룡
횡령죄에 있어서의 위탁관계 ·· 원혜욱
소송계속 이후에 검사가 법원에 제출하지 않은 서류나
  증거물에 대하여도 열람·등사권을 인정할 수 있는가 ········· 백원기
유아(幼兒)의 증언능력 유무의 판단기준 ······································ 여훈구
검사작성의 피의자신문조서와 참고인진술조서의 증거능력 ······ 하태훈
조서의 증거능력과 진정성립의 개념 ·· 이완규
형사증거법상 '공범인 공동피고인'의 범위 ································· 임동규
형의 양정이 심히 부당하다고 인정할 현저한 사유가 있는
  때에 관한 연구 ·· 이상철
성폭력범죄에 있어서 '항거불능인 상태'의 의미 ······················ 김혜정
인터넷 홈페이지의 상담게시판을 이용한 낙태 관련 상담과
  구 의료법 제25조 제3항의 '유인' 해당 여부 ························· 최동렬

노동조합및노동관계조정법상 안전보호시설과 명확성원칙 ········ 이상원
무면허 의료행위에 있어서의 의료행위의 개념 ·························· 황만성
2005년도 형법판례 회고 ··· 오영근

[刑事判例研究(15)]
부진정결과적 가중범의 성립범위와 죄수 ····························· 김성룡
예방적 정당방위의 성립가능성 ··· 김혜경
경찰관의 무기사용에 대한 정당방위의 성립여부 ···················· 김태명
승계적 종범의 성립범위 ·· 이용식
음란물에 대한 형사규제의 정당성 및 합리성 검토 ·················· 주승희
형법 제310조의 적용범위 ··· 권오걸
경영판단과 배임죄의 성부 ··· 박미숙
배임행위의 거래상대방의 형사책임 ····································· 신양균
긴급체포의 전(前)단계로 남용되는 불법적 임의수사에 대한

　통제 ·· 조　국
마약투약사범에 대한 공소사실 특정 ·································· 남성민
위법수집 증거물의 증거능력 ··· 안성수
공판중심주의와 참고인진술조서 ··· 최병각
사법경찰관작성 피의자신문조서와 탄핵증거 ························· 이완규
피의자의 진술을 내용으로 하는 사법경찰관의 진술의

　증거능력 ·· 금태섭
아동전문 인터뷰어와 성추행피해아동의 인터뷰 진술녹화

　비디오테이프의 증거능력과 증명력 ································· 심희기
상소권회복제도의 몇 가지 문제점 ······································ 천진호
공시송달과 상소권회복청구 ··· 김정원
항소이유서 미제출과 직권조사사유 ····································· 김우진
2006년도 형법판례 회고 ··· 오영근

[刑事判例硏究(16)]

과잉방위의 적용범위 …………………………………… 정현미
소아성기호증과 책임판단 문제 ……………………… 김혜정
하나의 자유형에 대한 일부집행유예 ……………… 이천현
협박죄의 범죄구성요건 유형 ………………………… 하태훈
업무방해죄에서 업무의 개념과 범위 ……………… 변종필
강도죄와 절도죄의 경합 ……………………………… 한영수
위임범위를 초과한 타인의 현금카드사용 현금인출의

　　형사적 죄책 …………………………………………… 조　국
위임범위를 초과한 현금인출행위의 형사법적 죄책 …………… 김성룡
타인명의 신용카드 부정사용행위에 대한 죄수판단 …………… 김태명
진술거부권과 진술거부권 불고지의 효과 ……………… 안성수
피의자의 방어권보장 및 증거보전을 이유로 한

　　구속영장기각결정의 문제점 ……………………… 이선욱
압수·수색영장 청구의 분리기각결정에 관한 고찰 ……………… 류장만
사인작성 컴퓨터문서의 진정성립 입증과 증거능력 ……………… 이완규
위법수집증거물의 증거능력 …………………………… 전주혜
해외주재 영사작성 진술기재서면의 성질과 증거능력 …………… 이완규
피고인 제출증거의 증거능력과 증거조사 ……………… 신용석
특별누범의 처단 ………………………………………… 김대휘
조세범처벌법 제 9 조 제 1 항의 '조세포탈'의 의미 …………… 김희철
2007년도 형사판례 회고 ……………………………… 오영근

[刑事判例硏究(17)]

침해범/위험범, 결과범/거동범, 그리고 기수/미수의 구별기준 …… 김성돈
부작위범 사이의 공동정범 …………………………… 김성룡
방조범의 성립범위 ……………………………………… 김혜경
형법 제39조 제 1 항의 의미 ………………………… 이천현

재벌그룹 회장에 대한 집행유예의 선고
　― 경합범가중처벌규정의 문제점을 포함하여
　　사회봉사명령의 개념에 대한 해석론 ― ································· 한영수
사회봉사명령의 의의 및 한계 ··· 이규훈
자살방조죄의 성립범위 ·· 임정호
상해행위를 통한 공갈행위 ·· 김정환
인권옹호명령불준수죄의 위헌 여부 ····································· 문성도
자기무고 공범성립의 범위에 대한 검토 ······························ 정혁준
수사상 임의동행의 허용 여부와 적법성 요건 ······················ 김택수
피의자신문시 변호인참여권
　― 형사소송법 제243조의 2의 해석을 중심으로 ― ············· 전승수
변호인의 피의자신문 참여권 ·· 김대웅
독수과실의 원리 ··· 조　국
진술거부권 불고지로 인한 위법수집증거 배제와 그 불복방법 ···· 안성수
마약류 투약범죄에 있어서 공소사실의 특정과 피고인의
　방어권 보장 ··· 원혜욱
공범인 공동피고인의 법정진술의 증거능력과 증명력 ············· 정웅석
성폭법상 카메라등 이용촬영죄에서의 구성요건 해석 문제 ······ 이승준
성폭력처벌법 제8조의 입법취지와 장애인 성폭력
　피해자 보호 ··· 박미숙
2008년도 대법원 형법판례 회고 ··· 오영근
[형사판례연구회 제200회 기념]
형사판례연구회를 회고하며 ··· 이재상
'형사판례연구' 200회에 대한 계량적 회고 ··························· 박상기

[刑事判例研究(18)]
무의미한 연명치료중단의 형사법적 검토 ····························· 안성준
운동경기 중 발생한 상해와 형사책임 ·································· 김우진

성전환자의 강간죄 객체성립 여부 ……………………………… 이주형
업무방해죄의 법적 성질과 결과발생의 요부(要否) ………………… 김태명
횡령한 부동산에 대한 횡령죄의 성립 여부 …………………… 김대웅
전환사채의 저가발행과 배임죄 ………………………………… 황정인
무주의 일반물건 방화자의 형사책임 …………………………… 이경렬
문서위조죄에서의 복사와 행사의 개념 ………………………… 김혜경
공소장일본주의에 대한 비판적 고찰
  ─직권주의와 당사자주의의 충돌과 그 조화 ……………… 백원기
탄핵증거의 요건, 조사방법과 입증 …………………………… 안성수
반대신문권과 수사기관 조서의 증거능력 및 증명력 ……… 이완규
위법수집증거배제법칙의 적용기준에 대한 비교법적 연구 …… 이윤제
상소심 법원의 원심 증거조사과정 평가방법 ………………… 오기두
항고전치주의와 재정신청기간 ………………………………… 전승수
국민참여재판에서의 축소사실인정 …………………………… 이정민
교통사고처리특례법 제4조 제1항의 위헌결정에 대한
  형사정책적 검토 ……………………………………………… 오경식
위치추적 전자장치 부착명령의 위헌성 유무 ………………… 이춘화
특별법상 추징의 법적 성격 …………………………………… 이승현
2009년도 형법판례 회고 ……………………………………… 오영근

[刑事判例研究(19)]
형의 실효의 법률적 효과 ……………………………………… 김정원
영업범의 개념과 죄수관계
  ─포괄일죄 또는 실체적 경합 성립여부─ ………………… 김혜경
불법적·반윤리적 목적의 승낙과 상해 ………………………… 황태정
심신장애 판단과 감정 ………………………………………… 박미숙
고소인이 간통죄의 제1심 판결 선고 후 피고소인과
  다시 혼인한 경우 등과 간통고소의 효력 ………………… 박진환

권리·권한실행 의사표시의 협박죄 성립 ················· 강우예
배임죄와 사기죄의 경합관계 ····························· 류전철
부동산 명의수탁자의 횡령죄 주체성 ······················ 이창섭
전직한 종업원의 영업비밀 사용과 업무상 배임죄 ·········· 최호진
절도죄의 객체로서 재물의 '재산적 가치'에 대한
  검토 ································· 박찬걸
협박의 의미와 대상 ················· 한영수
성풍속범죄에 대한 비판적 고찰 ······················· 이경재
진술거부권 행사와 증거이용금지 및 피의자신문권과의
  관계 ································· 이완규
위치추적 전자장치 부착명령과 불이익변경금지 ············ 권태형
증언절차의 소송법 규정위반과 위증죄의 성립여부
  −증언거부권 불고지를 중심으로− ················· 이희경
디지털 증거의 진정성립부인과 증거능력 부여 방안 ········ 김영기
건설산업기본법 위반죄(부정취득)와 배임수재죄의
  관계 ································· 김정환
환자의 전원(轉院)에 있어서의 의료과실 ················· 황만성
아이템 거래 판결에 대한 고찰 ························· 이원상
2010년도 형법판례 회고 ······························· 오영근

[刑事判例硏究(20)]
[특집] 형사판례연구회 20주년 기념학술회의
형사판례연구회 20주년을 맞이하여 ····················· 박상기
2000년대 초기 대법원판례의 동향
  −형법총칙 관련 대법원판례를 중심으로− ············· 천진호
2000년대 초기 대법원판례의 동향
  −주요 재산범죄 관련 대법원판례를 중심으로− ········· 박형준

2000년대 초기 대법원판례의 동향
  -수사절차와 증거 관련 대법원판례를 중심으로- ·············· 전승수

[일반논문]
위헌결정 형벌규정의 소급효 ································· 이정념
전자장치 부착요건의 해석범위와 한계 ························ 황태정
통신비밀보호법위반죄와 정당행위
  -통신비밀 침해한 결과물의 언론보도와 정당행위를
  중심으로- ··· 이희경
비밀누설죄에서 대향자의 공범성립가능성
  -대향범성과 자수범성을 중심으로- ······················ 김혜경
사이버 공간 범죄와 온라인서비스제공자(OSP)의 형사책임
  -2006. 4. 28. 선고 2003도4128 판결을 중심으로- ·············· 김영기
쟁의행위로서 파업의 업무방해죄 성립여부에 관한 고찰 ········· 백원기
파업과 업무방해죄 ····································· 박상기
배임수재죄에 있어서 '사무의 내용'에 관한 고찰
  -'재산상 사무'로 제한해야 하는가?- ······················ 김봉수
사전수뢰죄에 있어서 청탁의 법리에 대한 재해석
  -대법원 1999.9.7, 99도2569 판결을 중심으로- ················ 오경식
제3자로부터 위법하게 수집된 증거의 증거능력 ·············· 한제희
공소제기 후 검사가 수소법원 이외의 지방법원 판사로부터
  발부받은 압수·수색 영장에 의해 수집한 증거의
  증거능력 유무 ···································· 김형두
진술증거의 전문증거성과 진정성 문제의 구별 ··············· 이완규
면허외 의료행위와 관련한 의료인의 형사법적 책임 ············ 장연화
공직선거법 제250조 제2항 허위사실 공표죄의 구성요건과
  허위성의 입증 ····································· 윤지영
2011년도 대법원 형법판례 회고 ·························· 오영근

[刑事判例硏究(21)]

상당인과관계설의 상당성 판단기준을 위한 상당성의 구체화 작업 시도
　－피해자의 도피행위를 중심으로－ ⋯⋯⋯⋯⋯⋯⋯⋯⋯⋯⋯⋯ 이경재
의사의 설명의무위반의 효과와 가정적 승낙의 법리 ⋯⋯⋯⋯⋯ 김성돈
편면적 대향범에 가담한 자에 대한 형법총칙상 공범규정의
　적용가부 ⋯⋯⋯⋯⋯⋯⋯⋯⋯⋯⋯⋯⋯⋯⋯⋯⋯⋯⋯⋯⋯⋯⋯⋯ 김태명
무수혈과 관련된 의료과실치사죄 ⋯⋯⋯⋯⋯⋯⋯⋯⋯⋯⋯⋯⋯⋯ 허일태
업무방해죄에 있어서 업무의 보호가치에 대한 검토
　－대법원 2011. 10. 13. 선고 2011도7081 판결을 중심으로－ ⋯⋯ 박찬걸
공동주택의 공용공간에 대한 주거침입죄의 해석 ⋯⋯⋯⋯⋯⋯⋯ 홍승희
형법에서 사자의 점유 ⋯⋯⋯⋯⋯⋯⋯⋯⋯⋯⋯⋯⋯⋯⋯⋯⋯⋯⋯ 김성룡
횡령죄의 미수범 성립여부 ⋯⋯⋯⋯⋯⋯⋯⋯⋯⋯⋯⋯⋯⋯⋯⋯⋯ 김봉수
횡령죄의 기수성립에 관한 논의 구조
　－횡령죄의 구조－ ⋯⋯⋯⋯⋯⋯⋯⋯⋯⋯⋯⋯⋯⋯⋯⋯⋯⋯⋯⋯ 이용식
수수된 금품에 직무관련성이 있는 업무에 대한 대가와 직무관련성이
　없는 업무에 대한 사례가 혼재되어 있는 경우의 형사상 취급
　－대법원 2011. 5. 26. 선고 2009도2453 판결을 중심으로－ ⋯⋯ 권순건
현실거래에 의한 시세조종과 매매유인 목적
　－ 2012. 11. 29. 선고 2012도1745 판결 사안
　　(‘도이치증권 v. 대한전선’ 사건)을 중심으로－ ⋯⋯⋯⋯⋯ 김영기
온라인게임 계정거래와 정보훼손죄 성립여부 ⋯⋯⋯⋯⋯⋯⋯⋯⋯ 최호진
강제채혈의 성질 및 허용요건 ⋯⋯⋯⋯⋯⋯⋯⋯⋯⋯⋯⋯⋯⋯⋯⋯ 김정옥
검사의 신문과정상 참여수사관의 역할과 한계 ⋯⋯⋯⋯⋯⋯⋯⋯ 이완규
진술과 기록의 증거능력 ⋯⋯⋯⋯⋯⋯⋯⋯⋯⋯⋯⋯⋯⋯⋯⋯⋯⋯ 최병각
변호인 작성의 법률의견서의 증거능력 ⋯⋯⋯⋯⋯⋯⋯⋯⋯⋯⋯⋯ 김우진
특신상태의 의의와 판단기준 ⋯⋯⋯⋯⋯⋯⋯⋯⋯⋯⋯⋯⋯⋯⋯⋯ 한제희
‘과학적 증거’의 증거법적 평가 ⋯⋯⋯⋯⋯⋯⋯⋯⋯⋯⋯⋯⋯⋯⋯ 이정봉

소년법상 보호처분의 성격과 전자장치부착명령

　요건과의 관계 ·· 김혜정

2012년도 형법판례 회고 ·· 오영근

[刑事判例研究(22)]

계속범의 본질 −불법성의 내적 강화− 와 유형화 ····················· 김혜경

공범관계의 해소(解消) ··· 류전철

보호감독자에 의한 미성년자약취죄와 국외이송약취죄

　−베트남 여성의 자녀 약취 사건− ··································· 윤지영

허위사실적시에 의한 명예훼손죄의 적용에서 전제사실의

　미확정으로 인한 문제점 고찰 ·································· 이원상

'명의수탁자의 처분과 횡령'의 불가벌적 사후행위 ·················· 이경렬

동독 내에서 서독에 적대적인 간첩활동을 한 동독 주민의

　형사처벌 여부(소극) ·· 김영규

자발적 성매매 처벌의 위헌성 여부 ································· 이경재

성폭법상 신상정보 공개·고지명령 소급 적용의 범위 ············· 남선모

음주운전자에 대한 보호조치와 음주측정불응죄의

　성립관계 ·· 김택수

정보저장매체의 압수·수색

　−휴대전화(스마트폰)의 압수·수색− ······························· 원혜욱

피의자신문의 성질과 수인의무 ······································ 이완규

가명진술조서의 증거능력

　−조서 작성 절차와 방식의 적법성을 중심으로− ·············· 전승수

공판조서의 증거능력에 대한 위헌여부에 대한 연구

　−형사소송법 제315조 제3호 위헌소원− ······················ 오경식

조사자 증언 관련 특신상태의 판단과 증명 ······················· 한제희

전자증거의 진정성과 전문법칙의 적용 ···························· 심희기

2013년도 형법판례 회고 ·· 오영근

[刑事判例硏究(23)]

법률적 무효와 이미 존재했던 사실상태의 형법적 취급 ············ 이근우

미필적 고의에 관한 약간의 고찰 ·· 장영민

진정부작위범의 법리적 구성 ·· 김혜경

자본시장 불공정행위의 죄수와 부당이득 산정

　－대법원 2011. 10. 27. 선고 2011도8109 판결을 중심으로－ ···· 김영기

强制醜行罪를 둘러싼 몇 가지 문제점 ·· 이경재

컴퓨터 등 사용사기죄에서 권한 없는 정보의 변경과

　재산처분의 직접성 ··· 김성룡

대물변제예약 부동산의 이중매매와 배임죄의 형사불법적 구조

　－배임죄 해석의 나아갈 방향에 대한 논란－

　－배임죄에 대한 과도한 제한해석의 우려－

　－배임죄의 핵심 코어에 관하여－ ··· 이용식

의료법 위반행위와 사기죄의 성립 여부 ····································· 우인성

횡령죄의 본질과 불가벌적 사후행위에 관한 비판적 고찰 ······ 백원기

부동산 명의수탁자 상속인의 횡령죄 성립 여부 ························· 천진호

파업에 대한 업무방해죄 적용의 문제점 ····································· 박상기

범죄목적을 숨긴 출입은 주거침입인가?

　－대법원 1984. 12. 26. 선고 84도1573 전원합의체 판결－ ···· 최준혁

인터넷 검색광고의 부정클릭과 부정한 명령입력 ······················ 최호진

문서 부정행사죄의 불법과 권한중심 해석 ································· 황태정

위증죄 성립에 있어 증언거부권 미고지의 성격과 의미 ··········· 강우예

압수물의 범죄사실과의 관련성과 적법한 압수물의

　증거사용 범위 ··· 이완규

경찰관 상대 모욕 현행범인 체포의 요건 ································· 한제희

독수과실의 원리 보론(補論) ·· 조　국

국제우편물에 대한 세관검사와 통제배달 ··································· 전승수

내부스캘퍼의 거래와 자본시장법 위반 ······································ 안성수

2014년도 형법판례 회고 ··· 오영근

[刑事判例研究(24)]
외국에서 집행받은 형의 선고와 형법 제7조의 개정방향
 -대법원 2013. 4. 11. 선고 2013도2208 판결, 헌법재판소 2015. 5. 28.
  선고 2013헌바129 전원재판부- ······································ 전지연
부작위에 의한 살인죄의 공동정범의 성립요건 ························· 김태명
사실상 인과관계 및 법적 인과관계와 객관적 귀속 ·············· 김종구
고의와 법률의 부지의 구별
 -대법원 2014. 11. 27. 선고 2013도15164 판결과 관련하여- ··· 김영환
위법성조각사유의 전제사실의 착오에 대한 대법원판례의 이해구조
 -오상을 이유로 하는 위법성조각과 정당방위상황의 인정-
 -판례의 시각에 대한 학계의 이해부족- ······························ 이용식
실행의 착수와 구성요건 실현을 위한 '직접적인' 전 단계행위 ··· 안경옥
의무범과 행위자의 특정
 -우리나라 대형사고 판례의 '행위자의 특정'을 중심으로- ··· 조병선
사후적 경합범에 대한 고찰 ·· 최병각
입찰방해와 컴퓨터등사용사기죄, 사기죄의 직접성 ················· 한상훈
위임범위를 초과하여 예금을 인출한 경우의 죄책 ················· 이승호
명의신탁 부동산의 처분과 재산범죄의 성립 여부 ················· 우인성
배임 경영자에게 적용되는 업무상 배임죄의 구성요건요소로서의
 재산상 손해와 이익(이득액) ·· 손동권
배임죄에서 '타인의 사무'의 해석과 민사법리의 관계 ··············· 류전철
대물변제예약체결 채무자 소유 부동산의 제3자에 대한 처분행위는
 배임죄에 해당하는가 ··· 백원기
공전자기록 위작·변작죄에서 위작·변작의 개념 ····················· 강동범

'아동·청소년이용음란물'의 개념 및 판단기준 ····························· 이창섭
2010년 '옵션'쇼크와 연계시세조종의 판단기준
　-2016. 1. 25. 선고 서울중앙지방법원 2011고합1120호 사건을
　　중심으로- ·· 김영기
인터넷링크행위와 저작권침해
　-대법원 2015. 3. 12. 선고 2012도13748 판결- ······················ 홍승희
디지털 증거 압수절차의 적정성 문제
　-피압수자 참여 범위 및 영장 무관 정보의 압수를
　　중심으로- ··· 전승수
2015년도 형법판례 회고 ··· 오영근

[刑事判例硏究(25)]
양벌규정의 법적 성격과 대법원이 말하지 않은 것들 ··············· 김성돈
채권추심명령을 통한 소송사기죄에서 재산상 이익의 취득과 기수시기
　··· 이주원
'직무수행 사실'과 '공무원 의제'에 따른 구성적 신분범의
　처벌 문제 ·· 이경렬
산업안전보건법에서 범죄 주체와 책임의 불일치 ····················· 이근우
형사판례법리로서 가정적 승낙의 논리구조 비판
　- 설명의무위반과 결과와의 관계/주의의무위반과 결과와의 관계 -
　- 요건-효과의 관계/원인-결과의 관계 -
　- 가정적 승낙은 없다 - ·· 이용식
'횡령 후 처분행위'에 대한 형법적 평가 ······························· 김봉수
특수폭행죄의 해석에 있어 '위험한 물건'의 의미 ····················· 류부곤
모바일 단체대화방에서의 대화와 공연성 ······························· 한제희
형법상 강제추행죄의 역할
　- 대법원 2015. 4. 23. 선고 2014도16129 판결 - ··················· 이원상

최근 5년간의 주요 재산범죄 판례의 동향 ································· 안경옥
비자금과 횡령죄의 객체
  ― 횡령행위가 일련의 거래과정을 거쳐 이루어지는 경우의 횡령죄
  객체 ― ··· 이천현
위조(僞造)와 복사(複寫) ·· 김성룡
일명 김영란법상 처벌행위에 대한 헌재 결정 분석
  ― 2015헌마236, 2015헌마412, 2015헌마662, 2015헌마673(병합) ― ··· 오경식
2007년 이후 형사소송법 주요 판례의 동향
  ― 수사절차와 증거에 관한 대법원 판례를 중심으로 ― ········ 김윤섭
헌법상 영장주의 규정의 체계와 적용범위 ······························· 이완규
2007년 형사소송법 개정 후 증거법 분야의 판례 동향 ············· 박진환
종근당 결정과 가니어스 판결의 정밀비교 ····························· 심희기
2016년도 형법판례 회고 ·· 오영근

[刑事判例硏究(26)]
대법원 형사판결과 법률구속성원칙 ··· 김성돈
사회변화에 대응하는 형사판례의 법리변경 ······························ 류전철
급여 등 형태로 취득한 공범의 범죄수익 추징
  ―대법원 2013. 4. 11. 선고 2013도1859 판결, 공동수익자
  이론의 필요성― ··· 권순건
강간죄 적용범위에 대한 문제점 고찰
  ―대법원 2017. 10. 12. 선고 2016도16948, 2016전도156 판결― ····· 이원상
소아과 의사의 진료행위와 아동·청소년성보호법상 추행행위 판단
  ―대법원 2016. 12. 29. 선고 2015도624 판결;
  서울고등법원 2014. 12. 19. 선고 2014노767 판결
  (아동·청소년의 성보호에 관한 법률위반: 위계등추행) ― ····· 김한균
사기죄에서 '교부받는 행위'의 의미 ··· 하태영

상호명의신탁관계에서의 형사책임에 대한 판례연구 ················· 이상한
퇴사시의 영업비밀 반출과 업무상배임죄의 성부 ······················ 이경렬
통정허위표시와 공정증서원본부실기재죄 ································ 고제성
전자적 저장매체를 이용한 공소제기 가능성 ···························· 조지은
세관공무원의 마약 압수와 위법수집증거 판단 ························· 한제희
영장에 의해 취득한 통신사실확인자료 증거사용 제한 규정의
  문제점 ·· 이완규
법원에 출석하여 불일치진술한 피고인 아닌 자의 검찰진술조서의
  증거능력
    －형사소송법 제312조 제4항의 특신상태의 의미에
      대한 분석을 중심으로－ ·· 강우예
외국환거래법상 징벌적 추징에 대한 비판적 고찰 ······················ 김대원
교통사고처리 특례법상 처벌특례의 인적 적용범위 ··················· 이주원
2017년도 형법판례 회고 ·· 오영근

한국형사판례연구회 2017년도 발표회

○ 제293회 형사판례연구회(2017.01.09)
 최석윤 교수: 재정신청절차와 재소자 특칙에 대한 검토
 오영근 교수: 2016년 형사판례 동향 회고

○ 제294회 형사판례연구회(2017.02.06)
 안경옥 교수
 코이케 신타로(小池信太郎) 교수   : 최근 5년간 재산범죄 판례의 동향

 김윤섭 검사
 박진환 판사   : 2007년 형소법 개정 후 판례의 동향
 오기소 료(小木曾綾) 교수

○ 제295회 형사판례연구회(2017.03.06)
 김봉수 교수: 불가벌적 사후행위에 관한 연구
        - 대법원 2013.02.21. 선고 2010도10500 전원합의체 판결을
         중심으로 -
 이경렬 교수: 부적격 신분에 대한 형법상 취급

○ 제296회 형사판례연구회(2017.04.03)
 이천현 선임연구위원: 횡령행위가 일련의 거래과정을 거쳐 이루어지는
          경우의 횡령죄의 객체
 이근우 교수: 산업안전보건법에서 범죄주체와 책임의 불일치

○ 제297회 형사판례연구회(2017.05.13−14)

　　<한국형사판례연구회 · 한국형사소송법학회 · 한국포렌식학회 · 형사법제
　　　　　전문검사커뮤니티 공동학술회의>

　　안성수 검사: 제4차 산업혁명이 형사실무에 미치는 영향

　　구태연 변호사: 제4차 산업혁명에 따른 사안별 형사책임

　　정웅석 교수
　　　　　　　　: 제4차 산업혁명에 따른 형사법제 등 입법방향
　　신재홍 검사

○ 제298회 형사판례연구회(2017.06.19)

　　김성돈 교수: 대법원 형사판결의 논리구조

　　고제성 판사: 통정허위표시와 공정증서원본불실기재죄

○ 제299회 형사판례연구회(2017.07.03)

　　이용식 교수: 형사판례법리로서 가정적 승낙의 논리구조 비판

　　이완규 검사: 영장에 의해 취득한 통신사실확인자료 증거사용 제한
　　　　　　　　규정의 문제점

○ 제300회 형사판례연구회(2017.09.04)

　　하태영 교수: 사기죄에서 '교부받는 행위'의 의미

　　류전철 교수: 사회변화에 대응하는 형사판례의 법리변경

○ 제301회 형사판례연구회(2017.10.16)

　　조지은 검사: 전자적 형태의 문서를 이용한 공소제기

　　김범식 교수: 징벌적 추징과 책임주의

○ 제302회 형사판례연구회(2017.11.13)

　　김한균 연구위원: 소아과 의사의 진료행위와 아동·청소년성보호법상
　　　　　　　　　　추행행위 판단

이자영 검사: 아동복지법상 '아동학대'의 의미 및 법원의 석명권 행사
          범위

○ 제303회 형사판례연구회(2017.12.04)
  한제희 검사: 세관공무원의 마약 압수와 위법수집증거 판단

한국형사판례연구회 회칙

1997. 11. 03. 제정
2006. 12. 04. 개정
2007. 12. 10. 개정
2011. 12. 05. 개정
2013. 12. 02. 개정

제 1 장 총 칙

제 1 조 [명칭]

본회는 한국형사판례연구회(이하 '본회'라 함)라 한다.

제 2 조 [주소지]

본회는 서울특별시에 주소지를 둔다.

제 3 조 [목적]

본회는 형사판례를 연구하고 회원 상호간의 의견교환을 장려·촉진·지원함으로써 형사법학 및 형사판례의 발전을 도모함을 목적으로 한다.

제 4 조 [사업]

본회는 전조의 목적을 달성하기 위하여 다음의 사업을 한다.

1. 형사판례연구
2. 월례연구발표회 및 토론회 개최
3. 학술지 '형사판례연구' 및 기타 간행물의 발간
4. 기타 본회의 목적에 적합한 사업

제 2 장 회 원

제 5 조 [회원]

본회의 회원은 본회의 목적에 찬동하는 자로서, 다음 각 호에 따라 구성한다.

  1. 정회원은 판사, 검사, 변호사, 대학의 전임강사 이상의 자, 박사학위 소지자 기타 이와 동등한 자격을 갖추었다고 인정되는 자로서 정회원 3인 이상의 추천과 이사회의 승인을 얻은 자로 한다.

  2. 준회원은 대학원 박사과정 이상의 연구기관에서 형사법학 및 유관분야를 연구하는 자로서 정회원 1인 이상의 추천과 이사회의 승인을 얻은 자로 한다.

  3. 기관회원은 대학도서관 기타 형사법학을 연구하는 유관기관으로 정회원 3인 이상의 추천과 이사회의 승인을 얻은 기관으로 한다.

제 6 조 [권리의무]

회원은 본회의 각종 사업에 참여할 수 있는 권리를 가지며 회칙준수, 총회와 이사회 의결사항의 이행 및 회비납부의 의무를 진다.

제 7 조 [자격상실]

회원 중 본회의 목적에 위배되거나 품위를 손상시키는 행위를 한 자는 이사회의 결의에 의하여 제명할 수 있다.

제 3 장 총   회

제 8 조 [종류와 소집]

① 총회는 정기총회와 임시총회로 하고, 회장이 이를 소집한다.

② 정기총회는 매년 하반기 중에 소집함을 원칙으로 한다.

③ 임시총회는 회장이 필요하다고 인정하거나, 이사회의 의결이 있거나, 재적회원 2/5 이상의 요구가 있을 때에 소집한다.

④ 총회의 소집은 적어도 회의 7일 전에 회의의 목적을 명시하여 회원들에게 통지하여야 한다. 다만 긴급하다고 인정되는 사유가 있는 때에는 예외로 한다.

제 9 조 [권한]

총회의 의결사항은 다음과 같다.

  1. 회칙의 제정 및 개정에 관한 사항

2. 회장·부회장 및 감사의 선임에 관한 사항

3. 예산 및 결산의 승인에 관한 사항

4. 기타 회장이 이사회의 의결을 거쳐 회부한 사항

제10조 [의결]

총회의 의결은 출석회원 과반수의 찬성으로 한다.

제 4 장 이 사 회

제11조 [구성 및 소집]

① 이사회는 회장, 부회장 및 이사로 구성한다.

② 회장·부회장은 당연직 이사로서, 각각 이사회의 의장·부의장이 된다.

③ 이사회는 회장이 필요하다고 인정하거나 이사 3인 이상의 요구가 있을 때에 회장이 소집한다.

제12조 [권한]

이사회는 다음 사항을 심의·의결한다.

1. 사업계획에 관한 사항

2. 재산의 취득·관리·처분에 관한 사항

3. 총회의 소집과 총회에 회부할 의안에 관한 사항

4. 총회가 위임한 사항

5. 기타 회장이 회부한 본회 운영에 관한 중요사항

제13조 [의결]

이사회의 의결은 재적이사 과반수의 출석과 출석이사 과반수의 찬성으로 한다.

제14조 [상임이사회]

① 회장은 이사회의 효과적인 운영을 위하여 이사 중에서 총무, 연구, 연구윤리, 출판, 섭외, 재무, 법제, 홍보의 업무를 전담할 상임이사를 위촉할 수 있다.

② 상임이사회는 회장, 부회장, 상임이사로 구성한다.

③ 회장은 상임이사회를 소집하고 그 의장이 된다.

④ 이사회는 필요하다고 인정되는 경우에는 그 권한을 상임이사회에 위임할 수 있으며, 회장은 긴급하다고 인정되는 사유가 있는 경우에는 이사회의 권한을 상임이사회로 하여금 대행하게 할 수 있다.

⑤ 상임이사회의 의결은 재적상임이사 과반수의 출석과 출석상임이사 과반수의 찬성에 의한다.

제5장 임 원

제15조 [종류]

본회에 다음의 임원을 둔다.

1. 회장 1인
2. 부회장 4인
3. 이사 5인 이상 40인 이내
4. 감사 2인

제16조 [임원의 선임]

① 회장은 부회장 및 상임이사 중에서 이사회의 추천을 받아 총회에서 선임한다.

② 부회장은 이사 중에서 이사회의 추천을 받아 총회에서 선임한다.

③ 이사는 회장의 추천을 받아 총회에서 선임한다.

④ 감사는 이사회의 추천을 받아 총회에서 선임한다.

제17조 [임원의 직무]

① 회장은 본회를 대표하고 회무 전반을 관장한다.

② 부회장은 회장을 보좌하고, 회장 유고시에 그 직무를 대행한다.

③ 이사는 이사회의 구성원으로서 중요 회무를 심의·의결한다.

④ 감사는 본회의 사업과 회계를 감사하여 정기총회에 보고한다.

제18조 [임원의 임기]

① 임원의 임기는 2년으로 하되 중임할 수 있다.

② 임원이 궐위된 때의 후임자의 임기는 전임자의 잔임기간으로 한다.

제19조 [고문]

① 본회의 발전을 위하여 약간 명의 고문을 둘 수 있다.

② 고문은 이사회의 의결을 거쳐 회장이 위촉한다.

제20조 [간사]

① 회장의 명을 받아 회무를 처리하기 위하여 간사 약간 명을 둘 수 있다.

② 간사는 회장이 임명한다.

제21조 [위원회]

① 본회에 편집위원회와 연구윤리위원회를 둔다.

② 본회 사업의 효율적인 추진을 위하여 이사회의 의결을 거쳐 필요한 분과위원회를 둘 수 있다.

제 6 장   재   무

제22조 [재정]

① 이 회의 재정은 회원의 회비, 기부금, 보조금 및 기타 수입으로 한다.

② 회비의 액수는 이사회가 정한다.

제23조 [예산과 결산]

재정에 관한 수입과 지출은 매년도마다 예산으로 편성하여 총회의 결의를 얻어야 하고 결산은 다음 연도 총회에 보고하여야 한다.

부칙(1997. 11. 03)

제 1 조

발기인 및 발기인 3인 이상의 추천을 받아 이 회의 회원이 되기를 승낙한 자는 제 5 조 제 2 항의 규정에 불구하고 회원이 된다.

부칙(2006. 12. 04)

제 1 조 [시행일]

이 회칙은 이사회의 승인이 있는 날부터 시행한다.

부칙 (2007. 12. 10)

제 1 조 [시행일]
이 회칙은 이사회의 승인이 있은 날부터 시행한다.

부칙 (2011. 12. 05.)

제1조 [시행일]
이 회칙은 이사회의 승인이 있은 날부터 시행한다.

부칙 (2013. 12. 02.)

제1조 [시행일]
이 회칙은 이사회의 승인이 있은 날부터 시행한다.

한국형사판례연구회 편집위원회 규정

1997. 11. 03. 제정
2006. 12. 04. 개정
2007. 12. 10. 개정
2013. 12. 02. 개정

제1조 [목적]

이 규정은 한국형사판례연구회(이하 '본회'라 함) 회칙 제4조 제3호에 규정된 학술지 기타 간행물의 발간을 위한 편집위원회(이하 '위원회'라 함)의 구성과 운영에 관한 사항을 정함을 목적으로 한다.

제2조 [구성]

위원회는 편집위원장을 포함한 10인 이내의 편집위원으로 구성한다.

제3조 [편집위원의 선임 및 임기]

① 편집위원장은 본회의 출판담당 상임이사로 한다.

② 편집위원은 본회의 회원 중에서 이사회가 선임한다.

③ 편집위원의 임기는 2년으로 하되, 연임할 수 있다.

제4조 [업무]

위원회의 주요업무는 다음 각 호와 같다.

　1. 본회의 학술지 '형사판례연구'의 편집 및 출판

　2. '형사판례연구' 원고의 접수 및 게재여부 심사

　3. 기타 간행물의 편집 및 출판

　4. 편집위원회의 업무와 관련된 지침의 제정

제5조 [운영]

① 이 위원회는 위원장 또는 편집위원 과반수의 요구가 있는 경우에 위원장이 소집한다.

② 이 위원회의 의결은 편집위원 과반수의 출석과 출석위원 과반수의

찬성에 의한다.

③ 편집위원장은 위원회의 업무를 효율적으로 수행하기 위하여 편집 간사를 둘 수 있다.

제 6 조 [투고원고의 심사]

① 위원회는 '형사판례연구' 기타 간행물에 투고된 원고를 심사하여 그 게 재여부를 의결한다.

② 위원회는 '형사판례연구'에 투고되는 원고의 작성 및 문헌인용방법, 투 고절차 등에 관한 지침(투고지침)을 제정할 수 있다.

③ 위원회는 '형사판례연구'에 투고된 원고의 심사기준 및 절차에 관한 지 침(심사지침)을 제정할 수 있다.

④ 제1항의 원고 게재여부에 관한 의결은 '可', '否', '수정후 재심의'로 나눈 다.

⑤ '수정후 재심의'로 의결된 원고가 수정·투고된 때에는 위원회는 그 재 심의를 위원장 또는 약간 명의 위원에게 위임할 수 있고, 재심의의 결 정은 '可' 또는 '否'로 한다.

제 7 조 [형사판례연구의 발간]

① '형사판례연구'는 연 1회 발간하며, 발간일자는 매년 6월 30일로 한다.

② 학술대회 발표논문 기타 학회에서 개최하는 학술발표회에서 발표된 논 문은 '형사판례연구'의 별책으로 발간할 수 있다.

제 8 조 [개정]

이 규정의 개정은 이사회의 승인을 받아야 한다.

부칙(2006. 12. 04)

제 1 조 [시행일]

이 규정은 이사회의 승인이 있은 날부터 시행한다.

부칙(2007. 12. 10)

제 1 조 [시행일]

이 규정은 이사회의 승인이 있은 날부터 시행한다.

부칙(2013. 12. 02)

제 1 조 [시행일]

이 규정은 이사회의 승인이 있은 날부터 시행한다.

한국형사판례연구회 심사지침

2006. 12. 04. 제정
2007. 12. 10. 개정

제1조 [목적]

이 지침은 한국형사판례연구회 편집위원회 규정 제6조 제3항에 규정된 '형사판례연구' 투고원고에 대한 심사기준 및 절차에 관한 지침을 정함을 목적으로 한다.

제2조 [원고모집의 공고]

① 편집위원장은 매년 1월 중에 각 회원에게 전자우편으로 '형사판례연구'에 대한 원고를 모집하는 공문을 발송하고, 본 학회 홈페이지(http://www.kaccs.com)에 원고모집에 관한 사항을 게시한다.

② 원고모집을 공고함에 있어서는 투고절차, 논문작성 및 문헌인용방법, 심사기준 및 절차에 관한 기본적인 사항을 고지하여야 한다.

제3조 [원고접수]

① 편집간사는 원고를 접수하고, 각 투고자에게 전화 또는 전자우편으로 접수결과를 통보한다.

② 편집간사는 투고자의 인적사항, 논문제목, 접수일자, 분량 등을 기재한 접수결과표를 작성하여 투고원고를 편집위원장에게 송부한다.

③ 편집위원장은 투고원고가 편집위원회가 정한 투고지침에 현저히 위배된다고 판단하는 경우에는 투고자에게 수정을 요구할 수 있다.

제4조 [심사위원의 선정 및 심사원고 송부]

① 편집위원장은 각 투고원고에 대해 3인의 심사위원을 선정하고, 각 심사위원에게 심사기한을 정하여 심사원고를 송부한다.

② 심사위원을 선정함에 있어서는 해당분야에 대한 심사위원의 전문성을 고려하고 심사의 공정성을 기할 수 있도록 유의한다.

③ 심사원고에는 투고자의 인적사항이 기재되어서는 안 되며, 이미 기재되어 있는 경우에는 그 내용 가운데 인적 사항을 추론할 수 있

는 부분을 삭제한다.

제5조 [투고원고에 대한 심사]

① 심사위원은 투고원고를 심사하고 심사평가서를 작성하여 심사기간 내에 이를 편집위원장에게 송부한다.

② 심사위원은 투고원고를 심사함에 있어서는 다음의 각 호의 사항을 기준으로 한다.

  1. 일반연구의 논문의 경우에는 주제의 창의성, 연구방법의 적절성, 내용의 완결성, 논문작성 및 문헌인용방법의 정확성, 연구결과의 학문적 기여도

  2. 번역논문의 경우에는 번역의 필요성, 번역의 정확성 및 학문적 기여도

제6조 [투고원고에 대한 게재여부의 결정]

① 편집위원장은 심사위원의 심사평가가 완료된 후 투고원고에 대한 게재여부의 결정을 위한 편집회의를 개최한다.

② 편집위원장은 심사결과표를 작성하여 편집회의에 보고하고, 편집회의에서는 이를 토대로 게재여부를 결정한다. 다만 투고원고의 게재여부에 대한 최종결정이 있을 때까지 투고자 및 심사위원의 인적사항이 공개되지 않도록 유의하여야 한다.

③ 투고원고에 대한 게재여부의 결정은 다음 각 호의 기준에 의한다.

  1. 3인의 심사위원 모두 게재 '可' 의견을 내거나, 2인의 심사위원이 게재 '可' 그리고 1인이 '수정후 재심의' 의견을 낸 때에는 게재 '可'로 결정한다. 다만 수정을 조건으로 할 수 있다.

  2. 1인의 심사위원이 게재 '可' 의견을 내고 2인이 '수정후 재심의' 의견을 내거나 3인의 심사위원이 모두 '수정후 재심의' 의견을 낸 때에는 '수정후 재심의' 결정을 한다.

  3. 투고원고에 대한 심사결과 심사위원 중 1인 이상이 게재 '否' 의견을 낸 경우에는 게재하지 아니한다. 다만 2인이 게재 '可' 의견을 내고 1인이 게재 '否' 의견을 낸 때에는 '수정후 재심의' 결정을 할 수 있다.

④ 수정원고에 대한 심사는 편집위원회 규정 제6조 제4항에 따라 편집위원장이 직접 또는 약간 명의 심사위원에게 위임하여 게재 '可' 또는 '否'로 결정한다. 다만 '수정후 재심의'결정된 원고에 대하여 투고자가 수정을 거부한 경우에는 '否'로 결정한다.

⑤ 편집위원장은 게재결정이 내려진 투고원고가 타인의 원고를 표절한 것이거나 이미 다른 학술지에 게재한 사실이 있는 것으로 밝혀진 때에는 게재결정을 취소한다.

제 7 조 [심사결과의 통보, 이의신청]

① 편집위원장은 편집회의 후 즉시 각 투고자에게 결정결과 및 이유 그리고 사후절차를 내용으로 하는 공문을 발송한다.

② 게재 '否' 결정을 받은 투고자는 편집위원장에게 이의신청을 할 수 있으며, 편집위원장은 이의신청에 대해서 인용 또는 기각여부를 결정한다.

③ 편집위원장이 이의신청에 대해 인용결정을 한 때에는 심사위원을 다시 선정하고 심사를 의뢰하여 그 결과에 따라 게재 '可' 또는 '否' 결정을 한다.

제 8 조 [최종원고의 제출, 교정 및 편집]

① 게재 '可'의 결정을 통보받은 투고자는 정해진 기간 내에 최종원고를 작성하여 편집간사에게 제출한다.

② 최종원고에 대한 교정 및 편집에 관한 사항은 편집위원장이 결정하며, 필요한 때에는 교정쇄를 투고자에게 송부하여 교정을 하게 할 수 있다.

제 9 조 [논문게재예정증명서의 발급]

편집위원장은 '형사판례연구'의 발행 이전에 최종적으로 게재가 결정된 원고에 대하여 투고자의 신청이 있는 경우에는 '논문게재예정증명서'를 발급한다.

제10조 ['형사판례연구' 게재논문의 전자출판]

'형사판례연구'에 게재된 논문의 전자출판과 관련된 사항은 편집위원회의 결정에 따른다.

부칙(2006. 12. 04)

제 1 조 [시행일]

이 지침은 '형사판례연구' 제15권 발행시부터 적용한다.

부칙(2007. 12. 10)

제1조 [시행일]

이 지침은 '형사판례연구' 제16권 발행시부터 적용한다.

한국형사판례연구회 투고지침

2006.12.04. 제정
2007.12.10. 개정
2011.12.05. 개정

제 1 조 [목적]

이 지침은 한국형사판례연구회 편집위원회 규정 제 6 조 제 2 항에 규정된 '형사판례연구' 투고원고에 대한 논문작성, 문헌인용방법 및 투고절차에 관한 사항을 정함을 목적으로 한다.

제 2 조 [논문제출]

① 투고원고는 다른 학술지에 발표되지 않은 것으로서 형법, 형사소송법 및 행형법 등 형사법 분야에 관한 것이어야 한다.

② 투고자는 원고마감기한 내에 투고신청서와 함께 원고파일 및 심사용 출력원고 3부를 편집간사에게 직접 또는 등기우편으로 제출한다. 다만 심사용 출력원고에는 필자가 누구임을 알 수 있는 사항(성명, 소속, 직위, 연구비지원 등)이 기재되어서는 안 된다.

③ 원고파일은 한글 프로그램으로 다음 각 호의 형식에 따라 작성하여 플로피디스켓 또는 전자우편으로 제출한다.

  1. 용지종류 및 여백 : A4, 위쪽 35mm, 오른쪽 및 왼쪽 30mm, 아래쪽 30mm

  2. 글자모양 및 크기 : 휴먼명조체 11포인트(단 각주는 10포인트)

  3. 줄간격 : 160%

④ 투고원고의 분량은 원고지 120매 이하를 원칙으로 하며 이를 초과하는 경우 초과게재료를 납부하여야 한다.

⑤ 투고원고가 이 지침에 현저히 위반되는 경우 편집간사는 투고자에게 수정을 요구할 수 있다.

⑥ 편집간사는 투고원고의 접수결과를 편집위원장에게 보고하고, 투고자에게 전화 또는 전자우편으로 접수결과를 통보한다.

제 3 조 [논문작성방법]

① 투고원고의 작성에 있어서는 편집위원회 규정 및 이 지침에 규정
된 사항을 준수하여야 한다.

② 투고원고는 다음 각 호의 내용으로 구성되어야 한다.

1. 제목(한글 및 외국어)

2. 저자명, 소속기관(한글 및 외국어). 저자(공동저자 포함)의 소속 기
관은 각주 형태로 표기한다.

3. 목차

4. 본문(항목번호는 Ⅰ, 1, (1), 가, ①, A의 순서로 함)

5. 주제어(5단어 내외의 한글 및 외국어)

6. 초록(500단어 내외의 외국어)

③ 투고원고의 내용은 원칙적으로 국문으로 작성되어야 한다. 다만 외
국인의 원고 기타 논문의 특성상 외국어로 작성되어야 하는 것은
외국어로 작성할 수 있으나 국문으로 된 번역문을 첨부하여야 한
다.

④ 제 2 항 각 호의 외국어는 영어, 독일어, 프랑스어, 중국어, 일본어
중의 하나로 작성한다.

⑤ 저자가 2인 이상인 경우에는 책임저자와 공동저자의 구분을 명시
하여야 한다.

제 4 조 [논문작성시 유의사항]

투고원고를 작성함에 있어서는 다음 각 호의 사항에 유의하여야 한다.

1. 국내외의 문헌을 인용함에 있어서는 최신의 문헌까지 인용하되
가급적 교과서 범주를 넘어서 학술논문 수준의 문헌을 인용하고,
교과서의 경우에는 출판연도와 함께 판수를 정확하게 기재한다.

2. 외국법에 관한 논문이 아닌 한 국내의 학술논문을 인용하여 국내
학설의 현황을 파악할 수 있도록 하고, 외국문헌은 필요한 한도
내에서 인용한다.

3. 이론이나 학설을 소개하는 경우 일부 문헌만을 근거로 삼지 않고
될수록 많은 문헌을 인용하여 다수설 및 소수설의 평가가 정확

히 되도록 유의한다.

4. 기존의 학설을 비판하거나 새로운 학설을 주장하는 경우 그 근거되는 논의상황이 국내의 상황인지 또는 외국의 상황인지를 명확하게 구별하고, 자신의 주장이 해석론인지 형사정책적 제안인지도 분명히 제시한다.

5. 원고는 원칙적으로 한글로 작성하며 한자와 외국어는 혼동이 생길 수 있는 경우에만 괄호 안에 넣어서 표기한다.

6. 외국의 논문이 번역에 가깝게 게재논문의 기초가 되어서는 안 된다.

제 5 조 [문헌인용의 방법]

다른 문헌의 내용을 인용하는 경우에는 다음 각 호의 방식에 의하고, 각주에서 그 출처를 밝혀야 한다.

1. 인용되는 내용이 많은 경우에는 별도의 문단으로 인용하고, 본문과 구별되도록 인용문단 위와 아래를 한 줄씩 띄우고 글자크기를 10포인트 그리고 양쪽 여백을 4ch(칸)으로 설정한다.

2. 인용되는 내용이 많지 않은 경우에는 인용부호(" ")를 사용하여 표시한다.

3. 인용문의 내용 중 일부를 생략하는 경우에는 생략부호(…)를 사용하고, 내용을 변경하는 경우에는 변경표시([ ])를 하여야 한다.

4. 인용문의 일부를 강조하고자 할 때에는 국문은 밑줄을 쳐서 표시하고 영문은 이탤릭체를 사용한다.

제 6 조 [각주의 내용]

① 각주에서는 원칙적으로 한글을 사용하여야 하고, 인용되는 문헌이 외국문헌인 경우에도 저자명, 논문제목, 서명 또는 잡지명, 발행지, 출판사 등과 같은 고유명사를 제외한 나머지는 한글로 표기한다. 특히 See, Cf, Ibid, Supra, Hereinafter, et al, etc, Vgl, Dazu, Siehe, a.a.O., f(ff), usw 등과 같이 외국어로 된 지시어는 사용하지 않는다.

② 인용문헌이 여러 개인 경우에는 각각의 문헌 사이에 세미콜론(;)을 표기하여 구분한다.

③ 문헌을 재인용하는 경우에는 원래의 문헌을 표시한 후 괄호 안에

참조한 문헌을 기재한 후 '재인용'이라고 표시한다.

④ 제1항 내지 제3항 및 제7조 내지 제11조에 규정된 이외의 사항에 대하여는 한국법학교수협의회에서 결정한 「논문작성 및 문헌인용에 관한 표준(2000)」에 따른다.

제 7 조 [인용문헌의 표시]

① 인용되는 문헌이 단행본인 경우에는 저자, 서명, 판수, 발행지 : 출판사, 출판연도, 면수의 순서로 기재한다. 다만 발행지와 출판사는 생략할 수 있다.

② 인용되는 문헌이 논문인 경우에는 저자, 논문제목, 서명(잡지인 경우에는 잡지명, 권수 호수), 발행지 : 출판사, 출판연월, 면수의 순서로 기재한다. 다만 발행지와 출판사는 생략할 수 있고, 월간지의 경우에는 권수와 호수 및 출판년도 대신에 'ㅇㅇㅇㅇ년 ㅇ월호'로 기재할 수 있다. 그리고 논문 제목은 동양문헌인 때에는 인용부호(" ")안에 기재하고, 서양문헌인 때에는 별도의 표시 없이 이탤릭체로 표기한다.

　예) 김종서, "현행 지방자치관계법의 비판적 검토", 인권과
　　　정의 1992년 3월호, 99쪽.

③ 서명 및 잡지명은 그 명칭의 전부를 기재하여야 한다. 다만 외국문헌의 경우 처음에는 그 전부를 표기하고 이후부터는 약어로 기재할 수 있다.

④ 저자가 두 명인 경우에는 저자명 사이에 가운데점(·)을 표시하고, 세 명 이상인 경우에는 대표 저자만을 표기한 후 '외(外)'라고 기재한다.

⑤ 인용문헌이 편집물인 경우에는 저자명 뒤에 '편(編)'이라고 기재한다.

⑥ 인용문헌이 번역물인 경우에는 저자명 뒤에 사선(/)을 긋고, 번역자의 이름을 기입한 뒤 '역(譯)'이라고 기재한다.

　예) Karl Larenz·Claus-Wilhelm Canaris/허일태 역, 법학방법론,
　　　2000, 120쪽.

⑦ 기념논문집, 공청회자료집 등은 서명 다음에 콜론(:)을 표시하고 그 내용을 표시한다.

예) 현대형사법의 쟁점과 과제 : 동암 이형국 교수 화갑기념논문집

제8조 [판례의 표시]

① 판례는 선고법원, 선고연월일, 사건번호 및 출처의 순서로 개재하
되, 출처는 괄호 안에 표기한다.

　　예) 대법원 1996. 4. 26. 선고 96다1078 판결(공 1996상, 1708), 대전
　　　　고법 2000. 11. 10. 선고 2000노473 판결(하집 2000(2), 652)

② 판례의 출처는 다음 각 호와 같이 약어를 사용하여 표시한다.

　1. 법원공보(또는 판례공보) 1987년 125면 이하 → 공 1987, 125

　2. 대법원판례집 제11권 2집 형사편 29면 이하 → 집11(2), 형 29

　3. 고등법원판례집 1970년 형사·특별편 20면 이하 → 고집 1970,
　　　형특 20

　4. 하급심판결집 1984년 제2권 229면 → 하집 1984(2), 229

　5. 판례카드 3675번 → 카 3675

　6. 헌법재판소판례집 제5권 2집 14면 이하 → 헌집5(2), 14

　7. 헌법재판소공보 제3호 255면 → 헌공3, 255

　8. 판례총람 형법 338조 5번 → 총람 형338, 5

③ 외국판례는 당해 국가에서 일반적으로 사용되는 표기방법에 따른다.

제9조 [법령의 표시]

① 법령은 공식명칭을 사용하여야 하며, 띄어쓰기를 하지 않고 모두
붙여 쓴다.

② 법령의 이름이 긴 경우에는 '[이하 ○○○이라고 한다]'고 표시한
후 일반적으로 사용되는 약칭을 사용할 수 있다.

　　예) 성폭력범죄의처벌및피해자보호등에관한법률[이하 성폭력
　　　　특별법이라고 한다]

③ 법령의 조항은 '제○조 제○항 제○호'의 방식으로 기재하며, 필요
한 경우에는 본문, 단서, 전문 또는 후문을 특정하여야 한다.

④ 법령이 개정 또는 폐지된 때에는 그 연월일 및 법령 호수를 기재
하여야 한다.

　　예) 형사소송법(1995. 12. 29. 법률 제5054호로 개정되고 1997. 12.

13. 법률 제5435호로 개정되기 이전의 것) 제201조의2 제1항

⑤ 외국의 법령은 당해 국가에서 일반적으로 사용되는 표기방법에
따른다.

제10조 [기타 자료의 표시]

① 신문에 실린 자료는 작성자와 기사명이 있는 경우 저자명, "제목",
신문명, 연월일자, 면을 표시하고, 작성자와 기사명이 없는 경우에
는 신문명, 연월일, 면을 표시한다.

　　예) 박상기, "부동산 명의신탁과 횡령죄", 법률신문, 1997. 10. 27, 14쪽.

② 인터넷 자료는 저자명, "자료명", URL, 검색일자를 표시한다.

　　예) 박영도 외, "법률문화 및 법률용어에 관한 국민여론 조사",

　　　http://www.klri.re.kr/LIBRARY/library.html, 2002. 6. 1.검색.

제11조 [동일한 문헌의 인용표시]

① 앞의 각주에서 제시된 문헌을 다시 인용할 경우에는 저자명, 주
○)의 글(또는 책), 면의 순서로 표기한다.

② 바로 앞의 각주에서 인용된 문헌을 다시 인용하는 경우에는 앞의
글(또는 앞의 책), 면의 순서로 표기한다.

③ 하나의 각주에서 동일한 문헌을 다시 인용할 경우는 같은 글(또는
같은 책), 면의 순서로 표기한다.

제12조 [표 및 그림의 표시]

표와 그림은 <표 1>, <그림 1>의 방식으로 일련번호와 제목을 표시
하고, 표와 그림의 왼쪽 아랫부분에 그 출처를 명시하여야 한다.

제13조 [편집위원회의 결정통보 및 수정원고 제출]

① 편집위원회는 투고원고에 대한 심사위원의 평가가 완료된 후 편집
회의를 개최하여 투고원고에 대한 게재여부를 결정하고 투고자에
게 그 결과를 서면 또는 전자우편으로 통지한다.

② 편집위원회가 투고원고에 대하여 '수정후 재심의' 결정을 한 경우
투고자는 정해진 기간 내에 수정원고를 제출하여야 한다.

제14조 [학회비 및 게재료 납부]

① 편집위원회에 의해 게재결정된 투고원고는 투고자가 당해 연도 회

비를 납부한 경우에 한하여 학회지에 게재될 수 있다.

② 편집위원회에 의해 게재결정된 투고원고의 투고자는 다음 각 호의 구분에 의하여 게재료를 납부하여야 한다.

  1. 교수 및 실무가: 편당 20만원

  2. 강사 기타: 편당 10만원

③ 투고원고(외국어 초록 포함)의 분량이 원고지 120매를 초과하고 150매 이하인 경우에는 1매당 3천원, 150매를 초과하는 경우에는 1매당 5천원의 초과게재료를 납부하여야 한다.

제15조 [논문연구윤리 준수]

① 투고원고는 논문연구윤리 확인서에 포함된 논문연구윤리를 준수하여야 한다.

② 투고원고는 논문연구윤리 확인서를 제출한 경우에 한하여 학회지에 게재될 수 있다.

제16조 [논문사용권 등 위임동의서 제출]

투고원고는 논문사용권 및 복제·전송권 위임동의서를 제출한 경우에 한하여 학회지에 게재될 수 있다.

제17조 [중복게재의 제한]

① '형사판례연구'에 게재된 논문은 다른 학술지에 다시 게재할 수 없다.

② 편집위원회는 제 1 항에 위반한 투고자에 대하여 결정으로 일정기간 투고자격을 제한할 수 있다.

부칙 (2006. 12. 04)

제 1 조 [시행일]

이 지침은 '형사판례연구' 제15권 발행시부터 적용한다.

부칙 (2007. 12. 10)

제 1 조 [시행일]

이 지침은 '형사판례연구' 제16권 발행시부터 적용한다.

부칙(2011.12.05.)

제1조 [시행일]
이 지침은 '형사판례연구' 제20권 발행시부터 적용한다.

한국형사판례연구회
연구윤리위원회 규정

2007. 12. 10. 제정
2008. 06. 02. 개정

제1 조 [목적]

이 규정은 연구윤리위반행위의 방지 및 건전한 연구윤리의 확보를 위한 기본적인 원칙과 방향을 제시하고, 한국형사판례연구회(이하 '본회'라 함) 회원의 연구윤리위반행위에 대한 조치와 절차 등을 규정함을 목적으로 한다.

제2 조 [연구윤리위반행위]

연구윤리위반행위는 다음 각 호의 하나에 해당하는 것을 말한다.

1. "위조" — 존재하지 않는 데이터 또는 연구결과 등을 허위로 만들어 내는 행위

2. "변조" — 연구의 재료·장비·과정 등을 인위적으로 조작하거나 데이터를 임의로 변형·삭제함으로써 연구의 내용 또는 결과를 왜곡하는 행위

3. "표절" — 타인의 아이디어, 연구의 내용 또는 결과 등을 정당한 승인 또는 인용 없이 도용하는 행위

4. "부당한 논문저자 표시" — 연구내용 또는 결과에 대하여 과학적·기술적 공헌 또는 기여를 한 사람에게 정당한 이유 없이 논문저자 자격을 부여하지 않거나, 과학적·기술적 공헌 또는 기여를 하지 않은 자에게 감사의 표시 또는 예우 등을 이유로 논문저자 자격을 부여하는 행위

5. "중복게재" — 과거에 공간된 논문 등 저작물을 중복하여 출판하는 행위

6. "조사방해·부정은폐" — 본인 또는 타인의 연구윤리위반행위의 의혹
   에 대한 조사를 고의로 방해하거나 제보자에게 위해를 가하는 행위

제3조 [연구윤리위원회]

① 연구윤리위반행위의 조사·의결을 위하여 연구윤리위원회(이하 '위
   원회'라 함)를 둔다.

② 연구윤리위원회는 연구윤리위원장을 포함한 10인 이내의 위원으로
   구성한다.

③ 연구윤리위원장(이하 '위원장'이라 함)은 본회의 연구윤리담당 상임
   이사로 한다.

④ 연구윤리위원(이하 '위원'이라 함)은 본회 회원 중에서 이사회가 선임한
   다.

⑤ 연구윤리위원의 임기는 1년으로 하며, 연임할 수 있다.

제4조 [연구윤리위원회의 조사]

① 위원장은 다음 각 호의 경우 위원회에 연구윤리위반 여부의 조사
   를 요청하여야 한다.

  1. 제보 등에 의하여 연구윤리위반행위에 해당한다는 의심이 있는 때

  2. 본회 회원 10인 이상이 서면으로 연구윤리위반행위에 대한 조사
     를 요청한 때

② 제보의 접수일로부터 만 5년 이전의 연구윤리위반행위에 대해서는
   이를 접수하였더라도 처리하지 않음을 원칙으로 한다. 단, 5년 이
   전의 연구윤리위반행위라 하더라도 피조사자가 그 결과를 직접 재
   인용하여 5년 이내에 후속 연구의 기획·수행, 연구결과의 보고 및
   발표에 사용하였을 경우와 공공의 복지 또는 안전에 위험이 발생
   하거나 발생할 우려가 있는 경우에는 이를 처리하여야 한다.

③ 연구윤리위반행위의 사실 여부를 입증할 책임은 위원회에 있다.
   단, 피조사자가 위원회에서 요구하는 자료를 고의로 훼손하였거나
   제출을 거부하는 경우에 요구자료에 포함되어 있다고 인정되는 내
   용의 진실성을 입증할 책임은 피조사자에게 있다.

④ 위원회는 제보자와 피조사자에게 의견진술, 이의제기 및 변론의 권리와 기회를 동등하게 보장하여야 하며 관련 절차를 사전에 알려주어야 한다.

제5조 [연구윤리위원회의 의결]

① 위원회의 연구윤리위반결정은 재적위원 과반수의 출석과 출석위원 3분의 2 이상의 찬성으로 의결한다.

② 조사·의결의 공정을 기하기 어려운 사유가 있는 위원은 당해 조사·의결에 관여할 수 없다. 이 경우 당해 위원은 재적위원의 수에 산입하지 아니한다.

제6조 [제보자의 보호]

① 제보자는 연구윤리위반행위를 인지한 사실 또는 관련 증거를 위원회에 알린 자를 말한다.

② 제보자는 구술·서면·전화·전자우편 등 가능한 모든 방법으로 제보할 수 있으며 실명으로 제보함을 원칙으로 한다. 단, 익명의 제보라 하더라도 서면 또는 전자우편으로 논문명, 구체적인 연구윤리위반행위의 내용과 증거를 포함하여 제보한 경우 위원회는 이를 실명 제보에 준하여 처리하여야 한다.

③ 위원회는 제보자가 연구윤리위반행위 신고를 이유로 부당한 압력 또는 위해 등을 받지 않도록 보호해야 할 의무를 지니며 이에 필요한 시책을 마련하여야 한다.

④ 제보자의 신원에 관한 사항은 정보공개의 대상이 되지 않으며, 제보자가 신고를 이유로 제3항의 불이익을 받거나 자신의 의지에 반하여 신원이 노출될 경우 위원회 및 위원은 이에 대한 책임을 진다.

⑤ 제보자는 연구윤리위반행위의 신고 이후 진행되는 조사 절차 및 일정 등을 알려줄 것을 위원회에 요구할 수 있으며, 위원회는 이에 성실히 응하여야 한다.

⑥ 제보 내용이 허위인 줄 알았거나 알 수 있었음에도 불구하고 이를

신고한 제보자는 보호 대상에 포함되지 않는다.

제 7 조 [피조사자의 보호]

① 피조사자는 제보 또는 위원회의 인지에 의하여 연구윤리위반행위의 조사대상이 된 자 또는 조사 수행 과정에서 연구윤리위반행위에 가담한 것으로 추정되어 조사의 대상이 된 자를 말하며, 조사 과정에서의 참고인이나 증인은 이에 포함되지 아니한다.

② 위원회는 검증 과정에서 피조사자의 명예나 권리가 부당하게 침해되지 않도록 주의하여야 한다.

③ 연구윤리위반행위에 대한 의혹은 판정 결과가 확정되기 전까지 외부에 공개되어서는 아니 된다.

④ 피조사자는 연구윤리위반행위의 조사·처리절차 및 처리일정 등을 알려줄 것을 위원회에 요구할 수 있으며, 위원회는 이에 성실히 응하여야 한다.

제 8 조 [예비조사]

① 예비조사는 연구윤리위반행위의 의혹에 대하여 조사할 필요가 있는지 여부를 결정하기 위한 절차를 말하며, 신고 접수일로부터 30일 이내에 착수하여야 한다.

② 예비조사 결과 피조사자가 연구윤리위반행위 사실을 모두 인정한 경우에는 본조사 절차를 거치지 않고 바로 판정을 내릴 수 있다.

③ 예비조사에서 본조사를 실시하지 않는 것으로 결정할 경우 이에 대한 구체적인 사유를 결정일로부터 10일 이내에 제보자에게 문서 또는 전자우편으로 통보한다. 단, 익명제보의 경우는 그러하지 않다.

④ 제보자는 예비조사 결과에 대해 불복하는 경우 통보를 받은 날로부터 30일 이내에 위원회에 이의를 제기할 수 있다.

제 9 조 [본조사]

① 본조사는 연구윤리위반행위의 사실 여부를 입증하기 위한 절차를 말하며, 예비조사에서 본조사의 필요성이 인정된 경우 즉시 착수하여야 한다.

② 위원회는 제보자와 피조사자에게 의견진술의 기회를 주어야 하며, 본조사결과를 확정하기 이전에 이의제기 및 변론의 기회를 주어야 한다. 당사자가 이에 응하지 않을 경우에는 이의가 없는 것으로 간주한다.

③ 제보자와 피조사자의 이의제기 또는 변론 내용과 그에 대한 처리 결과는 조사결과 보고서에 포함되어야 한다.

제10조 [판정]

① 판정은 본조사결과를 확정하고 이를 제보자와 피조사자에게 문서 또는 전자우편으로 통보하는 절차를 말하며, 본조사에 의하여 연구윤리위반이 인정된 경우 즉시 하여야 한다.

② 예비조사 착수 이후 판정에 이르기까지의 모든 조사 일정은 6개월 이내에 종료되어야 한다.

③ 제보자 또는 피조사자가 판정에 불복할 경우에는 통보를 받은 날로부터 30일 이내에 본회 회장에게 이의신청을 할 수 있으며, 본회 회장은 이의신청 내용이 합리적이고 타당하다고 판단할 경우 이사회의 결정으로 임시 조사위원회를 구성하여 재조사를 실시하여야 한다.

제11조 [위원회의 권한과 의무]

① 위원회는 조사과정에서 제보자·피조사자·증인 및 참고인에 대하여 진술을 위한 출석을 요구할 수 있고 피조사자에게 자료의 제출을 요구할 수 있으며, 이 경우 피조사자는 반드시 이에 응하여야 한다.

② 위원회 및 위원은 제보자의 신원 등 위원회의 직무와 관련하여 알게 된 사항에 대하여 비밀을 유지하여야 한다.

제12조 [조사의 기록과 정보의 공개]

① 위원회는 조사 과정의 모든 기록을 음성, 영상, 또는 문서의 형태로 5년 이상 보관하여야 한다.

② 조사결과 보고서는 판정이 끝난 이후 공개할 수 있다. 단, 증인·참고인·자문에 참여한 자의 명단 등은 당사자에게 불이익을 줄 가능성이 있을 경우 공개하지 않을 수 있다.

제13조 [연구윤리위반행위에 대한 조치]

위원회가 연구윤리위반행위로 결정한 때에는 다음 각 호의 조치를 취하여야 한다.

1. 투고원고를 '형사판례연구' 논문목록에서 삭제
2. 투고자에 대하여 3년 이상 '형사판례연구'에 논문투고 금지
3. 위반사항을 한국형사판례연구회 홈페이지에 1년간 공고
4. 한국학술진흥재단에 위반내용에 대한 세부적인 사항 통보

제14조 [연구윤리에 대한 교육]

위원회는 본회 회원의 연구윤리의식을 고취시키기 위하여 연구수행과정에서 준수해야 할 연구윤리 규범, 부정행위의 범위, 부정행위에 대한 대응방법 및 검증절차 등에 관한 교육을 실시하여야 한다.

제15조 [규정의 개정]

이 규정의 개정은 이사회의 의결에 의한다.

부칙(2008. 06. 02)

제 1 조 [시행일]

이 규정은 이사회의 의결이 있은 날부터 시행한다.

한국형사판례연구회 임원명단

한국형사판례연구회 회원명부

2018년 6월 현재

〈학 계〉

성 명	직 위	근 무 처	우편번호 주 소	직장 전화번호 자택
강 기 정	교수	창원대 법학과	51140 경남 창원시 의창구 창원대학로 20	055-213-3203
강 동 범	교수	이화여대 법학전문대학원	03760 서울 서대문구 이화여대길 52	02-3277-4480
강 석 구	선임 연구 위원	형사정책 연구원	06764 서울 서초구 태봉로 114	02-3460-5128
강 수 진	교수	고려대 법학전문대학원	02841 서울 성북구 안암동 145	02-3290-2889
강 우 예	교수	한국해양대 해사법학부	49112 부산 영도구 태종로 727	051-410-4393
권 오 걸	교수	경북대 법학전문대학원	41566 대구 북구 대학로 80	053-950-5473
권 오 봉	교수	부산대 법학전문대학원	46241 부산 금정구 부산대학로63번길 2	051-510-1574
권 창 국	교수	전주대 경찰행정학과	55069 전북 전주시 완산구 천잠로 303	063-220-2242
김 대 근	연구 위원	형사정책 연구원	06764 서울 서초구 태봉로 114	02-3460-5175
김 대 원	초빙교수	성균관대 법학전문대학원	03063 서울 종로구 성균관로 25-2	02-760-0922
김 봉 수	교수	전남대 법학전문대학원	61186 광주 북구 용봉로 77	062-530-2278

성 명	직 위	근 무 처	우편번호 / 주 소		직장 / 자택 전화번호
김 선 복	교수	부경대 법학과	48513	부산 남구 용소로 45	051-629-5441
김 성 돈	교수	성균관대 법학전문대학원	03063	서울 종로구 성균관로 25-2	02-760-0343
김 성 룡	교수	경북대 법학전문대학원	41566	대구 북구 대학로 80	053-950-5459
김 성 은	교수	강원대 법학전문대학원	24341	강원 춘천시 강원대학길 1	033-250-6539
김 성 천	교수	중앙대 법학전문대학원	06974	서울 동작구 흑석로 84	02-820-5447
김 영 철	교수	건국대 법학전문대학원	05029	서울 광진구 능동로 120	02-2049-6047
김 영 환	교수	한양대 법학전문대학원	04763	서울 성동구 왕십리로 222	02-2220-0995
김 유 근	연구 위원	형사정책 연구원	06764	서울 서초구 태봉로 114	02-3460-5182
김 인 선	명예교수	순천대 법학과	57922	전남 순천시 중앙로 255	061-750-3430
김 인 회	교수	인하대 법학전문대학원	22212	인천 남구 인하로 100	032-860-8965
김 재 봉	교수	한양대 법학전문대학원	04763	서울 성동구 왕십리로 222	02-2220-1303
김 재 윤	교수	전남대 법학전문대학원	61186	광주 북구 용봉로 77	062-530-2240
김 재 희	연구교수	이화여대 법학연구소	03760	서울 서대문구 이화여대길 52	02-3277-2636
김 정 환	교수	연세대 법학전문대학원	03722	서울 서대문구 연세로 50	02-2123-3003

성 명	직 위	근 무 처	우편번호 주 소	직장 전화번호 자택
김 종 구	교수	조선대 법학과	61452 광주광역시 동구 필문대로 309	062-230-6703
김 종 원	명예교수	성균관대 법학과	03063 서울 종로구 성균관로 25-2	02-760-0922
김 태 명	교수	전북대 법학전문대학원	54896 전북 전주시 덕진구 백제대로 567	063-270-4701
김 택 수	교수	계명대 경찰법학과	42601 대구 달서구 달구벌대로 1095	053-580-5468
김 한 균	연구 위원	형사정책 연구원	06764 서울 서초구 태봉로 114	02-3460-5163
김 혁 돈	교수	가야대 경찰행정학과	50830 경남 김해시 삼계로 208번지	055-330-1145
김 형 준	교수	중앙대 법학전문대학원	06974 서울 동작구 흑석로 84	02-820-5452
김 혜 경	교수	계명대 경찰행정학과	42601 대구 달서구 달구벌대로 1095	053-580-5956
김 혜 정	교수	영남대 법학전문대학원	38541 경북 경산시 대학로 280	053-810-2616
김 희 균	교수	서울시립대 법학전문대학원	02504 서울 동대문구 서울시립대로 163	02-6490-5102
남 선 모	교수	세명대 법학과	27136 충북 제천시 세명로 65	043-649-1231
노 수 환	교수	성균관대 법학전문대학원	03063 서울시 종로구 성균관로 25-2	02-760-0354
도 중 진	교수	충남대 평화안보대학원	34134 대전 유성구 대학로 99번지	042-821-5297
류 부 곤	교수	경찰대 법학과	31539 충남 아산시 신창면 황산길 100-50	041-968-2763

성 명	직 위	근 무 처	우편번호	주 소	직장 자택 전화번호
류 석 준	교수	영산대 공직인재학부	50510	경남 양산시 주남로 288	055-380-9423
류 인 모	교수	인천대 법학과	22012	인천 연수구 아카데미로 119	032-835-8324
류 전 철	교수	전남대 법학전문대학원	61186	광주 북구 용봉로 77	062-530-2283
류 화 진	교수	영산대 공직인재학부	50510	경남 양산시 주남로 288	055-380-9448
문 성 도	교수	경찰대 법학과	31539	충남 아산시 신창면 황산길 100-50	041-968-2562
민 영 성	교수	부산대 법학전문대학원	46241	부산 금정구 부산대학로63번길 2	051-510-2514
박 강 우	교수	충북대 법학전문대학원	28644	충북 청주시 서원구 충대로 1	043-261-2622
박 광 민	교수	성균관대 법학전문대학원	03063	서울 종로구 성균관로 25-2	02-760-0359
박 기 석	교수	대구대 경찰행정학과	38453	경북 경산시 진량읍 대구대로 201	053-850-6182
박 미 숙	선임 연구위원	형사정책 연구원	06764	서울 서초구 태봉로 114	02-3460-5166
박 상 기	교수 법무부 장관	연세대 법학전문대학원 법무부	03722 13809	서울 서대문구 연세로 50 경기도 과천시 관문로 47 정부과천청사	02-2123-3005 02-2110-3000
박 상 진	교수	건국대 공공인재대학 경찰학과	27478	충북 충주시 충원대로 268	043-840-3429
박 성 민	교수	경상대 법과대학	52828	경남 진주시 진주대로 501	055-772-2035
박 수 희	교수	가톨릭관동대 경찰행정학과	25601	강원 강릉시 범일로 579번길 24	033-649-7336

성 명	직 위	근 무 처	우편번호 주 소		직장 자택 전화번호
박 찬 걸	교수	대구가톨릭대 경찰행정학과	38430	경북 경산시 하양읍 하양로 13-13	053-850-3339
백 원 기	교수	인천대 법학과	22012	인천 연수구 아카데미로 119	032-835-8328
변 종 필	교수	동국대 법학과	04620	서울 중구 필동로1길 30	02-2260-3238
서 거 석	교수	전북대 법학전문대학원	54896	전북 전주시 덕진구 백제대로 567	063-270-2663
서 보 학	교수	경희대 법학전문대학원	02447	서울 동대문구 경희대로 26	02-961-0614
성 낙 현	교수	영남대 법학전문대학원	38541	경북 경산시 대학로 280	053-810-2623
소 병 철	석좌교수	농협대학교	10292	경기도 고양시 덕양구 서삼릉길 281	031-960-4000
손 동 권	교수	건국대 법학전문대학원	05029	서울 광진구 능동로 120	02-450-3599
손 지 영	강사	연세대 법학전문대학원	03722	서울 서대문구 연세로 50	02-2123-8644
송 광 섭	교수	원광대 법학전문대학원	54538	전북 익산시 익산대로 460	063-850-6373
승 재 현	연구 위원	형사정책 연구원	06764	서울 서초구 태봉로 114	02-3460-5164
신 가 람	박사과정	연세대	03722	서울 서대문구 연세로 50	02-2123-8644
신 동 운	교수	서울대 법학전문대학원	08826	서울 관악구 관악로 1	02-880-7563
신 양 균	교수	전북대 법학전문대학원	54896	전북 전주시 덕진구 백제대로 567	063-270-2666

성 명	직 위	근 무 처	우편번호 주 소	직장 전화번호 자택
심 영 주	강사	인하대 법학전문대학원	22212 인천광역시 남구 인하로 100 인하대학교 로스쿨관	032-860-7920
심 재 무	교수	경성대 법학과	48434 부산 남구 수영로 309	051-663-4518
심 희 기	교수	연세대 법학전문대학원	03722 서울 서대문구 연세로 50	02-2123-6037
안 경 옥	교수	경희대 법학전문대학원	02447 서울 동대문구 경희대로 26	02-961-0517
안 성 조	교수	제주대 법학전문대학원	63243 제주 제주시 제주대학로 102	064-754-2988
안 성 훈	연구 위원	형사정책 연구원	06764 서울 서초구 태봉로 114	02-3460-5182
안 원 하	교수	부산대 법학전문대학원	46241 부산 금정구 부산대학로63번길 2	051-510-2502
오 경 식	교수	강릉원주대 법학과	25457 강원 강릉시 죽헌길 7	033-640-2211
오 병 두	교수	홍익대 법학과	04066 서울 마포구 와우산로 94	02-320-1822
오 영 근	교수	한양대 법학전문대학원	04763 서울 성동구 왕십리로 222	02-2220-0994
원 재 천	교수	한동대 법학과	37554 경북 포항시 북구 흥해읍 한동로 558	054-260-1268
원 혜 욱	교수	인하대 법학전문대학원	22212 인천 남구 인하로 100	032-860-7937
유 용 봉	교수	한세대 경찰행정학과	15852 경기 군포시 한세로 30	031-450-5272
윤 동 호	교수	국민대 법학과	02707 서울 성북구 정릉로 77	02-910-4488

성 명	직 위	근 무 처	우편번호 주 소	직장 전화번호 자택
윤 용 규	교수	강원대 법학전문대학원	24341 강원 춘천시 강원대학길 1	033-250-6517
윤 종 행	교수	충남대 법학전문대학원	34134 대전광역시 유성구 대학로 99번지	042-821-5840
윤 지 영	연구 위원	형사정책 연구원	06764 서울 서초구 태봉로 114	02-3460-5136
윤 해 성	연구 위원	형사정책 연구원	06764 서울 서초구 태봉로 114	02-3460-5156
은 승 표	교수	영남대 법학전문대학원	38541 경북 경산시 대학로 280	053-810-2615
이 강 민	조사위원	대법원 법원도서관	03760 서울 서초구 서초대로 219(서초동)	02-3480-1590
이 경 렬	교수	성균관대 법학전문대학원	03063 서울 종로구 성균관로 25-2	02-760-0216
이 경 재	교수	충북대 법학전문대학원	28644 충북 청주시 서원구 충대로 1	043-261-2612
이 경 호	교수	한국해양대 해사법학부	49112 부산 영도구 태종로 727	051-410-4393
이 근 우	교수	가천대 법학과	13120 경기 성남시 수정구 성남대로 1342	031-750-8728
이 기 헌	교수	명지대 법학과	03674 서울 서대문구 거북골로 34	02-300-0813
이 동 회	교수	경찰대 법학과	31539 충남 아산시 신창면 황산길 100-50	041-968-2662
이 상 문	교수	군산대 해양경찰학과	54150 전북 군산시 대학로 558	063-469-1893
이 상 용	교수	명지대 법학과	03674 서울 서대문구 거북골로 34	02-300-0817

성 명	직 위	근무처	우편번호 주 소	직장 전화번호 자택
이 상 원	교수	서울대 법학전문대학원	08826 서울 관악구 관악로 1	02-880-2618
이 상 한	초빙교수	충북대학교 법학전문대학원	28644 충북 청주시 서원구 충대로 1	043-261-2620
이 상 현	교수	숭실대 국제법무학과	06978 서울 동작구 상도로 369	02-820-0486
이 순 욱	교수	전남대 법학전문대학원	61186 광주 북구 용봉로 77	062-530-2225
이 승 준	교수	충북대 법학전문대학원	28644 충북 청주시 서원구 충대로 1	043-261-3689
이 승 현	연구 위원	형사정책 연구원	06764 서울 서초구 태봉로 114	02-3460-5193
이 승 호	교수	건국대 법학전문대학원	05029 서울 광진구 능동로 120	02-450-3597
이 영 란	명예교수	숙명여대 법학과	04310 서울 용산구 청파로47길 100	02-710-9494
이 용 식	교수	서울대 법학전문대학원	08826 서울 관악구 관악로 1	02-880-7557
이 원 경	외래교수	숭실사이버대 법·행정학과	06978 서울특별시 동작구 상도로 369	02-828-5450
이 원 상	교수	조선대 법학과	61452 광주광역시 동구 필문대로 309	062-230-6073
이 유 진	선임 연구위원	청소년정책 연구원	30147 세종특별자치시 시청대로 370 세종국책연구단지 사회정책동(D동)	044-415-2114
이 윤 제	교수	아주대 법학전문대학원	16499 경기 수원시 영통구 월드컵로 206	031-219-3784
이 은 모	교수	한양대 법학전문대학원	04763 서울 성동구 왕십리로 222	02-2220-2573

성 명	직 위	근 무 처	우편번호	주 소	직장 전화번호 자택
이 인 영	교수	백석대 경찰학부	31065	충남 천안시 동남구 문암로 76	041-550-2124
이 정 념	교수	숭실사이버대 법·행정학과	06978	서울 동작구 상도로 369 미래관 B101호	02-828-5450
이 정 민	교수	단국대 법학과	16890	경기 용인시 수지구 죽전로 152	031-8005-3973
이 정 원	교수	영남대 법학전문대학원	38541	경북 경산시 대학로 280	053-810-2629
이 정 훈	교수	중앙대 법학전문대학원	06974	서울 동작구 흑석로 84	02-820-5456
이 주 원	교수	고려대 법학전문대학원	02841	서울 성북구 안암동 5가 1번지	02-3290-2882
이 진 국	교수	아주대 법학전문대학원	16499	경기 수원시 영통구 월드컵로 206	031-219-3791
이 진 권	교수	한남대 경찰행정학과	34430	대전 대덕구 한남로 70	042-629-8465
이 창 섭	교수	제주대 법학전문대학원	63243	제주 제주시 제주대학로 102	064-754-2976
이 창 현	교수	한국외대 법학전문대학원	02450	서울 동대문구 이문로 107(이문동 270)	02-2173-3047
이 천 현	선임 연구위원	형사정책 연구원	06764	서울 서초구 태봉로 114	02-3460-5125
이 충 상	겸임교수	인하대 법학전문대학원	22212	인천 남구 인하로 100	032-860-7914
이 태 언	교수	부산외대 법학과	46234	부산 금정구 금샘로 485번길 65	051-509-5991
이 호 중	교수	서강대 법학전문대학원	04107	서울 마포구 백범로 35	02-705-7843

성 명	직 위	근 무 처	우편번호	주　　소	직장 자택 전화번호
이 희 경	연구교수	성균관대 글로벌리더학부	03063	서울특별시 종로구 성균관로 25-2	02-760-0191
임 정 호	부연구 위원	형사정책 연구원	06764	서울 서초두 태봉로 114	02-3460-5150
임 창 주	교수	서영대학교 사회복지행정과	10843	경기도 파주시 월롱면 서영로 170	031-930-9560
장 규 원	교수	원광대 경찰행정학과	54538	전북 익산시 익산대로 460	063-850-6905
장 성 원	교수	세명대 법학과	27136	충북 제천시 세명로 65	043-649-1208
장 승 일	강사	전남대 법학전문대학원	61186	광주 북구 용봉로 77	062-530-2207
장 연 화	교수	인하대 법학전문대학원	22212	인천 남구 인하로 100	032-860-8972
장 영 민	교수	이화여대 법학전문대학원	03760	서울 서대문구 이화여대길 52	02-3277-3502
전 지 연	교수	연세대 법학전문대학원	03722	서울 서대문구 연세로 50	02-2123-5996
전 현 욱	연구 위원	형사정책 연구원	06764	서울 서초구 태봉로 114	02-3460-9295
정 도 희	교수	경상대 법학과	52828	경남 진주시 진주대로 501	055-772-2042
정 승 환	교수	고려대 법학전문대학원	02841	서울 성북구 안암동5가 1번지	02-3290-2871
정 영 일	교수	경희대 법학전문대학원	02447	서울 동대문구 경희대로 26	02-961-9142
정 웅 석	교수	서경대 법학과	02713	서울 성북구 서경로 124	02-940-7182

성 명	직 위	근 무 처	우편번호	주　　소	직장 자택 전화번호
정 준 섭	교수	숙명여대 법학과	04310	서울 용산구 청파로47길 100	02-710-9935
정 진 수	선임 연구위원	형사정책 연구원	06764	서울 서초구 태봉로 114	02-3460-5127
정 한 중	교수	한국외대 법학전문대학원	02450	서울 동대문구 이문로 107	02-2173-3258
정 행 철	명예교수	동의대 법학과	47340	부산 부산진구 엄광로 176	051-890-1360
정 현 미	교수	이화여대 법학전문대학원	03760	서울 서대문구 이화여대길 52	02-3277-3555
조　　국	교수 민정수석	서울대 법학전문대학원 청와대 대통령비서실	08826 03048	서울 관악구 관악로 1 서울특별시 종로구 청와대로 1	02-880-5794 02-730-5800
조 균 석	교수	이화여대 법학전문대학원	03760	서울 서대문구 이화여대길 52	02-3277-6858
조 병 선	교수	청주대 법학과	28503	충북 청주시 청원구 대성로 298	043-229-8221
조 인 현	연구원	서울대 법학연구소	08826	서울 관악구 관악로 1	02-880-5471
조 준 현	교수	성신여대 법학과	02844	서울 성북구 보문로 34다길 2	02-920-7124
조 현 욱	학술 연구교수	건국대 법학연구소	05029	서울 광진구 능동로 120	02-450-3297
주 승 희	교수	덕성여대 법학과	01369	서울 도봉구 쌍문동 419	02-901-8177
천 진 호	교수	동아대 법학전문대학원	49236	부산 서구 구덕로 225	051-200-8509
최 민 영	연구 위원	형사정책 연구원	06764	서울 서초구 태봉로 114	02-3460-5178

성 명	직 위	근 무 처	우편번호 주 소	직장 전화번호 자택
최 병 각	교수	동아대 법학전문대학원	49236 부산 서구 구덕로 225	051-200-8528
최 병 문	교수	상지대 법학과	26339 강원 원주시 우산동 660	033-730-0242
최 상 욱	교수	강원대 법학전문대학원	24341 강원 춘천시 강원대학길 1	033-250-6516
최 석 윤	교수	한국해양대 해양경찰학과	49112 부산 영도구 태종로 727	051-410-4238
최 우 찬	교수	서강대 법학전문대학원	04107 서울 마포구 백범로 35	02-705-8404
최 준 혁	교수	인하대 법학전문대학원	22212 인천 남구 인하로 100	032-860-7926
최 호 진	교수	단국대 법학과	16890 경기 용인시 수지구 죽전로 152	031-8005-3290
탁 희 성	선임 연구위원	형사정책 연구원	06764 서울 서초구 태봉로 114	02-3460-5161
하 태 영	교수	동아대 법학전문대학원	49236 부산 서구 구덕로 225	051-200-8573
하 태 훈	교수	고려대 법학전문대학원	02841 서울 성북구 안암동5가 1번지	02-3290-1897
한 상 돈	교수	아주대 법학전문대학원	16499 경기 수원시 영통구 월드컵로 206	031-219-3786
한 상 훈	교수	연세대 법학전문대학원	03722 서울 서대문구 연세로 50	02-2123-5998
한 영 수	교수	아주대 법학전문대학원	16499 경기 수원시 영통구 월드컵로 206	031-219-3783
한 인 섭	교수 원장	서울대 법학전문대학원 형사정책연구원	08826 서울 관악구 관악로 1 06764 서울 서초구 태봉로 114	02-880-7577 02-575-5282

성 명	직 위	근 무 처	우편번호 주 소	직장 자택 전화번호
허 일 태	전 교수	동아대 법학전문대학원	49236 부산 서구 구덕로 225	051-200-8516
허 황	강사	경북대 법학부	41566 대구 북구 대학로 80	053-950-5456
홍 승 희	교수	원광대 법학전문대학원	54538 전북 익산시 익산대로 460	063-850-6469
황 만 성	교수	원광대 법학전문대학원	54538 전북 익산시 익산대로 460	063-850-6467
황 문 규	교 수	중부대 경찰행정학과	32713 충청남도 금산군 추부면 대학로 201	041-750-6500
황 윤 정	석사과정	연세대	03722 서울 서대문구 연세로 50	02-2123-8644
황 정 인	경정	형사정책 연구원	06764 서울 서초구 태봉로 114	02-3460-5170
황 태 정	교수	경기대 경찰행정학과	16227 경기 수원시 영통구 광교산로 154-42	031-249-9337
황 호 원	교수	한국항공대 항공교통물류 우주법학부	10540 경기 고양시 덕양구 항공대학로 76	02-300-0345

〈변 호 사〉

이 름	직 위	근 무 지	우편번호 주 소	직장 자택 전화번호
강 민 구	대표 변호사	법무법인 진솔	06605 서울 서초구 서초중앙로 148 김영빌딩 11층	02-536-2455
강 용 현	대표 변호사	법무법인 태평양	06132 서울 강남구 테헤란로 137 현대해상빌딩 17층	02-3404-1001 (3404-0184)
김 영 운	변호사	법무법인 정앤파트너스	06640 서울특별시 서초구 서초중앙로 52 영진빌딩 5층	02-583-0010

이 름	직 위	근 무 지	우편번호 / 주 소		직장/자택 전화번호
곽 무 근	변호사	법무법인 로고스	06164	서울 강남구 테헤란로 87길 36(삼성동 159-9 도심공항타워 14층)	02-2188-1000 (2188-1049)
권 광 중	고문 변호사	법무법인 광장	04532	서울 중구 남대문로 63 한진빌딩	02-2191-3031
권 태 형	변호사	김&장 법률사무소	03170	서울 종로구 사직로8길 39 세양빌딩	02-3703-1114 (3703-4980)
권 태 호	변호사	법무법인 청주로	28625	청주시 서원구 산남동 산남로 64 엔젤변호사 B/D 7층	043-290-4000
금 태 섭	국회의원	국회	07233	서울 영등포구 의사당대로 1 국회의원회관 933호	02-784-9761
김 광 준	변호사	김광준 법률사무소	42013	대구 수성구 동대구로 351	053-218-5000
김 광 준	변호사	법무법인 태평양	06132	서울 강남구 테헤란로 137 현대해상빌딩 17층	02-3404-1001 (3404-0481)
김 남 현	변호사	법무법인 현대 노원분사무소	08023	서울 양천구 신월로 385 동진빌딩 302호	02-2606-1865
김 대 휘	대표 변호사	법무법인 화우	06164	서울 강남구 영동대로 517 아셈타워 22층	02-6003-7120
김 동 건	고문 변호사	법무법인 천우	06595	서울 서초구 서초대로41길 20, 화인빌딩 3층	02-591-6100
김 동 철	대표 변호사	법무법인 유앤아이	35240	대전 서구 둔산중로 74 인곡타워 3층	042-472-0041
김 상 헌	대표이사	NHN	13561	경기 성남시 분당구 불정로 6 NAVER그린팩토리	1588-3830
김 상 희	변호사	김상희 법률사무소	06596	서울 서초구 서초대로 49길 18 상림빌딩 301호	02-536-7373

이 름	직 위	근 무 지	우편번호 주 소	직장 자택 전화번호
김 성 준	변호사	김성준 법률사무소	01322 서울 도봉구 마들로 735 율촌빌딩 3층	02-3493-0100
김 영 규	변호사	법무법인 대륙아주	06151 서울 강남구 테헤란로 317 동훈타워	02-563-2900 (3016-5723)
김 종 형	대표 변호사	법무법인 서울센트럴	06595 서울 서초구 법원로 15 정곡빌딩 서관 517호	02-537-41000
김 주 덕	대표 변호사	법무법인 태일	06595 서울 서초구 법원로3길 25 태흥빌딩 4층	02-3481-4200
김 진 숙	변호사	법무법인 바른	06181 서울 강남구 테헤란로 92길 7 바른빌딩	02-3476-5599 (3479-2381)
김 진 환	변호사	법무법인 새한양	06595 서울 서초구 법원로 15, 306호(서초동, 정곡서관)	02-591-3440
김 희 옥	고문 변호사	법무법인 해송	06606 서울 서초구 서초대로 301 동익성봉빌딩 9층	02-3489-7100 (3489-7178)
문 성 우	대표 변호사	법무법인 바른	06181 서울 강남구 테헤란로 92길 7 바른빌딩	02-3476-5599 (3479-2322)
문 영 호	변호사	법무법인 태평양	06132 서울 강남구 테헤란로 137 현대해상빌딩 17층	02-3404-1001 (3404-0539)
박 민 식	변호사	법무법인 에이원	06646 서울특별시 서초구 반포대로30길 34, 5층 (서초동, 신정빌딩)	02-521-7400
박 민 표	변호사	변호사 이성보 박민표 법률사무소	05050 서울시 서초구 반포대로 34길 14, 정명빌딩 401호, 501호	02-534-2999
박 영 관	변호사	법무법인 동인	06620 서울 서초구 서초대로74길 4 삼성생명서초타워 17층	02-2046-1300 (2046-0656)
박 혜 진	변호사	김&장 법률사무소	03170 서울 종로구 사직로8길 39 세양빌딩	02-3703-1114 (3703-4610)

이 름	직 위	근 무 지	우편번호 주 소		직장 자택 전화번호
백 승 민	고문 변호사	백승민 법률사무소	06596	서울 서초구 서초중앙로 125, 606호 (서초동, 로이어즈타워)	02-587-0053
백 창 수	변호사	법무법인 정률	06069	서울 강남구 학동로 401 금하빌딩 4층	02-2183-5500 (2183-5539)
서 우 정	변호사	김&장 법률사무소	03170	서울 종로구 사직로8길 39 세양빌딩	02-3703-1114 (3703-1788)
석 동 현	대표 변호사	법무법인 대호	06134	서울 강남대로 테헤란로 119 대호레포츠빌딩 6층	02-568-5200
선우 영	대표 변호사	법무법인 세아	06164	서울 강남구 삼성동 159-1 트레이드타워 205호	02-6000-0040 (6000-0089)
손 기 식	고문 변호사	법무법인 대륙아주	06151	서울 강남구 테헤란로 317 동훈타워	02-563-2900
손 기 호	사무총장	대한법률구조 공단	39660	경북 김천시 혁신2로 26	054-810-0132
신 남 규	고문 변호사	법무법인 인	06233	서울 강남구 테헤란로8길 8 동주빌딩 11층	02-523-2662
신 용 석	변호사	법무법인 동헌	06595	서울 서초구 법원로1길 5 우암빌딩 3층	02-595-3400
여 훈 구	변호사	김&장 법률사무소	03170	서울 종로구 사직로8길 39 세양빌딩	02-3703-1114 (3703-4603)
오 세 인	변호사	변호사오세인 법률사무소	61441	서울 서초구 서초중앙로 160, 법률센터 501호	02-2477-5400
원 범 연	변호사	법무법인 강남	06593	서울 서초구 서초중앙로 203 OSB빌딩 4층	02-6010-7000 (6010-7021)
유 병 규	법무팀장	삼성SDS	05510	서울 송파구 올림픽로35길 125 삼성SDS 타워	02-6115-3114
윤 병 철	변호사	법무법인 화우	06164	서울 강남구 영동대로 517 아셈타워 22층	02-6182-8303

이 름	직 위	근 무 지	우편번호 주 소		직장 자택 전화번호
윤 영 석	국선전담 변호사	수원지법	16517	경기 수원시 영통구 월드컵로 120	031-210-1114
윤 재 윤	파트너 변호사	법무법인 세종	04631	서울 중구 퇴계로 100 스테이트타워 남산 8층	02-316-4114 (316-4205)
이 건 종	변호사	법무법인 화우	06164	서울 강남구 영동대로 517 아셈타워 22층	02-6003-7542
이 광 재	변호사	법무법인 보람	05044	서울 광진구 아차산로 375 크레신타워 507호	02-457-5522
이 기 배	대표 변호사	법무법인 로월드	06647	서울 서초구 서초대로 254 오퓨런스빌딩 1602호	02-6223-1000
이 명 규	변호사	법무법인 태평양	06132	서울 강남구 테헤란로 137 현대해상빌딩 17층	02-3404-1001 (3404-0131)
이 상 철	변호사	법무법인 유원	06604	서울 서초구 서초대로51길 14 JH엘로펌애비뉴빌딩	02-592-6500
이 승 현	파트너 변호사	법무법인 지평	03740	서울 서대문구 충정로 60 KT&G 서대문타워 10층	02-6200-1804
이 완 규	변호사	법무법인 동인	06620	서울 서초구 서초대로74길 4 (서초동), 삼성생명 서초타워 15, 17, 18층	02-2046-0668
이 용 우	상임고문 변호사	법무법인 로고스	06164	서울 강남구 테헤란로 87길 36(삼성동 159-9 도심공항타워빌딩 14층)	02-2188-1001
이 용 주	국회의원	국회	07233	서울 영등포구 의사당대로 1 국회의원회관 532호	02-784-6090
이 재 홍	변호사	김&장 법률사무소	03170	서울 종로구 사직로8길 39 세양빌딩	02-3703-1114 (3703-1525)
이 종 상	법무팀장	LG그룹	07336	서울 영등포구 여의대로 128 LG트윈타워	02-3277-1114

이 름	직 위	근 무 지	우편번호	주 소	직장 자택 전화번호
이 훈 규	고문 변호사	법무법인(유) 원	06253	서울 강남구 강남대로 308 랜드마크타워 11층	02-3019-3900 (3019-5457)
임 동 규	변호사	엘아이엠법률 사무소	06253	서울 서초구 법원로3길 15, 401호(서초동,영포빌딩)	02-592-7001
전 주 혜	변호사	법무법인 태평양	06132	서울 강남구 테헤란로 137 현대해상빌딩 17층	02-3404-1001 (3404-0153)
정 구 환	변호사	법무법인 남부제일	07301	서울 영등포구 영신로34길 30	02-2635-5505
정 동 기	고문 변호사	법무법인 바른	06181	서울 강남구 테헤란로 92길 7 바른빌딩	02-3476-5599 (3479-2423)
정 동 욱	고문 변호사	법무법인 케이씨엘	03151	서울 종로구 종로5길 58 석탄회관빌딩 10층	02-721-4000 (721-4471)
정 석 우	변호사	법무법인 동인	06620	서울 서초구 서초대로74길 4 삼성생명서초타워 17층	02-2046-1300 (2046-0686)
정 소 연	변호사	법률사무소 보다	07332	서울 영등포구 여의대방로65길 23 1508호	02-780-0328
정 점 식	변호사	법무법인 아인	06634	서울 서초구 서초중앙로 118, 4층(카이스시스템빌딩)	02-3486-9700
정 진 규	대표 변호사	법무법인 대륙아주	06151	서울 강남구 테헤란로 317 동훈타워	02-563-2900
조 영 수	변호사	법무법인 로월드	06647	서울 서초구 서초대로 254 오퓨런스빌딩 1602호	02-6223-1000
최 교 일	국회의원	국회	07233	서울 영등포구 의사당대로 1 국회의원회관 934호	02-784-4195
최 근 서	변호사	최근서 법률사무소	06595	서울 서초구 법원로2길 15 길도빌딩 504호	02-532-1700
최 길 수	변호사	법률사무소 베이시스	06594	서울 서초구 서초중앙로 119 세연타워 11층	02-522-3200

이 름	직 위	근 무 지	우편번호 주 소		직장 자택 전화번호
최 동 렬	변호사	법무법인 율촌	06180	서울 강남구 테헤란로 518 (섬유센터 12층)	02-528-5200 (528-5988)
최 성 진	변호사	법무법인 세종	04631	서울 중구 퇴계로 100 스테이트타워 남산 8층	02-316-4114 (316-4405)
최 운 식	대표 변호사	법무법인 대륙아주	06151	서울 강남구 테헤란로 317 동훈타워	02-563-2900 (3016-5231)
최 재 경	변호사	변호사 최재경 법률사무소	06164	서울 강남구 영동대로 511 삼성트레이드타워 4305호	02-501-3481
최 정 수	대표 변호사	법무법인 세줄	06220	서울 강남구 테헤란로 208 안제타워 17층	02-6200-5500
최 철 환	변호사	김&장 법률사무소	03170	서울 종로구 사직로8길 39 세양빌딩	02-3703-1114 (3703-1874)
추 호 경	고문 변호사	법무법인 대륙아주	06151	서울 강남구 테헤란로 317 동훈타워	02-563-2900 (3016-5242)
한 영 석	변호사	변호사 한영석 법률사무소	06593	서울 서초구 반포4동 45-11 (화빌딩 502호)	02-535-6858
홍 석 조	회장	BGF리테일	06162	서울 강남구 테헤란로 405	1577-3663
황 인 규	대표이사	주식회사 충남도시가스	34800	대전광역시 중구 유등천동로 762	042-336-5100

〈법 원〉

이 름	직 위	근 무 지	우편번호 주 소		직장 자택 전화번호
고 제 성	지원장	춘천지방법원 속초지원	24822	강원도 속초시 법대로 15	033-639-7600
권 순 건	판사	서울중앙지법	06594	서울 서초구 서초중앙로 157	02-530-1114

이 름	직 위	근 무 지	우편번호 / 주 소	직장 / 자택 전화번호
권 창 환	판사	서울회생법원	06594 서울특별시 서초구 서초중앙로 157	02-530-1114
김 광 태	부장판사	서울고등법원	06594 서울 서초구 서초중앙로 157	02-530-1114
김 기 영	부장판사	서울동부지법	05856 서울특별시 송파구 법원로 101	02-2204-1114
김 대 웅	부장판사	서울고등법원	06594 서울 서초구 서초중앙로 157	02-530-1114
김 동 완	판사	서울고등법원	06594 서울 서초구 서초중앙로 157	02-530-1114
김 용 헌	사무처장	헌법재판소	03060 서울 종로구 북촌로 15(재동 83)	02-708-3456
김 우 진	부장판사	서울고등법원	06594 서울 서초구 서초중앙로 157	02-530-1114
김 정 원	선임부장 연구관	헌법재판소	03060 서울 종로구 북촌로 15(재동 83)	02-708-3456
김 형 두	부장판사	서울고등법원	06594 서울 서초구 서초중앙로 157	02-530-1114
김 희 수	재판 연구관	대법원	06590 서울 서초구 서초대로 219	02-3480-1100
김 희 철	재판 연구관	대법원	06590 서울 서초구 서초대로 219	02-3480-1100
남 성 민	부장판사	광주고등법원	61441 광주 동구 준법로 7-12	062-239-1114
박 진 환	부장판사	서울중앙지법	06594 서울 서초구 서초중앙로 157	02-530-1114
송 민 경	부장판사	창원지방법원 마산지원	51265 경상남도 창원시 마산합포구 완월동7길 16	055-240-9300

이 름	직 위	근 무 지	우편번호 / 주 소		직장 / 자택 전화번호
송 영 승	부장판사	울산지방법원	44643	울산 남구 법대로 55	052-216-8000
오 기 두	부장판사	청주지방법원	28624	충북 청주시 서원구 산남로62번길 51	043-249-7114
오 상 용	부장판사	서울중앙지법	06594	서울 서초구 서초중앙로 157	02-530-1114
우 인 성	부장판사	수원지방법원 여주지원	12638	경기도 여주시 현암동 640-10(현암로 21-12)	031-880-7500
유 현 정	판사	수원지방법원	16517	경기도 수원시 영통구 월드컵로 120	031-210-1114
윤 승 은	부장판사	서울고등법원	06594	서울 서초구 서초중앙로 157	02-530-1114
이 규 훈	판사	광주지방법원	61441	광주광역시 동구 준법로 7-12(지산2동)	062-239-1114
이 민 걸	부장판사	서울고등법원	06594	서울 서초구 서초중앙로 157	02-530-1114
이 승 련	부장판사	서울고등법원	06594	서울 서초구 서초중앙로 157	02-530-3114
이 정 환	판사	서울고등법원	06594	서울 서초구 서초중앙로 157	02-530-3114
이 창 형	부장판사	서울고등법원	06594	서울 서초구 서초중앙로 157	02-530-3114
임 경 옥	판사	전주지방법원	54889	전주시 덕진구 사평로 25	063-259-5400
한 경 환	부장판사	서울중앙지법	06594	서울 서초구 서초중앙로 157	02-530-1114
한 대 균	부장판사	대전지방법원 천안지원	31198	충남 천안시 동남구 청수14로 77	041-620-3000

이 름	직 위	근 무 지	우편번호 주 소		직장 자택 전화번호
황 민 웅	판사	서울중앙지법	06594	서울 서초구 서초중앙로 157	02-530-1114

〈검 찰〉

이 름	직 위	근 무 지	우편번호 주 소		직장 자택 전화번호
고 석 흥	검사	서울고검	06594	서울 서초구 반포대로 158	02-530-3114
고 흥	차장검사	서울고검	06594	서울 서초구 반포대로 158	02-530-3114
구 태 연	검사	서울서부지검	04207	서울 마포구 마포대로 174	02-3270-4000
권 순 범	검사장	대검찰청	06590	서울 서초구 반포대로 157	02-3480-2000
권 순 철	차장검사	서울동부지검	05856	서울 송파구 정의로 30	02-2204-4000
권 익 환	검사장	서울남부지검	08088	서울 양천구 신월로 390	02-3219-4200
김 기 준	부장검사	청주지검	28624	충북 청주시 서원구 산남로70번길 51(산남동)	043-299-4000
김 석 우	지청장	광주지검 목포지청	58671	전남 목포시 정의로 9	061-280-4200
김 영 기	부장검사	대검찰청	06590	서울 서초구 반포대로 157	02-3480-2000
김 윤 섭	법무과장	법무부	13809	경기도 과천시 관문로 47 정부과천청사	02-2110-3178
노 진 영	지청장	전주지검 정읍지청	56172	전북 정읍시 수성6로 27	063-570-4200

이 름	직 위	근 무 지	우편번호 주 소	직장 전화번호 자택
류 장 만	부부장 검사	부산지검	47510 부산 연제구 법원로 15	051-606-3300
박 수 민	검사	인천지검	22220 인천 남구 소성로163번길 49	032-860-4000
박 종 근	부장검사	서울중앙지검	06594 서울특별시 서초구 반포대로 158	02-530-3114
박 지 영	부장검사	서울중앙지검	06594 서울특별시 서초구 반포대로 158	02-530-3114
백 재 명	차장검사	대전지검 천안지청	31198 충남 천안시 동남구 청수14로 67	041-620-4500
봉 욱	차장검사	대검찰청	06590 서울 서초구 반포대로 157	02-3480-2000
송 삼 현	지검장	제주지검	63223 제주 제주시 남광북5길 3	064-729-4123
서 민 주	검사	인천지검 부천지청	14602 경기도 부천시 상일로 127	032-320-4000
신 승 희	검사	부산지검	47510 부산광역시 연제구 법원로 15	051-606-3300
심 우 정	차장검사	대구지검 서부지청	42635 대구 달서구 장산남로 40	053-570-4200
안 미 영	검사교수	법무연수원	16913 경기 용인시 기흥구 구성로 243	031-288-2300
안 성 수	차장검사	서울서부지검	04207 서울 마포구 마포대로 174	02-3270-40000
유 혁	검사	부산고검	47510 부산 연제구 법원로 15	051-606-3300
이 상 진	부장검사	의정부지검	11616 경기 의정부시 녹양로34번길 23	031-820-4200

이 름	직 위	근 무 지	우편번호 주 소	직장 자택 전화번호
이 선 욱	부장검사	광주고검	61441 광주 동구 준법로 7-12	062-231-3114
이 선 훈	검사	서울고검	06594 서울 서초구 반포대로 158	02-530-3114
이 승 호	검사	대검찰청	06590 서울 서초구 반포대로 157	02-3480-2000
이 자 영	검사	부산지검	47510 부산광역시 연제구 법원로 15	051-606-3300
이 주 형	제2차장 검사	수원지검	16517 경기도 수원시 영통구 월드컵로 120	031-210-4200
이 홍 락	검사	서울고검	06594 서울 서초구 반포대로 158	02-530-3114
전 승 수	지청장	전주지검 군산지청	54079 전북 군산시 법원로 70(조촌동)	063-472-4200
정 진 기	지청장	광주지검 목포지청	58671 전남 목포시 정의로 9	061-280-4200
정 혁 준	검사	인천지검	22220 인천 남구 소성로 163번길 49	032-860-4000
조 상 준	검사	부산지검	47510 부산광역시 연제구 법원로 15	051-606-3300
조 은 석	원장	법무연수원	27873 충북 진천군 덕산면 교연로 780	043-531-1600
조 지 은	검사	인천지검 부천지청	14602 경기도 부천시 상일로 127	032-320-4000
조 희 진	전 검사장	서울동부지검	05856 서울 송파구 정의로 30	02-2204-4000
차 맹 기	지청장	의정부지검 고양지청	10413 경기 고양시 일산동구 장백로 213	031-909-4000

이 름	직 위	근 무 지	우편번호 주 소	직장 자택 전화번호
최 기 식	검사	수원지검 성남지청	13143 경기 성남시 수정구 산성대로 451	031-739-4200
최 순 호	검사	전주지검	54889 전북 전주시 덕진구 사평로 25	063-259-4200
최 인 호	검사	부산고검	47510 부산 연제구 법원로 15	051-606-3300
최 창 호	검사	서울서부지검	04207 서울 마포구 마포대로 174	02-3270-4000
한 연 규	검사	창원지검	51456 경남 창원시 성산구 창이대로 669	055-239-4200
한 웅 재	검사	대구지검 경주지청	38145 경북 경주시 화랑로 89	054-740-4576
한 제 희	검사	서울남부지검	06590 서울 양천구 신월로 390	02-3219-4200
홍 완 희	검사	서울중앙지검	06594 서울특별시 서초구 반포대로 158	02-530-3114
황 병 주	검사	청주지검	28624 충북 청주시 서원구 산남로70번길 51	043-299-4000
황 철 규	검사장	부산고검	47510 부산 연제구 법원로 15	051-606-3300

편집위원

위원장   허 일 태
위 원   김 성 돈
         신 양 균
         오 경 식
         윤 종 행
         이 완 규
         전 지 연
         한 영 수
         (가나다순)

刑事判例研究 〔26〕

2018년   6월   20일   초판인쇄
2018년   6월   30일   초판발행

편 자   한국형사판례연구회
발행인   안 종 만
발행처   (주)박영사
         서울특별시 종로구 새문안로3길 36, 1601
         전화 (733)6771 FAX (736)4818
         등록 1959. 3. 11. 제300-1959-1호(倫)

┌─────────┐
│ 편자와   │
│ 협의하여   │
│ 인지첩부   │
│ 생략함   │
└─────────┘

www.pybook.co.kr e-mail: pys@pybook.co.kr

파본은 바꿔 드립니다. 본서의 무단복제행위를 금합니다.

ISBN 979-11-303-3246-8
     978-89-6454-587-4(세트)

정 가 49,000원   ISSN 1225-6005 26